JN433066

경제학으로의 초대

김영식 지음

INVITATION TO ECONOMICS

MICROECONONICS + MACROECONOMICS

제3판

도서출판 청람

▎머리말 ▎

이번 개정판에서는 제2판의 체계와 구성을 전반적으로 유지하면서 서술방식을 개선하고 국내외 사례 및 통계자료를 업데이트하는 데 주력했다. 먼저 책 전반에 걸쳐 내용의 이해를 돕기 위해 미흡하거나 명확하지 않은 부분을 보완하고 서술방식을 개선하고자 노력했다. 그리고 국내외 사례 및 통계자료를 최근의 것으로 업데이트하거나 이미 관련성이 떨어진 것은 좀더 시의적인 사례와 데이터로 대체 또는 추가했다.

제1장(경제학이란 무엇인가?)에서 도덕과학으로서 경제학의 중요성을 강조하기 위해 아담 스미스의 『도덕감정론』을 5절(도덕과 경제학)에 추가하고, 제2장에서는 〈생활과 경제학 : 국내 커피전문점 시장의 성장과 변화〉를 업데이트했다. 제6장(생산요소시장과 소득분배)에서는 이자, 이윤 및 순수이윤에 대한 설명을 보완하고 우리나라의 계층별 소득분배, 우리나라의 지니계수 추이, 〈현실과 경제학 : 소득불평등의 국제 비교〉를 각각 업데이트했다. 제7장(시장실패와 정부의 역할)에서는 〈현실과 경제학 : 환경오염에 대한 정부정책과 탄소배출권 시장〉에서 우리나라의 2015년 탄소배출권 거래제도 도입과 파리협정을 추가하고 우리나라의 조세수입 구성을 업데이트했다. 제8장(국제무역과 무역정책)에서는 양자 간 자유무역협정(FTA) 현황을 업데이트하고 최근 보호무역의 확대와 관련된 〈뉴스와 경제학 : 다자무역체제 약화와 지역무역협정 활성화〉를 추가했다.

제9장(국가경제의 순환과 기본 문제)은 국민소득계정과 물가지수, 금융거래표를 업데이트하고, 〈현실과 경제학 : 고령화와 가계부채, 그리고 자산시장의 변화〉에서 가계부채 증가율 및 채무상환 부담을 최근의 것으로 대체했으며, 5절(국가경제의 기본 문제)의 우리나라 GDP 장기추세와 경기변동 추이를 업데이트했다. 제10장(국가경제의 장기적 경제성장)에서는 장기적 성장의 주요 특징을 나타내는 자료 및 데이터, 성장회계 결과를 2010년대까지 업데이트했다. 제11장(경제성장이론과 경제성장정책)에서는 외생적 성장이론(솔로우 모형)의 주요 시사점을 뒷받침하는 실증자료 및 분석결과를 추가하고 내생적 성장이론을 R&D모형과 인적자본모형으로 구분해 각각의 핵심 내용을 직관적으로 설명했다. 그리고 3절(경제성장의 여러 문제)에

서는 국가 간 자본축적과 생산성의 차이를 가져오는 여러 구조적 요인 중 상대적으로 중요하다고 여겨지는 금융, 고령화, 소득불평등에 초점을 맞추어 경제성장과의 관계를 살펴보았고 4절(경제성장정책)에서는 소득분배정책과 동반성장을 위한 재정정책에 대한 논의를 추가했다. 제12장(국가경제의 단기적 경기변동)에서는 〈현실과 경제학 : 우리나라의 기준순환일〉과 실질GDP, 소비, 투자, 고용, 물가 등 주요 거시경제지표의 단기적 경기변동 추이를 업데이트했다. 제13장(화폐와 거시경제)에서도 통화량(M1, M2), 국제수지표, 환율 추이 등을 업데이트하고 〈생활과 경제학 : 비트코인은 '화폐' 인가?〉에서 최근 주목을 받은 가상화폐의 역할을 논의했다. 제15장(경기안정화정책)에서는 양적완화, 사전적 정책방향 제시, 마이너스 금리정책 등 비전통적 화폐금융정책과 〈현실과 경제학 : 대침체와 양적완화, 그리고 화폐금융정책의 정상화〉를 추가하고 〈현실과 경제학 : 세계적인 저금리 정책 기조와 글로벌 금융위기〉, 〈현실과 경제학 : 유럽 재정위기와 OECD 정부부채〉, 우리나라의 재정적자 및 국가채무를 각각 업데이트했다. 끝으로 제16장(실업 · 인플레이션과 필립스곡선)에서는 〈현실과 경제학 : 우리나라의 자연실업률과 필립스곡선〉을 업데이트했다.

이번 개정에 김한솔(서울대 경제학부 박사과정)이 사례 및 통계자료 업데이트를 포함하여 많은 도움을 주었다. 도서출판 청람의 이수영 사장님, 정준모 부장님, 이영란 실장님께서는 인내심을 갖고 이번 개정을 도와주셨다. 모든 분들께 깊은 감사를 표한다. 저자에게 늘 따뜻한 가정을 만들어준 가족에게도 고마움과 사랑을 전한다. 끝으로 이 책의 모체인 『경제학원론』 공저자 선생님 세 분의 가르침과 격려에 깊이 감사드린다.

2021년 1월 18일
김영식 씀

| 차 례 |

Chapter 01 | 경제학이란 무엇인가?

Part 01 | 미시경제학

Chapter 02 | 수요 · 공급과 시장균형

Chapter 03 | 소비자의 효용극대화와 수요곡선

Part 02 | 거시경제학

Chapter 09 | 국가경제의 순환과 기본 문제

Chapter 10 | 국가경제의 장기적 경제성장

Chapter 11 | 경제성장이론과 경제성장정책

Chapter 12 | 국가경제의 단기적 경기변동

Chapter 15 | 경기안정화정책

Chapter 16 | 실업 · 인플레이션과 필립스곡선

Chapter 01

경제학이란 무엇인가?

경제학이 어떤 학문인가에 대해 한마디로 대답하기란 쉽지 않다. 경제학에는 국가와 사회, 법과 제도, 계층과 집단 등 사회과학의 영역뿐만 아니라 역사와 철학, 윤리와 같은 인문학의 요소와 수학, 물리학, 통계학 등 자연과학의 요소도 공존한다. 경제학의 특성이 이처럼 다양하기 때문에 "경제학이란 경제학자들이 하는 학문을 말한다(Economics is what economists do)"라고 일컫는 학자도 있다.
그러나 많은 경제학자들은 경제학이 "주어진 제약 하에서 자신의 목표를 최대한 달성하기 위한 이기적인 경제주체의 합리적 선택"을 다룬다는 점에 대체로 동의한다. 그들은 기본적으로 경제주체가 시장에서 자유롭게 거래할 수 있을 때 대체로 만족스러운 성과가 나온다는 점에 동의하지만, 정부가 나서서 때때로 고장을 일으키는 시장이라는 장치를 보완해야 할 필요가 있다는 점에도 공감한다.

이 장에서는 먼저 경제학의 기본 문제를 포함한 경제학의 주요 측면에 대해 개괄적으로 알아보려고 한다. 이를 위해 다음과 같은 문제에 대해 논의해 보자.

- 왜 사람들은 거래를 하는가?
- 왜 시장경제인가?
- 어떻게 시장경제를 이해하고 더 좋은 세상을 만들 것인가?

1 경제학의 기본 문제

경제학의 기본 전제
- 무한한 욕구
- 제한된 수단(자원의 희소성)

인간은 다양한 욕구를 충족하기 위해 경제행위를 한다. 인간의 욕구는 좋은 집에 살고자 하는 욕구, 돈을 벌고 싶은 욕구, 지식에 대한 욕구, 출세에 대한 욕구, 사랑에 대한 욕구, 마음의 평화를 얻고자 하는 욕구 등 한없이 많다. 예를 들어 금, 다이아몬드 등 보석을 마음껏 가질 수 있을 때 얼마나 갖고 싶으냐고 묻는다면 대부분의 사람은 "전부 다"라고 답할 것이다. 어떤 욕구의 가치가 다른 욕구의 가치에 비해 본질적으로 낮다거나 못하다고 할 수는 없지만, 인간의 욕구가 무한하다는 것은 부인할 수 없는 사실이며, 이는 경제학의 기본적인 전제이다.

그런데 그 욕구를 충족시킬 수 있는 수단은 항상 한정되어 있다. 욕구를 충족시키기 위해서는 돈과 능력, 시간이 있어야 하는데, 이 모두를 무제한으로 가지고 있는 사람은 아무도 없다. 따라서 욕구를 충족시킬 수 있는 수단에는 항상 어떤 제약이 있기 마련이다. 욕구충족의 수단이 제약되어 있다는 것, 이 또한 경제학의 기본 전제이다.

1.1 자원의 희소성과 선택

무한히 많은 욕구를 충족시킬 수 있는 수단은 제한되어 있기 때문에, 인간은 부족한 수단을 가장 효율적으로 사용하기 위해 선택을 해야 한다. 선택, 이것이 바로 경제행위의 핵심이다. 흔히 '경제한다(economize)'라는 용어는 '아낀다' 또는 '절약한다'는 뜻을 내포하고 있다. 이는 인간이 항상 돈만 아끼는 인색한 구두쇠 같은 존재라는 뜻이 아니라 인간은 항상 일종의 제약 속에 있으며, 따라서 주어진 자원을 최대한 효율적으로 써야 한다는 뜻을 담고 있다.

인간이 선택을 할 때에는 경제적 유인(incentive)에 반응하기 마련이다. 유인이라 함은 어떤 행동을 하도록 하는 자극을 말하는데, 흔히 소비자의 구매욕구나 직원의 근로의욕을 높이는 것을 의미하는 경우가 많다. 백화점의

할인판매(bargain sale)나 기업의 성과급 제도가 대표적인 예에 해당한다.

이러한 유인은 비단 위와 같은 예에만 국한된 것이 아니다. 사람이 하는 선택 모두가 경제적 유인과 관련되어 있다. 예를 들어 어떤 편의점에서 강도가 증가함에도 불구하고 무장경비원을 배치하지 않는 이유를 생각해 보자. 잘 훈련된 경비원의 월급과 수당 지급에 드는 비용이 연간 3천만원인 데 반해 강도에게 잃는 평균손실은 약 2백만원에 지나지 않는다면, 경제적 유인은 뚜렷하다. 즉, 무장경비원을 고용하는 것보다 강도를 참아내는 편이 비용이 덜 드는 것이다. 따라서 편의점 주인은 경제적 유인에 따라 무장경비원을 고용하지 않는 선택을 하게 된다. 또 다른 예로서 사람들의 기부행위도 이타심이라는 내면적 동기뿐만 아니라 세금공제 혜택 등 경제적 유인과 관련되어 있다.

희소성의 예 : 생수

(1970년대)

(현재)

한국은행 경제교육 홈페이지 (http://www.bokeducation.or.kr)

사실 사람은 자기도 모르게 언제 어디에서나 항상 선택을 하고 있다. 우리는 식사를 할 때 자기만족을 극대화하기 위해 자신이 좋아하는 음식을 골라 먹는다. 길을 걸어갈 때에도, 수강신청을 할 때에도, 전공과목을 택할 때에도 자신이 좋아하는 길, 과목, 그리고 학과를 선택한다. 모두 자기의 만족도를 극대화하기 위해서이다. 이렇게 볼 때 인생 전체가 선택의 연속이라고 볼 수도 있는데, 이는 인간이 합리적인 행동을 통해 자신도 모르는 사이에 경제활동을 한다는 뜻이다.

1.2 편익과 비용

선택을 한다는 것은 어떤 것을 얻기 위해 다른 것을 포기하는 것을 의미한다. 예를 들어 오늘 오후에 공부, 영화 관람, 게임 모두를 하고 싶다고 가정하자. 이러한 욕구 중에서 만일 공부를 선택한다면, 아쉽지만 영화 관람과 게임은 시간상 하기 어려울 것이다. 공부 중에서도 경제학도 해야 하고 수학도 해야 하는데, 두 가지를 다 할 수 없어 경제학을 선택한다면 수학은 포기할 수밖에 없다.

편익
선택으로부터 얻는 것

비용
선택으로부터 잃는 것

어떤 선택을 하든 얻는 것(**편익**, benefit)이 있으면 잃는 것(**비용**, cost)이 있다. 득(得)이 있으면 실(失)이 있는 것이다. 역으로 말하면 실이 없는 득이란 없다. 어떤 것을 얻을 때 반드시 대가를 치러야 한다는 것, 이것이 바로 경제원리의 기본이다.

합리적인 선택
최소의 비용으로 최대의 효과를 거둘 수 있는 선택

합리적인 사람이라면 어떤 의사결정을 할 때에 항상 득과 실을 비교해서 득이 있을 때에는 실을 최소화하고 실을 감수해야 할 때에는 최대의 득을 얻도록 결정할 것이다. 이를 두고 흔히 최소의 비용으로 최대의 편익을 거둘 수 있는 선택이라 한다. 엄밀히 말한다면, 일정한 비용을 부담해야 할 경우라면 최대의 편익을 거둘 수 있는 선택을 하고, 일정한 효과를 기대할 경우에는 최소의 비용이 드는 선택을 하는 것, 이것이 경제원리이다.

간단한 원리라고 생각할지 모르나, 인간은 이 원리를 간과하는 의사결정을 하는 경우가 많다. 이 간단한 경제원리를 무시하는 의사결정을 하여 사적으로 큰 손해를 보고, 공적으로 큰 재앙을 불러일으킨 사례 또한 많다. 특히 경제 외적인 목표에 집착할 경우 이 원리는 종종 간과된다. 또 편익과 비용에 관한 이해가 부족할 경우에도, 이러한 경제원리를 무시한 의사결정이 이루어진다. 예를 들어 진시황은 만리장성을 쌓을 때 상상을 초월한 비용을 치렀다. 많은 사람이 죽고 백성의 원성을 샀으며 결국 진나라는 곧 망하고 말았다. 만리장성으로부터 얻는 편익, 즉 북방 기마민족의 침략을 막는 효과가 과연 얼마였는지는 알 수 없으나, 진시황이 만일 경제원리를 알았더라면 만리장성은 쌓지 않았을 것이고 진 제국은 좀더 오래 지속되었을 것이다.

합리적인 인간이라면 그가 직면한 여러 가지 바람직한 가능성 중에서 그에게 가장 큰 만족을 주는 최선의 가능성을 선택할 것이다. 그러나 이 경우 그는 다른 모든 가능성을 포기해야 한다. 이처럼 어떤 것을 선택할 때 포기하는 여러 가지 가능성 중 가장 큰 만족을 줄 것으로 기대되었던 것, 즉 차선책(next best alternative)의 가치를 **기회비용**(opportunity cost)이라고 부른다. 다시 말해서, 기회비용이란 '포기한 여러 가지 것 중에서 가장 가치가 큰 것'이다.

기회비용
어떤 것을 선택할 때 포기된 여러 가지 중에서 가치가 가장 큰 것

[표 1-1]에서 이를 살펴보자. 표에는 경제학을 공부하는 유나가 오후시간을 활용하는 네 가지 방안이 표시되어 있다. 네 가지 모두 유나에게 어느 정도의 만족 또는 효용을 준다. 효용은 그 크기를 마치 무게나 길이 또는 온도를 측정할 때처럼 절대치로 표시할 수는 없지만 상대적 순위는 알 수 있기

표 1-1

유나의 오후시간 용도와 그 효용

오후시간의 용도	효용의 순위
경제학 공부	1
영화 관람	2
수학 공부	3
컴퓨터 게임	4

때문에 표에는 경제학 공부가 1순위, 영화 관람이 2순위로 표시되어 있다. 물론 유나는 자신에게 가장 큰 만족을 주는 경제학 공부를 선택하고 다른 것은 포기할 것이다. 따라서 포기된 것 중 가장 최선인 영화 관람의 효용이 곧 경제학 공부의 기회비용이 된다.

사람이 어떤 선택을 잘못했다는 것은 기회비용을 너무 많이 치렀음을 의미한다. 경제학 공부로부터는 얻은 것이 별로 없고 포기한 영화 관람으로부터는 훨씬 큰 것을 얻었을 수도 있었다고 하자. 그렇다면 그가 영화 관람 대신에 경제학 공부를 선택한 것은 결과적으로 잘못된 선택이며 그는 경제학을 위해 너무나 큰 기회비용을 치른 셈이다.

1.3 시장과 교환의 이득

우리는 앞서 경제학의 기본 전제로서 어떠한 사회에서도 인간의 욕구를 충족할 수 있는 수단이 희소하다는 점을 확인했다. 이는 노동력, 기계, 자연자원 등 제한된 자원을 이용하여 생산되는 재화와 서비스의 양도 제한될 수밖에 없음을 의미한다. 특히 어떤 재화나 서비스를 더 많이 생산하는 것은 다른 재화 혹은 서비스를 덜 생산할 수밖에 없는 상충관계(trade-off)를 항상 수반한다. 먼저 이러한 상충관계를 분석하기 위해 널리 사용되는 생산가능곡선을 알아보자. 그리고 서로 다른 생산가능곡선을 가지고 있는 두 경제주체가 분업과 교환을 통해 더 나은 상태로 이동하게 되는 과정을 살펴보자.

■ 그림 1-1

	사용시간		생산량	
	포도	키위	포도(kg)	키위(kg)
A	5	0	10	0
B	4	1	8	1
C	3	2	6	2
D	2	3	4	3
E	1	4	2	4
F	0	5	0	5

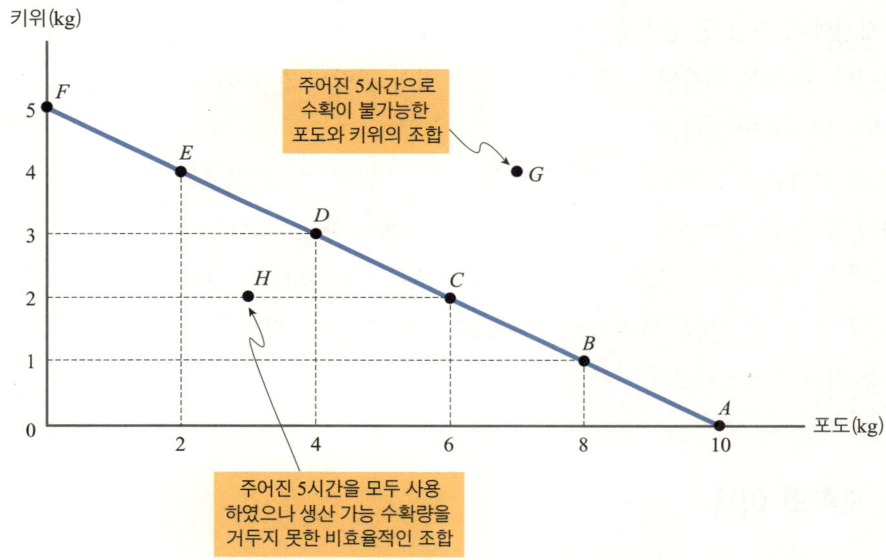

수지의 생산가능곡선

수지의 생산가능곡선은 키위를 나타내는 세로축에서 5kg과 만나고 포도를 나타내는 가로축에서 10kg과 만나는 직선이 된다. 이때 생산가능곡선 밖의 점 G는 수지의 능력으로 생산이 불가능한 생산점을, 생산가능곡선 안의 점 H는 비효율적인 생산점을 나타낸다.

1.3.1 생산가능곡선

생산가능곡선
사용 가능한 자원이 일정할 때 최대로 생산 가능한 재화나 서비스의 조합을 나타내는 곡선

생산가능곡선(production possibility frontier ; PPF)은 사용 가능한 자원이 일정할 때 최대로 생산 가능한 재화나 서비스의 조합을 나타내는 곡선이다.

예를 들어 수지는 포도나무와 키위나무를 가지고 있으며 하루에 5시간을 키위와 포도를 따는 데 사용한다고 하자. 구체적으로 수지는 1시간에 2kg의 포도 또는 1kg의 키위를 딸 수 있다고 하자. 그러면 수지가 사용 가능한 5시간으로 최대한 딸 수 있는 포도와 키위의 조합은 [그림 1-1]과 같다.

예를 들어 수지가 5시간 전부를 포도나 키위를 따는 데 쓴다면 각각 포도 10kg과 키위 5kg을 딸 것이다. 따라서 수지의 생산가능곡선은 [그림 1-1]과 같이 키위를 나타내는 세로축에서 5kg과 만나고 포도를 나타내는 가로축에서 10kg과 만나는 직선이 된다. 또한 수지가 포도를 따는 데 1시간을 더 사용할 때마다 포도는 2kg을 더 따지만 동시에 키위는 1kg을 덜 따게 되므로 포도를 2kg 더 따는 기회비용은 키위 1kg이 된다. 이는 포도 1kg의 기회비용이 키위 $\frac{1}{2}$kg, 키위 1kg의 기회비용은 포도 2kg임을 의미한다.

이때 생산가능곡선 상의 조합들은 수지가 5시간을 모두 활용하여 주어진 포도와 키위의 조합을 따는 데 최소한의 시간이 사용되고 있다는 의미에서 **효율적**(efficient)이다. 반면 [그림 1-1]에서 조합 *H*는 5시간을 가지고 최대한의 수확이 이루어지지 않고 있기 때문에 **비효율적**(inefficient)이다. 물론 수지는 생산가능곡선을 넘어서 조합 *G*와 같은 수확을 원할 수도 있지만, 5시간의 노동과 수지의 현재 기술로는 불가능하다.

효율적
생산가능곡선 상의 재화 조합

비효율적
생산가능곡선 내부의 재화 조합

1.3.2 분업과 교환

이제 분업과 교환으로부터 얻을 수 있는 이득을 살펴보자. 이번에는 수지뿐만 아니라 민호도 포도나무와 키위나무를 가지고 있으며 하루에 5시간을 키위와 포도를 따는 데 사용한다. 수지와 달리 민호는 1시간에 1kg의 포도 또는 1kg의 키위를 딸 수 있다고 하자. 그러면 민호가 사용 가능한 5시간으로 최대한 딸 수 있는 포도와 키위의 조합은 [그림 1-2]와 같다. 즉, 민호가 5시간 전부를 포도나 키위를 따는 데 쓴다면 각각 포도 5kg과 키위 5kg을 딸 것이다. 따라서 민호의 생산가능곡선은 [그림 1-2]와 같이 키위를 나타내는 세로축과 포도를 나타내는 가로축에서 각각 5kg과 만나는 직선이 된다. 이때 민호가 포도를 따는 데 1시간을 더 사용할 때마다 포도는 1kg을 더 따

■ 그림 1-2

	사용시간		생산량	
	포도	키위	포도(kg)	키위(kg)
A	5	0	5	0
B	4	1	4	1
C	3	2	3	2
D	2	3	2	3
E	1	4	1	4
F	0	5	0	5

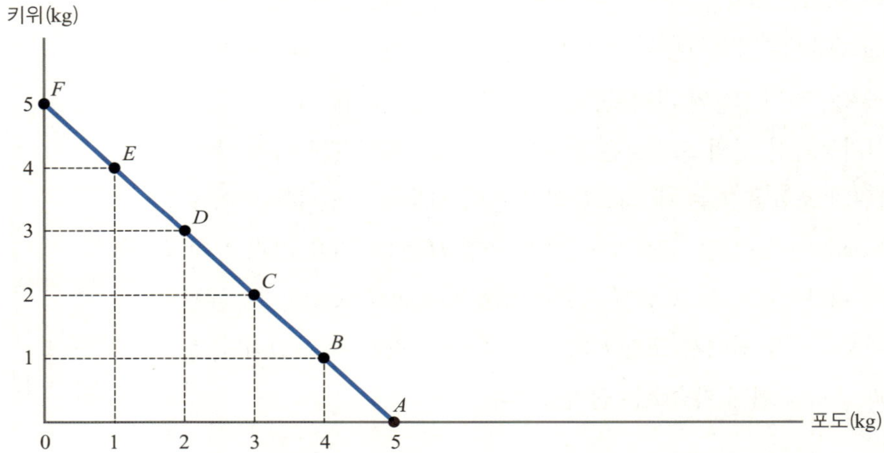

민호의 생산가능곡선

민호의 생산가능곡선은 키위를 나타내는 세로축과 포도를 나타내는 가로축에서 각각 5kg과 만나는 직선이 된다. 이때 민호가 포도를 1kg 더 따는 기회비용은 키위 1kg이 된다.

지만 동시에 키위는 1kg을 덜 따게 되므로 포도를 1kg 더 따는 기회비용은 키위 1kg이 된다. 이는 키위 1kg의 기회비용이 포도 1kg임을 의미한다. 따라서 수지는 키위보다 포도를 따는데 상대적으로 낮은 기회비용을 가지고 있는 반면, 민호는 포도보다 키위를 따는데 상대적으로 낮은 기회비용을 가지고 있다.

수지와 민호가 거래를 하지 않는 경우 두 사람은 각각 자신이 생산한 만큼만 소비할 수 있다. 예를 들어 거래가 없는 경우 수지는 포도 6kg과 키위

그림 1-3

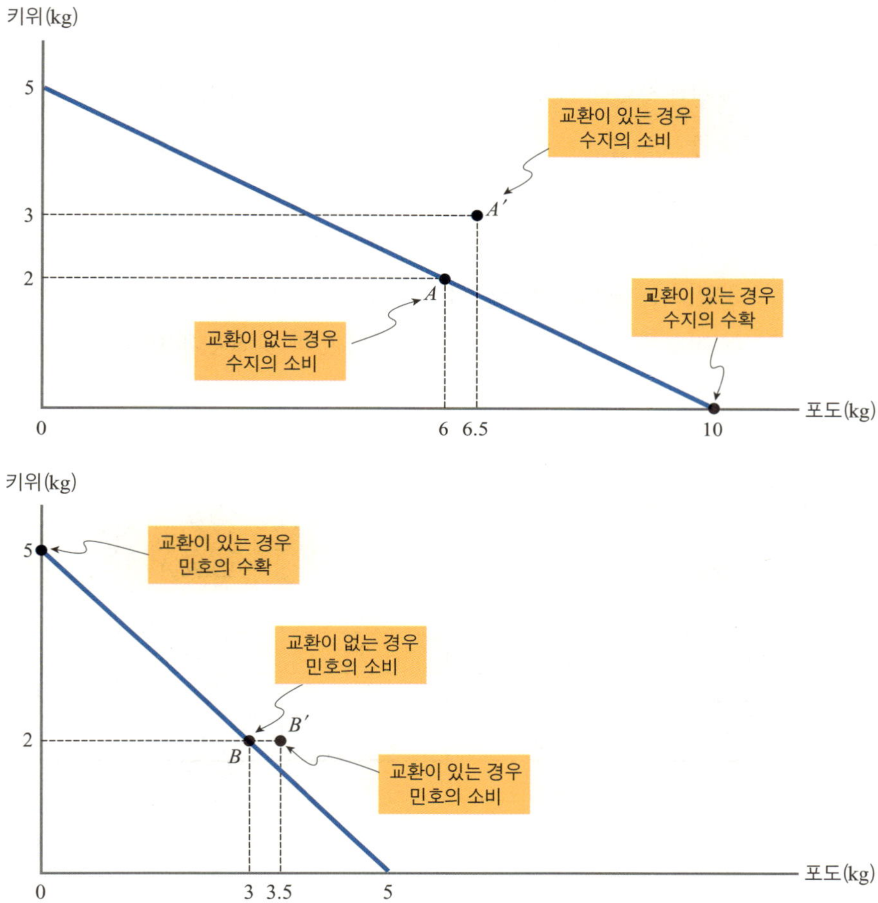

교환으로부터의 이득

수지와 민호가 비교우위에 따라 각각 포도와 키위에 특화하여 교환을 한 결과 수지는 *A′*점에서 이전보다 포도 0.5kg과 키위 1kg을, 그리고 민호는 *B′*점에서 포도 0.5kg을 더 소비할 수 있게 되었다.

2kg을 따서 소비하는 반면, 민호는 포도 3kg과 키위 2kg를 따서 소비한다고 하자. 이 포도와 키위의 소비 조합은 [그림 1-3]에서 각각 *A*와 *B*로 나타난다.

만약 어느 날 민호가 수지에게 와서 자신이 딴 키위 3kg을 수지의 포도 3.5kg과 교환할 것을 제안했다고 하자. 수지는 이 제안을 받아들여야 할까? 수지는 민호의 제안으로부터 이득을 얻기 위해 5시간 전부를 기회비용이 상대적으로 낮은 포도 따는 데 사용해서 10kg의 포도를 딴 뒤, 그 중 3.5kg을 민호의 키위 3kg과 교환한다. 그 결과로 수지는 [그림 1-3]의 A'과 같이 포도 6.5kg과 키위 3kg을 소비할 수 있을 것이다. 한편 민호는 5시간 전부를 상대적으로 기회비용이 낮은 키위 따는 데 사용해서 5kg의 키위를 딴 뒤, 그 중 3kg을 수지의 포도 3.5kg과 교환하면 [그림 1-3]의 B'과 같이 포도 3.5kg과 키위 2kg을 소비할 수 있을 것이다. 이러한 거래의 결과 수지는 자신의 생산가능곡선을 넘어서 거래 이전에 비해 포도 0.5kg과 키위 1kg을, 민호는 포도를 0.5kg 더 소비할 수 있게 되었다. [표 1-2]는 수지와 민호의 거래로부터 발생한 생산과 소비의 변화 및 교환의 이득을 요약한 것이다.

분업과 교환을 통해 기존에 생산 불가능했던 조합을 소비할 수 있다.

표 1-2

교환의 이득 : 요약

	수지		민호	
	포도(kg)	키위(kg)	포도(kg)	키위(kg)
교환이 없는 경우 생산과 소비	6	2	3	2
교환이 있는 경우 생산	10	0	0	5
교환이 있는 경우 소비	6.5	3	3.5	2
교환의 이득(소비의 증가)	0.5	1	0.5	0

1.3.3 비교우위와 교환의 이득

위의 예에서 수지와 민호 사이에 교환과 거래가 일어날 수 있었던 이유는 [표 1-3]에 요약한 바와 같이 수지와 민호의 포도와 키위 따는 일의 기회비용이 서로 다르기 때문이었다. 수지는 5시간을 들여 민호와 같은 양의 키위를 딸 수는 있어도, 키위를 따는 경우 민호보다 더 많은 포도를 포기해야 하기 때문에 키위를 따는 기회비용이 더 크다. 즉, 키위를 따는 일은 수지와 민호가 상대방에 비해 **절대우위**(absolute advantage)에 있지는 않지만, 민호가 수지에 비해 **비교우위**(comparative advantage)에 있는 것이다. 반면에 수지는 포도를 따는 기회비용이 민호가 포도를 따는 기회비용보다 작다는 의미에서

절대우위
같은 재화를 다른 생산자에 비해 더 적은 생산요소를 이용하여 생산할 수 있는 능력

비교우위
같은 재화를 다른 생산자에 비해 더 적은 기회비용으로 생산할 수 있는 능력

표 1-3

수지와 민호의 기회비용

	포도 1kg을 따는 기회비용	키위 1kg을 따는 기회비용
수지	키위 0.5kg	포도 2kg
민호	키위 1kg	포도 1kg

포도를 따는 데 비교우위를 가지고 있다. 따라서 수지는 포도를 따는 데 특화하고 민호는 키위를 따는 데 특화하면, 상호 교환을 통해 두 사람 모두 이득을 얻게 되는 것이다.

요약하면 교환과 거래에 따른 이득의 기초는 절대우위가 아니라 비교우위에 있다. 사람들은 비교우위를 가진 재화와 서비스의 생산에 전문화하고 이를 필요한 재화 및 서비스와 교환함으로써 이득을 얻을 수 있다. 이것이 바로 시장이 형성되는 가장 중요한 이유이다.

2 시장경제

시장(market)은 재화와 서비스의 판매자와 구매자가 모여서 거래하는 데 필요한 제도나 기구를 의미한다. 구체적으로 시장은 동네 가게나 할인매장, 증권거래소와 같이 실제 장소이거나 e-bay, 옥션(Auction), G마켓(Gmarket)과 같이 가상의 공간일 수 있다. 이러한 시장에서 구매자는 재화나 서비스의 수요자이고 판매자는 재화나 서비스의 공급자이다. 대표적 경제주체인 가계와 기업은 여러 시장에서 구매자와 판매자로서 상호작용한다. 예를 들어 컴퓨터와 같이 소비를 위한 재화와 교육과 같은 서비스가 거래되는 상품시장에서 가계는 구매자 또는 수요자이고, 기업은 판매자 또는 공급자이다. 반면에 이러한 상품의 생산에 투입되는 노

시장
재화와 서비스의 판매자와 구매자가 모여서 거래하는 데 따르는 제도나 기구

동, 자본, 자연자원, 그리고 기업가의 능력이 거래되는 생산요소시장에서 가계는 공급자이고 기업은 수요자이다.

한편 이러한 시장들은 일반적으로 서로 밀접하게 연관되어 있다. [그림 1-4]는 경제 전체에서 상품시장, 생산요소시장, 그리고 시장참여자들인 가계와 기업이 어떻게 연결되어 있는지를 보여주는 **경제순환모형**(circular-flow diagram)이다. 가계는 요소시장에서 노동과 다른 생산요소를 제공하고 그 대가로 기업이 지불하는 임금과 기타 보수를 받는다. 상품시장에서 가계는 요소시장에서 얻은 소득을 이용하여 기업이 판매하는 상품을 구입한다. 기업은 이러한 상품을 생산하기 위해 가계가 공급한 생산요소를 사용한다.

경제순환모형
경제 전체에서 상품시장, 요소시장, 그리고 시장참여자들(가계, 기업)이 어떻게 연결되어 있는지를 보여주는 모형

그러나 [그림 1-4]의 경제순환모형은 현실경제를 단순화한 것으로, 가계와 기업 이외의 경제주체인 정부, 금융 및 해외부문이 생략되어 있다. 실제로 정부는 기업으로부터 상품을 구입하고, 안전한 사회를 보장하며, 실업수

그림 1-4

경제순환모형

가계는 요소시장에서 노동과 다른 생산요소를 제공하고 그 대가로 기업이 지불하는 임금과 기타 보수를 받는다. 상품시장에서 가계는 요소시장에서 얻은 소득을 이용하여 기업이 판매하는 상품을 구입한다. 기업은 이러한 상품을 생산하기 위해 가계가 공급한 생산요소를 사용한다. 시장시스템은 가계와 기업의 역할을 조정하여 시장경제가 잘 유지되도록 만든다.

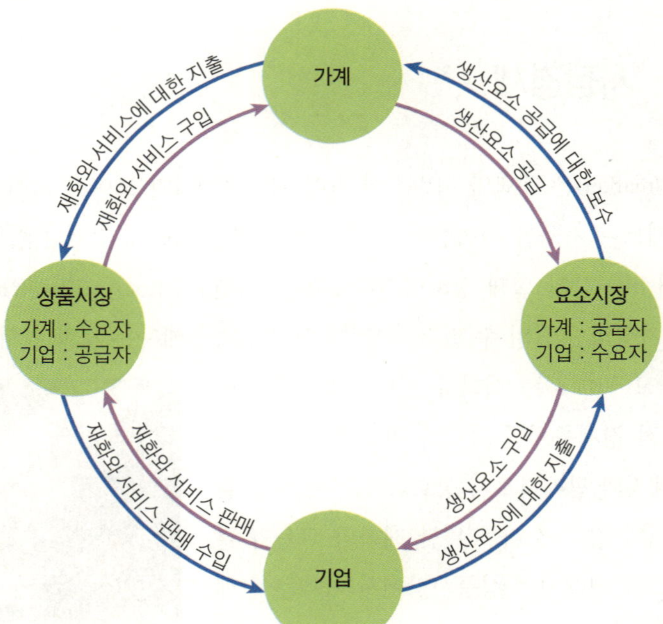

당 등을 가계에 지불한다. 한편 정부는 이러한 지출에 필요한 재원을 조달하기 위해 가계와 기업에 세금을 부과한다. 또한 경제에는 자금이 남아도는 흑자부문으로부터 자금이 부족한 적자부문으로의 자금흐름을 도와주는 은행, 주식시장, 채권시장 등 금융시장이 존재한다. 이 밖에 한 국가경제의 가계가 구입하는 몇몇 재화와 서비스는 해외에서 생산되고, 반대로 국내 기업들이 생산하는 몇몇 재화와 서비스는 외국의 소비자나 기업에게 판매된다.

2.1 시장경제의 효율성

가계나 기업이 재산권을 행사하면서 자유롭게 경제활동을 할 수 있도록 경쟁하는 것이 허용되는 **시장경제**(market economy)에서 과연 모두가 행복해지며 국가경제가 가장 잘 발전할 수 있을까?

가계와 기업의 자유로운 경제활동이 각자의 이익뿐만 아니라 사회 전체의 발전을 가져오는 데 필수적임을 주장한 최초의 학자가 바로 아담 스미스(Adam Smith)이다. 17~18세기 유럽에서 지배적인 경제사상은 **중상주의**(mercantilism)였다. 중상주의 이론체계를 확립한 사상가는 사실상 없었지만, 이 사상은 당시 유럽의 군주들이 공통적으로 신봉한 사상체계였다. 이 이론은 국가가 산업발전을 주도하여 공장을 세우고 기업 운영에 개입하여 지시·통제해야 한다고 주장한다. 그리고 이렇게 세워진 생산업체에서 생산된 상품을 가급적 많이 수출하는 동시에 외국으로부터의 수입을 가급적 줄여서 그 대가로 귀금속(금, 은)을 많이 끌어 모아 축적하는 것이 나라의 부(wealth)를 증대시키는 길이라고 역설한다.

중상주의
국가가 주도하여 세운 생산업체의 제품을 가급적 많이 수출하고 외국으로부터의 수입을 가급적 줄임으로써 나라의 부를 증대시켜야 한다는 견해

1776년 발행된 아담 스미스의 『국부론』 초판본

아담 스미스는 이 사상에 반대하여 1776년에 『국부론』(*An Inquiry into the Nature and Causes of the Wealth of Nations*)이라는 경제학 사상 최고의 고전을 출간했다. 스미스의 문제의식은 나라의 부가 귀금속의 축적에 있는 것이 아니라 국가가 해마다 생산하는 총생산량에 달려 있다는 것이었다. 그리고 그의 주장에 따르면, 생산능력을 높이기 위해서는 국가가 산업을 통제하는 대신 자유로운 경제활동을 허용해 각자가 스스로의 이익을 추구하는 것을

보장해야 했다.

그는 모든 개인이나 기업이 사사로운 이익을 위해 서로 경쟁을 하면서 경제활동을 하면 그것이 나라의 부를 극대화할 것이라고 보았다. 각자가 스스로의 이익을 위해 경쟁을 벌이면 곧 싸움이 일어나서 시장이 혼란에 빠질 것 같지만 그렇지 않다는 것이다. 기업은 기업끼리 경쟁을 하고 소비자들은 소비자들끼리 경쟁을 하게 한다면, 잘하는 기업은 살아남고 못하는 기업은 도태될 것이며 소비자들도 서로의 경쟁을 통하여 최고의 만족을 얻게 되어 결국 국가 전체의 부를 극대화하게 될 것이라고 아담 스미스는 주장했다. 누군가가 지시하고 명령해서 이렇게 되는 것이 아니다. 경제사회에는 시장이라는 '**보이지 않는 손**(invisible hand)'이 개개인의 사익 추구를 공익 증진으로 유도한다는 것이다.

보이지 않는 손
경제활동의 자유를 허용하여 모든 개인이나 기업이 사익을 위해 서로 경쟁을 하면 나라의 부가 극대화된다.

조셉 슘페터의 『자본주의, 사회주의, 민주주의』

물론 스미스는 어떤 나라를 막론하고 시장만으로는 해결할 수 없는 일이 있음을 알고 있었다. 예를 들어 외국의 침략으로부터 나라를 지켜야 한다든지, 사회의 치안을 지켜야 하는 일 등은 정부가 담당해야 한다고 보았다. 그러나 그런 일을 제외하고는 정부가 민간의 경제활동에 개입할 필요가 없고 정부는 작을수록 좋으며 민간의 경제활동은 자유로울수록 좋다고 주장하였다. 즉, 자유방임의 정책이 가장 좋은 정책이라는 것이 스미스의 이론이다.

한편 조셉 슘페터(Joseph A. Schumpeter)는 1942년에 출간된 『자본주의, 사회주의, 민주주의』(*Capitalism, Socialism and Democracy*)에서 자본주의 사회의 발전이 자유시장의 경쟁에서 나오는 **혁신**(innovations)에 의해 이루어진다는 것을 강조하였다. 혁신이라는 것은 새로운 발상, 새로운 생산 및 판매기술, 그리고 새로운 기업조직 등을 만들어내는 능력을 말한다. 기업이나 경제 또는 나라 전체가 발전하기 위해서는 혁신에 의해 낡고 비효율적인 것이 경쟁에서 도태되어 없어지고, 새롭고 효율적인 방법이 낡은 방법을 대체해야 한다. 슘페터에 의하면 자본주의 경제에서는 "창조적 파괴의 끊임없는 강풍(perennial gale of creative destruction)"이 역동적 발전을 가져오는데, 이는 자본주의 발전의 핵심을 가장 잘 지적하고 있다.

혁신
새로운 발상, 새로운 생산 및 판매기술, 새로운 기업조직 등을 만들어내는 능력

기업가정신
기업의 본질인 이윤추구와 사회적 책임의 수행을 위해 기업가가 마땅히 갖추어야 할 자세나 정신

특히 슘페터는 자본주의 발전의 요체를 **기업가정신**(entrepreneurship)에서 찾았다. 여러 경제주체들 가운데서도 기업가는 시장경제가 작동하는 데 핵심

표 1-4

혁신의 역사

세대	특징	사례
1세대(1915 이전)	개인 발명가 중심	구텐베르크의 인쇄활자, 에디슨의 전구, 라이트형제의 비행기, 포드의 어셈블리 라인
2세대(1915~1950)	기업의 대규모 연구실	듀폰(DuPont)의 나일론, 프록터 & 갬블(Proctor & Gamble)의 치약 · 기저귀 · 세제, 록히드마틴(Lockheed Martin)의 첩보비행기와 전투기
3세대(1960~2008)	벤처캐피탈을 활용한 벤처기업	애플(Apple), 마이크로소프트(MicroSoft), 아마존(Amazon), 페이스북(Facebook), 구글(Google)
4세대(2008~현재)	비즈니스 모형(생태계) : 대규모 기업들과 신규 창업자들의 아이디어가 연결된 상생 네트워크	아마존 킨들(Kindle)–콘텐츠, 구글–안드로이드(Android), 애플–애플리케이션 개발자

출처 : Anthony, S. D., "The New Corporate Garage," *Harvard Business Review*, 2012. 9.

적인 역할을 한다. 기업가는 먼저 소비자가 원하는 어떤 재화와 서비스를 생산할 것인지, 그리고 높은 이윤을 얻기 위해서 노동, 자본, 그리고 자연자원 등 생산요소를 어떻게 조합하여 상품을 생산할 것인지 결정한다. 이러한 일 중에서도 특히 새로운 사업에 대한 기업가의 투자 결정은 보통 불확실성이라는 위험을 감수해야 하므로 중요하다. 예를 들어 소비자가 원하는 상품과 그것을 생산하는 최선의 방법에 대해 잘못 판단하는 경우 기업가는 투자자금을 잃을 수도 있다. 실제로 헨리 포드(Henry Ford)와 도요타 사키치(Toyoda Sakichi)와 같은 기업가들은 초창기에 실패를 경험하였으나, 결국 포드자동차와 도요타자동차로 큰 성공을 거두었다.

한편 이러한 기업가의 투자위험 감수와 사업의 성공 가능성을 높이기 위해 정부는 사적인 재산권을 보호하고 독립적인 사법제도를 통해 개인들 간의 계약 집행을 도와야 한다. **재산권**(property right)이란 개인이나 기업이 그들의 재산을 팔고 사는 권리를 포함하여 재산을 배타적으로 사용할 수 있는 권리를 말한다. 여기서 재산은 상점이나 공장과 같은 유형의 자산뿐만 아니라 새로운 제품의 아이디어나 소프트웨어와 같은 무형의 자산도 포함한다. 만약

재산권
개인이나 기업이 재산을 팔고 사는 것을 포함하여 재산을 배타적으로 사용할 수 있는 권리

기업가들의 사업이 정부에 몰수되거나 이윤을 범죄단체에게 빼앗기는 일로부터 잘 보호받지 못한다면 기업가는 자금을 새로운 사업에 투자하는 위험을 굳이 감수하려 하지 않을 것이다. 선진국에 비해 후진국에서 재산권이 비교적 잘 보호받지 못하는 것만 보더라도 사적 재산권 보호가 시장경제의 발전에 미치는 영향을 쉽게 짐작할 수 있다.

2.2 시장실패와 정부의 역할

아담 스미스의 이론은 이후 영국의 여러 경제학자들에 의해 보완되어 자본주의 경제발전을 뒷받침하는 정교한 이론이 되었다. 그러나 19세기 후반부터 시장의 움직임은 스미스가 생각한 것처럼 원활하지 않으며 고장이 자주 난다는 사실이 점점 명백해졌다.

이를테면, 스미스의 이론은 근로자들이 어떤 회사에서 해고를 당한다면 언제든지 임금을 덜 받고 다른 회사로 갈 수 있기 때문에 비자발적인 대량실업은 있을 수가 없다는 것이었다. 하지만 현실에서는 대량실업 사태가 빈번히 발생하는데, 그 이유는 경쟁원리가 잘 작동할 수 없을 정도로 노동시장의 유연성이 부족하기 때문이다. 뿐만 아니라 현실에 있어서는 독점업체가 생겨나서 경쟁업체를 시장에서 몰아내는 등 경쟁원리가 작동하지 못하는 경우가 많다. 또 금융업의 발달과 함께 주식시장으로 돈이 몰리고 투기가 일어나서 주가가 폭등과 폭락을 거듭하는 등 경제의 안정을 저해하는 사태가 빈번히 일어난다. 이처럼 생산물시장 · 노동시장 · 금융시장에서 '보이지 않는 손'으로 여겨졌던 가격이라는 장치는 마치 기름칠을 하지 않은 기계장치처럼 고장이 잘 나고, 이에 따라 경기변동이 심해지고 대량실업이 발생하는 것 역시 흔한 현상이 되었다.

시장실패
시장이 제대로 작동하지 못하여 대량실업, 불완전경쟁, 주식가격의 폭등과 폭락 등 자원배분이 효율적으로 이루어지지 않는 현상

경제이론처럼 시장이 잘 작동하지 못하여 대량실업이 발생한다거나, 인플레이션 혹은 디플레이션이 생겨서 많은 사람들이 뜻하지 않은 고통을 당하는 현상을 **시장실패**(market failure)라고 한다. 시장의 실패는 19세기 하반기부터 20세기 상반기 동안에 많이 일어났는데, 특히 1929년부터 미국을 비롯

하여 전 세계를 휩쓴 대공황(Great Depression)이 가장 대표적인 예이다. 하지만 그 당시까지만 해도 사람들은 자유시장에서의 경쟁이 실업이나 경기변동의 문제를 자동적으로 해소한다고 믿었기 때문에, 실업률이 노동인구의 $\frac{1}{4}$에 달해도 사람들은 그저 시간이 흐르면 다시 자유경쟁시장이 작동하여 대량실업 문제가 해소될 것으로 믿었다. 이때 케인즈(John M. Keynes)라는 영국학자가 『고용, 금리 및 화폐에 관한 일반이론』(*The General Theory of Employment, Interest, and Money*)이라는 저서를 통해 자유시장은 자동적으로 실업을 해소시켜 주지 않으며, 따라서 정부가 적극적으로 나서서 경기를 부양해야 자본주의 사회에서 실업문제를 해결할 수 있다고 주장했다.

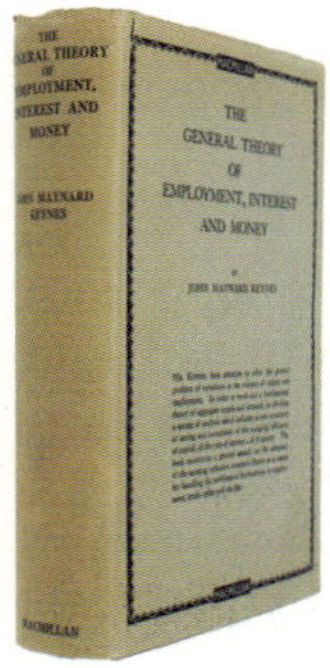

케인즈의 『고용, 금리 및 화폐에 관한 일반이론』

케인즈의 이론
자유시장은 자동적으로 실업을 해소시켜 주지 않기 때문에 정부가 적극적으로 나서서 경기를 부양해야 자본주의 사회에서 완전고용 확보가 가능하다는 이론체계

케인즈의 이론은 시장이 기존 경제이론에서 말하는 것과 달리 생산과 고용을 제대로 확보해 주지 못하여 시장실패가 흔히 일어날 수 있다는 것을 이론적으로 지적한 것으로서, 당시 경제학계에 있어서는 하나의 큰 혁명으로 여겨졌다. 케인즈 이론은 제2차 세계대전을 전후하여 거의 30년 동안 세계 대부분의 나라에서 경제정책을 뒷받침하는 이론체계가 되어 세계 경제에 큰 기여를 하였다.

2.3 정부실패와 신자유주의

그러나 1970년대부터 세계 경제에는 전반적으로 인플레이션이 단연하게 되었는데, 그 원인이 케인즈 이론에 의한 확장적 경기부양정책이라는 비판이 등장하였다. 케인즈 이론의 기조는 정부의 재정 · 금융정책을 통해 실업을 방지하자는 것이었고, 이러한 정책을 시행한 나라에서 인플레이션이 유발되는 경우가 많았던 것은 부인할 수 없는 사실이었다.

때마침 유럽에서는 복지국가(welfare state) 정책이 크게 유행했다. 각종 사회보장제도의 도입과 함께 모든 국민의 최저 생계가 '요람에서 무덤까지(from cradle to grave)' 보장되는 정책이 널리 채택되어 자연히 정부의 역할이 증가하게 되었다. 복지국가 정책은 국민의 생활을 안정시키는 데에는 큰 도움이 되었으나, 경제활동에 대한 정부개입의 확대는 국민의 근로의욕과 기업

의 투자의욕을 저해하여 경제 전체의 활력을 감소시키는 결과를 초래하였다. 이와 같이 정부의 경제 개입이 그 소기의 목표를 달성하지 못하고 오히려 자원의 낭비를 가져오는 현상을 **정부실패**(government failure)라고 부른다.

정부실패
정부의 경제 개입이 그 소기의 목표를 달성하지 못하고 오히려 자원의 낭비를 가져오는 현상

복지국가에서 발생한 비효율은 케인즈 이론의 잘못은 아니었지만 케인즈 이론은 본질적으로 정부의 역할을 강조하는 것이었으므로, 정부실패가 만연해지자 1970년대 후반부터는 많은 비판을 받았고 자연스레 그 영향력이 줄어들기 시작하였다.

신자유주의(시장원리주의)
- 1980년대 영국과 미국에서 복지국가 정책에 반대하여 일어난 이념
- 자유 · 시장 · 경쟁 · 이윤지상주의
- 작은 정부, 공기업 민영화, M&A에 의한 기업 합병, 무역 및 자본거래의 자유화

1980년대에 접어들면서 영국과 미국에서는 복지국가 정책에 반대하는 이른바 '**신자유주의**(new liberalism)'의 이념이 크게 주목받았다. 신자유주의 이론은 일종의 '**시장원리주의**'라고 할 수 있는데, 이 이론의 기본 시각은 자유 · 시장 · 경쟁 · 이윤지상주의이며 이러한 가치관을 실현할 수 있는 정책으로는 작은 정부, 공기업의 민영화, M&A에 의한 기업의 합병, 무역 및 자본거래의 자유화 등을 들 수 있다. 그리하여 이 이론은 시장기능의 효율성을 아담 스미스보다 오히려 더 철저하게 신봉하면서 종래 공기업으로 되어 있던 철도 · 통신 · 우정사업, 전기 · 가스와 같은 에너지 사업 등도 모두 민영화할 것을 강력히 주장한다.

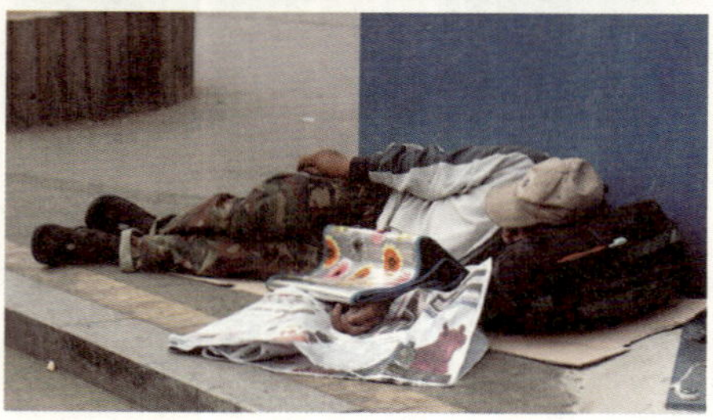

이러한 이데올로기가 1991년 소련 붕괴로 1990년대 세계 유일의 초강대국이 된 미국의 강력한 뒷받침을 얻게 됨에 따라 최근까지 세계화의 물결을 타고 전 세계를 휩쓸어 왔다. 모든 이론이 그렇듯이 신자유주의 이론과 정책에도 장 · 단점이 있다. 장점으로는 신자유주의가 개인의 자유와 경쟁의 효율성을 극단적으로 존중하기 때문에 효율성이 낮은 경제활동은 도태되고, 효율성이 높은 경제활동만 살아남도록 하여 경제에 항상 활기와 역동성을 불어넣는다는 점을 들 수 있다.

반면에 단점은 극단적으로 경쟁을 부추겨 경쟁의 승자는 지나친 보수를 받고, 패자는 철저히 도태되면서 빈부격차가 심화된다는 것이다. 또한 자유와 경쟁 및 이윤을 극단적으로 강조하기 때문에 이윤을 위해서라면 무엇이든지 해도 좋다는 풍조를 조장하여 이것이 회계부정으로 이어지는 등 사회에 도덕적 해이가 만연한 결과를 가져오기도 한다.

실제로 신자유주의 이론에 따라 시행된 정책의 결과는 세계의 모든 나라에서 소득과 부의 격차를 더욱 벌어지게 했다. 미국 캘리포니아 어바인대 교수이자 도시연구가인 마이크 데이비스(Mike Davis) 등이 2007년에 쓴 『자본주의, 그들만의 파라다이스』(*Evil Paradises : Dreamworlds of Neoliberalism*)는 신자유주의로 더욱 부유해진 세계 상위 1% 초부유층의 생활공간을 생생하게 묘사하고 있다. 이들은 신자유주의 프로그램에서 핵심 역할을 하는 것은 자유시장이 아니라 공공자산의 사유화, 공공고용의 아웃소싱(outsourcing), 금융시장의 규제완화 등에 앞장서 온 국가권력이며, 신자유주의의 주된 성과는 창조보다는 부유층으로의 재분배에 가깝다고 지적한다.

현실과경제학

월가점령 시위와 자본주의 4.0

2011년 9월 17일 미국의 맨해튼에서는 '월가를 점령하라!'라는 구호 아래 수많은 사람들이 모였다. 금융자본의 탐욕으로 인해 1%가 대부분을 가지고, 나머지 99%의 다수는 점점 더 가난해지는 현실에 대한 비판으로 시작된 시위는 새로운 경제체제에 대한 열망을 불러왔다.

이에 〈더 타임스(The Times)〉의 경제분야 총괄 에디터인 아나톨 칼레츠키(Anatole Kaletsky)는 자본주의 4.0이라는 대안을 내놓았다. 그에 따르면 신자유주의로 대표되는 현재의 자본주의는 3.0이라는 세 번째 버전인데, 그 분류는 다음과 같다.

먼저 자본주의 1.0은 아담 스미스에 의해 주창된 자유방임주의로 18세기 말부터 1930년대 초까지의 경제체제를 의미한다. 그러나 이는 1930년대 대공황을 맞으며 그 한계를 드러냈고, 이에 대한 반성으로 케인즈로 대표되는 수정자본주의의 시대를 맞는다. 칼레츠키는 이를 두 번째 자본주의, 곧 자본주의 2.0으로 정의한다.

신자유주의로 대표되는 자본주의 3.0은 2007~2008년의 글로벌 금융위기를 정점으로 현재 유로존의 재정위기와 같은 위기를 맞았다. 특히 금융산업은 호황기에 천문학적인 수입을 벌어들였지만 이들의 위험한 투자로 금융위기가 터지자 피해는 대다수 국민에게 돌아갔다.

그렇다면 대안은 없는 것일까? 칼레츠키는 경제를 이해하는 방식의 근본적인 변화가 필요하며 정치와 경제, 정부와 시장의 관계를 새롭게 정의해 자본주의 시스템의 구조적 전환을 이루어야 한다고 주장한다.

특히 그는 정부와 시장의 역할 가운데 하나만 강조했던 과거와는 달리, 정부와 시장이 모두 잘못될 수 있다는 사실에 기초하여 서로 협력하는 관계로 인식해야 한다고 강조한다. 그는 "시장과 정부 모두 사회의 목표를 달성하기에 불완전한 메커니즘이라면 민간 인센티브와 정치적 결정 모두를 반영하는 상호 견제 시스템을 도입하는 것이 시장이나 공공 메커니즘 어느 한 쪽에만 맡겨두는 것보다 나을 것"이라고 주장한다. 이러한 점에서 자본주의 4.0은 '적응형 혼합경제'다.

이는 자유와 복지의 조화, 행복한 성장을 추구하는 '따뜻한 자본주의'로서, 과거 정부의 역할이었던 복지를 기업이 적극 추구하여 사회공헌을 해야 한다는 것이다. 소수가 부를 독점한다면 빈익빈 부익부가 심화되고, 다수는 구매력이 떨어져 결국 경기침체가 올 수밖에 없기 때문이다.

3 경제학의 목적과 대상

지금까지의 논의에서 알 수 있듯이 경제학은 현실경제를 알고, 거기에서 생기는 문제를 해결함으로써 우리가 사는 세상을 좋게 만들기 위한 학문이다. 즉, **경제학**이란 '현대 자본주의 경제에서 경제주체가 펼치는 경제활동과 이에 관련된 여러 가지 사항'을 고찰의 대상으로 하는 학문이다. 이제 이러한 정의에 쓰인 각각의 요소를 좀더 자세히 알아보자.

'**자본주의 경제체제**'에서는 여러 가지 상품이 거래되는 '자유시장'이 잘 발달되어 있기 때문에, 경제학의 고찰대상은 곧 시장경제이다. 여기서 자유시장이란 상품을 파는 사람과 사는 사람이 서로 정보를 교환함으로써 매매가 이루어지는 장소 또는 매개체를 말한다. 자본주의 경제는 기능에 따라 크게 두 부문으로 나눌 수 있다. **민간부문**(private sector)과 **정부부문**(public sector 또는 government sector)이 그것이다. 민간부문에서는 개인(또는 가계)과 기업이 자유시장에서 스스로의 이익, 즉 사익(私益)을 위해 자유로이 경제활동을 한다. 그러나 시장이란 완벽할 수 없고 시장질서도 잘못 관리하면 무너지는 경우가 있다. 또 강자는 너무 강해지고 약자는 지나치게 어려운 처지에 놓이게 되는 경우도 있으며, 때때로 개인이 너무 자기 이익만 추구하면 공익이 확보될 수 없는 경우도 생긴다. 정부의 역할이 필요한 이유가 여기에 있다. 정부는 민간부문에서 시장기능이 제대로 발휘될 수 있도록 여러 정부기관이 관련 법규를 제정하고 집행하는 동시에, 민간부문이 할 수 없는 일, 이를테면

경제학의 목적
현실경제를 알고 거기에서 생기는 문제를 해결함으로써 우리가 사는 세상을 좋게 만들기 위함

경제학의 대상
자본주의 경제에서 경제주체가 펼치는 경제활동과 이에 관련된 사항

자본주의 경제
민간부문 정부부문

민간부문
개인과 기업이 자유시장에서 사익을 위해 경제활동을 영위하는 부문

정부부문
정부기관이 민간부문에서의 시장기능이 제대로 발휘될 수 있도록 법규를 제정 · 집행하고 치안 · 국방 · 보건 등 공익사업을 수행하는 부문

치안 · 국방 · 보건 및 그 밖의 공익사업을 수행한다. 경제학은 이와 같은 민간부문과 정부부문이 분업체계를 유지하면서 각기 그 기능을 발휘하고 있는 현대 자본주의 경제의 문제를 연구하는 학문이다.

그렇다면 '**경제주체**'란 무엇인가? 경제활동을 하는 주체, 즉 모든 사람 및 모든 단체 또는 법인을 말한다. 민간부문의 경제주체는 크게 개인(또는 가계)과 기업으로 분류된다. 우리나라에는 약 5,000만의 인구가 있다. 이 중에서 자율적으로 경제활동을 할 수 없는 어린이나 노인을 뺀 모든 자연인은 다 개인이다. 그리고 기업은 영리를 목적으로 조직된 크고 작은 모든 사업체를 망라한다. 정부부문은 공익을 확보하기 위해 공적인 업무를 수행하는 부문인데, 여기에는 중앙정부도 있고 지방정부도 있다. 그리고 공공업무를 수행하기 위해 정부가 설립한 단체들도 있다.

경제주체
경제활동을 하는 사람, 단체 또는 법인으로 크게 개인과 기업(민간부문), 중앙 · 지방정부(정부부문)로 구성

다음으로 '**경제활동**'이란 경제에 관한 경제주체의 모든 활동을 말한다. 이를테면 소득을 얻기 위한 개인의 노동과 소비 및 저축, 이윤을 얻기 위한 기업의 투자 · 생산 · 판매 및 연구, 그리고 공익을 확보하기 위한 정부의 조세 징수 · 공공사업의 집행 등이 모두 경제활동에 해당한다.

경제활동
소득을 얻기 위한 개인의 노동과 소비 · 저축, 이윤을 얻기 위한 기업의 투자 · 생산 · 판매 및 연구, 그리고 공익을 확보하기 위한 정부의 조세 징수 · 공공사업의 집행 등을 지칭함

끝으로 '이에 관련된 여러 가지 사항'은 민간이나 정부의 경제활동에 관련된 법률과 규정, 경제활동에 관한 국민의 관습 · 전통 · 사회통념, 그리고 민간과 정부부문에 존재하는 각종 기구 등을 포함한다. 요컨대 경제학이란 현대 국가에서 인간(그리고 기업 및 정부기관)이 펼치는 거의 모든 활동, 그리고 이에 관련된 모든 제도와 관행을 연구대상으로 하는 학문이다.

이 밖에도 경제학의 연구대상은 무수히 많다. 물론 그중에는 우리의 일상생활에 도움이 되는 것도 많지만 고통을 주는 것도 많다. 우리는 경제학을 공부함으로써 우리에게 고통을 주는 문제가 무엇인가를 찾아내고, 그것을 고치기 위한 방법을 마련해야 하며, 이를 해결하려는 정열을 가져야 한다. 케인즈의 스승이었던 알프레드 마샬(Alfred Marshall)은 경제학자에게는 "차가운 머리와 따뜻한 가슴(cool heads but warm hearts)"이 있어야 한다고 했다. 학자에게 차가운 머리가 있어야 한다는 것은 이해하기 쉽지만 뜨거운 가슴이 필요하다는 말은 잘 음미할 필요가 있다.

4 경제학의 연구방법

경제이론
현실경제의 분석을 위해 실제 경제상황을 단순화시킨 도구상자

경제학자들은 현실세계의 경제현상을 체계적으로 이해하기 위해 경제이론 또는 경제모형을 이용한다. 경제이론은 다른 분야의 이론과 마찬가지로 현실경제의 분석을 위해 실제 경제상황을 단순화시킨 하나의 도구상자(tool box)이다. 구체적으로 경제모형은 먼저 경제주체인 개인, 기업, 그리고 정부가 각자 주어진 여건 하에서 어떻게 의사결정을 내리는지와 그에 따른 결과가 개별 경제주체뿐만 아니라 경제 전체에 바람직한 것인가를 단순화시켜 보여준다.

경제모형 개발 단계

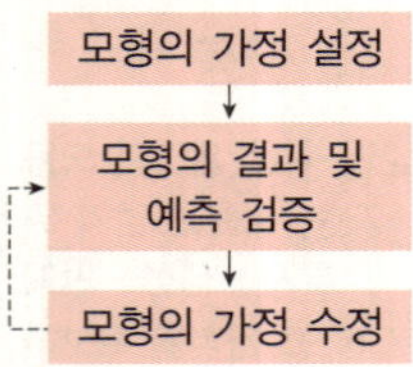

이러한 경제모형을 개발하기 위해서 경제학자들은 다음의 단계들을 거친다. 첫째, 실제 경제상황을 단순화하기 위한 가정들을 설정한다. 둘째, 실제 데이터를 이용하여 경제모형의 결과 및 예측을 검증한다. 셋째, 경제모형이 실제 데이터를 잘 설명하지 못하면 단순화된 모형의 가정들 중 현실경제에 맞지 않는 부분을 수정하여 모형의 현실 설명력을 높인다.

4.1 경제이론의 주요 가정

합리적인 경제주체
- 사용 가능한 모든 정보를 사용하여 자신들의 편익을 극대화
- 한계적 수준에서 의사결정

대부분의 경제모형은 모든 경제주체가 **합리적**(rational)이라고 가정한다. 이 가정은 각 경제주체들이 사용 가능한 모든 정보를 이용하여 자신들의 편익을 극대화하려는 목적으로 경제행위를 한다는 것이다. 예를 들어 소비자는 자신의 행복과 만족을 극대화시킬 상품을 구입하고, 기업은 이윤을 극대화하기 위해 생산 결정을 한다고 가정한다. 물론 이런 가정은 현실경제를 단순화한 것이다. 실제로는 효용극대화 또는 이윤극대화가 아닌 다른 동기를 갖고 경제행위를 하는 경제주체들도 존재한다. 그렇지만 합리적인 행동이라는 가정은 소비자나 기업이 행하는 대부분의 선택을 설명하는 데 매우 유용하다.

한편 경제학은 합리적인 경제주체가 한계적 수준에서 의사결정을 한다고 가정한다. 이때 '**한계적**(marginal)'이라는 말은 어떤 결정에 따른 '추가적인' 편익이나 비용을 의미한다. 예를 들어 어떤 기업이 30만 대의 스마트폰

을 추가적으로 생산하는 경우 한계비용(marginal cost ; MC)은 30만 대의 스마트폰을 더 생산하는 데 드는 임금 및 부품 등 추가적인 비용인 반면, 한계편익(marginal benefit ; MB)은 30만 대의 스마트폰을 더 팔아서 얻는 추가 수입을 의미한다. 만약 한계편익이 한계비용보다 큰 경우 이 기업은 생산을 더 늘려 더 많은 총이윤(= 총수입 − 총비용)을 얻게 된다. 그러나 한계비용이 한계편익보다 큰 경우에는 생산을 줄여야 총이윤이 늘어날 것이다. 따라서 합리적인 기업들은 추가 생산의 한계편익이 한계비용과 같아지는 수준에서 생산을 결정한다. 이처럼 합리적인 경제주체의 결정은 일반적으로 한계적 수준에서 이루어진다.

4.2 경제이론의 검증

경제이론 또는 모형에서 **가설**(hypothesis)은 경제현상에 대해 맞을 수도 틀릴 수도 있는 진술이다. 경제모형에서 가설은 보통 인과적 관계에 관한 것인데, 한 예로 "우리나라 제조업부문의 **아웃소싱**이 우리나라 제조업부문의 임금수준을 떨어뜨린다"라는 주장을 들 수 있다. 이 가설은 아웃소싱이 제조업부문 임금하락의 원인이라는 것이다.

아웃소싱 또는 외주
기업 업무의 일부 프로세스를 경영 효과 및 효율의 극대화를 위한 방안으로 제3자에게 위탁해 처리하는 것

이러한 가설을 검증하기 위해 먼저 제조업부문의 임금과 관련 변수들을 모아서 적절한 통계분석을 해야 한다. 아웃소싱이 증가했을 때 제조업부문 임금이 하락했더라도 이것만으로 아웃소싱이 임금을 하락시킨 원인이라고 볼 수는 없다. 일반적으로 두 가지 사건이 단순히 상관되어 있다는 것은 그 두 가지 사건이 동시에 일어난다는 것을 의미할 뿐, 어느 하나가 다른 하나의 원인임을 의미하지는 않는다. 예를 들어 우리나라 제조업부문의 임금하락은 제조업 일자리가 우리나라에서 중국이나 베트남으로 이전되었기 때문이 아니라 제조업부문의 생산성이 하락하거나 수요가 감소해서일 수도 있다.

많은 경우 가설의 채택은 새로운 데이터 또는 충분한 통계분석의 결과가 나올 때까지 임시적인 것이다. 흔히 통계분석에서는 가설이 "채택된다(accepted)"라고 말하기보다는 "기각되지 않는다(not rejected)"라고 말한다.

생활과경제학

인터넷 · 디지털 정보분석과 기업 경영

'데이터 분석 경영'이 기업의 의사결정을 돕는 새로운 도구로 떠오르고 있다. 데이터 분석 경영은 막대한 양의 데이터를 컴퓨터로 분석해 결정의 근거로 사용하는 것이다. 고객의 소비행태를 분석할 수 있는 충분한 정보를 축적하지 못했던 과거에는 데이터 분석 기법을 활용하는 데 한계가 분명했다. 그러나 인터넷과 디지털 정보분석의 발전으로 상황이 달라졌다. 인터넷에 매일 수억 건의 인터넷 페이지 · 이메일 · 보고자료 등이 생성되면서 데이터를 어떻게 활용하느냐에 따라 기업 경영의 성패가 갈리는 것이다. 이 때문에 컴퓨터를 활용해 많은 자료에서 숨은 의미를 찾아내는 데이터 분석 기법이 주목받게 됐다.

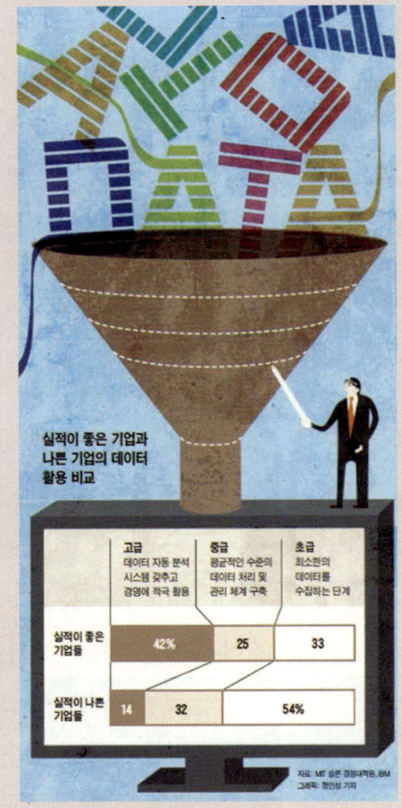

경영자들 사이에서도 데이터 분석의 중요성에 대한 공감대가 형성되고 있다. 미국 매사추세츠공과대학(MIT) 슬론 경영대학원이 100개국, 30여 개 업종의 3,000여 명의 경영자와 관리자를 대상으로 최근 시행한 설문조사에 따르면, 경영실적이 좋은 기업은 그렇지 않은 기업에 비해 데이터 분석 기법을 5배 많이 활용하고 있다고 한다. 데이터 분석 사업을 적극적으로 육성하는 IBM의 이휘성 한국지사장은 "컴퓨터를 통한 데이터 분석 기법은 사람이 놓치기 쉬운 패턴을 찾아내는 역할을 한다"고 말했다.

세계적인 렌터카 업체 에이비스(Avis) 유럽지사는 고객 88만 명의 렌터카 사용 데이터를 활용해 마케팅 비용을 50%나 줄였다. 이 회사는 고객의 과거 데이터를 바탕으로 고객의 미래 소비행태를 예측 · 분석해 마케팅에 이용했다. 예를 들어 고객이 과거에 빌린 차량과 관심을 가진 차량의 종류, 그리고 고객에게 새로운 차량과 여행 상품 등을 소개한 이메일을 보낸 뒤 고객의 반응을 분석해 고객의 성향과 니즈(needs)에 맞는 타깃마케팅을 벌인 것이다. 이 덕분에 에이비스가 글로벌 불경기에도 불구하고 작년 매출 52억 달러(약 5조 6,000억 원)의 렌터카 업체로서는 깜짝 놀랄 수준인 10%대 영업이익을 낸 것도 이 같은 혁신 덕분이다.

하지만 데이터 분석 기법은 분석할 데이터가 충분히 축적되지 않은 분야나 기존 제품과는 완전히 다른 혁신 분야에서 활용하는 데에는 한계가 있다. 아이폰 같은 창의적인 제품은 소비자 성향을 분석한다고 나오는 게 아니라는 것이다.

출처 : 이인묵, "데이터(수백만 명의 고객 정보) 분석으로 미래 예측 … 경영이 쉽다", 조선일보, 2011. 8. 8.

그러나 통계분석이 가설을 명백하게 기각하는 경우 그 경제모형은 재고되어야 할 것이다.

4.3 미시경제학과 거시경제학

경제이론은 분석의 대상에 따라 크게 미시경제학과 거시경제학으로 나누어진다. **미시경제학**(microeconomics)은 가계소비자와 기업 등 개별 경제주체가 어떻게 선택을 하고, 시장에서 어떻게 상호작용하며, 정부정책이 어떻게 소비자와 기업의 선택에 영향을 미치는가에 대해 분석한다. 예를 들어 미시경제학의 문제들은 소비자들이 상품의 가격변화에 어떻게 반응하고, 기업이 어떻게 생산 및 가격 결정을 내리는지 등을 설명한다. 이런 의미에서 미시경제학을 가격이론이라고도 한다. 미시경제학은 또한 독점기업에 대한 규제와 대기오염을 줄이는 가장 효율적인 방법 등과 같은 정부정책의 역할을 분석하고 설명한다.

미시경제학
가계소비자와 기업 등 개별 경제주체의 선택과 시장에서의 상호작용 및 이들에 대한 정부정책의 영향을 분석하는 이론

아담 스미스 이후 알프레드 마샬에 이르기까지 100여년 동안 경제학자들은 재화의 수요와 공급 및 그 가격 결정에 관한 이론을 거의 완벽하게 정립함으로써 정밀한 미시경제이론 체계를 정립했다. 이 책의 제2장부터 제8장은 주로 미시경제학을 다룰 것이다.

한편 어떤 특정 상품의 수요와 공급을 분석하는 것이 아니라 국가경제 전체의 관점에서 모든 재화의 수요와 공급이 어떻게 결정되는가, 그리고 이에 따라 국민총생산과 총소득, 총투자, 총소비, 총고용, 그리고 물가수준 등이 어떻게 결정되는가에 관한 이론을 **거시경제학**(macroeconomics)이라고 한다. 구체적으로 거시경제학에서는 왜 국가경제에 불황과 실업의 증가, 호황과 물가수준의 상승이 나타나는가, 왜 장기적으로 어떤 나라가 다른 나라보다 더 성장하는가 등의 문제를 다룬다. 거시경제학은 또한 실업과 인플레이션을 줄일 수 있는 안정화정책과 지속적 경제성장을 유지할 수 있는 정책의 역할을 분석 · 설명한다. 케인즈의 『일반이론』 이후 최근까지 발전되어 온 거시경제학은 이 책의 제9장부터 제16장에 걸쳐서 소개될 것이다.

거시경제학
국가경제 전체의 생산과 소득, 투자, 소비, 고용, 그리고 물가수준 등의 결정과 안정화정책 및 경제성장정책의 역할을 설명하는 이론

국가경제의 모든 부분을 합치면 국가경제 전체이기 때문에 부분을 알면 자연스럽게 전체를 알 수 있을 텐데, 무엇 때문에 경제 전체에 대한 이론과 부분에 관한 이론을 분리하는지 궁금해 할 수도 있을 것이다. 미시경제와 거시경제를 분리해서 연구하는 이유는 일부분에 대해 타당한 사항이 전체에 대해서는 타당하지 않은 경우가 대단히 많기 때문이다. 예를 들어 쌀농사를 생업으로 하는 농부 한 사람의 입장에서 보면 부자가 되는 길은 가급적 쌀을 많이 생산 · 판매하는 것이지만, 농민 전체의 입장에서 보면 사정은 정반대인 경우가 생긴다. 모든 농민이 부자가 되기 위해 쌀을 더 많이 생산 · 판매한다면, 쌀값이 떨어져서 농민 전체가 더 가난하게 될 수도 있기 때문이다. 이와 같이 부분에 대해 타당한 명제가 그대로 전체에도 타당할 것이라고 성급하게 결론짓는 오류를 **구성의 오류**(fallacy of composition)라 한다. 미시경제분석에서 얻은 결론을 거시경제에 그대로 적용할 때에는 구성의 오류가 생기는 경우가 많다. 따라서 미시경제와 거시경제는 서로 다른 방식으로 바라보아야 한다.

구성의 오류
부분에 대해 타당한 명제가 그대로 전체에도 타당한 것으로 간주하는 데에서 발생하는 오류

그렇다고 해서 미시경제학과 거시경제학 사이의 구분이 엄격하거나 고정된 것은 아니다. 많은 경제적 상황은 미시경제학적 측면과 거시경제학적인 측면을 모두 지니고 있다. 한 예로 기계설비에 대한 기업의 총투자는 거시경제학의 대표적 문제인 장기적 경제성장의 결정요인이다. 이때 기업이 얼마나 많은 새로운 기계와 설비를 구입할 것인가를 이해하기 위해서는 개별 기업의 경제적 유인에 대한 반응을 분석해야 하는데, 이것은 미시경제학의 대표적 문제이기도 하다.

미시경제학과 거시경제학의 차이를 흔히 나무와 숲에 비유한다. 나무에 관한 이론이 미시경제학이라면, 숲에 관한 이론이 거시경제학이다. 나무가 모여서 숲이 되기는 하나, 숲 전체의 행태를 알기 위해서는 개별 나무의 행태를 아는 것만으로는 부족하다. 경우에 따라서는 나무의 행태와 숲의 행태가 서로 다를 수 있기 때문이다. 따라서 나무가 많은 숲을 알자면 나무도 알고 숲도 알아야 한다. 마찬가지로 우리가 경제를 알기 위해서는 미시경제이론과 거시경제이론 모두를 파악해야 한다.

5 도덕과 경제학

미시경제학이든 거시경제학이든 경제학은 실사구시(實事求是)의 입장을 떠나서는 생명이 없고, 사회도덕과 건전한 가치관에 그 기초를 두어야 하는 학문이다. 아담 스미스는 원래 윤리학 교수로 1776년 『국부론』을 출간하기 전인 1759년에 『도덕감정론』(*The Theory of Moral Sentiments*)이라는 윤리학 · 정치학 분야의 책을 썼다. 아담 스미스는 『도덕감정론』에서 경제와 사회가 제대로 발전하려면 세 가지 덕(virtue)—현려, 정의, 인혜—이 필요하다고 했다. '현려(賢慮, prudence)'의 덕은 자기 이익을 추구하는 개인과 이들이 모인 시장에서 이루어진다. 그러나 '정의(justice)'의 덕과 '인혜(仁惠, beneficence)'의 덕은 공정한 사회를 만드는 정부의 역할을 통해 이루어진다.

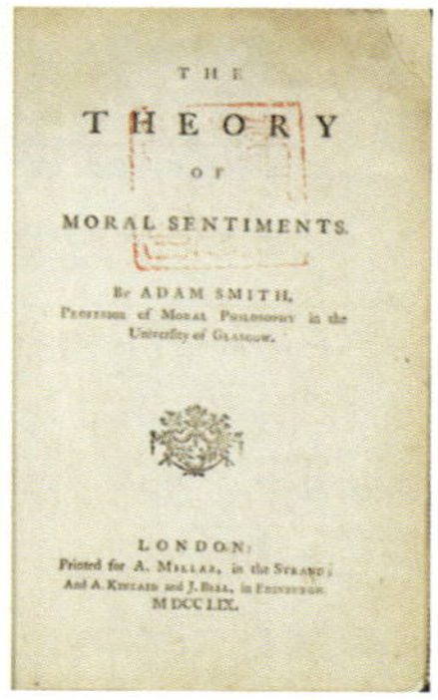

아담 스미스의 『도덕감정론』

경제와 사회가 발전하는 데 필요한 세 가지 덕
- 현려(prudence)
- 정의(justice)
- 인혜(beneficence)

아담 스미스는 각 경제주체가 자유롭게 경제활동을 하면서도 개인의 내면에 있는 '공정한 관찰자(impartial spectator)'가 개인의 경제적 이익을 사회의 도덕적 한계 내에서만 허용함으로써 스스로 자신의 무한 자유를 제어한다고 보았다. 그리고 공정한 관찰자 역할을 확대하여 정부가 독점이나 매점매석, 폭리 등의 불공정한 사태에 개입해 공정을 유지토록 하는 것을 정의의 덕이라 했다. 인혜의 덕은 애초에 '경제활동을 할 자유'가 없는 소외계층을 적극적으로 돕는 것이다. 스미스는, 정의는 경제사회의 기둥이며 인혜는 그 지붕이라고 보았다. 기둥이 무너지면 모든 것이 무너지고 지붕이 부실하면 그 집에서의 생활이 보잘 것 없어짐에 비유한 것이다.

따라서 아담 스미스가 주장하는 자본주의 작동원리는 '모든 개인이 자신의 이익을 시장에서 자유롭게 실현하는 것'과 '공정한 관찰자로서 개인의 이기심과 탐욕 때문에 정의와 인혜에 기초한 공동체 사회의 조화와 질서가 붕괴되지 않도록 개인의 경제적 이익을 사회의 도덕적 한계 내에서 허용하는 것'이다. 아담 스미스 시대의 자본주의를 고전적 자본주의라 한다면, 이는 개인의 공정한 관찰자 개념을 국가로 확대한 케인즈적 자본주의로 발전했다. 케인즈는 일찍이 경제학을 두고 "도덕 과학 중에서 가장 마음에 드는 분야(most agreeable branch of moral science)"라고 한 바 있다. 경제학이 실천과학이어야 한다는 의미를 함축하는 말이다.

현실과경제학

아담 스미스와 동반성장

아담 스미스는 『국부론』에서 자본주의가 개인의 이기심과 시장 메커니즘을 통해 어떻게 한 나라의 부를 축적해 가는지 명쾌하게 설명했다. 그러나 스미스는 『국부론』에서 자본주의의 효율성이 양극화와 인간 소외를 가져올 수도 있다는 점을 지적했다. 스미스는 개인의 이기심이 인간에게 번영을 가져다줄 수 있는 에너지의 원천이라는 것을 통찰하고 있었지만 지나친 탐욕으로 이어질 경우 그것이 가지는 파괴력도 명확하게 이해했다. 그리고 그는 또 다른 저서 『도덕감정론』에서 인간의 이기심을 통제하기 위한 메커니즘으로 자율적 절제와 이를 통한 자생적 사회규범을 이야기한다. 개인은 자신의 이익을 극대화시키기 위해 최선을 다해야 하지만 동시에 자신의 이익을 위해 다른 사람을 속이거나 해치지 않는 절제를 발휘해야 한다는 것이다.

18세기 후반 영국에서는 독점적 지위를 가지고 있던 소수 상공업자들이 시장지배력을 남용하여 다수의 대중과 중소상인들의 이익을 심각하게 침해했다. 이런 현실을 목격했던 스미스는 개인의 절제를 통해 타인에 대한 배려와 공정한 분배기제로서 시장기능의 회복을 주장했던 것이다. 요즘 말로 풀면, 기업이 이윤극대화를 위해 추구하는 정당하고 자유로운 노력은 보장돼야 하지만 시장기능을 해치는 독점기업이나 독점자본의 탐욕과 횡포는 다른 소규모 기업의 이익을 침해할 수 있으므로 절제되거나 적절히 통제되어야 한다는 뜻이다.

아담 스미스의 주장은 시장지배적 대기업들과 상대적 약자인 중소기업들 간의 동반성장 문제로 연결될 수 있다. 상대적으로 우월적 지위를 갖고 있는 경제주체가 스스로 절제하고 공정한 게임의 규칙을 따른다면 경제성장을 통해 대기업과 중소기업 모두의 이익이 함께 증대될 수 있기 때문이다. 따라서 동반성장은 단순히 대기업의 성장 과실을 중소기업에 나누어준다는 일종의 중소기업 복지 측면보다 공정한 경쟁이라는 관점에서 이해해야 한다.

이렇게 보면 동반성장은 이념 편향적인 개념이 아니라 자본주의의 주요한 동력인 경쟁이 원활하게 이루어지도록 도와주는 역할을 하는 것이다. 약육강식의 절대적 자유는 지속 가능하지 않으며 결국 시스템의 붕괴로 이어질 수 있음을 간과해서는 안 된다.

출처 : 구교준, "아담 스미스가 꺼냈던 동반성장", 조선일보 기고, 2011. 8. 15.

요약 및 연습문제

1. 경제학의 기본 문제

경제활동의 기본 문제는 무한한 욕구를 충족시키는 수단이 한정되어 있다는 점에서 비롯된다.

1.1 자원의 희소성과 선택 인간의 욕구는 무한하나 이를 충족시킬 수 있는 수단, 즉 자원은 희소하므로 모든 경제활동은 선택을 수반한다.

1.2 편익과 비용 모든 선택에는 비용이 따른다. 기회비용이란 어떤 것을 선택할 때 포기된 여러 가지 가능성 중 가장 큰 만족을 줄 것으로 기대되었던 차선책의 가치를 말한다.

1.3 시장과 교환의 이득 비교우위를 가진 재화와 서비스의 생산에 전문화하고 이를 필요한 재화 및 서비스와 교환할 때 이득이 발생한다.

물음 01. 경제학자들은 석유나 반도체 등 한정된 자원을 가진 재화를 분석하는 경우는 있지만 공기나 바닷물 등 부족함이 없는 재화를 경제학적으로 연구하지는 않는다. 그 이유는 무엇인가? 경제학에서 한정된 자원이란 어떤 의미를 지니는가?

물음 02. 경제학 격언 중에 "공짜 점심 같은 것은 없다(There ain't no such thing as a free lunch)"라는 말이 있다. 이는 자원의 희소성으로 인해 우리는 선택에 직면하는데, 이 과정에서 반드시 비용을 지불하게 된다는 것을 의미한다. 그렇다면 실제로 친구가 사주는 점심을 먹을 때 우리가 생각해야 하는 비용은 무엇이 되겠는가? 기회비용의 개념을 이용해 설명하라.

2. 시장경제

시장은 재화와 서비스의 판매자와 구매자가 모여서 거래하는 데 필요한 제도나 기구를 의미한다. 경제순환모형은 상품시장, 생산요소시장과 시장참여자들이 어떻게 연결되어 있는지 잘 보여준다.

2.1 시장경제의 효율성 아담 스미스는 시장경제에는 '보이지 않는 손'이 있어 개인이나 기업이 사익을 위해 서로 경쟁하면 국가의 부가 극대화된다고 주장했다. 한편 슘페터는 자본주의 사회가 발전하기 위해서는 기업가정신에 의한 혁신으로 낡고 비효율적인 방법은 경쟁에서 도태되어 없어지고, 새롭고 효율적인 방법이 이를 대체해야 한다고 주장했다.

2.2 시장실패와 정부의 역할 시장이 제대로 작동하지 못하여 대량실업, 불완전경쟁, 주식가격의 폭등과 폭락 등 자원배분이 효율적으로 이루어지지 않는 현상을 시장실패라 한다. 케인즈는 『일반이론』에서 자유시장은 자동적으로 실업을 해소시켜 주지 않기 때문에 정부의 적극적인 경기부양정책이 필요하다고 주장했다.

2.3 정부실패와 신자유주의 정부의 경제 개입이 애초의 목표를 달성하지 못하고 오히려 자원의 낭비를 가져오는 현상을 정부실패라 한다. 이에 따라 1980년대부터 자유 · 경쟁의 시장원리주의를 강조하는 신자유주의 이념이 주목받기 시작하였다. 이는 경제에 활기를 불어넣었지만, 소득과 부의 격차를 더욱 벌어지게 만들었다.

물음 03. 어떤 두 분식집 A, B에서 일하는 민호와 수지는 떡볶이와 순대를 판매하고 있다. 민호는 1시간에 떡볶이 15접시 또는 순대 25접시를 요리할 수 있으며, 수지는 1시간에 떡볶이 30접시 또는 순대 10접시를 요리할 수 있다고 한다. 이들은 현재 분식집에서 하루 10시간을 일하고 있다. 따라서 하루에 생산 가능한 떡볶이와 순대 각각의 최대 생산량은 다음과 같다.

민호와 수지의 일일 최대 생산량 (단위 : 접시)

	민호	수지
떡볶이	150	300
순대	250	100

(1) 민호와 수지의 생산가능곡선을 각각 도출하라.

(2) 만약 민호와 수지가 서로 거래를 하지 않은 채 떡볶이와 순대를 각각 5시간씩 요리한다면 이들이 생산하는 떡볶이와 순대의 총량은 얼마나 되는가?

(3) 이제 민호와 수지가 서로 친구가 되어 거래를 한다고 하자. 이때 수지와 민호는 각각 어떤 음식을 얼마나 만드는 것이 경제적으로 효율적인가? 그리고 이때 이들이 생산하는 떡볶이와 순대의 총량은 얼마나 되는가?

(4) 거래가 성립될 경우 떡볶이와 순대의 교환비율이 어느 범위에서 형성될지 생각해 보라. 만약 수지가 떡볶이 1접시당 순대 2접시의 비율로 교환할 것을 제안했다면 이 거래는 성립할 것인가?

물음 04. 2010년 초 서울에는 100여 년만의 기록적인 폭설로 25cm 넘게 눈이 내렸다. 눈을 빨리 치우지 못한 서울시는 거의 마비상태였고, 이로 인해 당국에 비난이 쏟아졌다. 그렇다면 폭설에 적절하게 대응하지 못한 서울시는 과연 비난받아야 마땅한가? 시장경제와 정부의 역할의 관점에서 서술하라.

3. 경제학의 목적과 대상

경제학이란 현대 자본주의 경제에서 경제주체가 펼치는 경제활동과 이와 관련된 여러 가지 사항을 고찰의 대상으로 하는 학문이다. 자본주의 경제는 기능에 따라 크게 민간부문과 정부부문으로 나눌 수 있다. 경제학은 민간부문의 가계와 기업, 그리고 정부부문이 수행하는 경제활동과 이와 관련된 제도 및 관행을 연구대상으로 한다.

물음 05. 본문에서는 개인의 경제적 유인에 대한 사례만 살펴보았다. 하지만 경제적 유인은 개인뿐만 아니라 기업, 국가에서도 필요하다. 나아가서 유인에는 경제적 유인뿐만 아니라 돈이 들지 않는 유인도 있다. 이제 이러한 유인의 구체적 사례를 들어보라.

(1) 기업에서 실시하고 있거나 필요한 경제적 유인

(2) 국가에서 실행하고 있거나 필요한 경제적 유인

(3) 돈이 들지 않는 유인

4. 경제학의 연구방법

경제이론은 현실경제의 분석을 위해 실제 경제상황을 단순화시킨 도구상자이다.

4.1 경제이론의 주요 가정 대부분의 경제이론은 민간부문의 경제주체인 소비자와 기업이 합리적이라고 가정한다. 합리적인 경제주체는 경제적 유인에 반응하며 의사결정은 한계비용과 한계편익을 고려하여 이루어진다.

4.2 경제이론의 검증 경제이론에서 가설은 경제현상에 대한 인과적 관계를 서술한 명제로서 맞을 수도 틀릴 수도 있다. 이러한 가설을 검증하기 위한 통계분석의 결과, 가설이 명백하게 기각되는 경우 그 경제이론은 재고되어야 한다.

4.3 미시경제학과 거시경제학 미시경제학은 가계소비자와 기업 등 개별 경제주체의 선택과 시장에서의 상호작용 및 이들에 대한 정부정책의 영향을 분석하는 이론인 반면, 거시경제학은 국가경제 전체의 생산과 소득, 투자, 소비, 고용, 그리고 물가수준 등의 결정과 안정화정책 및 경제성장정책의 역할을 분석 · 설명하는 이론이다. 구성의 오류로 인해 미시경제분석에서 얻은 결론이 일반적으로 거시경제에 그대로 적용될 수는 없다.

물음 06. 경제이론은 여러 변수들 사이에 존재하는 인과관계를 밝혀내는 일을 중요한 목표로 삼는다. 각자가 최근 경험하거나 접한 경제현상 중 인과관계를 설명할 수 있는 대표적인 경제현상을 두 가지 이상 요약해서 설명하라.

5. 도덕과 경제학

경제학은 사회도덕과 건전한 가치관에 그 기초를 두는 학문이다. 아담 스미스는 개인의 내면에 있는 '공정한 관찰자(impartial spectator)'가 개인의 경제적 이익을 사회의 도덕적 한계 내에서만 허용한다고 보았다.

응용문제

물음 01. 한국대학교에는 20여 개의 식당이 있다. 이 식당들은 캠퍼스 곳곳에 위치하며, 한식뿐만 아니라 파스타, 일식, 중식은 물론 채식뷔페에 이르기까지 다양한 메뉴들을 선보이고 있다. 또한 가격도 싸게는 1,700원에서 비싸게는 그 10배에 이르는 등의 차이가 있다.

(1) 어떤 학생이 점심 메뉴를 고르고 있다. 이 학생이 선택 시 고려해야 할 요인들에는 무엇이 있겠는가? 식단 정보가 주어진다면 선택에 도움이 되겠는가?

(2) 식당들이 각자 다른 메뉴를 선보이는 것에는 어떤 이유가 있겠는가?

물음 02. 1970년대에 정부는 새마을운동을 범국민운동으로 펼치면서 새마을 사업을 잘하는 마을부터 전기를 우선 공급한다는 사실을 홍보하고 농촌마을 전기 공급에 나섰다. 비용측면에서 생각해 볼 때 이미 전기가 공급된 곳에서 가까운 마을부터 차례로 전력망을 확장하는 것이 더 효율적임에도 불구하고 이런 방식을 채택한 이유는 무엇이겠는가?

물음 03. 최근 경제학은 행태경제학, 법경제학, 환경경제학 등 새로운 영역으로 연구대상의 범위를 넓혀 왔다. 그 원인을 본문에서 배운 경제학의 목적과 연관지어 설명하라.

물음 04. 2007~2008년에 진행된 금융위기의 원인과 관련해서 수많은 분석이 나왔다. 이러한 금융위기를 설명하기 위해서 경제학의 주요 가정 중 어떤 가정을 재검토하거나 수정할 필요가 있다고 생각하는가?

Part 01

미시경제학

미시경제학(microeconomics)은 가계소비자와 기업 등 개별 경제주체가 어떻게 선택을 하고, 시장에서 어떻게 상호작용하며, 정부정책이 어떻게 소비자와 기업의 선택에 영향을 미치는가에 대해 분석한다. 예를 들어 미시경제학의 문제들은 소비자들이 상품의 가격변화에 어떻게 반응하고, 기업이 어떻게 생산 및 가격 결정을 내리는지 등을 설명한다. 이런 의미에서 미시경제학을 가격이론이라고도 한다. 미시경제학은 또한 독점기업에 대한 규제와 대기오염을 줄이는 가장 효율적인 방법 등과 같은 정부정책의 역할을 분석하고 설명한다.

아담 스미스 이후 케인즈에 이르기까지 160년 동안 고전학파 경제학자들은 재화의 수요와 공급 및 그 가격 결정에 관한 이론을 거의 완벽하게 정립함으로써 정밀한 미시경제이론 체계를 정립했다. 이 책의 제 2 장부터 제 8 장은 주로 미시경제학을 다룰 것이다.

Chapter 02

수요 · 공급과 시장균형

제1장(경제학이란 무엇인가?)에서 우리는 경제학의 근본문제가 희소한 자원의 배분에서 비롯됨을 배웠다. 자본주의 시장경제에서 자원배분의 문제는 재화나 서비스의 가격에 의해 결정된다. 그리고 가격은 다시 그 재화나 서비스에 대한 수요와 공급에 의해 결정된다.

이 장에서는 경제분석의 기초를 이해하는 데 가장 중요한 수요와 공급, 그리고 이들의 상호작용에 의한 가격 결정을 알아보려고 한다. 이를 위해 다음과 같은 문제에 대해 논의해 보자.

- 수요란 무엇인가?
- 공급이란 무엇인가?
- 수요와 공급이 상호작용하여 어떻게 가격과 거래량이 결정되는가?
- 수요와 공급의 변화는 가격과 거래량에 어떤 영향을 미치는가?

1 수요

수요
- 소비자들이 구매하려는 의도 : 실제 구매량 아님
- 일정 기간 동안 구매의 흐름 : 유량
- 개별 수요와 시장수요

어떤 재화나 서비스에 대한 **수요**(demand)란 소비자가 그 재화나 서비스를 구매하고자 하는 욕구를 말하며, **수요량**(quantity demanded)이란 소비자가 구매하고자 하는 재화나 서비스의 양이다. 수요는 다음과 같은 두 가지 중요한 성질을 가진다.

첫째, 수요란 소비자들이 구매하려고 하는 의도(willingness to purchase)를 나타낸다. 이때 수요량이란 주어진 조건에서 소비자가 재화나 서비스를 얼마나 구매하려고 하는가를 나타낼 뿐 결코 소비자가 실제로 구매하는 양을 지칭하는 것은 아니다. 그러므로 수요량은 실제로 소비자가 구매하는 양을 초과할 수도 있고 이에 미달할 수도 있다. 즉, 수요량이란 재화나 서비스에 대한 소비자의 의도된 구매량을 지칭하는 것이며 그 재화의 존재량이나 공급량과 직접적인 관계를 갖지는 않는다.

둘째, 수요는 어떤 일정 기간 동안 구매의 흐름 또는 **유량**(flow)을 말한다. 따라서 수요는 기간당 얼마라는 식으로 표현되어야 한다. 예를 들어 커피에 대한 수요가 백만 잔이라고 할 때 그것이 어떤 기간(예를 들어 하루, 일주일 또는 일년) 동안의 수요인지를 밝혀야 한다. 물론 수요의 개념을 정의할 때 일정 기간을 전제로 하는 유량 수요뿐만 아니라, 일정 시점에서의 수요, 즉 **저량**(stock) 수요도 생각할 수 있다. 일정 시점, 예를 들어 2020년 2월 28일 오전 10시 현재의 주식에 대한 수요 또는 채권에 대한 수요 등이 저량 수요의 예이다. 이는 공급의 경우에도 마찬가지로 적용된다. 하지만 여기서 저량 수요의 개념은 다루지 않기로 한다.

이상과 같은 성질을 가진 수요 개념은 다시 개별수요(individual demand)와 시장수요(market demand)로 구분된다. 개별 수요와 시장수요가 도출되는 과정은 제3장(소비자의 효용극대화와 수요곡선)에서 설명하기로 하고, 이 장에서는 시장수요에 관한 기본적인 개념들을 소개하기로 한다.

1.1 수요를 결정하는 요인

수요에 영향을 주는 요인으로는 다음의 여섯 가지를 생각해 볼 수 있다.

수요를 결정하는 요인
- 재화의 시장가격
- 다른 재화의 가격 : 대체재와 보완재
- 소비자의 소득수준 : 열등재와 정상재
- 소비자의 기호
- 인구규모와 인구구성
- 소비자들 간의 소득분포

재화의 시장가격 일반적으로 재화의 시장가격이 높을 때 그 재화에 대한 수요는 적고, 재화의 시장가격이 낮을 때 그 재화에 대한 수요는 많다.

다른 재화의 가격 예를 들어 커피의 가격이 상승하면 상대적으로 저렴해진 녹차에 대한 수요가 증가한다. 이처럼 한 재화의 가격이 상승할 때 다른 재화에 대한 수요가 증가할 수 있다. 이러한 관계에 놓여 있는 두 재화를 **대체재**(substitute goods)라 한다. 반대로 어떤 재화에 대한 수요가 다른 재화의 가격상승에 따라 감소하는 경우도 있다. 예컨대 조각케이크에 대한 수요는 커피 값이 상승하면 감소한다. 커피에 대한 수요의 감소에 비례해서 커피와 함께 사용하는 조각케이크에 대한 수요도 줄어들기 때문이다. 이러한 관계에 있는 두 재화를 **보완재**(complementary goods)라고 한다. 한편 어떤 재화에 대한 수요가 다른 재화의 가격이 변하더라도 전혀 영향을 받지 않는 경우가 있다. 예를 들면, 쌀에 대한 수요는 설탕 값이 상승하더라도 거의 변화하지 않는다. 이 경우에 두 재화를 **독립재**(independent goods)라고 한다.

대체재의 예 : 커피와 녹차

보완재의 예 : 커피와 조각케이크

독립재의 예 : 커피와 쌀

소비자의 소득수준 대부분의 재화는 소득의 증가에 따라 수요가 증가한다. 그러나 소득의 증가에 따라 수요가 감소하는 경향도 있다. 예를 들면, 보리에 대한 수요는 소득이 증가할 때 감소하는 경향이 있다. 보리를 주식으로 하는 가난한 사회에서 소득이 증가하면 소비자들은 보리보다 질이 좋은 쌀이나 육식으로 식단을 차리게 되기 때문이다. 따라서 보리가 주식에서 차지하는 비중이 줄면서 보리의 수요는 감소한다. 대중교통수단인 버스나 지하철도 마찬가지 예가 될 수 있다. 이와 같이 소득이 증가함에 따라 그 수요가 감소하는 재화를 **열등재**(inferior goods)라고 한다. 반대로 소득이 증가할 때 그 수요가 증가하는 재화를 **정상재**(normal goods)라고 한다. 물론 어떤 특정 재화(본문에서는 보리)가 열등재냐 혹은 정상재냐 하는 것은 그 재화의 고유한 속성이라기보다는 그 재화가 한 경제의 역사적 · 문화적 배경과 소득수준에 따라서 어떻게 인식되느냐에 의해 결정된다. 최근에는 소득이 상승함에 따라

정상재(열등재)
소득이 증가함에 따라 수요가 증가(감소)하는 재화

다양한 식품이 등장하게 되어 쌀에 대한 수요가 감소하고 있다. 이는 소득이 상승하면서 종전에는 정상재이던 것이 열등재가 될 수 있음을 보여주는 예이다.

소비자의 기호 어떤 재화에 대한 소비자들의 기호가 달라지면 그 재화에 대한 수요도 달라진다. 인스턴트커피 대신 원두커피를 선호하면서 커피전문점에 대한 수요가 급증한 것이라든지 건강에 대한 관심이 증가하면서 유기농식품에 대한 수요가 증가하는 현상이 그 좋은 예라고 할 수 있다.

전통적 경제이론에서는 '소비자주권(consumer sovereignty)' 이라는 말이 시사하는 바와 같이 소비자들이 주체적으로 기호를 바꾼다고 가정한다. 그러나 많은 경우 소비자들의 기호는 생산자들의 광고에 의해 영향을 받기도 하고, 또 선진 외국의 생활패턴이나 이웃의 생활양식을 모방하는 과정에서 소비자들의 기호가 크게 영향을 받는 것도 사실이다.

인구규모와 인구구성 인구의 증가에 따라 거의 모든 재화에 대한 수요는 증가한다. 물론 이때 인구 증가와 함께 구매력의 증가 역시 뒷받침되어야 한다. 또한 성별 · 연령별 인구구성의 변화도 수요에 영향을 미친다. 고령인구의 비중이 증가하면서 의료서비스에 대한 수요가 증가하는 현상이 좋은 예이다.

소비자들 간의 소득분포 소득분배가 불평등한 사회에서의 수요패턴은 소득분배가 평등한 사회에서의 수요패턴과 차이가 있을 것이다. 소득분배가 평등하면 소득수준에 따른 수요의 차이가 별로 없을 것이나, 소득분배가 불평등하면 고소득층과 저소득층이 수요하는 재화의 종류와 양에 커다란 차이가 나타날 수 있다.

생 활 과 경 제 학

국내 커피전문점 시장의 성장과 변화

지난 1999년 세계 최대 커피체인기업 스타벅스(Starbucks)가 이화여대 앞에 1호점을 열었다. 이를 시작으로 여러 기업들이 국내 커피전문점 시장에 뛰어들었으며, 소비자들 사이에 커피가 하나의 문화로 자리 잡는 데 큰 역할을 하였다. 현대경제연구원이 2019년 7월 발표한 보고서에 따르면 1998년 기준 연간 국내 1인당 커피 소비량은 약 353잔으로 추정되며, 이는 세계 1인당 커피 소비량의 3배 수준이다.

커피에 대한 수요 증가와 더불어 커피시장의 규모 또한 꾸준히 성장하였다. AC닐슨의 조사에 따르면 국내 커피시장의 규모는 2007년 1.6조원에서 2018년 6.8조원으로 증가하였으며, 이 중 커피전문점은 같은 기간 동안 약 4,300억원에서 4.3조원으로 무려 10배 가까이 성장했다.

이러한 시장의 성장세와 더불어 기업 간 경쟁은 더욱 치열해지고 있다. 다양화 · 세분화된 소비자들의 취향을 만족시키기 위해 고급 커피를 제공하는 매장을 확대하거나, 소셜미디어를 통한 바이럴 마케팅(viral marketing)을 통해 마니아 고객층을 확보하는 등 소비자의 기호를 사로잡기 위한 기업들의 전략은 나날이 다양해질 것으로 보인다.

출처 : 박용정 · 이정원 · 한재진, "커피산업의 5가지 트렌드 변화와 전망", 현대경제연구원, 2019.

1.2 수요함수와 수요곡선

앞에서 우리는 재화에 대한 수요를 결정하는 여섯 가지 요인에 대해서 살펴보았다. 이들 요인 중 해당 재화의 가격이 수요량에 미치는 영향이 가장 크고 직접적이며, 나머지 다섯 가지 요인들이 수요량에 미치는 영향은 비교적 간접적이라 할 수 있다. 그러므로 우리는 재화의 수요량과 재화의 가격 사이의 관계를 보다 명료하게 분석하기 위해 다른 요인은 잠시 불변이라고 가정하자.

이와 같이 재화의 가격을 제외한 다른 요인들이 변하지 않는다면(ceteris

paribus) 재화에 대한 수요량은 그 재화가격만의 함수이다. 우리가 흔히 말하는 수요함수란 이와 같이 좁은 의미의 수요함수를 가리킨다. 요약하면, 어떤 재화의 **수요함수**(demand function)란 다른 변수가 동일할 때 그 재화의 가격과 수요량의 함수관계로, 각 가격수준에 대응하여 소비자들이 매 기간 구매하려 하는 재화의 수량을 나타낸다.

수요함수
재화의 가격과 수요량 사이에 존재하는 함수관계

어느 지역의 커피 가격과 수요량 간의 관계가 [그림 2-1]과 같이 주어졌다고 하자. 이 지역 주민들은 커피가격이 3,000원일 때 12,000잔을, 4,000원일 때 10,000잔을, 5,000원일 때 8,000잔을, 6,000원일 때 6,000잔을 구매할 의향이 있다. 이를 수요함수로 표현하면, '커피가격 = $-\frac{1}{2}$ × 커피의 수요량 + 9,000' 과 같다. 이제 좌표평면의 세로축에 커피가격을 나타내고 가

그림 2-1

커피에 대한 수요곡선
좌표평면의 세로축에 커피가격을 표시하고 가로축에 커피에 대한 수요량을 나타낸 곡선을 수요곡선이라고 한다. 커피가격이 내리면 일반적으로 커피의 수요량이 증가하므로 수요곡선은 일반적으로 우하향하는 형태를 지닌다.

	커피가격(원)	커피의 수요량(잔)
A	6,000	6,000
B	5,000	8,000
C	4,000	10,000
E	3,000	12,000

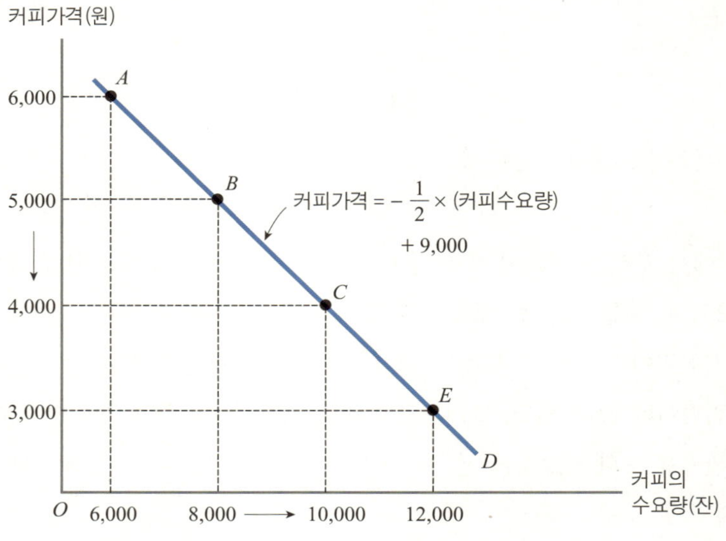

로축에 커피에 대한 수요량을 표시하여, 수요함수를 [그림 2-1]에서와 같은 **수요곡선**(demand curve)으로 그려 보자. 이 수요곡선은 [그림 2-1]에서 보는 것처럼 일반적으로 우하향하는 형태이다. 이것은 재화의 가격이 내리면 그 재화의 수요량이 증가하고 가격이 오르면 수요량이 감소함을 의미한다. 이 관계를 **수요의 법칙**(law of demand)이라고 부른다.

가격과 수요량이 상호 역관계에 있다는 것은 상식적으로 생각할 수 있으나, 그 이유를 자세히 살펴보면 다음과 같다. 첫째, 어떤 재화의 가격이 하락하면 상대적으로 비싸진 대체재에 대한 수요를 줄이고 상대적으로 싸진 해당 재화의 수요를 늘리는 것이 구매자에게 유리하다. 말하자면, 가격이 높아진 재화를 가격이 낮아진 재화로 대체하게 된다는 것이다. 둘째, 어떤 재화의 가격이 하락하면 소비자들은 전과 동일한 액수로도 전보다 많은 재화를 살 수 있으므로 결과적으로 구매자들의 소득이 증가한 것과 같은 효과를 가져온다. 이렇게 실질소득이 증가하면 그 재화가 열등재가 아닌 이상 수요도 증가한다.

수요곡선
세로축이 가격, 가로축이 수요량인 좌표평면에 가격과 수요량의 관계를 나타낸 곡선

수요의 법칙
재화의 가격이 내리면 그 재화의 수요량이 증가하고 가격이 오르면 수요량이 감소
- 가격이 높아진 재화를 가격이 낮아진 재화로 대체하여 수요감소
- 재화의 가격이 상승하면 실질소득이 감소하는 효과로 수요감소

역사와경제학

맨체스터 상인의 수요 · 공급표

19세기 초 영국 맨체스터 출생의 상인 존 오웬스(John Owens)는 상품거래를 위해 수요 · 공급표를 직접 작성했는데, 이 기록이 현재에도 전해져 내려오고 있다. 오웬스는 대를 이어 장사를 시작했는데 그의 회사는 미국 · 중국 · 인도 · 남아메리카 등지를 대상으로 목화 · 차 · 밀 등 다양한 품목을 활발히 교역했다. 1821년에 그는 미국 목화에 대한 수요를 [표 1]과 같이 정리했다.

이 수요표에 따르면 가격이 11.5센트에서 12센트로 4.35% 상승할 때 수요량은 1,000에서 800으로 20% 감소한다. 그의 수요표는 처음에는 이렇듯 일정 가격 변화에 수요량이 일정량 변화하는 단순한 형태를 띠었지만, 장사 경험이 축적되면서 점차 다양한 형태로 나타났다. 1840년에 그가 뉴욕에 있는 대리인에게 보낸 [표 2]를 보면 가격탄력성이 훨씬 커졌다는 것을

| 표 1 | 1821년의 미국 목화에 대한 수요표

1파운드당 가격	수요량
11센트	1,200꾸러미
11.5센트	1,000꾸러미
12센트	800꾸러미
12.5센트	600꾸러미
13센트	400꾸러미
13.5센트	200꾸러미

확인할 수 있다. 오웬스는 미국의 목화 수확량을 풍작 · 평균 · 흉작 3개로 나누어 예측해 각각의 수요표를 작성했으며, 이런 철저한 계획으로 목화시장에서 큰 성공을 거뒀다.

한편 오웬스는 자신이 취급하는 여러 품목들의

| 표 2 | 1840년의 미국 목화에 대한 수요표

1파운드당 가격	수요량
5.25센트	2,000꾸러미
5.5센트	1,000꾸러미
5.75센트	200꾸러미

품질을 스스로 정확히 감정하기 어려웠기 때문에 해당 품목의 전문가인 대리인들에게 상품판매 업무를 위임했다. 그는 대리인들이 자신의 지침에 따라 판매할 수 있도록 어느 가격에 얼마만큼의 상품을 팔 것인지에 대한 계획, 즉 공급표도 작성해 제공했다. 예를 들어 1839년에 그는 중국으로부터 들여온 차를 판매하는 대리인에게 '가격이 2실링 10펜스일 때는 50상자를 팔고, 3실링일 때는 100상자를 팔아 달라'라는 식으로 요구한 것이다.

오웬스의 수요 · 공급표는 비록 불완전하지만(모든 가격에서의 수량을 제시하지는 않았으므로) 수요 · 공급의 이론이 확실히 정립되지 않은 19세기 초에 작성된 것이란 점에서 매우 흥미로우며, 당시 다른 맨체스터 상인들의 상행위에도 영향을 미쳤을 것으로 추측된다.

출처 : 김훈민, "맨체스터 상인의 수요 · 공급표", 『KDI 클릭경제교육』, KDI 경제정보센터, 2011. 3.

1.3 수요의 변화와 수요량의 변화

이제까지 수요의 법칙을 설명하기 위하여 해당 재화의 가격 이외에 수요량에 영향을 주는 다른 모든 요인들은 일정하다고 가정하였다. 하지만 이러한 여건불변의 가정과는 달리 재화가격 이외의 수요 결정 요인이 변하면, 다른 요인은 일정하다는 가정 하에 도출된 수요함수도 변하게 된다. 이와 같이 해당 재화의 가격 이외에 일정하다고 가정했던 요인이 변하여 수요곡선 자체가 이동하는 것을 **수요의 변화**(shift of demand curve)라고 한다. 예를 들어 소득이 증가했다고 하자. 그러면 정상재의 경우 일정한 가격수준(4,000원)에서 그 재화에 대한 수요량이 전보다 증가한다(10,000잔 → 12,000잔). 이 새로운 수요곡선을 그림으로 나타내면 [그림 2-2]의 D_1곡선이 되며, 이것은 원래의 수요곡선 D가 우측으로 이동한 것이다.

수요의 변화
재화의 가격 이외에 일정하다고 가정했던 요인이 변하여 수요곡선 자체가 이동하는 것

이에 반해 **수요량의 변화**란 주어진 수요함수에서 해당 재화가격의 변화에 따른 수요량의 증감이며, **주어진 수요곡선 상에서의 움직임**(movement along a given demand curve)이다. 예를 들면 [그림 2-1]에서 커피가격이 5,000원에서 4,000원으로 하락하면서 수요량이 8,000잔에서 10,000잔으로

수요량의 변화
해당재화의 가격 변화에 따른 수요곡선 상에서의 움직임

그림 2-2

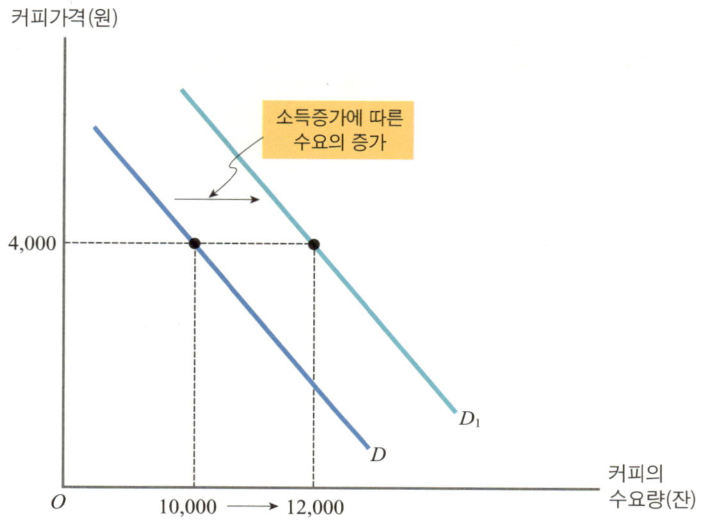

수요곡선의 이동

어떤 재화의 가격(P) 이외의 요인이 변하여 수요함수 자체가 이동하는 것을 수요의 변화라고 한다. 커피가 정상재라면 소득이 증가할 때 각 가격수준(4,000원)에서 커피에 대한 수요량이 전보다 증가한다(10,000잔 → 12,000잔).

증가하는 것이 바로 수요량의 변화이다.

해당 재화가격의 변화로 인한 수요곡선 상에서의 움직임인 수요량의 변화와 그 재화가격 이외의 다른 요인들의 변화로 인한 수요곡선 자체의 이동인 수요의 변화를 혼동하지 않도록 주의해야 한다. 이러한 혼동을 피하기 위하여 수요와 수요량이란 용어를 명확히 사용할 필요가 있다. 수요란 가격과 수요량 간의 전반적인 함수관계를 지칭하는 데 반해, 수요량이란 주어진 가격에서 수요하고자 하는 특정량을 지칭한다.

※ 혼동하지 말자!

수요
가격과 수요량 간의 전반적인 관계

수요량
주어진 가격에서 수요하고자 하는 특정량

위에서 설명한 것처럼 수요함수를 유도할 때 여건불변의 가정으로 묶어 놓았던 요인들(소득, 다른 재화의 가격, 기호, 인구규모 및 인구구성, 소득분포 등)이 변하면 수요곡선이 이동하며, 그 결과 수요의 변화를 가져온다. [표 2-1]은 바로 이러한 요인들의 변화에 따른 수요곡선의 이동을 예시하고 있다.

표 2-1

수요변화의 예시

다음 요인은	수요곡선을 오른쪽으로 이동시킨다	이유
대체재의 가격상승	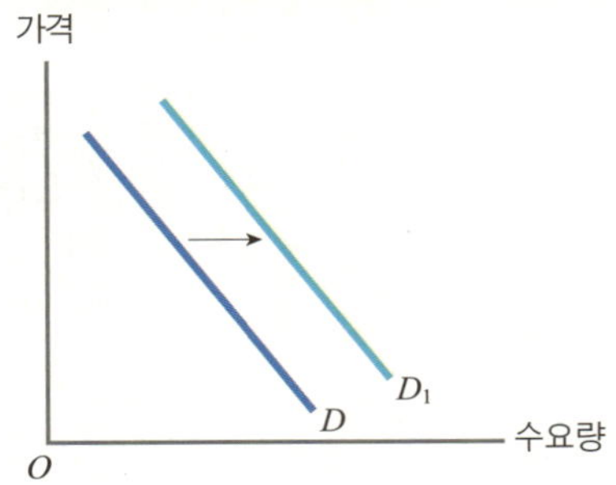	대체재의 수요가 해당 재화로 이동한다.
보완재의 가격하락		보완재 판매량이 늘어나면서 함께 판매되는 해당 재화의 판매량도 늘어난다.
소득증가		전반적인 소비수준이 증가한다(정상재).
소비자의 기호개선		해당 재화에 대한 관심이 증가하면서 지출이 늘어난다.
인구증가		구매력을 지닌 소비자들이 증가한다.

1.4 수요의 탄력성

이 절에서는 좀더 실용적인 이야기를 해보자. 독자가 한 커피전문점의 경영자라고 하자. 경영자에게 의사결정을 위한 기초자료로서 시장수요에 대한 정보는 매우 중요하다. 경영자의 입장에서는 단순히 커피에 대한 시장수요곡선이 우하향한다는 것을 아는 것만으로는 충분하지 않다. 가격이 상승하거나 하락할 때 수요량이 얼마나 큰 폭으로 감소하고 증가할 것인가에 대해서 알 수 있어야 경영자는 커피전문점의 판매수입(= 가격 × 판매량)을 예측하고 이에 따른 경영계획을 수립할 수 있게 된다.

경제정책을 수행하는 정부의 입장에서도 가격변화에 따른 수요량 변화의 정도에 대한 정보는 매우 중요하다. 예를 들어 교육이나 의료서비스와 같이 일정 수준 이상의 소비가 사회적으로 보장되는 것이 바람직하다고 판단되는 **가치재**(merit goods)에 대해 정부가 보조금을 지불한다고 하자. 이때 보조금 지불에 따른 가격인하에 대해 그 가치재의 수요가 어느 정도 증가할 것인가를 알 수 있어야만 적정한 보조금 규모를 결정할 수 있다. 시장을 이론적으로 분석하는 연구자도 사정은 같다. 보다 구체적이고 유용한 분석결과를 얻

가치재
일정 수준 이상의 소비가 사회적으로 바람직하다고 판단되는 재화

기 위해서는 커피 수요량이 커피가격 변화에 얼마나 민감하게 반응하는가에 대해 알아야만 한다.

이처럼 가격변화에 대해 수요량이 얼마나 민감하게 반응하는가를 나타내 주는 척도로 수요의 가격탄력성 개념을 사용한다. 일반적으로 수요에 영향을 주는 요인들이 변화함에 따라 해당 재화의 수요량이 얼마나 민감하게 반응하는가를 나타내는 정도를 **수요의 탄력성**(elasticity of demand)이라 한다. 지금의 예처럼 재화의 가격이 변화할 때 수요량의 변화율이 어느 정도인가를 나타내는 척도를 수요의 가격탄력성이라 하며, 소득이나 다른 재화의 가격이 변화할 때 수요량의 반응 정도를 나타내는 척도를 각각 수요의 소득탄력성과 교차탄력성이라 한다.

수요의 탄력성
수요에 영향을 주는 요인들이 변화하는 정도에 따라 재화의 수요량이 얼마나 민감하게 반응하는가를 나타내는 정도

1.4.1 수요의 가격탄력성

수요의 가격탄력성(price elasticity of demand)은 수요량의 변화율을 가격의 변화율로 나눈 값이다.

수요의 가격탄력성
- 가격변화에 대한 수요량 변화의 민감도
- 수요량의 변화율을 가격의 변화율로 나눈 것

$$e_p = -\frac{\text{수요량의 변화율}}{\text{가격의 변화율}} = -\frac{\text{수요량의 변화폭/변화 이전의 수요량}}{\text{가격의 변화폭/변화 이전의 가격}} \quad (2.1)$$

예를 들어 [그림 2-1]에서 원래의 커피가격을 5,000원, 새로운 가격을 4,000원이라고 할 때 커피 수요의 가격탄력성은 $-\frac{(8,000-10,000)/8,000}{(5,000-4,000)/5,000}=$ 1.25와 같이 계산된다.

식 (2.1)에서 수요함수의 성질에 의해 가격과 수요량의 변화 방향은 일반적으로 반대가 되기 때문에(즉, ΔP와 ΔQ의 부호는 반대가 되기 때문에) 두 변화율 간의 비율은 음(−)이 된다. 탄력성 계산식에서의 음(−)의 기호는 단순히 탄력성의 값을 양(+)으로 만들어준다.

재화의 가격과 수요량 사이에 음(−)의 관계가 성립하는 수요의 법칙 하에서 수요의 가격탄력성의 값은 0에서 무한대(∞)까지 변할 수 있다. 가격이 변화할 때 수요량이 전혀 변화하지 않는다면 수요의 가격탄력성은 0이 된다. 주어진 가격변화율에 대한 수요량 변화율의 상대크기가 1보다 작은 경우 우리는 수요가 **비탄력적**(inelastic)이라고 한다. 만약 수요량의 변화율이 가격변화율과 동일하다면 수요의 가격탄력성은 1이 되며, 이 경우 수요가 **단위탄력적**(unit-elastic)이라고 한다. 수요량의 변화율이 가격변화율보다 크면 수요의 가격탄력성은 1보다 큰 값을 가지게 되는데, 이 경우 수요가 **탄력적**(elastic)

수요의 가격탄력성 < 1 : 비탄력적
수요의 가격탄력성 = 1 : 단위탄력적
수요의 가격탄력성 > 1 : 탄력적

그림 2-3

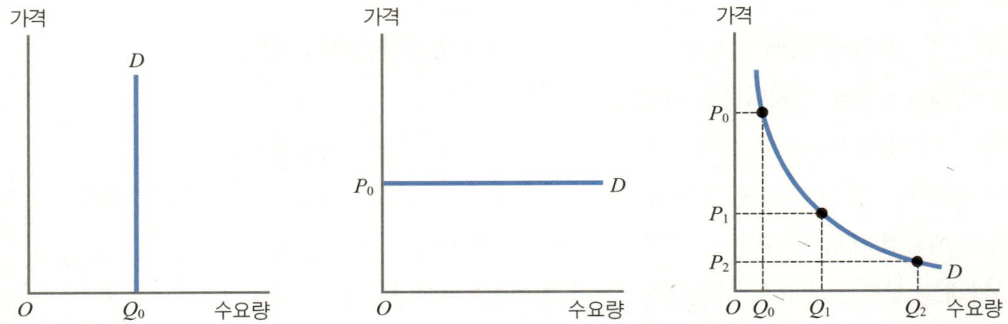

(a) 완전비탄력적 수요곡선 (b) 완전탄력적 수요곡선 (c) 단위탄력적 수요곡선

수요의 가격탄력성과 수요곡선의 모양

(a)의 수요곡선은 수요의 가격탄력성이 0인 경우로, 가격이 변화하더라도 수요량이 전혀 변화하지 않는 경우를 나타낸다. (b)는 반대로 수요의 가격탄력성이 무한대가 되어 가격이 조금이라도 내려가면 수요량이 엄청나게 늘어나는 경우이다. 한편 (c)에서는 모든 점에서 수요의 가격탄력성이 일정하다.

이라고 한다.

[그림 2-3]은 수요의 가격탄력성과 수요곡선 모양 사이의 관계를 보여준다. 먼저 극단적인 경우부터 살펴보자. (a)에 그려져 있는 수요곡선은 가격이 변화하더라도 수요량이 전혀 변화하지 않는 경우를 나타낸다. 이때 수요의 가격탄력성은 0이다. 이러한 수요곡선을 완전비탄력적 수요곡선이라고 한다. 수요가 완전비탄력적인 경우는 현실세계에서 대단히 드물다.

(b)는 반대편 극단을 보여준다. 가격이 P_0 수준에서 조금만 올라도 수요량은 0으로 떨어지게 되고, P_0 수준에서 조금만 내려가도 수요량은 엄청나게 늘어나게 된다. 이 경우 수요의 가격탄력성은 무한대가 된다. 이러한 수요곡선을 완전탄력적 또는 무한탄력적 수요곡선이라고 한다. 완전대체재를 가격 P_0에서 얼마든지 구입할 수 있는 경우를 생각해 보자. 이때 이 재화의 가격이 P_0보다 조금만 높게 결정되더라도 시장의 모든 수요가 대체재로 몰릴 것이므로 이 재화에 대한 수요는 0으로 떨어지고 말 것이다. 반대로 이 재화의 가격이 P_0보다 조금만 낮게 결정되더라도 시장의 모든 수요가 이 재화에 집중되므로 이 재화에 대한 수요는 무한대가 될 것이다.

수요
- 밀접한 대체재의 존재
- 재화에 대한 지출

또 다른 특수한 경우로서 수요곡선이 [그림 2-3]의 (c)와 같이 직각쌍곡선이면 모든 점에서 수요의 가격탄력성은 일정하다. 왜냐하면 기하학적인 성질상 모든 점에서의 가격변화율이 수요량변화율과 일치하기 때문이다. 예를 들어 $P = \frac{1}{Q}$ 또는 $PQ = 1$인 직각쌍곡선의 경우 가격(P)이 10% 감소하면 $PQ = 1$이 되기 위해 수요량(Q)이 10% 증가해야 하므로 수요의 가격탄력성은 1이 된다.

그러나 일반적으로 우하향하는 수요곡선 상에서 점의 위치에 따라 가격변화율은 수요량변화율과 다르다. 예를 들어 [그림 2-1]에서 커피가격이 5,000원에서 4,000원으로 하락하는 경우 수요의 가격탄력성은 1.25$\left(= \frac{2,000/8,000}{1,000/5,000}\right)$인 반면, 커피가격이 4,000원에서 3,000원으로 하락할 때 수요의 가격탄력성은 0.8$\left(= \frac{2,000/10,000}{1,000/4,000}\right)$이 된다. 그러면 수요의 가격탄력성의 크기를 결정하는 요인은 무엇일까? 중요한 몇 가지를 열거하면 다음과 같다.

수요의 가격탄력성을 결정하는 요인

- 밀접한 대체재의 존재
- 재화에 대한 지출이 소득에서 차지하는 비중

첫째, 상호 밀접한 대체재의 유무가 탄력성에 영향을 준다. 커피, 버터와 같은 재화에는 녹차, 마가린과 같은 대체재가 존재한다. 녹차 값이 일정한데 커피 값이 상승했다고 하자. 그러면 커피에 대한 수요는 감소하는 반면, 상대적으로 저렴해진 녹차에 대한 수요는 증가할 것이다. 이와 같이 상호 밀접한 대체재가 존재하는 재화들에 대한 수요의 가격탄력성은 비교적 크다. 이에 반하여 소금과 같은 재화들은 상호 밀접한 대체재가 존재하지 않으므로 가격의 변동이 그 재화의 수요량에 크게 영향을 미치지 않는다.

둘째, 재화에 대한 지출이 소득에서 차지하는 비중도 탄력성에 영향을 준다. 어떤 재화에 대한 지출이 소비자의 소득에서 차지하는 비중이 크면 클수록 그 재화의 수요에 대한 가격탄력성은 커지는 경향이 있다. 예를 들면 노트북 PC의 경우처럼 그것을 구매하기 위한 지출이 소비자의 소득에서 차지하는 비중이 큰 경우에는 그 재화에 대한 수요량이 가격변화에 대하여 민감하게 반응한다. 이에 반하여, 볼펜과 같이 재화에 대한 지출이 소비자의 소득에서 차지하는 비중이 작은 재화에 대한 수요량은 가격변화에 대하여 둔감하다.

일반적으로 사람들은 일상생활에서 긴요한 생활필수품에 대한 수요는 가격변화에 대해 비탄력적이고, 사치품에 대한 수요는 탄력적이라고 생각한다. 그러나 이것은 얼핏 보면 그럴듯하지만 의문의 여지가 있다. 어떤 재화가 생활필수품이고 어떤 재화가 사치품인가를 식별하는 것은 결코 쉬운 일이 아니기 때문이다. 이를테면 악기는 일반인에게는 사치품처럼 생각되기 쉬우나 음악가에게는 필수품이다. 또한 흔히 생활필수품이라고 알려져 있는 재화(예를 들어 쌀)에 대한 수요가 비탄력적인 것은 사실이나, 이것은 쌀이 생활필수품이기 때문이 아니라 그 대체재가 별로 많지 않기 때문이다. 대체재가 없는 재화에 대한 수요는 비록 사치품으로 알려져 있는 경우에도 가격탄력성이 작을 수 있다.

1.4.2 수요의 소득탄력성

수요의 소득탄력성
소득의 변화에 대한 수요량의 반응 정도

소득의 변화에 대한 수요량의 반응 정도를 **수요의 소득탄력성**(income elasticity of demand)이라고 한다.

$$e_y = \frac{\text{수요량의 변화율}}{\text{소득의 변화율}} = -\frac{\text{수요량의 변화폭/변화 이전의 수요량}}{\text{소득의 변화폭/변화 이전의 소득}} \quad (2.2)$$

대부분의 재화에 대한 수요는 소득의 증가에 따라 증가하기 때문에 수요의 소득탄력성은 양(+)의 값을 가진다. 그러나 라면과 같은 재화에 대한 수요는 소득이 증가할 때 오히려 감소하므로 수요의 소득탄력성은 음(−)의 값을 갖는다.

표 2-2

수요의 소득탄력성의 크기에 따른 재화의 분류

<table>
<tr><th>소득탄력성(e_y)</th><th colspan="2">재화 분류</th></tr>
<tr><td>$e_y > 1$</td><td>사치재</td><td rowspan="2">정상재</td></tr>
<tr><td>$0 < e_y < 1$</td><td>필수재</td></tr>
<tr><td>$e_y < 0$</td><td colspan="2">열등재</td></tr>
</table>

이처럼 재화의 특성에 따라 수요의 소득탄력성이 변화하므로 수요의 소득탄력성 크기에 따라 재화를 분류할 수 있다. [표 2-2]에서처럼 $e_y > 0$이면, 즉 소득의 증가로 인해 재화수요가 증가하면 이를 **정상재**(normal goods)라 하고, $e_y < 0$으로 소득이 증가할 때 수요가 오히려 감소하면 **열등재**(inferior goods)라 한다. 또한 정상재 가운데서도 $e_y < 1$이면 이를 **필수재**(necessaries)라 하고, $e_y > 1$이면 이를 **사치재**(luxuries)라 하기도 한다.

소득변화와 수요의 변화에 관련하여 한 가지 기억해 두어야 하는 것은 **엥겔의 법칙**이다. 이 법칙은 19세기 독일의 통계학자인 엥겔(Ernst Engel)이 발견한 것으로, 그 내용은 가계소득이 증가하면서 식료품에 지출되는 소득의 비중이 점점 작아진다는 것이다. 최근에 와서는 의복이나 주거 등 식료품 이외의 생활필수품의 비중도 소득이 증가할 때 감소한다는 것이 발견되었다.

> **엥겔의 법칙**
> 가계소득이 증가하면서 식료품에 지출되는 소득의 비중 감소

현실과 경제학

『상도(商道)』의 임상옥은 무엇을 믿고 인삼을 불에 태웠을까?

(중략) 하인은 임상옥이 시키는 대로 장작더미에 불을 붙였다. 바짝 마른 장작이라 불이 붙자마자 무서운 기세로 타올랐다. 연경 제일의 여인숙 앞마당에 갑자기 대낮에 장작을 태우는 연기가 피어오르고 화광이 충천하자 사람들이 구름처럼 모여들었다. 때아닌 불놀이가 벌어진 셈이다. 장작더미가 불이 붙어 맹렬하게 타오르자 다시 하인이 임상옥에게 물어 말하였다.

"장작더미에 불이 붙었습니다. 이제 어떻게 하면 좋겠습니까."

그러자 임상옥에 단번에 말하였다.

"인삼을 불 속에 집어넣게."

"뭐라구요?"

하인은 행여 자신이 잘못 들었는가 다시 물어 말하였다.

"인삼을 어떻게 하라굽쇼."

"인삼을 불 속에 집어던져 태워버리라니까."

(중략)

결론적으로 말해 임상옥은 2월 2일, 단 하루만에 불에 태우다 남긴 인삼 모두를 단숨에 팔아치울 수 있었다. 불에 태운 인삼으로 손해 본 가격을 모두 중국 상인들이 떠맡기로 한 파격적인 조건이었다. 따라서 임상옥은 새로 내걸었던 공시가격 45냥에서 단 한 푼

도 깎아주지 않고 원하는 가격대로 단 하루 만에 인삼을 모두 팔아치울 수 있었다. 그러니까 불에 태운 인삼을 감안하면 중국 상인들은 인삼 한 근에 90냥이라는 천문학적 금액으로 인삼을 사들일 수밖에 없었던 것이다. (중략)

최인호, 『상도(商道)』, 여백, 2000.

소설에서 나오듯이 임상옥이 인삼을 과감하게 불에 태울 수 있었던 데에는 가격탄력성이라는 개념이 숨어 있다. 당시에는 "조선의 인삼이 가미되지 않은 중약은 약도 아니다"라는 것이 그곳의 정설이었고, 따라서 '인삼이 없다면 모든 백약이 무효하게 될 것이며 모든 약재상들과 중약점들은 문을 닫고 폐업할 수밖에 없었던' 상황이었다. 연경상인들로서는 아무리 인삼가격이 높다고 해도 어쩔 수 없이 사야만 하는, 즉 인삼에 대한 수요의 가격탄력성이 매우 '비탄력적'이었다. 이 경우 판매자가 가격을 올려서 물건을 팔게 되면 가격상승률이 수요의 감소율보다 크기 때문에 판매수입(= 가격 × 수요량)이 더 많아진다는 것을 임상옥은 간파했던 것이다. 게다가 임상옥 혼자만이 인삼을 시장에 공급할 수 있었기 때문에 그 영향력은 더 막강했다.

실제로 주변에서 우리는 가격탄력성과 관련된 여러 현상들을 찾아볼 수 있다. 일례로 가끔 배추농사가 너무 잘됐는데도 불구하고 농민들이 배추를 팔지 않고 밭을 갈아엎는 장면을 뉴스에서 볼 수 있다. 이러한 현상의 이유는 다양하겠지만, 경제학에서는 소비자들의 배추에 대한 수요의 가격탄력성이 낮아 상도에서 임상옥이 한 것처럼 배추의 공급을 조금 줄여 판매수입을 조금이라도 늘려보려는 노력으로 설명한다.

출처 : 한국은행 경제교육 홈페이지(http://www.bokeducation.or.kr)

2 공급

공급
- 생산자가 재화나 서비스를 판매하고자 하는 의도 : 실제 판매량이 아님
- 단위기간 기준 : 유량

공급(supply)이란 생산자(기업)가 재화나 서비스를 판매하고자 하는 의도(willingness to sell)이다. 그리고 **공급량**(quantity supplied)이란 생산자가 재화나 서비스를 판매하고자 하는 양을 의미한다. 이와 같이 정의되는 공급이란 개념은 수요와 마찬가지로 다음과 같은 중요한 두 가지 성질을 가진다. 첫째, 공급량은 주어진 조건에서 생산자가 판매하고자 의도하는 양을 지칭하는 것이지 실제로 판매되는 양은 아니다. 둘째, 공급량은 유량 개념으로서 단위기간 동안 얼마라는 식으로 표현된다. 한편 수요와 마찬가지로, 일정 시점에서의 저량 공급이란 개념 역시 성립한다. 일정 시점, 예를 들어 2020년 2월 28일 오전 10시 현재 존재하는 주식 또는 채권의 양 등이 그 예이다.

2.1 공급을 결정하는 요인

공급에 영향을 주는 요인으로는 다음의 다섯 가지를 생각해 볼 수 있다.

공급을 결정하는 요인
- 재화의 시장가격
- 다른 재화가격
- 생산요소 가격
- 기술수준
- 기업의 목표 : 이윤극대화, 수입극대화 등

재화의 시장가격 어떤 재화의 가격이 상승하면 그 재화를 생산하는 것이 생산자에게 더 큰 이익을 가져다주기 때문에 그 재화의 공급량이 증가한다. 반대로 가격의 하락은 그 재화의 공급량을 감소시킨다. 예를 들어 커피가격의 상승은 커피의 공급량을 증가시키고, 반대로 커피가격의 하락은 커피의 공급량을 감소시킨다.

다른 재화의 가격 일반적으로 다른 재화의 가격이 상승하면 이들 재화를 생산하는 것이 가격이 상승하지 않은 재화를 생산하는 것보다 더 유리하다. 따라서 다른 조건이 같고 기업의 생산요소 이동이 자유롭다는 가정 하에 다른 재화의 가격이 상승할 때 가격의 상승이 없는 재화의 공급은 감소한다.

생산요소 가격 어떤 생산요소 가격이 상승하였을 때 그 생산요소를 많이 사용하는 재화의 생산비용은 크게 증가하는 반면, 그 생산요소를 적게 사용하는 재화의 생산비용은 작게 증가한다. 예를 들어 석유가격이 상승하면 석유화학제품의 생산비는 크게 증가하지만 구두의 생산비는 크게 증가하지 않는다. 따라서 석유화학제품의 생산은 크게 감소하지만 구두의 생산은 크게 변화하지 않는다. 즉, 생산요소 가격의 변화는 이윤(= 판매수입 − 생산비용)의 크기를 변화시키고, 나아가 여러 가지 생산물의 공급량을 변화시킨다.

기술수준 기술진보는 새로운 상품의 개발을 가능하게 하며 이미 개발된 제품에 대해서도 생산비를 절감하여 제품의 공급을 증가시킨다.

기업의 목표 경제이론에서 기업의 목표는 오직 하나, 즉 이윤극대화에 있다고 가정한다. 사실 기업의 성패를 가늠하는 것은 이윤이다. 따라서 기업의 행동이란 이윤을 떠나서는 분석할 수 없다. 그러나 이윤추구가 기업의 유일한 목표라고 볼 수는 없으며, 또 이윤극대화가 궁극적인 목표라 하더라도 해당 기업이 속해 있는 산업의 시장구조에 따라 재화의 공급은 크게 영향을 받는다. 예를 들어, 완전경쟁에 가까운 산업에 속한 기업은 그렇지 않은 기업에 비해 더 많은 재화를 공급함으로써 이윤을 극대화할 것이다. 그리고 이윤극대화보다 수입극대화(revenue maximization)를 추구하는 기업은 이윤극대화를 추구하는 기업보다 더 많은 양을 생산하여 판매한다. 이와 같이 재화의 공급은 그 기업의 목표에 달려 있다.

2.2 공급함수와 공급곡선

공급함수
재화가격과 공급량 사이에 존재하는 함수관계

공급곡선
가격이 세로축, 공급량이 가로축인 좌표평면에 이 두 변수 간의 관계를 나타낸 곡선

우상향 공급곡선
- 어떤 재화가격이 상승하면 다른 재화에 투입되던 생산요소를 가격이 상승한 재화 생산에 투입하여 공급 증가
- 재화가격의 상승은 새로운 공급자를 출현시켜 공급 증가

우리는 앞에서 공급에 영향을 주는 다섯 가지 요인에 대해 살펴보았다. 이들 요인 중에서 해당 재화가격의 영향이 적어도 단기적으로는 가장 크고 직접적인 데 반하여, 나머지 네 가지 요인들이 공급에 미치는 영향력은 비교적 작고 간접적이다. 그러므로 수요함수의 경우와 마찬가지로 재화가격을 제외한 다른 모든 변수들이 일정하다고 가정하면 **공급함수**(supply function)를 수요곡선을 그릴 때와 마찬가지 방법으로 좌표평면에 나타낼 수 있다. 예를 들어 커피가격은 세로축에, 이에 대응한 커피의 공급량은 가로축에 나타내면 [그림 2-4]와 같은 **공급곡선**(supply curve)을 얻는다.

대부분의 경우 공급곡선은 [그림 2-4]에서 보는 바와 같이 우상향하는 형태를 보인다. 이것은 재화의 가격이 상승하면 공급량이 증가하고 가격이 하락하면 공급량이 감소하는 것을 의미한다. 이와 같이 공급곡선이 우상향하는 이유는 무엇일까? 커피를 공급하는 커피전문점의 경우를 예로 들면 다음과 같다.

첫째, 커피 값의 상승으로 커피를 생산해 온 기업은 생산요소 투입을 늘린다. 둘째, 커피 값의 상승은 이제까지 수익이 좋지 않아 커피를 생산하지 않던 기업으로 하여금 새로 커피를 생산하게 한다. 다시 말해 커피 값의 상승은 커피를 공급하는 새로운 공급자를 출현시키는 것이다. 이러한 두 가지 이유 때문에 커피 값이 상승할 때 커피의 공급량은 증가한다.

■ 그림 2-4

	커피가격(원)	커피의 공급량(잔)
A	3,000	6,000
B	4,000	8,000
C	5,000	10,000
E	6,000	12,000

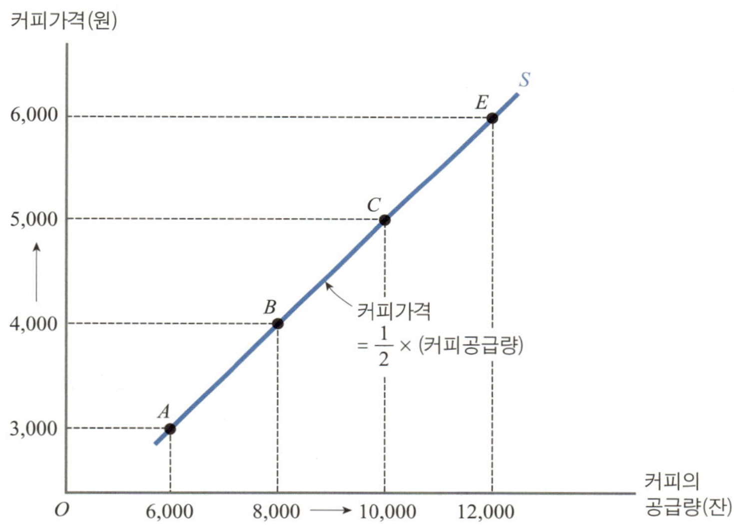

커피의 공급곡선

좌표평면의 세로축에 커피가격을 표시하고 가로축에 커피에 대한 공급량을 나타낸 곡선을 공급곡선이라고 한다. 커피가격이 오르면 커피의 공급량이 증가하므로 공급곡선은 일반적으로 우상향하는 형태를 지닌다.

2.3 공급의 변화와 공급량의 변화

우리는 공급함수를 유도하는 과정에서 해당 재화가격 이외에 공급에 영향을 주는 모든 요인들이 일정하다는 여건불변을 가정하였다. 그런데 이 가정 속에 묶여 있는 요인들이 변화하면 공급함수 자체도 변화한다. 이와 같이 그 재화의 가격 이외의 변화에 의해 공급곡선 자체가 이동하는 것을 **공급의 변화**(shift of supply curve)라고 한다. 예를 들어 불변이라고 가정했던 커피제

공급의 변화
재화가격 이외의 변화에 의해 공급곡선이 이동하는 것

그림 2-5

공급곡선의 이동

어떤 재화의 가격(P) 이외의 요인이 변하여 공급곡선 자체가 이동하는 것을 공급의 변화라고 한다. 여기에서는 생산기술의 향상으로 각 가격수준(4,000원)에서 커피에 대한 공급량이 전보다 증가(8,000잔 → 10,000잔)하는 현상을 보여주고 있다.

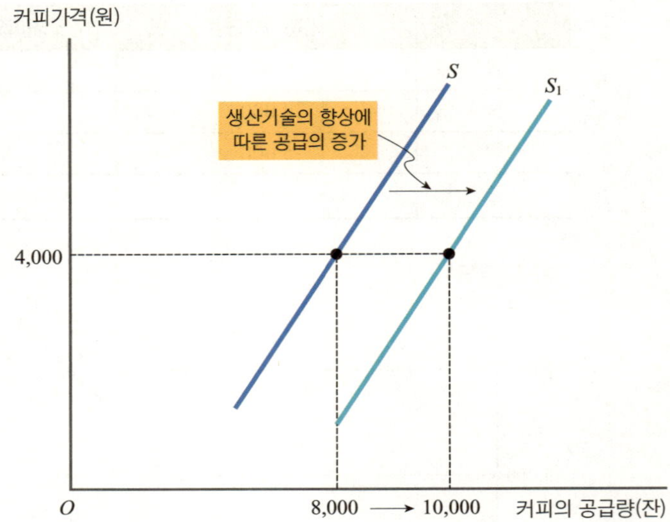

조기술이 향상되었다고 하자. 그러면 일정한 가격수준(4,000원)에서 커피에 대한 공급량이 이전보다 증가할 것이다(8,000잔 → 10,000잔). 이러한 변화에 의한 새로운 공급량을 그래프로 나타내면 [그림 2-5]의 S_1곡선이 된다. 이것은 원래의 공급곡선 S가 우측으로 이동한 것이다.

공급량의 변화
재화가격 변화에 따른 공급곡선 상에서의 움직임

이에 반하여 **공급량의 변화**란 주어진 공급곡선에서 가격의 변화에 따른 공급량의 증감을 의미하며, **주어진 공급곡선 상에서의 움직임**(movement along a given supply curve)이다. 예를 들면 [그림 2-4]에서 커피가격이 4,000원에서 5,000원으로 상승하면서 커피의 공급량이 8,000잔에서 10,000잔으로 증가하는 것이 바로 공급량의 변화이다.

※ 혼동하지 말자!

공급
가격과 공급량 간의 전반적인 관계

공급량
주어진 가격에서 공급하려고 하는 특정량

해당 재화가격의 변화로 인한 공급곡선 상에서의 움직임인 공급량의 변화와 그 재화가격 이외의 다른 요인들의 변화로 인한 공급곡선 자체의 이동인 공급의 변화를 혼동하지 않도록 해야 한다. 이러한 혼동을 피하기 위해서 공급과 공급량이란 용어를 명확히 구분하여 사용할 필요가 있다. 공급은 가격과 공급량 간의 전반적인 함수관계를 지칭하는 데 반하여, 공급량은 주어진 가격에서 공급하려고 하는 특정량을 지칭하는 것이다.

표 2-3

공급변화의 예시

다음 요인은	공급곡선을 오른쪽으로 이동시킨다	이유
다른 재화의 가격 하락	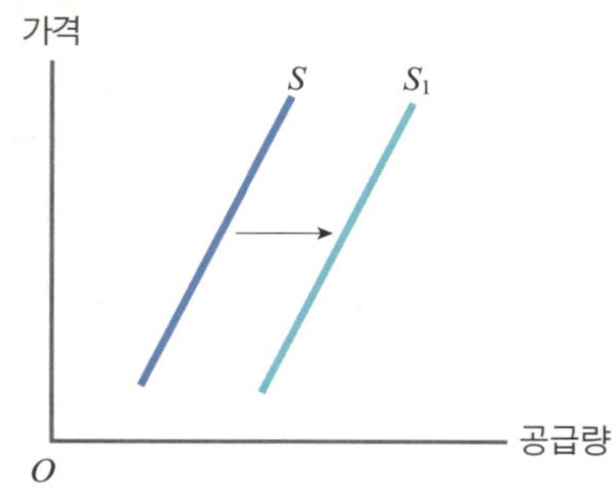	상대적으로 높은 가격의 재화 생산이 기업에 유리하다.
생산요소 가격하락		해당 재화의 생산비용이 낮아진다.
기술진보		해당 재화의 생산비를 절감할 수 있다.
기업의 수입극대화		더 많은 판매량을 위해 더 많은 양의 재화를 생산한다.

위에서 살펴본 것처럼 공급함수를 유도할 때 여건불변이라고 가정하였던 요인들(다른 재화가격, 생산요소 가격, 기술수준, 기업목표)이 변화하면 공급곡선이 이동하며 공급의 변화를 초래한다. [표 2-3]은 바로 이러한 요인들의 변화에 따른 공급곡선의 이동을 예시하고 있다.

2.4 공급의 탄력성

수요의 탄력성과 마찬가지로 **공급의 탄력성**(elasticity of supply)이란 어떤 재화의 가격이 변할 때 그 재화의 공급량이 얼마나 변할 것인가를 측정하는 척도로, 공급량의 변화율을 가격의 변화율로 나눈 것이다.

공급의 탄력성
- 재화의 가격이 변할 때 그 재화의 공급량이 얼마나 변할 것인가를 측정하는 척도
- 공급의 변화율을 가격의 변화율로 나눈 것

가격이 변화할 때 공급량이 전혀 변화하지 않는다면 공급의 탄력성은 0인데, 이때 공급곡선은 [그림 2-6]의 (a)와 같이 수직선이 되며 공급자는 가격에 관계없이 일정량 Q를 공급한다. 공급량의 변화율이 가격변화율과 동일하다면 공급의 탄력성은 1(단위탄력적)이 된다. 공급량의 변화율이 가격변화율보다 크다면 공급의 탄력성은 1보다 크고(탄력적이고), 반대의 경우에는 1보다 작다(비탄력적이다). [그림 2-6]의 (b)와 같이 직선인 공급곡선이 원점을

공급의 탄력성 = 1 : 단위탄력적
공급의 가격탄력성 > 1 : 탄력적
공급의 가격탄력성 < 1 : 비탄력적

그림 2-6

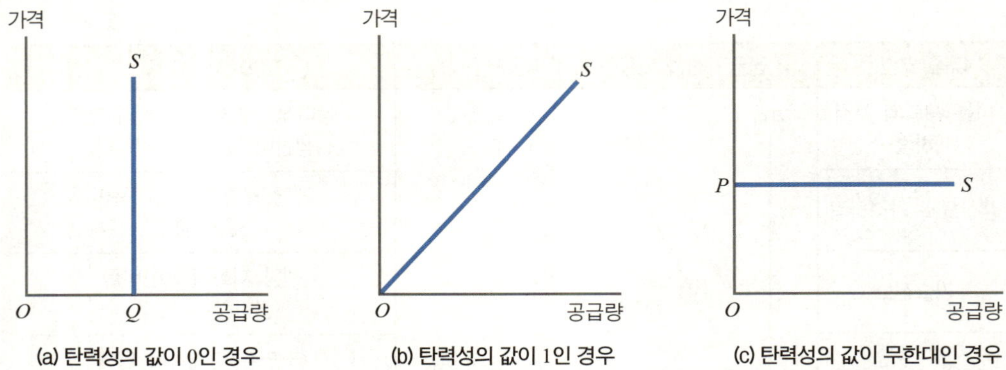

일정한 탄력성을 갖는 공급곡선

(a)의 공급곡선은 공급의 가격탄력성이 0인 경우로, 가격이 변화하더라도 공급량이 전혀 변화하지 않는 경우를 나타낸다. (b)는 공급량의 변화율이 가격변화율과 동일한 경우로 이때 공급의 가격탄력성은 1로 일정하다. (c)는 일정 가격(P) 이상에서 공급의 탄력성이 무한대인 경우이다.

지나는 경우에는 그 기울기에 관계없이 공급의 탄력성은 항상 1이다. 왜냐하면 공급곡선이 원점을 지나는 직선인 경우에는 공급량의 변화율이 가격변화율과 항상 같기 때문이다. 마지막으로 [그림 2-6]의 (c)처럼 공급곡선이 수평선인 경우 공급의 탄력성이 무한대가 된다. 이것은 일정 가격수준(P) 이하에서는 재화가 전혀 공급되지 않지만 가격이 일정 수준(P)이 되면 공급자가 얼마든지 공급하려 한다는 것이다.

수요의 경우와 마찬가지로 공급의 탄력성도 공급곡선의 형태에 따라서 다르고, 동일한 공급곡선 상에 있더라도 측정하려는 점의 위치에 따라서 그 크기가 다르다. 그러므로 공급곡선 상의 모든 점이 동일한 탄력성을 가지는 특수한 경우는 [그림 2-6]에 나타난 것처럼 공급곡선이 수직선, 수평선 또는 원점을 지나는 직선인 경우뿐이다.

뉴스와경제학

배추 값 폭등 포기당 1만원 … 왜 이렇게 배추가격이 높아진 것일까?

매일경제, "최근의 배추파동, 가격탄력성도 이유 중 하나", 2010. 10. 13.

올해 배추나 무의 가격이 폭등한 것은 무엇보다도 여름철 이상기후로 인해 산지 출하량이 크게 줄어들었기 때문이다. 어떤 재화의 공급량이 줄어들어 가격이 크게 오를 경우 그 재화에 대한 수요량도 같이 탄력적으로 줄어들면 가격변화는 크지 않다. 하지만 우리나라 사람들에게 있어 배추나 무는 가격변화에 탄력적으로 대응할 수 있는 성질의 재화가 아니다. 즉, 김치는 우리네 식탁에서 없어서는 안될 필수품에 해당되는데, 대체로 필수품에 대한 수요는 가격변화에 비탄력적인 경향을 띤다. 즉, 가격탄력성이 매우 낮다는 것이다. 또한 김치를 대신할 만한 대체재를 찾기도 쉽지 않다. 대체재가 없으니 당연히 가격이 올라도 수요량이 줄어들기 힘들어 비탄력적인 모습을 보이는 것이다.

다른 한편으로 공급 관점에서 보면 공급의 가격탄력성은 가격이 올랐을 때 공급자들이 생산량을 얼마나 신축적으로 증가시킬 수 있는가에 의해 좌우되는데, 농산물은 이번 달에 가격이 아무리 많이 올라도 공급을 바로 늘릴 수 없는 비탄력적인 재화에 해당한다. 때로는 주변국에서 수입을 늘려 단기적으로 공급을 늘릴 수는 있으나 주변국의 작황, 소비자의 입맛, 위생문제 등으로 소기의 목적 달성이 어려운 경우도 존재하기 마련이다.

물론 중 · 장기적으로 시계를 넓히면 작황이 항상 나쁜 것만은 아니기 때문에 배추가격이 지속적으로 높은 수준을 유지하지는 않을 것이다. 하지만 이번 사태를 계기로 농산물 공급을 안정적으로 유지할 수 있는 근본적인 대책이 마련되어야 할 것으로 보인다.

출처 : 전북도민일보, 2010. 10. 6.

3 시장균형

지금까지 우리는 수요와 공급을 분리하여 살펴보았다. 이제 수요와 공급이 상호작용하여 어떻게 균형가격과 균형거래량을 결정하는가를 살펴보자. 재화의 균형가격과 균형거래량은 수요와 공급이 일치하는 점에서 결정된다. 따라서 시장의 수요와 공급 중 하나만을 가지고 분석할 수는 없으며, 양자를 동시에 고려하여 양자가 일치하는 점을 찾아야 한다.

시장균형의 결정
수요와 공급이 일치하는 점에서 균형가격과 균형거래량이 결정

■ 그림 2-7

균형가격과 균형거래량의 결정
수요량과 공급량이 일치해 초과수요나 초과공급이 없이 정지상태에 있는 가격을 균형가격이라고 하며, 이 균형가격을 성립하게 한 수급량을 균형거래량이라고 한다.

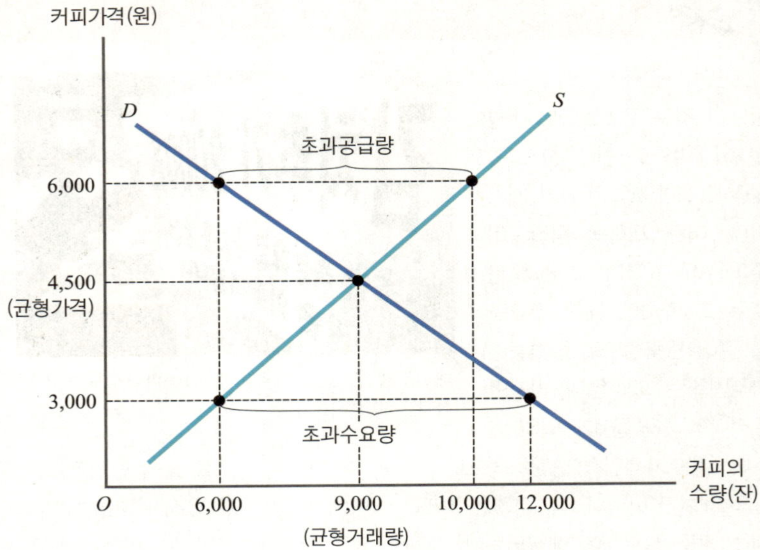

초과공급이 존재하면 가격이 하락하여 초과공급량이 감소

수요 < 공급 [그림 2-7]에서처럼 커피의 수요곡선과 공급곡선을 포개어 그려놓고 분석해 보자. 먼저 커피가격이 6,000원이라고 하자. 이 가격에서 소비자들은 6,000잔의 커피를 마시고 싶어 하는 데 반해, 생산자들은 매달 12,000잔을 공급하고자 하므로 6,000잔만큼의 **초과공급량**(excess supply)이 생기게 된다. 이때 커피가격이 6,000원에 고정되어 있다면 매달 6,000잔만큼의 초과공급량이 누적된다. 공급자들은 이것을 처분하기 위해 가격을 인하할 것이며, 이러한 과정은 초과공급량이 존재하는 한 계속된다. 그런데 커피가격이 하락하면 생산자들은 공급량을 줄이려 하는 반면 소비자들은 종전보다 더 많은 커피를 사고자 한다. 이에 따라 초과공급량은 감소한다. 커피가격이 4,500원으로 하락하면 수요량이 공급량과 일치되기 때문에 커피가격은 더 이상 하락하지 않는다.

초과수요가 존재하면 가격이 상승하여 초과수요량이 감소

수요 > 공급 이제 커피가격이 3,000원이라고 하자. 이 가격에서 소비자들은 12,000잔의 커피를 마시고 싶어하는 데 반해, 생산자들은 매달 6,000잔만 공급하고자 하므로 6,000잔만큼의 **초과수요량**(excess demand)이 생기게 된다. 그러므로 소비자들은 절대적으로 부족한 커피를 확보하기 위하여 서로 다투어 커피를 구입하려고 하고 이로 인해 가격은 상승하게 된다. 이러한 과정은 초과수요량이 존재하는 한 계속된다. 그런데 가격이 상승하면 수요량이 적어지고 공급량은 많아져서 초과수요량은 점점 감소할 것이다. 결국 커피가격이 4,500원까지 상승하면 수요량과 공급량이 일치하기 때문에 커피가격은 더 이상 상승하지 않는다.

수요 = 공급 마지막으로 커피가격이 4,500원이라고 하자. 이 가격에서는 생산자가 공급하고자 하는 커피의 양과 소비자가 수요하고자 하는 커피의 양이 모두 9,000잔이며, 커피에 대한 초과수요량이나 초과공급량이 존재하지 않는다. 소비를 충족시키지 못해 가격을 인상시키려는 수요자도, 판매를 하지 못해 가격을 인하하려는 공급자도 존재하지 않는다. 그러므로 커피가격이 일단 4,500원이 되면 가격은 더 이상 변화하지 않는다. 이와 같이 수요량과 공급량이 일치되어 정지상태에 있는 가격을 **균형가격**(equilibrium price)이라고 하며, 이 균형가격을 성립하게 한 수급량을 **균형거래량**이라고 한다. [그림 2-7]의 예에서 균형가격은 4,500원이고 균형거래량은 9,000잔이다.

균형가격
수요량과 공급량이 일치되어 정지상태에 있는 가격

균형거래량
균형가격을 성립하게 한 수급량

이러한 균형가격은 주어진 수요와 공급의 상황에서 일단 성립되기만 하면 다른 사정의 변화가 없는 한 지속되며, 현실에서 시장가격은 이것을 향하여 변동하는 경향이 있다. 균형가격 이외의 모든 가격은 불균형가격이다. 불균형가격은 안정적인 가격이 아니며, 또 그것이 어떤 시장에서 일단 성립되었다고 하더라도 곧 변할 것이다. 시장가격이 균형가격보다 낮다면 초과수요가 발생하여 가격은 상승하고, 가격이 균형가격보다 높다면 초과공급이 발생하여 가격은 하락하기 때문이다.

4 시장균형의 경제적 효율성

경쟁시장에서 가격은 수요량과 공급량이 같아지도록 조정하는 역할을 한다. 즉, 경쟁시장의 균형상태에서는 시장가격을 지불할 용의가 있는 모든 소비자들이 원하는 만큼의 상품을 구입할 수 있고 시장가격을 받아들일 용의

가 있는 모든 기업들이 원하는 만큼의 상품을 판매할 수 있다. 이제 수요곡선 및 공급곡선과 밀접한 관계를 갖는 소비자잉여와 생산자잉여의 개념을 이용하여 경쟁시장 균형의 경제적 효율성을 평가해 보자.

4.1 소비자잉여

상품의 수요곡선은 각 가격수준에서 소비자들이 특정 상품을 얼마나 구매하려 하는지를 보여준다. 예를 들어 유나의 커피 수요곡선이 [그림 2-8]의 (a)와 같다고 하자. 유나는 커피가격이 5,000원이라면 주당 네 잔을 구입하고, 가격이 4,000원이라면 다섯 잔을 구입한다. 유나가 네 번째 잔에 5,000원을 지불할 용의가 있다는 사실은 그가 네 번째 잔에서 얻는 편익이 바로 5,000원이라는 것을 의미하며, 마찬가지로 다섯 번째 잔에 4,000원을 지불

그림 2-8

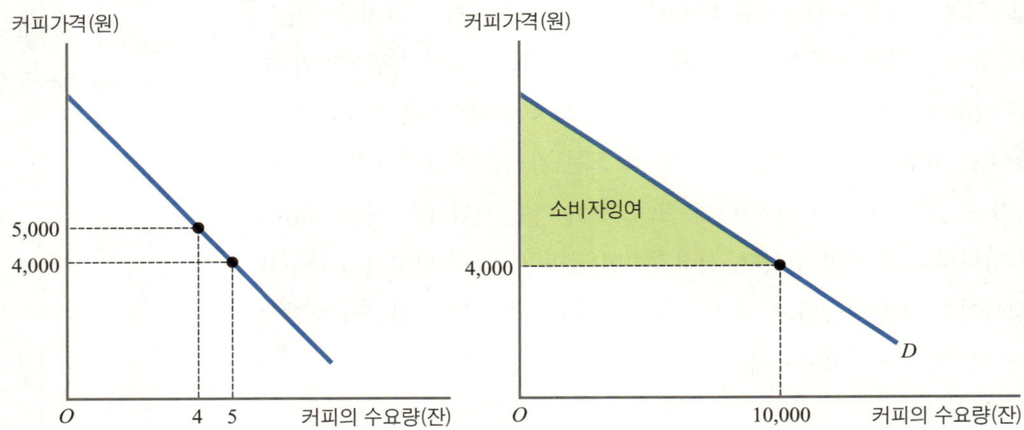

(a) 유나의 수요곡선

(b) 커피시장의 소비자잉여

소비자잉여

커피의 시장가격이 4,000원일 때 유나가 구매한 커피 중 다섯 번째 잔에서 얻은 한계편익은 가격과 같지만, 다른 네 잔의 한계편익은 그가 지불한 가격, 즉 4,000원보다 더 크다. 즉, 처음 네 잔에 대해 지불할 용의가 있는 최대의 가격보다 낮은 가격을 지불한 셈이다. 이와 같이 소비자가 지불할 용의가 있는 최대가격과 실제 가격 간의 차이를 소비자잉여라고 한다.

할 용의가 있다는 것은 다섯 번째 잔의 편익이 4,000원임을 의미한다. 이와 같이 소비자가 재화나 서비스를 한 단위 더 소비할 때 얻는 추가적인 편익을 **한계편익**(marginal benefit)이라 부른다. 따라서 유나의 커피 수요곡선은 곧 커피에 대한 **한계편익곡선**이다.

한계편익
- 소비자가 재화나 서비스를 한 단위 더 소비할 때 얻는 추가적인 편익
- 수요곡선 = 한계편익곡선

이제 커피의 시장가격이 4,000원이라고 하자. 이때 유나가 일주일 동안 구매한 커피 중 다섯 번째 잔에서 얻은 한계편익은 가격과 같지만, 다른 네 잔의 한계편익은 그가 지불한 가격보다 더 크다. 즉, 유나가 일주일 동안 구입한 커피 중 처음 네 잔에 대해 지불할 용의가 있는 최대의 가격보다 낮은 가격을 지불한 셈이다. 이처럼 소비자가 지불할 용의가 있는 최대가격과 실제 가격 간 차이의 합을 **소비자잉여**(consumer surplus)라고 한다.

소비자잉여
소비자가 지불할 용의가 있는 최대가격과 실제 가격 간 차이의 합

[그림 2-8]의 (b)는 커피의 시장수요를 보여준다. 여기서 가격이 4,000원일 때 수요량은 10,000잔이며, 이 시장에 참여한 소비자들 중 잔당 4,000원 이상을 지불할 용의가 있는 소비자들 모두가 구매를 통해 소비자잉여를 얻는다. 따라서 시장의 총 소비자잉여는 개별 소비자들이 커피 구입에서 얻은 한계편익을 더한 값이 된다. 일반적으로 수요곡선은 곧 소비자의 한계편익곡선이기 때문에 시장의 총 소비자잉여는 [그림 2-8]의 (b)에서 수요곡선과 시장가격선으로 이루어진 삼각형의 넓이와 같다.

소비자잉여의 크기
수요곡선과 시장가격선으로 이루어진 삼각형의 넓이

4.2 생산자잉여

상품의 공급곡선은 각 가격수준에서 기업들이 특정 상품을 얼마나 공급하려 하는지를 보여준다. 상품을 얼마나 공급할지는 그 상품의 생산비용에 달려 있다. 기업들은 상품의 가격이 상품을 한 단위 더 생산하는 데 드는 추가적인 생산비, 즉 **한계비용**(marginal cost)보다 높을 때에만 공급을 늘린다. [그림 2-9]의 (a)에서 그린벅스(Greenbucks)가 커피가격이 4,000원일 때 100잔을 생산한다는 사실로부터 100번째 잔의 한계비용이 4,000원이라는 것을 알 수 있다. 또한 공급곡선에서 커피가격이 3,500원일 때 그린벅스는 90잔을 공급한다는 것도 알 수 있다. 즉, 90번째 잔의 한계비용은 3,500원이므

한계비용
- 상품을 한 단위 더 생산하는 데 드는 추가적인 생산비
- 공급곡선 = 한계비용곡선

그림 2-9

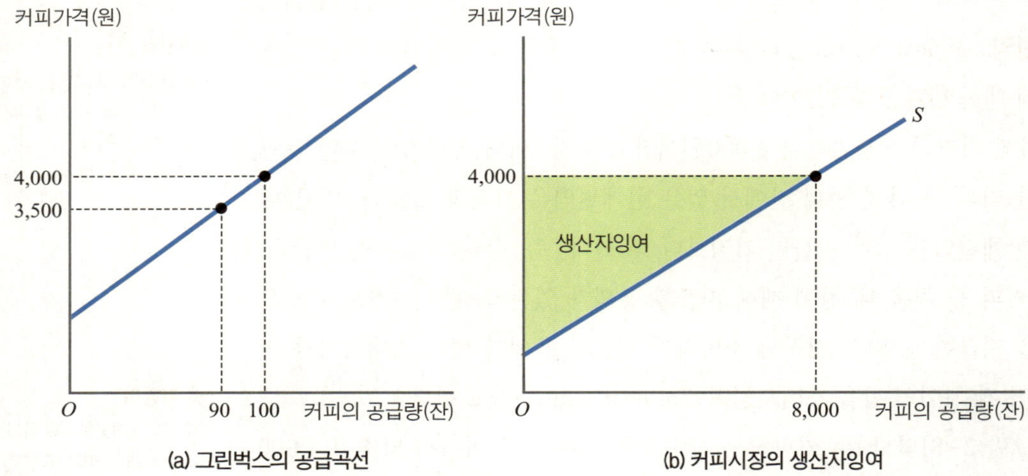

생산자잉여

커피의 시장가격이 4,000원이라고 하면 그린벅스는 90번째 잔을 수용할 수 있는 최저가격인 3,500원보다 500원 더 높은 가격에 판매하게 되는데, 바로 이 500원이 그린벅스가 생산한 90번째 잔의 생산자잉여이다. 즉, 생산자잉여는 기업이 수용할 수 있는 최저가격과 실제 가격 간의 차이를 말한다.

로, 공급곡선은 곧 **한계비용곡선**을 나타낸다.

커피의 시장가격이 4,000원이라고 하면 그린벅스는 90번째 잔을 수용할 수 있는 최저가격인 3,500원보다 500원 더 높은 가격에 판매하게 되는데, 바로 이 500원이 그린벅스가 생산한 90번째 잔의 생산자잉여이다. 즉, **생산자잉여**(producer surplus)는 기업이 받아들일 수 있는 최저가격과 실제 가격 간 차이의 합을 말한다. 그린벅스의 경우 100번째 잔의 한계비용이 4,000원이고 가격도 4,000원이기 때문에 생산자잉여가 없다. 커피를 판매하는 생산자가 얻는 총 생산자잉여는 개별 생산자들이 커피 판매에서 얻은 생산자잉여를 더한 값이 된다. 일반적으로 공급곡선은 곧 생산자의 한계비용곡선이기 때문에 시장의 총 생산자잉여는 [그림 2-9]의 (b)에서 시장가격선과 공급곡선으로 이루어진 삼각형의 넓이와 같다.

생산자잉여
시장가격선과 공급곡선으로 이루어진 삼각형의 넓이

4.3 경쟁시장 균형의 효율성

[그림 2-10]은 앞서 [그림 2-7]에서 살펴본 커피시장의 균형을 나타낸다. 수요곡선은 소비자의 한계편익을 나타내고 공급곡선은 생산의 한계비용을 나타낸다. 이 시장에서 경제적 효율성을 달성하기 위해서는 마지막으로 판매된 상품의 한계편익이 그 상품의 한계비용과 일치해야 한다. [그림 2-10]의 경쟁시장균형에서는 일주일 동안 9,000잔의 커피가 거래되는데, 이때 한계편익과 한계비용이 각각 4,500원으로 동일하다.

이러한 경쟁시장균형의 결과가 경제적으로 효율적인 이유는 무엇일까? 실제 생산량이 경쟁시장균형의 생산량보다 작은 경우, 예를 들어 6,000잔이라고 가정해 보자. [그림 2-10]에 의하면 이 생산량에서 6,000번째 판매된 커피의 한계편익은 6,000원인 반면, 한계비용은 3,000원밖에 되지 않는다. 이 경우 1,000잔 정도를 더 생산해도 소비자들이 얻는 한계편익이 생산에 드는 추가적인 비용보다 더 크기 때문에 현재 생산량 6,000잔은 경제적으로 비효율적이다. 소비자들은 추가로 생산된 커피를 구매할 용의가 있고 생산자들

그림 2-10

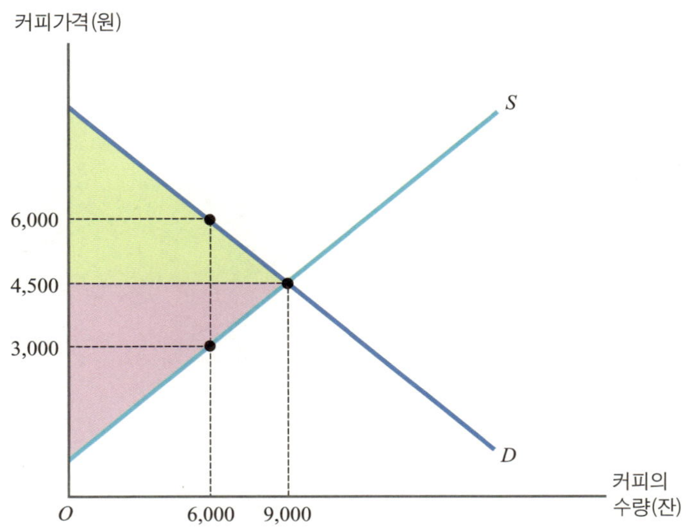

경쟁시장균형의 효율성

실제 생산량이 경쟁시장균형의 생산량(9,000잔)보다 작은 경우 커피를 더 생산해도 소비자들의 한계편익이 생산의 한계비용보다 더 크기 때문에 생산량을 늘림으로써 소비자와 생산자 모두 편익이 증가한다. 따라서 경쟁시장균형은 한계편익과 한계비용이 같아지는 효율적인 생산량을 달성한다.

또한 이를 공급할 유인이 있으므로 생산을 늘리면 소비자와 생산자 모두 편익이 증가한다. 같은 논리로 커피의 실제 생산량이 균형 생산량인 9,000잔보다 많은 경우에는 생산량을 줄임으로써 소비자와 생산자 모두 편익이 증가한다. 따라서 경쟁시장균형은 한계편익과 한계비용이 같아지는 효율적인 생산량을 달성한다.

우리는 또한 [그림 2-10]의 경쟁시장균형에서 재화나 서비스의 생산으로부터 사회가 얻을 수 있는 순편익, 즉 소비자잉여와 생산자잉여의 합이 극대화된다는 것을 확인할 수 있다. 경쟁시장균형에서 벗어나면 재화나 서비스의 생산에 따른 순사회편익 또는 사회후생이 줄어들 것이다. 따라서 일반적으로 **경제적 효율성**(economic efficiency)이란 마지막으로 생산된 상품으로부터 소비자가 얻는 한계편익이 그 상품의 한계비용과 일치하고, 소비자잉여와 생산자잉여의 합인 순사회편익 또는 사회후생(social welfare)이 극대화되는 시장의 결과를 말한다.

경제적 효율성

- 소비자잉여와 생산자잉여의 합인 순사회편익이 극대화
- 한계편익과 한계비용이 같아지는 경쟁시장의 균형에서 극대화

요약 및 연습문제

1. 수요

수요란 소비자들이 단위 기간당 구매하려고 하는 의도를 나타내며 수요량은 그 의도된 양을 의미한다.

1.1 수요를 결정하는 요인 어떤 재화에 대한 수요의 결정 요인은 그 재화의 시장가격, 다른 재화의 가격(대체재와 보완재), 소비자의 소득수준(열등재와 정상재), 소비자의 기호, 인구규모와 인구구성, 그리고 소비자들 간의 소득분포 등이 있다.

1.2 수요함수와 수요곡선 수요함수는 재화의 가격과 수요량 사이에 존재하는 함수관계로서, 각 가격수준에 소비자들이 매 기간 구매하려 하는 재화의 수량을 나타낸다. 이것은 그 재화의 가격 이외의 요인들은 불변이라는 가정을 전제하고 있으며 일반적으로 우하향하는 형태를 보인다. 이는 가격과 수요량 사이에 역의 관계가 있다는 수요의 법칙이 적용되기 때문이다.

1.3 수요의 변화와 수요량의 변화 수요의 변화란 수요곡선 자체가 이동하는 것이며, 가격 이외에 불변이라고 가정했던 변수들이 변할 때 일어난다. 반면 수요량의 변화는 다른 조건이 일정하다는 가정 하에서 단지 해당 재화가격 변화에 따른 수요곡선 상에서의 움직임을 나타낸다.

1.4 수요의 탄력성 수요에 영향을 주는 요인이 변화할 때 해당 재화 수요량의 변화 정도를 수요의 탄력성으로 나타낸다. 가격탄력성이란 가격이 변화할 때 재화 수요량의 변화 정도를 나타내는 것으로, 수요곡선의 형태, 밀접한 대체재의 존재 유무, 그리고 그 재화에 대한 지출이 소득에서 차지하는 비중 등에 따라 달라진다. 한편 수요의 소득탄력성은 소득의 변화에 대한 수요량 변화의 정도를 표시하는데, 가계소득이 증가하면서 식료품에 지출되는 소득의 비중이 작아지는 것을 엥겔의 법칙이라 한다.

물음 01. 정부가 경기침체에 대해 경기부양정책을 내놓으려 한다고 하자. 그런데 정부는 단기적인 경기부양을 목적으로 할 뿐만 아니라 10년 정도의 미래 산업에 대한 전망을 갖고 있다. 정부가 소득탄력성이 큰 산업을 집중적으로 지원하는 것이 좋은지, 소득탄력성이 작은 산업을 지원하는 것이 좋은지 생각해 보라.

물음 02. 커피의 가격이 4,000원에서 5,000원으로 오르자 수요량이 10,000잔에서 8,000잔으로 감소하였다. 이 커피의 가격탄력성을 계산할 때, 가격이 변하기 전을 기준으로 구한 값과 가격이 변한 후를 기준으로 구한 값이 서로 다르다는 문제점이 발생한다. 이러한 불일치의 문제를 해결할 수 있는 방법을 제시하라.

2. 공급

공급이란 단위 기간당 주어진 조건 하에서 생산자가 판매하고자 하는 의도를 나타내며 공급량은 그 의도된 양을 의미한다.

2.1 공급을 결정하는 요인 어떤 재화의 공급에 영향을 주는 요인으로는 그 재화의 시장가격, 다른 재화의 가격, 생산요소가격, 기술수준, 그리고 기업의 목표 등이 있다.

2.2 공급함수와 공급곡선 공급함수는 그 재화의 가격과 공급량 사이에 존재하는 함수관계로서, 각 가격수준에 기업들이 매 기간 생산하는 재화의 수량을 나타낸다. 이것은 그 재화의 가격 이외의 요인들은 불변이라는 가정을 전제하고 있으며 일반적으로 우상향 한다.

2.3 공급의 변화와 공급량의 변화 공급의 변화는 공급곡선 자체가 이동하는 것이며, 가격 이외에 불변이라고 가정했던 요인들의 변화에 기인한다. 공급량의 변화는 주어진 공급곡선 상에서의 움직임으로 그 재화가격의 변화에 대한 공급량의 변화이다.

2.4 공급의 탄력성 공급의 탄력성은 어떤 재화의 가격이 변할 때 그 재화의 공급량의 변화 정도를 나타낸다.

물음 03. 다음 그림을 보고 물음에 답하라.

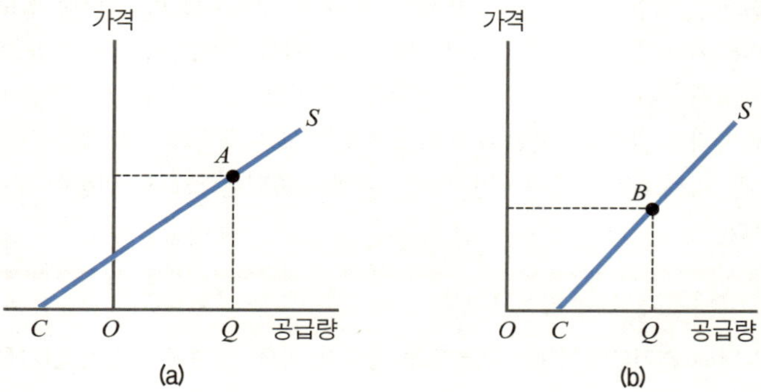

(1) 공급탄력성이 1보다 크거나 작은 경우는 위 그림 (a), (b) 중 각각 어디에 해당되는가? 그 이유는 무엇인가?

(2) 한 기업이 상품의 가격을 올린 결과 그 기업의 총매출이 증가하였다. 이때 이 기업의 공급탄력성이 크다고 말할 수 있는가? 이유는 무엇인가?

3. 시장균형

어떤 재화나 서비스의 수요량과 공급량이 일치하여 초과수요나 초과공급이 없는 상태를 균형이라 하고, 균형 상태에서의 가격과 거래량을 각각 균형가격과 균형거래량이라고 한다.

물음 04. 어떤 시장의 수요곡선과 공급곡선이 다음과 같을 때 질문에 답하라.

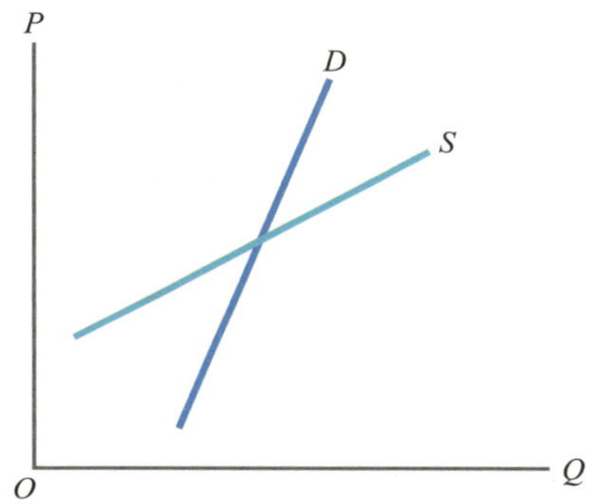

(1) 이 시장에서 수요의 법칙과 공급의 법칙이 성립하는지 설명하라.

(2) 이와 같은 수요와 공급의 특성을 보이는 대상을 구체적으로 두 가지 이상 제시하라.

물음 05. 다음 표는 '한여름주식회사'의 선풍기에 대한 수요량과 공급량에 관한 정보이다.

(1) 수요곡선과 공급곡선을 그리고 균형가격 및 균형거래량을 구하라.

(2) 균형가격에서 수요의 탄력성과 공급의 탄력성을 구하라.

가격	수요량	공급량
25	5,000	13,000
23	7,000	11,000
22	8,000	9,700
20	9,500	8,500
19	12,000	7,500

4. 시장균형의 경제적 효율성

4.1 소비자잉여 소비자가 각각의 소비량에 대해 지불할 의사가 있는 최대가격과 실제 가격 간 차이의 합을 소비자잉여라고 한다. 일반적으로 수요곡선이 소비자의 한계편익곡선이므로 소비자잉여는 수요곡선과 시장가격선으로 이루어진 삼각형의 넓이와 같다.

4.2 생산자잉여 각각의 생산량에 대해 기업이 수용할 수 있는 최저가격과 실제 가격 간 차이의 합을 생산자잉여라고 한다. 일반적으로 공급곡선이 한계비용곡선이므로 생산자잉여는 시장가격선과 공급곡선으로 이루어진 삼각형의 넓이와 같다.

4.3 경쟁시장 균형의 효율성 경제적 효율성이란 마지막으로 생산된 상품으로부터 소비자가 얻는 한계편익이 그 상품의 한계비용과 일치하고, 소비자잉여와 생산자잉여의 합인 순사회편익이 극대화되는 시장의 결과를 말한다. 경쟁시장에서의 균형거래량은 소비자잉여와 생산자잉여의 합이 극대화되는 수준이라는 점에서 효율적이다.

물음 06. 한 커피전문점 '다크커피'가 있다고 하자. 이 가게는 현재 수요곡선과 공급곡선이 만나는 균형점에서 커피를 판매하고 있다. 이때 커피의 균형점이 E에서 형성되어 있다고 하자. 이제 다음의 상황을 가정하고 커피의 균형가격과 판매량이 E로부터 어떻게 변할 것인지 수요 · 공급곡선의 이동을 통해 분석하라.

(1) 겨울이 되어 따뜻한 커피를 찾는 사람들이 늘어났다.

(2) 커피의 원료가 되는 원두를 재배하는 새로운 방법이 개발되어 평소보다 원두 수입가격이 절반으로 하락했다.

(3) 경기침체의 여파로 소비자들의 주머니 사정이 어려워졌다. (단, 커피는 정상재라고 가정한다.)

응용문제

물음 01. 생활필수품은 비교적 수요의 가격탄력성이 낮다고 한다. 생활필수품의 가격인상이 저소득계층에게 경제적인 어려움을 초래한다고 하는데, 그 이유는 무엇일까? 그렇다면 가격규제를 통해 생활필수품 가격인상을 억제하는 것이 합리적인 행위일 수 있는지에 대해 경제적 근거를 제시하여 설명하라.

물음 02. 서울시와 SH공사는 중산층과 실수요자를 위한 신개념 주택으로 주변 전세시세의 80% 이하로 최장 20년까지 임대해서 내 집처럼 살 수 있는 중대형주택을 공급해 주고 있다. 다음 질문에 답하라.

(1) 주변 임대료 시세의 80% 이하로 주택을 임대해 주는 정책이 어떤 유형의 가격규제를 적용하고자 의도한 것인가? 이때 시장에서는 어떤 현상이 발생될 수 있는가?

(2) 정책당국의 완벽한 관리 하에 장기 시프트제도의 가격규제가 100% 적용되는 경우 소비자잉여와 생산자잉여의 변화를 시프트제도 이전과 이후로 나누어 비교 · 설명하라. 만약 정책당국의 시프트제도 관리가 소홀하게 된다면 소비자잉여와 생산자잉여는 어떻게 달라질까? 만약 부동산중개업자가 존재한다면 이러한 소비자잉여와 생산자잉여는 그대로 유지될 수 있을까?

(3) 장기시프트제도를 적용하지 않더라도 이 제도와 동일한 가격수준에서 주택을 이용할 수 있는 여건을 조성할 수 있는 방법이 있다. 수요와 공급 측면에서 이와 같은 효과를 기대할 수 있는 방안을 제시하라.

Chapter 03

소비자의 효용극대화와 수요곡선

우리는 제 2 장(수요 · 공급과 시장균형)에서 시장의 수요곡선은 우하향하고 공급곡선은 우상향한다는 것을 배웠다. 일반적으로 개별 수요곡선은 주어진 재화가격과 소득하에서 자신의 만족을 극대화하려는 소비자선택의 결과이며, 이러한 개별 소비자의 수요를 합한 것이 시장수요곡선이다.

이 장에서는 소비자의 효용극대화로부터 수요곡선을 도출하려고 한다. 이를 위해 다음과 같은 문제에 대해 논의해 보자.

- 소비자가 재화 소비로부터 얻는 만족감(효용)을 어떻게 나타낼 수 있는가?
- 소비자가 선택 가능한 재화의 조합은 어떻게 결정되는가?
- 소비자의 효용이 극대화되는 조건은 무엇인가?
- 재화의 가격 변화에 따라 소비자의 선택은 어떻게 달라지는가?

1 소비의 총효용과 한계효용

소비자는 한정된 소득으로 가능한 한 큰 만족을 누리려 한다. 이러한 만족의 정도를 효용이라는 척도로 잴 수 있다고 하자. 이때 어떤 소비자가 일정 기간 동안 일정량의 재화를 소비하였을 때 얻을 수 있는 만족감을 **총효용**(total utility)이라 한다.

총효용
어떤 소비자가 일정 기간 동안 일정량의 재화를 소비하였을 때 얻을 수 있는 만족감

소비량과 총효용 사이에는 일정한 함수관계가 존재하는데, 이것을 **효용함수**(utility function)라고 한다. 재화가 한 가지뿐이라고 가정하면 효용함수를 다음과 같이 나타낼 수 있다.

효용함수
소비량과 총효용 사이의 함수 관계

$$U = f(X) \tag{3.1}$$

여기서 U는 총효용, X는 재화의 소비량을 나타낸다. 효용함수는 소비자의 기호 및 취향을 비롯하여 효용에 영향을 미치는 다른 모든 요인이 일정하다는 것을 전제로 한다. 만일 기호 및 취향이 변한다면 효용함수 자체의 형태가 변하게 된다.

일반적으로 재화의 소비량이 늘어나면 소비자가 얻는 총효용은 증가한다. 이때 다른 재화의 소비는 불변인 상태에서 한 재화의 1단위 추가적인 소비로 인한 총효용의 증가분을 **한계효용**(marginal utility ; MU)이라고 부른다. 예를 들어 커피의 소비량이 ΔX만큼 증가함에 따라 총효용이 ΔU만큼 증가했다면 커피의 한계효용 MU_X는 효용의 증가분 ΔU를 커피 소비량의 증가분 ΔX로 나누어 구할 수 있다.

한계효용
다른 재화의 소비는 불변인 상태에서 특정 재화 1단위의 추가적인 소비로 인한 총효용의 증가분

$$MU_X = \frac{\Delta U}{\Delta X} \tag{3.2}$$

이제 한계효용이 어떻게 계산되며 어떤 특성을 갖는지 알아보자. [표 3-1]에는 유나의 가상적인 총효용이 표현되어 있다. 예를 들어 커피를 3잔 마실 때의 총효용은 12이다. 커피의 소비량을 한 잔씩 증가시켜 나갈 때 총효

표 3-1

한계효용표

다른 재화의 소비는 불변인 상태에서 커피의 추가적인 소비로 인한 총효용의 증가분을 한계효용이라고 한다.

(1) 커피의 소비량(잔)	(2) 총효용	(3) 한계효용
0	0	–
1	5	5
2	9	4
3	12	3
4	14	2
5	15	1
6	15	0
7	14	−1

용의 변화는 [표 3−1]의 (2)열에 나타난 것과 같으며, (3)열은 한계효용을 계산한 것이다.* 이상의 사실은 [그림 3−1]과 같이 나타낼 수 있다. [그림 3−1]의 (a)는 [표 3−1]에 표시된 총효용을 그대로 나타내고 있으며, 색칠한 부분이 바로 한계효용을 나타낸다. 그리고 색칠한 부분만을 따로 그리면 (b)와 같은 한계효용 히스토그램이 된다. 이때 소비량의 증가분을 아주 작게 줄인다면 총효용곡선과 한계효용곡선은 그림과 같은 매끄러운 곡선의 형태를 보일 것이다.

* 총효용이 줄어들어 한계효용이 음수가 되는 것은 커피를 너무 많이 마실 경우 건강이 나빠질 수 있기 때문으로 볼 수 있다.

위의 예에서처럼 어떤 재화의 소비량을 1단위씩 증가시킬 때 한계효용은 점차 감소하는 것이 일반적이다. 많은 양을 소비하고 있을 때 추가로 얻는 한계효용이 적은 양을 소비할 때의 한계효용보다 작다는 사실은 쉽게 짐작할 수 있다. 이는 추가적인 재화의 소비량이 많아질수록 소비자가 느끼게 되는 만족이 줄기 때문이다. 이와 같이 소비를 증가시킴에 따라 각 단위의 한계효용이 감소하는 것을 **한계효용체감의 법칙**(law of diminishing marginal utility)이라고 한다. 한계효용체감의 법칙은 일상생활에서 쉽게 발견할 수 있는 일반적인 현상이다.

한계효용체감의 법칙
소비를 증가시킴에 따라 각 단위의 한계효용은 감소

이제 [표 3−1]과 [그림 3−1]을 자세히 관찰해 보면, 총효용과 한계효용의 관계에 대해 다음과 같은 몇 가지 사실을 발견할 수 있다. 첫째, 어떤 재화 n단위를 소비할 때 얻는 총효용은 n단위까지의 한계효용을 누계한 것이다.

■ 그림 3-1

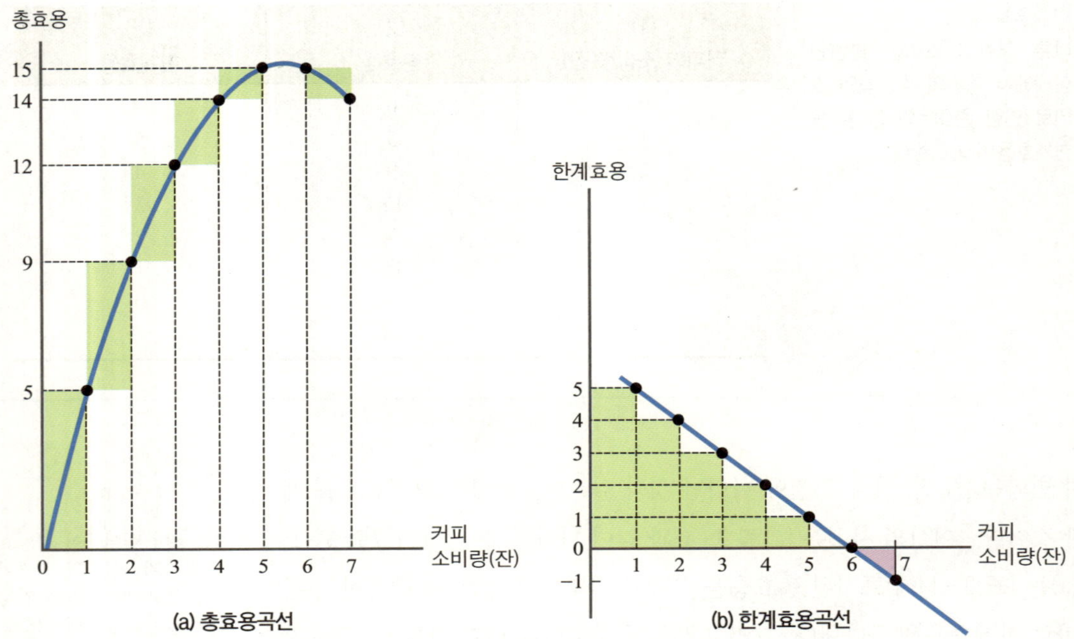

총효용곡선과 한계효용곡선

(a)는 총효용을 나타내고 있는 곡선으로 색칠한 부분이 한계효용의 크기를 나타낸다. (b)는 한계효용만을 따로 나타낸 것으로 커피 소비량이 늘어날수록 한계효용은 점점 줄어드는 한계효용체감의 법칙이 성립한다.

총효용과 한계효용의 관계

- 한계효용표가 주어지면 이에 대응하는 총효용도 산출 가능
- 총효용이 극대가 될 때 한계효용은 0
- 총효용이 극대가 될 때까지 총효용은 증가하나 한계효용은 감소 : 한계효용체감

앞의 예에서 커피 3잔을 소비할 때 총효용은 12인데, 이것은 커피를 3잔 마실 때까지 의 한계효용의 합(5 + 4 + 3 = 12)과 같다. 이와 같이 어떤 재화 n단위를 소비할 때 얻는 총효용은 그 재화의 소비를 한 단위씩 늘려가며 얻게 되는 한계효용의 합이므로 한계효용표가 주어지면 이에 대응하는 총효용표를 산출할 수 있다.

둘째, 총효용이 극대(위의 경우 15)가 될 때 한계효용은 0이 된다. 극대점에 이르기까지 총효용은 증가하나 한계효용은 감소한다. 앞의 표를 자세히 관찰하면 한계효용이 양의 수준에서 감소하는 동안 총효용은 증가하지만 그 증가분은 감소한다는 것을 발견할 수 있다. 다시 말해 총효용의 증가분, 즉 한계효용이 체감하다가 0이 되는 순간 총효용은 극대화되는 것이다.

생활과경제학

뷔페식당과 한계효용체감의 법칙

한계효용체감의 법칙을 실생활에 응용한 예가 뷔페식당이다. 뷔페식당은 다양한 음식을 갖추어 놓고 일정한 식사비만 내면 얼마든지 먹게 한다. 어떻게 그런 무모한 마케팅 전략을 세울 수 있는가? 이는 한계효용체감의 법칙이 성립하기 때문이다.

식당에서 손님에게 음식을 마음껏 먹게 하더라도 그 손님이 한없이 먹지는 않는다. 아무리 많이 먹는 사람이라도 한계효용이 점점 감소하다가 마침내 영(0)이 되면 더 이상 먹으려 하지 않는다. 한계효용이 영(0)이 되게 하는 음식량은 사람에 따라 다르겠지만, 식당 주인의 경험에 의해 어떤 평균량을 산출할 수 있을 것이다. 주인은 그 양을 기준으로 하고 거기에 적절한 이윤을 붙여 식사비를 정하여 운영하는 것이다. 뷔페식당은 한계효용체감의 법칙의 산물이라고 할 수 있다.

우리 조상들도 한계효용체감의 법칙을 중요하게 생각했던 모양이다. 한계효용체감의 법칙을 나타내는 속담은 쉽게 찾아볼 수 있다. 그중에서도 "듣기 좋은 노래도 석 자리 반(半)이다"라는 속담이 대표적이다. 이 속담은 아무리 듣기 좋은 노래라도 계속 들으면 싫증이 난다는 것을 의미한다. 그 외에 "비지로 채운 배 고량진미 마다한다", "비짓국 잔뜩 먹은 배는 약과도 싫다고 한다", "배가 잔뜩 부르면 그것보다 더 맛있는 음식도 싫다고 한다", "듣기 좋은 이야기도 늘 들으면 싫다", "맛있는 음식도 늘 먹으면 싫다" 등의 속담들은 모두 한계효용체감 현상을 나타내고 있다.

출처 : 광주드림, [속담 속의 경제학] 한계효용체감의 법칙, 2010. 3. 31.

2 소비자의 선호와 무차별곡선

제1절에서는 소비자의 만족을 나타내는 효용이 측정 가능하다는 가정하에서 총효용과 한계효용의 관계를 살펴보았다. 이러한 가정은 분석을 단순화하는 데에는 도움이 되지만 효용의 크기를 구체적인 숫자로 표현한다는 점에서 상당히 비현실적이다. 따라서 여기서는 소비자가 재화와 서비스의 여러 조합들에 대해 각각의 효용을 고려하여 순위를 매길 수 있다는 좀더 현실적

인 가정을 사용하기로 한다. 즉, 소비자가 자신이 어떤 소비를 통해 얼마나 많은 효용을 얻을 수 있는지는 정확히 몰라도 커피 2잔과 녹차 1잔을 선호하는지, 아니면 커피 1잔과 녹차 2잔을 더 선호하는지 결정할 수 있다.

소비자는 주어진 소득으로 여러 가지 재화를 구입하고자 한다. 분석의 단순화를 위하여 소비자 유나가 매달 커피와 녹차 두 재화만을 소비한다고 가정하자. 이때 유나가 마시는 커피와 녹차 양의 조합은 무수히 많을 것이나, 그중 어떠한 조합을 선택할 것인가는 소비자 개인의 선호와 소득 및 각 재화의 가격에 의존한다.

커피와 녹차에 관한 무수히 많은 조합 중 다음과 같은 두 가지 조합에 대하여 살펴보도록 하자. 한 조합은 10잔의 커피와 18잔의 녹차로 구성된 *B*조합이고, 다른 조합은 15잔의 커피와 13잔의 녹차로 구성된 *C*조합이다. *C*조합은 *B*조합에 비하여 커피가 5잔 더 많은 반면 녹차는 5잔 적다.

이 경우 유나는 *B*조합과 *C*조합 중 어느 것을 선택할 것인가? 이에 대하여 다음의 세 가지 경우를 상정할 수 있다. 첫째, 만약 유나가 추가로 얻게 되는 커피 5잔의 가치를 녹차 5잔의 가치보다 더 높게 평가한다면 유나는 *B*조합 대신 *C*조합을 선택할 것이다. 이 경우 *C*조합이 *B*조합보다 더 **선호**(preference)된다고 한다. 둘째, 만약 유나가 잃게 되는 녹차 5잔의 가치를 커피 5잔의 가치보다 높게 평가한다면 유나는 *C*조합 대신 *B*조합을 선택할 것이다. 이 경우 *B*조합이 *C*조합보다 더 선호된다고 한다. 마지막으로 유나가 추가로 얻게 되는 커피 5잔의 가치를 녹차 5잔의 가치와 동일하게 평가한다면, *B*조합과 *C*조합이 유나에게 주는 만족이 동일하기 때문에 유나는 두 조합 중 어느 것을 선택하든 상관없다. 이 경우 *B*조합과 *C*조합은 **무차별하다**(indifferent)고 한다.

선호
주관적으로 더 높게 평가한다는 의미

무차별
주관적으로 동일하게 평가한다는 의미

이제 유나가 *B*조합과 *C*조합으로부터 동일한 만족을 얻기 때문에 어느 것을 선택하든지 무차별한 경우를 생각해 보자. 이와 같이 *B*조합과 무차별한 조합은 *C*조합 이외에도 무수히 많은데 이 중에 몇 개를 더 열거하면 [그림 3-2]의 표와 같다. 표에서 *A*조합부터 *E*조합까지의 모든 조합들은 각각 유나에게 동일한 만족을 주는 커피와 녹차의 조합이다. 이러한 조합들을 그림으로 나타내면 [그림 3-2]의 각 점이 된다. 이와 같이 유나에게 동일한 효

■ 그림 3-2

조합	커피(잔)	녹차(잔)
A	5	30
B	10	18
C	15	13
D	20	10
E	25	8

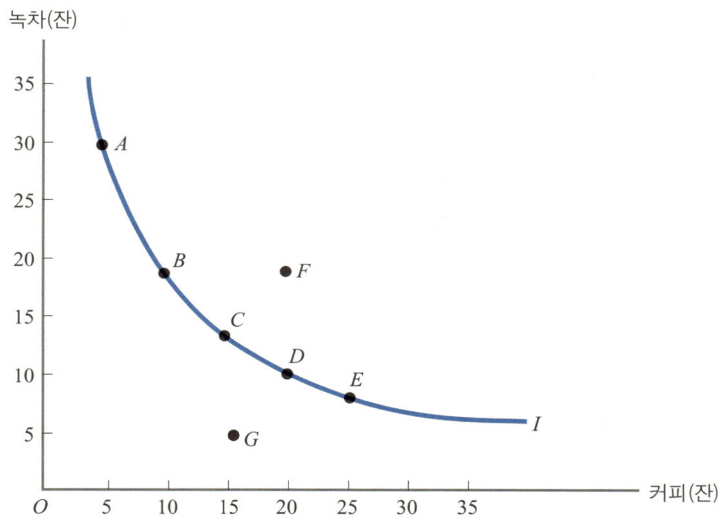

동일한 효용을 주는 커피 · 녹차의 조합과 무차별곡선

A, *B*, *C*, *D*, *E*점은 유나에게 동일한 효용을 주는 커피와 녹차의 조합이다. 소비자 유나가 동일한 만족을 느끼는 커피와 녹차의 조합을 부드러운 곡선의 궤적으로 나타내면 무차별곡선을 도출할 수 있다.

용을 주는 모든 조합들을 연결하면 [그림 3-2]의 *A*점부터 *E*점을 통과하는 부드러운 곡선이 된다. 이 곡선을 우리는 **무차별곡선**(indifference curve)이라고 한다. 다시 말하면 무차별곡선은 소비자에게 동일한 만족을 주는 커피와 녹차 조합들의 궤적이다.

무차별곡선
동일한 효용을 주는 모든 조합들의 궤적

한편 무차별곡선보다 오른편 위쪽에 있는 모든 점들은 유나에게 무차별곡선 상의 점들보다 더 큰 만족을 준다. 예를 들어 20잔의 커피와 18잔의 녹차 조합을 표시하는 *F*점은 무차별곡선 상의 *C*점(커피 15잔, 녹차 13잔)에 비하여 커피와 녹차의 소비량이 더 많기 때문에 추가적인 재화의 소비가 유나의 만족수준을 감소시키지 않는 한 분명히 C점보다 더 큰 만족을 준다. 그런데 무차별곡선 상의 모든 점은 정의상 모두 C점과 동일한 만족을 주기 때문에 F점은 무차별곡선 상의 모든 점에 비하여 더 큰 만족을 준다. 마찬가지 이유로 무차별곡선보다 왼편 아래쪽에 있는 모든 점(예를 들면 G점)들은 무차별곡선 상의 점들보다 유나에게 더 작은 만족을 준다. 따라서 무차별곡선은 [그림 3-2]와 같이 우하향하고 원점에 대하여 볼록한 모양을 갖는다.

또한 서로 다른 무차별곡선은 교차하지 않는다. 만약 두 무차별곡선이 교차한다면 서로 다른 효용을 주는 커피와 녹차의 조합이 동일한 만족을 준다는 모순이 발생하기 때문이다.

이상에서 살펴본 무차별곡선은 하나만 존재하는 것이 아니라 무수히 많이 존재한다. [그림 3-2]에서 F점과 동일한 만족을 주는 커피와 녹차 조합의 궤적은 원래의 무차별곡선보다 더 큰 만족을 주는 새로운 무차별곡선이 된다. 같은 방법으로 만족의 수준이 서로 다른 무차별곡선들을 무수히 많이 그릴 수 있다. 그러한 무차별곡선들을 좌표 상에 나타내면 [그림 3-3]과 같이 된다. 이러한 무차별곡선의 집합을 **무차별지도**(indifference map)라고 한다.

무차별지도
무차별곡선의 무리

그림 3-3

무차별지도
무차별곡선의 집합인 무차별지도에서 원점으로부터 멀리 떨어진 무차별곡선일수록 소비자에게 더 큰 만족을 준다.

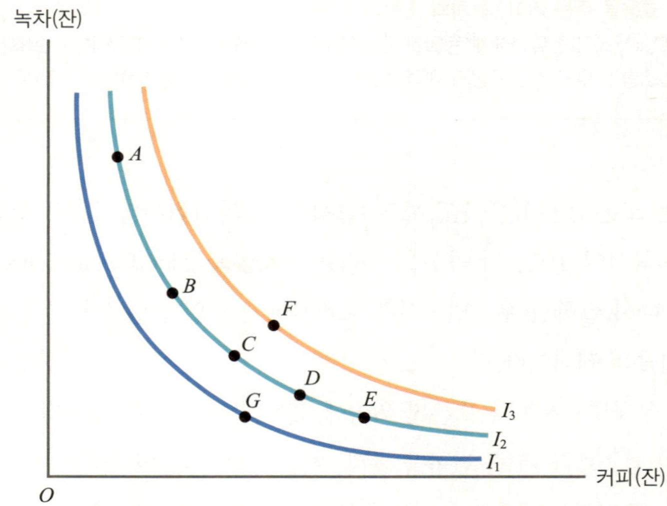

그리고 무차별지도에서 원점으로부터 멀리 떨어진 무차별곡선일수록 소비자에게 더 큰 만족을 주는데, 이러한 만족의 크기를 나타내기 위하여 [그림 3-3]에서처럼 일련의 무차별곡선에 번호 혹은 지수를 매길 수도 있다. 이러한 지수는 각 무차별곡선이 표시하는 만족수준의 서열 혹은 소비자의 선호순서를 나타낸다. 다만, 이 지수는 만족 혹은 효용의 정확한 크기가 아니라 그 대소의 순서를 표시할 따름이다. 따라서 무차별곡선 I_2가 I_1보다 얼마다 더 큰 만족을 주느냐 하는 것은 의미가 없다. 단지 I_2가 I_1보다 더 큰 만족을 준다는 **서수**(ordinal)적 의미를 가질 뿐이다. 이렇듯 무차별곡선의 개념은 효용의 **기수**(cardinal)적 측정이 가능하다는 가정 대신에 효용의 서수적 비교가 가능하다는 보다 완화된 가정에 근거를 두고 있다.

서수
첫째, 둘째, 셋째 등과 같이 순서를 나타내는 수

기수
1, 2, 3 등과 같이 양을 나타내는 수

3 예산선

지금까지 우리는 소비자의 주관적 선호를 나타내는 무차별곡선에 대하여 살펴보았다. 이제 소비자행동에 대한 객관적 제약조건으로서 재화의 가격과 소득에 의해 결정되는 예산선 또는 가격선에 대하여 살펴보도록 하자.

3.1 예산선이란 무엇인가?

X재 가격, Y재 가격 및 소비자의 소득이 일정하게 주어져 있다고 하자. 이때 소비자가 소득의 전부를 X재와 Y재를 구입하는 데만 지출하는 경우 다음과 같은 조건식이 성립한다.

$$M = P_X \cdot X + P_Y \cdot Y \tag{3.3}$$

여기서 M은 소비자의 소득, P_X는 X재 가격, P_Y는 Y재 가격, X는 X재 구입량, Y는 Y재 구입량을 나타낸다.

그런데 위의 가정에 의하면 M, P_X 및 P_Y는 일정하게 주어졌기 때문에 식 (3.3)은 미지수 X와 Y에 대한 일차방정식이다. 식 (3.3)을 Y에 관하여 표현하면 다음과 같다.

$$Y = \frac{M}{P_Y} - \frac{P_X}{P_Y} \cdot X \tag{3.4}$$

식 (3.4)는 X재 가격(P_X) 및 Y재 가격(P_Y)이 주어진 경우에 소비자가 일정 소득 M으로 구입할 수 있는 X재 양과 Y재 양의 관계를 나타낸다.

예를 들어 X재를 커피라고 하고, Y재를 녹차라고 하자. 그리고 커피 1잔의 가격(P_X)이 4천원, 녹차 1잔 가격(P_Y)이 2천원, 그리고 소비자 유나의 소득(M)이 12만원이라고 가정하자. 그러면 식 (3.4)는 다음과 같은 구체적인 수식으로 나타난다.

$$Y = \frac{12}{0.2} - \frac{0.4}{0.2} X = 60 - 2X \tag{3.5}$$

식 (3.5)는 커피 1잔 가격이 4천원, 녹차 1잔 가격이 2천원으로 주어진 경우에 유나가 12만원의 소득으로 구입할 수 있는 커피의 수량(X)과 녹차의 수량(Y) 사이의 관계를 나타낸다. 이 식으로 우리는 12만원의 소득으로 구입할 수 있는 커피의 수량과 녹차의 수량 조합을 구할 수 있는데, 그 중 대표적인 몇 가지를 예시하면 [그림 3-4]의 표와 같다. 물론 이러한 조합은 표에 있는 조합 이외에도 무수히 많이 존재한다.

예산선 또는 가격선
주어진 가격에서 일정 소득으로 살 수 있는 두 재화의 조합

이렇게 무수히 많은 조합을 좌표평면에 나타내면 [그림 3-4]의 직선 $\overline{AB}$가 된다. 이 직선 $\overline{AB}$를 **예산선**(budget line) 혹은 **가격선**(price line)이라고 한다. 예산선이란 주어진 가격에서 일정 소득으로 살 수 있는 두 재화의 조합들로 이루어진 직선이다.

예산선의 X절편은 X재로 표시한 소비자의 실질소득이고, Y절편은 Y재로 표시한 소비자의 실질소득이다.

[그림 3-4]에서 절편 OA는 커피 구입량이 0일 때의 녹차 구입량을 표시한 것으로, 녹차 구입에만 소득을 지출한 경우에 얻을 수 있는 녹차의 수량을 표시한다. 앞의 경우 소득이 12만원이고 녹차 가격이 1잔에 2천원이므로 OA는 녹차 60잔$\left(\frac{M}{P_Y} = \frac{12}{0.2} = 60\right)$과 같다. 또한 절편 OA는 명목소득(nominal

■ 그림 3-4

커피(잔)	녹차(잔)
0	60
10	40
20	20
30	0

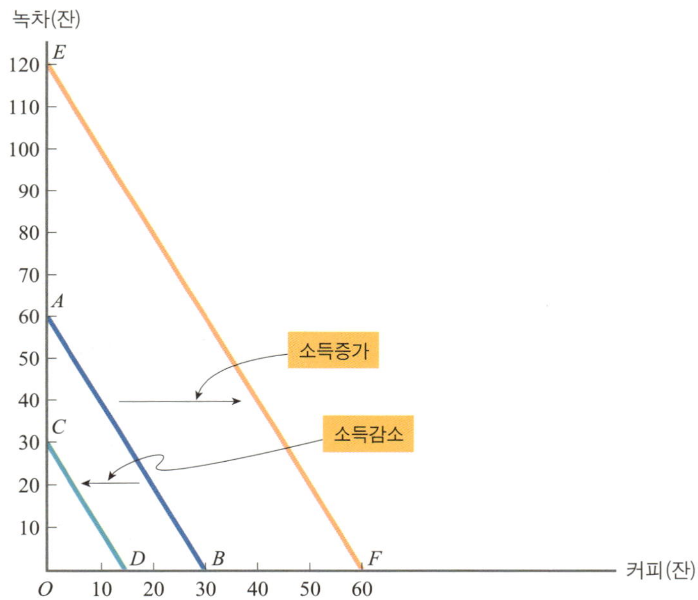

예산선과 예산선의 평행이동

예산선 $\overline{AB}$는 P_X = 4천원, P_Y = 2천원일 때 소득 12만원으로 구입할 수 있는 커피와 녹차 수량의 조합을 나타낸다. 이와 같이 예산선이란 주어진 가격에서 일정 소득으로 살 수 있는 두 재화의 조합들로 이루어진 직선이다. 이때 예산선의 기울기는 두 재화의 상대가격으로서 녹차 수량으로 표시한 커피의 기회비용, 즉 커피의 가치를 녹차의 단위로 표시한 시장교환비율이다. 소득이 증가하거나 감소할 경우 예산선은 $\overline{EF}$나 $\overline{CD}$와 같이 평행이동하게 된다.

income) M을 녹차의 수량으로 환산한 것이기 때문에 녹차로 표시한 소비자의 실질소득(real income)을 의미한다. 마찬가지로 OB는 소득 전부로 구입할 수 있는 커피의 수량$\left(\frac{M}{P_X} = \frac{12}{0.4} = 30\right)$이면서 동시에 커피로 표시한 소비자의 실질소득이다.

예산선의 기울기는 두 재화의 상대가격으로 두 재화의 객관적인 교환비율

마지막으로 예산선의 기울기가 무엇을 의미하는지 생각해 보자. 예산선

기울기의 절대치 $\left|\frac{P_X}{P_Y}\right|$는 두 재화의 가격비율이다. 앞의 예에서 P_X = 4천원, P_Y = 2천원이므로 [그림 3-4]에서 예산선의 기울기의 절대값은 2가 된다. 이러한 예산선의 기울기는 두 재화의 상대가격으로서 '녹차의 수량으로 표시한 커피의 기회비용', 즉 커피의 가치를 녹차의 단위로 표시한 시장교환비율이다. 예를 들어 [그림 3-4]의 A점(커피 0잔, 녹차 60잔)에서 소비자가 커피를 1잔 마시려 한다고 하자. 그렇게 하기 위해서는 지금까지 녹차 구입에만 사용된 소득 중에 4천원을 커피 구입에 사용해야 하므로 녹차의 구매량은 2잔 감소한다. 소비자가 커피 1잔을 마시기 위해서는 반드시 녹차 2잔을 포기해야 하는 것이다. 이때 포기되는 녹차 2잔이 커피의 기회비용이다. 이와 같이 예산선 기울기의 절대값은 기회비용을 나타내기 때문에 예산선을 **기회비용곡선**(opportunity cost curve)이라고도 한다.

예산선 = 기회비용곡선

3.2 예산선의 이동 : 평행이동과 회전이동

예산선의 이동
소득의 변화, 상대가격의 변화 등

예산선은 주어진 소비자의 소득, 커피 및 녹차 가격이 변함에 따라 이동한다. 먼저 소비자 유나의 소득이 변하는 경우를 살펴보자. [그림 3-4]에서 두 재화의 가격은 전과 동일한데 유나의 소득이 12만원에서 6만원으로 줄었다고 하자. 6만원의 소득으로 녹차만 구입한다면 그 양은 30잔(OC)이 되고, 또 커피만 구입한다면 그 양은 15잔(OD)이 된다. 그러므로 유나가 6만원의 소득으로 살 수 있는 두 재화의 조합을 나타내는 예산선은 $\overline{CD}$가 된다. 두 재화의 가격은 바뀌지 않았으므로 예산선 $\overline{CD}$는 예산선 $\overline{AB}$와 평행하다. 이와 반대로 유나의 소득이 12만원에서 18만원으로 증가하면 예산선은 우측으로 평행이동한다.

이제 두 재화의 가격이 비례적으로 변하는 경우를 살펴보기로 하자. [그림 3-4]의 예산선 $\overline{AB}$에서 소득은 12만원으로 그대로 있는데, 커피가격과 녹차가격이 모두 2배로 상승하여 8천원과 4천원이 되었다면 예산선은 $\overline{CD}$로 이동한다. 반대로 커피와 녹차 가격이 모두 $\frac{1}{2}$배로 하락하여 커피가격이 2천원, 녹차 가격이 1천원이 되었다면 예산선은 $\overline{EF}$로 이동한다. 이와 같이 소득이 일정할 때 두 재화의 가격이 비례적으로 상승한다면 예산선은 좌측으로 평행이동하며, 반대로 두 재화의 가격이 비례적으로 하락한다면 예산선은 우측으로 평행이동한다.

우리는 이와 같은 사실로부터 모든 재화의 가격이 비례적으로 상승하는 것은 명목소득이 동일 비율로 감소한 것과 같은 효과를 가져오며, 반대로 모든 재화의 가격이 비례적으로 하락하는 것은 명목소득이 동일 비율로 증가한 것과 같음을 알 수 있다. 또한 소득과 두 재화의 가격이 동시에 똑같은 비율로 각각 증가하고 감소하는 경우 예산선은 전혀 이동하지 않는다.

두 재화의 가격이 비례적으로 상승하면 예산선의 기울기에는 변화가 없는 상태에서 원점에 가까운 쪽으로 평행이동

그렇다면 이제 두 재화의 상대가격이 변하는 경우를 살펴보자. 예산선의 기울기는 두 재화의 가격비율$\left(\frac{P_X}{P_Y}\right)$, 즉 **상대가격**(relative price)을 나타낸다. 그러므로 상대가격이 달라지면 예산선의 기울기가 달라진다. 상대가격이 달라지는 경우는 크게 두 가지가 있다. 즉, 두 재화의 가격이 모두 변하지만 서로 다른 비율로 변하는 경우와 한 재화의 가격은 일정한데 다른 재화의 가격이 변하는 경우이다. 여기서는 후자의 경우만 알아보자.

상대가격이 변하면 예산선의 기울기가 달라짐

그림 3-5

예산선의 회전이동

예산선의 기울기는 두 재화의 가격비율, 즉 상대가격을 나타낸다. 만약 다른 요인들이 모두 일정하다는 가정 하에 커피가격만 2천원으로 하락한다면 예산선은 $\overline{AB}$에서 $\overline{AJ}$로 회전이동한다. 반면 커피가격이 8천원으로 상승했다면 예산선은 $\overline{AK}$로 회전이동한다.

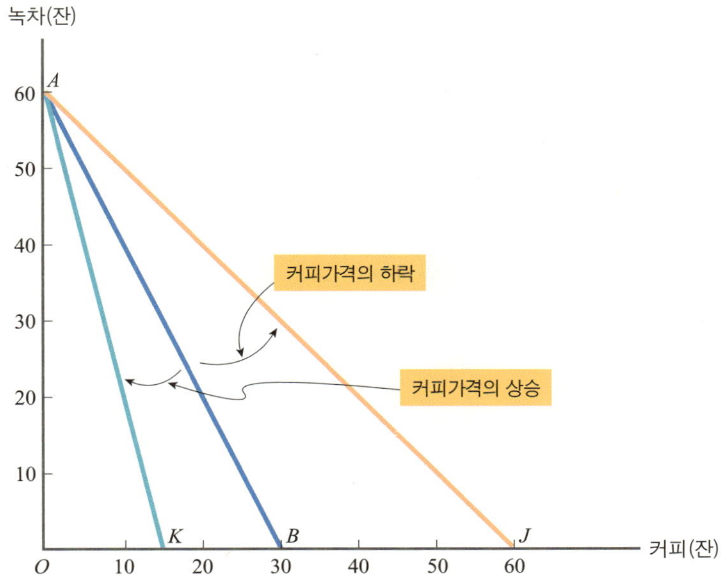

[그림 3-5]의 예산선 $\overline{AB}$는 앞의 예와 같이 소득이 12만원, 커피가격이 4천원, 녹차 가격이 2천원인 경우이다. 이제 다른 것들은 모두 일정한데 커피가격만이 2천원으로 하락한다면 예산선은 $\overline{AB}$에서 $\overline{AJ}$로 회전이동한다. 반대로 커피가격만이 8천원으로 상승한다면 예산선은 $\overline{AB}$에서 $\overline{AK}$로 회전이동한다. 이와 같이 명목소득과 녹차 가격은 일정하고 커피가격만 하락한다면 예산선은 A점을 축으로 하여 반시계방향으로 회전이동하며, 반대로 커피가격만 상승한다면 예산선은 시계방향으로 회전이동한다.

4 소비자균형과 수요곡선

지금까지 우리는 소비자의 주관적인 선호를 나타내는 무차별곡선과, 소비자가 처한 객관적 상황(소비자의 소득, 각 재화의 가격 등)에 따라 소비자가 선택할 수 있는 재화의 조합을 표시하는 예산선에 대하여 설명하였다. 이제 이 두 가지를 종합하여 소비자균형이 만족해야 하는 조건은 무엇인지 알아보자.

4.1 소비자균형과 한계효용균등의 법칙

소비자 유나의 선호를 나타내는 무차별지도가 [그림 3-6]과 같이 주어졌다고 가정하자. 유나의 소득과 커피, 녹차의 가격을 M = 7만 5천원, P_X = 3천원, P_Y = 2천5백원이라고 하면 예산선은 [그림 3-6]의 $\overline{TS}$가 된다.

그러면 소비자균형은 어느 점이 되겠는가? 우선 유나는 예산선 $\overline{TS}$의 오른편 위쪽에 있는 점들은 선택할 수 없다. 왜냐하면 그러한 점들을 선택하는데 필요한 지출액이 명목소득을 초과하기 때문이다. 한편 유나는 예산선 $\overline{TS}$의 왼편 아래쪽에 있는 점들은 선택하지 않을 것이다. 왜냐하면 화폐소득으로 구매할 수 있는 재화조합 중에는 그보다 큰 만족을 주는 점들이 존재하기 때문이다. 따라서 우리는 예산선 $\overline{TS}$ 상의 점들(예를 들어 A, B, C, D, E 등)만 고

그림 3-6

소비자균형

소비자균형은 무차별곡선과 예산선의 접점인 C에서 이루어진다. 이 균형점 C에서는 무차별곡선의 기울기와 예산선의 기울기가 일치하며, 주어진 소득과 재화가격의 제약 하에서 유나에게 최대만족을 가져다준다.

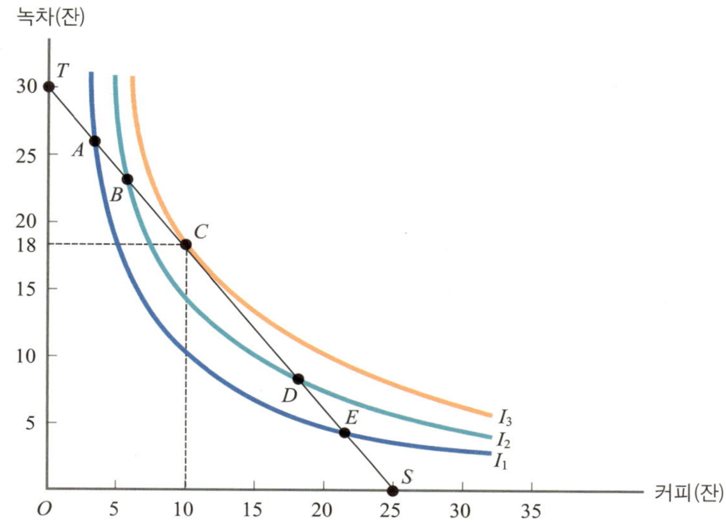

려하면 된다. 그런데 유나는 무차별곡선 I_1 상에 있는 A점은 선택하지 않을 것이다. 왜냐하면 예산선을 따라 B, C점으로 이동함에 따라 유나는 같은 소득으로 보다 큰 만족수준을 나타내는 무차별곡선 I_2, I_3에 도달할 수 있기 때문이다. 같은 이유로 유나는 무차별곡선 I_1 상에 있는 E점도 선택하지 않을 것이다. 왜냐하면 예산선을 따라 D, C점으로 이동함에 따라 유나는 동일한 소득으로 보다 큰 만족수준을 나타내는 무차별곡선 I_2, I_3에 도달할 수 있기 때문이다.

소비자는 예산선 밖의 재화조합을 선택할 수 없고, 예산선 안의 재화조합은 예산선보다 낮은 만족감을 주기 때문에 선택하지 않음

그러면 유나는 어느 점을 선택할 것인가? 유나가 합리적인 소비자라면 예산선과 무차별곡선이 접하는 C점(커피 10잔과 녹차 18잔)을 선택해야 한다. 왜냐하면 C점은 주어진 소득(7만 5천원)과 가격(P_X = 3천원, P_Y = 2천5백원)의 제약 하에서 유나의 만족을 극대화하는 커피와 녹차의 조합이기 때문이다(무차별곡선 I_3). 다시 말해 예산선과 무차별곡선이 접하는 점이 예산제약 하에서 최대만족을 주는 **소비자균형**이다.

소비자균형

예산선과 무차별곡선이 접하는 점에서 만족 극대화

이제 앞에서 살펴본 한계효용의 개념을 이용하여 소비자균형의 의미를 재해석해 보자. 한계효용(marginal utility ; MU)이란 어떤 소비재를 한 단위

더 또는 덜 소비함에 따라 얻거나 잃는 효용이다. 따라서 유나가 무차별곡선을 따라 내려가면서 녹차를 덜 소비한다면, (−녹차 소비의 변화 × MU_Y)만큼의 효용을 잃게 된다. 그러나 유나는 커피를 더 소비하게 되므로 (커피 소비의 변화 × MU_X)만큼의 효용을 얻는다. 무차별곡선 상에서는 효용수준이 동일하기 때문에 녹차 소비 감소로 인한 효용의 감소와 커피 소비 증가에 의한 효용의 증가가 같다는 것을 알 수 있다. 즉, 커피와 녹차 소비의 변화를 각각 ΔX와 ΔY로 놓으면 $-(\Delta Y \times MU_Y) = (\Delta X \times MU_X)$로부터 다음 관계가 성립한다.

무차별곡선 상에서는 Y재 소비 감소로 인한 효용의 감소와 X재 소비 증가에 의한 효용의 증가가 같음

$$-\frac{\text{녹차 소비량의 변화}}{\text{커피 소비량의 변화}} = \frac{MU_X}{MU_Y}$$

그런데 무차별곡선 상에서 녹차 소비량의 감소분(ΔY)을 커피 소비량의 증가분(ΔX)으로 나눈 비율$\left(-\frac{\Delta Y}{\Delta X}\right)$은 곧 무차별곡선의 기울기를 의미한다. 소비자균형에서는 이러한 무차별곡선의 기울기와 예산선의 기울기 $\frac{P_X}{P_Y}$가 같으므로 다음의 관계가 성립한다.

$$\frac{MU_X}{MU_Y} = \frac{P_X}{P_Y} \Leftrightarrow \frac{MU_X}{P_X} = \frac{MU_Y}{P_Y} \quad (3.6)$$

만일 커피 1원어치의 한계효용$\left(\frac{MU_X}{P_X}\right)$이 녹차 1원어치의 한계효용$\left(\frac{MU_Y}{P_Y}\right)$보다 크다면, 유나는 녹차의 소비를 줄이고 커피의 소비를 늘림으로써 총효용을 증가시킬 수 있게 된다. 반대로 $\frac{MU_X}{P_X} < \frac{MU_Y}{P_Y}$이면 유나는 커피의 소비를 줄이고 녹차의 소비를 증가시킴으로써 총효용을 증가시킬 수 있다. 이는 동일한 1원에 대해 추가적으로 느끼는 한계효용의 크기가 큰 재화를 더 소비하는 것이 결국 유나의 만족감을 증가시켜 주기 때문이다. 그러면 언제 유나의 총효용이 최대가 될 것인가? 그것은 각 재화의 구입에 필요한 총지출이 예산제약을 초과하지 않는다는 조건 하에서 각 재화 1원어치의 한계효용이 모두 동일하게 되도록, 즉 식 (3.6)이 성립할 때 유나의 총효용은 극대화될 것이다.

이와 같이 각 재화에 대한 1원어치의 한계효용이 균등할 때, 즉 어떤 한

생 활 과 경 제 학

효용극대화와 결혼의 경제학

세상 모든 남녀들의 관심사항인 결혼은 인간의 선택행위를 분석하는 경제학자들의 연구대상이 되기도 한다. 그중 가장 유명한 사람은 결혼, 자녀교육, 종교, 범죄 등 다양한 사회문제를 경제학적 시각으로 분석한 공로로 지난 1992년 노벨 경제학상을 받은 미국 시카고대학의 베커(Gary Becker) 교수이다. 그는 이미 1970년대에 결혼을 하면 독신으로 있는 것보다 더 높은 효용을 얻을 수 있기 때문에 사람들이 결혼을 하게 된다는 단순한 가정으로부터 출발하여 결혼을 경제적으로 분석한 바 있다.

그에 따르면 결혼한 사람들이 얻는 효용은 시장에서 구입한 재화나 서비스에 의해 직접 결정되는 것이 아니라는 것이다. 즉, 시장에서 구입한 재화나 서비스는 '가정'이라는 일종의 생산공장에 투입되고 이로부터 생산된 어떤 것에 의해 결혼의 효용이 결정된다. 가정 안에서 생산된 것은 예컨대 좋은 음식, 자녀의 수와 훌륭한 자녀양육, 휴식, 애정, 건강 등이며, 바로 이것들이 사람들의 효용수준에 직접적인 영향을 미친다는 것이다. 따라서 결혼한 사람들은 한 가정의 예산제약 내에서 가정 내 생산물의 극대화를 추구해야 한다.

베커는 이러한 분석을 통해 결혼을 함으로써 생기는 효용수준은 두 사람의 소득수준, 교육수준, 그리고 둘 사이의 임금률 격차와 정비례한다는 결과를 도출해 냈는데, 요즘 결혼하는 일부 사람들이 주로 내걸고 있는 조건과 큰 차이가 없다는 점이 놀랍다.

출처 : 한국은행 경제교육 홈페이지(http://www.bokeducation.or.kr)

재화를 덜 이용하고 다른 재화를 더 이용하여 총효용을 증가시킬 수 없을 때 소비자 유나의 총효용은 극대화된다. 이것을 **한계효용균등의 법칙**이라고 한다.

한계효용균등의 법칙
예산제약 하에서 각 재화의 1원 어치의 한계효용이 같음

4.2 수요곡선의 도출

이제 앞에서 분석한 소비자균형으로부터 소비자의 개별 수요곡선을 유도할 수 있다. [그림 3-7]의 (a)에서 가로축은 커피 구매량을, 세로축은 녹차 구매량을 나타내고 있다. 커피가격이 P_1이고, 소비자 유나가 직면하고 있는

■ 그림 3-7

수요곡선의 도출

(a)에서 최초의 소비자균형점은 A점이고 커피 구매량은 $\overline{OX_1}$이다. 이때 커피가격이 P_2로 하락하면 예산선이 $\overline{MQ_2}$로 변하면서 소비자균형점은 B점이 되어 $\overline{OX_2}$만큼의 커피를 구입한다. 커피가격이 다시 P_3로 하락하면 커피 구매량은 OX_3로 증가한다. 이러한 방법으로 (b)와 같은 커피에 대한 수요곡선을 도출할 수 있다. 각 가격수준 P_1, P_2, P_3와 그때 구입하는 커피의 수량 $\overline{OX_1}$, $\overline{OX_2}$, $\overline{OX_3}$를 표시해 주는 점을 각각 A', B', C'이라고 하면 이 점들을 연결하는 곡선 D가 곧 커피에 대한 수요곡선이 된다.

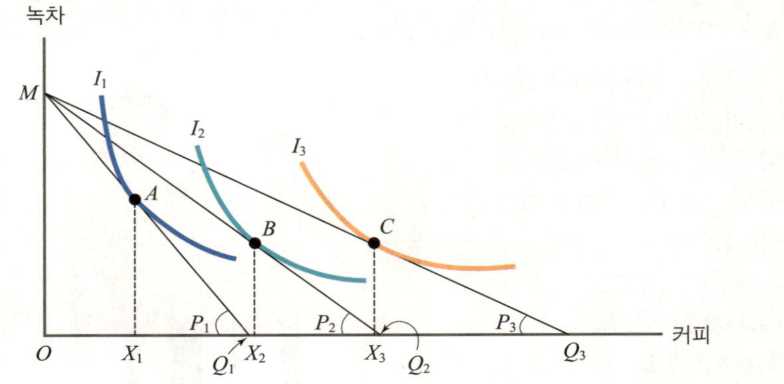

(a) 커피가격 하락과 유나의 소비자균형

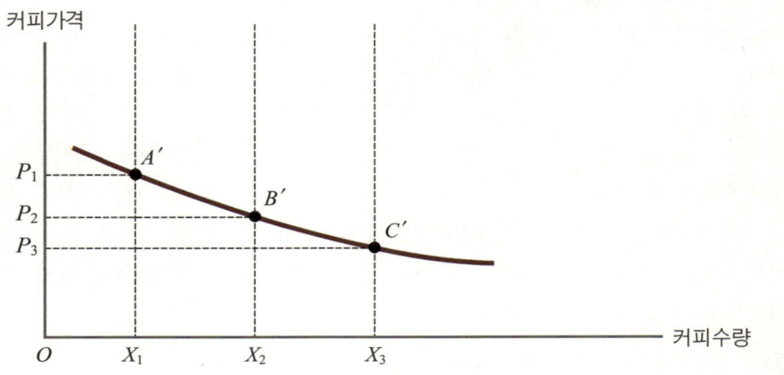

(b) 유나의 커피에 대한 수요곡선

예산선이 $\overline{MQ_1}$이라고 하자. 이때 소비자균형점은 A점이고 커피 구매량은 $\overline{OX_1}$이다. 커피가격이 P_2로 하락하면 유나의 예산선은 $\overline{MQ_2}$로 바뀌고, 소비자균형점은 B점이 되어 $\overline{OX_2}$만큼의 커피를 구입한다. 커피가격이 다시 P_3로 하락하면 구매량은 $\overline{OX_3}$로 증가한다.

왜 그럴까? 이러한 수요량의 변화는 커피가격 하락에 따른 실질소득의 증가가 커피 구매량에 미치는 효과와, 상대가격의 변화가 커피 구매량에 미치는 효과가 동시에 발생하기 때문이다. 전자를 가격하락의 **소득효과**(income effect), 후자를 **대체효과**(substitution effect)라 하고, 이 둘의 합을 **가격효과**

(price effect)라고 한다.

일반적으로 어떤 재화의 가격이 하락할 때 대체효과는 언제나 구매량을 증가시킨다. 반면에 소득효과는 그 재화가 정상재인 경우에는 구매량을 증가시키고, 열등재인 경우에는 구매량을 감소시킨다. 그러므로 어떤 재화가 정상재라면 소득효과와 대체효과가 모두 가격변화에 대하여 반대방향이기 때문에 그들의 합인 가격효과 역시 가격변화에 대하여 반대방향이 된다. 따라서 가격이 하락하면 그 재화의 구매량은 증가한다.

이로부터 도출한 커피에 대한 수요곡선이 [그림 3-7]의 (b)이다. 가로축에 커피의 수량을, 세로축에 커피의 가격을 표시해 가격이 P_1일 때에는 $\overline{OX_1}$을, P_2일 때에는 $\overline{OX_2}$를, P_3일 때에는 $\overline{OX_3}$를 구입함을 보여주고 있다. 각 가격수준(P_1, P_2, P_3)과 그때 구입하는 커피 수량($\overline{OX_1}$, $\overline{OX_2}$, $\overline{OX_3}$)을 표시해 주는 점을 각각 A', B', C'이라 하면 이 점들을 연결하는 곡선 D가 곧 커피에 대한 수요곡선이 된다. 이렇게 도출한 수요곡선은 우하향하고 있다. 여기서

수요곡선
가격소비곡선을 통해 도출

시장수요곡선
개별 수요곡선의 수평합

그림 3-8

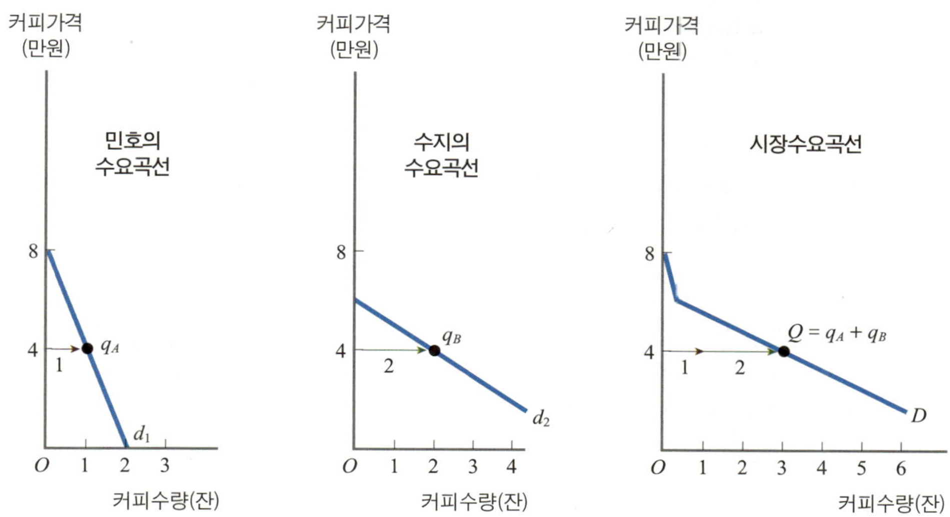

시장수요곡선의 유도
주어진 커피가격에 대하여 두 소비자 민호와 수지가 구입하고자 하는 커피의 수량을 수평으로 합하면 각 가격수준에서의 시장수요를 도출할 수 있다.

한 가지 짚고 넘어갈 점은 앞에서 분석한 대체효과와 소득효과가 수요곡선상에 반영되어 있다는 사실이다.

지금까지는 개별 소비자의 수요곡선을 도출하였다. 시장수요곡선은 이들 개별 소비자의 수요곡선으로부터 도출된다. [그림 3-8]에는 민호와 수지 두 소비자가 있는 시장의 수요곡선이 도출되는 과정을 보이고 있다. 그림에 표시되고 있는 것처럼 주어진 커피가격에 대하여 두 소비자가 구입하고자 하는 커피의 수량을 수평으로 합하면, 각 가격수준에서의 시장수요량을 알 수 있다. 여기서는 소비자가 두 명인 경우를 상정하였기 때문에 시장수요곡선이 굴절된 모양을 하고 있다. 그러나 실제로 소비자는 무수히 많기 때문에 모든 소비자의 수요곡선을 수평으로 합하면 부드럽게 우하향하는 시장수요곡선을 얻을 수 있다. 즉, 커피가격이 내리면 커피의 수요량이 증가하고 커피가격이 오르면 수요량이 감소하는 수요의 법칙(law of demand)이 성립하는 것이다.

생활과경제학

희생번트와 수요의 법칙

야구에서 희생번트(sacrifice bunt)는 근본적으로 타자가 자신의 공격찬스를 희생하여 아웃이 되고 주자를 진루시키는 행위이다. 이러한 희생번트의 비용은 아웃카운트의 증가이고, 편익은 이미 진루해 있는 주자를 한 루 진루시키는 것이다. 공을 잘 치는 강타자에게 희생번트를 시키면 비용은 상대적으로 증가하고, 반대로 공격력이 약한 '물' 타자의 희생번트 비용은 상대적으로 낮다. 희생번트가 상대적으로 드문 미국 메이저리그에서도 투수가 타석에 들어서면 희생번트 작전이 빈번하게 수행된다. 또한 희생번트가 주자의 진루를 위해 타자를 아웃시키다 보니 대량득점의 기회를 감소시키는 비용도 발생한다.

| 그림 1 | 팀 게임당 희생타와 홈런 수

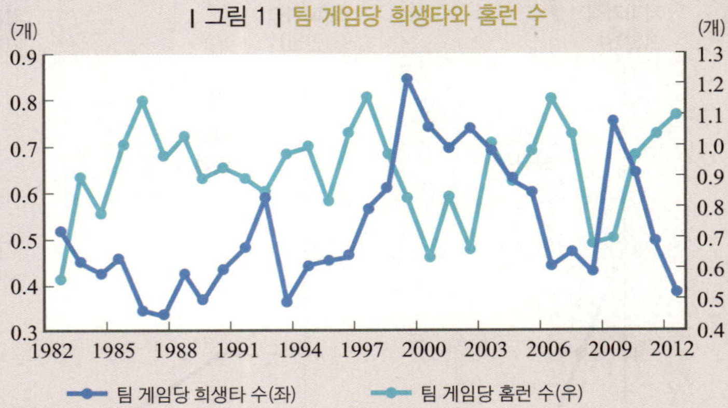

가격이 오르면 수요량이 감소한다는 수요법칙에 따라 우리는 희생번트에 대해 다음과 같은 예측을 할 수 있다. 타자의 공격력이 증가할수록, 그리고 많은 득점이 요구되는 리그(league)일수록 희생번트가 감소할 것이라는 점이다. 과연 그러할까?

먼저 [그림 1]은 경기당 홈런 수와 경기당 희생타 간의 관계를 보여준다. 그 둘은 서로 반대방향으로 움직이고 있다. 경기당 홈런 수가 증가하면 희생타 수가 감소하고, 경기당 홈런 수가 감소하면 희생타 수가 증가한다. 게임당 홈런 수의 증가는 타자들의 공격력이 증가하는 것으로 희생번트의 비용을 증가시킨 것이다. 이에 따라 경기당 희생타 수가 감소하고 있다.

| 그림 2 | 리그 평균방어율과 팀 게임당 희생번트

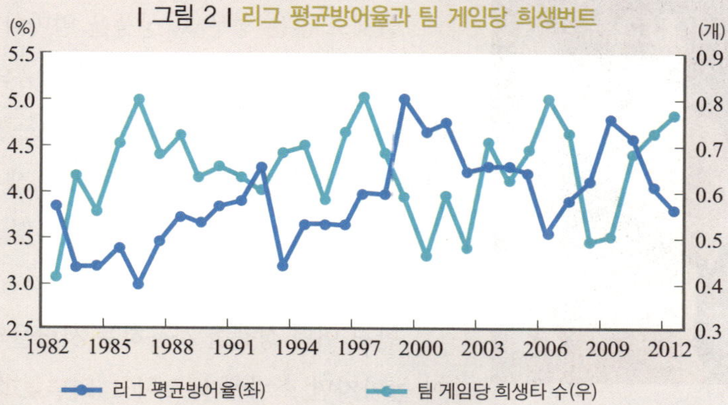

리그 평균방어율과 희생타 수 역시 동일한 수요의 법칙을 보여준다. 방어율이 높다는 것은 게임당 득점이 증가하는 것이다. 희생타가 경기당 득점이 낮은 상황 또는 득점력이 낮은 상황에서 그 유용성을 가질 수 있다는 점을 고려하면, 희생타와 팀 방어율 간에는 역의 관계를 예측할 수 있고, [그림 2]는 이를 통계적으로 보여준다.

출처 : 남재현, "희생번트와 수요법칙", 『KDI 클릭경제교육』, KDI 경제정보센터, 2013. 4.

5 소비선택의 사회적 요인

사회학자와 인류학자는 문화와 관습 등 사회적 요인이 소비자의 선택에 중요한 역할을 한다고 주장해 온 반면, 경제학자는 전통적으로 이러한 요인들을 거의 무시해 왔다. 그러나 최근 일부의 경제학자들이 소비선택의 사회적 요인에 대한 연구를 시작했다. 예를 들어 시카고대학의 게리 베커(Gary Becker)나 케빈 머피(Kevin Murphy)에 의하면 소비자들이 마약, 특정 정당 후보에 대한 투표, 정원가꾸기로부터 얻는 효용은 주변의 친구나 이웃이 마약을 하는지, 특정 정당에 투표를 하는지, 그리고 그들의 정원을 가꾸는지에 달려 있다. 즉, 소비자들은 자신들이 생각하기에 친구나 이웃에게 인기가 있는 상품을 소비할 때 더 많은 효용을 얻는다는 것이다. 또 다른 예로 식사, 운동경기 관람, 의상 또는 보석 구매, 자동차 구입 등을 들 수 있다. 이 모든 경우 소비 결정은 개별 상품의 특성뿐만 아니라 얼마나 많은 소비자들이 동일한

유명인 효과
유명인사가 사용하는 상품을 소비하여 그들과 동일하거나 유행을 따라간다고 생각

네트워크 외부효과
어떤 상품을 사용하는 사람들의 수가 증가할수록 그 상품의 유용성이 증가

재화나 서비스를 구매하는가에 달려 있다.

실제로 많은 경우 그 상품을 얼마나 많은 사람들이 구매하는가보다는 어떤 사람들이 그 상품을 사는가가 상품의 소비에 더 큰 영향을 미친다. 일반 소비자들은 특히 유명인사가 사용하는 상품을 소비함으로써 그들과 좀더 가까워진다거나 유행을 따라간다고 생각한다. 바로 이러한 **유명인 효과**(celebrity effect) 때문에 기업들은 유명 운동선수나 연예인을 이용한 광고를 하고 있다.

한편 어떤 상품을 사용하는 사람들의 수가 증가할수록 그 상품의 유용성이 높아지면 소비에 **네트워크 외부효과**(network externalities) 또는 밴드왜건(band-wagon) 효과가 존재한다. 예를 들어 유나가 전화를 가진 유일한 사람이라면 전화가 별로 쓸모가 없을 것이다. 하지만 전화를 가진 사람이 늘어날수록 유나는 전화를 통해서 많은 친구들과 연락을 할 수 있을 것이다. 즉, 전화의 유용성은 그것을 소유하고 사용하는 사람이 많아질수록 더욱 커지는 것이다. 하지만 문제점도 존재한다. 몇몇 경제학자들은 이러한 네트워크 외부효과로 인해 다른 상품으로의 **전환비용**(switching cost)이 충분히 커지면 소비자들이 열등한 기술의 상품을 구매하게 된다는 문제를 지적한다. 전환비용으로 인해서 최초로 개발된 기술이 나중에 개발된 더 나은 기술보다 우위에 설 수 있다는 것이다. 따라서 어떤 상품이 시장에서 자리 잡고 나면 그 이후에는 더 진보된 기술을 가진 새로운 상품으로의 전환이 어려워질 수 있다. 이와 같이 소비선택은 과거에 경제가 발전해 온 과정에 달려 있다는 점에서 경로의 존적(path dependent)이 된다.

요약 및 연습문제

1. 소비의 총효용과 한계효용

어떤 소비자가 일정 기간 동안 일정량의 재화를 소비하였을 때 얻을 수 있는 주관적인 만족감을 총효용(total utility)이라 한다. 이때 소비량과 총효용 사이에는 일정한 함수관계가 존재하는데, 이를 효용함수(utility function)라고 한다. 한계효용은 한 재화의 추가적인 1단위 소비에 의한 총효용의 증가분이다. 이때 소비를 증가시킴에 따라 각 단위의 한계효용이 감소하는 것을 한계효용체감의 법칙(law of diminishing marginal utility)이라 한다. 총효용은 한계효용을 누계한 것이므로 한계효용체감의 법칙에 따라 총효용의 극대점에서 한계효용은 0이 된다.

물음 01. 병원에서 응급환자에게 제공되는 산소 가격은 단위당 10만원인데, 음료수는 무료로 제공된다. 산소보다 음료수의 한계효용이 작기 때문인가?

물음 02. 올해 대학에 진학한 유나는 시험을 불과 몇 시간 앞두고 각 과목에 대해 어떻게 시간배분을 할지 고심하고 있다. 유나는 경제학 과목을 수강하면서 배운 자원의 최적배분원리를 시험 보는 때에 응용하려 한다.

공부시간	경제학	수학	논리학
0	27	35	37
1	45	52	57
2	62	68	76
3	77	83	92
4	91	89	99

(1) 현재 10시간을 남겨 놓은 상태에서 평균점수를 극대화하려고 한다. 이때 각 과목에 대한 한계점수표를 구하라.

(2) "각 과목에 대한 한계점수가 동일해야 평균점수가 극대화된다"에 대해 논평하라.

2. 소비자의 선호와 무차별곡선

무차별곡선은 소비자에게 동일한 만족을 주는 재화조합들의 궤적이다. 만족의 수준이 서로 다른 무차별곡선은 무수히 많이 나타낼 수 있는데, 좌표 상에 나타낸 무차별곡선의 무리를 무차별지도(indifference map)라고 한다. 무차별지도에서 원점으로부터 멀리 떨어진 무차별곡선일수록 소비자에게 더 큰 만족을 준다.

물음 03. 한 지방자치단체가 그 지역 내에 방사선폐기물시설을 유치하려고 한다. 해당 지역 내 거주민들의 동의를 얻기 위해 지방자치단체가 보상금을 지급하겠다는 정책을 발표했다. 만일 가로축에 방사선폐기물시설이 차지하는 면적을, 세로축에 해당 지역민들에게 지급하는 보상금의 크기를 표시하는 경우 이 지역주민들에게 동일한 만족감을 줄 수 있는 선택조합을 무차별곡선으로 표현하고 무차별지도를 그린 후 효용의 증가 방향을 표시하되, 그와 같이 표시한 타당한 이유를 설명하라.

3. 예산선

3.1 예산선이란 무엇인가? 소비자의 소득(M), X재 가격(P_X), Y재 가격(P_Y)이 일정하게 주어졌을 때 소비자의 소비가능집합은 $P_X \cdot X + P_Y \cdot Y = M$과 같이 나타나며, 이를 예산선 또는 가격선이라 한다. 이때 $\frac{P_X}{P_Y}$는 두 재화의 상대가격으로 Y재화로 표시한 X재화의 상대가격이다.

3.2 예산선의 이동 : 평행이동과 회전이동 예산선의 기울기는 두 재화의 가격비율, 즉 상대가격을 나타낸다. 소득이 변화한 경우나 두 재화의 가격이 비례적으로 변화한 경우에는 예산선이 평행이동하지만, 어느 한 재화의 가격만 변한 경우에는 예산선이 회전이동한다.

물음 04. 어떤 사람이 소득 50만원으로 3만원의 X재화와 5만원의 Y재화를 구입한다고 하자. 이 사람의 예산선을 그려보고, 만약 어떤 정책이 실시되어 한 개인이 X재화를 10개 이상 소비할 수 없게 된다면 예산선은 어떻게 변화할지 설명하라.

4. 소비자균형과 수요곡선

4.1 소비자균형과 한계효용균등의 법칙 소비자균형은 무차별곡선과 예산선의 접점에서 결정되며, 소비자균형에서는 무차별곡선의 기울기(MU_X/MU_Y)와 예산선의 기울기(P_X/P_Y)가 일치하므로 다음이 성립한다.

$$\frac{MU_X}{MU_Y} = \frac{P_X}{P_Y} \Leftrightarrow \frac{MU_X}{P_X} = \frac{MU_Y}{P_Y}$$

이는 X재 1원어치의 한계효용(MU_X)과 Y재 1원어치의 한계효용(MU_Y)이 일치하는 것으로 각 재화 1원어치의 한계효용이 동일하도록 소득을 각 재화의 구매에 배분하는 것이다. 이때 소비자의 효용은 극대화되는데, 이것을 한계효용균등의 법칙이라고 한다.

4.2 수요곡선의 도출 각 가격수준과 그때 구입되는 X재의 양을 표시하는 점을 연결하면 X재에 대한 개별 소비자의 수요곡선을 도출할 수 있다. 이렇게 구한 수요곡선은 대체효과와 소득효과를 반영하는데, 가격이 하락할 때 대체효과로 수요량을 증가시키는 반면, 소득효과는 재화의 특성에 따라 정상재는 수요량을 증가시키고 열등재는 감소시킨다. 이에 따라 수요곡선은 일반적으로 우하향하는데, 모든 소비자의 수요곡선을 수평으로 합하면 우하향하는 시장수요곡선을 얻을 수 있다.

물음 05. 한계효용균등의 법칙을 이용하여 다이아몬드의 가격이 물의 가격보다 높은 이유를 설명하라.

물음 06. 효용함수가 $U=X+Y$이고, 예산제약은 $M=2X+Y$이다.

(1) 소비자균형점을 찾아라.

(2) X재에 대한 수요곡선을 그림으로 그려보라.

5. 소비선택의 사회적 요인

누가(특히 유명인) 재화를 사용하느냐에 따라 재화의 유용성이 증가하는 경우를 유명인 효과라 하고, 특정 재화를 사용하는 사람들의 수가 늘어남에 따라 그 재화의 유용성이 늘어나는 경우를 '네트워크 외부효과'라 부른다. 네트워크 외부효과의 경우 신기술 상품으로의 전환비용이 클 때 열등한 과거 제품을 계속해서 구매한다는 점에서 소비선택은 경로의존적이다.

물음 07. 다음 신문기사가 보여주는 소비의 결정요인은 무엇인가?

「올 들어 계속되고 있는 극심한 불황 속에서도 일부 고가품은 불티나게 팔리고 있다. "비싸야 잘 팔린다"는 한국적인 소비행태는 여전한 셈이다. 한 대에 300~500만원으로 냉장고로서는 최고 가격을 자랑하는 와인냉장고도 꾸준히 팔리고 있다. 삼성전자가 '와인셀러'를 내놓아 시장의 반응이 좋자 GE백색가전과 LG전자가 잇따라 뛰어들고 있다. 자동차도 비쌀수록 잘 팔리기는 마찬가지다. 중고차 판매는 뚝 끊겼지만 오피러스 등 일부 고급 차종은 밀려드는 주문을 감당하지 못해 한 달 이상 출고를 기다려야 한다. 특히 고급 외제차의 대명사인 포르쉐는 4월에 이미 금년 판매목표를 넘어섰고, BMW도 지난해까지 가장 많이 팔렸던 5시리즈(7,000만원대)를 밀어내고 7시리즈(1억원대 이상)가 주력제품으로 떠올랐다」 (한국일보, 2003. 7. 11.)

응용문제

물음 01. 한계효용체감의 법칙에 따르면 동일 상품의 소비량을 증가시킴에 따라 한계효용은 체감하게 된다. 한계효용체감의 법칙과 우리나라 고사성어 '다다익선(the more the better)'은 서로 모순되는 개념인지에 대해 논리적으로 타당한 근거를 제시하여 설명하라.

물음 02. 1통에 1만원 하는 배추와 1kg에 2만원인 소고기를 구입하여 자취하는 민호의 한 달 소득이 30만원이라 한다. 다음 질문에 답하라.

(1) 배추 가격이 폭등하자 정부가 배추 1통 구입 시 5천원씩의 보조금을 지급해 주는 경우 예산선에는 어떤 변화가 있는지 설명하라. 배추 구입량과 무관하게 월 20만원의 소득보조를 해주는 경우 민호의 예산선에는 어떤 변화가 있는가?

(2) 특정 수량만큼의 배추와 소고기를 선택한 한 점에서 배추의 한계효용과 소고기의 한계효용의 비율인 한계대체율이 1/2이라 한다. 이 선택점이 민호의 합리적인 소비선택점인지 설명하라. (단, 배추와 소고기에 대한 무차별곡선은 원점에 대해 볼록한 모양을 갖는다고 한다.)

물음 03. 야구에서 타자에게 희생타, 번트 등 여러 작전을 펴서 한 점, 한 점 득점을 올리는 감독의 작전스타일을 스몰볼(small ball)이라 한다. 반면에 타자들에게 공격을 맡기고 대량득점을 추구하는 미국식 작전스타일을 빅볼(big ball)이라 한다. 아래 그림과 본문의 〈생활의 경제학 : 희생번트와 수요의 법칙〉을 참고하여 한국과 미국 간에 스몰볼 · 빅볼의 차이가 발생하는 이유를 설명하라.

한국 프로야구와 미국 메이저리그(아메리칸리그)의 팀 경기당 홈런수

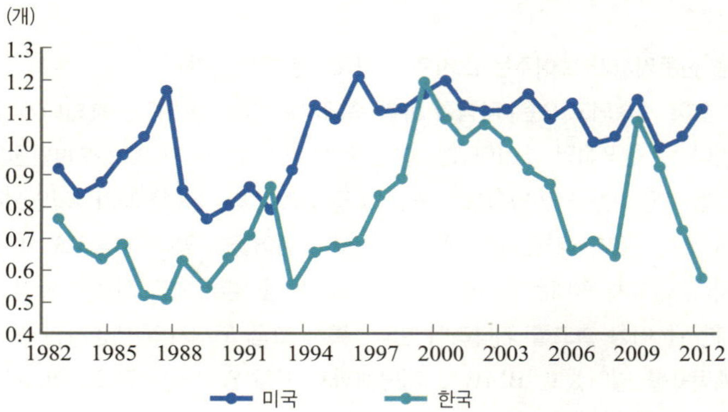

(출처 : 남재현, "희생번트와 수요법칙", 『KDI 클릭경제교육』, KDI 경제정보센터, 2013. 4.)

물음 04. 현재 키보드의 키 배열은 이른바 QWERTY 자판을 사용하고 있다. 타자기가 보급되던 시절 너무 빠르게 입력을 하면 고장이 발생하는 경우가 있었기 때문에 의도적으로 타자 속도를 낮추기 위해 고안된 배열이었으나 지금까지도 표준으로 사용되고 있는 것이다.

(1) 어떤 벤처기업에서 QWERTY보다 뛰어난 배열을 사용하는 키보드를 개발하는 데 성공하여 투자자를 모집하고 있다. 이 기업에 투자하는 것은 현명한 선택인가?

(2) 국가에서 새로운 표준을 제정하여 시행할 경우에는 어떤 비용이 있겠는가?

Chapter 04

경쟁기업의 이윤극대화와 공급곡선

이 장에서는 기업이 직면하는 기술적 제약과 경제적 제약을 각각 나타내는 생산함수와 비용함수의 특성을 알아보고 이를 토대로 완전경쟁기업의 공급곡선을 도출한다. 그리고 완전경쟁시장의 균형 가격과 생산량 및 그 효율성을 알아본다. 이를 위해 다음과 같은 문제에 대해 논의해 보자.

- 생산요소 투입과 생산물 산출 간의 기술적 관계를 어떻게 나타낼 수 있는가?
- 주어진 기술여건과 생산요소 가격 하에서 생산량과 그 생산량을 생산하기 위한 최소비용 간의 관계는 어떻게 결정되는가?
- 완전경쟁시장에서 단기와 장기에 가격과 생산량 간의 관계는 어떻게 결정되는가?
- 완전경쟁시장의 가격과 생산량은 바람직한 자원배분을 가져오는가?

1 왜 기업인가?

경제 현실에서 대부분의 거래는 개인 간의 거래가 아니라 기업 간의 거래다. 생산활동에서는 더욱 그렇고, 현대자본주의에서는 더더욱 그렇다. 또한 기업 내부 구성원들 간의 관계는 결코 대등하지도 자유롭지도 않다. 기업은 명령과 복종의 관계로 짜인 위계질서의 조직이다. 어쨌거나 자본주의는 자유로운 시장거래로만 이루어진 것이 아니라, 이를 대체하는 위계질서 하의 기업조직이 중요한 부분을 차지하고 있다. 예를 들어 컴퓨터 프로그래머의 전문 기능이 필요한 사업을 시작하려고 할 때, 필요할 때마다 그 기능을 구매하는 시장거래를 할 수도 있지만 아예 기업조직을 통해 프로그래머를 고용해서 작업을 지시할 수도 있다.

그렇다면 어떤 경우에 시장거래를 선택하고, 어떤 경우에 기업조직을 선택하는가? 거래비용학파(또는 신제도학파)에 따르면, 필요할 때마다 적절한 거래상대방을 탐색하여 거래조건을 협상하는 시장거래보다는 거래상대방들이 기업이라는 하나의 조직을 구성하여 필요한 경제활동을 내부화하는 것이 거래비용을 줄이는 데 보다 효과적이다.

이러한 거래비용학파의 논리는 우리나라의 재벌과 같은 기업집단의 발생에도 적용될 수 있다. 즉, 기업과 개인 간의 관계만이 아니라 기업과 기업 간의 관계도 설명할 수 있다. 어느 한 기업이 독립성을 유지하면서 다른 기업과 구매 · 판매의 시장거래 관계를 가질 수도 있지만, 인수 · 합병(M&A)을 통해 계열사 관계를 형성하는 것이 거래비용을 크게 절감할 수 있는 경우도 있다. 이것이 기업집단의 시너지효과이고, 기업집단 역시 시장거래를 대체하는 위계질서 하의 조직이다. 예를 들어 미국의 자동차회사 제너럴 모터스(GM)의 경우, 품질경쟁력을 좌우하는 핵심 부품을 공급하는 회사는 인수 · 합병을 통해 내부조직화하는 반면 표준화된 부품은 독립회사들로부터 구매해 왔다. 시장거래와 기업(집단)조직 간의 경계가 명확히 구분되는 경우이다.

한편 일본 자동차회사를 대표하는 도요타는 핵심 부품까지도 하도급기업에 의존하는 경우가 많고, 한번 거래관계를 맺으면 결정적인 하자가 없는 한 계속 관계를 이어나간다. 그러나 하도급기업은 분명 기업집단조직 내부의 구성요소는 아니다. 이처럼 시장도 아니고 조직도 아닌, 그 중간적인 성격을 갖는 관계를 준내부조직(quasi-internal organization)이라고 한다. 법적으로는 상호 독립적인 지위를 갖고 있지만, 내부자에 준하는 밀접한 관계를 장기간 유지하는 것을 말한다. 일본과 우리나라의 대기업 · 중소기업 간 하도급거래 관계가 준내부조직의 대표적인 예들이다.

2 생산기술과 생산함수

기업은 재화나 서비스를 생산하기 위해서 여러 가지 생산요소를 사용한다. **생산요소**(factors of production)란 생산물을 생산하기 위하여 투입되는 모든 것을 말한다. 경제학에서는 전통적으로 다양한 생산요소를 토지(land), 노동(labor) 및 자본(capital)의 세 가지로 나누어서 분석한다. **토지**는 땅과 하천, 해양, 대기, 지하자원 등과 같이 자연에 의하여 부여된 생산요소 일체를 가리킨다. **노동**이란 사람이 제공하는 생산요소이며, **자본**은 사람이 만들어낸 생산요소(공장이나 기계 등)이다. 이제 '그린모터스(Green Motors)'라는 한 자동차 제조기업을 상정하여 이러한 생산요소들이 기업의 생산함수와 어떤 연관이 있는지 알아보기로 하자.

생산요소
생산물을 생산하기 위하여 투입되는 모든 것으로서 보통 토지, 노동 및 자본으로 나누어 분석

그린모터스가 자동차를 산출하기 위하여 생산요소를 투입할 때, 그 생산요소의 투입(input)과 생산물의 산출(output) 간에는 일정한 기술적 관계가 존재한다. 이 기술적 관계를 함수형태로 표시한 것을 **생산함수**(production function)라 한다. 생산함수는 각 생산요소의 투입량이 주어졌다고 할 때 이들을 가장 효율적으로 결합한 결과 얻게 되는 자동차의 산출량을 함수값으로 보여준다. 예를 들어 지금 L만큼의 노동과 K만큼의 자본을 사용해서 얻을 수 있는 자동차의 최대생산량이 X라면 생산함수는 다음과 같이 표현할 수 있다.

생산함수
생산요소의 투입과 생산물의 산출 사이의 함수관계

$$X = f(L, K) \tag{4.1}$$

식 (4.1)에서 자동차의 수량 X는 생산요소의 수량 L, K를 투입했을 때 얻을 수 있는 산출량 중 최대를 말한다. 대개의 경우 L과 K의 투입량이 증가할수록 X의 수량도 증가한다.

단기
노동의 고용량만 조정 가능한 기간

장기
노동의 고용량과 자본의 투입량 모두 조정 가능한 기간

생산함수를 본격적으로 공부하기 전에 꼭 짚고 넘어가야 할 것이 있다. 바로 두 생산요소, 즉 자본과 노동이 상당히 다르다는 사실이다. 노동은 비교적 용이하게 수시로 그 양을 변경할 수 있는 반면에, 자본(이를테면 공장시설)은 일단 한 번 주어지면 단시일 내에 그 규모를 조정하기 어렵다. 이에 따라 생산이론에서는 일반적으로 자본의 투입량은 고정되어 있고 노동의 고용량만 조정할 수 있는 단기와 두 생산요소의 투입량을 모두 조정할 수 있는 장기를 구분하여 분석한다. 이때 단기와 장기를 구분하는 기준은 한 달, 일 년 또는 십 년 등과 같이 구체적인 시간단위가 아니라는 점을 유의해야 한다. 얼마의 시간이 장기인가의 여부는 그 시간의 절대적인 크기가 아니라 투입되는 모든 요소를 변경시킬 수 있을 만큼 긴 시간인가의 여부로 결정된다. 즉, 생산계획의 특성에 따라 단기와 장기가 구분되는 것이다.

여기서는 먼저 자본의 투입량이 고정되어 있는 단기생산함수를 분석하는데, 그 과정에서 한계생산체감의 법칙을 자세히 살펴본다. 이미 이야기한 것처럼 공장의 시설규모는 한번 정해지면 단기간에 쉽게 변화시키기 힘들다. 따라서 이 경우 생산량을 증가시키거나 감소시키려면 노동의 고용을 늘리거나 줄일 수밖에 없다. 자본량이 $\overline{K}$로 고정되어 있고 노동만이 가변적인 단기생산함수는 다음과 같이 표현된다.

$$X = f(L, \overline{K}) \tag{4.2}$$

현실과경제학

데이터-생산함수의 새로운 투입요소

2017년 한국정보화진흥원의 한 보고서는 4차 산업혁명을 디지털 정보가 포함된 "데이터에 의해 추동되는 혁명(data-driven innovation)"으로 규정하고 있다.* '21세기의 원유'라고 불리는 데이터는 제조업, 물류, 에너지, 의료서비스 등 다양한 분야에서 생성되어 왔으며 최근에는 스마트기기, 사물인터넷(Internet of Things ; IoT), 스마트팩토리 등의 확산에 따라 데이터의 양 또한 급증하는 추세이다. 이러한 가운데 빅데이터, 인공지능(artificial intelligence ; AI) 등 데이터 기반 혁신기술은 유통·콘텐츠·금융에서의 맞춤형 서비스, 업무자동화, 초기 단계의 자율주행차 등을 가능하게 하면서 이미 우리 삶의 일부분으로 자리잡고 있다.**

'데이터 경제(data economy)'는 데이터가 경제의 중요한 자원으로 활용되는 경제를 말한다. 많은 이들은 데이터를 중심으로 일어나는 여러 경제활동을 유전을 발견하여 원유를 생산하고 이를 정제·가공하여 휘발유와 첨단 신소재를 만드는 과정에 비유한다. 예를 들어 수집된 데이터는 화학 공정을 거치는 원유와 같이 알고리즘과 비즈니스 모델에 따라 가공되어 스마트폰이나 애플리케이션 등을 통해 소비자에게 유통되는 과정을 거치면서 가치가 창출된다는 것이다. 2017년 5월 The Economist는 구글, 아마존, 페이스북 등을 과거 석유경제를 주도했던 스탠더드오일(Standard Oil)에 비유하면서 데이터를 '세상에서 가장 가치 있는 자원(The world's most valuable resource)'이라고 평가했다.

특히 기업의 재화·서비스 생산에 머신러닝이 활용됨에 따라 이때 사용되는 데이터가 생산의 중요한 투입요소가 된다. Varian(2018)에 따르면 어떤 기업이 머신러닝 시스템을 도입하려고 할 때 먼저 갖춰야 할 것은 관련 데이터를 수집하고 정리하는 "데이터 파이프라인(data pipeline)"이다. 예를 들어 소매업체는 판매시점에서 수집한 데이터를 컴퓨터에 업로드할 수 있는 데이터베이스 시스템이 필요하다. 그 다음에 이 데이터는 재고 데이터, 물류 데이터(logistics data) 및 고객관련 정보 등 다른 데이터와 결합된다. 원유를 수송하는 데 필요한 송유관과 같이 이러한 데이터 파이프라인은 데이터 인프라를 구축하는 데 가장 노동집약적이고 비용이 많이 든다. 이는 일반적으로 상호 연결하기 어려운 기존 시스템이 있기 때문이기도 하다.

일단 데이터가 정리되면 데이터 웨어하우스(data warehouse)에 함께 모아서 데이터를 가공·분석하는 작업을 할 수 있다. 전통적으로 회사들은 값비싼 컴퓨터를 구입하고 시스템 관리자를 고용하여 자체적으로 데이터 웨어하우스를 운영했었다. 그러나 현재는 Amazon Web Services(AWS), Google Cloud

Platform(GCP) 또는 Microsoft Azure Cloud와 같은 클라우드 컴퓨팅 시설에 데이터를 저장하고 분석하는 것이 점점 더 보편화되고 있다.

그렇다면 데이터는 새로운 생산 투입요소로서 어떤 특성을 갖는가? 첫째, 석유는 사유재(private goods)로서 소비가 경합적(rivalry)이다. 어떤 한 사람이 석유를 소비하면 다른 사람이 소비할 수 있는 석유는 그만큼 줄어든다. 반면에 어떤 한 사람의 데이터 사용이 다른 사람의 데이터 사용을 감소시키지 않는다는 점에서 데이터 사용은 비경합적(non-rivalry)이다. 따라서 데이터에 대해서는 사유재에 적용되는 '소유권(ownership)' 대신에 '접근성(access)'이 더 적합한 개념으로 보인다. 둘째, 데이터는 다른 대부분의 생산 투입요소와 마찬가지로 규모수익감소(decreasing returns-to-scale)의 특성을 갖는다. 예를 들어 이미지 인식에 사용된 훈련(training) 데이터(이미지)의 수가 증가함에 따라 정확도는 향상되지만 향상 속도는 보통 감소한다.

* 한국정보화진흥원(2017), 4차 산업혁명의 경제적 의미와 정부 역할 : OECD 국가 비교 중심으로, NIA Hot Issue Report 2017-2, 2017. 2.

** 강준영(2018), p.4.

참고문헌 : 한국정보화진흥원, 4차 산업혁명의 경제적 의미와 정부 역할 : OECD 국가 비교 중심으로, 2017 ; 강준영, "데이터 경제 시대의 기술 혁신과 패러다임 변화", 산은조사월보, 2018.

2.1 한계생산체감의 법칙

그린모터스가 노동(기술자)과 자본(생산기계) 두 가지의 생산요소를 사용해서 자동차를 생산한다고 하자. 이때 자본, 즉 생산기계가 1대로 고정되어 있어서 자동차 생산을 늘리려면 더 많은 기술자를 고용해야 하는 경우를 생각해 보자. 이 기업의 생산요소와 생산물(자동차) 사이에는 [표 4-1]과 같은 관계가 형성된다. 표의 (1)열과 (2)열은 생산요소의 투입량을, (3)열은 이에 대응하는 자동차의 총생산량(total product ; *TP*)을 나타낸다. 일단 생산기계는 1대로 고정되어 있고 기술자가 늘어남에 따라 자동차 생산량이 증가한다고 하자. (4)열은 노동의 **한계생산**(물)(marginal product ; *MP*)을 표시하고 있는데, 이는 자본이 고정되어 있을 때 노동 1단위의 투입 증가에 따른 총생산의 증가분$\left(\frac{\Delta TP}{\Delta L}\right)$을 나타낸다. 한편 (5)열에서는 노동의 평균생산(물)(average product ; *AP*)을 표시하고 있는데, 이는 총생산을 노동의 투입량으로 나눈 것$\left(\frac{TP}{L}\right)$이다.

한계생산
다른 생산요소가 고정되어 있을 때 어떤 생산요소 1단위 투입 증가에 따른 총생산의 증가분

제3장(소비자의 효용극대화와 수요곡선)을 읽어본 독자는 [표 4-1]을 보면

표 4-1

기계 1대에 노동의 투입량을 변화시켜서 자동차를 생산할 때의 생산함수

(1) 기계 (*K*)	(2) 노동 (*L*)	(3) 자동차의 총생산 (*TP*)	(4) 노동의 한계(실물) 생산(*MP*)	(5) 노동의 평균(실물) 생산(*AP*)	
1	1	4	4	4	생산의 제1 단계
1	2	9	5	4.5	
1	3	15	6	5	
1	4	20	5	5	생산의 제2 단계
1	5	24	4	4.8	
1	6	27	3	4.5	
1	7	29	2	4.1	
1	8	30	1	3.8	
1	9	30	0	3.3	생산의 제3 단계
1	10	29	−1	2.9	
1	11	25	−4	2.3	

서 [표 3-1]에서 확인한 한계효용체감의 법칙을 떠올릴 것이다. 생산에서도 이와 비슷한 법칙이 성립한다. 즉, 기계의 투입량이 고정된 상태에서 노동투입을 증가시키면 수확체감의 법칙(law of diminishing returns)이 성립하는데, 이를 "어떤 요소의 투입량은 고정시키고 다른 가변요소의 투입을 증가시킬 때 총생산은 증가하되 한계생산은 체감한다"라는 말로 일반화할 수 있다. 이러한 현상을 **한계생산체감의 법칙**이라 한다.

한계생산체감의 법칙
어떤 요소의 투입량은 고정시키고 다른 가변요소의 투입을 증가시킬 때 총생산은 증가하지만 한계생산은 체감

생산에서 기술자가 한 명씩 증가할 때 자동차의 생산량이 증가하는 이유를 생각해 보자. 기술자 한 사람이 자동차를 생산하는 경우 그 사람이 원료의 운반, 조립, 기계조작, 제품정리 등의 일을 모두 해야 하므로 비효율적이다. 그러나 기술자의 수가 늘어감에 따라 각자가 여러 가지 일을 분담하면서 이러한 비효율이 제거되는데, 이것이 생산이 증가하는 이유이다. 그러나 이 상태가 무한정 계속될 수는 없다. 자동차 생산량이 일정 수준을 넘어서면, 총생산은 증가하되 그 증가율이 점점 감소하는 한계생산체감 현상이 나타난다. 1대의 생산기계에 점점 더 많은 기술자들이 결합되면서 분업에 따른 초기의 효율이 사라지고, 사람들의 일이 서로 중복되어 오히려 비효율을 낳게 되기

때문이다.

2.2 한계생산과 평균생산

평균생산 · 한계생산에 따른 생산단계

- 1단계 : 총생산과 평균생산 모두 증가하고, 한계생산이 평균생산보다 큰 단계
- 2단계 : 총생산은 증가하지만 평균생산은 점점 감소하고, 한계생산이 평균생산보다 작은 단계
- 3단계 : 총생산이 감소하는 단계

[표 4-1]에서와 같은 생산함수, 즉 두 개의 생산요소 중 하나는 고정되어 있고 다른 하나만이 가변적인 경우의 생산함수의 일반적 형태를 그림으로 나타낸 것이 [그림 4-1]이다. 그림 (a)의 가로축에는 생산기계 1단위에 대한 기술자의 투입량을, 세로축에는 자동차 생산량을 표시한다. 그림 (b)의 가로축에는 역시 생산기계 1단위에 대한 기술자 투입량을, 세로축에는 노동의 평균생산 및 한계생산을 표시한다. 원점에서 노동투입이 L_3에 이르기까지의 구간을 생산의 제1단계라 부른다. 이 단계에서 평균생산이 극대화된다. 그리고 그 이후부터 노동의 투입이 L_4에 이르기까지가 생산의 제2단계인데, 이 단계에서는 총생산은 증가하지만 평균생산은 점점 감소하고 한계생산은 평균생산보다 작게 된다. 노동의 투입이 L_4에 달하면 총생산은 극대에 달하고 한계생산은 0이 된다. 노동의 투입이 L_4를 초과하는 단계를 생산의 제3단계라고 하는데, 이때는 한계생산이 음(−)의 값을 가지게 되며 총생산이 감소한다.

한계생산곡선은 총생산곡선의 각 점에서 접선의 기울기

[그림 4-1]에서 볼 수 있는 것처럼 자동차의 총생산, 평균생산 및 한계생산 사이에는 일정한 관계가 있다. 우선 총생산과 한계생산 사이에는 다음과 같은 관계가 성립한다. **한계생산**(MP)은 총생산 증가분(ΔTP)을 노동증가분(ΔL)으로 나눈 값과 같기 때문에$\left(MP = \dfrac{\Delta TP}{\Delta L} \right)$ **한계생산곡선**은 총생산곡선 상의 각 점에서의 접선의 기울기로 나타난다. 우선 (a)에서 자동차의 총생산곡선을 보면 변곡점 B까지는 총생산곡선의 기울기가 증가하기 때문에 (b)에서 한계생산은 점 B'까지 증가하는 모습을 보이게 된다. 점 B에 이르러서는 총생산곡선의 기울기가 감소하기 시작하는데 이에 따라 점 B' 이후에서는 한계생산이 감소한다.

이제 총생산곡선과 평균생산곡선의 관계를 보자. 노동의 **평균생산**(AP)이란 총생산을 노동의 투입량으로 나눈 것이므로 총생산곡선 상의 한 점과 원점을 연결한 선분의 기울기로 나타낼 수 있다. 예를 들어 [그림 4-1]에서 노

■ 그림 4-1

총생산곡선, 평균생산곡선 및 한계생산곡선

(a)는 노동에 대한 총생산곡선을 나타낸 것으로, D점에 이르기까지 총생산량은 꾸준히 증가추세를 보인다. 한편 (b)는 노동의 한계생산량과 평균생산량을 나타내는데, 원점 O에서 변곡점 B'까지는 한계생산과 평균생산이 모두 증가추세를 보인다. 하지만 B'점에서 C'점에 이르기까지는 평균생산이 증가하는 대신 한계생산이 감소하여 C'점에서는 평균생산과 한계생산이 일치하게 되고, D'점에 이르면 한계생산이 0이 되어 총생산량이 극대화된다.

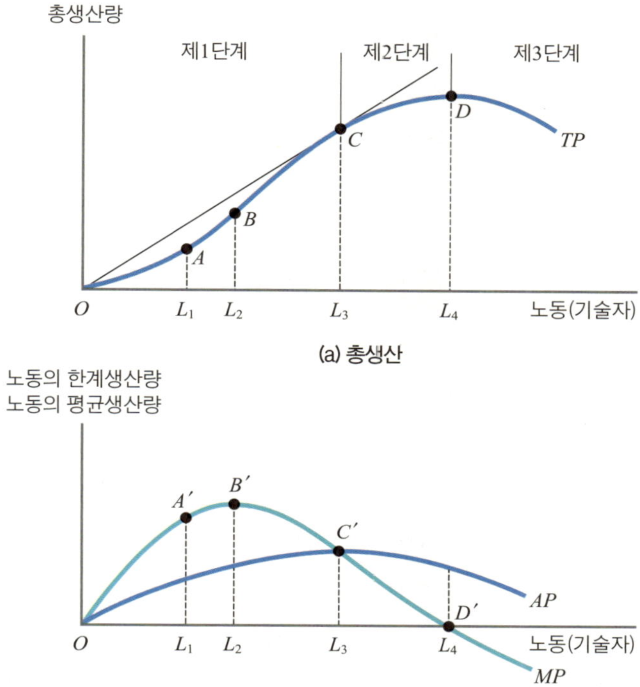

(a) 총생산

(b) 한계생산과 평균생산

동의 투입량이 L_3일 때 평균생산은 $\frac{L_3C}{OL_3}$가 되며, 이것은 원점과 점 C를 이은 선분의 기울기가 된다.

평균생산곡선은 총생산곡선이 점 C에 이를 때까지 증가하다가 점 C를 지나면 점점 감소한다. 여기서 우리는 점 C에서 평균생산이 극대가 되며 이 점에서 한계생산과 평균생산이 일치함을 알 수 있다. 이것은 점 C에서 접선의 기울기와 원점에서 점 C를 연결한 선분의 기울기가 같기($MP = AP$) 때문이다.

끝으로 평균생산(AP)과 한계생산(MP)의 관계는 다음과 같다. 평균생산이 증가하는 동안 한계생산은 평균생산보다 크다(이 경우 한계생산이 반드시 증가하는 것은 아니다). 평균생산이 일정할 때와 평균생산이 극대 또는 극소에 있을 때에는 한계생산과 평균생산이 일치하고, 평균생산이 감소할 때는 한계생산이 평균생산보다 작다(이 경우 한계생산이 반드시 감소하는 것은 아니다). [그림 4-1]의 (b)에서 OC'구간과 같이 평균생산이 증가하면 한계생산곡선은 평균생산곡선 위에 있고, 평균생산이 최고에 달하는 C'점에서는 평균생산과 한계생산이 같으며, C'점 이후의 구간처럼 평균생산이 감소하고 있는 동안에는 한계생산곡선은 평균생산곡선 밑에 있다.

3 생산비용 최소화와 비용함수

기업이 어떤 생산요소를 사용하여 재화나 서비스를 얼마만큼 생산하든지 간에 거기에는 비용이 든다. 기업의 생산비용은 기술여건과 요소가격, 생산량의 크기에 따라 결정된다. 여기서는 기술여건이 일정하고 비용이 가장 적게 드는 방법으로 생산이 이루어질 것이라 가정하고 생산량과 생산비용 간의 관계를 살펴보자.

일정한 생산량을 생산하는 데 생산비용이 가장 적게 드는 방법(반대로 표현하면 일정한 생산비용으로 최대한의 산출량을 얻을 수 있는 방법)을 **경제적 효율성**(economic efficiency)이 있는 생산방법이라고 한다. 경제적 효율성이 낮은 방법을 쓰면 일정한 산출량을 생산하는 데 생산비용이 더 들거나 또는 같은 생산비용을 들여도 산출량이 더 적기 때문에 기업의 이윤은 감소하게 된다. 효율적 생산의 가정 하에서 생산량과 생산비용 간의 관계를 나타내는 비용함수를 자세히 알아보기 전에 먼저 생산비용 개념 자체의 경제학적 의미를 살펴보자.

경제적으로 효율적인 생산방법
- 일정한 생산량을 생산하는 데 가장 생산비용이 적게 드는 방법
- 일정한 생산비로 최대한의 산출량을 얻을 수 있는 방법

3.1 생산비용과 기회비용

기업이 생산활동을 하는 데 드는 비용을 경제학적으로 논의할 때 기초가 되는 개념이 기회비용(opportunity cost)이다. 어떤 재화를 하나의 용도로 사용할 때의 기회비용이란 그것을 다른 용도로 사용하지 못해서 상실한 최대의

편익(benefit)을 의미한다. 따라서 비용(기회비용)이 없는 생산이란 있을 수 없다. 생산요소의 기회비용, 이것이 곧 **생산비용**(cost of production)이 된다.

그런데 실제 생활에서 우리에게 보다 친숙한 비용 개념은 화폐적인 지출의 크기를 나타내는 회계적 비용 또는 명시적 비용(explicit cost)이다. 어떤 기간 동안에 시장에서 구입 또는 임대하여 그 기간 동안 완전히 소모해 버리는 생산요소의 경우에는 생산비용을 측정하는 데 별다른 문제가 없다. 완전경쟁적인 생산요소시장을 가정했을 때 생산요소의 투입은 시장가격만큼의 화폐적 지출을 수반하며, 또한 그 금액으로 시장에서 다른 재화나 서비스를 구입할 수 있는 기회를 포기하는 것을 의미한다. 그러나 일반적으로 회계적 관점에서 파악된 생산비용과 기회비용의 개념에 따라 산출된 생산비용은 일치하지 않을 수 있다.

생산비용
= 생산요소의 기회비용
(일반적으로 회계적 생산비용과 다름)

예를 들어 어떤 예술가가 새로운 사업을 벌이기로 결심하고 1억원의 자본을 연 이자율 10%로 빌려 커피전문점을 경영할 계획을 세우고 있다. 커피전문점의 운영에는 두 사람의 노동이 필요한데, 필요한 인력을 모두 고용할 수도 있고(1안) 한 사람만 고용하고 예술가 활동을 포기한 채 자신이 직접 일할 수도 있다(2안). 종업원 한 사람의 월급이 300만원이고 예술가 활동을 통해 벌 수 있는 수입은 연 5,000만원이다. 커피전문점 운영에 필요한 노동에는 특별한 숙련기술이 요구되지 않아서 1안을 따르든 2안을 따르든 커피전문점 운영의 수입에는 차이가 없다. 이때 회계적 비용으로 따진다면, [표 4-2]와 같이 1안을 따를 때의 연간 비용은 8,200만원인 데 비해 2안을 따를 때는 4,600만원이다. 결과적으로 2안이 1안에 비해 3,600만원의 화폐지출 절

생산요소가 시장에서 거래되지 않을 때
자신의 노동과 자본을 투입하는 경우 회계적 비용에 포함되지 않지만, 그 노동과 자본을 다른 생산에 투입할 경우 얻을 수 있는 수익은 기회비용에 포함되어야 함

표 4-2

회계적 비용과 기회비용의 차이

	자본비용 ①	노동비용 ②	암묵적 비용 ③	회계적 비용 ① + ②	기회비용 ① + ② + ③
1안	1,000	7,200		8,200	8,200
2안	1,000	3,600	5,000	4,600	9,600

감을 가져온다.

그러나 이 예술가가 합리적인 사람이라면 오히려 1안을 선택할 것이다. 2안을 따르면 명시적으로 화폐지출이 일어나는 것은 아니지만 예술가 활동으로 벌 수 있는 5,000만원의 수입을 포기해야 하기 때문이다. 따라서 2안의 경우 진정한 의미의 비용(기회비용)은 4,600만원의 회계적 비용 이외에 암묵적 비용 5,000만원을 추가로 고려한 9,600만원이 된다. 이는 1안의 8,200만원에 비해 훨씬 더 많은 지출이다. 자가 소유 생산요소의 투입이 있을 때 생산자 행동을 이해하려면 기회비용으로 측정한 생산비용 개념을 이용하여 분석해야 하는 것이다.

매몰비용
생산요소를 재판매하거나 다른 용도로 사용할 수 없을 때, 그 생산요소 취득에 지출한 회수 불가능한 역사적 비용

한편 어떤 기계나 장비를 구입한 후에 그것을 재판매하는 것이 불가능하고 다른 용도로 쓸 수 없을 때, 기계나 장비를 취득할 때 지출한 역사적 비용은 회수 불가능하다는 의미에서 **매몰비용**(sunk cost)이라고 불린다. 이 경우 그 기계는 사실상 자유재(free goods)가 되며, 따라서 그것을 사용할 때의 기회비용은 기업회계상 감가상각비로 계산되는 100만원이 아니라 0원이 된다. 다시 말하면 지나간 일은 지나간 일일 뿐이며 그것이 지금 최선의 길이 무엇인가에 대하여 영향을 줄 수는 없다는 것이다.

이상의 논의를 통해 우리가 알 수 있는 것은 설령 경영자가 비용이라는 말을 들을 때 떠올리는 개념이 회계학적 비용일지는 몰라도 결국 기회비용이 의사결정의 기준이 된다는 것이다. 따라서 기업의 행동을 분석하는 경제학자 역시 기회비용으로서의 생산비용을 고려하지 않을 수 없다.

생활과경제학

매몰비용과 콩코드 여객기

1947년 최초의 초음속 전투기가 개발된 이후 미국, 영국, 프랑스 등 주요 선진국은 이 기술을 여객기에 적용하기 위한 노력을 기울이기 시작하였다. 특히 영국과 프랑스는 1962년에 초음속 여객기 개발에 관한 합의를 이루었고, 프랑스의 드골 대통령은 이를 콩코드(Concorde ; 불어로 '협력'을 의미함)라 칭하였다. 이러한 선진국의 초음속 여객기 개발 경쟁으로 1970년대 말 이후에는 초음속 여객기가 보편화될 것으로 많은 사람들이 믿었다.

그러나 초음속 여객기 개발과 관련하여 초음속 비행을 위해서는 막대한 연료를 소모해야 하고, 승객수도 100명 내외로 제한되며, 또한 초음속 비행으로

발생하는 소음문제를 피하기 위해 항로가 몇 개로 제한되는 등의 문제점이 제기되었다. 초음속 여객기를 개발하여 운용하는 것이 경제적 타산이 맞지 않을 가능성이 높았다. 이에 미국은 초음속 여객기 개발 및 운용을 1971년에 공식적으로 포기하였다.

반면 영국과 프랑스는 초음속 여객기 개발에 이미 막대한 비용이 투자된 점 등을 고려하여 동 사업을 지속하였고, 1976년에 최초의 초음속 여객기 콩코드의 상업운항을 시작하였다. 그러나 앞서 언급한 기술적 · 경제적 문제점을 해결하지 못하였기 때문에 영국의 브리티시 항공(British Airways)과 프랑스의 에어프랑스(Air France)는 콩코드의 운항으로 막대한 손실을 입게 되었다. 또한 콩코드를 제작한 에어버스(Airbus)도 이러한 문제점으로 인해 각국에서 초음속 여객기에 대한 수요가 없어 수지타산이 맞지 않자 초음속 여객기의 유지 및 성능개선을 위한 투자를 포기하였다. 결국 2000년 프랑스 드골공항에서 발생한 콩코드 여객기의 폭발사고를 계기로 2003년에 콩코드 여객기의 운항이 중단되었다.

결과적으로 영국과 프랑스의 초음속 여객기 개발 및 운용은 경제적 측면에서 볼 때 막대한 손실을 가져온 불합리한 결정이었으며, 이는 정책담당자들이 매몰비용을 고려했기 때문이었다.

출처 : 한국은행 경제교육 홈페이지(http://www.bokeducation.or.kr)

3.2 비용함수

비용함수란 기업이 생산비용을 최저로 하는 생산방법을 선택한다는 가정 하에, 생산량의 변화에 따라 생산비용이 어떻게 변화하는가를 나타내는 함수이다. 예를 들어 자동차 제조업체인 '그린모터스(GreenMotors)' 에서 기술자(L)와 생산기계(K) 두 생산요소를 투입하여 자동차를 생산하는 경우를 생각해 보자. 그리고 기술자의 임금과 생산기계의 가격은 각각 w와 r로 주어져 있다. 이때 X_1의 생산량을 생산하기 위한 최소비용 요소결합이 각각 L^*와 K^*라는 사실이 알려져 있다면, X_1에서의 비용함수 값은 $wL^* + rK^*$로 표현된다.

한편 산출량이 주어졌을 경우 생산비용은 생산요소의 가격뿐만 아니라 생산기술, 즉 일정한 생산량을 생산하기 위한 요소투입량을 나타내는 생산함

비용함수와 생산함수의 관계
비용은 생산요소의 가격뿐만 아니라 생산기술을 나타내는 생산함수에 의해 결정

고정생산요소
단기적으로 투입량을 변화시킬 수 없는 요소(예 : 자본)

가변생산요소
단기적으로 투입량을 변화시킬 수 있는 요소(예 : 노동)

고정비용
고정요소 투입에 따른 비용

가변비용
- 가변요소로 인해 발생하는 비용
- 생산이 0이면 가변비용도 0

수에 의해 결정된다. 이때 기업이 요소시장에서 일정한 요소가격으로 원하는 생산요소를 얼마든지 구입할 수 있다고 가정하면, 비용함수는 생산함수의 특징을 그대로 반영할 것이다.

앞서 보았듯이 생산함수는 고정생산요소의 존재 여부에 따라 단기생산함수와 장기생산함수로 구분되는데, 이러한 구분은 비용함수에도 그대로 적용된다. 즉, 기간이 너무 짧아서 요소 간의 대체가 완전하지 못할 경우에는 기간이 충분히 길어서 모든 생산요소의 투입량을 조정할 수 있는 경우에 비하여 같은 산출량을 생산하는 데 비용이 더 많이 들 것이다.

먼저 고정된 생산요소가 있는 단기의 생산함수는 생산량과 가변요소의 관계를 나타내는데, 주어진 생산량에 대하여 하나의 가변요소의 양이 대응되는 관계임을 앞에서 확인했다. 따라서 고정된 생산요소비용과 생산함수에 의해 결정된 가변요소에 요소가격을 곱한 가변비용의 합이 바로 단기비용함수가 된다.

한편 고정된 생산요소가 없는 장기비용함수는 최소비용 요소결합에 각각의 요소가격을 곱해 더한 것을 나타낸다. 이러한 측면에서 장기비용함수는 장기생산함수의 특징을 그대로 반영한다고 할 수 있다.

이제 자동차 제조업체인 그린모터스의 생산과정을 예로 들어 좀더 자세히 살펴보자.

단기에서 그린모터스는 기존 생산시설의 가동률을 변경할 수는 있으나, 생산시설 규모 자체를 변경할 수는 없다. 다시 말하면 그린모터스가 사용하는 생산요소 중에는 단기적으로 투입량을 변화시킬 수 없는 요소(예를 들어 제조공장이나 기계, 최고경영자 등)도 있다. 이와 같은 고정요소(fixed inputs) 투입에 따른 비용을 **고정비용**(fixed cost)이라고 한다. 고정비용 중에는 법인세, 재산세와 같이 고정요소와 관계없는 비용과 기업의 생산활동을 계속 유지시키기 위한 최소의 이윤인 정상이윤이 포함된다.

고정비용은 생산량의 변화와는 관계없이 일정하며, 심지어 일시적으로 자동차 생산을 중단해도 고정비용의 부담을 피할 수는 없다. 반면에 조업률에 따라서 변화하는 생산요소(예를 들어 기술자(노동), 타이어(원료) 등)를 **가변요소**(variable inputs)라고 부르며, 가변요소로 인해 발생하는 비용을 **가변비**

용(variable cost)이라고 한다. 생산이 0일 때에는 가변비용도 0이 되며, 생산이 증가함에 따라서 가변비용도 증가한다. 이렇게 볼 때 **단기총비용**(total cost ; *TC*)은 총고정비용(total fixed cost ; *TFC*)과 총가변비용(total variable cost ; *TVC*)으로 구성된다.

단기총비용
= 총고정비용 + 총가변비용

3.3 총비용곡선

생산요소가 노동(기술자)과 자본(생산기계) 두 가지이고 이 중 자본의 투입이 $\overline{K}$ 수준에서 고정되어 있는 경우에 자본의 시장가격이 r이라면 고정비용은 $r\overline{K}$가 되며, 이 비용은 산출량 수준의 변화와 관계없이 항상 일정한 수준을 유지한다. 반면 노동은 가변요소이며 그 투입량은 산출량이 X_1, X_2, X_3로 증가함에 따라 L_1, L_2, L_3로 증가하고, 노동시장에서 기술자 1인당 임금이 w라면 가변비용은 각각의 산출량 수준에서 wL_1, wL_2, wL_3가 된다.

[그림 4-2]는 이러한 과정을 거쳐 도출된 총고정비용곡선(*TFC*)과 총가변비용곡선(*TVC*)이 나타나 있다. 총고정비용곡선의 경우 자동차 산출량이 X_1, X_2, X_3로 증가하더라도 고정투입요소 $\overline{K}$의 양은 변함없으므로 요소가격이 r일 경우 총고정비용곡선은 $r\overline{K}$ 수준에서 수평선의 형태를 갖는다. 반면 총가변비용곡선은 처음에는 체감적으로 증가하다가 어느 단계를 지나서는 체증적으로 증가하며 우상향한다. 이는 [그림 4-1]에서 살펴본 단기 생산함수의 특성이 반영된 것이다. 먼저 [그림 4-1]의 생산함수에서 한계생산이 증가하는 경우 생산량이 늘어날수록 추가적으로 필요한 노동량은 감소한다. 이는 주어진 임금수준에서 가변요소(즉, 노동)의 한계비용이 하락함을 의미한다. 동일한 논리에 따라 한계생산이 감소하는 구간에서는 가변요소의 한계비용이 증가한다. 따라서 총가변비용곡선(*TVC*)은 [그림 4-2]와 같은 모양을 갖는다.

한계생산체감으로 인해 비용은 처음에 체감적으로 증가하다가 어느 단계부터 체증적으로 증가

마지막으로 총비용곡선(*TC*)은 총고정비용곡선과 총가변비용곡선을 수직으로 더해서 얻을 수 있다. 즉, 자동차 생산량이 0일 때에는 가변비용이 0이므로 총비용은 총고정비용과 같으며 생산이 증가할 때에는 총가변비용이

■ 그림 4-2

단기비용곡선

총고정비용(TFC)은 산출량이 증가하더라도 변하지 않으므로 수평선이 된다. 그러나 총가변비용(TVC)은 산출량의 증가에 따라 우상향하며 한계생산의 법칙에 따라 생산 초기에는 체감적 성격을, 생산 후기에는 체증적 성격을 가진다.

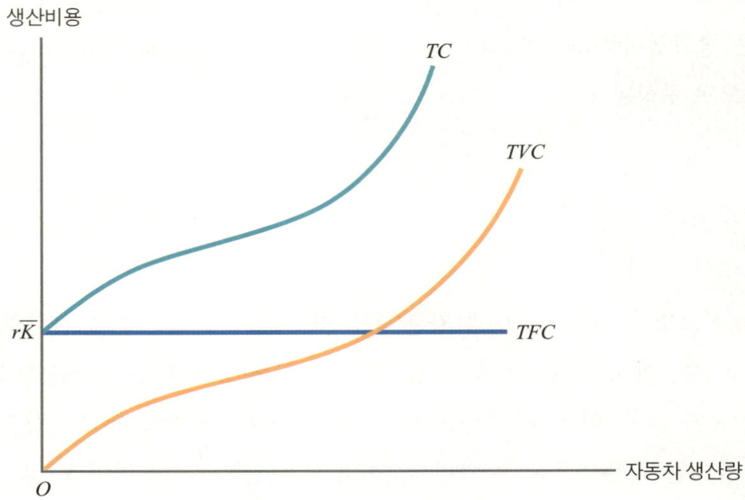

증가하므로 이에 따라 총비용도 증가한다.

3.4 평균비용곡선과 한계비용곡선

평균비용
생산물의 단위당 생산비용으로서 총비용을 생산량으로 나눈 것

한계비용
생산물을 추가로 한 단위 더 생산할 때 총비용의 증가분으로서 비용곡선의 각 점에서 접선의 기울기

생산량과 총비용을 알면 평균비용(average cost ; AC)과 한계비용(marginal cost ; MC)을 도출할 수 있다. **평균비용**(AC)이란 총비용(TC)을 생산량(Q)으로 나눈 것$\left(AC = \frac{TC}{Q}\right)$이며, 생산물의 단위당 생산비용을 의미한다. **한계비용**(MC)이란 생산물을 추가로 한 단위 더 생산할 때 총비용의 증가분$\left(MC = \frac{\Delta TC}{\Delta Q}\right)$이다. 총비용으로부터 평균비용과 한계비용을 도출하듯이, 총가변비용(TVC)으로부터 평균가변비용(AVC)과 한계가변비용(MVC)을, 총고정비용(TFC)으로부터 평균고정비용(AFC)을 도출할 수 있다.

총비용곡선, 총고정비용곡선, 총가변비용곡선 등이 주어진 상태에서 원래의 비용곡선 위의 한 점과 원점을 잇는 선분의 기울기가 평균비용이 되고, 비용곡선 위의 각 점에서 접선의 기울기는 한계비용을 나타낸다. [그림 4-3]은 이러한 방법으로 [그림 4-2]의 총비용곡선으로부터 도출된 그린모터스의

평균비용곡선과 한계비용곡선을 보여준다. 가로축은 자동차 생산량, 세로축은 자동차의 생산비용을 나타내며, 평균고정비용곡선(*AFC*), 평균가변비용곡선(*AVC*), 평균총비용곡선(*AC*) 및 한계비용곡선(*MC*)이 나타나 있다. 총비용곡선, 총고정비용곡선 및 총가변비용곡선은 다음과 같은 특징을 지닌다.

첫째, **평균고정비용**(*AFC*)곡선은 자동차 생산량이 증가함에 따라 하락한다. 자동차 생산량이 2배가 되면 평균고정비용은 항상 절반으로 감소한다. 따라서 *AFC*는 우하향하는 모양이다.

평균고정비용
생산량이 증가하면 하락

둘째, **평균가변비용**(*AVC*)곡선은 생산량의 변화에 따라 여러 모습으로 변화한다. [그림 4-3]에서 보면, 자동차 생산량이 1,000만 대까지 이르는 동안에는 점점 하락하다가 1,000만 대부터는 생산량이 증가함에 따라 증가하고 있다. 평균총비용(*AC*)곡선은 생산이 2,000만 대가 될 때까지 점점 하락하다가 2,000만 대를 지난 다음부터는 생산량의 증가에 따라서 증가하고 있다. 다시 말해서 평균가변비용곡선과 평균총비용곡선은 U자형으로, 생산량이 증가함에 따라서 처음에는 하락하다가 일정한 생산량을 넘어서면 다시 상승한다.

평균가변비용
처음에는 하락하다가 일정한 생산량을 넘으면 상승

셋째, 한계비용(*MC*)은 생산 한 단위를 증가시키는 데 필요한 총비용의 증가분이다. 고정비용은 생산과는 관계없이 일정하므로 자동차 생산 한 단위를 증가시켜도 고정비용의 증가는 없다. 즉, 한계고정비용은 항상 0이다. 따라서 한계비용이란 항상 한계가변비용이며, 고정비용은 한계비용에 아무런 영향을 미치지 않는다. 한계비용곡선과 평균비용곡선(평균총비용곡선 및 평균가변비용곡선)의 관계를 보면 평균이 떨어질 때에는 한계비용곡선이 평균비용곡선 밑에 있고(한계비용도 감소한다는 것은 아니다), 평균이 올라갈 때에는 한계비용곡선이 평균비용곡선 위에 있으며(한계비용도 올라간다는 것은 아니다), 평균이 극소점(혹은 극대점)에 있을 때는 평균비용과 한계비용이 일치한다.

한계비용 = 한계가변비용
(한계고정비용 = 0)

- 한계비용 > 평균비용
  ⇒ 평균 증가
- 한계비용 < 평균비용
  ⇒ 평균 감소
- 한계비용 = 평균비용
  ⇒ 평균 극소

[그림 4-3]의 (b)에서 평균가변비용이나 평균총비용이 떨어질 때에는 한계비용곡선이 두 개의 평균비용곡선 밑에 있고, 올라갈 때에는 그 위에 있다. 또 평균가변비용이 가장 작은 생산량 1,000만 대에서 평균가변비용이 한계비용과 일치하고, 평균총비용이 가장 작은 생산량 2,000만 대에서도 평균총비용이 한계비용과 일치한다. 즉, 그림에서 한계비용곡선은 두 평균비용곡

■ 그림 4-3

단기평균비용곡선과 단기한계비용곡선

(a)의 총비용곡선을 이용하여 (b)의 평균비용곡선과 한계비용곡선을 도출하면, 단기평균비용곡선은 총비용곡선의 각 점에 대해 원점에서 잰 기울기와 같으므로 U자형으로 나타난다. 한편 한계비용곡선은 총비용곡선의 각 점에 대한 접선의 기울기와 같으므로 우상향하는 형태를 보이며 평균총비용곡선(AC)과 평균가변비용곡선(AVC)의 극소점을 통과한다.

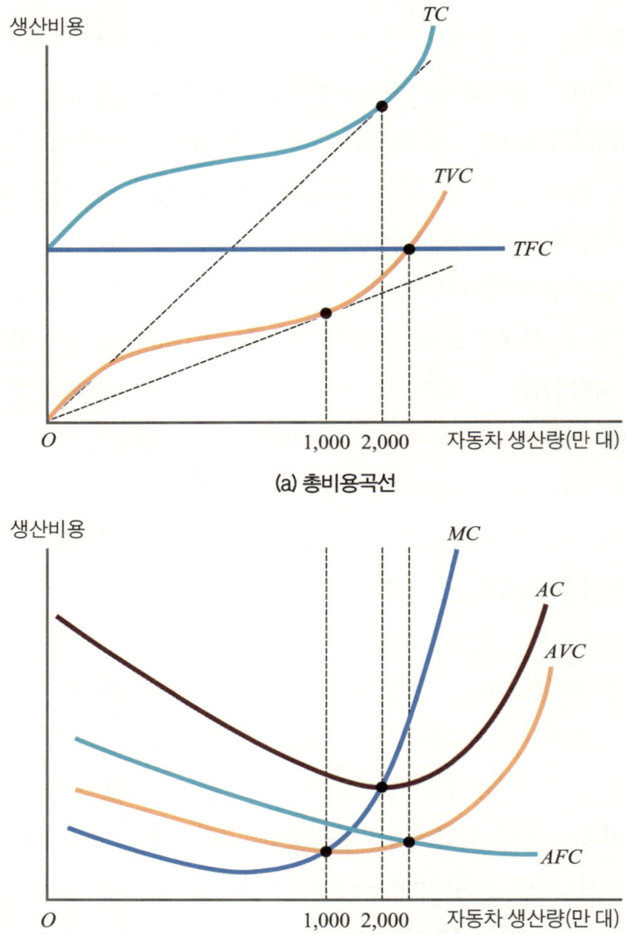

(a) 총비용곡선

(b) 평균 및 한계비용곡선

선의 극소점을 통과한다.

단기평균비용곡선이 U자형인 이유
- 평균고정비용이 처음에 급속히 감소
- 일정 수준 이후 평균가변비용이 충분히 커져서 평균고정비용의 감소를 상쇄

이러한 U자형의 평균가변비용곡선과 평균총비용곡선은 단기비용함수가 갖는 가장 기본적인 특징으로 단기에 고정비용이 존재하기 때문이다. 즉, 한계생산이 체감하지 않더라도 평균고정비용이 처음에 급속히 감소하기 때문에 평균총비용은 일정한 수준에 이르기까지 감소하며, 그 이후에는 평균가변비용의 증가가 평균고정비용의 감소를 상쇄할 만큼 충분히 커지기 때문에 평

균충비용은 다시 증가하여 결국 U자형을 이루게 된다.

4 완전경쟁기업의 공급곡선

이제 여러 가지 시장구조 중 먼저 완전경쟁시장을 가정하여 기업의 이윤극대화 과정과 공급곡선의 결정을 살펴보자. 완전경쟁시장은 경제분석을 할 때 가장 이상적인 시장으로 이용되어 왔으며, 많은 기본정리가 완전경쟁시장에 근거하여 도출되었다. 이는 아담 스미스의 자유주의적 경제사상의 영향 때문이다.

그러나 완전경쟁시장이 성립하기 위한 조건들은 매우 까다로울 뿐 아니라 현실에서 완전경쟁시장을 찾기는 상당히 어렵다. 그럼에도 이에 대해 자세히 살펴보는 것은 완전경쟁시장에서 이루어지는 자원배분이 다른 형태의 시장에서 이루어지는 자원배분 상태를 평가하는 기준이 되기 때문이다. 이 절에서는 우선 완전경쟁이 성립하기 위한 조건을 설명하고 완전경쟁시장에서 기업의 단기균형, 단기공급곡선 및 시장공급곡선을 차례로 설명하고자 한다.

완전경쟁시장은 현실과 거리가 있지만 이에 대해 자세히 살펴보는 것은 완전경쟁시장의 자원배분이 다른 시장의 자원배분을 평가하는 기준이 되기 때문임

4.1 완전경쟁시장의 특성

어떤 산업의 시장이 완전경쟁시장이 되기 위해서는 다음의 네 가지 조건을 충족해야 한다. 첫째, 완전경쟁시장에서의 공급자와 수요자는 가격수용자(price taker)이어야 한다. 다시 말하면 완전경쟁시장에서는 기업의 수가 대단히 많아서 어떤 한 기업이 생산량을 늘리거나 줄이는 것이 가격에 영향을 미칠 수 없어야 한다. 소비자의 경우도 마찬가지로 자신의 구매행위가 가격에 영향을 미칠 수 없고, 단지 시장에서 주어진 가격에서 자신의 수요량을 결정할 수 있을 뿐이다. 기업과 소비자들은 가격을 능동적으로 결정하고자 노력하는 것이 아니라 수동적으로 주어진 가격에 따라서 생산활동과 구매활동을 조정하는 가격순응자인 것이다.

둘째, 완전경쟁시장에서의 생산물은 동질적(homogeneous)이어야 한다. 생산물이 동질적이라는 것은 시장 내 모든 생산물이 서로에 대하여 완전대체재임을 의미한다.

셋째, 산업에 대한 진입과 이탈의 자유(freedom of entry and exit)가 보장되어야 한다. 완전경쟁시장에서는 어떠한 신규 기업도 원하기만 하면 그 산업에 진입해서 생산을 할 수 있으며, 어떠한 기존 기업도 원하기만 하면 그 산업에서 이탈할 수 있다. 이는 기존 기업이 협약을 맺거나 어떤 법률적 · 관습적 규제를 통해 신규 기업의 참가나 기존 기업의 이탈에 대하여 어떤 형태로도 제약을 가할 수 없다는 것을 의미한다.

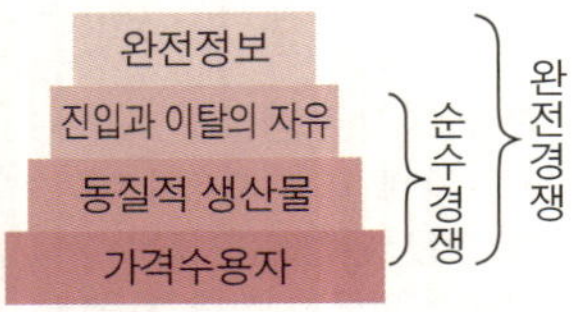

넷째, 완전정보(perfect information)의 조건이 충족되어야 한다. 이 조건은 모든 상품의 가격, 품질 등에 대한 모든 정보를 소비자와 기업이 확실히 알고 있다는 것을 말한다. 이러한 완전정보의 조건이 충족되면 상품은 오직 하나의 가격으로 거래된다. 왜냐하면 동일 상품에 대하여 어느 한 기업이 조금이라도 높은 가격을 책정한다면 모든 가격을 알고 있는 소비자는 그 기업의 상품을 구매하지 않을 것이기 때문이다. 기업 측에서도 동일 상품에 대하여 시장가격보다 낮은 가격으로 상품을 판매할 이유가 없다.

완전정보의 가정은 현실적으로 충족되기 어렵다. 정보 자체도 하나의 희소한 자원이므로 정보를 획득하기 위해서는 시간적 · 금전적 비용을 부담하여야 한다. 그러므로 현실에서는 완전정보의 조건이 충족되지 않는 것이 일반적이다. 특별히 완전경쟁시장의 조건 네 가지 중 완전정보를 제외한 세 가지 조건이 충족되는 상황을 **순수경쟁**(pure competition)이라고 한다.

4.2 경쟁기업의 단기균형

경쟁기업이 직면하는 수평의 수요곡선
가격수용자 조건에서 유도

개별 기업이 직면하는 수요곡선과 시장수요곡선은 엄밀히 구별되어야 한다. 개별 기업이 직면하는 수요곡선은 개별 기업이 생산물을 판매할 때 주어진 가격에서 얼마만큼을 판매할 수 있는가를 나타내는 곡선, 즉 기업이 주관적으로 느끼는 수요곡선을 말한다. 예를 들어 완전경쟁적 커피시장에서 커

■ 그림 4-4

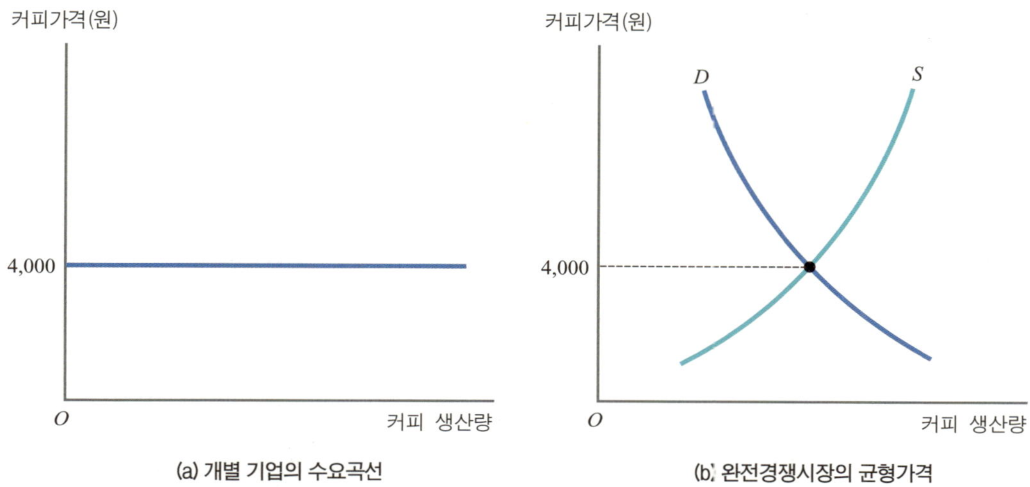

경쟁기업의 수요곡선

완전경쟁시장에서 (b)와 같이 시장가격이 설정되면 개별 기업의 수요곡선은 가격수용자의 조건에 의해 (a)와 같이 시장가격 수준에서 수평이 된다.

피전문점 그린벅스가 직면하는 수요곡선은 [그림 4-4]의 (a)에서와 같이 수평선이다. 이것은 완전경쟁의 첫 번째 조건(가격수용자)으로부터 유도된다. 아직 구체적으로 설명하지 않았지만 (b)에서 시장공급곡선 *S*가 존재하여 시장수요곡선 *D*와 만나는 점에서 시장가격 4,000원이 성립하면, 개별 커피전문점은 그 가격에서 얼마든지 커피를 판매할 수 있다. 따라서 그린벅스가 직면하는 수요곡선은 4,000원에서 수평이 된다. 이때 그린벅스의 입장에서 본 수요곡선이 수평선이면 그린벅스의 평균수입과 한계수입은 주어진 가격에서 일치한다. 왜 그럴까?

기업의 **총수입**(total revenue ; *TR*)은 생산물의 판매량(Q)에 단위가격(P)을 곱한 것, 즉 $TR = P \cdot Q$이며, 경쟁기업의 경우 가격은 주어진 것이므로 커피 생산량이 늘어나면 총수입도 비례해서 늘어난다. 따라서 [그림 4-5]의 (a)와 같이 총수입곡선은 원점을 지나는 직선으로 표시된다.

평균수입(average revenue ; *AR*)이란 총수입을 생산(판매)량으로 나눈 것

총수입
- 생산물의 판매량 × 단위가격
- 총수입곡선 = 원점을 지나는 직선

경쟁기업의 평균수입
- 단위당 수입
- 생산물의 가격과 동일
- 평균수입곡선 = 개별 기업이 직면하는 수요곡선

■ 그림 4-5

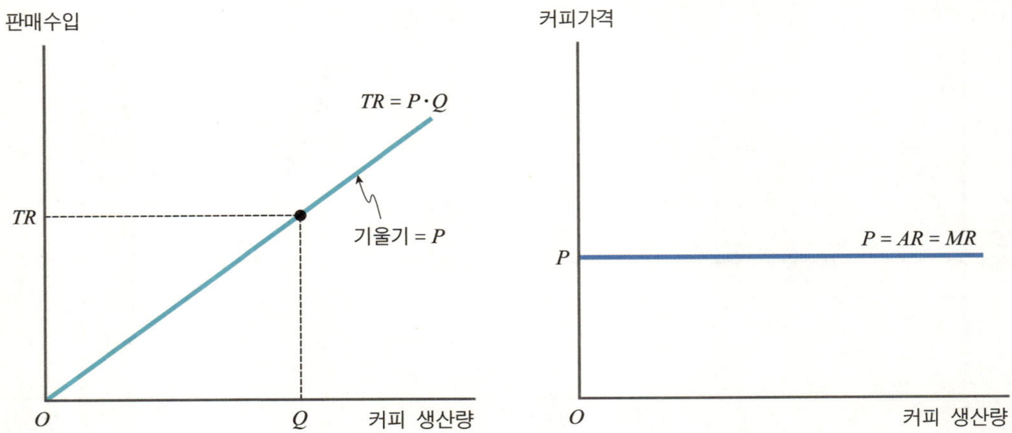

(a) 총수입곡선 (b) 수요곡선, 평균수입곡선 및 한계수입곡선

경쟁기업의 수입곡선

가격수용자인 경쟁기업 그린벅스는 (a)와 같이 원점을 지나는 직선 형태의 총수입곡선(TR)을 가진다. 따라서 총수입을 생산량으로 나눈 평균수입(AR)과 생산물(커피) 한 단위의 추가 판매에 따른 총수입 증가분인 한계수입(MR)은 (b)와 같이 수요곡선과 일치한다.

이며, 이것을 흔히 단위당 수입이라 부른다. 다음 식 (4.3)에서 알 수 있듯이 경쟁기업의 경우 평균수입은 가격과 일치하므로 [그림 4-5]의 (b)에서 평균수입곡선은 곧 그린벅스가 직면하는 수요곡선이 된다.

$$AR = \frac{TR}{Q} = \frac{P \cdot Q}{Q} = P \tag{4.3}$$

경쟁기업의 한계수입
- 생산 한 단위 변화에 따른 총수입의 변화분
- 생산물의 가격과 동일

한계수입(marginal revenue ; MR)은 생산(판매)을 한 단위 변화시킴에 따라 생기는 총수입의 변화분을 말한다. [그림 4-5]의 (b)에서는 한계수입 또한 가격과 일치하는 것으로 표시되어 있다. 완전경쟁시장에서 기업은 가격수용자이므로 한 단위 더 판매할 때 수입이 가격과 같기 때문이다. 결국 완전경쟁시장에서 기업의 평균수입과 한계수입은 생산물의 가격과 동일하다.

경쟁기업 그린벅스의 생산량은 어떻게 결정될까? 그린벅스는 추가로 생산하는 커피에 대하여 그것이 기업의 총이윤을 증가시키는 데 도움이 된다면 생산을 하고, 그렇지 않다면 생산하지 않을 것이다. 그렇다면 어떤 경우에 총이윤이 증가할까? 생산을 함으로써 얻는 한계수입(*MR*)이 한계비용(*MC*)보다 큰 경우에 그렇다. 이때 한계수입은 커피생산을 한 단위 더 증가시킴으로써 추가로 얻게 되는 총수입의 증가분이며, 한계비용은 커피생산을 한 단위 더 증가시킬 때 추가로 지불하게 되는 총비용의 증가분이다. 그러므로 이윤을 극대화하려는 그린벅스는 커피를 한 잔 더 생산할 때 수입의 증가분인 한계수입이 비용의 증가분인 한계비용보다 작다면, 추가 생산을 하지 말아야 한다. 따라서 총이윤을 극대화하려는 경쟁기업은 한계수입이 한계비용과 일치하는 수준에서 생산량을 결정할 것이다.

이와 같이 기업이 단기적으로 '한계비용(*MC*) = 한계수입(*MR*)' 인 생산량 수준에서 조업하는 상태를 기업의 **단기균형**(short-run equilibrium of the firm)이라 한다. 여기서 단기는 새로운 기업의 진입 혹은 기존 기업의 이탈을 통한 생산량 변화가 불가능한 기간이다. 즉, 기존에 존재하던 기업의 공급량 조절만 가능한 기간을 의미한다. 이는 제 2 절(생산기술과 생산함수)에서 고정투입요소가 존재한다는 정의와 대응된다.

경쟁기업의 단기균형
한계수입 = 한계비용에서 총이윤을 극대화

예를 들어 경쟁기업 그린벅스의 단기균형을 그림으로 나타낸 것이 [그림 4-6]이다. [그림 4-6]의 (b)는 같은 그림의 (a)로부터 도출되므로, 그림 (b)의 각 점은 (a)의 각 점과 대응한다. 그린벅스가 $MR = MC$가 되는 생산량 2,500잔을 생산할 때, TR은 R, TC는 E가 되어 총이윤은 $\overline{RE}$로 극대화된다. 그림에서 볼 수 있듯이 이윤 $\overline{RE}$는 어떤 다른 생산수준에서보다 크다. 따라서 $MR = MC$가 되는 생산량 2,500잔은 이윤극대화 생산량이며, 이때 기업은 단기균형 상태에 있다.

이러한 단기균형 상태는 [그림 4-7]의 (a), (b), (c)에서 볼 수 있듯이 세 가지 경우로 나눌 수 있다. 여기서 P_1은 시장에서 결정된 가격(= 평균수입 = 한계수입)을 나타내고, P_2는 평균총비용(*ATC*)이 최소화되는 수준이며, P_3는 평균가변비용(*AVC*)이 최소화되는 수준을 표시한다((a)와 (b)에서는 P_3를 생략하였다). 이때 그린벅스의 균형은 세 가지 경우 모두 $MR = MC$를 충족시키는 E_1, E_2, E_3점에서 성립하며, 그린벅스는 생산량이 각각 Q_1, Q_2, Q_3가 될 때까지 생산할 것이다. 그리고 세 가지 경우 모두 균형가격이 P_3 = 2,000원보다 높

■ 그림 4-6

경쟁기업의 단기균형

경쟁기업의 단기균형은 한계비용(MC)과 한계수입(MR)이 만나는 점에서 이루어진다. 즉, 단기에서 경쟁기업 그린벅스의 균형생산량은 총수입과 총비용의 차이가 극대화되어 가장 높은 이윤을 올릴 수 있는 E'점에서 결정된다.

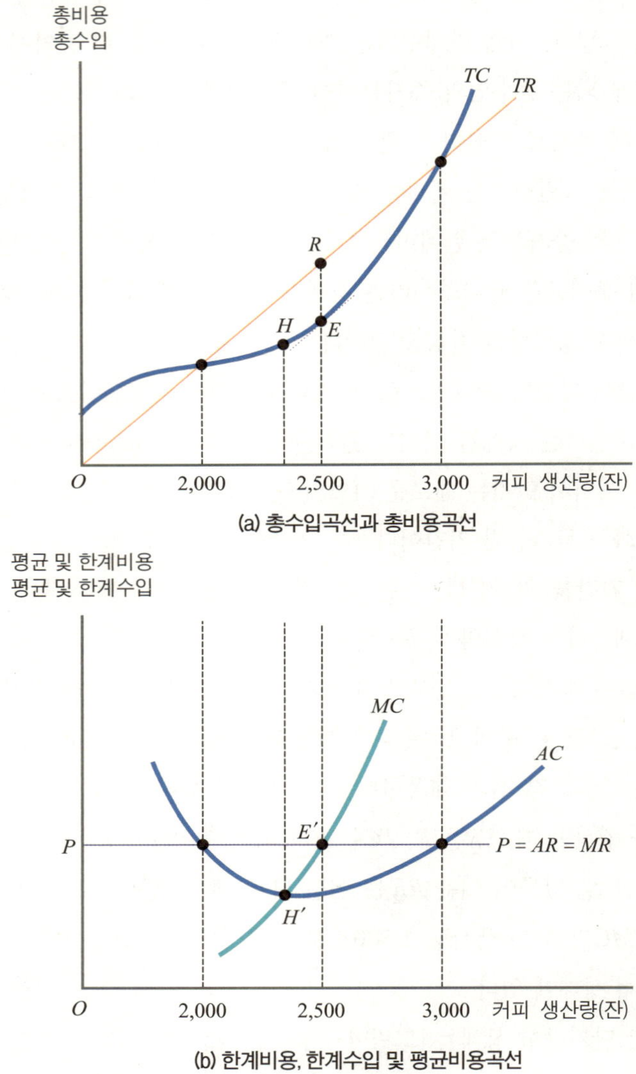

은 수준에 있다는 공통점이 있다. 그러나 (a)에서는 $P_1 > P_2$이며 (b)에서는 $P_1 = P_2$이고 (c)에서는 $P_1 < P_2$이므로 세 가지 경우에 그린벅스가 얻는 이윤은 서로 다르다.

그림 4-7

경쟁기업의 단기균형과 이윤

경쟁기업 그린벅스가 직면하는 단기균형 상태는 세 가지 경우로 나타난다. (a)에서는 균형점에서 커피가격이 평균비용보다 높아 총수입이 총비용을 초과하여 색칠한 부분만큼의 이윤이 발생하고, (b)에서는 커피 판매에 따른 총수입과 총비용이 일치하여 균형점에서 이윤도 손실도 발생하지 않으며, (c)에서는 균형점에서 평균비용이 커피가격보다 높아 총수입으로 총비용을 충당할 수 없으므로 색칠한 부분만큼의 손실이 발생한다.

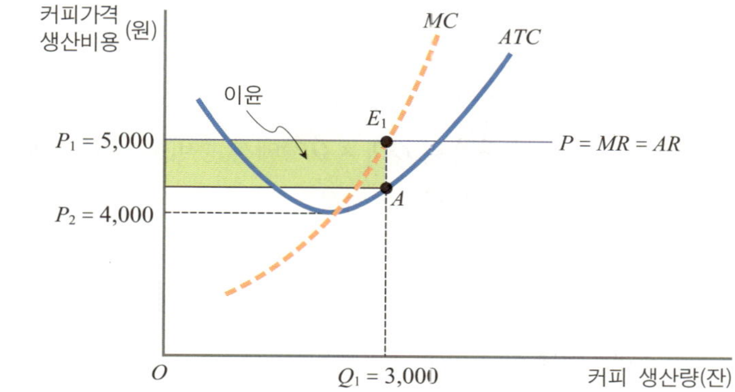

(a) 가격 > 평균비용

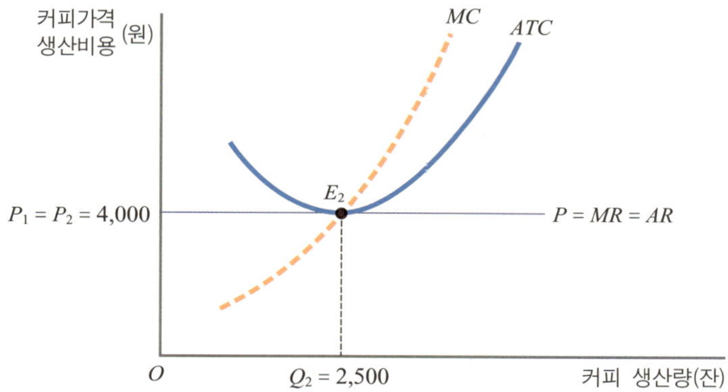

(b) 가격 = 평균비용

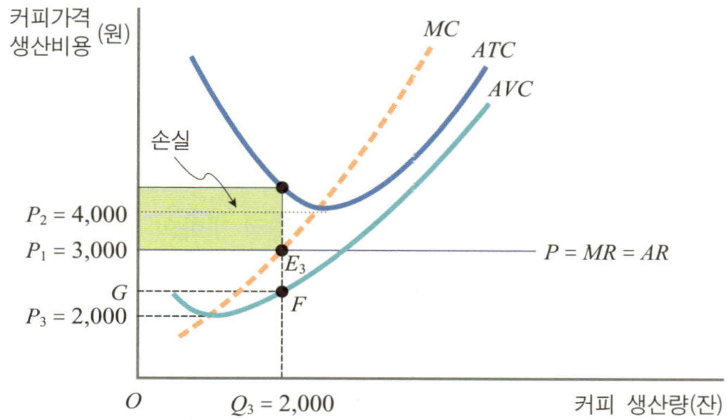

(c) 가격 < 평균비용

이윤
정상이윤을 넘어서는 초과이윤 (정상이윤 : $TR = TC$일 때 기업에 귀속되는 이윤)

이윤(profit)은 기업이 생산물을 판매함으로써 얻은 총수입(TR)에서 총비용(TC)을 뺀 금액으로, 보다 정확히 말하자면 $TR = TC$일 때 기업에 귀속되는 **정상이윤**(normal profit)을 넘어서는 초과이윤을 의미한다. [그림 4-7]에서 (a)의 경우는 $AR > ATC$이므로 균형에서 그린벅스의 이윤은 그린벅스의 총수입($\overline{OQ_1} \times \overline{OP_1}$)에서 총비용($\overline{OQ_1} \times \overline{Q_1 A}$)을 빼고 남은 색칠한 부분으로 표시된다. (b)에서는 $AR = ATC$가 되므로 균형에서 그린벅스는 총수입으로 총비용을 충당할 수 있을 뿐이며 이윤은 0이다. (c)에서는 $AR < ATC$가 되어 그린벅스는 생산활동 결과 색칠한 부분에 해당하는 손실을 본다. 그러나 총수입이 총가변비용(total variable cost)을 충당하고도 ($\overline{GF} \times \overline{FE_3}$)만큼 남는다. 이때 그린벅스의 균형점은 손실을 최소화한다는 의미를 지닌다.

단기에 총수입이 총가변비용을 초과하는 한 손실 최소화를 위해 생산을 하는 것이 유리함

요약하면, 고정비용이 존재하는 단기의 경우 기업이 이미 투입한 고정비용은 매몰비용이며 기업은 생산에 따른 총수입이 총가변비용을 초과하는 경우에만 생산을 한다. 물론 가격이 평균총비용보다 낮은 경우 일부 손실이 발생하지만, 생산을 지속함으로써 매몰비용이 될 수 있는 고정비용의 일부는 회수 가능하다.

그러나 $AR < AVC$이면 기업은 가변비용조차 충당하지 못하게 되므로 생산을 하지 않는 편이 더 낫다. 그런데 $AR = P$이므로 $P < AVC$ 또한 조업중단을 의미한다. 이에 대해서는 다음 절에서 좀더 알아보기로 하자.

4.3 경쟁기업의 단기공급곡선과 시장공급곡선

시장 전체의 단기공급곡선 = 개별 기업 단기공급곡선의 수평합

시장 전체의 공급은 각 기업의 공급을 합한 것이다. 좀더 엄밀히 말하면 시장 전체의 단기공급곡선은 개별 기업들의 단기공급곡선을 수평으로 합한 것이다. 따라서 특정 재화의 시장공급이 어떻게 결정되는가를 알기 위해서는 그 재화를 공급하는 각 기업의 공급이 어떻게 결정되는지 알면 된다.

완전경쟁시장에서 기업은 한계비용(MC)과 생산물의 시장가격(P)이 같게 될 때까지 생산

완전경쟁시장에서 각 기업이 할 수 있는 일은 기업의 생산비용과 시장에서 결정된 생산물의 가격을 비교하여 이윤을 극대화하는 생산량을 찾는 것뿐이다. 결론부터 말하자면, 기업은 한계비용이 생산물의 시장가격과 같게 될

■ 그림 4-8

경쟁기업의 단기공급곡선
완전경쟁시장에서 각 기업은 생산비용과 시장가격을 비교하여 이윤을 극대화하는 생산량을 찾는다. 따라서 그린벅스는 커피생산의 한계비용(MC)이 커피의 시장가격(4,000원)과 같아질 때까지 생산하여 시장에 공급한다.

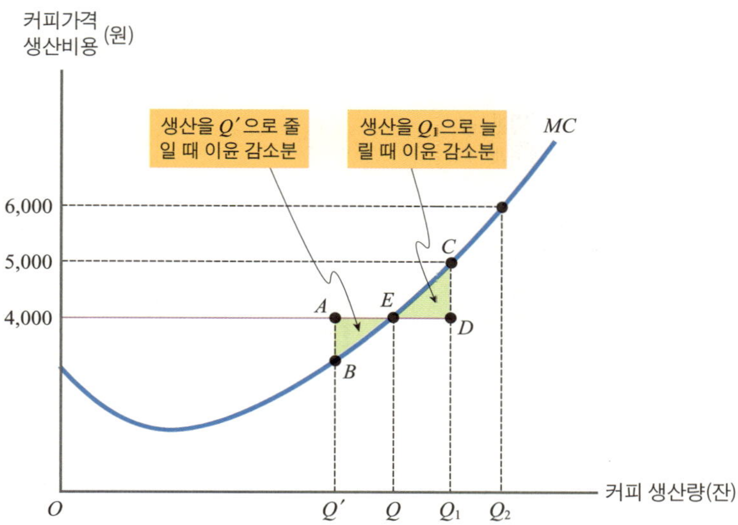

때까지($MC = P$) 생산해야 한다.

이것을 [그림 4-8]로 설명해 보자. 이 그림에는 시장가격과 그린벅스의 한계비용곡선(MC)이 표시되어 있다. 먼저 시장가격이 4,000원인 경우 그린벅스의 이윤은 한계비용이 4,000원이 되는 산출량 Q를 생산(판매)할 때에 가장 크게 된다. 예를 들어 $\overline{QQ'}$만큼 생산을 줄이면, 그린벅스의 비용이 □$Q'BEQ$만큼 줄어드는 반면 수입은 □$Q'AEQ$만큼 줄게 되므로 이윤이 ΔBAE만큼 감소한다. 또한 생산을 $\overline{QQ_1}$만큼 늘리면, 수입이 □$QEDO_1$만큼 느는 반면 비용은 □$QECQ_1$만큼 늘게 되므로 ΔECD만큼의 이윤이 감소한다. 만일 시장가격이 4,000원에서 5,000원으로 상승한다면 그린벅스는 균형을 유지하기 위하여 생산을 Q_1으로 늘려야 될 것이고, 6,000원으로 상승한다면 Q_2까지 생산을 늘려야 한다.

반대로 생산물의 가격이 점점 낮아진다고 해보자. 그러면 그린벅스의 이윤도 점점 작아져 마침내는 조업을 중단하는 편이 나을 때가 올 것이다. 그렇다면 생산을 중단하였을 때 그린벅스의 손실은 얼마인가? 생산을 중단하였을 때 그린벅스의 수입은 물론 0이지만, 고정비용은 계속 부담해야 하므로

그림 4-9

조업중단점과 경쟁기업의 단기공급곡선

커피가격이 점점 낮아져 그린벅스의 수입이 기업의 가변비용도 충당하지 못하는 경우에는 조업을 중단하는 것이 손실을 최대한으로 줄이는 길이다. 따라서 평균가변비용(AVC)의 최저점이 조업중단점이 되며, 조업중단점 윗부분의 한계비용곡선(MC)이 그린벅스의 공급곡선이 된다.

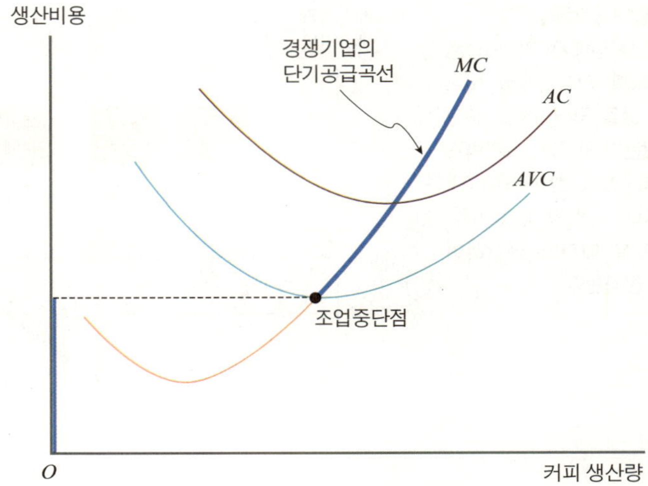

경쟁기업의 단기공급곡선
평균가변비용곡선의 최저점보다 윗부분에 있는 한계비용곡선

그린벅스의 손실은 기업의 고정비용과 같게 된다. 따라서 커피가격이 매우 낮아져서 그린벅스의 수입이 기업의 가변비용도 충당하지 못하는 경우, 생산을 중단하는 것이 손실을 최소한으로 줄이는 길이다. 따라서 평균가변비용곡선(AVC)의 최저점보다 윗부분에 있는 한계비용곡선(MC)이 그린벅스의 공급곡선이 된다. 이를 나타낸 것이 [그림 4-9]이다.

한편 앞에서 설명한 것처럼 커피시장 전체의 공급곡선은 개별 커피전문점의 공급곡선(즉, 개별 커피전문점의 **조업중단점**보다 위에 있는 한계비용곡선)의 수평합이다. 이를 나타낸 것이 [그림 4-10]이다. 좌측에 그려진 SMC_1, SMC_2 및 SMC_3는 각각 세 개의 개별 커피전문점의 공급곡선이다. 가격이 P일 때 세 커피전문점의 공급량은 각각 Q_1, Q_2, Q_3이며, 가격이 P_1일 때의 공급량은 각각 Q_1', Q_2' 및 Q_3'이다. 이들 한계비용곡선을 수평으로 합한 것이 시장공급곡선 S이다. 기업의 한계비용곡선(SMC)이 우상향한다면 시장의 단기공급곡선(S)도 항상 우상향하게 된다.

■ 그림 4-10

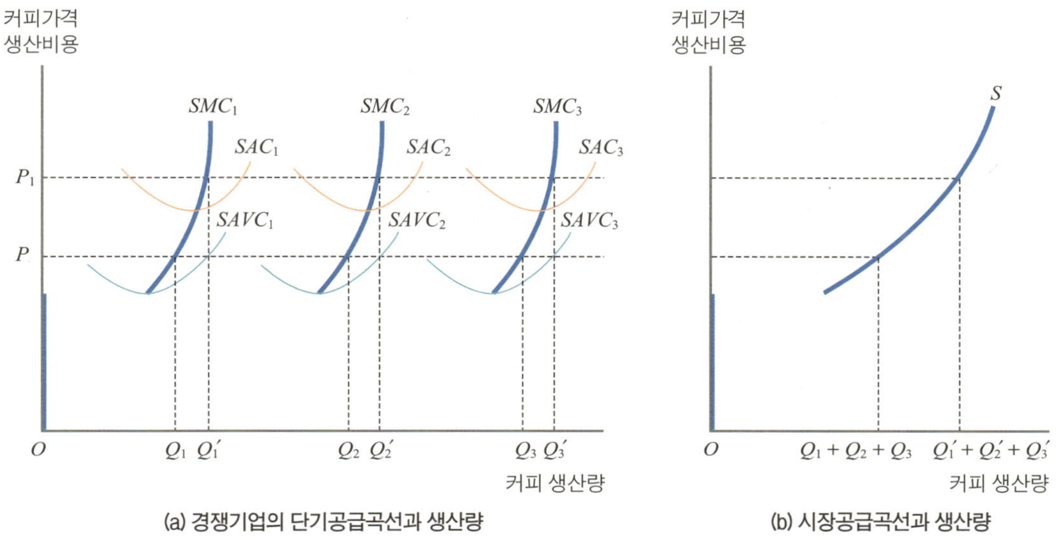

경쟁기업의 단기공급곡선과 시장공급곡선

산업 전체의 시장공급곡선은 개별 기업 공급곡선의 수평합이 된다. 기업의 한계비용곡선(SMC)이 우상향한다면 시장의 단기공급곡선(S) 또한 항상 우상향한다.

5 완전경쟁시장의 효율성

장기(long run)란 기존 기업이 생산시설을 확장 또는 축소할 수 있을 뿐만 아니라, 새로운 기업이 시장에 진입하거나 또는 기존 기업이 시장에서 이탈할 수 있는 정도의 기간을 말한다. 이제 경쟁기업의 장기균형으로부터 도출되는 산업의 장기공급곡선을 살펴보자. 그리고 시장수요곡선과 장기공급곡선의 교차점에서 결정되는 완전경쟁시장 균형의 효율성에 대해 알아보자.

5.1 경쟁기업의 장기균형

완전경쟁적 커피산업에서 커피전문점들이 [그림 4-7]의 (a)와 같이 고정

■ 그림 4-11

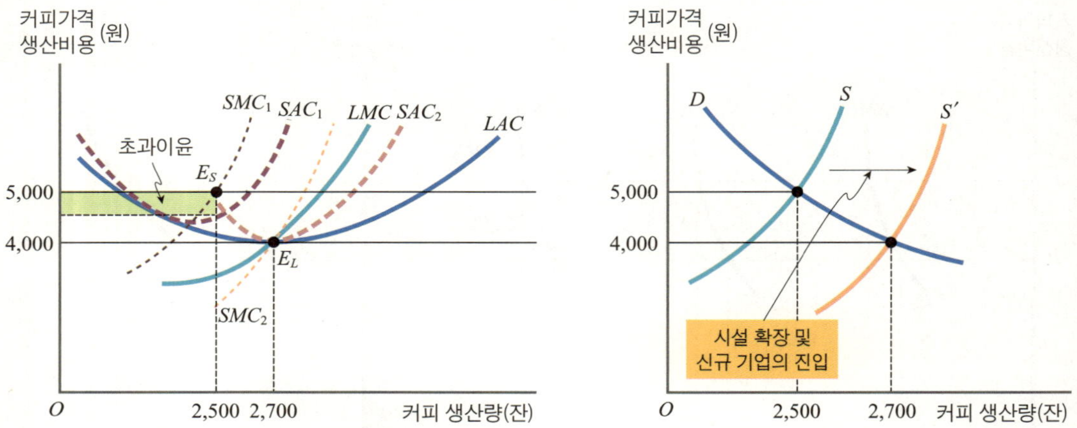

(a) 단기균형에서의 초과이윤 (b) 신규 기업의 진입

경쟁기업의 단기 및 장기균형과 시장균형

단기균형에서 기업의 초과이윤이 존재한다면 이는 기업의 시설 확장을 촉진하고 새로운 기업의 진입을 자극한다. 따라서 (a)와 같이 단기적으로 색칠한 부분만큼의 초과이윤이 존재한다면, 장기적으로 시설 확장과 신규 진입이 일어나면서 (b)와 같이 시장공급곡선이 우측이동($S \rightarrow S'$)하고, 장기평균비용곡선(LAC)의 최저점인 E_L에서 장기균형이 달성된다.

비용을 포함한 총비용 이상의 수입을 얻고 있다고 하자. 예를 들어 [그림 4-11]의 (a)에서 시장가격이 5,000원일 때 그린벅스가 E_S에서 단기균형을 이루고 있다고 하자. 그린벅스는 커피 2,500잔을 생산하여 색칠한 부분만큼의 초과이윤을 올리고 있다. 이 이윤은 그린벅스의 시설 확장을 촉진할 뿐만 아니라 새로운 기업의 커피시장 진입도 자극한다. 그림에서 보듯이 시설 확장과 신규 기업의 진입으로 단기평균비용곡선(SAC_1)은 장기평균비용곡선(LAC)을 따라 우측으로 이동하면서 생산비용이 전반적으로 하락한다.

한편 [그림 4-11]의 (b)에서는 시장수요곡선(D)과 시장공급곡선(S)이 일치하는 수준에서 가격 5,000원이 결정되는 경우를 상정하고 있다. 그런데 초과이윤이 존재하므로 기존 기업의 시설 확장과 새로운 기업의 진입은 시장 전체의 공급을 증가시켜서 공급곡선을 우측으로 이동시킨다($S \rightarrow S'$). 이때 수요는 그대로 있으므로 가격이 5,000원으로부터 계속 하락한다. 이 과정은 초과이윤이 0이 되어 더 이상의 시설 확장과 신규 진입이 이루어지지 않을 때까지 계속되어 결국 그린벅스는 상품을 최소의 평균비용으로 생산하는 **최적규모**(optimum scale)에 도달하게 된다. 이때 최적규모는 장기평균비용곡선의 최저점에 해당되는 생산규모이며, 그림에서는 LAC의 최저점(E_L)에서 SAC_2의 규모이다. 이 점에서 그린벅스는 최소의 평균비용으로 생산을 하고 있다. 또한 공급곡선이 S'까지 이동하여 가격이 4,000원까지 하락하면 그린벅스는 E_L에서 장기균형을 달성하게 된다. 장기균형이 이루어지기 위해서는 이윤이 0($SAC = LAC = P$)인 동시에 각 경쟁기업의 장기이윤극대화 조건을 나타내는 '단기한계비용(SMC) = 장기한계비용(LMC) = LAC'가 만족되어야 한다. 이러한 장기균형조건 $SMC = LMC = P = LAC$를 만족하는 점은 E_L뿐이다.

최적규모
장기평균비용의 최저점에 해당하는 생산규모

이상에서 살펴본 경우와는 반대로 [그림 4-7]의 (c)처럼 생산은 하고 있으나 총수입이 겨우 총가변비용을 충당할 뿐 총비용보다는 적어서 커피산업에 속해 있는 기업들이 단기적으로 손실을 입고 있다고 하자. 이때는 그린벅스가 커피산업을 떠나거나 생산시설을 축소하게 되고 새로운 기업의 진입은 없을 것이다. 따라서 시장 전체에서의 커피생산(공급)은 줄고 커피가격이 상승한다. 이러한 과정은 커피산업에 속한 기업들이 손실을 입는 한 계속된다. 그리하여 마침내 $SMC = LMC = P = SAC = LAC$의 관계가 성립하게 되면, 그린벅스는 장기적 균형을 이루게 된다.

요약하면 **장기균형**은 기업의 진입, 퇴출 또는 기존 기업의 시설 확대와 축소 등의 조정이 모두 이루어진 다음에 달성되는 균형상태이다. 따라서 장기균형에서는 기업의 평균수입이 평균비용과 같게 되어 초과이윤도 없고 손실도 없는 상태가 된다. 이때 기업은 최소의 평균비용을 달성하는 최적규모에서 생산을 하게 된다.

장기균형
- 기업의 진입, 퇴출 또는 기존 기업의 시설확대와 축소 등의 조정이 모두 이루어진 후 달성된 균형
- 평균수입과 평균비용이 일치하여 초과이윤도 없고 손실도 없음
- 기회비용을 포함하면 총수입과 비용이 일치

현실과경제학

기업 이윤이 Zero?

완전경쟁시장의 이론에 의하면 기업의 자유로운 시장 진입 및 퇴출이 결국 개별 기업의 이윤을 0이 되도록 한다. 그런데 "도대체 이윤이 0이라면 왜 굳이 기업 활동을 하지?"라는 의문이 자연스럽게 든다. 이런 혼란은 경제학에서 사용하는 이윤 개념이 우리가 흔히 생각하는 이윤과 다르기 때문에 발생한다.

먼저 제4장(3.1 생산비용과 기회비용)에서 설명했듯이 경제학에서 다루는 비용은 회계장부상에서의 비용과는 다르다. 예를 들어 식당을 운영하는 철수가 식당에서 일한 대가는 어떻게 될까? 철수는 식당을 소유하고 있고, 따라서 월급을 받는 것도 아니다. 따라서 회계장부에 철수가 일한 대가는 나타나지 않는다. 하지만 철수가 식당을 운영하지 않고 회사에 가서 일하고 월급을 받는다면, 철수는 식당을 운영하기 위해 그만큼의 월급을 포기한 셈이다. 경제학에서 비용은 바로 이러한 기회비용을 의미한다.

이제 철수가 식당을 운영하면서 매달 500만원의 이익이 남는다고 해보자. 이는 회계장부상에서 음식을 판 소득에서 각종 재료값, 직원 월급, 가게 임대료 등을 빼고 남은 것이지만, 이 모두가 경제적 이윤은 아니다. 철수가 식당을 운영하지 않고 회사에서 일하는 경우 매달 300만원의 월급을 받을 수 있다면, 500만원 중 300만원은 철수가 일한 대가이고 남은 200만원만이 경제적 이윤이 된다.

한편 다른 회사원들도 철수처럼 식당을 운영하면 자기 회사월급 300만원보다 더 많은 500만원을 번다는 사실을 알고 너도나도 식당을 하려고 할 것이다. 언제 이들이 회사를 그만두고 식당을 여는 것을 멈추게 될까? 식당의 운영이익이 300만원이 되면 회사를 다니는 것이나 식당을 운영하는 것이나 차이가 없어진다. 여전히 회계장부상에는 300만원의 이익이 있지만, 경제적 이윤은 0이 되는 것이다.

완전경쟁시장이라고 해서 기업의 이윤이 꼭 0이 될 필요는 없다. 이윤이 0이 되게 하는 또 하나의 요소는 비슷한 기업이 많이 존재한다는 것이다. 하지만 식당을 운영하고 싶어 하는 많은 회사원들이 식당 운영에 대해 가진 소질은 조금씩 다를 수 있다. 똑같은 식당을 운영해도 철수는 영수보다 100만원씩 이익을 더 낸다고 해보자. 우선 이익을 많이 낼 수 있는 철수 같은 사람들이 식당을 우선 열 것이고, 그런 사람들이 다 없어지고 나면 영수 같은 사람들이 식당을 열 것이다. 이제 영수 같은 사람들이 회사의 월급과 같은 300만원의 운영이익을 내는 상황이 될 때까지 식당이 생길 것이다. 그 상황에서도 철수 같은 이들은 400만원의 운영이익을 낸다. 회사에서 벌 수 있었던 월급 300만원을 제하고도 100만원의 경제적 이윤이 발생하는 것이다. 즉, 기업들의 효율성이 조금씩 다르다면, 상대적으로 더 효율적인 기업들은 완전경쟁시장에서도 경제적 이윤을 남길 수 있다.

출처 : 이삼호, "기업 이윤이 Zero?", 『KDI 클릭경제교육』, KDI 경제정보센터, 2012. 6.

5.2 산업의 장기공급곡선

공급곡선은 주어진 가격 하에서 공급하려는 양을 나타내는 점들을 이은 선인데, 개별 경쟁기업의 장기공급곡선은 장기균형의 정의상 한 점으로 나타날 수밖에 없다. 또한 장기에서는 기업의 수가 가변적이므로 단기에서처럼 개별 기업의 단기공급곡선을 수평으로 더해 시장공급곡선을 유도할 수 없다. 그러면 완전경쟁시장의 장기공급곡선은 어떻게 유도되는지 살펴보자.

먼저 산업의 장기공급곡선은, 기존 기업이 생산시설을 확장 또는 축소할 수 있을 뿐만 아니라 기존 기업이 산업에서 이탈하거나 또는 새로운 기업이 산업으로 진입할 수 있을 정도로 긴 시간을 전제로 하여 각 가격수준에서 기업들이 공급하고자 하는 최대량을 표시한 것이다. 이러한 점에서 볼 때, 산업의 단기공급곡선 상에서는 조업하는 기업의 수가 동일하나 산업의 장기공급곡선 상에서는 조업하는 기업의 수가 다를 수 있다.

그렇다면 산업의 장기공급곡선은 어떤 모양을 하고 있는가? 커피산업의 생산이 증가해도 생산요소의 가격이 변하지 않는 경우를 생각해 보자. [그림 4-12]에서 커피 수요가 D'으로 증가하여 커피가격이 6,000원으로 상승하였다고 하자. 그러면 그린벅스는 초과이윤을 얻게 되므로 단기적으로 생산시설의 가동을 증가시킬 것이며, 장기적으로는 신규 기업이 이 산업으로 진입하게 될 것이고 기존 기업인 그린벅스 역시 규모를 확장할 것이다. 따라서 생산이 S로부터 S'으로 증가하며, 가격이 6,000원으로부터 점차 하락한다.

생산요소의 가격이 불변인 경우 장기평균비용이 불변이므로 수평의 산업 장기공급곡선이 도출

그런데 이 경우에는 생산이 증가해도 평균비용은 불변이므로 시설이 확장되어도 각 기업의 비용에는 변화가 없다. 따라서 가격은 6,000원에서 계속 하락하여 원래의 수준인 4,000원까지 내려온다. 이때 비로소 새로운 기업의 진입과 기존 기업의 시설확장이 중단되고 커피 공급의 증가도 중지될 것이다. 결국 개별 기업의 장기균형점은 다시 4,000원 수준의 점으로 내려오고 산업 전체의 장기균형은 M'에서 이루어질 것이다. M과 M'를 연결하면 **산업의 장기공급곡선**(S_L)이 되는데, 이것은 원래의 균형점 M을 통과하는 수평선이 된다. 요약하면, 요소가격의 변화가 없는 경우 산업의 장기공급곡선은 기업의 장기평균비용곡선의 최저점을 지나는 수평선이 된다.

산업의 장기공급곡선
생산요소 가격이 불변인 경우 : 기업의 장기평균비용곡선의 최저점을 지나는 수평선

그림 4-12

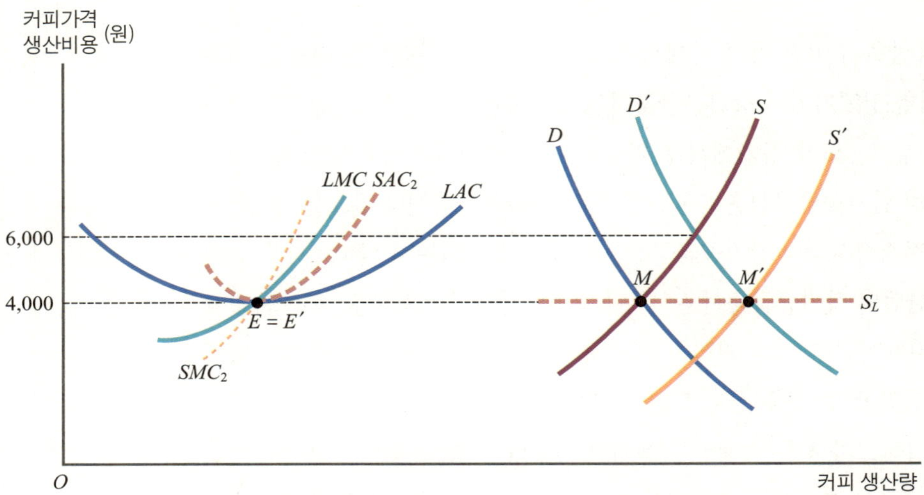

산업의 장기공급곡선 : 생산요소가격이 불변인 경우

커피산업의 생산량 증가에 따라 생산요소의 가격이 불변인 경우 시설 확장에도 불구하고 각 기업의 생산비용에는 변화가 없으므로 장기공급곡선은 수평선이 된다.

5.3 생산적 효율성과 배분적 효율성

완전경쟁시장에서 단기적으로는 이윤을 보고 있는 기업이라도 장기적으로 보다 효율적인 새로운 기업이 진입하여 손실을 보게 되면, 그 기업은 도태되어 시장에서 퇴출될 수밖에 없다. 따라서 시장수요곡선과 산업의 장기공급곡선이 서로 교차하는 점에서 결정되는 완전경쟁시장의 균형가격은 자원을 낭비하지 않고 효율적으로 사용하는 기업들만 상품을 생산하도록 유도하며, 자원을 낭비하는 열등기업들을 도태시키는 기능을 한다. 즉, 경쟁의 압력은 시장가격을 장기평균비용의 최저점까지 하락시킨다. 그 결과 소비자들은 달성 가능한 최저의 평균비용으로 생산한 상품을 구매할 수 있다. 이처럼 재화 혹은 서비스가 달성 가능한 최저의 비용으로 생산되는 상황을 **생산적 효율성**(productive efficiency)이라 한다.

생산적 효율성
재화나 서비스를 달성 가능한 최저의 비용으로 생산

또한 완전경쟁기업은 상품의 가격과 상품의 마지막 단위를 생산하는 데 소요되는 한계비용이 일치하는 점까지 생산한다. 상품의 가격은 소비자들이 판매되는 재화의 마지막 단위를 소비함으로써 얻게 되는 한계편익을 의미하므로, 결국 완전경쟁기업들은 재화나 서비스의 마지막 단위가 소비자들에게 제공하는 한계편익과 그 상품을 생산하는 데 소요되는 한계비용이 일치하는 수준까지 생산하게 된다. 이는 완전경쟁시장의 기업들이 소비자들의 욕구를 충족시키는 상품을 생산하기 위해 노동, 기계설비, 그리고 그 밖의 생산요소들을 효율적으로 배분한다는 것을 의미하는데, 이를 완전경쟁시장의 **배분적 효율성**(allocative efficiency)이라고 한다. 이렇게 완전경쟁시장에서는 생산적 효율성과 배분적 효율성이 모두 달성된다.

배분적 효율성
기업들이 소비자들의 욕구를 충족시키는 상품을 생산하기 위해 생산요소를 효율적으로 배분

뉴스와경제학

경쟁이 빈곤을 감소시켜줄 수 있을까?

2013년 2월 OECD 경쟁위원회가 개최한 '글로벌 경쟁포럼'에서는 경쟁과 빈곤 감소(competition and poverty reduction)라는 주제로 열띤 토론을 벌였다. 시장경제 하에서 기업 간 경쟁이 소비자의 후생을 증진시킨다는 것은 널리 알려진 사실이지만, 특히 가난한 계층의 빈곤 감소를 위해 경쟁이 어떤 역할을 하는가가 본 논의의 핵심이었다.

경쟁을 통한 기술혁신이 빈곤한 소비자들의 경제생활에 혜택을 준 사례를 보기로 하자. 놀랍게도 지구상에는 휴대폰을 사용하면서도 은행계좌를 갖고 있지 못한 사람들이 10억 명이 넘는다고 한다. 주로 아프리카나 아시아 등 뱅킹인프라가 구비되지 못한 지역의 주민들인데 이들을 상대로 한 통신사업자 간 경쟁이 이들에게 필요로 하는 새로운 서비스, 즉 휴대폰을 활용한 뱅킹서비스를 가능하게 했다. 'M-PESA'는 사파리콤이라는 통신회사가 2007년 도입한 서비스로서, 국가 간 송금과 소액 대출업무 등을 이동통신을 통해 할 수 있게 함으로써 금융망이 잘 갖춰지지 않은 아프리카 국가들을 중심으로 그들의 빈곤 개선에 실질적인 도움을 주고 있다.

경쟁은 영세사업자, 근로자, 직업탐색자 등을 위해서도 도움이 된다. 경쟁적인 시장은 기업들이 사회의 자원을 가장 효율적으로 배분하도록 만드는데, 이 과정에서 시장에서 퇴출되는 기업도 나오지만 생존한 기업들이 더 바람직한 방향으로 경쟁함으로써 거시적 성장률을 증가시킬 수 있는 것이다. 이같이 경쟁적인 상품시장은 경제성장, 고용 및 임금 상승을 촉진시킨다. 경쟁은 또한 혁신을 장려하기 때문에 새로운 상품시장과 기업의 창립을 지원하는데, 이는 빈곤층이 소득을 얻을 수 있는 새로운 기회를 제공한다.

반경쟁적 기업결합 차단, 카르텔 적발, 독점적 지위남용 금지 등 경쟁당국의 경쟁법 집행행위 역시 가난한 사람들이 더 많은 소득을 얻을 수 있게 하는 효과가 있다. 예를 들어, 자본이 부족한 기업가가 매우

효율적인 새로운 아이디어를 가지고 기존의 거대기업과 경쟁하는 사업을 하려 한다고 가정하자. 그런데 기존 사업자가 시장지배적 지위를 가지고 새로운 중소기업의 시장 진입을 저지하고 있다면, 이러한 경우 경쟁법의 적절한 집행이 새로운 기업의 진입을 쉽게 만들어서 궁극적으로 영세기업과 소비자에게 혜택으로 돌아온다. 또한 지나치게 제한적인 정부규제가 새로운 기업의 경쟁기회를 어렵게 하고 그들이 일해서 소득을 얻을 기회를 빼앗는 경우가 있는데, 이렇게 불합리하거나 부적절한 규제를 올바로 개선해 해당 시장의 경쟁을 강화시킴으로써 그들이 잃은 기회를 다시 회복해 줄 필요가 있다.

경쟁법학자 엘레나 폭스(Eleanor Fox) 미 뉴욕대 교수는 우리가 효율성을 논의할 때는 항상 분배문제를 고려한 효율성 개념을 염두에 둬야 한다고 강조한다. 경쟁법과 경쟁정책은 기본적으로 빈곤층을 위한 것으로서, 시장접근을 제한하는 인위적 제약들을 제거하게 되면 취약계층이 힘을 얻게 되고 이동성(mobility)이 증진되며, 궁극적으로 그들에게 더 많은 기회와 일자리, 그리고 소득을 가져다주는 포용적 성장(inclusive growth)이 가능하다고 했다.

폭스 교수는 특히 가난한 국가의 경쟁당국들이 필수적 재화(식료품, 소액대부 등)의 시장접근을 막는 요소들을 제거해 빈곤층이 더 낮은 가격에 제품을 구입할 수 있도록 노력해야 한다고 하면서 아프리카 국가들의 사례를 제시했다. 케냐는 국민의 43%가 빈곤층으로 분류되는 국가인데, 케냐 경쟁당국은 농민들이 주로 많이 사용하는 살충제 원료를 생산하는 국영기업에 독점을 허용함으로써 수백만 영세농민에게 해를 끼치고 있는 법률을 인지하고 이를 폐지하기 위해 힘을 모으는 활동을 했다.

따라서 경쟁정책을 통해 진정으로 빈곤을 감소시키고자 한다면, 빈곤층이 가장 많이 소비하는 시장(생활필수품 및 서비스), 영세기업들의 사업 성공을 위해 중요한 기능을 하는 시장(은행 및 통신서비스), 그리고 빈곤층을 많이 고용하는 노동집약적인 영역에서 경쟁이 활성화될 필요가 있다는 것이다.

출처 : 이용수, "경쟁이 빈곤을 감소시켜 줄 수 있을까," 『나라경제』, KDI 경제정보센터, 2013. 4.

요약 및 연습문제

1. 왜 기업인가?

거래비용학파에 따르면 거래상대방들이 기업이라는 하나의 조직을 구성하여 필요한 경제활동을 내부화함으로써 거래비용을 줄일 수 있을 때 시장거래 대신 기업조직을 선택하게 된다.

2. 생산기술과 생산함수

생산요소란 생산물을 생산하기 위하여 투입되는 모든 것으로, 경제학에서는 전통적으로 토지, 노동 및 자본의 세 가지로 나뉜다. 생산함수는 요소투입량과 생산량 사이의 기술적 효율성을 충족하는 관계를 식으로 나타낸 것이다. 한편 모든 생산요소의 투입량을 조정할 수 있는 경우 장기라 하고, 그렇지 않을 경우 단기라 한다.

2.1 한계생산체감의 법칙 단기생산함수는 한 생산요소(자본)가 고정되어 있을 때의 생산함수로, 가변요소의 투입을 증가시킬 때 총생산은 증가하지만 한계생산은 체감하는 한계생산체감의 법칙이 나타난다.

2.2 한계생산과 평균생산 한계생산은 다른 생산요소가 고정되어 있을 때 어떤 생산요소 1단위 투입증가에 따른 총생산 증가분이고, 평균생산은 노동 한 단위당 평균생산량으로 총생산량을 총 노동투입량으로 나눈 것을 의미한다. 한계생산이 평균생산보다 높은 경우를 생산의 제1단계라 하고, 그 이후부터 한계생산이 0이 될 때까지를 제2단계라 한다. 그 이후 한계생산이 음수(−)가 되어 총생산이 감소하는 단계를 3단계라 한다. 평균생산이 증가하면 한계생산곡선은 평균생산곡선 위에 있고, 평균생산이 감소하면 한계생산곡선은 평균생산곡선 아래에 있다.

물음 01. 다음은 한 자동차공장에서의 근로자 수와 생산되는 자동차의 수를 나타내고 있다.

근로자	자동차	근로자	자동차
1명	10대	6명	75대
2명	25대	7명	77대
3명	45대	8명	78대
4명	60대	9명	77대
5명	70대	10명	75대

(1) 이 공장의 생산함수를 그래프로 나타내어 보라.

(2) 한계생산이 체증하는 구간을 구하고, (1)의 그래프에 그 구간을 나타내어 보라.

(3) 각 근로자 수에 대해 평균생산과 한계생산을 구하라. 독자가 자동차공장의 사장이라면 몇 명의 근로자를 고용하겠는가? 그 이유를 설명하라.

3. 생산비용 최소화와 비용함수

3.1 생산비용과 기회비용 생산비용을 평가하는 진정한 기준은 기회비용이다. 기회비용은 한 선택으로 인해 포기해야만 했던 차선책의 가치를 의미한다. 일반적으로 회계비용과 기회비용은 일치하지 않으므로 합리적인 의사결정을 위해서는 기회비용을 고려해야 한다. 한편 어떤 생산요소를 재판매하거나 다른 용도로 사용할 수 없을 때 그 비용은 회수 불가능하다는 의미에서 매몰비용이라 하며, 이는 경제적 의사결정에서 배제되어야 한다.

3.2 비용함수 비용함수는 생산이 효율적으로 이루어진다는 가정 하에 생산량 변화에 따른 생산비용 변화의 관계를 보여준다. 자본투입량이 일정 수준에서 고정되어 있는 단기의 경우에는 특정한 산출량을 생산할 수 있는 노동투입량과 고정된 자본투입량으로 주어진 산출량을 생산하기 위한 최소비용 요소결합이 단기비용함수를 결정한다. 비용함수는 또한 생산기술에 영향을 받는다는 점에서 생산함수의 특징을 그대로 반영하며, 고정 생산요소의 존재 여부에 따라 장 · 단기 비용함수로 나뉜다.

한편 고정요소 투입에 따른 비용을 고정비용, 가변요소 투입에 따른 비용을 가변비용이라 하고, 총비용은 이들의 합으로 결정된다.

3.3 총비용곡선 단기의 총비용곡선(TC)은 총고정비용곡선과 총가변비용곡선을 수직으로 더해서 얻을 수 있다. 이때 총고정비용곡선(TFC)은 자본의 투입이 고정되어 있는 경우 자본의 투입비용을 의미하며, 특정 수준에서 수평선의 형태를 띤다. 그리고 총가변비용곡선(TVC)은 노동의 투입비용으로, 한계생산체감의 법칙에 의해 처음에는 체감적으로 증가하다가 어느 단계를 지나서는 체증적으로 증가하며, 우상향하는 형태를 띤다.

3.4 평균비용곡선과 한계비용곡선 평균비용$\left(AC = \dfrac{TC}{Q}\right)$이란 총비용을 생산량으로 나눈 것이며, 생산물의 단위당 생산비용을 의미한다. 한편 한계비용$\left(MC = \dfrac{\Delta TC}{\Delta Q}\right)$은 생산 한 단위를 증가시키는 데 필요한 총비용의 증가분이다. 단기평균비용곡선(AC)은 평균고정비용(AFC)과 평균가변비용(AVC)의 합으로 얻을 수 있으며 U자 모양을 가진다. 이는 일정 수준까지는 평균고정비용의 감소분이 평균가변비용의 증가분보다 크기 때문에 평균비용이 감소하고, 이후에는 평균가변비용의 증가가 충분히 커져서 평균고정비용의 감소를 상쇄하기 때문이다.

물음 02. 콘서트를 관람하기 위해 10만원을 지불하고 콘서트장에 갔다. 그런데 콘서트가 생각보다 너무 지루해서 짜증이 밀려왔다. 그래서 공연의 $\frac{1}{3}$쯤 지나 이 콘서트를 계속 봐야 할지 고민하게 되었다. 만약 이 사람이 콘서트장을 나오기로 했다면 이는 합리적인 선택이라고 할 수 있을까? 그 이유는 무엇인가?

물음 03. 어떤 기업의 총비용함수가 $C = 2{,}000 + 250Q$라고 한다. 다음 질문에 답하라.

(1) 이 기업의 생산환경이 단기와 장기 중 어떤 상태라 할 수 있는지 타당한 근거를 제시하여 답하라.

(2) 산출량이 5단위일 때 평균비용과 한계비용을 구하라.

4. 완전경쟁기업의 공급곡선

4.1 완전경쟁시장의 특성 완전경쟁이 성립하기 위해서는, 첫째 완전경쟁시장의 공급자와 수요자는 가격수용자이어야 하며, 둘째 완전경쟁시장에서의 생산물은 동질적이어야 한다. 셋째, 산업에 대한 진입과 이탈의 자유가 보장되어야 하고, 넷째 완전정보의 조건이 충족되어야 한다. 완전정보를 제외한 세 가지 조건이 충족되는 상황을 특별히 순수경쟁이라고 한다.

4.2 경쟁기업의 단기균형 시장 전체적으로는 수요곡선이 우하향하지만, 완전경쟁시장의 개별기업은 가격 수용자이므로 수평선의 수요곡선을 갖는다. 총수입은 생산물의 판매량에 단위가격을 곱한 것이고, 평균수입은 총수입을 판매량으로 나눈 것이다. 한계수입은 한 단위 더 판매함에 따라 생기는 총수입의 변화분을 말한다. 완전경쟁시장에서 기업은 가격수용자이므로 기업의 평균수입과 한계수입은 생산물의 가격과 동일하고, 이는 곧 수요곡선이 된다. 이윤극대화를 위해 기업은 단기적으로 한계비용과 한계수입이 같아지는($MR = MC$) 생산량 수준에서 조업을 하게 되는데, 이를 경쟁기업의 단기균형이라고 한다. 이윤은 총수입에서 총비용을 뺀 금액인데, 총수입이 총가변비용을 초과하는 경우에는 손실이 발생해도 생산을 하지만, 가격이 평균가변비용보다 작을 때는 생산을 중단한다.

4.3 경쟁기업의 단기공급곡선과 시장공급곡선 경쟁기업은 손실을 겪지 않는 범위 내에서 한계비용과 시장가격이 같아지는 수준($P = MC$)까지 생산하고자 하므로, 경쟁기업의 단기공급곡선은 조업중단점 윗부분의 한계비용곡선과 같다. 이때 산업 전체의 공급곡선은 각 기업의 공급곡선의 수평적 합이다.

물음 04. 개별 기업이 직면하는 수평의 수요곡선이 의미하는 바가 무엇인지 논리적으로 설명해 보라.

Q(생산량, 단위)	0	1	2	3	4	5	6
TC(총비용, 만원)	50	59	74	93	128	175	234

물음 05. 완전경쟁시장에서 활동하고 있는 한 기업의 생산량에 대한 총비용이 다음과 같다고 하자. 고정비용의 절반을 회수할 수 있는 경우 조업중단가격과 단기공급곡선을 구하라.

5. 완전경쟁시장의 효율성

5.1 경쟁기업의 장기균형 장기균형은 기업의 진입, 퇴출 또는 기존 기업의 시설 확대와 축소 등의 조정이 다 이루어진 생산의 최적규모에서 달성되는 균형상태이다. 따라서 장기균형에서는 기업의 평균수입이 평균비용과 같게 되어 초과이윤도 없고 손실도 없는 상태에 도달하게 된다.

5.2 산업의 장기공급곡선 장기에는 기업들의 산업 진입 · 퇴출이 자유로우므로 단기와 달리 조업하는 기업의 수가 변한다. 따라서 단기처럼 공급곡선을 수평으로 더해 시장공급곡선을 유도할 수 없다. 생산량이 증가하더라도 요소가격의 변화가 없다면 산업의 장기공급곡선은 장기평균비용곡선의 최저점을 지나는 수평선이 된다.

5.3 생산적 효율성과 배분적 효율성 완전경쟁시장은 크게 두 가지 효율성을 이룬다. 첫째로 재화나 서비스를 달성 가능한 최저 비용으로 생산하는 생산적 효율성을 달성하고, 둘째로 재화나 서비스의 마지막 단위가 소비자들에게 제공하는 한계편익과 그 상품을 생산하는 데 소요되는 한계비용이 일치하는 수준까지 생산한다는 점에서 생산요소들을 효율적으로 배분하는 배분적 효율성을 달성한다.

물음 06. 완전경쟁적인 치즈산업이 있다. 현재 경기가 불황이라 정부가 다음과 같은 대책을 내놓았다. 이러한 정책으로 치즈산업의 장기균형에서 총생산량, 기업의 수, 개별 기업의 생산량이 어떻게 변할지 예측해 보라(단, 기업의 평균비용곡선은 U자형이며, 요소비용은 생산량에 관계없이 일정하다고 가정한다).

(1) 치즈의 대량구입

(2) 치즈 생산자들에게 (생산량과 무관한) 일정 금액의 보조금 지급

응용문제

물음 01. 최근 들어 '돈많다' 은행이 지속적으로 창구업무 담당 직원의 수를 늘려왔다고 하자. 다른 업무환경에 변화가 없다고 가정할 때, '돈많다' 은행 창구업무의 생산성은 어떻게 변화되었다고 예상할 수 있는지 타당한 근거를 제시하여 설명하라.

물음 02. 민호는 1년에 8천만원의 연봉을 받으며 기계 디자이너로 활동하고 있다고 하자. 그는 직장생활을 그만두고 그동안 모아둔 5천만원의 예금으로 개인 사무실을 구해서 프리랜서로 활동하는 것을 고민하고 있다. 민호가 알아본 프리랜서의 수입과 비용은 다음과 같다.

> 연 수입 1억 8천만원, 사무실 임대비용 3천만원, 사무실 직원 1인 임금 4천만원,
> 컴퓨터 및 사무기기 구입비용 1천만원, 예금금리 4%, 대출금리 6%

(1) 민호가 프리랜서로 개업을 해야 하는지, 현재의 직장생활을 계속해야 하는지 합리적으로 결정하고 그 이유를 설명하라.

(2) 프리랜서 사무실 개업 후 어느 날 민호와 직원 수지가 나눈 다음의 대화를 읽고 누구의 견해가 합리적인지 근거를 제시하여 설명하라.

수지 : 사장님, 우리가 개업하면서 1천만원 주고 구입한 컴퓨터 및 사무기기를 A사가 5백만원에 빌려줄 수 있는지 문의요청이 있습니다. 제가 알아보니 렌탈은행에 가면 동일 성능의 기기를 3백만원에 빌릴 수 있답니다.

민호 : 이미 1천만원이나 주고 구입한 기기가 있는데 왜 렌탈은행에서 임대해서 씁니까? 3백만원씩이나 지불해야 하는데⋯ A사에게 렌탈은행에서 빌려 쓰라고 하세요. 우리는 1천만원을 이미 지불했기 때문에 더 이상 기기를 위한 비용지출은 할 수 없답니다.

수지 : A사는 아직 신생기업이라 렌탈은행에서 기기임대신청을 할 수가 없다네요. 우리 기기를 빌려주고, 우리는 렌탈은행에서 빌려서 쓰는 것이 어떨까요?

민호 : 아, 글쎄. 이미 1천만원을 지출했기 때문에 안 된다니까요!

수지 : ⋯

물음 03. 꽃을 재배하는 농부 민호는 자신의 토지에 코스모스를 재배하고 있다. 그는 코스모스를 꽃시장에 내다 팔아 수입을 얻고 있는데, 가끔씩 코스모스가 풍년일 때에는 꽃을 시장에 내다 팔지 않고 대부분을 불살라 버리는 경우가 있다. 이러한 민호의 행동이 자신의 이윤극대화를 위한 합리적인 선택이라고 가정한다면, 그의 행동에 영향을 끼친 경제적 요인은 무엇인지 설명하라.

Chapter 05

불완전경쟁시장의 가격과 생산

현실적으로 시장경제에서는 기업 간 경쟁이 불완전한 경우가 대부분이다. 즉, 어떤 산업을 보더라도 기업의 수가 완전경쟁시장의 가정과는 달리 많지 않고, 기업은 서로 다른 제품의 생산량을 조정함으로써 어느 정도 가격에 영향을 미치게 된다. 신규 기업이 진입하는 데도 명시적이든 암묵적이든 여러 가지 어려움이 있기 마련이다. 이러한 불완전경쟁의 정도에 따라 시장구조를 보통 독점, 독점적 경쟁, 과점 이렇게 세 가지로 분류한다.

이 장에서는 불완전경쟁시장인 독점시장, 독점적 경쟁시장, 그리고 과점시장에서 가격과 생산이 어떻게 결정되는지를 살펴보고 그 효율성을 평가해 보려고 한다. 이를 위해 다음과 같은 문제에 대해 차례로 논의해 보자.

- 독점기업의 가격 · 생산량은 어떻게 결정되고 완전경쟁시장의 가격 · 생산량과는 어떻게 다른가?
- 시장독점이 가져오는 자원배분의 비효율성은 무엇이고 이를 방지하거나 줄이기 위한 방안은 무엇인가?
- 독점적 경쟁기업의 가격과 생산량은 어떻게 결정되고 독점적 경쟁이 가져오는 자원배분의 비효율성은 무엇인가?
- 상호 의존적인 과점기업의 가격과 생산량은 어떻게 결정되고 과점시장에서는 자원배분의 비효율성이 어떻게 나타나는가?

1 독점시장

독점기업
- 산업 전체의 공급을 담당
- 우하향하는 수요곡선에 직면
- 가격설정자 : 이윤극대화하는 가격과 산출량을 동시에 결정
- 다른 기업의 시장 진입을 제한

독점시장(monopolistic market)이란 한 기업이 산업 전체의 공급을 담당하는 시장형태를 말한다. 독점시장은 앞에서 배운 완전경쟁시장과는 다른 여러 가지 특징을 갖고 있다.

첫째, 독점기업이 유일한 공급자이므로 그 기업이 제공하는 재화를 대체할 만한 재화가 존재하지 않고 시장수요 전체가 독점기업에 대한 수요와 일치한다. 둘째, 완전경쟁기업이 직면한 수요곡선이 수평선이었던 것과 달리 독점기업이 직면하는 수요곡선은 우하향한다. 따라서 판매량을 증가시키려면 가격을 인하해야 한다. 일반적으로 독점기업은 이윤을 극대화하는 가격과 산출량을 동시에 결정한다. 이로 인해 독점기업은 가격수용자가 아닌 가격설정자로 행동하며, 독점기업에는 공급곡선이란 개념이 존재하지 않는다. 셋째, 독점기업은 다른 기업의 시장 진입을 직접 혹은 간접적으로 제한할 수 있다. 이제 이러한 독점의 발생원인에 대해 좀더 자세히 알아보자.

1.1 독점 발생의 원인

독점 발생 원인
- 진입장벽 : 법적 제도, 특허권, 생산요소 독점
- 비용상의 우위 : 자연독점

독점 발생의 원인은 크게 법적 제도, 특허권, 희귀한 자원이나 요소의 독점사용 등 진입장벽에 해당하는 것과 비용상의 우위로 나뉜다.

법적 제도 법에 규정된 한 개의 기업 외에 다른 기업들은 법적으로 시장 진입이 허용되지 않는 산업이 있다. 우리나라의 경우 KT&G에 담배 전매권을 부여하는 것이나 한국전력공사만이 전기를 생산 · 공급할 수 있는 것이 그러한 예에 해당한다.

특허권 정부의 특허정책(patent policy)은 기업의 연구 및 기술개발(R&D)과 혁신에 대한 유인을 주기 위해 실시되는 측면이 크다. 만약 한 기업이 개발한 창의적이고 효율적인 기술이 경쟁기업에게 일정한 대가 없이 알려지거나 누구나 자유롭게 사용 가능하게 된다면, 모든 기업이 기술개발보다는

무임승차(free riding)를 하려 할 것이다. 따라서 정부의 특허정책이 필요한 것이다. 이 경우에도 법적 제한과 마찬가지로 특허권을 가진 기업이 해당 산업에서 독점력을 갖게 된다. 대표적인 사례로 대부분의 사람들이 사용하고 있는 컴퓨터 운영체제인 마이크로소프트(MicroSoft)사의 윈도우(Windows) 소프트웨어가 있다.

생산요소의 독점 희귀한 자원이나 생산요소의 독점사용권이 있는 경우에도 그러한 자원이나 요소를 사용하는 산업은 독점화된다. 이러한 사례는 허생전에 잘 나와 있다. 허생은 한양에서 제일 큰 부자인 변 씨로부터 만냥을 빌려 제사에 꼭 필요한 과일과 상투를 트는 데 쓰이는 말총을 몽땅 사들인 후에 10배나 높은 가격으로 되팔았다. 세계 다이아몬드 시장을 장악한 남아프리카공화국의 드비어스(DeBeers)사가 독점적 지위를 누리는 것도 이에 해당한다. 그러나 현실적으로 한 기업이 중요한 생산요소를 완벽하게 독점하기는 쉽지 않다.

비용상의 우위 – 자연독점 어느 한 기업의 기술이 우수하여 동일한 상품을 보다 낮은 비용으로 생산할 수 있다면, 그 기업은 다른 기업들과의 경쟁에서 우위를 차지해 독점기업이 된다. 또한 **규모의 경제**(economies of scale)가 크게 작용하는 기술적 특성이 있는 경우에도 독점이 발생할 수 있다. 여기서 규모의 경제란 기업의 산출량이 증가함에 따라 생산단가, 즉 장기평균비용이 하락하는 것을 의미한다. 따라서 규모의 경제가 시장수요를 충족할 만큼 크고 지속적인 경우, 여러 기업이 생산하는 경우보다 한 기업이 산업 전체의 생산량을 낮은 비용으로 생산할 수 있다. 이러한 상황에서 나타나는 독점을 **자연독점**(natural monopoly)이라 한다.

비용상의 우위 – 자연독점
- 기술이 우수한 기업이 동일한 상품을 보다 낮은 비용으로 생산 가능한 경우
- 규모의 경제가 존재

자연독점의 예로는 우리가 흔히 보는 우편, 전기, 전화, 도시가스 등의 사회간접자본이 있다. 이러한 자연독점의 경우에는 독점기업을 국영화함으로써 민간기업이 운영할 때 발생할 수 있는 독점의 폐해를 적절히 규제하는 것이 바람직할 수 있다.

자연독점 시장은 수요자가 크게 늘어나면서 경쟁시장으로 바뀌는 경우도 있다. 우리나라 이동통신 시장은 원래 한국이동통신이라는 공기업이 독점하고 있었으나, 이동통신 이용자들이 급속히 늘어나면서 경쟁시장으로 바뀌

었다. 정부가 한국이동통신을 민영화(현재 SK텔레콤)하고 민간업체에 신규로 이동통신 사업권을 내준 것이다. 정부가 민영화 직후 몇 년 동안 다른 이동통신회사에 비해 SK텔레콤에 더 많은 규제를 한 것은 자연독점 시장에서 경쟁시장으로 전환된 이동통신 시장의 특성을 고려한 것이었다.

1.2 독점기업의 균형

독점기업이 직면하는 수요곡선 = 시장수요곡선

독점시장에서는 정의상 시장의 공급을 한 기업이 담당하고 있으므로 시장수요곡선이 바로 독점기업이 직면하는 수요곡선이 된다. 그런데 독점기업이라 하더라도 무작정 높은 가격을 설정할 수는 없다. 가격이 높을수록 수요량이 줄어들어 독점기업이 판매할 수 있는 수량이 적어지기 때문이다. 따라서 독점기업이 판매량을 증가시키려면 반드시 가격을 인하해야 한다.

[그림 5-1]에서 좀더 자세히 살펴보자. 이 표는 '그린소프트(GreenSoft)'라는 독점기업이 생산하는 소프트웨어에 대한 수요를 나타낸 것인데, 판매량을 늘리기 위해서는 소프트웨어 가격이 인하되어야 한다는 것을 보여준다. 예를 들어 소프트웨어 판매량을 2개에서 3개로 늘리기 위해서는 가격을 90만원에서 80만원으로 인하해야 하므로 이 경우의 총수입은 240만원이 된다. 이때 세 번째 소프트웨어를 추가해서 판매한 결과로 얻은 총수입의 증가분(한계수입)은 60만원이다. 즉, 독점기업이 소프트웨어 한 개를 더 판매할 경우 수입의 순증가분은 그 소프트웨어의 가격이 아니다.

판매량이 증가하여 가격이 하락하면 기존에 판매한 부분의 개당 가격도 하락하기 때문에 한계수입은 평균수입보다 작음

이를 평균수입(= 가격)과 관련지어 설명하면, 세 번째 소프트웨어의 한계수입은 가격인 80만원에서 기존 2개 소프트웨어(이들은 세 번째 소프트웨어가 없었다면 개당 90만원에 팔렸을 것이다)의 개당 가격이 하락함으로써 발생한 수입의 감소, 즉 10만원 × 2 = 20만원을 공제한 60만원이다. 이와 같이 소프트웨어 판매량 증가에 따라 가격이 하락하는 경우 한계수입은 항상 평균수입보다 작다.

독점기업의 균형 역시 $MR = MC$의 조건을 만족하는 생산량에서 이루어진다. 다만 그러한 상태에서 $P > MR$이라는 점이 완전경쟁시장과 다르다.

■ 그림 5-1

판매량	가격(= 평균수입, 만원)	총수입(만원)	한계수입(만원)
2	90	180	–
3	80	240	60
4	70	280	40
5	60	300	20
6	50	300	0
7	40	280	−20

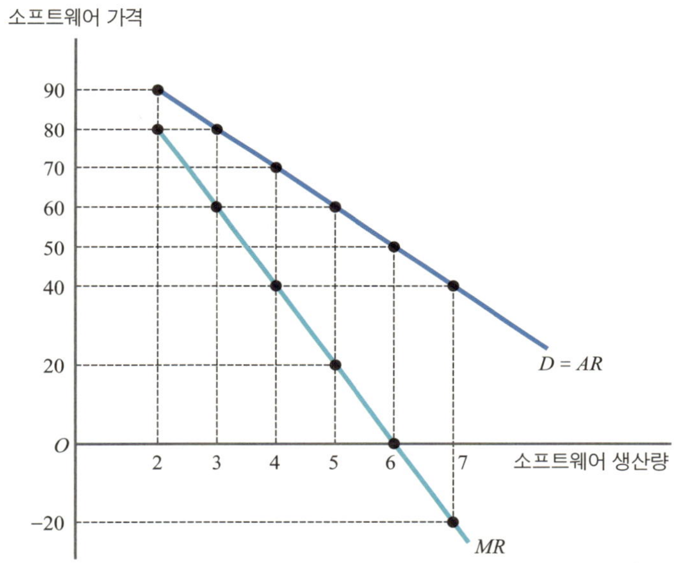

독점기업의 수요곡선(평균수입곡선)과 한계수입곡선

일반적으로 가격은 평균수입과 동일하므로 독점기업의 수요곡선은 곧 평균수입곡선이 된다($D = AR$). 이때 산출량 증가에 따라 평균수입이 감소하고 있기 때문에 독점기업의 한계수입곡선(MR)은 평균수입곡선의 아래쪽에 위치한다.

[그림 5-2]에서 이를 확인할 수 있는데, 이 그림은 완전경쟁시장의 [그림 4-6]과 대응한다. 독점과 완전경쟁은 서로 무엇이 다른가? 그림에서 보듯이 비용 조건은 독점시장과 완전경쟁시장 간에 차이가 없다. 그러나 그림 (b)를 보면 독점기업이 직면하는 수요곡선은 완전경쟁의 경우와는 달리 우하향하고 있으며 한계수입곡선은 수요곡선의 아래에 있다. 또한 [그림 5-2]의 (a)에서 보듯이 *TR*곡선이 완전경쟁시장의 우상향하는 직선이 아니라 곡선의 형태를 보인다.

무엇보다도 중요한 차이는, 완전경쟁시장에서의 기업이 시장에서 형성

■ 그림 5-2

독점기업의 균형

(a)에서 총수입곡선(TR)과 총비용곡선(TC)을 이용해 (b)와 같이 한계비용곡선(MC)과 한계수입곡선(MR)을 유도할 수 있다. 이때 한계수입과 한계비용이 일치하는 지점($MR = MC$), 즉 TR곡선과 TC곡선의 수직 거리가 가장 먼 지점에서 독점기업 그린소프트의 이윤이 극대화된다.

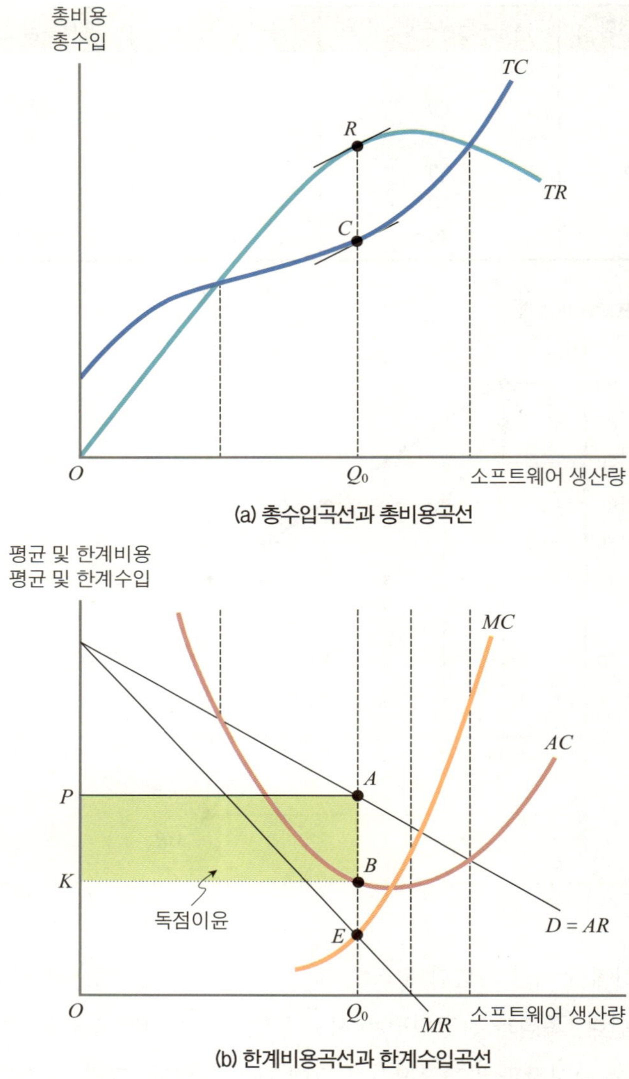

독점기업은 한계수입과 한계비용이 일치하는 수준에서 생산량을 결정하고 시장의 수요에 따라 판매가격 설정

된 가격을 주어진 것으로 받아들인 후 자신의 이윤이 극대화되도록 생산량을 설정하는 것에 비해 독점기업은 $MR = MC$가 되도록 생산량을 결정한 다음 시장수요에 따라 판매가격을 설정한다는 것이다. [그림 5-2]의 (a)를 보면 생산량이 Q_0일 때 $MR = MC$가 된다. 이때 TR곡선과 TC곡선의 수직거리가

가장 멀고 TR곡선의 기울기와 TC곡선의 기울기가 일치하며 이윤이 $\overline{RC}$로 극대화된다.

이러한 독점기업의 균형을 한계비용곡선과 한계수입곡선으로 표시한 것이 [그림 5-2]의 (b)이다. 소프트웨어 생산량이 Q_0가 될 때 $MR = MC$가 성립하여 그린소프트의 이윤이 극대화되고 있다. 또한 수요곡선이 $D = AR$일 때 Q_0만큼 생산하는 경우 소프트웨어의 단위당 가격은 $\overline{Q_0 A}$가 되며, 총수입은 $\square OPAQ_0$가 된다. 그리고 단위당 비용(평균비용)은 $\overline{Q_0 B}$이므로 총비용은 $\square OKBQ_0$가 된다. 따라서 이 독점기업의 총이윤은 색칠한 부분($\square KPAB$)이 되는데, 이것을 **독점이윤**(monopoly profit)이라 부른다.

독점이윤
독점기업의 총수입과 총비용의 차이

독점기업이 이윤을 극대화할 때에는 다음과 같은 특징이 나타난다. 첫째, 독점시장의 균형에서는 생산물의 가격이 한계비용보다 높다. 경쟁기업의 균형에서는 한계비용이 항상 가격과 일치한다. 그러나 독점의 경우에는 기업이 $MC = P$가 될 때까지 생산을 늘리지 않고 $MC = MR$에서 생산하므로 $P > MC$의 결과가 나타난다.

독점기업의 이윤극대화 조건의 특징
- 생산물의 가격 > 한계비용
- 공급곡선 정의 불가 : 가격설정자
- 초과이윤이 존재

둘째, 독점기업의 공급곡선을 정의할 수 없다. 경쟁기업의 경우에는 한계비용곡선이 그 기업의 공급곡선이었다. 그러나 독점기업은 그렇지 않다. 주어진 한계비용곡선 하에서 상이한 가격으로 동일한 생산량을 판매하거나, 서로 다른 생산량을 같은 가격으로 판매할 수도 있다. 즉, 독점기업의 경우 하나의 가격에 하나 이상의 공급량이, 혹은 하나의 공급량에 하나 이상의 가격이 대응될 수 있다는 점에서 공급곡선이라는 것이 존재하지 않는다. 이러한 특성은 독점기업이 가격설정자로서 자신의 독점이윤을 극대화하는 수준에서 가격과 생산량을 결정하기 때문에 발생한다.

셋째, 독점균형에서는 언제나 양(+)의 초과이윤이 존재한다. 완전경쟁시장의 경우 단기에서는 정상이윤을 초과하는 이윤이 있을 수 있으나 장기에서는 신규 기업의 진입으로 초과이윤이 없어진다. 그러나 독점시장에서는 진입장벽 때문에 단기균형에서 양의 초과이윤이 있더라도 신규 기업의 진입이 불가능하며, 오히려 독점기업은 생산설비 조정을 통해 장기적으로 더 큰 이윤을 얻을 수 있다.

1.3 가격차별

독점기업은 하나의 시장에서 동일한 가격으로 생산물을 판매하는 것이 보통이다. 그러나 경우에 따라서 독점기업은 두 개 이상의 시장에서 똑같은 생산물에 대하여 서로 다른 가격을 책정함으로써 동일한 가격을 매길 때보다 더 많은 이윤을 올릴 수 있다. 이런 형태의 가격설정을 **가격차별**(price discrimination)이라고 부르는데, 결국 독점력을 이용하여 이윤을 더 높이려는 가격설정 방식이다.

가격차별
두 개 또는 그 이상의 시장에서 같은 생산물에 대하여 서로 다른 가격을 책정하여 동일한 가격을 매길 때보다 더 많은 이윤을 올리는 전략

가격차별의 예는 독점이 아닌 다른 시장에서도 많이 볼 수 있다. 성인과 청소년에게 다른 가격을 부과하는 영화관람료나 피서지의 바가지요금이 이에 속한다. 공공요금에도 여러 가지 종류의 가격차별이 있다. 예를 들어 현재 산업용 전기의 경우 야간요금이 평균적으로 주간요금의 절반에도 미치지 않는다. 가스요금, 수도요금, 철도요금 등에도 이러한 가격차별이 존재한다. 다만 이런 공공요금의 경우에는 이윤을 극대화하려는 데 목적이 있다기보다는 생산물의 사용을 조절하고자 하는 데 그 목적이 있다.

가격차별의 조건
- 시장이 수요의 가격탄력성에 따라 두 개 이상으로 분리가능
- 상품전매 불가능

이러한 가격차별이 성립하기 위해서는 다음의 조건들이 충족되어야 한다. 첫째, 시장이 두 개 이상으로 분리될 수 있고 이들 시장에서 수요의 가격탄력성이 서로 달라야 한다. 예를 들어 어떤 잡지를 학생기숙사와 일반 가정이라는 두 개의 집단을 대상으로 판매하는 경우를 생각해 보자. 이때 만일 두 개의 시장을 쉽게 분리할 수 있고 잡지에 대한 수요의 가격탄력성이 학생기숙사의 경우에는 높고 일반 가정의 경우에는 비교적 낮다면, 독점기업은 두 시장에 대하여 동일한 가격을 설정하기보다는 학생에게 저렴한 가격을, 가정에는 보다 높은 가격을 설정함으로써 이윤을 높일 수 있다.

둘째, 이러한 시장의 분리가 유지되고 가격차별이 이루어지기 위해서는 구매자 간에 상품의 차익거래(arbitrage)가 불가능해야 한다. 낮은 가격으로 상품을 구매한 사람이 높은 가격이 매겨진 시장에 이를 다시 판매할 수 있다면 독점기업의 가격차별은 성립될 수 없다.

생활과경제학

가격차별과 조조할인

극장에서는 왜 조조할인을 할까? 조조할인은 겉으로 보기엔 가격을 내려 손해일 것 같지만 실제로는 오히려 더 많은 수익을 가져다주는 경우가 있다. 구체적인 예를 들어 보자. 영화를 좋아하는 민호와 수지 두 사람이 있다고 하자. 민호는 아직 학생이라 항상 돈이 부족한 편이어서 관람료가 비싸다고 생각되면 과감히 영화보기를 포기한다. 그에게 물어보니 관람료가 5,000원을 넘으면 정말 재미있거나 관심 있는 영화만을 보겠다고 한다. 그런데 수지는 직장인이기 때문에 안정적인 수입이 있어서 관람료가 9,000원 정도 되어도 재미있는 영화는 다 볼 것이라고 한다.

그럼 이제 극장 주인은 관람료를 얼마로 정해야 수입을 가장 많이 올릴 수 있을까? 이번에 상영할 영화는 그럭저럭 재미있는 영화라고 하자. 곰곰이 생각하던 극장 주인은 아침에는 5,000원만 받고 오후에는 9,000원을 받기로 결정했다고 하자. 이러한 가격차별하에서 9,000원의 관람료가 부담스러운 민호는 아침에 일찍 오는 수고를 하고서라도 조조할인 영화를 보는 반면, 수지는 직장인이라 피곤한 데다 9,000원에 별 부담을 느끼지 않기 때문에 오후 늦게 편한 시간에 와서 영화를 볼 것이다. 이러면 극장 주인의 수입은 14,000원이 되는데, 이는 관람료를 오전과 오후 모두 5,000원이나 9,000원으로 하는 경우보다 더 많은 수입이다.

사람들마다 가격에 대한 반응이 다른 점을 이용하여 가격에 민감한 사람에게 할인을 해주고 덜 민감한 사람에게는 비싸게 파는 전략이 가격차별이다. 그런데 극장 주인은 사람마다 가격에 대해 민감한 정도가 다른 것을 어떻게 알 수 있을까? 극장 주인은 직접 물어보지 않고 아침에만 할인하는 방법을 선택한 것이다. 주인은 민호를 잘 알지 못하지만 민호는 아침에 영화를 보러 왔기 때문에 자기가 가격에 대해 민감하다는 것을 스스로 드러내게 된다. 이렇게 가격에 대한 민감도와 관련한 정보가 부족한 상황에서도 거래상대방의 일부 행동을 보고 그에 맞는 전략을 선택할 수 있는 것이다.

출처 : 한국은행 경제교육 홈페이지(http://www.bokeducation.or.kr)

1.4 독점시장의 후생손실과 독점규제정책

독점기업은 경쟁기업보다 생산량이 적다. 따라서 일반적으로 독점기업의 생산물 가격은 경쟁기업의 생산물 가격보다 높다. 이에 따른 자원배분의

■ 그림 5-3

독점의 후생손실

완전경쟁시장과 비교할 때 독점으로 인하여 생산은 줄고 가격은 상승하게 된다. 이에 따라 소비자잉여와 생산자잉여가 각각 $\Delta FE'E$, ΔFM_eE만큼 감소하여 사회적 잉여는 자중손실분 $\Delta EE'M_e$만큼 줄어든다.

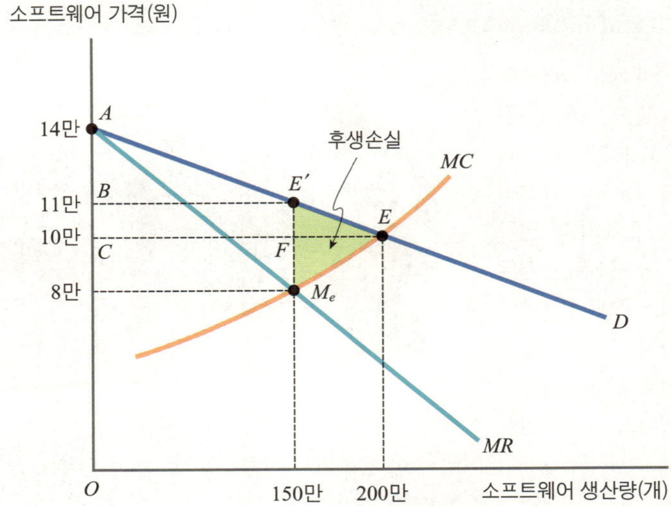

비효율성과 후생손실을 살펴보자.

독점시장의 사회적 후생

- 완전경쟁시장의 사회적 후생보다 낮음
- 소비자잉여의 감소분 중 일부는 생산자잉여로 이전
- 자중손실 또는 후생손실 : 독점으로 인한 사회의 순손실

[그림 5-3]에서 볼 수 있는 바와 같이, 만일 소프트웨어시장이 완전경쟁일 경우 시장균형은 수요곡선 D와 공급곡선 S가 교차하는 점 E에서 달성되며, 균형가격은 10만원, 균형거래량은 200만 개이다. 만약 이 산업이 독점화되면 생산량은 한계비용과 한계수입이 같아지는 점(M_e)에서 결정된다. 이때 독점시장의 가격 11만원은 완전경쟁시장의 가격 10만원보다 높고 생산량 150만 개는 완전경쟁시장의 생산량 200만 개보다 적다. 따라서 독점 하에서 사회적 후생수준은 완전경쟁에 비해 낮다.

[그림 5-3]에서 완전경쟁의 균형 E점에서는 소비자잉여가 ΔACE인 반면, 독점의 균형 E'점에서는 소비자잉여가 $\Delta ABE'$이 된다. 이때 소비자잉여 감소분 중 □$BCE'F$은 생산자의 독점이윤으로 이전되어 생산자잉여를 증가시킨다. 한편 생산자잉여 감소분은 ΔEFM_e와 같다. 종합적으로 보면, 독점으로 인하여 생산이 줄고 가격은 상승하게 되어 소비자잉여와 생산자잉여의 합인 사회적 잉여가 $\Delta EE'M_e$만큼 감소한다. 이는 독점으로 인한 사회후생의 순손실 또는 **자중손실**(deadweight loss)이다.

독점기업이 이러한 사회적 손실을 유발한다고 해서 무조건 나쁜 것은 아니다. 만약 규모의 경제에 의해 자연적으로 독점이 성립되었다면 억지로 경쟁제도를 도입하려고 할 것이 아니라, 산업구조정책 면에서 독점을 허용하고 그 대신에 가격정책 면에서 또는 조세 면에서 독점이윤을 사회 전체의 이익으로 전환하는 것이 바람직할 것이다. 특히 슘페터(Joseph A. Schumpeter)는 독점기업이 새로운 발견과 발명을 촉진하여 생산방법을 효율적으로 혁신한다고 주장했다. 독점의 경우에는 경쟁상대가 없어 새로운 발명이나 기술개발에 의한 비용절감이 모두 독점기업에게 귀속되고, 따라서 초과이윤을 연구개발 등에 투자할 유인이 크기 때문이다.

자연독점의 경우 독점을 허용하고 조세 등으로 독점이윤을 사회 전체의 이익으로 흡수하는 것이 바람직

비용절감이 모두 독점기업에 귀속되므로 초과이윤을 연구개발에 투자할 유인이 큼

그러나 실제 통계자료는 이러한 주장을 완전히 뒷받침하지 못한다. 간단한 반례로 애플 컴퓨터와 구글 검색엔진을 들 수 있다. 잘 알려져 있다시피 둘은 경쟁에 노출되어 있으므로 독점기업보다는 오히려 경쟁기업에 의해 만들어졌다고 보아야 한다. 따라서 독점이 연구개발을 위하여 바람직하다고 일률적으로 말하기는 어렵다.

한편 정책당국은 사전적으로 독점시장이 성립되는 것을 금지하거나 사후적으로 생산량이 완전경쟁시장 수준과 유사해지도록 가격을 규제하여 독점의 비효율성을 줄이려 한다. 독점금지정책은 독점금지법의 제정과 운용이라는 형태로 전개되는데, 그 효시는 1890년에 제정된 미국의 셔먼법(Sherman Act)이다. 우리나라는 1963년 공정거래법 초안이 처음 작성된 이래 1981년 공정거래위원회가 설립되어 경제력 집중 방지와 불공정거래행위 규제를 시행해 오고 있다.

1.4.1 사전적 독점규제정책 : 합병규제와 경쟁촉진정책

독점을 사전적으로 막기 위한 입법조치는 선진국에서도 시행상 많은 어려움이 있었다. 대표적인 예로 미국의 셔먼법은 둘 이상의 기업들이 합병을 통해 상당한 시장지배력을 보유하는 것이 합법인지 위법인지에 대해 명확히 규정하지 않았다. 또한 1960년대 중반까지 반독점법(antitrust law)은 합병이 경제적 효율성을 증가시킬 수 있는 가능성을 고려하지 않고 집행되었다.

수평적 합병
- 동일한 산업 내의 기업들 간 합병
- 합병된 기업이 개별 기업보다 생산비용 측면에서 효율적일 경우 바람직

실제로 동일한 산업 내의 기업들 간 **수평적 합병**(horizontal mergers)에 대한 사전적 규제정책의 핵심은 새로 합병된 기업이 기존의 개별 기업들보다 생산비용 측면에서 더 효율적인가 아니면 덜 효율적인가를 심의 · 평가하는 것이다. 즉, 합병을 통한 시장점유율 증대 자체를 무조건 나쁘게 보는 것이 아니라, 이로 인해 소비자가 얻게 되는 이익이 증가하는지 여부가 더 중요하므로 이를 기준으로 독점을 사전적으로 규제하는 것이다.

예를 들어 어떤 기업은 좋은 상품을 가지고 있지만 소비자에게 판매하는 유통시스템은 나쁠 수 있는 반면에, 경쟁관계에 있는 다른 기업의 유통시스템은 좋지만 상품이 나쁠 수 있다. 또는 두 경쟁기업들이 각각 절반밖에 채워지지 않은 대규모의 창고시스템을 갖고 있다면 합병을 통해 창고들을 통합하여 비용을 크게 감소시킬 수 있을 것이다. 대기업이 합병을 발표할 때 흔히 새로 합병될 기업이 더 효율적이고 비용이 낮을 것이라고 주장하는데, 이는 그렇지 않으면 합병이 승인되지 않을 것이라는 사실을 잘 알고 있기 때문이다. 따라서 과연 이러한 주장이 옳은가에 대한 판단은 정확한 경제학적 분석을 토대로 이루어져야 한다.

경쟁촉진정책
- 진입장벽의 제거, 기회균등의 확대 등
- 누진적 상속세율, 중소기업 육성 정책

이 밖에 독점을 사전적으로 막기 위해서는 **경쟁촉진정책**도 필요하다. 산업에 대한 진입장벽 제거, 기회균등의 확대 등을 통해 최대한 시장 자율에 맡겨 경쟁을 촉진시킴으로써 사전에 독점을 막는 것이다. 예를 들어 누진적인 상속세율은 장기적으로 볼 때 소득분배의 형평성을 제고할 뿐만 아니라 독점을 예방하는 효과도 있다. 그리고 중소기업을 육성하는 정책도 간접적으로 독점을 방지할 수 있다.

1.4.2 사후적 독점규제정책 : 가격규제와 국유화

우리는 독점시장에서 $P > MC = MR$이 성립되는 점에서 생산이 이루어지고 이것이 비효율성을 가져옴을 보았다. 사회후생의 손실 또는 자중손실이라고 불리는 삼각형의 크기가 바로 완전경쟁시장과 비교한 독점시장의 후생손실이었다. 따라서 독점시장의 생산량을 완전경쟁시장과 같도록 가격을 규제하는 **한계비용가격설정**($P = MC$) 정책을 시행한다면 독점으로 인한 후생손

가격규제의 방법
- 한계비용가격설정
- 평균비용가격설정

실은 줄어들 것이다.

한편 또 다른 사후적 독점규제정책으로 국유화가 있다. 민간이 소유한 독점산업이나 기업의 소유권을 국가에 이관하는 것을 **국유화**(nationalization) 또는 **국가독점**(state monopoly)이라 한다. 이 방법은 주로 철도, 전력, 가스, 상수도 등의 분야에서 많이 행해지고 있다. 사실 독점의 폐해를 막을 수 있다는 점에서 국유화가 하나의 대안이 될 수는 있으나, 궁극적으로 효율성의 문제를 야기하고 국가 소유라는 측면에서 정치권의 영향을 받기 때문에 완벽한 대안은 아니다.

국유화(국가독점)
민간 소유의 독점산업이나 기업 소유권을 국가에 이관하는 것

최근에는 경제학자들의 주장을 받아들여 세계적으로 공기업의 민영화가 진행되고 있다. 특히 영국의 경우 대처(Margaret Thatcher) 수상 시절에 약 40%에 이르는 공기업이 민영화되었고, 우리나라도 상하수도, 전기, 가스 등 산업의 민영화에 대한 논의가 있어 왔다.

2 독점적 경쟁시장

우리는 앞서 완전경쟁시장과 독점시장에서의 가격과 생산에 대해 살펴보았다. 그러나 현실세계에서는 완전경쟁시장이나 독점시장과 같은 극단적인 시장구조를 찾아보기는 어렵고, 양 극단의 중간 형태인 독점적 경정과 과점시장이 일반적이다.

독점적 경쟁(monopolistic competition)이란 시장에의 진입과 이탈이 자유롭고 다수의 공급자들이 존재하지만 시장에 공급되는 상품들은 적어도 수요자들의 입장에서 볼 때 서로 어느 정도의 이질성이 있는 시장을 말한다. 예를 들면 맛집 음식점, 병원, 주유소, 미용실, 커피전문점 등이다. 공급자가 많아서 어떤 공급자의 가격변경이 다른 공급자에게 별다른 영향을 주지 않는 점은 완전경쟁의 경우와 다를 바가 없으나 서로 다른 공급자의 상품이 이질적이라는 면에서 차이가 있다.

독점적 경쟁
- 진입과 이탈이 자유롭고 다수의 공급자들이 존재
- 수요자들의 입장에서 이질적 상품

독점적 경쟁시장의 특징
- 다수의 공급자
- 이질적인 재화
- 낮은 진입장벽
- 비가격경쟁

이러한 독점적 경쟁시장의 특징을 보다 구체적으로 살펴보면 다음과 같다.

첫째, 시장 내에는 다수의 기업이 존재하므로 개별 기업은 다른 기업들

의 행동 및 전략을 고려하지 않고 독립적으로 가격 및 생산량을 결정한다. 다시 말해서 기업의 의사결정 과정에서 상호의존성이 적다.

둘째, 각 기업은 이질적인 재화의 생산을 통한 제품차별화를 시도한다. 따라서 각 생산자는 자신의 단골 소비자를 보유하고 있으며, 이에 따라 개별 기업은 어느 정도의 시장지배력을 보유한다. 예를 들어 이른바 '애플 마니아(Apple mania)'를 거느리고 있는 애플사는 스마트폰 시장이 경쟁시장임에도 불구하고 특정 소비자들에게는 독점적 지위를 누리고 있다.

셋째, 낮은 진입장벽을 가지고 있다. 기업들은 시장에 들어오고 나가는 데 아무런 장애가 없으므로 초과이윤이 있을 때는 진입하고 손실이 발생할 때는 시장을 나가게 된다. 결국 모든 기업은 장기에 정상이윤만을 누릴 수 있다.

넷째, 각 기업은 대체성이 높은 재화를 생산하므로 판매 증대를 위해 가격경쟁 이외에 광고 · 서비스 등의 비가격경쟁을 펼친다. 이는 TV, 신문, 인터넷, 라디오 등의 방송매체를 통해 나오는 여러 광고를 통해 쉽게 알 수 있다.

2.1 독점적 경쟁기업의 균형

독점적 경쟁시장에서 어떤 기업의 상품은 다른 기업의 상품과 어느 정도 이질적이므로 이들 상품은 완전대체재가 아니니다. 따라서 각 기업은 자기 상품을 선호하는 소비자들에 대하여 어느 정도의 시장지배력을 갖는다. 즉, 독점적 경쟁기업은 이윤극대화를 위하여 자기 상품의 가격을 조정할 수 있다. 완전경쟁시장의 기업은 수동적인 가격수용자(price taker)로서 시장지배력이 전혀 없는 데 반해, 독점적 경쟁시장의 기업은 능동적인 가격설정자(price setter)로서 시장지배력을 갖는 것이다.

독점적 경쟁기업의 수요곡선
- 우하향 : 가격설정자
- 독점기업의 수요곡선보다 탄력적

따라서 독점적 경쟁기업인 '그린게임(GreenGame)'이 직면하는 수요곡선은 완전경쟁기업의 경우와 같은 수평선이 아니라 [그림 5-4]에서처럼 우하향한다. 수요곡선이 우하향한다는 것은 그린게임이 판매량을 늘리기 위해 게임CD의 가격을 인하해야 한다는 것을 나타낸다. 또 판매량의 증가에 따라

■ 그림 5-4

독점적 경쟁기업의 수요곡선과 한계수입곡선

독점적 경쟁시장의 기업은 가격설정자로서 일정한 시장지배력을 갖는다. 따라서 그린게임이 직면하는 수요곡선(D)은 우하향하며, 한계수입곡선(MR) 또한 수요곡선의 아래쪽에서 우하향하는 형태를 보인다.

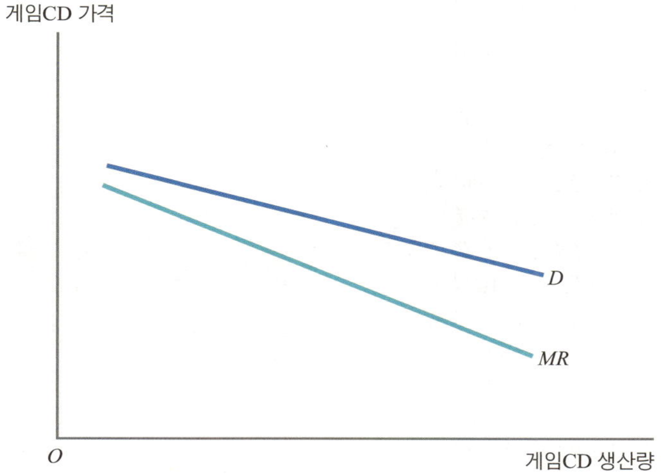

서 가격(평균수입)이 감소한다는 것은 한계수입이 가격보다 작다는 것을 의미한다. 이것은 독점의 경우와 마찬가지이다. 하지만 다수의 대체재가 존재한다는 점에서 수요곡선은 독점의 경우보다 탄력적이다.

2.1.1 단기균형

독점적 경쟁시장에서 단기적으로는 진입과 이탈이 불가능하므로 독점적 경쟁기업의 단기균형은 독점의 경우와 같다. 따라서 그린게임은 단순한 가격수용자가 아니라, [그림 5-5]의 (a)와 같이 $MR = MC$의 조건이 달성되어 이윤이 극대화될 때까지 게임CD의 생산량을 조정하고 가격을 설정한다($P > MC$). 이때 그림에서 색칠한 부분이 그린게임의 단기이윤을 나타낸다.

독점적 경쟁시장의 균형은 독점과 유사하여 초과이윤이 존재

2.1.2 장기균형

독점적 경쟁기업인 그린게임의 초과이윤(예를 들어 [그림 5-5]의 (a))이나 초과손실은 장기적으로 계속될 수 없다. 새로운 기업이 게임 소프트웨어산업으로 진입하거나 기존 기업이 이탈할 것이기 때문이다. 독점적 경쟁시장에서

장기균형
- 기업의 진입과 이탈이 자유롭기 때문에 초과이윤 소멸
- 초과이윤이 존재하는 경우 새로운 기업이 진입하여 개별 기업이 직면하는 수요곡선은 좌측 이동

그림 5-5

독점적 경쟁기업의 균형

독점적 경쟁기업의 단기균형은 독점의 경우와 동일하다. 한계비용(MC)과 한계수입(MR)이 일치하는 점에서 게임 CD 생산량이 결정되며, 이에 따라 그린게임은 색칠한 부분만큼의 초과이윤을 얻는다. 장기적으로 독점적 경쟁기업의 초과이윤이나 초과손실은 각각 새로운 기업의 진입이나 퇴출로 인하여 조정과정을 거친다. 이때 그린게임이 선택하는 생산량(1,000장)은 장기평균비용곡선(AC)의 최저점에 해당하는 최적규모의 생산량 수준(1,100장)보다 적은 수준이다.

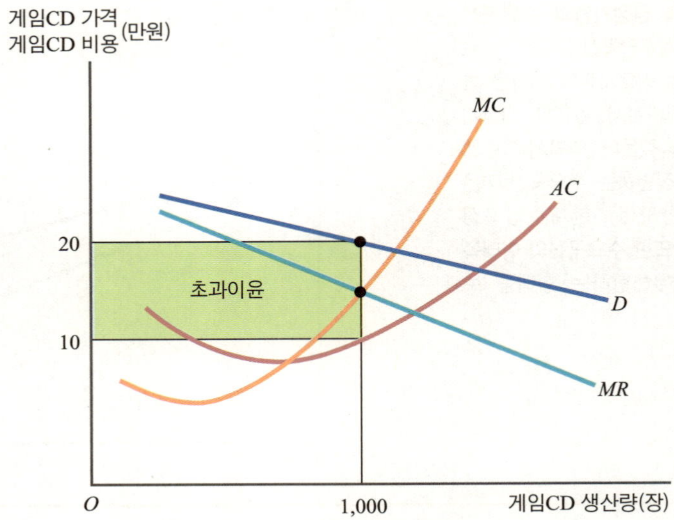

(a) 독점적 경쟁기업의 단기균형

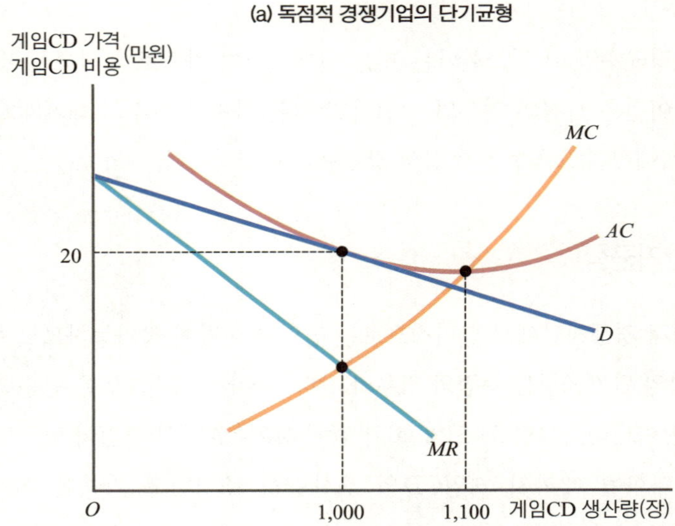

(b) 독점적 경쟁기업의 장기균형

는 적어도 장기적으로 새로운 기업이 진입하거나 이탈하는 데 아무런 장애가 없다. 따라서 기존 기업이 초과이윤을 누리고 있는 한 새로운 기업의 진입은 멈추지 않을 것이다. 반대로 기존 기업이 손실을 경험하는 경우 기업은 게임

산업을 떠나게 될 것이다. 이제 초과이윤이 존재하여 신규 기업이 진입하는 경우를 생각해 보자.

초과이윤이 존재할 경우 새로운 게임 제작사가 계속 진입해 유사상품이 더 많이 공급된다. 이로 인하여 기존 기업의 게임 소프트웨어에 대한 수요가 점점 감소하면서 그린게임의 수요곡선도 점차 좌측으로 이동한다. 그 결과 수요곡선은 [그림 5-5]의 (b)에서 볼 수 있듯이 평균비용곡선과 접하게 되고, 그린게임의 CD 생산량은 1,000장이 된다. 이때 그린게임의 초과이윤은 0이 되고 $MR = MC$의 조건도 충족된다. 이와 같이 독점적 경쟁시장에서는 개별 기업의 수요곡선이 우하향하지만 장기적으로는 초과이윤이 0이 되는 균형상태에 도달한다.

독점적 경쟁시장에서는 각 기업이 최적규모의 생산능력(optimum capacity), 즉 [그림 5-5]의 (b)에서 장기평균비용곡선(AC)의 최저점에 대응하는 1,100장보다 적은 수준에서 생산하게 된다. 바꾸어 말하면, 장기적으로 그린게임은 생산능력을 100% 이용하지 않고 100장만큼의 **초과생산능력**(excess capacity) 또는 **과잉설비**를 지니게 된다. 최적규모인 AC의 최저점에서 1,100장을 생산하지 않고 1,000장만큼만 생산함으로써 생산규모를 비효율적으로 이용하고 있는 것이다. 만약 그린게임이 초과생산능력을 완전하게 가동한다면 평균수입이 평균비용보다 작아져서 손실을 입게 된다.

장기균형으로의 조정과정

- 단기균형 – 초과이윤 (초과손실)
  ↓
- 조정 과정: 새로운(기존) 기업 진입(퇴출) ↓ 수요곡선 좌측(우측) 이동
  ↓
- 장기균형 – 정상이윤

2.2 독점적 경쟁시장의 비효율성

지금까지 살펴본 독점적 경쟁시장의 균형은 우리가 이미 완전경쟁시장과 독점시장에서 배운 것으로부터 쉽게 유추해 볼 수 있다. 다만 독점적 경쟁시장은 각 기업의 상품이 다른 기업과 질적으로 다르다고 전제한다는 점에서 완전경쟁시장보다 현실에 더 부합한다. 이제 독점적 경쟁시장의 특징을 완전경쟁시장과 비교해서 정리해 보자.

첫째, 완전경쟁기업의 생산은 평균비용곡선의 최저점에서 이루어지는 데 반해, 독점적 경쟁기업의 생산은 최저평균비용보다 높은 수준에서 이루어진

독점적 경쟁시장의 비효율성
- 초과생산능력이 존재
- 독점이윤이 존재($P > MC$)
- 상품차별을 위한 비가격경쟁

다. 다시 말해서 독점적 경쟁기업의 경우 초과생산능력이 존재하게 된다. 이는 기업의 생산품이 각기 특색이 있어서 어느 정도 독점력을 갖기 때문이다.

둘째, 독점적 경쟁기업의 상품가격은 완전경쟁기업보다 높다. 완전경쟁기업의 가격은 한계비용과 같은 반면, 독점적 경쟁기업의 가격은 한계비용보다 높다. 이 점이 독점적 경쟁시장의 독점적 측면이다. 그러나 이는 상품 간의 차별성에 기인하므로 만일 상품 간의 대체성이 증가한다면 그 차이는 감소할 것이다. 한편 효율성과 관련하여 우리는 제4장(5.3 생산적 효율성과 배분적 효율성)에서 경쟁시장의 경우 생산적 효율성과 배분적 효율성이 성립함을 확인하였다. 그러나 독점적 경쟁시장에서는 생산수준이 평균비용의 최저점이 아니고 가격도 한계비용보다 높으므로 두 가지 효율성이 모두 달성되지 않는다.

국내 주요 커피전문점 매장 수
(2018년 말 기준, 단위 : 개)

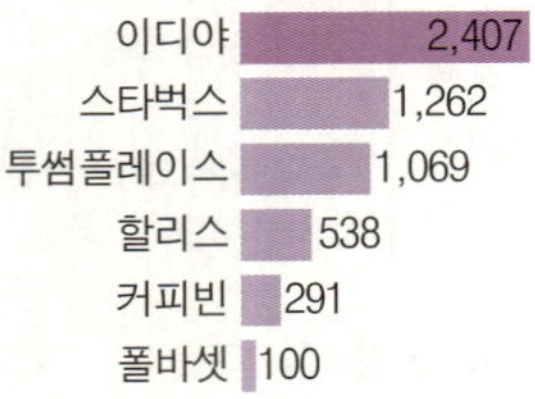

음료는 물론 아침과 디저트 메뉴를 강화하는 방식으로 차별화를 시도
대학가에선 '카공족(카페에서 공부하는 개인)'을 겨냥해 1인 좌석과 콘센트를 늘리고
(biz.chosun.com 2019. 4. 18.)

셋째, 독점적 경쟁기업은 **상품차별화**(product differentiation)를 통해 자기 상품의 특색을 부각시켜 소비자에 대한 독점력을 제고하려고 노력한다. 보다 구체적으로 각 기업은 가격경쟁과 함께 비가격경쟁을 한다. **비가격경쟁**이란 품질개선, 디자인, 광고 등의 수단으로 자기 상품에 대한 수요를 증가시키기 위하여 노력하는 것이다. 완전경쟁시장의 경우에는 기업이 비가격경쟁에 따른 비용을 부담할 필요가 없지만, 독점적 경쟁시장에서는 이러한 비용이 총비용에서 상당한 비중을 차지한다.

뉴스와경제학

독과점화 상승추세—연구개발 소홀로 경쟁력 약화

공정거래위원회가 한국개발연구원(KDI)에 의뢰하여 조사한 바에 의하면 2008년 말 현재 '독과점구조 고착산업'은 모두 46개로 조사됐다. 독과점구조 고착산업은 상위 1개사의 시장점유율이 50% 이상인 경우나 상위 3개사의 시장점유율 합계가 75% 이상인 경우를 기준으로 삼는다. 이들 46개 산업은 정유, 승용차, 반도체, 타이어, 라면, 맥주, 커피, 설탕, 화약 등이었다. 특히 승용차, 담배, 라면, 화약, 위스키 산업은 상위 3사의 집중도가 최소 5.5%포인트에서 최대 9%포인트까지 큰 폭으로 상승했다.

정유의 경우 SK에너지, GS칼텍스, 현대오일뱅크, S-Oil 등 4개 기업이 과점시장을 이루고 있고, 자동차는 현대차와 기아차가 70% 넘는 시장점유율을 보인다. 담배는 KT&G가 70%의 시장점유율을, 라면은 농심이 60%를 상회한 가운데 오뚜기, 삼양식품, 한국야쿠르트가 나머지 시장을 차지하고 있다. 커피는 동서

식품과 한국네슬레가 시장을 과점하고 있고, 화약산업은 한화가 시장점유율 80%가 넘는 지배적 사업자로 활동 중이다.

이들 독과점구조 고착산업이 갖는 문제점은 경쟁이 줄어들며 비효율이 발생한다는 점이다.

공정위는 이들 산업의 영업이익률과 연구개발(R&D)비율, 해외개방도 등을 지적했다. 독과점이 고착화된 산업의 평균 영업이익률은 높은 반면, R&D 투자비율은 1.7%로 전체 평균 2%보다 낮아 연구개발에 힘을 덜 쏟는 것으로 조사됐다. 해외개방도 역시 27.4%로 전체 평균 30.2%보다 낮았다. 해외개방도가 낮은 만큼 내수집중도는 전체 평균보다 월등히 높았다.

시장지배력 남용 가능성이 있는 독과점구조 고착사업

(단위 : %, 억원)

	시장집중도 (CR3)	영업이익률	연구개발 투자비율	해외개방도	내수집중도	중간규모 출하액
정유	81.8	13.8	0.1	31.8	67.3	5,580
승용차	90.5	25.4	2.8	37.3	80.5	15,960
담배	99.7	50.3	1.8	19.6	89.4	3,570
라면	83.6	30.8	0.9	23.8	67.7	30
맥주	100.0	62.6	0.6	19.9	84.1	3,010
커피	83.7	29.8	0.9	23.8	67.9	70
설탕	100.0	30.1	0.9	23.8	81.0	3,320
판유리	99.7	32.4	1.0	26.2	76.8	680
화학	97.8	41.3	1.6	33.7	69.2	40
조미료	99.3	33.0	0.9	23.8	80.4	70
46개 독과점산업 평균	92.9	32.5	1.7	27.4	67.8	1,025
광업 · 제조업 전체 평균	45.5	30.2	2.0	30.2	32.1	154

출처 : 뉴스토마토(www.newstomato.co.kr), 2010. 12. 21.

3 과점시장

과점(oligopoly)**시장**은 높은 진입장벽 아래에서 소수의 생산자가 동질적이거나 유사한 재화를 공급하는 시장이다. 과점은 해당 산업의 재화가 동질적이냐 이질적이냐에 따라 순수과점(pure oligopoly 또는 동질적 과점)과 차별과점(differen-tiated oligopoly)으로 나뉜다. 전자의 예로는 휘발유, 시멘트 등이 있고, 후자의 예로는 가전제품, 자동차, 휴대폰, 이동통신 서비스 등이 있

과점시장
- 소수의 생산자가 상품을 공급하는 시장 : 순수과점과 차별과점
- 기업의 행동이 상호의존적
- 담합이 가능

다. 이 중에서도 우리나라의 이동통신 서비스는 3개 회사만이 공급을 하고 있어서 대표적인 과점시장이라 볼 수 있다.

완전경쟁이나 독점 및 독점적 경쟁의 경우에는 대표적 기업의 행동을 분석해서 이론적으로 일관된 가설을 세울 수 있는 데 반해, 과점시장에서는 일관된 일반이론을 확립하기가 쉽지 않다. 그것은 무엇보다 과점시장에서 기업의 행동이 경쟁상대의 반응(reaction)에 따라 좌우되기 때문이다. 완전경쟁의 경우에는 산업 내에 존재하는 기업 수가 너무 많아 개별 기업이 시장 전체에 거의 영향을 미치지 못하므로 각 기업은 독립적으로 의사결정을 한다. 또한 독점의 경우(간접적 경쟁이나 잠재적 경쟁을 제외하고는) 아무런 경쟁상대가 없어 기업 간 상호의존성이 존재하지 않는다.

반면에 과점기업은 상호의존적이기 때문에 항상 다른 기업의 가격이나 산출량에 대한 정보를 수집해야 한다. 또한 자기 회사 제품에 대한 가격과 산출량을 결정할 때도 상대방의 반응을 염두에 두어야 한다.

과점시장의 특징
- 소수의 기업
- 높은 진입장벽
- 비가격경쟁
- 비경쟁행위

이러한 과점시장의 특징을 정리하면 다음과 같다. 첫째, 기업의 수가 적어 기업 간 상호의존성이 있기 때문에 개별 기업은 항상 경쟁기업의 반응을 감안하면서 의사결정을 내린다. 둘째, 높은 진입장벽이 존재한다. 진입장벽이 낮다면 소수의 기업만 존재하는 상황이 유지될 수 없다. 셋째, 비가격경쟁이 존재한다. 과점시장의 재화는 동일하거나 유사하기 때문에 비가격경쟁이 독점적 경쟁에서보다 더 치열하게 나타난다. 넷째, 비경쟁행위가 존재한다. 과점기업들은 가격과 생산량에 대해 구속력이 있는 협정을 맺어 담합(collusion)을 하거나 카르텔(cartel)을 결성함으로써 기업 간 경쟁을 제한할 수 있다.

우리나라의 대표적 과점시장인 이동통신시장에서 3개 회사(SK텔레콤, KT, LG유플러스)가 2013년 초 LTE 무제한 요금제를 도입한 과정을 보면 과점시장의 특성이 실제로 어떻게 나타나는지를 잘 알 수 있다. LG유플러스가 LTE 무제한 요금제를 선제적으로 도입한 것은 통신 서비스의 질이 대동소이한 상황에서 소비자들의 관심을 바로 끌 수 있는 요금제 전략을 선택한 것으로 볼 수 있다. 이에 SK텔레콤과 KT도 비슷한 서비스를 즉시 출시하겠다고 발표했다. 즉, 한 회사의 전략적 선택이 곧바로 다른 회사에 큰 영향을 미치는 과점시장의 특성이 그대로 나타난 것이다.

한편 이러한 전략적 선택의 결과가 새로운 담합의 사례를 보여주고 있다는 분석도 있다. 이동통신 3사 모두 LTE 무제한 요금제의 기본료가 기존의 평균요금 제보다 훨씬 비싸고 서비스 제공 조건도 서로 비슷하기 때문이다. 치열한 경쟁을 하는 것처럼 행동하다가도 결국에는 더 많은 이익을 남기기 위해 암묵적으로 비슷한 가격을 책정하는 과점기업의 전형적인 담합 현상인 것이다.

3.1 과점시장에 대한 게임이론적 접근

포커게임을 할 때 최종적으로 누가 걸려 있는 돈을 모두 가져갈지는 자신의 행동뿐만 아니라 상대방의 행동에 의해서도 영향을 받으며, 게임 결과에서도 돈을 번 사람은 좋지만 잃은 사람은 억울해 하는 등 이해가 상충된다. 이처럼 행동의 결과에 대해 이해관계가 상반되는 상황을 갈등상황이라고 한다. 이때 갈등상황에 처해 있는 사람들은 상대방의 행동을 추측하고, 이에 따라 자신의 이익을 최대로 할 수 있는 행동을 취하려 한다. **게임이론**(game theory)은 이러한 갈등상황을 묘사하고, 이 상황에서 사람들의 전략적 의사결정의 결과를 밝히는 수리적 모형이다. 예를 들어 앞서 살펴본 과점시장의 상황도 갈등상황이기 때문에 과점시장 분석에 게임이론이 널리 응용되고 있다.

게임이론
갈등상황에서 사람들의 전략적 의사결정의 결과를 밝히는 모형

3.1.1 게임이론의 기본과 내쉬 균형

갈등상황에 해당하는 게임은 바둑, 장기, 체스, 윷놀이, 과점시장 등 수도 없이 많다. 그러나 이러한 모든 게임에 공통적으로 포함되는 요소는 **경기자**(player), **전략**(strategy), **게임의 보수**(payoff) 세 가지로 요약할 수 있다.

게임이론의 구성요소
- 경기자 : 게임의 의사결정 주체
- 전략 : 경기자가 게임에서 사용할 수 있는 행동의 집합
- 보수 : 게임의 결과에 대한 경기자들의 만족 또는 이득

경기자는 말 그대로 게임에 참여하는 사람으로 게임의 의사결정 주체이다. 게임이론에서는 자신의 이익이 극대화되도록 행동하는 합리적 경기자를 상정한다. 전략이란 경기자가 게임 도중에 사용할 수 있는 행동의 집합을 말한다. 한편 각 경기자들이 어떤 행동을 하면 이에 대응해서 게임의 결과가 나

타나게 되는데, 이 결과에 대해 각 경기자들이 얼마만큼의 만족을 느끼는지 혹은 얼마만큼의 이득을 얻게 되는지를 나타내는 것이 게임의 보수이다.

앞에서 나열한 세 가지 요소에 어떤 특정한 게임의 구체적인 내용을 대응시키면 게임은 하나의 모형으로 표시될 수 있다. 이러한 세 가지 요소를 일목요연하게 나타낸 것이 바로 **보수행렬**(payoff matrix)이다. 게임이론의 목적은 이 보수행렬에 기초하여 주어진 상황에서 나타날 수 있는 결과를 풀어내는 것이다. 이렇게 풀어낸 결과를 보통 **해**(solution) 혹은 **균형**(equilibrium)이라고 한다. 게임상황은 상호의존적인 합리적 경기자들의 의사결정 상황이므로 게임의 균형은 경기자들의 합리성에 부합해야 한다. 만약 그렇지 못하다면 현재 자신이 취하는 행동을 변경할 유인을 갖기 때문이다.

사람들의 행동에 대한 가정에 따라 게임이론에서 제시되는 균형의 개념이 정의된다. 대표적인 예로 각 경기자들이 상대방의 전략을 주어진 것으로 보고 자신의 보수를 극대화시키는 행동을 취한다고 가정할 때 정의되는 균형의 개념을 **내쉬 균형**(Nash equilibrium)이라 한다. 이는 게임이론의 선구자였던 프린스턴대학의 노벨 경제학상 수상자인 존 내쉬(John Nash)의 이름을 딴 것이다.

내쉬 균형
상대방의 전략을 주어진 것으로 보고 자신의 보수를 극대화시키는 행동에 의한 균형

이제 게임이론의 기본적 특성을 구체적으로 살펴보기 위해 두 과점기업, 그린게임과 블루게임이 각각 시장에 내놓을 게임기의 가격을 결정하는 상황을 분석해 보자. 설명을 단순하게 하기 위해 각 기업의 경영자는 게임기 가격을 20만원 아니면 30만원으로 정한다고 가정하자. 각 기업이 이렇게 설정한 가격이 더 많은 이윤을 가져다줄지는 다른 기업이 정한 가격에 영향을 받는다.

[표 5-1]은 그린게임과 블루게임의 게임기 가격 결정의 조합으로부터 각각의 기업이 얻는 보수행렬을 나타내고 있다. 이때 보수는 각 기업의 가격 설정에 따른 월별 이윤을 말하는데, 괄호 안의 숫자 중 왼쪽이 그린게임의 이윤을, 오른쪽이 블루게임의 이윤을 나타낸다. 가령 그린게임이 가격을 30만원으로 설정하고 블루게임이 20만원으로 설정하면 그린게임은 1억원, 블루게임은 10억원의 이윤을 매달 얻게 된다. 따라서 이 보수행렬은 그린게임과 블루게임이 이윤을 높이기 위해 어떤 가격을 설정할 것인가를 결정하는 상황을 묘사한 것이다.

표 5-1

보수행렬

우월전략(20만원, 20만원)에서는 상대방이 어떤 전략을 선택하든 각 기업에게 보다 높은 이익을 가져다준다.

		블루게임	
		30만원	20만원
그린게임	30만원	(8억원, 8억원)	(1억원, 10억원)
	20만원	(10억원, 1억원)	(4억원, 4억원)

이러한 과점게임의 상황에서 내쉬 균형을 구해 보자. 그린게임이 게임기 가격을 30만원으로 정했다고 가정하자. 그렇다면 블루게임은 그린게임기 가격 30만원을 주어진 것으로 보고 자신의 보수를 극대화하기 위해 게임기 가격을 20만원으로 정할 것이다. 왜냐하면 블루게임이 게임기 가격을 30만원으로 하면 이윤이 8억원인 데 반해, 20만원으로 정하면 이윤이 10억원이기 때문이다. 이처럼 블루게임이 그린게임의 고가(30만원)전략에 저가(20만원)전략으로 대응할 것이라고 예상되면 그린게임은 고가전략을 선택하지 않을 것이다. 이는 블루게임의 저가전략을 주어진 것으로 보면 그린게임은 저가전략을 선택해야만 자신의 보수를 극대화할 수 있기 때문이다. 따라서 그린게임과 블루게임이 모두 게임기 가격을 20만원으로 결정하는 저가전략을 선택하는 상황만이 이 게임의 내쉬 균형이 될 수 있다.

[표 5-1]을 보면 그린게임이 30만원이나 20만원 중 어떤 가격을 결정하든 블루게임은 20만원으로 대응하는 것이 자신의 보수를 극대화함을 알 수 있다. 그린게임의 경우에도 블루게임의 어떤 가격 결정에 대해서도 20만원이 우월한 전략임을 알 수 있다. 이처럼 상대방의 전략 선택 여하에 관계없이 전략조합(20만원, 20만원)은 각 기업에게 보다 높은 보수를 가져다주는데, 이러한 전략을 **우월전략** 또는 **지배전략**(dominant strategy)이라고 한다. 그리고 이런 전략들의 조합으로 이루어진 균형을 **우월전략 균형**이라고 한다.

우월전략(지배전략)
상대방의 전략 선택과 무관하게 보다 높은 보수를 가져오는 전략

3.1.2 용의자의 딜레마

[표 5-1]에서 내쉬 균형은 두 과점기업 그린게임과 블루게임 모두에게

만족스러운 결과를 가져다주지 않는다. 두 기업은 모두 게임기 가격을 20만원으로 결정했다면 매달 4억원의 이윤을 얻지만, 만약 두 기업 모두 30만원으로 정했다면 각각 매달 8억원의 이윤을 얻을 수 있기 때문이다. 즉, 두 과점기업이 서로 협조해서 고가(30만원)전략을 선택했다면 더 높은 이윤을 가져오는 **협조적 균형**(cooperative equilibrium)을 달성할 수 있었을 것이다. 그러나 앞서 내쉬 균형과 우월전략 균형의 예측처럼 그린게임과 블루게임 간 가격결정게임의 결과는 두 기업이 각각 자신의 이윤을 추구하는 **비협조적 균형**(non-cooperative equilibrium)이 될 가능성이 높다.

협조적 균형과 비협조적 균형
복수의 내쉬 균형이 있는 경우에 두 과점기업의 협조 여부에 따른 분류

이처럼 게임의 경기자들이 서로 우월전략을 선택하여 결과적으로 모두에게 보수가 더 낮은 비협조적 균형이 나타나는 상황을 **용의자의 딜레마**(prisoner's dilemma)라고 한다. 이는 경찰에 체포된 두 용의자가 처한 상황과 비슷한 데서 붙여진 이름이다. 범죄에 대한 증거가 부족한 경우 경찰이 용의자들을 서로 떼어놓은 후 각자에게 범죄를 자백하고 다른 용의자에 대해 범인이라고 증언하면 징역형을 줄여주겠다고 제안할 수 있다. 이때 두 용의자가 협조하여 모두 침묵을 지킨다면 곧 석방될 것이지만, 각자의 입장에서 (비협조적) 우월전략은 범죄를 자백하는 것이기 때문에 두 용의자 모두 자백을 하고 징역형을 받게 될 것이다.

용의자의 딜레마
서로 우월전략을 선택하여 비협조적 균형을 얻게 되는 상황

현실과경제학

자진신고 감면제도와 용의자의 딜레마

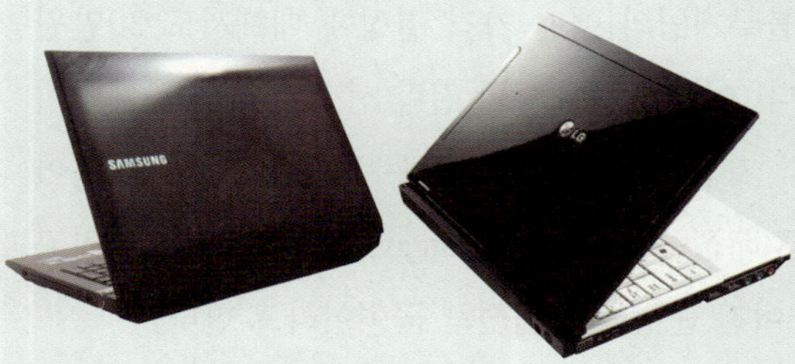

지난 2012년 1월 12일 공정거래위원회는 삼성전자와 LG전자가 2008년 7월부터 2009년 9월까지 세탁기·텔레비전·노트북 등의 소비자 판매가격을 일정 수준으로 유지하거나 인상하기로 담합했다고 발표하였다. 세탁기·LCD와 같은 평판 텔레비전 시장에선 두 회사가 90% 이상의 시장을 점유하고 있었던 탓에 가격 담합이 손쉽게 이뤄졌다. 노트북의 경우, 삼성전자와 LG전자는 2008년 센트리노2 칩이 탑재된 노트북을 나란히 출시했다. 그런데 당시는 글로벌 금융위기로 환율이 크게 올라 노트북 제조업체들의 적자폭이 커진 상황이었다. 이에 두 회사 영업담당자들은 제품 출시를 앞두고 두 차례에 걸쳐 담합하여 140여 종의 노트

북 가격을 2만 9천원~20만원씩 인상했다.

최근 IT기술의 발달로 기업들의 담합행위는 갈수록 교묘해지고 있다. 이러한 상황에서 큰 비용을 들이지 않고 손쉽게 담합을 적발할 수 있는 방법이 있다. 담합에 참여한 기업이 자백하도록 하는 것이다. 이러한 취지로 도입된 제도가 자진신고 감면제도(leniency program)이다. 자진신고 감면제도는 말 그대로 먼저 자백하는 기업의 과징금을 면제해 주는 것이다. 이렇게 하면 담합에 공모한 기업들은 '용의자의 딜레마' 상황에 빠지게 된다. 다른 기업들이 침묵한다면 공정거래위원회의 적발 확률이 낮아져 기대비용이 낮지만 자백하면 100% 면제되므로 자백이 유리하게 된다. 따라서 다른 기업이 언제 자진신고를 할지 모르기 때문에 서로 앞다퉈 자진신고를 하게 된다.

이 제도는 1997년 국내에 도입됐고, 2005년부터 활성화됐다. 제도 도입 초기에는 공정거래위원회가 과징금을 어떻게 깎을지를 사안별로 결정해 자의성이 컸다. 기업들은 자진신고를 해도 과징금을 얼마나 감면받을 수 있는지 예측할 수 없었기 때문에 별로 활용하지 않았다. 그러나 2005년 들어 1순위로 자진신고한 기업은 과징금을 전액 감면해 주고 2순위로 자진신고한 기업은 50% 감면해 주는 내용으로 법이 개정되자, 자진신고가 급증했다.

출처 : 신성휘, "자진신고 감면제도와 용의자의 딜레마", 『KDI 클릭경제교육』, KDI 경제정보센터, 2012. 3.

3.2 과점시장의 비효율성

과점시장의 비효율성
- 비가격경쟁으로 가격상승
- 초과생산능력이 존재

과점시장은 경제적 후생에 어떠한 영향을 미치는가? 이 문제에 대한 해답도 과점의 유형에 따라 다르므로 한 가지로 답할 수 없다. 대체로 과점의 경제적 효과는 독점적 경쟁과 독점의 중간에 해당한다.

과점시장에서는 가격경쟁보다 오히려 비가격경쟁이 보편적이다. 특히 과점기업은 시장점유율을 늘리기 위하여 광고나 선전을 많이 한다. 시장이 상품에 대한 정보가 교환되고 이들이 매매되는 매개체인 만큼 상품에 대한 광고나 선전은 원칙적으로 바람직한 일이다. 그러나 많은 광고나 선전이 상품의 질과 내용에 대해 설명하기보다는 소비자들의 감정에 호소하는 경우도 많다. 이는 자원의 낭비일 수도 있다. 또한 광고비나 선전비가 모두 상품가격에 전가되므로 결국 소비자들이 이러한 비용을 부담하게 된다.

과점기업에서는 보통 독점적 경쟁과 마찬가지로 조업률이 적정 수준에 미달한다. 다시 말하면 초과생산능력(excess capacity)이 존재한다. 또한 다른 조건이 같다면 기업 이윤이 독점의 경우보다 적다. 왜냐하면 과점기업은 독점기업과 달리 경쟁을 하기 때문이다. 따라서 자신의 시장을 지키기 위해서는 가격과 생산량을 함부로 책정할 수 없다. 이런 점을 고려할 때 과점기업은 독점기업보다 적은 이윤을 누릴 수밖에 없음을 알 수 있다.

이와 같이 과점은 소비자들에게 불리한 면이 많지만, 한편으로는 규모의 경제가 작용하는 산업에서 흔히 볼 수 있는 일반적인 현상이다. 따라서 과점시장의 장점을 활용하면서 위에서 열거한 여러 가지 폐해를 최소화하기 위한 정책수단을 개발할 필요가 있다.

요약 및 연습문제

1. 독점시장

독점시장은 산업의 공급을 한 기업이 담당하는 시장형태이다. 독점기업은 가격설정자로 행동하며, 공급곡선을 정의할 수 없다. 그리고 기업이 직면하는 수요곡선은 시장 전체의 수요곡선이 되어 우하향하며, 시장의 진입장벽이 높다.

1.1 독점 발생의 원인 독점이 발생하는 원인으로는 법적 제도, 특허권, 생산요소의 독점, 비용상의 우위(자연독점) 등이 있다.

1.2 독점기업의 균형 독점기업의 정의상 시장수요곡선이 바로 독점기업이 직면하는 수요곡선이 된다. 완전경쟁시장과 마찬가지로 $MR = MC$를 만족하는 수준에서 생산량이 결정되지만, $P > MR$이라는 점에서 완전경쟁시장과 차이가 있다. 독점균형의 특징은 생산물의 가격이 한계비용보다 높고($P > MC$), 공급곡선을 정의할 수 없으며, 언제나 양(+)의 초과이윤이 존재한다.

1.3 가격차별 두 개 또는 그 이상의 시장에서 똑같은 생산물에 대하여 서로 다른 가격을 책정함으로써, 동일한 가격을 매길 때보다 더 많은 이윤을 올리는 전략을 가격차별이라 한다. 가격차별이 성립하기 위해서는 시장이 두 개 이상으로 분리될 수 있고, 수요의 가격탄력성이 서로 달라야 하며, 상품의 차익거래가 불가능해야 한다.

1.4 독점시장의 후생손실과 독점규제정책 독점으로 인한 후생손실은 사회후생의 순손실, 즉 자중손실(deadweight loss)을 의미한다. 한편 자연적 독점의 경우나 독점이윤이 연구개발 등에 투자되는 경우와 같이, 무조건 독점이 나쁜 것은 아니다. 사전적 독점규제정책으로는 동일한 산업 내 기업들 간의 수평적 합병에 대한 사전규제와 경쟁촉진정책이 있고, 사후적 규제정책에는 한계비용가격설정 정책과 국유화가 있다.

물음 01. 현실경제에서 독점시장의 구체적 예를 조사하여 그 시장에 독점이 발생하게 된 원인을 서술하라.

물음 02. (1) 어떤 독점기업의 고정비용이 24이고, 가변비용이 생산량 1단위당 2라고 한다. 이 기업의 평균비용 및 한계비용을 구하고, 이를 그래프 상에 나타내 보라.

(2) 이 독점기업이 직면하는 수요곡선의 식이 $P = 10 - \frac{1}{2} \cdot Q$라고 할 때 이윤극대화를 추구하는 이 독점기업의 균형생산량은 얼마이며, 이때의 가격과 평균비용, 이윤은 각각 얼마인가?

(3) 장기적으로 볼 때 이 독점기업의 이윤을 증가시킬 수 있는 방법은 존재하는가?

물음 03. 우리 주변에서 가격차별의 예로 찾아볼 수 있는 사례 중 하나는 출판업계에서 유명한 소설의 경우 비싼 양장본판(hardcover) 도서를 먼저 판매한 이후에야 싼 보급판(paperback) 도서를 판매하기 시작하는 것이다. 이러한 가격차별이 일어나는 이유를 설명하라.

2. 독점적 경쟁시장

독점적 경쟁시장은 시장에의 진입과 이탈이 자유롭고 다수의 이질적인 공급자들이 존재하는 시장을 말한다. 이는 완전경쟁과 독점 사이의 중간적인 시장형태로서 다음과 같은 특징을 갖는다. 첫째, 각 기업의 의사결정 과정에서 상호의존성이 적다. 둘째, 제품차별화를 추구한다. 셋째, 낮은 진입장벽을 가지고 있다. 넷째, 비가격경쟁이 존재한다.

2.1 독점적 경쟁기업의 균형 독점적 경쟁시장의 기업은 가격설정자(price setter)로서 시장지배력을 가지므로 우하향하는 수요곡선을 가진다. 독점적 경쟁기업의 단기균형에서는 한계수입과 한계비용이 일치하는 수준에서 초과이윤 또는 손실이 일어날 수 있지만, 장기균형에서는 초과이윤 또는 손실에 따른 새로운 기업의 진입이나 퇴출이 일어나 이윤이 0이 된다.

2.2 독점적 경쟁시장의 비효율성 독점적 경쟁기업의 경우 완전경쟁시장과는 달리 이질적인 생산품에 대한 수요곡선이 우하향한다. 한계비용과 한계수입이 일치하는 수준에서 생산이 이루어진 결과 초과생산능력이 존재하고, 상품가격이 완전경쟁시장에 비해 높으며, 비가격경쟁이 활발하게 이루어지는 비효율성이 나타난다.

물음 04. 치킨 한 마리를 5천원에 판매하겠다는 대형 할인마트의 마케팅전략이 사회적으로 큰 이슈가 된 적이 있었다. 현재 치킨시장은 여러 프랜차이즈(franchise) 상점이 경쟁하고 있다는 점에서 독점적 경쟁시장에 가깝다. 이 시장의 장기균형 상태를 자원배분의 효율성과 소비자후생의 측면에서 평가하라.

3. 과점시장

과점시장은 소수의 생산자가 상품을 공급하는 시장이다. 따라서 기업 간 상호의존성이 높기 때문에 기업의 행동이 경쟁상대의 반응에 따라 좌우된다. 또한 과점시장에는 어느 정도의 높은 진입장벽이 존재하며 비가격경쟁과 비경쟁행위가 존재한다.

3.1 과점시장에 대한 게임이론적 접근 게임이론은 갈등상황에서 사람들이 전략적으로 최적화 행동을 할 때에 나타나는 결과를 밝히는 수리적 모형이다. 게임은 경기자와 전략, 그리고 보수로 이루어진다. 이때 각 경기자들이 합리적으로 의사결정을 내림으로써 나타날 가능성이 있는 결과를 균형이라고 부른다. 그 중에서 각 경기자들이 상대방의 전략을 주어진 것으로 보고 자신의 보수를 극대화시키는 행동을 취한다고 가정할 때 정의되는 균형이 내쉬 균형이다. 한편 상대방의 전략에 관계없이 항상 이득이 되는 전략인 우월전략들의 조합으로 이루어진 균형을 우월전략 균형이라 한다. 게임의 경기자들이 서로 우월전략을 선택하여 결과적으로 모두에게 보수가 더 낮은 비협조적 균형이 나타나는 상황을 용의자의 딜레마라고 한다.

3.2 과점시장의 비효율성 과점시장의 경우 비가격경쟁이 보편적이며 기업들은 보통 독점적 경쟁기업과 마찬가지로 초과생산능력을 갖고 있다.

물음 05. 모래 소유권을 갖고 있는 어떤 지방자치단체가 모래를 건축자재로 판매하는 좋은모래(주)와 깨끗한모래(주)에게 모래 채취권한을 주었다. 이에 따라 건축자재 모래시장은 두 기업으로 양분되었다고 하자. 다음 질문에 답하라.

(1) 좋은모래(주)와 깨끗한모래(주)가 생산량 경쟁을 하는 경우 모래 가격이 떨어져서 기업의 이윤이 줄어들 가능성이 존재한다. 두 기업이 모래 채취량을 줄이는 경우 두 기업의 기대이윤은 각각 6억원인 반면, 두 기업이 모래 채취량을 증가시키는 경우는 기대이윤이 각각 3억원이라고 하자. 또한 좋은모래(주)는 채취량을 감소시키고 깨끗한모래(주)는 채취량을 증가시키는 경우 좋은모래(주)는 1억원을, 깨끗한모래(주)는 8억원을 벌어들일 수 있고, 반대로 좋은모래(주)가 채취량을 늘리고 깨끗한모래(주)가 채취량을 줄이면 두 기업은 각각 8억원과 1억원을 벌어들일 수 있다고 한다. 각 상황에서 두 기업이 기대할 수 있는 이윤을 보수행렬로 표현하라.

(2) 문제 (1)의 보수행렬에서 내쉬 균형과 우월전략 균형은 무엇인가?

(3) 이제 모래채취시장에서 두 기업이 협조하여 안정적인 기업활동을 추구하는 경우 내쉬 균형은 무엇인가? 이러한 현상을 무엇이라 하는지 설명하고 소비자와 기업에 미치는 영향을 설명하라.

물음 06. 다음의 표는 수지가 운영하는 토끼인형가게와 민호가 운영하는 펭귄인형가게의 전략과 그에 따른 보수를 나타내고 있다.

(1) 수지네 가게와 민호네 가게는 어떤 우월전략을 갖고 있는가?

(2) 이와 같은 상황에서의 내쉬 균형을 구하고 그 이유를 설명하라.

(3) 만약 (전략 2, 전략 1)의 보수가 (13, 8)에서 (5, 10)으로 바뀌었다고 생각해 보자. 이 경우에는 균형이 성립하는지, 만약 균형이 존재한다면 어떤 식으로 균형이 성립할 것인지 설명하라.

		민호	
		전략 1	전략 2
수지	전략 1	(6, 15)	(8, 6)
	전략 2	(13, 8)	(12, 7)

응용문제

물음 01. 오랫동안 전문직 협회(의사협회, 변호사협회 등)에서는 전문직 종사자가 스스로를 광고할 수 있는 권리를 규제하자고 주장해 왔다. 이러한 규제를 도입하는 것이 기존의 전문직 종사자들에게 어떠한 경제적 유인으로 작용하는지 설명하라. 그리고 만약 규제가 도입된다면 새로 시장에 진입할 전문직 종사자들에게는 어떠한 영향을 줄 것인지 논하라.

물음 02. 과점시장은 최적 가격보다 높은 수준에서 시장가격이 정해지는 경우가 많다. 그러나 대형 마트의 출혈경쟁 등을 보면 오히려 완전경쟁시장보다 더 낮은 가격에 상품이 판매되는 경우도 있는데, 과점기업들이 손해를 감수하면서까지 이러한 과도한 경쟁을 벌이는 것에는 어떤 이유가 있겠는가?

물음 03. 현실경제에서 과점의 비효율성이 나타나는 시장을 조사하여 비효율성의 구체적 내용을 서술하라.

Chapter 06

생산요소시장과 소득분배

기업은 재화와 서비스를 생산하기 위해서 노동 · 자본 · 토지 등의 생산요소를 사용하게 된다. 따라서 상품과 마찬가지로 생산요소의 경우에도 수요와 공급이 존재한다. 생산요소시장을 통해 노동자는 노동을 제공하고 임금을, 자본가는 자본을 제공하고 이자를, 기업가는 기업을 경영하고 이윤을, 지주는 토지를 제공하고 지대를 얻게 된다. 이와 같이 임금 · 이자 · 이윤 및 지대는 생산에 종사한 사람들에게 소득으로서 분배된다. 한편 대부분의 국가에서 소득분배 상태가 악화되면서 소득분배의 공평성에 대한 관심이 점점 커지고 있다.

이 장에서는 임금 · 이자 · 이윤 · 지대 등 생산요소의 가격이 결정되는 원리를 알아보려고 한다. 그리고 이러한 생산요소소득의 분배 결과 나타나는 소득불평등의 원인과 그 정도를 측정하는 지수를 알아본 뒤 바람직한 소득분배상태로 유도하는 소득재분배정책을 살펴본다. 이를 위해 다음과 같은 문제에 대해 논의해 보자.

- 노동시장에서 임금은 어떻게 결정되는가?
- 자본시장에서 이자와 이윤은 어떻게 결정되는가?
- 토지와 같이 공급량이 고정된 생산요소의 가격은 어떻게 결정되는가?
- 소득분배를 어떤 관점에서 볼 것인가? 소득불평등은 어떻게 측정할 수 있는가?
- 소득불평등을 결정하는 요인은 무엇이며, 소득불평등은 사회적 · 경제적으로 어떤 영향을 미치는가? 바람직한 소득재분배정책이란 무엇인가?

1 노동시장과 임금

먼저 가장 대표적인 생산요소시장으로서 노동시장의 수요 및 공급의 결정요인을 살펴보고, 노동의 가격인 임금의 결정원리와 임금격차의 원인에 대해 알아본다. 생산요소에 대한 수요가 상품에 대한 수요와 다른 점은 그것이 독립적으로 발생하는 것이 아니라, 그 요소로 생산되는 상품에 대한 수요가 있어야 발생한다는 사실이다. 예를 들어 기업이 노동을 고용하는 것은 노동을 고용해서 상품을 생산하고 그것을 판매함으로써 이윤을 얻을 수 있기 때문이다. 상품에 대한 수요가 적다면 노동에 대한 수요도 적을 것이며, 상품에 대한 수요가 많아서 높은 이윤을 기대할 수 있다면 노동에 대한 수요도 많아질 것이다. 이와 같은 의미에서 생산요소에 대한 수요를 **파생적 수요**(derived demand)라고 한다. 이제 상품시장과 노동시장이 모두 완전경쟁적인 경우의 노동수요와 노동공급에 대해 살펴보자.

파생적 수요
상품시장에서의 수요에서 파생된 생산요소에 대한 수요

1.1 노동수요

완전경쟁시장에서 이윤극대화를 추구하는 기업은 과연 얼마만큼의 노동을 고용하여 얼마만큼의 제품을 생산하려고 할까? 기업이 노동의 고용을 한 단위 증가시킬 때 총수입은 얼마나 증가할까? 병원에서 의사를 고용하는 경우를 예로 들어 생각해 보자.

먼저 의사의 추가 고용 또는 추가 진료시간은 생산의 증가를 가져올 것이다. 이는 노동 한 단위(의사 한 명 또는 진료한 시간)의 추가적 투입에 따른 생산의 증가를 나타내는 한계생산(MP)을 통해 알 수 있다. 또한 생산의 증가는 병원에 추가적인 수입을 가져다주는데, 이는 한 단위의 추가적 판매증가(환자 한 명의 진료 또는 추가 진료시간)로 인한 수입증가를 의미하는 한계수입(MR)이다. 따라서 의사 한 명을 더 고용하거나 진료시간을 늘릴 경우 수입의 증가분은 한계생산에 한계수입을 곱한 것($MP \times MR$)인데, 이를 **한계수입생산**(marginal revenue of product ; MRP)이라고 한다.

한계수입생산
생산요소 한 단위 추가에 따른 수입의 증가분

이때 상품시장이 경쟁적이면 $MR=P$이므로 $MRP \equiv MP \times MR = MP \times P$가 된다. 특히 상품시장이 경쟁적인 경우 한계수입생산($MRP=MP \times P$)을 **한계생산가치**(value of marginal produce ; VMP)라고 부르기도 한다.

그러면 주어진 한계수입생산(MRP)에 대해 병원은 얼마만큼의 진료시간을 선택하는 것이 합리적일까? 진료시간을 한 단위 더 늘리는 데 드는 **한계요소비용**(marginal factor cost ; MFC)이 한계수입생산보다 작다면 의사의 진료시간을 늘려 이윤을 증가시킬 수 있다. 반대로 진료시간을 한 단위 더 늘리는 데 드는 한계요소비용이 한계수입생산보다 더 크다면 진료시간을 줄여서 이윤을 증가시킬 수 있다. 그러므로 병원은 한계수입생산이 한계요소비용과 일치하는 수준에서 진료시간을 결정할 것이다. 그런데 노동시장이 경쟁적인 경우에는 노동의 한계요소비용이 노동시장에서 결정되는 가격, 즉 명목임금 W와 같으므로 병원은 한계생산가치(VMP)가 임금(W)과 같아지는 수준($VMP \equiv MP \times P = W$)에서 고용량을 결정한다.

한계요소비용
생산요소 한 단위 투입 증가에 드는 비용

상품가격(P)이 일정할 때 의사의 임금(W)이 하락하면 $VMP \equiv MP \times P = W$에 의해 병원의 진료시간이 증가하는데, 이는 진료시간의 한계생산(MP)이 체감하기 때문이다. 따라서 의사에 대한 수요곡선(L^d)은 [그림 6-1]의 (a)에서 보는 바와 같이 우하향한다. 이는 또한 임금의 상승이나 하락에 따른 노동수요의 감소 또는 증가가 **노동수요곡선** 상의 움직임으로 나타난다는 것을 의미한다.

- 경쟁적 노동시장에서 한계생산가치곡선 = 노동수요곡선 : 한계생산체감의 법칙으로 우하향

만약 노동수요를 결정하는 요인들 중 임금이 아닌 다른 요인의 변화가 노동수요의 증가 또는 감소를 가져온다면, 이것은 노동수요곡선 자체의 이동으로 나타난다. 예를 들어 기술진보의 결과 새롭고 더 좋아진 기계와 장비가 개발되면 노동자들은 더 높은 생산성을 갖추게 된다. 그 결과 노동에 대한 수요가 증가할 것이고 노동수요곡선은 [그림 6-1]의 (b)와 같이 우측으로 이동한다($L_1^d \rightarrow L_2^d$). 이 밖에 노동수요의 변화를 가져오는 요인으로 노동자들이 보유한 숙련도(skill) 또는 인적자본(human capital)의 증가, 상품가격의 변화, 기타 생산투입요소량의 변화, 그리고 시장에 참가하는 기업 수의 변화 등을 들 수 있다.

노동수요를 결정하는 요인
- 임금 : 곡선 상의 움직임
- 기술진보, 숙련도 또는 인적자본의 증가, 상품가격의 변화, 다른 생산투입요소량의 변화, 시장참여 기업 수의 증가 : 곡선 자체의 이동

그림 6-1

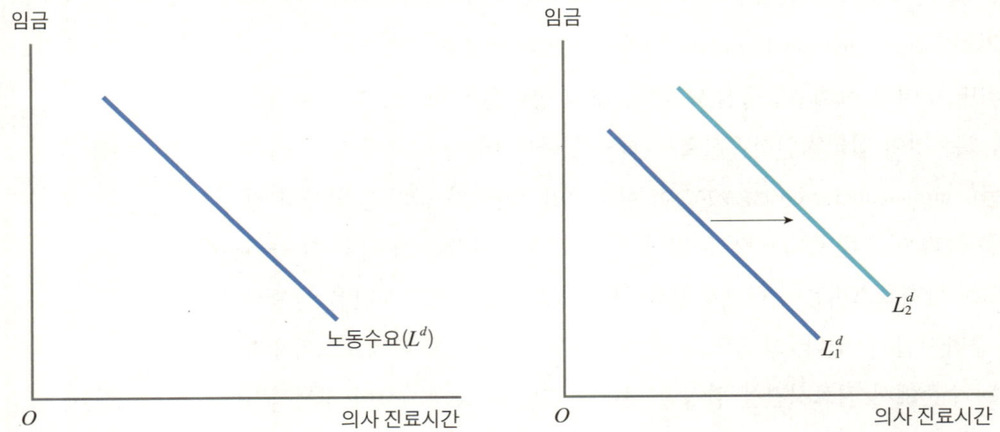

(a) 의사에 대한 수요곡선 (b) 의사에 대한 수요곡선의 이동

노동수요곡선

의사의 한계생산은 고용이 증가함에 따라 감소하는데, 이는 한계생산체감의 법칙이 작용하기 때문이다. 따라서 의사에 대한 수요곡선은 우하향하며, 의사의 한계생산이나 의료서비스 가격이 증가하면 우측으로, 감소하면 좌측으로 이동한다.

1.2 노동공급

노동을 공급하는 목적은 노동을 통해 획득하는 소득으로 각종 재화와 서비스를 소비하여 만족(또는 효용)을 얻는 것이다. 그런데 다른 모든 경제행위가 그렇듯이 노동공급에도 대가(또는 비효용)가 따르기 마련이다. 그러므로 노동공급에도 효용극대화의 일반원칙을 적용할 수 있다. 경제주체는 누구나 시간이라는 희소한 자원의 제약 하에서 행동해야 한다. 구체적으로 노동자는 일정 시간을 노동과 여가(leisure)에 적절히 배분하여 효용을 극대화한다.

노동공급
일정 시간을 노동과 여가에 적절히 배분하여 효용극대화

예를 들어 한 의사가 하루 24시간 중에서 마음대로 처리할 수 있는 총시간이 T로 주어져 있다고 가정하자. 이 의사는 T시간의 일부(l시간)는 여가로 쓰고, 나머지 $(T - l)$시간은 진료를 한다. 그러면 시간당 임금(W)이 변할 때 이 의사의 진료시간($T - l$)은 어떻게 달라지겠는가?

임금상승
• 대체효과 : 노동공급 증가
• 소득효과 : 노동공급 감소

일반적으로 임금상승은 두 가지 효과를 발생시킨다. 임금의 상승은 여가의 기회비용을 상승시켜서 여가를 덜 소비하고 노동(진료)을 더 많이 공급하는 **대체효과**를 가져온다. 뿐만 아니라, 임금상승으로 인해 동일한 노동을 공급하더라도 더 많은 소득을 얻을 수 있게 되어 정상재인 여가의 소비가 증가하는 **소득효과**도 발생한다. 이는 제3장(소비자의 효용극대화와 수요곡선)에서 논의한 바와 같이 임금상승에 따른 노동공급량의 최종 변화는 대체효과와 소득효과의 상대적 크기에 의해 결정됨을 의미한다.

보통 임금이 낮은 상태에서 임금이 상승하면 대체효과(노동공급을 증가시키는 방향으로 작용)가 소득효과(노동공급을 감소시키는 방향으로 작용)를 압도하여 전체적으로 노동공급(진료시간)이 증가한다. 그러나 임금이 상당히 높은 수준으로 상승하면 노동공급이 감소한다. 이는 소득이 많아지면 노동시간을 줄이고 취미활동과 같은 여가를 취하고 싶어하는 욕구를 반영하는 것이다.

예를 들어 [그림 6-2]의 (a)에서 임금이 W_0에서 W_1으로, 그리고 다시 W_2로 상승함에 따라 노동공급이 $T - l_0$에서 $T - l_1$으로, 그리고 $T - l_2$로 증

그림 6-2

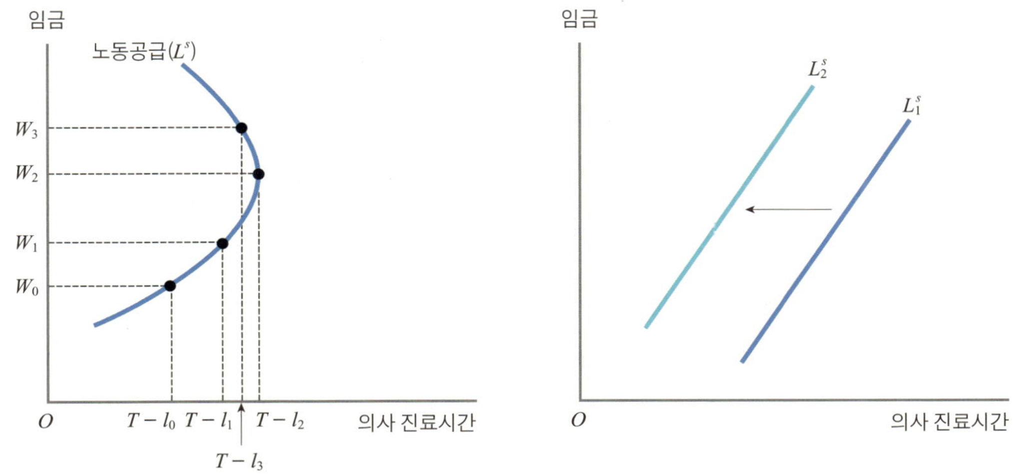

(a) 의사의 노동공급곡선 (b) 노동공급곡선의 이동

노동공급곡선

임금의 상승은 첫째로 여가의 기회비용을 상승시켜 노동공급을 증가시키는 대체효과와 둘째로 임금소득 증가에 따라 노동공급을 줄이고 여가를 확대하는 소득효과를 모두 발생시킨다. 소득이 증가할수록 소득효과가 대체효과를 압도하여 후방굴절 노동공급곡선이 도출된다.

후방굴절 노동공급곡선
임금상승에 따라 노동공급곡선이 우상향하지만 임금이 어느 수준 이상 증가하면 노동공급이 감소하여 개별 노동공급곡선이 왼쪽으로 구부러짐

가하는 반면, 임금이 W_3로 상승하면 노동공급이 $T - l_3$로 감소한다. 여기서 우리는 개별 노동공급곡선(L^s)이 왼쪽으로 구부러지는 형태임을 알 수 있는데, 이를 **후방굴절 노동공급곡선**(backward bending supply curve of labor)이라 한다. 노동시장에서의 공급곡선은 바로 이러한 각 개인의 노동공급곡선을 수평으로 합한 것이다. 그런데 통계자료에 따르면 현실에서는 보통 임금상승에 따라 노동공급 역시 증가하는 것으로 알려져 있다. 따라서 여기서는 우상향하는 노동공급곡선을 가정한다.

우리는 지금까지 노동공급곡선을 도출하기 위해 임금 이외에 노동자들이 노동공급을 하는 데 영향을 미칠 수 있는 다른 모든 요인들이 일정하다고 보았다. 만일 다른 요인이 변하면 노동공급의 증가 또는 감소를 가져오는데, 이것은 노동공급곡선 자체의 이동으로 나타난다. 예를 들어 저출산에 따른 인구 고령화는 생산가능인구의 감소를 가져오므로 [그림 6-2]의 (b)와 같이 노동공급곡선을 좌측으로 이동시킨다($L_1^s \rightarrow L_2^s$).

1.3 노동시장의 균형

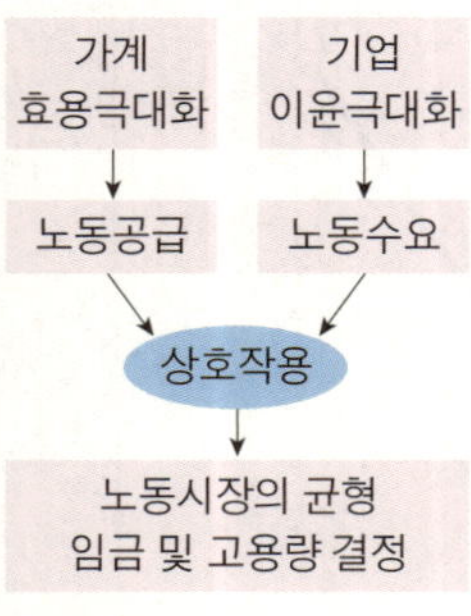

완전경쟁적 노동시장에서 균형임금과 고용수준은 [그림 6-3]의 (a)에서와 같이 노동의 시장공급곡선(L^s)과 시장수요곡선(L^d)이 교차하는 수준에서 결정된다. 이때 균형임금과 고용량은 각각 W_0, L_0이다. 이러한 노동시장의 균형 결정을 이용하여 앞서 살펴본 노동수요 또는 노동공급의 변화가 노동시장의 균형임금과 고용수준에 미치는 영향을 분석할 수 있다.

예를 들어 노동생산성의 증가는 [그림 6-3]의 (b)에서 노동수요를 증가시킨다. 이때 노동공급이 그대로라면 노동수요의 증가는 균형임금과 고용수준을 모두 증가시킬 것이다. 한편 인구증가에 따라 노동공급이 증가하면 고용된 노동자의 수는 늘어나지만 균형임금은 떨어질 것이다.

■ 그림 6-3

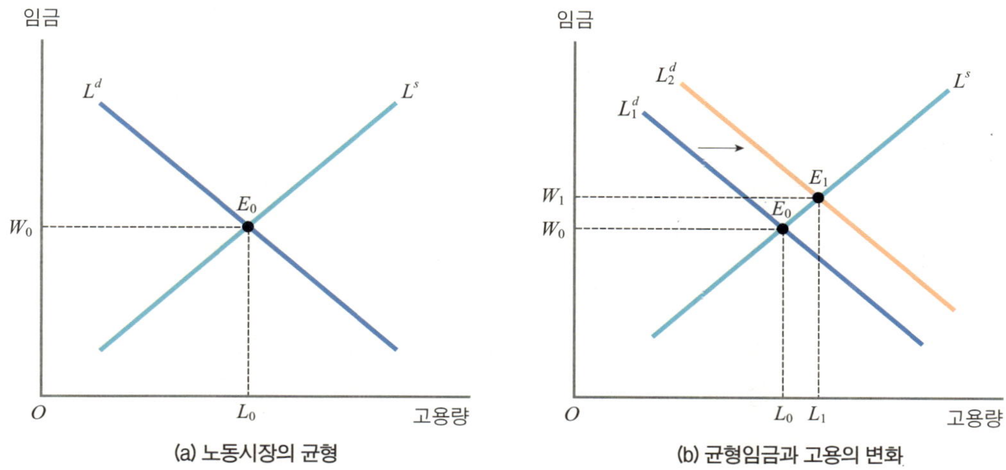

노동시장의 균형 및 균형임금과 고용의 변화

완전경쟁적 노동시장에서 균형임금과 고용량은 노동의 시장공급곡선(L^s)과 시장수요곡선(L^d)이 교차하는 수준에서 결정된다. 이때 균형임금과 고용량은 각각 W_0, L_0이다. 한편 노동생산성의 증가에 따른 노동수요의 증가는 균형임금과 고용을 모두 증가시킨다.

1.4 임금격차

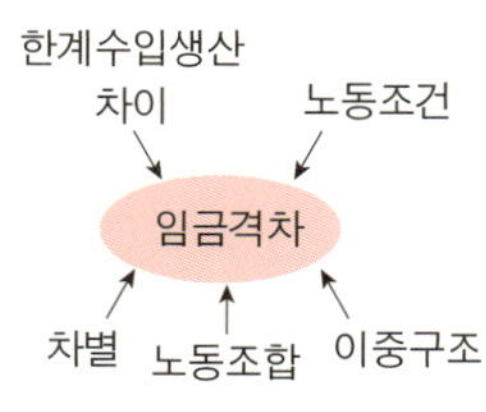

이론적으로 경쟁적 노동시장에서는 같은 종류의 노동에 동일한 임금이 지불되어야 한다. 비슷한 직종에서 기술, 성향이 동일한 노동이라면 그 시간당 임금은 모두 동일해야 한다. 경쟁시장이라면 보다 높은 보수를 받는 직장으로 노동력이 신속하고 자유롭게 이동할 수 있기 때문이다. 그러나 현실은 그렇지 않다. 어떤 노동시장이 경쟁상태에 있어도 임금이 사람 또는 직종에 따라 차이가 나는 것이 보통이다. 노동의 한계수입생산 차이, 노동조건에 따른 보상임금, 차별, 노동시장의 이중구조, 노동조합 등이 임금격차의 주요 원인으로 알려져 있다.

한계수입생산의 차이 우리는 앞에서 균형임금이 노동의 한계수입생산과 같아지는 것을 확인했다. 따라서 노동자들의 한계생산성이 높아질수록,

그리고 노동자들이 생산한 상품의 가격이 높아질수록 노동자들이 받는 임금은 더 높아질 것이다. 한 예로 프리미어리그 축구선수들과 대학교수들 간 연봉의 차이를 살펴보자. 먼저 축구선수들의 한계수입은 구단주가 한 명의 선수를 더 고용함으로써 얻는 추가 수입이다. 구단은 축구경기장을 찾는 팬들에게 입장권을 판매하고 축구경기를 방송하는 라디오와 텔레비전 방송국으로부터 중계료를 받는다. 프리미어리그 축구팀들은 각각의 경기를 대량으로 판매하기 때문에 축구선수들의 한계수입은 높다. 또한 프리미어리그에서 경기를 할 만한 능력을 갖춘 선수들의 공급 또한 제한적이다. 그 결과 프리미어리그에서 활동하는 500여 명의 축구선수들의 평균 연봉은 2019년 현재 약 320만 파운드(48억원)이다.

반면에 대학교수들의 한계수입은 프리미어리그 축구선수들보다 훨씬 낮다. 대학교수들은 대학교육을 생산하도록 고용되는데, 대학교육은 학생들과 부모들에게 판매된다. 비록 대학의 등록금이 비싸다고 해도 추가로 고용된 교수가 몇 명의 학생들을 더 가르칠 수 있을 뿐이다. 따라서 대학교수의 한계수입은 축구선수들의 한계수입보다 훨씬 더 낮다. 또한 프리미어리그 축구선수들 수준의 능력을 가진 사람들보다 대학교수가 갖추어야 할 능력을 갖춘 사람들이 훨씬 더 많다. 그 결과 미국에 있는 인문 분야 교수들은 2012~2014년 기준 약 8만 7,000달러(1억 100만원)의 평균 연봉을 받는다.

일반적으로 개별 노동자들의 생산성이나 능력 차이는 완전경쟁으로 사라지지 않는다. 똑같은 직업에서도 각 개인의 능력에는 현저한 차이가 있기 때문이다. 임금이 이러한 생산성 또는 노동의 질 격차를 정확하게 반영하고 있다면, 그것은 노동시장이 오히려 매우 효율적이라는 것을 의미한다.

보상임금 다른 조건이 같다면 유쾌하지 않은 일, 위험한 일, 고통스러운 일, 명성이 따르지 않는 일 등은 유쾌한 일, 안전한 일, 편한 일, 명성이 따르는 일 등에 비하여 임금이 높아야 한다. 왜냐하면 이런 직업에 대한 노동공급이 비교적 적어서 자연히 임금이 올라가기 때문이다. 이처럼 노동자에게 직장에서 유쾌하지 않은 일에 대해 보상해 주는 추가 임금을 **보상임금**(compensating wage)이라고 한다. 예를 들어 직원들을 심하게 야단치는 불친절한 사장은 직원을 고용하기 위해 더 많은 임금을 지불해야 할 것이다.

보상임금
노동자에게 유쾌하지 않은 일에 대해 보상해 주는 추가 임금

경제적 차별 여러 가지 차별대우, 이를테면 인종 · 성 · 학력에 따른 차별도 임금격차의 원인이 된다. 미국의 경우 흑인이나 동양인의 임금이 백인의 임금에 비해 낮다. 우리나라의 경우 똑같은 일을 하고도 여성이 차별받는 경우가 많다. 또한 여성은 결혼을 하면 직장을 잃는 부당한 대우를 받기도 한다. 이와 같이 인종이나 성과 같은 부적절한 특성에 근거해 직업으로부터 노동자를 배제하거나 낮은 임금을 지불하는 것을 **경제적 차별**(economic discrimination)이라 한다.

경제적 차별
부적절한 특성(인종, 성)에 근거하여 직업으로부터 노동자를 배제시키거나 낮은 임금을 주는 것

그러나 많은 경제학자들은 이러한 차별에서 오는 임금 차이가 매우 작다고 생각한다. 인종이나 남성 · 여성 간 임금격차의 대부분은 교육과 경험, 그리고 직업에 대한 선호의 차이에 의한 것이라고 설명한다. 예를 들어 여성들은 자녀들이 학교에서 돌아오기 전에 퇴근할 수 있는 일을 선호할 수 있다. 이러한 남성과 여성 간 직업에 대한 선호의 차이도 남성과 여성 간 임금격차를 가져오는 요인 중 하나이다.

실제로 경제적 차별에서 오는 임금 차이는 매우 작으며, 인종이나 남성 · 여성 간 임금격차의 대부분은 교육과 경험, 직업에 대한 선호의 차이에 의한 것임

노동시장의 이중구조 많은 후진국에서는 국가경제 내에 근대부문과 전통부문이 공존하는 **이중구조**(dual structure) 현상이 존재하며, 이것이 두 부문의 임금격차를 가져온다. 이중구조란 경제 내에 서로 다른 원리에 따라 움직이는 여러 부문이 있다는 것이다. 예를 들어 근대적 공업부문과 전통적 농업부문이 공존하는 경우, 근대적 공업부문의 임금은 앞서 살펴본 한계수입생산에 의해서 결정되지만 전통적 농업부문에서는 임금수준이 인습에 의해서 결정되곤 한다. 대체로 근대부문의 임금수준은 전통부문보다 높다. 이러한 이중구조 현상은 근대적 공업부문 내에서도 농업과 공업, 또는 대기업과 중소기업 간에 존재한다. 끝으로 노동조합이 결성되어 있는 직종의 임금수준은 그렇지 않은 직종보다 높은 경향이 있다.

이중구조
- 경제 내 서로 다른 원리에 따라 움직이는 여러 부문이 존재하는 상황
- 전통부문과 근대부문
- 대기업과 중소기업

현실과경제학

한국의 임금격차

지난 2009년 노동연구원에서 발간된 『한국의 임금격차』(김주영, 조동훈, 이번송, 조준모, 이인재)에서 심층적 · 종합적으로 분석된 우리나라의 임금격차의 모습을 기업규모에 따른 격차, 공식부문과 비공식부문

간의 격차, 성별 격차, 정규직과 비정규직 간의 격차 측면에서 정리 · 요약하면 다음과 같다.

기업규모와 임금격차 [그림 1]은 기업체를 종사근로자 수에 따라 중소기업(10~299인)과 대기업(300인 이상)으로 구분하여 농림어업, 공공교육기관 및 공공행정기관에 종사하는 근로자를 제외한 모든 산업에 종사하는 근로자의 임금격차 변동 추이를 보여주고 있다. 1980년대 말에 기업규모 간 임금격차가 급증한 후에 1990년대 말까지는 완만한 증가를 보여왔다. 이는 대기업 중심의 노동조합 활동과 급속한 기술진보를 통한 노동생산성의 증가가 임금상승을 주도한 데 기인한 것으로 보인다. 2000년대 들어 임금격차가 다시 큰 폭으로 상승하여 대기업과 중소기업 간 임금불균등 정도를 심화시켜 양극화 현상을 초래하였다.

공식 · 비공식부문 간 임금격차 사회보험 가운데 사용자의 납부의무 규정이 있는 직장의료보험, 고용보험, 산재보험 가입 여부에 따라 공식 노동시장과 비공식 노동시장으로 나누어 볼 때 비공식 시장에서 교육, 연령, 노동조합 등의 보수증가 효과가 훨씬 낮은 것으로 나타났다. 예를 들어 교육수준에 대한 노동시장에서의 보상이 비공식부문에 비해 공식부문에서 2배 이상 높았으며, 직장에서의 근속연수가 임금에 미치는 효과도 공식부문이 큰 것으로 나타났다.

성별 임금격차 [그림 2]에서 알 수 있듯이 한국은 2005년 기준 여성의 시간당 중위수(median) 임금수준이 남성의 61%로 OECD 국가들 중에서 가장 낮은 상태이다. 한국은 지난 20년간 이들 국가 중 성별 임금격차가 가장 큰 국가였으며, 그 격차가 점진적으로 감소해 왔지만 다른 OECD 국가들과의 차이는 여전히 해소되지 않고 있다.

| 그림 1 | 대기업 · 중소기업 임금격차 변동 추이

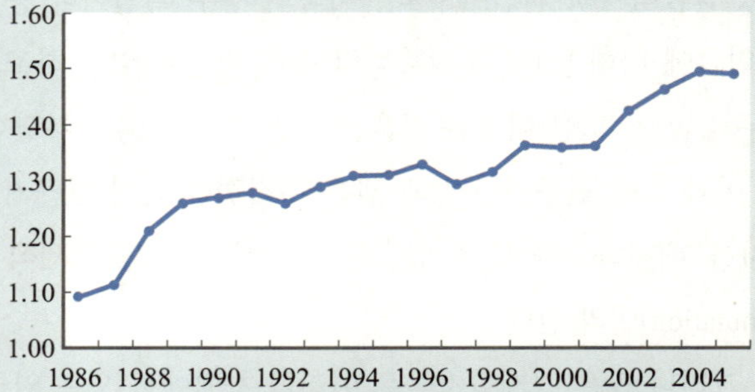

자료 : 노동부, 『매월노동통계조사』, 각 연도 재구성

| 그림 2 | 성별 임금격차의 국제비교

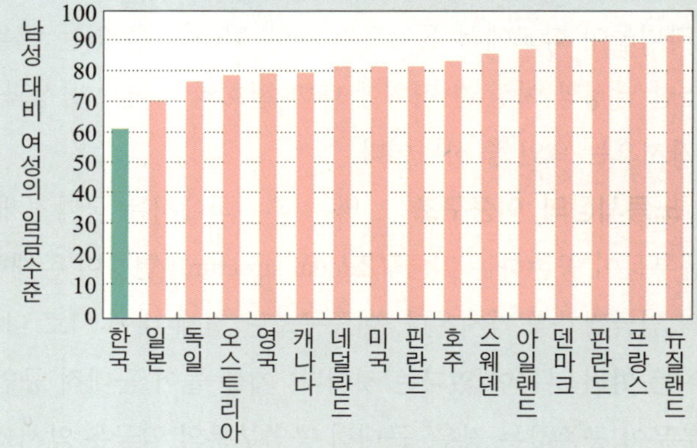

자료 : OECD, OECD Employment Outlook, 2008.

정규직 · 비정규직 간 임금격차 한국노동패널 1~10차년도(1998~2007)의 자료에 의하면 정규직과 비정규직 간 임금격차는 4~8% 수준이었다. 노동조합 조직 유무로 사업장을 나누어 볼 때 노동조합이 있는 기업에서의 정규직 · 비정규직 임금격차가 노동조합이 없는 기업에서의 임금격차보다 훨씬 큰 것으로 나타났다. 또한 임금에 영향을 미치는 다른 조건을 통제할 경우 소규모 사업장의 정규직 근로자 임금수준은 대규모 사업장 비정규직의 임금수준보다 높지 않은 것으로 나타났다.

2 자본시장과 이자 및 이윤

이제 노동 이외의 생산요소소득을 살펴보기로 한다. 노동시장에서 노동자에게 임금이 지불되는 것과 같이 자본시장에서는 자본가에게 이자가, 기업가에게 이윤이 지불된다.

2.1 자본과 이자

우리는 저축된 자금을 가지고 주식 · 채권을 매입하거나 은행에 예금하는 등 금융자산을 구입할 수 있다. 이와 같은 금융자산은 일종의 **자본**(capital)이며, 우리는 그로부터 **이자**(interest)를 받는다. 그렇다면 이자는 어디서 오는 것일까?

예를 들어 우리가 회사채를 매입하면 우리의 저축은 직접 기업으로 들어가고, 은행에 예금해도 은행이 그 돈을 기업에 대출할 수 있다. 기업은 그 돈을 갖고 생산기계와 같은 실물자본재(real capital goods)를 구입 또는 임차하여 생산에 이용하고 수익을 얻는다. 바로 이 **자본재에 대한 수익**(returns to capital goods)이 이자의 궁극적인 원천이 된다. 따라서 이자란 자금의 사용에 대하여 지급하는 대가이며, 이자율 수준은 자본재에 대한 수익률에 의하여 결정된다.

또한 이자율은 미래가치를 현재가치로 또는 그 반대방향으로 전환시키는 교환비율(또는 가격)의 역할을 하기도 한다. 여타 가격들은 현재의 재화들 간 교환비율인 데 비해 이자율은 **현재의 재화와 미래의 재화 간 교환비율**이다. 현재의 재화와 미래의 재화는 물리적으로 똑같은 재화처럼 보이지만, 실제로는 전혀 다른 경제적 재화(economic goods)이며 양자는 이자율이라는 가격에 의하여 서로 교환되는 것으로 볼 수 있다.

여기서 한 가지 주목할 점은 이자율은 보통 양(+)의 수치를 가진다는 사실이다. 이는 동일한 물건이 미래시점에 소비될 경우 현재시점에 소비되는 것보다 그 가치가 작다는 것을 의미하며, 사람들이 시점 간 선택에서 동일한

자본재에 대한 수익
기업이 실물자본을 구입 또는 임차하여 생산에 이용하고 얻은 수익

이자
자금의 사용에 대하여 지급하는 대가

이자율
- 미래가치와 현재가치의 교환비율
- 현재의 재화와 미래의 재화 간 교환비율

이자율 > 0
- 시간선호
- 불확실한 미래소비를 위한 현재소비 포기의 대가

조건이라면 일반적으로 미래 재화보다 현재 재화를 더 원한다는 **시간선호**(time preference)가 이자율에 반영된 것으로 볼 수 있다. 이자율이 보통 양의 값을 갖는 또 다른 이유는 사람들이 일반적으로 **위험기피적**(risk averse)이기 때문이다. 현재소비는 확실한 데 비하여 미래소비는 본질적으로 불확실하다. 1년 후의 상황은 오늘의 상황에 비하여 불확실하며, 10년 후의 상황은 더욱 그렇다. 오늘 1만원을 주고 10년 후에 일정 금액을 받는 청구권을 매입한다고 할 때 과연 나중에 약속된 금액을 받을 수 있을지, 심지어 자신이 살아 있을지조차도 모르는 일이다. 따라서 확실한 현재의 금액(또는 재화)을 포기하고 불확실한 것과 교환하기 위해서는 어떤 대가가 있어야 한다. 그 대가가 바로 이자이다.

2.2 기업활동과 이윤

이자는 유산이나 증여에 의한 것이든 과거에 저축을 통해 축적한 것이든 자본을 단순히 소유한 상태에서 얻는 수익을 지칭하는 반면, 이윤은 자본을 직접 이용한 생산활동을 통해 획득한 보수를 의미한다.

노동, 자본 및 토지 등은 필수적인 생산요소지만, 이들이 저절로 결합되지는 않는다. 일정 생산계획 하에 이들을 결합하고 생산조직인 기업을 운영하는 사람이 있어야 비로소 생산요소들이 제대로 쓰일 수 있다. 이렇게 생산요소를 결합 · 조직 · 운영하는 능력도 생산을 위해 반드시 필요한 생산요소이며, 이것을 **기업활동**(entrepreneurship)이라고 한다. 바로 이러한 기업활동의 대가가 **이윤**이다.

이윤
생산요소를 결합 · 조직 · 운영하는 능력인 기업활동의 대가

기업가들이 기업을 조직하고 관리할 때 자신의 자본과 노동을 투입하는 것이 보통이므로, 일반적으로 이윤으로 간주되는 것 중에는 자신의 자본에 대한 암묵적 이자(implicit interest)와 자신의 노동에 대한 암묵적 임금(implicit wage)이 포함되어 있다. 따라서 **순수이윤**(pure profit)을 계산하기 위해서는 총생산비에 이와 같은 암묵적 이자와 암묵적 임금을 포함시켜 총수입으로부터 공제해야 한다. 그러므로 '순수이윤 = 총수입 − 지급된 생산비 − 암묵적

순수이윤
총수입에서 총비용과 자신의 자본 및 노동에 대한 암묵적 이윤 및 임금을 공제한 이윤

이자 – 암묵적 임금' 이라고 정의하는 것이 경제학적으로 기회비용의 관점에서 본 이윤의 개념이다.

그러면 순수이윤은 어떤 요인에 의해 발생하는가? 제4장(5.1 경쟁기업의 장기균형)에서 살펴본 것처럼 장기적으로 보면 완전경쟁시장에서는 기업의 순수이윤이 존재할 수 없다. 완전경쟁시장의 장기균형에서 모든 이윤은 정상이윤(normal profit)이며, 정상이윤이란 곧 기업가 자신의 노동이나 자본에 대한 암묵적 대가에 불과하다. 만약 어떤 기업이 정상이윤을 초과하는 순수이윤을 획득한다면, 곧바로 신규 기업이 그 산업에 들어오고 상품의 공급이 증가해 가격이 하락함으로써 순수이윤이 사라지게 된다.

그러나 모든 기업이 동일한 생산기술을 갖고 있고 모든 사람들이 완전한 정보를 갖고 있는 완전경쟁시장은 현실경제에 존재하지 않는다. 미래란 항상 불확실하고 사람들의 기호, 기술, 인구 등도 시간의 흐름에 따라 변하기 마련이다. 따라서 순수이윤은 없어지지 않고 경제여건의 변화와 함께 그 크기가 달라진다.

기업 이윤 변화의 요인
사람들의 기호, 기술, 인구 등의 변화

기업의 순수이윤을 발생시키는 요인이 무엇인가에 대한 이론은 여러 가지가 있으나, 그 중에서도 가장 유력한 것은 순수이윤의 근원을 기업의 혁신(innovation)에서 찾는 이론이다. 기업 순수이윤을 기업 혁신의 대가라고 보는 이론은 슘페터(Joseph A. Schumpeter)에 의하여 제창된 것으로서, **슘페터의 혁신설**이라고도 한다. 여기에서 **혁신**이란 어떤 상품의 발명만을 의미하는 것이 아니라, 새로운 생산방법의 고안, 생산조직의 개선, 새로운 판로의 개척 및 새로운 원료공급원의 개발 등을 총칭하는 개념이다. 새로운 방식이 도입되어 낡은 생산과정에 충격을 주면 새로운 방식을 도입한 기업은 순수이윤을 획득하고, 이것이 새로운 투자를 자극하여 경제가 발전한다는 것이다.

기업 이윤의 근원
- 혁신
- 미래의 불확실성에 대한 위험부담

슘페터의 혁신설
기업이윤은 기업 혁신의 대가

혁신
새로운 생산방법의 고안, 생산조직의 개선, 새로운 판로의 개척 및 새로운 원료공급원의 개발 등

이와 같은 관점에서 단순히 일과만 반복하는 기업경영자에 대한 보수는 순수이윤이라고 볼 수 없고 보수의 많고 적음에 관계없이 임금에 불과하다. 왜냐하면 순수이윤은 혁신가에 의해서 창출되기 때문이다. 혁신가란 일상적인 관리자가 아니라 독창력과 패기를 가지고 성공적으로 새로운 방식을 개발 · 채택하는 사람을 말하며, 바로 이런 의미의 혁신에 의해 순수이윤이 발생하는 것이다. 오늘날의 거대한 주식회사는 소유권과 경영권이 분리되어 있

기 때문에 일반적으로 기업은 전문적인 경영자가 관리한다. 물론 경영자들 중에는 독창성을 발휘하지 않고 기존의 방식을 그대로 적용하여 기업을 관리하는 사람들도 있다. 이와 같은 경영자들은 아무리 그 지위가 높다 하더라도 결국은 일반 직원과 본질적인 차이가 없다. 따라서 슘페터의 주장에 따르면, 이들의 관리활동에 대한 보수도 결국 임금일 뿐 순수이윤은 아닌 것이다.

슘페터는 혁신을 순수이윤의 원천으로 보았을 뿐만 아니라 자본주의 경제발전의 원동력으로 보았다. 슘페터는 기존의 방법을 서서히 그리고 조금씩 개선함으로써 변화하고 성장할 수 있으나, 자본주의적 발전의 본질은 혁신이 불연속적으로 나타나는 데 있다고 하였다. 비유를 하자면 자본주의적 발전은 마차를 조금씩 개량해서 보다 좋은 마차를 만드는 것이 아니라, 마차 대신에 기차가, 기차 대신에 비행기가 나타나는 것이라고 본 것이다. 기존의 방법 대

현 실 과 경 제 학

지식재산권 보호와 개발 · 창작의 토대— '아래아한글' 사례

1989년 1.0버전 출시를 시작으로 1990년 '(주)한글과컴퓨터'라는 회사가 설립되면서 '아래아한글'이 우리나라 문서작성 프로그램 시장을 휩쓸었던 적이 있다. 당시 학교나 직장에서 '아래아한글'을 쓰지 않는 사람이 거의 없었다. 우리나라는 '아래아한글' 덕분에 마이크로소프트사의 'MS워드'가 시장을 장악하지 못한 몇 안 되는 나라 중 하나가 되었다.

그러나 (주)한글과컴퓨터는 외환위기로 1998년 부도 위기를 맞는데, 이는 대부분의 사람들이 돈을 내고 '아래아한글'을 구입해 쓰기보다는 불법 복제를 통해 공짜로 프로그램을 사용했기 때문이다. 이와 더불어 모든 지식과 정보는 인류 모두의 자원으로 타인과 소통, 공유 없이는 생산될 수 없기 때문에 공유되어야 한다는 '카피레프트(copyleft)' 운동이 일어나기도 했는데, 이는 사람들이 유인에 반응한다는 경제학의 기본 원리를 무시한 것이다.

산업혁명 이전에는 기술을 전파하지 않고 도제식으로 전승하였으나 지식재산권의 확립으로 개인은 자신의 지식이나 정보를 공개하기 시작하였고, 이로 인해 더 큰 경제적 보상을 받을 수 있었다. 그리고 이런 이윤이 대부분 새로운 기술 개발이나 창작에 재투자되기 때문에 지적재산권이 '아래아한글'과 같은 발전되고 편리한 소프트웨어를 탄생시킨 것이다.

출처 : 한국경제, "'아래아한글' 개발한 이찬진 사장이 돈을 못 번 이유는?", 2009. 8. 21. ; 경향신문, "1989년 '아래아한글 1.0' 출시", 2010. 4. 23.

신에 새로운 방법이 불연속적으로 도입되면 거기에서 순수이윤이 발생하는데, 점차 많은 모방자들이 출현하여 비슷한 상품이 쏟아져 나오게 되면서 혁신자의 이윤은 점차 감소하여 마침내 없어지게 된다. 따라서 자본주의의 경제발전은 '기업가의 혁신 → 순수이윤 → 신규 참가자의 출현 → 순수이윤의 감소 및 소멸'의 순환적 양상을 반복하면서 이루어진다.

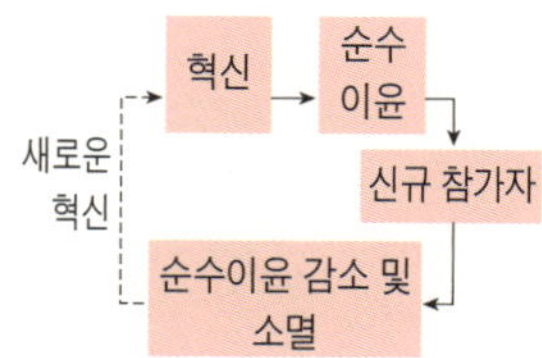

끝으로 어떤 산업이나 기업에 순수이윤이 많다는 것은 적어도 그 산업이나 기업에 종사하고 있는 사람들이 다른 사람들에 비하여 새로운 방식으로 생산이나 경영을 쇄신하였거나 좀더 미래를 잘 예견하였다는 것을 의미한다. 즉, 큰 순수이윤은 기업이 성공하고 있다는 증거가 된다. 이와 같이 순수이윤은 기업의 성적표로서 자본주의 사회의 특징인 경제적 자유와 개인주의적 경쟁, 민주주의적 체제 및 재산권 보호에 의해 뒷받침되며 매우 강력하고 효율적인 유인(incentive)으로 작용하고 있다. 물론 우리나라의 '아래아한글' 프로그램의 사례에서도 알 수 있듯이 순수이윤이 강력하고 효율적인 유인이 되기 위해서는 기본적으로 재산권이 제대로 보호되어야 한다.

경제활동의 유인
자유와 경쟁, 민주주의적 체제 및 재산권 보호에 의해 뒷받침되는 이윤

3 공급이 고정된 생산요소와 지대

지대이론은 공급량이 고정되어 있는 생산요소, 특히 토지에 귀속되는 소득에 관한 이론이다. 엄밀히 말하면, 공급량이 고정되어 있거나 또는 적어도 단기적으로 공급량이 제한되어 있는 생산요소는 토지만이 아니다. 프리미어리그 축구선수들이나 유명 연예인, 그리고 의사나 변호사 등의 전문직 종사자들도 이에 속한다.

지대이론
공급량이 고정되어 있는 생산요소(예를 들어 토지)에 관한 이론

리카도는 엄밀한 분석을 통해 지대에 관한 법칙을 제시하였다. 19세기 초 영국에서는 곡물가격과 지대가 많이 올라서 큰 사회문제가 되고 있었다. 많은 사람들은 곡물가격이 오르고 있는 이유를 지주들이 지가를 올렸기 때문이라고 주장하였는데, 리카도는 그와 반대로 나폴레옹전쟁의 영향으로 대륙으로부터의 곡물수입의 길이 막히고 이로 인하여 곡물가격이 올라서 토지에 대한 수요가 늘어났기 때문에 지대가 상승했다고 주장하였다. 결국 지가가

지대상승의 원인
곡물가격 상승으로 토지에 대한 수요 증가

오르기 때문에 곡물가격이 오르는 것이 아니라 곡물가격이 오르기 때문에 지가가 오른다는 리카도의 생각이 옳았다.

이러한 리카도의 지대론은 오늘날에도 타당한 이론이지만, 오늘날의 지대란 개념은 단순히 토지의 사용료라는 좁은 의미에서 훨씬 벗어나게 되었다. 이러한 넓은 의미의 지대를 렌트(rent) 혹은 경제적 지대(economic rent)라고 하는데, 이를 정확히 이해하기 위해서는 우선 전용수입의 개념부터 살펴보아야 한다.

전용수입
어떤 생산요소가 다른 용도로 전용되지 않도록 하기 위한 최소한의 지급액

렌트
생산요소의 실제수입과 전용수입의 차액

전용수입(transfer earnings)이란 어떤 생산요소가 다른 용도로 전용되지 않도록 하기 위해 지급해야 하는 최소한의 금액을 말하며, **렌트**(rent)란 생산요소가 실제로 얻고 있는 수입과 전용수입과의 차액을 일컫는다. 예를 들어 어떤 배우의 월수입이 1,000만원이라고 하자. 그리고 이 배우가 연기가 아닌 다른 일로 벌 수 있는 최대 수입은 300만원이라고 하자. 그러면 배우는 월수입이 500만원으로 줄어도 연기를 할 것이다. 그러나 월수입이 300만원 이하로 내려간다면 직업을 바꿀 것이다. 이 경우에 300만원은 이 배우로 하여금 무대를 떠나지 않게 하기 위해 필요한 최소한의 보수이므로 전용수입이 된다. 그리고 나머지 700만원은 배우의 실수입과 전용수입과의 차액이므로 렌트가 된다.

이와 같이 지대 혹은 렌트는 리카도가 살던 당시에는 토지 사용에 대한 대가를 의미했지만, 지금은 어떤 생산요소를 현재의 용도로 제한하기 위해 필요한 지급액(전용수입)을 초과하는 수입이라는 뜻으로 사용된다. 이는 어떤 생산요소의 사용료에는 보통 전용수입과 렌트의 두 가지 측면이 공존함을 의미한다.

[그림 6-4]는 생산요소의 공급곡선이 우상향할 때 생산요소의 가격에 렌트와 전용수입이 공존함을 보여준다. 균형가격이 P일 때 생산요소는 Q만큼 사용되고 Q번째 사용된 생산요소의 전용수입은 P이다. 왜냐하면 Q번째의 생산요소가 사용되기 위해서는 적어도 가격이 P가 되어야 하기 때문이다. 그러나 그 직전 한 단위의 전용수입은 P가 아니라 P_1이고, 따라서 렌트는 $\overline{PP_1}$이 된다. 왜냐하면 [그림 6-4]에서 보듯이 Q_1번째의 요소를 사용하기 위해서는 P_1의 가격만 지불하면 되기 때문이다. 마찬가지로 Q_2번째 요소를

■ 그림 6-4

전용수입과 렌트가 요소가격에 공존하는 경우

생산요소의 공급곡선이 우상향하는 경우 생산요소의 가격에는 렌트와 전용수입이 공존하게 된다. 균형이 E점에서 형성되고 이에 따라 Q만큼의 고용량과 P만큼의 요소가격이 결정되었다고 하면, 생산요소에 지불할 총액 중 최소한의 가격이 되는 전용수입은 $\square OCEQ$, 그 나머지인 렌트는 ΔCPE의 크기가 된다.

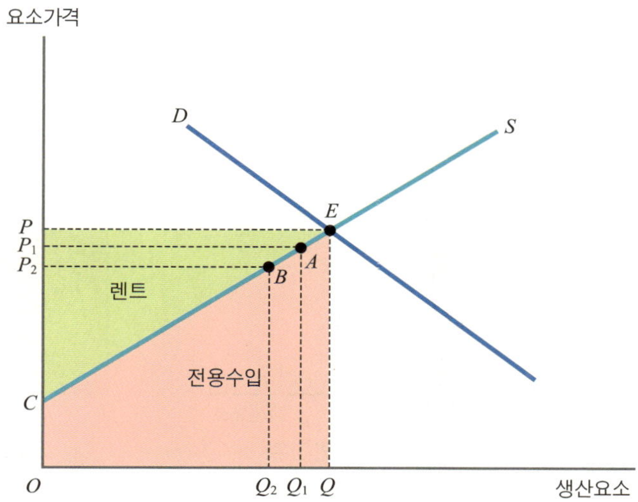

사용하기 위해서는 P_2만큼의 가격만 지불하면 되므로 P_2가 전용수입이고 $\overline{PP_2}$는 렌트가 된다. 이렇게 볼 때 [그림 6-4]에서 생산요소에 지급해야 하는 총액 □$OPEQ$ 중에서 ΔCPE는 렌트를, 나머지 $\square OCEQ$는 전용수입을 나타낸다. 한편 렌트 ΔCPE는 생산자잉여를 나타내기도 한다.

일반적으로 전용수입과 렌트의 상대적 크기는 공급탄력성에 달려 있다. 공급탄력성이 클수록 렌트는 작아지고 전용수입은 커지며, 반대로 공급탄력성이 작을수록 전용수입에 비하여 렌트가 커진다.

렌트 = 생산자잉여

[그림 6-5]의 (a)와 같이 어떤 생산요소의 공급탄력성이 무한대라고 하면, 생산요소시장의 공급곡선에 의해 결정된 가격 미만을 지급하여서는 생산요소를 한 단위도 사용할 수 없다. 따라서 이 경우에는 요소가격 전액이 전용수입이 된다. 반면에 [그림 6-5]의 (b)처럼 생산요소의 공급이 고정되어 있어 공급의 탄력성이 0인 경우를 생각해 보자. 이때에는 생산요소의 가격이 오직 수요의 크기에 의하여 결정된다. 따라서 공급량이 완전히 고정되어 있는 경우에는 생산요소가 다른 용도로 전용되지 못하게 하기 위해 지급해야 하는 금액, 즉 전용수입이 0이다. 그러므로 요소가격 전액이 렌트가 된다. 오

그림 6-5

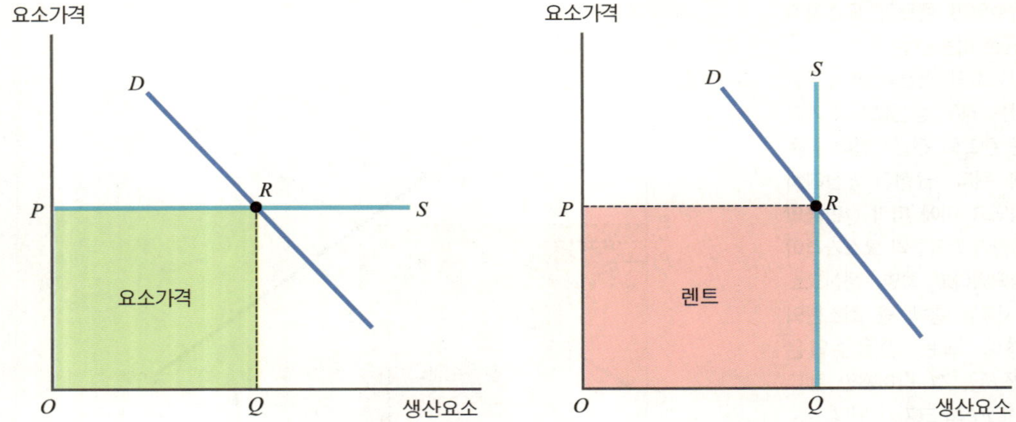

(a) 요소가격 전액이 전용수입인 경우

(b) 요소가격 전액이 렌트인 경우

전용수입과 렌트

완전경쟁시장의 경우 공급탄력성이 무한대이므로 요소시장에서 생산요소를 고용하기 위해서는 공급에 의해 결정된 가격 전액을 지불해야만 한다. 따라서 (a)와 같이 요소가격 전액이 전용수입이 된다. 반면 (b)와 같이 생산요소의 공급이 고정되어 있어 공급탄력성이 0일 경우 생산요소를 묶어두기 위한 전용수입은 0이며 동시에 요소가격 전액은 렌트가 된다.

늘날 토지뿐만 아니라 유명 연예인이나 슈퍼스타와 같이 단기적으로 공급이 고정된 사람들에게 돌아가는 소득을 렌트 또는 경제적 경제적 재대라고 하는 이유이기도 하다.

생활과경제학

경제적 지대와 슈퍼스타의 경제학

고전경제학에서는 연예인이나 슈퍼스타들이 높은 소득을 올리는 이유를 리카도의 설명을 따라 경제적 지대 또는 렌트로 설명한다. 골프 황제 타이거 우즈나 영국 프리미어리그 선수 박지성, 한류스타의 대표격인 배용준은 남다른 재능을 지닌 희소한 사람들이다. 이들이 받는 고소득은 마치 비옥한 일급 토지를 보유한 지주가 수확이 저조한 황무지를 보유한 지주보다 임대소득을 더 많이 받는 것과 동일하게 보아야 한다는 설명이었다. 하지만 경제적 지대만으로는 오늘날 갈수록 심해지는 '승자 독식(winner takes all)' 현상을 잘 설명하지 못한다.

2005년 미국 프로골프협회(PGA) 상금 랭킹 1위인 타이거 우즈는 PGA 투어에서 1,062만 달러를 번 반면, 3위인 필 미켈슨은 569만 달러를 벌었다. 2016년 우리나라에서 배우로 수입을 신고한 15,870명 중 상위 10%의 연평균 수입은 3억 6,700만원인 데 반해 나머지 90%의 연평균 수입은 620만원으로 매달 52만원을 받는 게 고작이었다. 다른 사람보다 조금 더 나은 능력을 가진 사람들이 훨씬 더 많은 보수를 챙기면서 소득양극화는 갈수록 심해지고 있다. 토지로 따진다면 1급지와 2급지 간 토지 비옥도가 크게 차이가 나지 않는데도 1급지가 경제적 지대를 싹쓸이하는 현상이 벌어진 셈이다.

시카고대학의 노동경제학자 셔윈 로젠(Sherwin Rosen)은 1983년 발표한 『슈퍼스타의 경제학』(Economics of Superstar)을 통해 가수, 연예인, 운동선수 등 슈퍼스타들 간에 소득격차가 심화되는 원인으로 매스미디어의 확산과 같은 소비 테크닉의 발전을 꼽았다. TV를 포함하여 인터넷 등 각종 전달매체가 발전하고 테이프, CD, DVD 등 각종 기록매체가 발전하면서 한 명의 슈퍼스타가 더 많은 소비자에게 동시에 서비스를 제공할 수 있는 길이 열렸다. 대기업 CEO와 수익률 게임을 벌이는 펀드매니저도 마찬가지이다. 커뮤니케이션 수단의 비약적인 발전은 소수의 최고경영자가 효과적으로 관리할 수 있는 조직과 인원의 범위를 확대시키고 그들에 대한 보상 역시 늘리고 있다. 그 결과 1등과 2등 간의 격차는 크게 벌어졌고 소득불균등 역시 심화됐다는 것이다.

출처 : 이근우, "슈퍼스타의 경제학", 한은소식, 2007. 7.

4 소득분배와 소득재분배정책

먼저 소득분배는 절대적 소득분배와 상대적 소득분배의 두 측면에서 바라볼 수 있다. **절대적 소득분배**는 일정 기간 동안 재화와 서비스의 생산과정에 참여한 생산요소의 소유자들에게 그 대가로 소득이 분배되는 것을 일컫는다. 구체적으로 노동, 자본, 토지, 경영 등 생산요소의 가격인 임금, 이자, 지대, 이윤 등에 의한 소득분배를 의미한다. **상대적 소득분배**는 사회 전체의 소득이 사회구성원 개개인들에게 어떻게 분배되는가, 특히 고소득층과 저소득층 사이에서 사회의 총소득이 분배되는 과정에 초점을 둔다.

보통 소득분배라 함은 상대적 소득분배를 뜻하며, 경제성장 과정에서 소득분배의 공평성 문제가 중요해져 현재는 상대적 소득분배에 대한 관심이 늘

절대적 소득분배
- 일정 기간 동안 재화와 용역의 생산과정에 참여한 생산요소의 소유자들에게 그 대가로 분배되는 것
- 임금, 이자, 지대, 이윤

상대적 소득분배
- 사회 전체의 소득이 사회구성원 개개인들에게 분배되는 것
- 개인별 또는 계층별 상대소득의 격차 정도
- 공평성의 문제

고 있다. 특히 상대적 소득격차를 바로잡기 위해 정부는 사회적으로 바람직한 소득분배상태로 유도하는 정책을 펴는데, 이를 소득재분배정책(income redistribution policy)이라고 한다. 다음에서는 절대적 소득분배의 한 형태로 기능별 소득분배를, 그리고 상대적 소득분배의 한 형태로 계층별 소득분배를 살펴보기로 한다.

4.1 기능별 · 계층별 소득분배

요소시장이 완전경쟁적인 상황에서 개별 기업이 비용을 최소화하는 요소투입량을 고용하였을 때 각 생산요소는 그것이 고용됨으로써 얻는 기업의 수입증가분, 즉 한계수입만큼을 보수(임금, 이자, 이윤, 지대 등)로 받게 된다. 이처럼 각 생산요소들의 한계생산가치에 근거한 분배이론을 **기능별 소득분배**(functional distribution of income) **이론**이라 하고, 한계생산에 근거한다는 의미에서 **한계생산성 이론**(marginal productivity theory)이라고도 부른다. 이 이론은 자유로운 시장경제에서의 소득분배를 잘 설명하는 장점이 있다. 하지만 현재의 소득분배 상태가 사회가 지향하는 소득분배인지를 분간해 줄 수 없다는 한계를 갖는다.

기능별 소득분배 이론
= 한계생산성 이론

실제로 사회는 기능별 소득분배보다 부유층과 빈곤층 사이의 **계층별 소득분배**(size distribution of income)를 더 중요시하는 경향이 있다. [표 6-1]은 2012년 우리나라의 계층별 소득분포를 나타낸다. 구체적으로 (a)는 가구당 월소득 구간별 비중을, (b)는 우리나라 가구를 5개의 소득분위 그룹이 벌어들인 소득의 상대적 비중을 보여준다. 이때 1분위는 가장 가난한 20%의 가구를, 5분위는 가장 부유한 20%의 가구를 의미한다.

계층별 소득분배
부유층과 빈곤층 사이의 소득분배

이 표에 의하면 우리나라의 소득분배는 고르지 못할 뿐만 아니라 크게 개선되지 못하고 있다. 예를 들어 (a)에서는 2016년 현재 약 16%에 해당하는 가구가 월 200만원 미만의 소득을 얻고 있는 반면, 약 21%는 월 600만원 이상의 소득을 얻었다. 한편 (b)에서는 2018년 하위 20%에 속하는 사람들이 전체 소득의 약 5.5%를 차지하는 데 반해, 상위 20%는 전체 소득의 41%를

표 6-1

우리나라의 계층별 소득분배(2016)

월소득 구간	비율(%)
100만원 미만	4.60
100~200만원 미만	11.33
200~300만원 미만	15.06
300~400만원 미만	18.76
400~500만원 미만	16.65
500~600만원 미만	12.42
600만원 이상	21.19

(a) 가구(전국, 2인 이상)당 월소득 비중(2016년 조사가 마지막 조사)

연도	1분위	2분위	3분위	4분위	5분위
2008	6.37296	12.6638	17.7940	23.9573	39.2120
2009	6.39868	12.8534	18.0476	24.1087	38.5916
2010	6.56012	13.2176	18.1441	24.0034	38.0748
2011	6.53432	13.2810	18.2519	23.9054	38.0273
2012	6.63340	13.3145	18.1378	23.9077	38.0066
2013	6.64498	13.4749	18.1708	23.9986	37.7106
2014	6.78990	13.3248	18.2118	23.8802	37.7933
2015	7.01102	13.4435	18.3192	23.8098	37.4164
2016	6.58008	13.2535	18.2354	23.9687	37.9623
2017	6.42959	12.8092	17.9543	23.7750	39.0319
2018	5.54628	11.9560	17.4209	23.9514	41.1254

(b) 가구(전국, 2인 이상)당 월소득 분위별 비중

출처 : 통계청, 〈가계동향조사〉, 각 연도

차지했다.

4.2 소득불평등의 측정

소득분배의 불평등도라는 것은 원칙적으로 공평한 분배에 대비되어 측정되는 상대적 개념이다. 그런데 공평한 분배라는 개념에는 사람에 따라 다른 주관적 가치판단이 포함된다. 예를 들어 어떤 사람은 무조건 절대적으로 똑같은 임금을 받아야 공평하다고 생각하는 반면, 또 다른 사람은 같은 노동을 하더라도 성과에 따라 돈을 다르게 받는 것이 공평하다고 생각할 수 있다. 그러므로 현실의 불평등도지수가 갖는 의미를 과대평가하지 않도록 조심해야 한다. 실제로 대부분의 불평등도지수들은 균등한 소득분배가 공평한 소득분배라는 암묵적 가정을 깔고 있기 때문이다. 여기서는 먼저 소득분배 불평등도를 측정하는 방식에 대해 알아보자.

4.2.1 로렌츠곡선

로렌츠곡선
한 사회의 구성원을 소득이 가장 낮은 사람부터 높아지는 순서에 따라 배열했을 때, 하위 일정 비율에 속하는 사람들의 소득이 전체 소득에서 차지하는 비율을 나타내는 곡선

가장 대표적인 불평등도지수 중 하나는 **로렌츠곡선**(Lorenz curve)이다. 로렌츠곡선은 한 사회의 구성원을 소득이 가장 낮은 사람부터 높아지는 순서에 따라 배열했을 때, 하위 일정 비율(%)에 속하는 사람들의 소득이 전체 소득에서 차지하는 비율을 나타내는 점들을 모아놓은 곡선이다.

예를 들어 [그림 6-6]에 나타나 있는 로렌츠곡선을 보면 하위 50%의 국민이 전체 소득의 20%를 차지하고 있고(*A*점), 하위 30%의 국민이 10%의 소득을 차지하고 있음을 알 수 있다(*B*점). 모든 사람들의 소득이 똑같은 완전균등 분배상태라면 로렌츠곡선은 *OL*을 잇는 대각선이 되고, 총소득 전체가 한 사람에게 귀속되는 극도로 불평등한 분배상태의 로렌츠곡선은 *OML*이 된다. 따라서 로렌츠곡선이 대각선에 가깝게 위치하면 할수록 평등한 분배상태를 의미하며, 반대로 멀리 떨어져 있을수록 불평등한 분배상태를 의미한다.

로렌츠곡선의 한계
- 두 곡선의 평등성 정도를 비교할 수 없음
- 두 곡선이 교차하는 경우 비교 불가능

이러한 로렌츠곡선은 아주 단순하고 직관적이라는 장점이 있지만 단점도 있다. 예를 들어 두 로렌츠곡선을 비교할 때 이들이 교차하지 않고 어느 하나가 다른 것보다 대각선에 가까이 있다면, 전자가 후자보다 평등한 소득분배 상태라고 말할 수 있다. 그러나 이 경우 얼마나 더 평등한지는 말할 수

■ 그림 6-6

로렌츠곡선과 지니계수

로렌츠곡선은 한 사회의 구성원을 소득이 가장 낮은 사람부터 높아지는 순서에 따라 배열했을 때, 하위 일정 비율에 속하는 사람들의 소득이 전체 소득에서 차지하는 비율을 나타내는 점들을 모아놓은 곡선이다. 이때 $\alpha/(\alpha+\beta)$는 지니계수로서 그 값이 작을수록 분배상태가 평등함을 나타낸다.

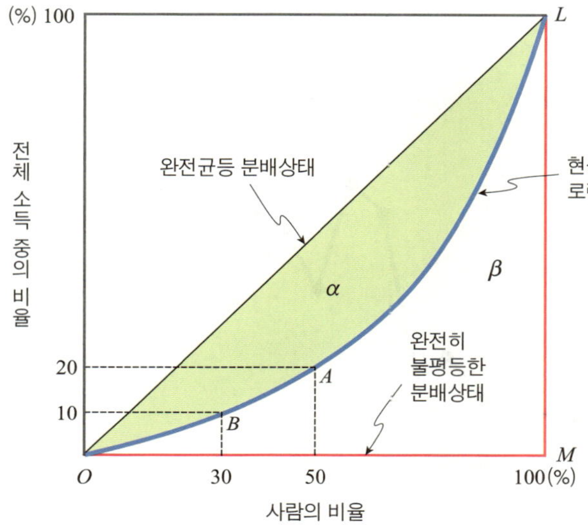

없고, 더욱이 두 개의 로렌츠곡선이 교차한다면 아예 비교가 불가능하다.

4.2.2 지니계수와 십분위분배율

로렌츠곡선의 단점을 수정한 것이 바로 **지니계수**(Gini coefficient ; G)이다. 지니계수는 로렌츠곡선과 대각선 사이의 면적(α)을 대각선 아래 삼각형 전체의 면적으로 나눈 것이다. [그림 6-6]을 보면 대각선 아래 삼각형은 로렌츠곡선에 의해 α와 β의 두 구역으로 분할되어 있는데, 이때 $G = \dfrac{\alpha}{\alpha + \beta}$가 된다.

지니계수
- 로렌츠곡선과 대각선 사이의 면적을 대각선 아래 삼각형 전체의 면적으로 나눈 것
- 다른 사회와 비교 가능

지니계수는 $0(\alpha = 0)$에서 $1(\beta = 0)$ 사이의 값을 가지며, 그 값이 0에 가까울수록 소득분배 상태가 평등함을, 1에 가까울수록 소득분배 상태가 불평등함을 의미한다. 로렌츠곡선과 지니계수 사이의 관계를 생각해 보면 그 이유를 쉽게 알 수 있을 것이다. 지니계수는 하나의 숫자로 표현되므로 두 소득분배 상태를 기수적으로 비교 · 평가할 수 있다는 장점이 있지만, 단순히 균등분배의 측면에서만 소득분배를 평가한다는 한계도 있다.

그림 6-7

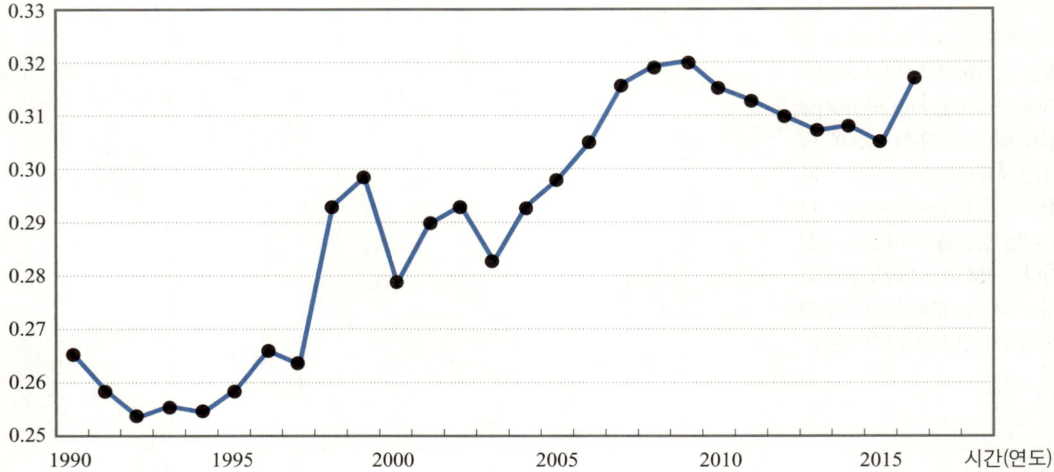

주 : 도시 2인 이상 가구 기준
자료 : 통계청

우리나라의 지니계수 추이(1990~2016)

우리나라 도시 2인 이상 가구의 지니계수는 1992년 0.254에서 2009년 0.32로 급격히 높아진 후 최근에는 전반적으로 하향추세를 보이고 있다.

[그림 6-7]은 우리나라 통계청에서 발표하고 있는 도시 2인 이상 가구의 지니계수 변동 추이를 나타낸 것이다. 지니계수는 1992년 0.254에서 2009년 0.32로 급격히 높아진 후 최근에는 전반적으로 하향 추세를 보이고 있다.

> **십분위분배율**
> 소득계층 중 최하위 40%의 소득이 전체 소득에서 차지하는 점유율을 최상위 20%의 소득이 전체 소득에서 차지하는 점유율로 나눈 것

한편 지니계수만큼 체계적이지는 않지만 간단하기 때문에 흔히 사용되는 기수적인 불평등지수로 **십분위분배율**(deciles distribution ratio ; *D*)이 있다. 이것은 소득계층 중 최하위 40%의 소득이 전체 소득에서 차지하는 점유율을 최상위 20%의 소득이 전체 소득에서 차지하는 점유율로 나눈 것이다. 예를 들어 통계청 자료에 의하면, 2019년 3분기 기준 우리나라에서 최상위 20%에 속하는 사람들이 전체 소득의 40.2%를 차지하고 있는 데 반해 최하위 40%의 사람들이 차지하는 비율은 17.8(= 5.6 + 12.2)%에 불과했다. 따라

서 십분위분배율은 $D = \frac{17.8}{40.2} = 0.444$로 계산된다. 이 십분위분배율은 지니계수와는 반대로 그 값이 클수록 평등한 분배상태를 나타낸다.

최근에는 최상위 20%의 소득을 최하위 20%의 소득으로 나누는 5/1 분위배율이나 최상위 10%의 소득을 최하위 10%의 소득으로 나누는 10/1 분위배율 등도 자주 활용되고 있다.

현실과 경제학

소득불평등의 국제 비교

소득불평등지수의 국제 비교(2015~2018)

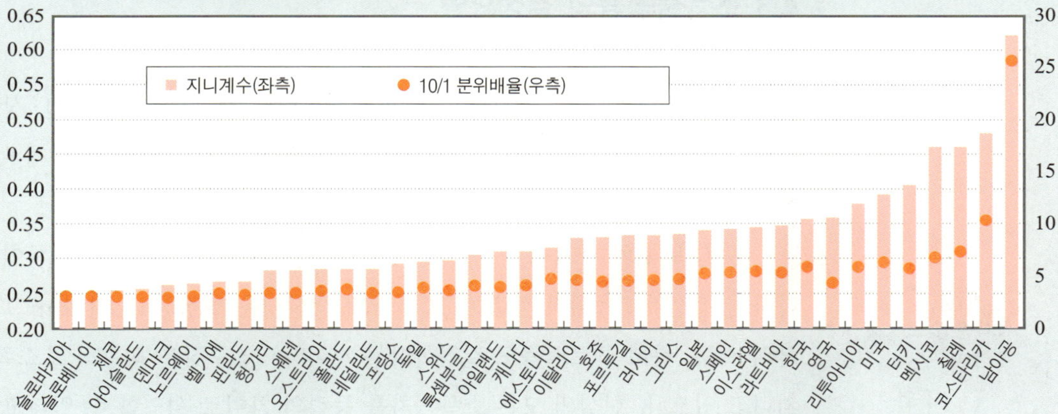

최근 주요국의 지니계수 통계에 따르면, 각국의 소득불평등 정도가 국가 간에 큰 차이를 보이고 있다. 여기서 국가별 지니계수는 경제개발협력기구 통계(OECD Statistics)의 국가별 2015~2018년 지니계수 중 가장 최근 추정값이다. 슬로바키아의 경우 지니계수가 0.24에 불과하지만 남아프리카공화국은 이보다 3배 가까이 높은 6.2를 나타냈다. 사회보장제도가 발달한 북유럽국가나 사회주의에서 자본주의로 전환한 동유럽국가들은 전반적으로 낮은 지니계수를 기록하고 있는 데 반해 한국과 영국, 미국, 멕시코, 칠레 등은 소득불평등도가 상대적으로 높은 것으로 나타났다.

지니계수와 더불어 흔히 사용되는 소득불평등지수인 10/1 분위배율(최상위 10%의 소득/최하위 10%의 소득)의 경우에도 대체로 지니계수와 비슷한 분포를 보이고 있다. 10/1 분위배율이 가장 낮은 덴마크가 2.9 정도인 반면 남아프리카공화국은 이보다 8배 이상 큰 25.6을 기록했다. 주요국의 10/1 분위배율 평균은 약 5로 OECD 국가들의 경우 최상위 10%가 최하위 10%보다 평균적으로 5배 정도 많은 소득을 벌어들인다는 사실을 확인할 수 있다.

이러한 빈부격차의 원인은 크게 네 가지로 나누어 생각해 볼 수 있다. 첫째, 세계화와 기술진보의 영향으로 고기술자와 저기술자 간 임금격차가 커졌다. 둘째, 노동시장에서의 경쟁을 강조하고 고용안정성이 약화되면서 저임금의 비정규직이 양산되었다. 셋째, 맞벌이 가구와 1인 가구가 동시에 늘어남에 따라 가구 간 소득격차가 확대되었다. 넷째, 고소득자에 대한 감세정책을 실시하고 보조금 수급 자격을 강화하면서 세제 및 사회보장제도의 소득재분배효과가 감소하였다.

한편 우리나라의 지니계수는 38개 주요국 중 30번째로 높은 것으로 나타났다. 지니계수 기준으로 우리나라의 소득불평등도는 38개 주요국 평균보다 높은 수준을 유지하고 있다. 또한 10/1 분위배율도 32번째로 높은 것으로 나타나 최상위층과 최하위층 간의 소득격차가 다른 OECD 국가보다 상대적으로 크다는 사실을 알 수 있다. 이는 우리나라의 소득양극화 문제가 우리와 전반적인 소득분배 불평등도가 비슷한 나라들에 비해 심각하다는 것을 보여준다.

출처 : OECD, "An Overview of Growing Income Inequalities in OECD Countries : Main Findings," 2011.
OECD, "Crisis Squeezes Income and Puts Pressure on Inequality and Poverty," 2013.

4.3 소득불평등의 결정요인

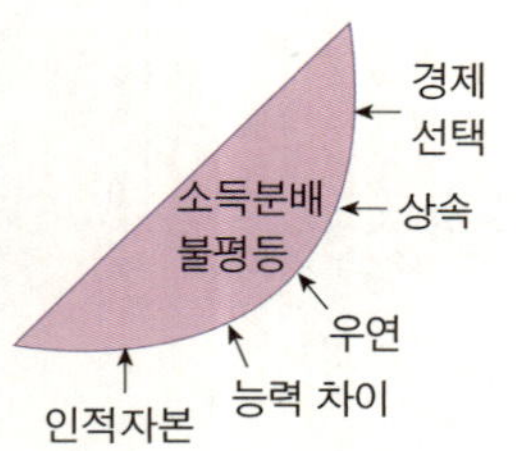

소득격차의 원인
- 개인 능력 차이(유전, 환경의 영향)
- 우연성
- 상속(물질적, 정신적)
- 합리적 경제선택의 결과 : 여가에 대한 선호의 차이
- 인적자본

계층별 소득격차를 가져오는 요인들로 능력의 차이, 우연적 요인, 상속, 개인의 합리적 선택의 결과, 인적투자의 차이 등이 강조되어 왔다. 이제 이러한 요인을 좀더 구체적으로 살펴보자.

첫째, 빈부의 소득격차가 개인의 능력 차이에서 기인한다는 이론이다. 각자의 정신적 · 육체적 능력이 그 사람의 생산성을 결정하고, 따라서 그 사람의 소득, 특히 근로소득도 결정한다는 것이다. 이 주장은 직관적 호소력을 지니고 있으나, 현실의 모든 소득격차를 능력의 차이로 설명할 수 있다고 해도 능력을 결정하는 요인이 유전인가 아니면 환경인가 하는 문제가 남는다. 이에 대한 판단은 소득재분배정책의 방향 설정에 영향을 준다. 예를 들어 만일 능력의 결정요인이 유전적인 것이라면 개인은 타고난 열등한 자질 때문에 가난한 것이고, 따라서 어떤 정책수단에 의해서도 그것을 개선시킬 수 없다는 판단이 가능하다. 그러나 아직은 이 문제에 대해 명쾌한 답이 없다.

둘째, 우연성의 이론은 소득격차가 체계적 요인보다는 개인의 운과 같은 우연적 요인에 의해 설명될 수 있다는 주장이다. 이 이론의 근거는 소득의 분배상태가 시간이 지나도 매우 안정적인 양상을 보인다는 관찰결과에 있다. 그러나 이 주장이 과연 이론적 토대를 제대로 제시하고 있는가 하는 문제가 있다. 사실 소득분배 상태를 설명하는 데에는 단순한 우연성을 넘는 보다 체계적인 이론이 필요하다.

셋째, 상속의 이론이다. 상속에는 물질적 재산뿐만 아니라 육체, 교육환경 및 지능 등의 정신적 상속 모두가 포함된다. 그러나 소득분배와 직접 관련되는 것은 주로 상속된 재산이다. 상속재산이 소득분배와 관련되어 문제가 되는 것은 그것이 한 세대의 불평등을 다음 세대로 이전시키기 때문이다. 그러나 경제구조가 고도화되고 소득 가운데 근로소득이 차지하는 비중이 점점 커지면서 상속재산의 의미는 축소되어 왔다. 어떤 연구에 의하면 근로소득 격차로 소득격차를 90% 설명할 수 있는 데 비해, 상속재산이 소득격차를 설명할 수 있는 능력은 20%에 불과하다는 결과가 있다. 근로소득은 일생 동안 지속적으로 일어나는 현상이지만, 재산 상속은 단 한 번 혹은 몇 차례에 국한되기 때문이다. 그리고 전체 인구 가운데 상속받을 수 있는 사람이 그리 많지는 않다는 점도 지적될 수 있다. 따라서 상속의 이론이 단편적인 설명능력 이상을 포괄한다고 평가하기는 어렵다.

넷째, 현실의 소득격차는 각 개인의 합리적 경제선택의 결과라는 주장도 있다. 프리드먼(Milton Friedman)은 소득격차가 각 개인의 노동과 여가 사이의 선택과 위험에 대한 태도 등에서 기인한다고 했다. 가난한 사람은 보다 많은 여가를 선택했기 때문이거나, 소득이 낮더라도 안정성이 높은 직업을 택했기 때문이라는 것이다. 하지만 프리드먼의 주장은 단순하여 설득력을 지니기는 어렵다.

끝으로, 인적자본이론(human capital theory)은 교육이나 현장훈련(on-the-job training) 등 인적투자에 의해 소득격차가 발생한다고 본다. 한 연구결과는 정규교육과 현장훈련을 포함하는 인적투자의 차이가 근로소득 격차의 33% 가량을 설명함을 보여준다. 경제의 구조가 고도화될수록 물적자본에 비해 인적자본의 중요성이 커지는 측면이 있다. 그러나 전 생애에 걸친 소득을 극대화하기에는 개인의 정보량이 너무 빈약하고 인적자본의 단위가 객관적으로 확립되기 어렵다는 문제가 남는다. 따라서 인적자본이론은 전반적인 소득분배를 충분히 설명하지 못한다.

지금까지 살펴본 계층별 소득분배 이론은 하나의 요인만을 강조하는 데 반하여 포괄적 소득분배 이론은 단편적인 여러 요인들을 유기적으로 결합한

포괄적 소득분배 이론

- 베커 : 인적자본에 대한 수요와 공급의 상호 연관성
- 블라인더 : 능력, 우연성, 상속재산을 포함한 시점 간 최적 자원배분의 합리적 결과
- 그릴리키스 : 학력, 가족배경, 지능, 추진력, 의욕 등

게리 베커(1931~2014)

앨런 블라인더(1945~)

다. 베커(Gary Becker)는 인적자본이론을 기본 틀로 하여 인적자본에 대한 수요뿐만 아니라 공급의 상호 연관성이 근로소득 격차의 중요한 원천임을 보이고 있다. 베커 모형을 확장한 블라인더(Alan Blinder)는 능력, 우연성, 상속재산 등을 모두 포괄한다. 그는 개인의 효용을 극대화하기 위한 시점 간 최적자원배분의 결과로 특정 시점의 소득이 결정되고, 이 때문에 소득격차가 발생한다고 보고 있다. 그릴리키스(Zvi Griliches)는 가족배경, 지능, 추진력, 의욕, 학력 등이 유기적으로 소득격차에 영향을 준다고 본다. 특히 이 중에서 학력이 소득격차에 직접적으로 큰 영향을 준다고 주장했다.

최근에는 소득불평등을 야기하는 요인을 개인적 관점에서가 아니라 사회 · 제도적 변화에서 찾는 주장도 찾아볼 수 있다. 예를 들면 세계화나 기술진보 등에 의해서 소득불평등이 심화될 수 있다는 것이다. 세계화로 인해 선진국과 후진국 사이에 무역이 확대되면 선진국은 주로 저임금의 비숙련노동자가 생산한 재화를 주로 수입하게 되고 고임금의 숙련노동자가 생산한 재화를 수출하게 된다. 이는 선진국에서 비숙련노동자에 대한 수요를 감소시키면서 비숙련노동자의 임금 상승을 억제하는 효과를 낳지만 숙련노동자에 대한 수요는 오히려 증가하면서 이들의 임금은 상승하게 된다. 정보통신기술 발전으로 대표되는 최근의 기술진보도 고학력자 및 고기술자에 대한 수요를 집중적으로 증가시킴으로써 이들 노동자들의 임금이 상대적으로 빠르게 증가한다. 반면 저학력 및 저기술자에 대한 수요는 줄어들어 이들의 임금은 정체되기 때문에 노동자들 간의 소득격차가 확대되게 된다.

현실과경제학

우리나라의 대 · 중소기업 간 하도급거래와 경제양극화

우리나라에서 중소기업이 기업 수로는 전체의 99%를, 고용 비중은 전체의 88%를 차지한다는 것은 이제 상식이 되었다. 특히 종사자 수 300인 미만의 중소기업을 좀더 세분화해 보면, 1990년대 이래 영세기업의 비중이 늘어나는 대신 소기업과 중기업의 비중은 늘어나는 '영세화 현상'과 함께 대기업과의 생산성 격차가 더욱 확대되는 '양극화 현상'이 심각하게 진행되고 있다.

우리나라 중소기업의 주요 사업은 특정 위탁기업으로부터 사전에 주문받은 물품을 생산하여 납품하는 하도급거래이다. 실제로 수급기업은 매출액의 80% 안팎을 모기업에 납품하는 형태로 의존하고 있으며, 특히

기업규모가 작을수록 모기업에 대한 의존도가 높다.

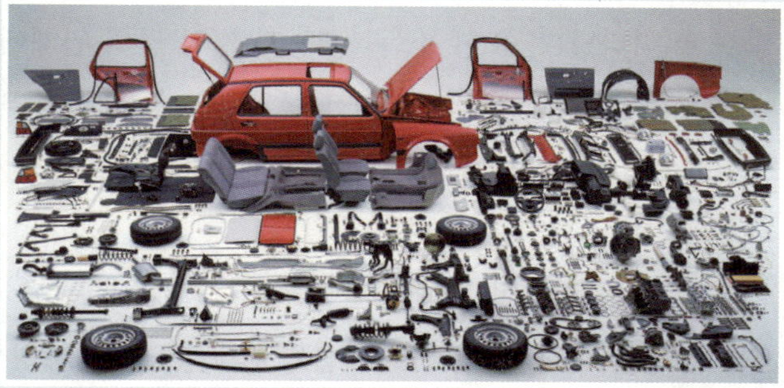

그러나 우리나라 하도급거래의 불공정성 문제는 '갑(대기업)만 살고 을(중소기업)은 죽는다'는 의미에서 '을사(乙死)조약'이라 부를 정도로 심각한 상태다. <중소기업실태조사>에서 실시한 하도급기업의 애로사항 설문조사에 의하면 '납품단가 인하'나 '원자재 가격 상승분 납품단가 미반영', '위탁기업과 원가산정에 대한 상충'과 같이 납품단가 문제가 언제나 압도적인 비중의 애로사항으로 지적되고 있다. 이 밖에 납품대금 결제, 장기지속 거래의 안정성, 기술협력과 관련된 불만도 빠지지 않고 거론된다.

우리나라의 하도급구조를 개선하기 위해서는 현행 공정거래법과 하도급법을 엄정하게 집행하는 차원을 넘어 근본적인 발상의 전환이 필요하다. 첫째, 대·중소기업 간의 수직적 네트워크를 공정하게 만드는 것에 못지않게 중소기업 상호 간의 수평적 네트워크를 활성화하는 것이 중요하다. 이는 우선 대기업과의 불공정한 계약을 극복하기 위해 다수의 중소기업이 공동으로 대기업과 협상할 수 있도록 한다. 또한 기술개발과 해외시장 개척 등의 영역에서 중소기업들 상호 간의 수평적 협력 기반은 대기업과의 수직적 네트워크를 공정하게 변화시킬 수 있다. 둘째, 하도급거래 구조의 현실에 대해 더욱 정확한 정보를 축적하고 공개하는 시스템이 필요하다. 셋째, 불공정 하도급거래의 최종 결과로서 모기업과 하도급기업 간의 이익률 격차 및 이를 초래하는 가장 중요한 원인으로 지적되는 납품단가 결정 문제를 개선해야 한다.

일본 도요타자동차의 개선제안 제도를 대표 사례로 하는 성과공유제(benefit sharing)는 제조과정에서 협력사의 기여도 측정이 가능한 원가절감 활동(재료비, 인건비, 정비비 절감 등) 위주로 보상이 이루어진다. 한편 이익공유제(profit sharing)는 협력 참가자의 노력 수준과 기여도를 제대로 측정하기 어려운 경우에 최종 결과(판매수입, 순이익, 목표초과이익 등)를 사전에 합의된 규칙에 따라 배분하는 방식을 말한다. 대·중소기업의 동반성장을 위해 이 중에서 목표초과이익 공유 방식을 내부 임직원들뿐만 아니라 준내부조직적 관계에 있는 하도급 협력기업으로까지 자율적으로 확대 실시하는 것을 고려해 볼 수 있다.

출처 : 김상조, 『종횡무진 한국경제』, 오마이북, 2012. 2, pp.223~257.

4.4 소득불평등의 사회 · 경제적 영향

소득불평등은 사회불안과 사회양극화를 야기하는 등 부정적인 효과를 초래한다. 뿐만 아니라 소득분배의 악화는 범죄, 자살, 집단 간 갈등 등 다양한 사회일탈현상과 연결될 수도 있다. 실제로 한 연구결과에 의하면, 지니계수가 높아질수록 살인율(homicide rate)과 절도율(robbery rate)이 상승하는 것으로 나타났다. 또한 소득불평등과 자살 간의 관계에 관한 연구결과들을 살펴보면, 일반적으로 사무직 노동자(white collar)에 비해 생산직 노동자(blue collar)의 자살률이 높으며 사회 전체적으로도 소득격차가 심화될수록 저소득층의 자살률이 높아진다고 한다.

소득불평등이 심화되면 이러한 사회적인 문제 이외에도 경제성장에도 악영향을 미칠 수 있다. 소득불평등의 정도가 경제성장을 저해하는 경로로는 물적자본의 축적, 인적자본의 축적, 정치 · 사회적 불안 등을 들 수 있다.

물적자본의 축적
소득이 높아질수록 저축률 상승 ⇒ 소득불평등도가 커질수록 물적자본 축적 증가

첫째, 한 국가의 총저축은 모든 소득계층에 있는 사람들의 저축을 합한 것이다. 따라서 소득불평등도가 커질수록, 즉 부유한 사람들이 버는 소득이 총소득에서 차지하는 비중이 커질수록 총저축과 물적자본 축적이 증가할 수 있다. 그러나 오늘날과 같이 자본시장이 개방되어 한 국가가 물적자본의 이동을 허용할 경우 투자에 필요한 자금이 더 이상 국내 저축으로만 공급될 필요가 없기 때문에 소득불평등이 저축을 촉진하는 효과는 중요하지 않게 된다. 또한 초기 부존자원의 분포에 불평등이 커지면 자본시장의 불완전성 하에서 신용제약에 직면한 소규모 기업가들은 최적 수준의 투자계획을 실현시킬 수 없게 되므로 자본축적이 저해될 수 있다.

인적자본의 축적
소득불평등도가 커질수록 인적자본 축적 감소

둘째, 소득불평등도가 커질수록 인적자본의 축적은 낮아지게 된다. 먼저 인적자본의 경우에도 자본시장이 불완전하여 인적자본(특히 자녀의 인적자본)에 대한 투자를 담보로 차입하기 어려우므로 신용제약에 직면한 저소득층은 적정 수준의 교육투자를 실행하기가 어렵다. 또한 인적자본 축적에 한계수확체감의 법칙이 작용하기 때문에 분배 악화 시 저소득층의 투자감소 효과는 고소득층의 투자증가 효과를 압도하여 전반적 인적자본 투자의 감소를 가져온다.

한편 소득분배의 불평등은 능력과 학습기회의 불일치를 유발하여 인적자본 투자의 효율성도 저해할 수 있다. 학습능력은 떨어지지만 고소득층의 자녀로 태어난 사람들에게는 과잉투자가 일어날 수 있고, 학습능력은 뛰어나나 저소득층에 속한 사람에게는 과소투자가 발생한다. 이와 같이 사회 전체적으로 인적자본 투자의 효율성이 낮아지고 인적자본의 전반적 수준이 낮아

지면 연구개발 여건도 저하되어 기술혁신 속도를 낮추는 부작용을 가져올 수 있다.

셋째, 소득분배가 지나치게 불평등해지면 개혁을 요구하는 세력이 늘어나면서 경제사회가 불안해지고 남의 것을 약탈하려는 범죄가 횡행하게 된다. 그 결과 투자가 어려워질 뿐만 아니라, 범죄를 막기 위해 지불해야 하는 보호비용의 증가가 생산활동을 위축시키면서 경제성장을 저해한다.

정치 · 사회적 불안
범죄 증가와 이를 막기 위한 보호비용 증가로 경제성장 저해

최근에는 소득불평등의 심화가 경제성장을 저해하는 것뿐만 아니라 금융위기의 원인이 되고 결국 실물부문의 경제위기까지 초래할 수 있다는 주장도 제기되고 있다. 예를 들면 캘리포니아 버클리대학교 라이시(Robert Reich) 교수는 소득이 소수의 부유층에 집중되면서 중산층은 구매력을 유지하기 위해 부채를 늘리게 되었고, 이것이 글로벌 금융위기를 부르는 원인이 되어 결국 실물경제까지 위기에 빠지게 되었다고 보았다.

이와 같이 소득분배의 불평등이 막대한 사회적 · 경제적 비용을 야기할 수 있다는 점을 고려한다면, 이러한 불평등을 완화하고 사회적으로 보다 바람직한 분배상태로 유도하는 **소득재분배정책**(income distribution policy)의 필요성이 높다고 볼 수 있다. 다음 절에서는 소득재분배정책에 대해서 살펴보기로 한다.

소득재분배정책
소득불평등을 완화하고 사회적으로 바람직한 분배상태로 유도하는 정책

4.5 소득재분배정책

소득의 불공평성을 완화하기 위한 재분배정책의 필요성에 대한 다양한 이유가 존재하는데, 가령 더로우(Lester Thurow)의 주장처럼 재분배가 가져다주는 범죄의 감소나 사회안정성의 증대 등은 사회적 이익으로서의 재분배정책이 갖는 공공재의 성격을 말해 준다. 공공재(public goods)는 시장에서 자율적으로 생산 · 소비될 수 없으므로 이러한 시장실패를 치유하기 위해서 정부가 재분배정책을 수행해야 한다는 것이 더로우의 주장이다. 즉, 재분배정책으로부터의 사회적 이익은 비배제성(non-exclusiveness)과 비경합성(non-rivalry)이라는 특성을 보이게 되므로 시장 스스로 재분배 역할을 수행하기

소득재분배정책의 공공재 성격
- 소득재분배정책에 따른 범죄의 감소, 사회안정성의 증대는 비배제적, 비경합적 특성
- 정부 재분배정책의 당위성

어렵고, 따라서 공공재적 특성을 보이는 재분배정책의 효과를 누리기 위해서는 정부가 재분배정책을 수행하는 것이 바람직하다는 것이다.

소득재분배정책의 수단
- 조세정책 : 누진세제, 상속세 등
- 사회보장제도 : 국민연금, 실업보험
- 공공부조

이러한 재분배정책은 앞서 살펴본 바와 같이 소득불평등의 다양한 원인에 따라 다양한 수단을 제공한다. 누진세제나 상속세 등의 조세정책, 공적 보험의 성격을 가진 국민연금이나 실업보험과 같은 사회보장제도, 그리고 직접적으로 빈곤층에 소득을 이전해 주는 공공부조(public assistance) 등이 그것이다. 물론 이 중에서 조세정책은 소득의 격차를 줄이기 위한 것일 뿐 직접적으로 빈곤층에 도움이 되는 것은 아니다.

소득재분배정책에 대한 반대 입장
- 근로의욕 저하에 따른 비효율성
- 복잡한 사회보장제도 운영에 수반되는 행정비용

그러나 정부의 재분배정책이 효율성을 상실할 수도 있다는 주장이 있다. 누진적인 조세제도로 인하여 사람들이 더 적게 일하거나, 아예 일하기를 포기하고 공공부조 프로그램에 의존하는 사람들이 등장함에 따라 비효율성이 발생한다는 것이다. 실제로 선진국에서의 다양한 사회보장제도는 복지병이라 일컬어지는 근로의욕의 감퇴와 생활습관의 나태를 가져와 효율성을 떨어뜨렸다. 다만 저소득층의 빈곤을 예방하고 근로의욕을 고취시키는 제도의 하나로 **근로장려세제**(earned income tax credit ; EITC)를 도입할 수 있다. 이 제도는 일을 많이 할수록 근로장려금 지급액이 많아지는 구조로 되어 있어 저소득근로자에게 실질적인 소득지원과 함께 근로유인을 높이는 효과가 있다. 우리나라에서도 2008년부터 이 제도를 도입 · 시행하고 있다.

또한 복잡한 사회보장제도는 경제 전체에 많은 부수적 비용을 발생시키고 있다. 그리고 다양한 제도가 서로 다른 기관에 의해 운영되기 때문에, 행정기관만 늘어나고 수속과 절차는 까다로워서 구호를 요하는 사람들이 적시에 구호를 받지 못하는 예도 많다.

소득재분배정책의 의의
장기적으로 공평성과 효율성이 상충되는 것은 아님

그럼에도 재분배정책의 결과 효율성 상실로 인한 사회후생의 감소가 공평성의 증대로 인한 사회후생의 증대보다 작게 나타난다면, 혹은 장기적으로 공평성의 증대가 효율성의 증대를 가져온다면 재분배정책은 여전히 타당성을 갖는다고 볼 수 있다. 일반적으로 볼 때 장기적 성장을 위해서는 구성원 간의 협동심과 팀워크(teamwork), 동기부여가 필요한데, 이는 소득이 공평하게 분배되었다고 느껴질 때 극대화될 수 있다. 역사적으로도 경제가 제대로 성장하는 나라에서는 분배의 형평이 비교적 잘 유지되는 경우가 많았고 빈부의 격차가 심한 나라에서는 경제 운영이 효율적이지 못했음을 상기한다면, 공평성과 효율성이 장기적으로는 반드시 상충되는 것이 아니라는 것을 알 수 있다.

요약 및 연습문제

1. 노동시장의 균형

1.1 노동수요 노동수요는 노동 한 단위를 추가로 고용함에 따른 수입증가분인 한계수입생산(MRP)과 추가 비용인 한계요소비용(MFC)이 일치하는 수준에서 결정된다. 노동시장이 완전경쟁적인 경우 한계요소비용은 명목임금(W)과 같으므로 한계생산가치(VMP)와 임금(W)이 같아지는 수준에서 고용량이 결정된다. 한편 기술진보, 노동숙련도, 인적자본의 증가 등의 요인은 노동수요곡선 자체를 이동시킨다.

1.2 노동공급 노동을 공급하는 경제주체는 시간이라는 희소자원을 노동과 여가에 배분하여 효용을 극대화한다. 이때 만약 임금이 상승하면, 여가의 기회비용 상승으로 노동공급의 증가를 가져오는 대체효과와 임금소득 증가로 여가소비의 증가를 가져오는 소득효과가 동시에 나타난다. 노동공급량은 두 가지 효과의 상대적 크기에 따라 결정되며, 일반적으로 임금이 상승할수록 소득효과가 상대적으로 더 커지므로 노동공급곡선은 후방굴절의 형태를 보인다. 한편 노동시장 공급곡선은 이러한 각 개인의 노동공급곡선을 수평으로 합한 것이다. 인구고령화, 대체산업 변화 등은 노동공급곡선 자체를 이동시키는 요인이다.

1.3 노동시장의 균형 노동시장에서의 균형임금과 고용수준은 시장 전체의 노동공급곡선과 노동수요곡선이 만나는 점에서 결정된다. 노동수요의 증가는 균형임금과 고용수준을 모두 증가시키고, 노동공급의 증가는 균형임금을 감소시키지만 고용수준은 증가시킨다.

1.4 임금격차 균형임금이 노동의 한계수입생산과 같고 임금이 생산성이나 노동의 질의 차이를 정확히 반영한다면 노동시장은 매우 효율적이라고 할 수 있다. 하지만 임금격차는 한계수입생산의 차이만으로 설명할 수 없으며, 보상임금, 차별, 이중구조, 노동조합 등도 주요 원인으로 작용한다.

물음 01. 단기적으로 자본이 5로 고정되어 있는 어떤 독점기업이 노동량을 변화시킬 때 얻을 수 있는 생산량은 다음과 같다고 하자.

L	1	2	3	4	5	6
생산량	17	24	30	35	39	42

이 독점기업의 수요곡선 식은 $P = -\frac{1}{2} \cdot Q + 50$이라고 한다.

(1) 한계생산을 구하라.

(2) 임금이 50이라면 최적생산량과 최적고용량은 얼마인가?

물음 02. WB사는 흰색 칠판(white board)을 만들어 시장에 공급하는 기업이다. 이 회사가 만드는 흰색 칠판은 규격과 재질이 동일하게 정해져 있기 때문에 동일 상품을 생산하는 기업이 무수히 많다고 한다. 최근 흰색 칠판의 가격이 5만원에서 3만원으로 떨어졌으나, WB사는 근로자들에게 여전히 1인당 200만원의 월급을 지급하고 있다. 다음 질문에 답하라.

(1) 흰색 칠판 가격의 인하가 노동의 한계생산에 영향을 주는지 설명하라. 흰색 칠판을 생산하는 노동의 한계생산가치(*VMP*)와 한계수입생산(*MRP*)에는 어떤 변화가 있는가? WB사가 고용하는 노동의 양은 어떤 영향을 받는가?

(2) 이제 WB사가 칠판을 규격에 맞게 절단해 주는 기계를 구입하여 생산과정에 투입한다고 하자. 이것이 WB사의 노동수요에 미치는 영향을 설명하라.

물음 03. 유나가 운영하는 인형공장에서 현재 100명의 근로자들이 일하고 있다고 하자. 어느 날 회사 내에 집단 식중독이 발생해 50명의 근로자들이 근무하지 못하게 되었다. 이러한 상황이 유나네 공장의 노동생산성과 인형 생산량에 미칠 영향을 설명하라.

2. 자본시장과 이자 및 이윤

2.1 자본과 이자 기업이 실물자본을 구입 또는 임차하여 생산에 이용하고 얻은 수익을 자본재에 대한 수익이라 부른다. 따라서 이자는 외부자금으로 구입할 수 있는 자본재의 사용에 대한 대가로 정의할 수 있다. 또한 이자율은 미래가치와 현재가치의 교환비율이며 보통 양(+)의 값을 갖는다. 이는 사람들의 시간선호와 위험기피적 성향에서 온 것으로 볼 수 있다.

2.2 기업활동과 이윤 생산요소를 결합 · 조직 · 운영하는 기업활동에 대한 대가를 이윤이라고 부른다. 순수이윤은 (총수입 − 지급된 생산비 − 암묵적 이자 − 암묵적 임금)으로 정의된다. 한편 슘페터는 혁신을 순수이윤의 원천이자 자본주의 경제발전의 원동력으로 보았다. 순수이윤은 자본주의를 유지하는 매우 강력하고 효율적인 유인으로 작용하고 있으며, 이러한 역할이 계속되기 위해서는 재산권이 제대로 보호되어야 한다.

물음 04. 현재의 재화와 미래의 재화는 동등하게 교환되지 않는다. 그렇다면 이때 두 재화를 교환할 수 있도록 해주는 매개변수는 무엇인가?

물음 05. 민호는 자신이 운영하는 음반매장에서 사람들이 CD를 몰래 가지고 나가는 것을 막기 위해 CCTV를 설치하기로 결심하였다. 지금까지의 피해액으로 추정해 본 결과 CCTV가 앞으로 5년 동안 약 5,000만원의 손실을 보전해 줄 수 있다고 하자. 시장에서의 이자율이 20%라고 할 때 민호가 생각하는 CCTV 설치비 및 운영비의 상한선은 얼마인가? 즉, 민호가 CCTV 설치에 지불할 의사가 있는 최대 금액은 얼마인가?

3. 공급이 고정된 생산요소와 지대

지대이론은 토지와 같이 공급량이 고정되어 있는 생산요소에 귀속되는 소득에 관한 이론이다. 전용수입은 어떤 생산요소가 다른 용도로 전용되지 않도록 하기 위하여 지급해야 하는 최소한의 금액이다. 렌트 또는 경제적 지대는 생산요소가 실제로 얻고 있는 수입과 전용수입의 차액을 말한다. 공급탄력성이 클수록 렌트는 작아지고 전용수입은 커지며, 반대로 공급탄력성이 작을수록 전용수입에 비하여 렌트가 커진다.

물음 06. 회계사시험제도를 변경하여 회계 관련 교과목을 일정 학점 이상 이수한 사람에게 회계사 자격증을 수여하는 경우 공인회계사가 기대할 수 있는 전용수입과 경제적 지대에 어떤 변화가 예상될지 설명하라.

4. 소득분배와 소득재분배정책

4.1 기능별 · 계층별 소득분배 기능별 소득분배는 각 생산요소들의 한계생산가치에 근거한 분배이론으로 한계생산성 이론이라고도 한다. 이 이론은 정교하기는 하지만 바람직한 분배인지 알 수 없다는 한계를 지니고 있다. 계층별 소득분배는 소득이 높고 낮은 계층 사이에서의 분배상태를 중요시하는 이론으로 소득분배의 균등도를 강조한다.

4.2 소득불평등의 측정 로렌츠곡선은 한 사회의 구성원을 소득이 가장 낮은 사람부터 높아지는 순서에 따라 배열했을 때, 하위 일정 비율(%)에 속하는 사람들의 소득이 전체 소득에서 차지하는 비율을 나타내는 점들을 모아놓은 곡선이다. 로렌츠곡선의 단점을 보완한 것이 지니계수로 로렌츠곡선과 대각선 사이의 면적을 대각선 아래 삼각형 전체의 면적으로 나눈 것이다. 그리고 십분위분배율은 소득계층 중 최하위 40%의 소득이 전체 소득에서 차지하는 점유율을 최상위 20%의 소득이 전체 소득에서 차지하는 점유율로 나눈 것이다.

4.3 소득불평등의 결정요인 빈부의 소득격차를 설명하는 이론으로 개인의 능력 차이, 우연성, 상속의 혜택, 개인선택의 결과, 인적자본이론 등을 들 수 있다. 포괄적 소득분배 이론은 단편적인 여러 가지 요인들을 유기적으로 결합하여 빈부격차를 설명한다. 최근에는 소득불평등을 야기하는 요인을 세계화, 기술진보 등 사회 · 제도적 변화에서 찾는 주장도 있다.

4.4 소득불평등의 사회 · 경제적 영향 소득불평등은 사회불안, 범죄 등 사회적 문제를 야기할 뿐만 아니라 경제성장에도 악영향을 미칠 수 있다. 자본시장이 불안정할 경우 물적자본과 인적자본의 축적을 저해하고 정치 · 사회적 불안을 유발하여 경제성장률 하락을 야기할 수 있다.

4.5 소득재분배정책 정부는 시장실패를 보완하기 위해 공공부조, 사회보장제도, 조세정책 등의 재분배정책을 실시한다. 하지만 여기에는 효율성 상실, 부수적 비용 증대 등 많은 부작용이 존재한다. 그럼에도 불구하고 장기적으로 공평성의 증대가 효율성의 증대를 가져온다면 재분배정책은 타당성을 갖는다.

물음 07. [그림 6−7]에 나타난 우리나라의 지니계수 변동 추이를 보면 1990년대 이후 지니계수가 지속적으로 높아졌음을 알 수 있다. 이와 같이 우리나라에서 소득불평등이 증가해 온 이유를 설명하라.

물음 08. 다음 질문에 답하라.

(1) [표 6−1]의 (b)를 이용하여 2008년부터 2018년까지 우리나라의 십분위분배율을 구하고, 그 변동 추이를 [그림 6−7]의 지니계수 변동 추이와 비교 · 설명하라.

(2) 2008년부터 2018년까지 OECD 국가의 지니계수를 조사하고, 국가별 변동 추이를 우리나라의 지니계수 변동 추이와 비교 · 설명하라.

물음 09. 현재 근로장려세제(earned income tax credit ; EITC)를 도입 · 시행하고 있는 OECD 국가들에서 실제로 이 제도가 근로유인을 높이는 효과를 가져오고 있는지 조사해 보라.

응용문제

물음 01. 농업을 위주로 살아가는 한 마을이 있다. 농민들은 일정한 크기의 농지에서 자신들의 노동력과 몇 대의 기계를 이용하여 효율적으로 쌀을 생산하고 있다. 그러던 어느 날 갑작스런 폭우로 농지의 절반이 물에 잠기고 당분간 나머지 절반의 농지에서만 재배와 수확이 가능하게 되었다고 하자. 폭우로 인한 인명손실이나 기계의 손실은 없다고 가정할 때 토지와 노동, 자본의 한계생산성은 각각 어떻게 변할 것인가? 그리고 생산요소의 가격과 생산물의 가격에는 어떤 변화가 일어나겠는가?

물음 02. 임금격차는 반드시 해소되어야 하는가? 그렇지 않다면, 그 이유를 설명하라.

물음 03. 현실경제에서 슘페터의 혁신설이 적용되는 구체적 사례를 조사해 보라.

Chapter 07

시장실패와 정부의 역할

우리는 제5장(불완전경쟁시장의 가격과 생산)에서 불완전경쟁의 결과 나타나는 자원배분의 비효율성에 대해 살펴보았다. 또한 제6장(생산요소시장과 소득분배)에서는 임금, 지대, 이자, 이윤이 생산과정에 참여한 생산요소의 소유자들에게 분배된 결과 나타나는 소득분배의 불평등 문제도 알아보았다. 시장기구를 통하더라도 자원의 최적배분이 이루어지지 않고 소득분배의 공평성 문제가 나타남을 확인한 것이다.

이 장에서는 시장실패와 이를 개선하기 위한 정부의 시장개입 및 그 한계에 대해 알아보려고 한다. 이를 위해 다음과 같은 문제에 대해 논의해 보자.

- 시장실패를 가져오는 외부효과의 구체적 예와 이를 해결하기 위한 정부정책에는 무엇이 있는가? 시장은 자체적으로 외부성을 해결할 수 있는가?
- 공공재와 공유자원, 정보비대칭성은 어떤 비효율성을 가져오고 이를 교정하기 위한 정부정책에는 무엇이 있는가?
- 정부가 공공재 공급 등 시장실패를 해결하는 정책수행을 위해 민간부문에 부과하는 조세는 무엇인가? 정부실패란 무엇인가?

1 시장실패란 무엇인가?

완전경쟁균형
- 가격조정에 의해 수요와 공급이 일치
- 한계편익 = 한계비용

완전경쟁균형이란 경제 내의 모든 시장에서 가격조정에 의해 수요와 공급이 일치하는 것을 말한다. 수요곡선은 개인의 효용극대화 과정을 통해 도출되고, 공급곡선은 기업의 이윤극대화 과정을 통해 도출된다. 경쟁에 의해 양자가 일치할 때 균형이 성립함은 상품에 대한 수요 측과 공급 측의 평가가 일치한다는 것을 나타낸다. 다시 말해서 수요곡선의 높이는 상품을 소비함에 따라 얻을 수 있는 한계적 이익의 가치를 의미하며(이를 한계편익(marginal benefit)이라 한다), 공급곡선의 높이는 상품을 생산하는 데에 따른 한계비용을 나타낸다. 따라서 공급곡선과 수요곡선이 만나는 점에서는 한계편익과 한계비용이 일치하며, 이는 사회 전체적으로도 상품의 생산과 소비에 대한 한계적인 비용과 편익이 일치하여 더 이상 개선이 불가능한 상태임을 의미한다.

그런데 경우에 따라서는 독점시장과 같이 한계편익과 한계비용이 일치하지 않는 점에서 균형이 성립되기도 한다. 또한 수요곡선과 공급곡선이 일치하는 곳에서 균형이 성립하더라도 이것이 사회적 한계편익과 사회적 한계비용의 일치를 보장하지 못하는 경우가 생길 수 있다. 이를 시장이 효율적인 자원배분에 실패했다는 의미에서 **시장실패**(market failure)라고 한다.

시장실패
소비의 사회적 한계편익과 생산의 사회적 한계비용의 불일치로 효율적인 자원배분 실패

여기서는 시장실패의 구체적 예로서 완전경쟁의 경우에도 비효율적인 자원배분을 가져오는 외부성(또는 외부효과), 공공재, 그리고 정보의 비대칭성을 살펴본다. 그리고 이러한 시장실패의 문제를 교정하기 위한 정부의 시장개입과 그 효과를 살펴봄으로써 정부가 시행하는 미시경제정책의 타당성을 알아본다.

2 외부성

외부성
어느 경제주체의 경제활동 결과가 시장의 외부를 통하여 다른 경제주체의 후생에 영향을 주는 것

외부성(externality)이란 어느 경제주체의 경제활동에 따른 의도하지 않은 결과가 시장의 외부에서 다른 경제주체의 후생에 영향을 주는 것을 말한다.

여기에서 '의도하지 않은' 이란 것은 그러한 결과가 의도된 것이라기보다는 부수적으로 발생하는 것을 말하며, 시장의 외부를 통한다는 것은 경제활동의 결과에 대해 대가를 받지도 지불하지도 않는다는 것을 말한다. 예를 들어 과수원을 경영하는 사람은 자신의 이익만을 위하여 과실을 생산 · 판매하는 것이지만 의도하지 않게 이웃 양봉업자의 꿀 생산을 증가시킨다. 그러나 이러한 결과에 대하여 양봉업자가 과수원을 경영하는 자에게 비용을 지불하는 경우는 거의 없다.

이처럼 외부성이 다른 경제주체의 후생을 증가시키는 경우도 있지만 반대로 다른 경제주체의 후생을 감소시키는 경우도 생각해 볼 수 있다. 공장으로부터 나오는 수질오염과 대기오염이 바로 그것이다. 전자의 경우를 **외부경제**(external economy) 또는 **긍정적 외부성**(positive externality)이라 하고, 후자의 경우를 **외부불경제**(external diseconomy) 또는 **부정적 외부성**(negative externality)이라 한다. 또한 위의 두 예에서처럼 생산과정에서만 외부성이 발생하는 것이 아니라 담배, 자동차, 아름다운 정원, 또는 대학교육의 소비처럼 소비활동에서도 외부성이 발생할 수 있다.

외부경제, 긍정적 외부성
다른 경제주체의 후생을 증가시키는 외부성

외부불경제, 부정적 외부성
다른 경제주체의 후생을 감소시키는 외부성

이제 생산 및 소비의 외부성이 자원배분에 미치는 영향을 살펴보자. 외부성을 논할 때 가장 중요한 점은 외부성의 존재로 인하여 사회적 비용(social cost)과 사적 비용(private cost)이 괴리되거나 사회적 편익(social benefit)과 사적 편익(private benefit)이 괴리된다는 점이다.

2.1 부정적 외부성

먼저 [그림 7-1]의 (a)를 이용해 생산에 외부불경제가 있는 철강회사의 예를 살펴보자. 여기서 공급곡선은 이 기업이 철강을 추가적으로 생산하는 데 드는 사적 한계비용(marginal private cost ; *MPC*)을 나타내고 있다. 그러나 사회적으로는 철강의 추가적인 생산에 따라 생산비용뿐만 아니라 수질오염과 대기오염에 따른 추가적인 비용이 발생하는데, 이를 부수비용(incidental cost) 또는 외부비용(external cost)이라 한다. 따라서 **사회적 한계비용**(margin-

부정적 외부성
- 사회적 한계비용 = 사적 한계비용 + 외부비용
- 생산감소를 통해 사회적 후생 증가 가능

그림 7-1

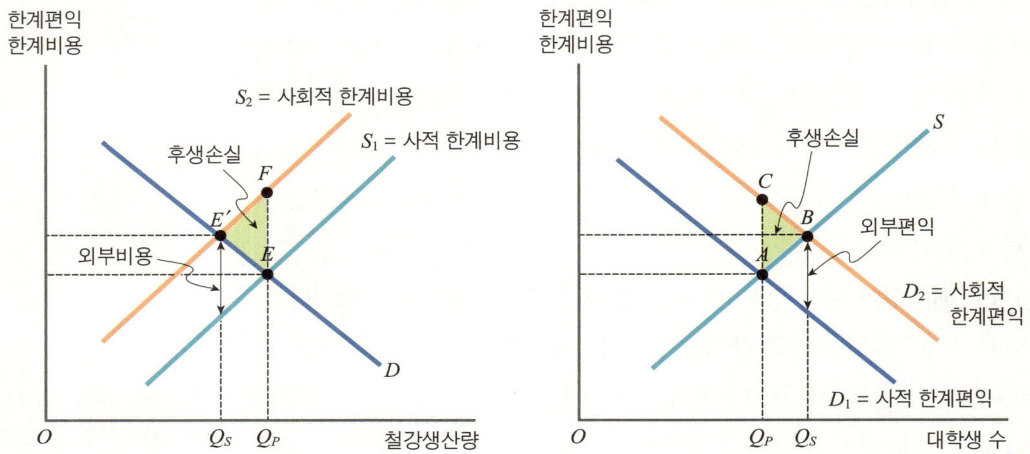

(a) 부정적 외부성 (b) 긍정적 외부성

외부성

(a)와 같이 생산에 부정적 외부성이 존재하는 경우, 사회적 한계비용은 사적 한계비용보다 높기 때문에 실제 생산량(Q_p)은 사회적 최적 생산량(Q_s)보다 많다. 이때 정부개입으로 조세가 부과될 경우 사적 한계비용이 상승하여 사회적 최적 생산량을 달성할 수 있다. 한편 (b)와 같이 소비에 긍정적 외부성이 존재하는 경우에는 실제 생산량(Q_p)이 사회적 최적 생산량(Q_s)보다 적기 때문에 정부의 보조금 지급을 통해 사회적 최적 생산량을 달성할 수 있다.

al social cost ; *MSC*)은 사적 한계비용보다 외부비용만큼 위에 위치하게 된다($MSC = MPC$ + 외부비용).

그런데 철강회사는 외부비용을 발생시키지만 그에 대한 대가를 지불할 필요가 없다. 따라서 회사가 인식하는 비용은 사적 한계비용뿐이며, 경쟁시장에서 철강 생산은 사적 한계비용곡선과 수요곡선이 만나는 *E*점에서 이루어질 것이다. 그러나 사회적으로는 생산에 따르는 비용뿐만 아니라 오염에 따른 비용도 계산되어야 하므로 최적 생산량은 사회적 한계비용곡선과 수요곡선이 만나는 *E′*점에서 이루어져야 한다. 따라서 철강의 수요곡선과 공급곡선이 일치하는 점에서의 자원배분은 사회적으로 최적이 아니다. 이는 현재의 생산량에서 생산을 줄일 경우 한계편익(수요곡선의 높이)의 감소폭에 비해 사회적 한계비용이 더 많이 줄어들기 때문에 사회적 후생을 증가시킬 수 있음을 의미한다. 즉, 철강 생산에 외부불경제가 존재함에 따라 [그림 7-1]의

(a)에서 사회적으로 최적인 생산량(Q_S)보다 과대생산(Q_P)되고 있으므로 $\Delta EE'F$만큼의 후생손실이 나타나는 시장실패가 발생한다.

외부불경제는 재산권(property right)이 불완전하거나 재산권 설정이 어려울 경우에도 발생한다. 예를 들어 앞서 살펴본 부정적 외부성의 예에서 철강공장이 유나 소유의 호수가 있는 부지에 들어서 있다고 하자. 철강공장은 오염물질을 유나의 호수에 흘려보낼 것이며, 유나는 철강회사에 수질오염 제거비용을 요구할 것이다. 따라서 이 경우에는 오염물질의 배출비용이 철강회사의 사적 비용으로서 철강의 생산비용에 포함되므로 부정적 외부성 없이 사회적으로 최적 산출량이 생산될 것이다.

재산권이 불완전하거나 재산권 규정에 어려움이 있는 경우 외부성과 시장실패 발생

이제 재산권이 불완전한 경우로서 철강공장이 국가 소유의 호수가 낀 부지에 들어서 있다고 하자. 이때 정부가 호수의 수질오염에 대해 아무런 규제를 하지 않는다면 철강공장이 호수에 흘려보내는 오염물질은 외부비용이 되며 이를 제거하는 비용도 청구되지 않을 것이다. 따라서 [그림 7-1]의 (a)에서 살펴본 바와 같이 사회적으로 최적인 생산량보다 더 많은 철강이 생산되는 시장실패가 발생하게 될 것이다.

생활과경제학

무한도전의 외부효과 특집

2010년 12월에 방영된 '무한도전 나비효과 특집'은 큰 재미와 감동으로 화제가 됐다. 무한도전 멤버들은 총 세 팀으로 나뉘어 준하 · 명수 · 형돈은 '북극 얼음호텔'로, 하하 · 재석 · 홍철은 '몰디브 리조트'로 여행을 떠나고, 길은 홀로 서울에 남아 자신의 삶을 편안하게 보여주는 '스타 다큐'를 찍는다. 북극팀과 몰디브팀이 목적지에 도착해 보니 2층으로 된 컨테이너 가건물이 세워져 있었다. 가건물의 2층은 얼음으로 만들어진 호텔이었고, 1층은 더운 기후의 휴양지였다.

편안한 휴식을 즐기던 몰디브팀이 더위를 식히기 위해 에어컨을 튼다. 물론 그들은 뜨거운 바람이 나오는 실외기가 얼음호텔에 있다는 것을 몰랐다. 실외기의 열기는 북극호텔로 전해져 얼음을 녹이기 시작한다. 그런데 이것은 부메랑이 됐다. 얼음호텔에서 녹은 물이 다시 몰디브 리조트로 향했기 때문이다. 처음에는 서로 그저 참을 만했지만, 시간이 지나자 위층은 얼음이 녹아 집이 무너질 지경에 이르렀고 아래층은 얼음호텔에서 녹은 물이 아래로 흘러들어 바닥이 젖어들고 있었다. 전화통화를 하며 큰 소리로 책임을 떠넘기던 두 팀은 에어컨을 끄기로 합의한다. 더 이상 얼음이 녹지 않자 두 팀은 언제 그랬냐는 듯이 다시 편안하게 휴가를 즐긴다.

그런데 예상치 않은 곳에서 다시 사고가 났다. '스타 다큐'를 찍는 길! 제작진은 길이 평소 생활하는

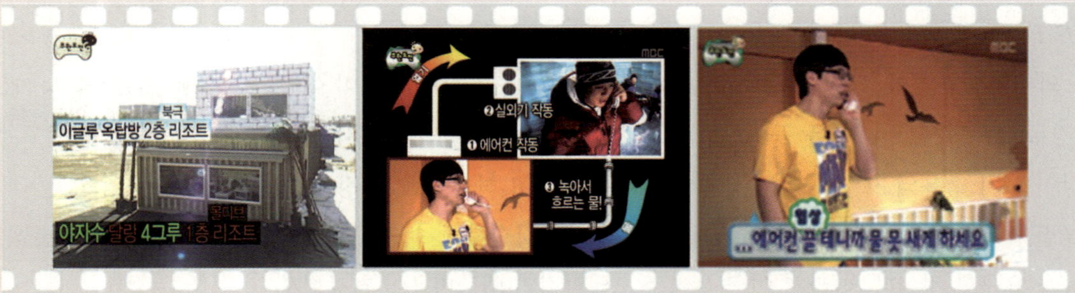

과정에서 이산화탄소를 유발하는 행동을 할 때마다 얼음호텔에 난방기를 설치해 불이 들어오도록 한 것이다. 이 사실을 알 리가 없는 길은 무의식적으로 계속 이산화탄소를 유발하는 행동을 하며 스타 다큐를 찍었고, 얼음호텔은 녹아내렸다. 흘러내린 물이 몰디브 리조트로 향하자 하하는 이층의 짓으로 착각하고 전화해 "제발 좀 그만하라!"며 고함을 지른다.

제작진의 의도는 몰디브팀이나 길과 같은 개인들의 사소한 행동이 모여서 북극의 빙하를 녹이고 지구를 위협할 수 있다는 소위 '나비효과'를 강조한 것이겠지만, 이것은 경제학에서의 부정적 외부효과와 그 해결책을 잘 보여주는 훌륭한 사례이기도 하다. 몰디브팀이나 길은 에어컨을 켜거나 스타 다큐를 찍는 과정에서 동료인 북극팀의 얼음이 녹는 피해를 고려하지 않는다. 두 행동은 모두 북극팀의 호텔 붕괴를 가져오는 '소비의 부정적 외부효과'인 것이다. 일반적으로 경제학자가 환경오염을 유발하는 부정적 외부효과를 설명할 때는 생산자에 초점을 맞추지만, 무한도전 제작팀은 이를 소비의 부정적 외부효과로 그려냈다.

그렇다면 이들은 부정적 외부효과를 어떻게 해결했을까? 북극팀과 몰디브팀이 전화로 에어컨을 끄기로 협상한 것을 기억할 것이다. 이것은 서로의 피해를 인식한 것으로 외부효과가 내부화되어 대화로 문제가 해결된 전형적인 사례다. 어쩌면 무한도전 제작팀은 '부정적 외부효과의 문제는 우리 전 인류에게 피해라는 인식이 자리 잡을 때 내부화되어 해결될 수 있다'는 경제학적 논리를 세상에 외치고 싶었던 것인지도 모른다.

출처 : 차성훈, "무한도전 나비효과 특집", 『KDI 클릭경제교육』, KDI 경제정보센터, 2011. 4.

2.2 긍정적 외부성

긍정적 외부성
- 사회적 편익 = 사적 편익 + 외부편익
- 생산 증가로 사회적 후생 증가 가능

이제 소비에 **긍정적 외부성**이 존재하는 대학교육의 예를 들어보자. 대학교육은 등록금을 내고 교육을 받는 당사자뿐만 아니라 사회 전체에 **부가편익**(incidental benefit) 또는 **외부편익**(external benefit)을 가져온다. [그림 7-1]의 (b)에서 수요곡선 D_1은 대학교육을 받은 학생들만이 누리는 **사적 한계편익**(marginal private benefit ; MPB)을 나타낸다고 하자. 이때 대학교육이 사회 전체의 지식기반 확충이라는 외부효과를 가져온다면, 대학교육의 사회적 한계편익(marginal social benefit ; MSB)을 나타내는 수요곡선은 사적 편익보다 외부편익만큼 위에 위치하게 된다.

이때 시장균형은 사적 한계편익곡선(D_1)과 공급곡선(S)이 만나는 점 A에서 결정된다. 그러나 사회적으로는 대학교육을 받는 학생들의 편익뿐만 아니라 부가로 혜택을 받는 사람들의 편익도 고려해야 하므로 사회적 편익이 극대화되는 최적 균형은 사회적 한계편익곡선(D_2)과 공급곡선(S)이 만나는 점 B가 된다. 이는 현재 대학교육의 양(즉, 대학교육을 받는 학생의 수)이 증가하는 경우 사회적 한계편익(수요곡선 D_2의 높이)이 한계비용보다 더 많이 늘어나서 사회적 후생이 증가함을 의미한다. 요약하면, 소비의 긍정적 외부성이 존재할 경우에는 사회적 한계편익이 사적 한계편익보다 커서 사회적으로 최적인 생산량보다 과소생산되므로 [그림 7−1]의 (b)에서 ΔABC만큼의 후생손실이 나타난다.

2.3 외부성에 대한 정부정책

정부는 어떻게 외부성을 해결할 수 있을까? 한 가지 방법은 외부비용만큼 조세를 부과하거나 외부편익만큼 보조금을 지급하는 것이다. 또 다른 방법은 정부가 오염배출량을 정해 주거나 오염감축(pollution abatement) 장치를 설치하게 하는 등 직접 규제하는 것이다. 이 두 가지 방법에 대해 좀더 자세히 알아보자.

외부성에 대한 정부정책
- 조세와 보조금
- 직접규제

2.3.1 조세와 보조금

이 방식은 기업이 인식하는 사적 비용이 사회적으로 발생되는 비용과 서로 다르다는 데 착안하여 부수비용만큼 조세를 부과하여 기업이 이를 생산비용으로 인식하도록 하는 것이다. 따라서 적절하게 조세를 부과하면 기업은 사회적으로 최적 수준의 생산을 할 것이다. 이때 조세의 크기는 현재의 산출량을 기준으로 부과되는 것이 아니라 사회적으로 최적인 산출량 수준에서 사회적 한계비용과 사적 한계비용의 차이에 해당되는 만큼 부과된다는 점에 주

외부불경제가 존재하는 경우
최적 산출량 수준에서의 사회적 한계비용과 사적 한계비용의 차이만큼 조세 부과

의해야 한다. 이렇게 조세가 부과되면 기업이 인식하는 한계비용곡선(*MPC*)이 단위당 조세의 크기만큼 위로 이동할 것이므로 경쟁시장에서는 사회적으로 최적인 산출량 수준을 기업으로 하여금 스스로 선택하게 하는 효과를 거둘 수 있다. [그림 7-1]의 (a)가 바로 이 경우를 나타낸다.

외부경제가 존재하는 경우
최적 산출량 수준에서의 사회적 한계편익과 사적 한계편익의 차이만큼 보조금 지급

한편 외부경제를 유발할 경우에는 기업으로 하여금 보다 많이 생산하도록 유도하기 위해 보조금을 지급한다. 외부경제의 경우 사회적 한계편익이 사적 한계편익보다 크기 때문에 그 차이만큼 보조금을 지급하여 기업 스스로 최적 산출량을 선택하도록 할 수 있다. 이때 단위당 보조금의 크기는 최적 산출량 수준에서 두 한계편익의 차이에 해당되는 만큼이다. 이러한 보조금 지급은 [그림 7-1]의 (b)에서 공급곡선의 이동을 통해 '실제 생산량(Q_P) = 최적 생산량(Q_S)'의 결과를 가져올 수 있다.

조세정책의 어려움
- 최적 수준에서의 사회적 한계비용과 사적 한계비용 측정 모호
- 외부성 유발자 확인 모호

이와 같이 조세나 보조금을 이용할 경우에는 외부성을 유발하는 경제주체 스스로가 사회적으로 최적인 산출량 수준을 선택하도록 하는 장점이 있다. 그러나 실제 시행에는 많은 어려움이 있다. 먼저 사회적 한계비용과 사적 한계비용을 정확하게 측정하고 비교할 수 없는 경우가 많다. 그뿐만 아니라 설령 현재의 산출수준에서 두 비용을 파악하는 것이 가능하더라도 조세는 현재의 산출수준이 아닌 사회적으로 최적인 수준을 기준으로 부과하는 것이므로 그 양을 정확히 파악하기 어렵다. 또한 외부성을 유발하는 자가 누구인지를 분명히 알 수 없는 경우도 많다.

2.3.2 직접규제

정부는 조세 부과를 통해서 오염배출의 부정적 외부성을 해결하기도 하지만, 전통적으로는 오염물질을 배출하는 공장에 대하여 그 양을 직접 규제하는 방법을 사용해 왔다. 그러나 이 방법은 오염물질의 방출량을 어떻게 정확히 파악(monitoring)할 수 있는가의 문제를 해결하지 못한다는 한계가 있다. 또한 정부가 직접적으로 규제할 경우 기업의 반발이 일어나고, 이로 인해 추가적으로 효율성이 낮아질 수 있다. 예를 들어 미국 의회는 산성비(acid rain) 문제의 해결을 위해 2010년까지 매년 850톤의 오염배출량을 줄이고자

직접규제의 문제
오염물질 방출량을 정확히 모니터링하기 어려움

모든 기업에게 동일한 양만큼 오염배출물을 줄이도록 강제한 적이 있다. 그러나 일반적으로 회사마다 오염물질을 줄이는 데 서로 다른 비용이 들기 때문에 이 방법은 경제적으로 효과적인 해결책이 될 수 없었다.

반면에 미국 의회가 이산화황 오염문제를 해결하기 위해 도입한 오염배출권 거래제는 산성비를 줄이는 데 매우 효과적이었다. 의회는 오염배출권을 기업들에게 공평하게 분배하고, 이를 시카고상품거래소(Chicago Mercantile Exchange)에서 거래하도록 했다. 오염물질을 낮은 비용으로 줄일 수 있는 기업들은 오염배출권을 팔았고, 오염물질을 줄이는 데 높은 비용이 드는 기업들은 오염배출권을 구입했다. 실제로 에디슨전기연구소(Edison Electrical Institute)의 조사에 의하면 오염배출권 거래제는 산성비를 줄이는 데 필요한 비용을 처음에 예상되었던 74억 달러에서 약 9억 달러로 무려 65억 달러를 감소시키는 효과를 가져왔다.

규제의 대안
오염배출권 거래제도

현실과경제학

환경오염에 대한 정부정책과 탄소배출권 시장

정부는 환경오염을 줄이기 위하여 자동차 운전자에게 환경오염비용을 세금으로 부담하게 한다. 우리나라에서는 모든 자동차 소유주들에게 배기량에 따라 자동차세를 부과하는 것 외에 오염물질을 상대적으로 많이 배출하는 경유 자동차 소유주에게는 추가로 환경개선부담금을 내도록 하고 있다. 또 다른 방법으로 정부는 '대기환경보전법'에 따라 휘발유 또는 가스 자동차, 경유자동차, 이륜자동차 등 차종별로 배출허용기준을 마련하여 직접 규제하고 있다.

최근에는 이와 같은 직접규제 방법에 시장요소를 가미한 탄소배출권 거래제도가 도입되고 있다. 탄소배출권이란 탄소를 일정 기준치 이상으로 버릴 때 필요한 일종의 허가증인데, 이 방식을 이용하면 더욱 적은 비용으로 환경오염 문제를 해결할 수 있다.

예를 들어 한 나라에 연간 1,000톤씩 탄소를 배출하고 있는 기업 A, B가 있다고 하자. 두 기업의 온실가스 저감시설에는 차이가 있어 기업 A는 톤당 1만원, 기업 B는 톤당 5천원의 비용으로 이산화탄소 배출량을 감축할 수 있다. 정부는 총 탄소배출량을 연간 2,000톤에서 1,800톤으로 낮추기 위해 두 기업에게 연간 900톤으로 탄소배출량을 낮추라고 한도를 정해 주었다. 탄소배출권 시장이 없는 상황에서는 두 기업이 각각 100

톤을 자체적으로 줄여야 하는데, 이 경우 기업 A는 100톤 × 1만원 = 100만원, 기업 B는 100톤 × 5천원 = 50만원의 비용이 든다.

그런데 톤당 7천원에 거래되는 탄소배출권 시장이 생기는 경우, 기업 B는 총 200톤의 탄소배출량을 줄이면서 100톤에 해당하는 배출권을 시장에서 7천원에 팔아 비용을 30만원(= 200톤 × 5천원 − 100톤 × 7천원)으로 줄일 수 있다. 반대로 기업 A는 100톤 배출권을 70만원(= 100톤 × 7천원)에 기업 B로부터 구입하여 기존의 1,000톤을 그대로 방출한다. 결국 전체적으로 더욱 저렴한 비용으로 정부의 목표인 연간 1,800톤을 달성할 수가 있는 것이다.

국제적으로는 지구온난화 방지를 위한 노력이 진행 중인데, 최근 가장 크게 이슈가 되는 것이 온실가스 감축과 관련한 교토의정서이다. 이 협약에 따르면 우리나라도 2021년부터 의무감축국으로 지정될 것으로 보인다. 참고로 세계 탄소시장의 규모는 2006년 312억 달러에서 2011년 1,760억 달러로 급성장하였으며, 한국은 2015년에 탄소배출권 거래제도를 도입할 예정이다.

출처 : 한국은행 경제교육 홈페이지(http://www.bokeducation.or.kr), 경제칼럼, "환경오염문제와 외부효과"(2008. 4. 3.), "교토의정서와 탄소배출권"(2009. 4. 6.) ; World Bank, "State and Trends of the Carbon Market 2012," 2012. 5.

2.4 코우즈 정리

로날드 코우즈(1910~2013)

코우즈 정리

최적 수준보다 더 많은 오염물질이 배출되어 외부불경제가 존재할 때 당사자들의 협상을 통하여 최적 수준 달성 가능

코우즈 정리의 전제

- 당사자들 간 낮은 협상 및 계약체결 비용
- 외부성으로 인한 편익과 비용에 대한 완전정보
- 모든 협상 당사자들이 합리적인 결과 수용

시장은 외부성을 해결할 수 있는가? 이 질문에 대해 로날드 코우즈(Ronald Coase)는 1960년 자신의 논문에서 일정한 조건이 만족되면 외부성이 시장에서 해결될 수 있다는 답을 제시하였으며, 이 연구업적으로 1991년 노벨 경제학상을 수상하였다. **코우즈 정리**(Coase theorem)에 의하면 [그림 7-1]의 (a)에서 철강생산량을 사회적 최적생산량(Q_s) 수준으로 줄이면 편익 감소보다 비용 감소가 더 크기 때문에 순편익이 증가하고, 이 혜택을 받는 사람들이 오염을 배출하는 철강회사와 협상을 통해 오염감축 비용을 부담한다면 정부개입 없이도 시장에 의해 스스로 외부성을 제거할 수 있다.

그러나 코우즈 정리는 다음과 같은 조건들을 전제로 한다. 첫째, 당사자들 간 협상 및 계약체결 비용 등 **거래비용**(transactions costs)이 낮다. 둘째, 협상 당사자들이 외부성으로 인한 편익과 비용에 대한 완전한 정보를 갖고 있다. 셋째, 모든 협상 당사자들이 합리적인 결과를 받아들여야 한다. 하지만 이러한 가정들은 실제 현실과 잘 맞지 않는다. 현실에서는 보통 거래비용이 많이 발생하고 편익과 비용에 관한 정보가 불완전할 뿐만 아니라 외부성 문제를 일으키는 주체마저 구분하지 못할 가능성이 높기 때문이다.

3 공공재

시장실패가 발생하는 또 다른 예로 국방, 치안, 공공시설 등과 같은 **공공재**(public goods)가 있다. 공공재의 경우 우리가 이제까지 다루어 온 사유재(private goods)와는 다른 특성을 갖고 있기 때문에 시장실패가 일어난다. 그러면 공공재는 사유재와 비교해 어떤 특성을 지니는 것인가? 우리는 흔히 정부나 공공단체가 공급의 주체가 되는 것을 공공재라 생각한다. 그러나 공공재의 특성상 정부가 생산하는 것이 바람직하지만 꼭 정부가 그 공급의 주체가 될 필요는 없다. 또한 정부나 공공단체가 공급하는 상품 중에는 공공재가 아닌 상품도 있다. 따라서 공공재는 소비의 **비배제성**(non-exclusiveness)과 **비경합성**(non-rivalry)이라는 특성을 가진 상품으로 정의할 수 있다.

비배제성은 공공재의 생산에 드는 비용을 지불하지 않은 경제주체를 소비로부터 배제하기 어렵거나 불가능한 것을 말한다. 예를 들어 국방의 경우 방위세를 내지 않은 경제주체를 배제하고 방위세를 낸 경제주체에게만 국방서비스를 제공할 수는 없다. 반면 사유재의 경우 비용을 지불하지 않은 경제주체는 그 소비에서 배제된다.

비경합성은 공공재가 생산된 후 다른 경제주체가 추가로 소비하더라도 이미 소비하고 있던 경제주체들의 소비가능성이 감소하지 않는 것을 말한다. 예를 들어 국방의 경우 한 경제주체가 추가적으로 국방서비스를 소비한다고 하더라도 다른 경제주체가 제공받는 국방서비스의 양은 변하지 않는다. 반면 사유재의 경우 추가적인 소비는 분명히 다른 경제주체의 소비가능성을 낮출 것이다.

이러한 두 가지 특징을 가지고 있는 공공재는 시장의 자율적인 생산에 맡길 경우 생산되지 않거나 너무 적게 생산된다. 공공재의 비배제성 때문에 공공재의 비용을 전혀 부담하지 않으면서 다른 경제주체들의 소비에 편승하려는 **무임승차의 문제**(free riding problem)가 발생하기 때문이다. 극단적으로 한 경제 내의 모든 경제주체가 이렇게 생각할 경우 공공재는 전혀 생산되지 않을 것이다. 또한 비경합성으로 인해 공공재 소비의 한계편익이 양(+)인 반

공공재
- 일반적으로 정부나 공공단체가 공급의 주체가 되는 상품
- 비배제성과 비경합성

비배제성
사용에 따른 비용을 지불하지 않는 경제주체를 소비로부터 배제하기 어렵거나 불가능함

비경합성
생산된 후 추가로 소비하여도 이미 소비하고 있던 경제주체들의 소비가능성이 감소하지 않음

무임승차의 문제
- 비용을 전혀 부담하지 않으면서 다른 경제주체들의 소비에 편승하는 문제
- 한계편익은 양이지만 한계비용은 0
- 시장에 맡기면 과소생산

면 그 한계비용은 0이므로, 공공재의 공급을 시장에 맡기면 수요자들은 자신이 실제로 필요한 것보다 공공재가 더 적게 필요한 것처럼 행동함으로써 공공재 구입비용을 줄이려 할 것이다. 그 결과 사회적인 최적 수준에 비해 항상 과소생산이 이루어진다. 이와 같이 공공재의 생산을 시장 자율에 맡길 경우 시장실패가 나타나며, 이를 방지하기 위해 사유재와는 다른 공급방식을 고려해야 한다.

3.1 공공재 정책

공공재
공공재는 양의 가격을 받을 수도 없고, 양의 가격을 받는 것이 바람직하지도 않음

공공재는 비배제성으로 양(+)의 가격을 받을 수도 없고, 비경합성으로 추가적인 소비에 대한 한계비용이 0이므로 양(+)의 가격을 받는 것이 바람직하지도 않다. 따라서 정부는 세금을 걷어 일정한 양의 공공재를 공급하고 있다. 이러한 공공재 공급량의 결정원리를 알아보자.

공공재의 최적 공급량
모든 경제주체들의 한계편익의 합이 생산에 소요되는 한계비용과 같아지는 수준까지 공급

공공재는 사유재와 달리 일단 정부가 공급하면 모든 경제주체들이 동시에 공급된 양을 똑같이 소비한다. 그러나 모든 경제주체들이 그 소비로부터 동일한 효용을 누리는 것은 아니다. 예를 들어 민호네와 수지네가 시내 외곽에 각각 포도가게와 키위가게를 가지고 있다고 하자. 그리고 주위에는 이 두 개의 상점만 있어서 보안서비스를 고용하지 않으면 밤에 도둑이 들 위험이 높다고 하자. 이 경우 경찰서비스는 국방서비스처럼 공공재가 된다. 민호네나 수지네 중 한 가족이라도 경찰요원을 고용한다면 두 개의 상점을 모두 지킬 수 있으므로 경찰요원은 비경합적이며, 한 개의 가게만 배제해서 지키지 않을 수 없다는 의미에서 배제 불가능하다.

공공재의 시장수요는 개별 소비자 수요의 수직 합(사유재의 경우는 수평 합)

그러면 경찰서비스라는 **공공재의 시장수요**를 어떻게 구할 것인가? 사유재의 시장수요는 주어진 가격에 대한 개별 소비자의 수요량을 합해서 구한다. 공공재의 경우는 이와 반대로 각각의 수량에서 개별 소비자가 지불할 의사가 있는 가격을 더하면 된다. 따라서 사유재의 시장수요는 개별 소비자 수요의 수평 합인 반면, 공공재의 시장수요는 개별 소비자 수요의 수직 합이 된다. 즉, [그림 7-2]에서 가게를 10시간 동안 지키기 위해서 민호네는 시간당

■ **그림 7-2**

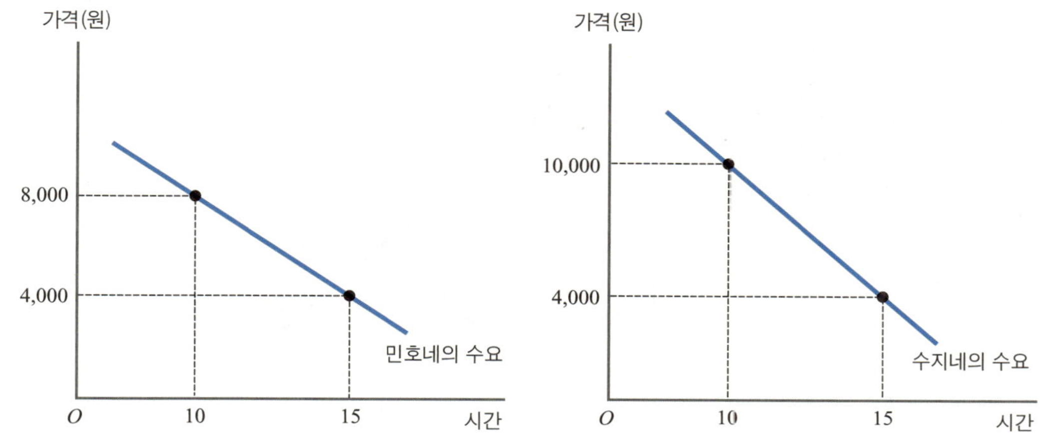

(a) 민호네의 경찰서비스 수요

(b) 수지네의 경찰서비스 수요

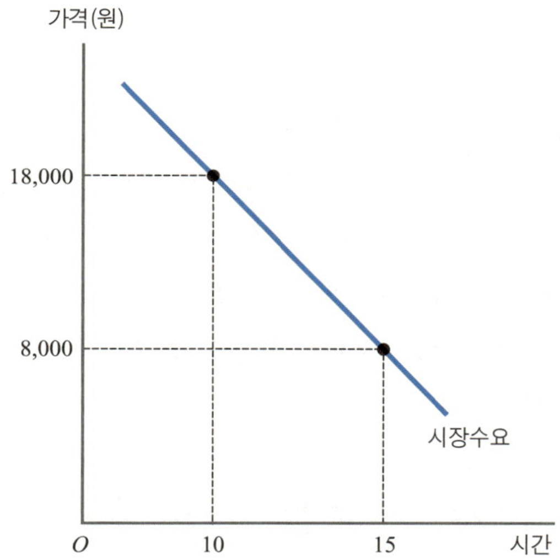

(c) 경찰서비스 시장수요

공공재의 시장수요

가계를 10시간 동안 지키기 위해서 민호네는 시간당 8,000원, 수지네는 시간당 10,000원을 지불할 용의가 있다고 하면, 이들이 지불할 의사가 있는 가격을 더한 18,000원이 10시간의 경찰서비스에 대한 시장수요가 된다.

8,000원을 지불할 용의가 있고 수지네는 시간당 10,000원을 지불할 용의가 있는 경우, 하루 10시간 경찰서비스에 대한 시장수요는 민호네와 수지네가 지불할 의사가 있는 가격을 더한 18,000원이 된다. 하루 15시간 경찰서비스에 대한 시장수요도 같은 방식으로 구할 수 있다.

그림 7-3

공공재의 최적 균형량

경찰서비스의 최적 균형량은 한계비용을 나타내는 공급곡선과 시장수요곡선이 만나는 수준, 즉 15시간의 치안유지에 대해 시간당 8,000원의 세금을 지불하는 지점에서 결정된다.

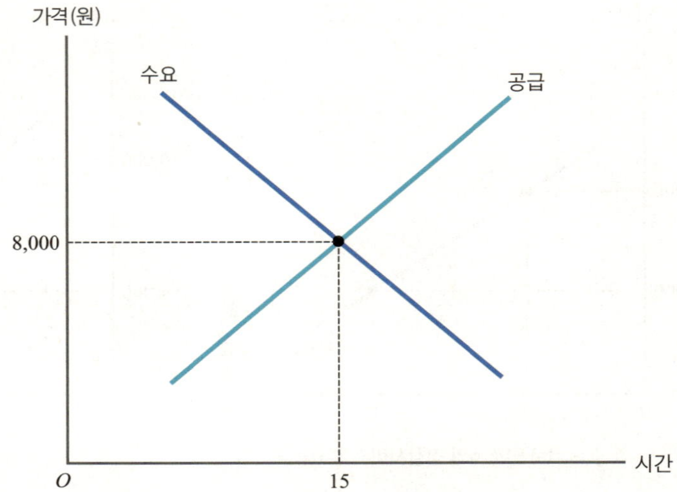

이제 경찰서비스의 최적 균형량은 [그림 7-3]에서와 같이 한계비용을 나타내는 공급곡선과 시장수요곡선이 만나는 수준에서 결정된다. 이때 필요한 공공재 생산의 비용은 개별 소비자가 누리는 편익수준에 따라 지불할 의사가 있는 금액까지 세금으로 거두어들여 충당할 수 있다. 이렇게 하면 공공재는 사회적으로 최적인 수준까지 생산 · 소비될 수 있고 공공재의 특성으로 인해 발생하는 시장실패를 치유할 수 있다.

공공재 문제해결의 핵심

경제주체들이 공공재로부터 얻는 편익을 사실대로 보고하게 하는 메커니즘 구축

그러나 이런 방식으로 정부가 공공재를 공급할 경우, 자신이 공공재의 소비로부터 얻는 편익수준을 실제보다 적다고 속여서 적은 세금을 내려고 하는 경제주체들이 있을 것이다. 따라서 공공재 문제를 해결하려면 경제주체들이 공공재로부터 얻는 편익을 사실대로 보고하게 하는 메커니즘을 구축해야 한다. 경제주체가 자신의 편익을 사실대로 표출하는 것이 우월전략이라면, 그들은 자신의 편익수준을 있는 그대로 보고할 것이다.

3.2 공유자원

배제 불가능하고 비경합적인 재화를 공공재라 하는 반면, 배제 불가능하지만 경합적인 재화를 **공유자원**(common resource)이라고 한다. 예를 들어 카리브해에 있는 하이티(Haiti)의 삼림은 한때 대단히 울창한 숲이었다. 이 삼림에 대한 재산권이 제대로 규정되어 있지 않았다는 점에서 삼림은 배제 불가능하였으며, 한 사람이 이 삼림의 나무를 베면 다른 사람은 숲을 사용할 수 없기 때문에 경합적이었다. 결국 사람들이 난방과 조리를 위해 나무를 베는 것을 막을 수 없었으며, 오늘날에는 삼림의 80%가 파괴되어 버리고 말았다. 이와 같이 공유자원이 남용되는 현상을 **공유지의 비극**(tragedy of commons)이라고 한다.

공유자원
배제 불가능하지만 경합적인 재화

공유지의 비극
- 공유자원이 남용되는 것
- 해결방법 : 명확한 재산권 부여, 조세와 보조금, 규제

이러한 공유지의 비극을 해결할 수 있는 방법은 무엇인가? 우선 공유지 비극의 원인은 공유자원에 대해 명확한 재산권이 확립되어 있지 않다는 점에서 앞서 살펴본 **부정적 외부성**의 발생원인과 동일하다. 하이티와 다른 저개발국가들의 삼림 재산권은 정부에 속해 있었으며, 삼림이 훼손된 주된 이유는 정부가 재산권을 잘 지키지 못했기 때문이다. 따라서 공유자원에 대해 재산권을 부여하고 집행하는 것이 공유지 비극의 한 해결책이 될 수 있다. 실제로 영국에서는 중세시대부터 공유지였던 목초지가 오랜 기간에 걸쳐 사유지로 변화해 왔다. 이 밖에도 앞서 살펴본 외부성의 해결책, 즉 조세와 보조금 또는 직접규제 등도 공유지 비극의 해결책이 될 수 있을 것이다.

4 정보의 비대칭성

정보의 비대칭성이란 쉽게 말해서 두 사람이 있을 때 서로 알고 있는 정보의 양이 다르다는 것이다. 이러한 **비대칭적 정보**(asymmetric information)의 존재는 전통적인 경제이론에 심각한 문제를 제기한다. 특히 지금까지의 논의와는 달리 경쟁시장에서도 수요자와 공급자 간 정보의 비대칭성이 존재할 경우 자원배분의 비효율성이 나타날 수밖에 없다. 이 절에서는 보험시장과 노

비대칭적 정보의 문제
수요자와 공급자 간 정보의 비대칭성이 가져오는 자원배분의 비효율성

동시장, 중고매매시장, 그리고 금융시장에서 정보의 비대칭성이 어떤 비효율성을 가져오고 그 해결책이 무엇인지 살펴본다.

4.1 보험시장의 정보비대칭성

출처 : 한국은행 경제교육 홈페이지 (http://www.bokeducation.or.kr)

화재보험 가입자가 보험가입 후 부주의해져서 화재예방을 게을리한다고 하자. 그러면 당연히 보험을 가입하기 이전보다 가입자 주변에서 화재사고가 발생할 확률이 높아질 것이고, 그 결과 보험회사의 기대이윤은 작아진다. 이는 결국 보험회사가 보험가입자의 행동을 관찰할 수 없기 때문에 발생하는 **은폐된 행동**(hidden action)의 결과이다. 이처럼 보험가입 후 가입자의 행동이 보험회사의 입장에서 볼 때 더 악화되는 현상을 **도덕적 해이**(moral hazard)라 한다.

도덕적 해이
은폐된 행동으로 인해 보험가입 후 가입자의 행동이 악화되는 현상

이때 보험회사가 보험료를 인상하면 도덕적 해이의 문제가 해결될 수 있을까? 그렇지 않다. 이 경우 또 다른 문제가 발생하기 때문이다. 사람들은 자신들의 경험·지식 등을 이용해서 자신에게 불행한 일이 일어날 확률과 그에 따른 피해액 등을 개략적으로 파악한 후 가입 여부를 결정할 것이다. 이때 보험료가 높아도 보험에 가입할 사람들은 위험 확률이 높은 부류일 것이다. 따라서 보험료가 극단적인 수준으로 치솟으면 결국 세상에서 가장 높은 위험을 가진 사람만이 보험가입자로 남거나 가입자가 아예 없을 것이고, 보험회사는 결국 파산할 것이다.

그렇다면 이러한 일은 왜 발생할까? 보험회사가 보험에 가입하려는 사람들의 위험 확률을 사전에 알 수 없기 때문이다. 보험가입자는 자신의 위험을 가능하면 낮게 말해서 보다 낮은 보험료로 보험에 가입하려 하기 때문에 보험가입자들의 위험 특성은 은폐된다. 이것을 **감추어진 정보**(hidden information)의 문제라고 한다. 보험회사는 도덕적 해이를 방지하고 보다 건전한 보험가입자들에게 보험을 판매하려 하였으나, 이것이 오히려 낮은 위험을 지닌 보험가입자들을 배제하고 보다 높은 위험을 지닌 사람들만 보험을 들게 하는 결과를 가져온다. 이와 같은 현상을 **역선택**(adverse selection)이라

역선택
감추어진 정보의 문제로 인해 높은 위험을 지닌 사람들만 보험에 가입하는 현상

하는데, 이는 보험의 역설(insurance paradox)이 아닐 수 없다.

때때로 역선택 문제는 보험회사들이 특정한 사람들의 보험가입을 거부하도록 한다. 치명적이거나 만성적인 병이 있는 사람들은 개인적인 의료보험 또는 생명보험에 가입하기 힘들 것이다. 그리고 방화범이 자주 나타나는 지역에 살고 있는 주택 보유자는 화재보험에 가입하기 힘들 것이다. 이런 사람들에게는 매우 높은 보험료를 책정하는 것이 유일한 대안이다. 그러나 보험료가 매우 높아지면 앞에서 살펴본 대로 보험혜택을 확실하게 받을 수 있는 위험한 사람만 보험상품을 구매할 것이기 때문에 역선택의 문제는 더 악화된다.

도덕적 해이와 역선택의 문제는 어떻게 해결할 수 있을까? 바로 도덕적 해이가 나타날 가능성이 높은 경제주체들에게 유인(incentive)을 제공함으로써 해결할 수 있다. 예를 들어 화재가 발생하였을 때 손실의 일부만 보상해 주는 공동보험제도를 채택하는 방법이 있다. 가령 피해액의 70%만 보상해 주기로 약정한다면 나머지 30%의 손실은 보험가입자가 부담해야 하므로 화재예방을 위한 노력을 게을리하지 않을 것이다.

보험시장에서 정보비대칭성 문제의 해결
- 도덕적 해이가 나타날 가능성이 높은 경제주체에게 유인 제공(예 : 공동보험제도)
- 역선택 문제가 나타날 가입자에 대한 정보수집 강화

한편 역선택의 문제를 줄이기 위해서는 보험회사가 가입자에 대한 정보를 많이 수집해야 한다. 예를 들어 생명보험 가입신청자에 대해 병적 기록을 확인한다든지 흡연 여부를 파악하여 사망위험이 높은 사람에 대해서는 할증 보험료를 적용할 수 있다. 또한 보험회사들이 혈액검사 같은 자체 의료검사를 시행할 수도 있다.

4.2 노동시장의 정보비대칭성

대규모 주식회사의 경우 주주들이 기업을 소유하지만 회사 운영은 전문 경영진에 의해 이루어진다. 이렇게 소유와 경영이 분리되었을 때 경영진은 기업을 소유하는 것이 아니기 때문에 값비싼 휴양지에서 경영자회의를 여는 등 기업이윤을 저하시킬 유인이 있다. 이와 같이 경영자의 이익과 주주의 이익 사이에서 발생하는 문제를 **주인-대리인 문제**(principal-agent problem)라

주인-대리인 문제
대리인의 이익과 주인의 이익 사이에서 발생하는 문제(예 : 주주-경영자, 경영자-노동자)

출처 : 한국은행 경제교육 홈페이지 (http://www.bokeducation.or.kr)

도덕적 해이 문제의 해결방법

- 감시(monitoring)
- 동기부여 : 효율성임금, 연공서열제

고 한다. 즉, 대리인(기업 CEO)이 그를 고용한 주인(주식회사의 주주)의 이익보다는 자신의 이익을 추구할 수 있다. 이러한 주인-대리인 문제는 회사 경영자와 노동자 사이에서도 발생한다. 경영자가 노동자들이 얼마나 열심히 일하는지를 정확히 알지 못하는 상황에서는 노동자들이 일단 고용되고 나면 열심히 일할 유인이 없어지는 도덕적 해이 문제가 나타나기 때문이다.

주인–대리인 문제를 해결하기 위해 이윤의 일정 비율을 대리인에게 보너스로 지급하는 계약을 통해 대리인이 주인의 이익에 반하는 행동을 할 가능성을 줄일 수 있다. 하지만 이런 유인체계가 작동하지 않는 경우도 있는데, 그럴 때 사용할 수 있는 또 다른 수단은 은폐된 행동을 할 개연성이 있는 대리인에 대한 감시(monitoring)를 강화하는 것이다. 주식회사에서 감사(auditor)가 경영진을 감시 · 감독하는 것이 그 예이다.

한편 노동자의 도덕적 해이를 부분적으로나마 방지하기 위해서는 노동자에게 직장에서 하는 일이 다른 직업에 비해 더 높은 가치를 갖는다는 확신을 주어야 한다. 노동자들이 열심히 일할 유인을 제공하기 위해서다. 현재 직업이 다른 직업에 비해 가치가 더 있다면 노동의욕은 감소하지 않을 것이다.

효율성임금
균형임금보다 높은 수준에서 노동자들에게 더 열심히 일할 동기를 부여할 수 있는 임금

구체적으로 만약 어떤 기업이 임금을 노동시장의 균형임금 수준보다 높게 제시한다면, 노동자는 그 직업이 가치 있는 일이라고 생각할 것이고 그 직장을 떠날 가능성도 낮아질 것이다. 이와 같이 균형임금보다 높은 수준에서 노동자들에게 더 열심히 일할 동기를 부여할 수 있는 임금을 **효율성임금**(efficiency wage)이라 한다. 이 밖에 기업에서 오랜 기간 동안 일을 한 노동자들에게 더 높은 임금과 추가 복지혜택을 주는 연공서열제도(seniority system)도 효율성임금과 마찬가지로 노동자들이 더 열심히 일하게 하는 인센티브가 된다. 하지만 이러한 유인체계가 잘 작동하지 않을 경우에는 노동자들이 일하는 것을 감시하는 것도 하나의 방법이 될 수 있다.

4.3 중고매매시장의 정보비대칭성

중고매매시장에서는 우량품과 불량품이 함께 거래되기 마련이다. 그런

데 중고품을 내놓는 사람, 특히 불량품을 내놓는 사람은 상대방이 불량품인지 모르기 때문에 우량품이라고 속일 유인을 갖게 된다. 그러나 소비자가 불량품을 우량품인 줄 알고 속아 사는 경우가 여러 번 반복되면 우량품 역시 제값을 받지 못하게 된다. 따라서 우량품은 중고매매시장에 나오지 않고 불량품만 가득하게 된다. 이러한 역선택 문제는 결국 거래당사자 간에 사전적으로 정보의 양이 동등하지 않기 때문에 발생한다.

출처 : 한국은행 경제교육 홈페이지 (http://www.bokeducation.or.kr)

역선택을 해결하기 위해서 거래자들은 상대방에게 정확한 정보를 전달하는 신호를 발송(signaling)하거나 우량품과 불량품을 구별하는 **선별장치**(screening device)를 마련한다. 이를테면, 중고매매시장에서 우량품을 내놓는 사람은 보증서(warranty) 등을 발행하여 판매 후 소비자가 불량품이라고 항의하면 이를 보상해 주겠다는 신용을 제공함으로써 자신의 제품과 불량 중고품을 구별하는 신호를 보낸다.

역선택의 문제 해결방법
신호 발송, 선별장치

4.4 금융시장의 정보비대칭성

금융시장의 역선택
건실한 기업과 부실한 기업의 구분이 어렵기 때문에 대외적으로 거래량이 많고 정보가 많은 대기업의 주식, 채권 매입을 선호

금융시장에서의 역선택과 도덕적 해이는 구체적으로 주식시장과 채권시장에서 투자자와 기업 사이의 문제를 낳는다. 먼저 역선택의 문제를 알아보자. 많은 기업들은 주식과 채권을 팔아서 자금을 조달한다. 그런데 대부분의 잠재적 투자자들은 건실한 기업과 부실한 기업을 구분하는 것이 쉽지 않기 때문에 대외적으로 거래량이 많지 않은 중소기업의 주식과 채권 구입을 꺼리게 된다. 대신에 투자자들은 대외적으로 거래량이 많고 이용 가능한 정보도 많은 대기업의 주식이나 채권 매입을 선호하게 된다. 그 결과 대기업은 채권과 주식을 팔아 자금을 조달할 수 있는 반면에 중소기업은 그렇게 할 수 없다. 기업과 투자자 간 비대칭적 정보는 왜 대기업만이 금융시장에서 주식과 채권 발행을 통해 자금을 조달할 수 있는지에 대해 잘 설명해 준다. 이 같은 문제를 줄이기 위해서는 정보공시를 확대하고 예금자, 투자자 등 금융이용자에 의한 시장감시기능을 강화해야 한다.

일단 기업이 투자자들에게 채권과 주식을 팔아 자금을 조달하면, 투자자

금융시장의 도덕적 해이
기업이 자금운용을 잘못할 경우 투자자 손실이 발생

들은 기업이 자금운용을 잘못하여 자신들에게 손실을 입힐 가능성을 걱정한다. 즉, 정보의 비대칭성 하에서 투자자들은 기업의 도덕적 해이를 걱정하는 것이다. 실제로 기업들은 금융시장에서 조달한 자금을 회사 경영자들의 연봉 인상에 사용하기도 한다.

역사적으로 볼 때 대공황(Great Depression)의 주요 원인이 되었던 1929년 주식가격 폭락에 대해 미국의 일부 투자자들은 기업들이 자신들에게 정확한 금융정보를 제공하지 않았던 것을 불평했다. 이에 미국 연방의회는 1934년 증권거래협회(Securities and Exchange Commission ; SEC)를 설립하여 주식시장과 채권시장을 규제하기 시작하였다. SEC는 기업들이 주식 또는 채권을 팔기 위해 우선 SEC에 등록하도록 하였다. 그리고 기업들은 반드시 잠재적 투자자들에게 모든 금융정보가 담긴 기업 안내문을 통해 정보를 제공하도록 하였다. 이 정책은 주식시장과 채권시장에서 역선택과 도덕적 해이 문제를 감소시킴으로써 이전보다 더 많은 기업들이 주식 또는 채권 발행을 통해 자금을 조달하는 것을 가능케 하였다.

그러나 2000년대 들어 에너지 무역회사인 엔론(Enron) 등 몇몇 기업의 경영자들은 기업의 재무상태에 대해 다른 투자자들보다 더 많이 알고 있다는 점을 악용했다. 이익을 더 얻기 위해 재무제표(financial statements)를 조작하여 투자자를 유혹한 것이다. 결국 이들 기업이 이윤을 부풀려 보고한 것과 관련된 여러 스캔들이 드러나고 기업의 재무제표에 대한 신뢰가 떨어지면서, 이 사건은 2002년 여름 미국 주식시장의 폭락에 영향을 미쳤다. 이러한 스캔들은 투자자들이 금융시장에서 역선택과 도덕적 해이 문제를 극복하기 어렵다는 것을 재확인시켜 주고 있다.

현실과경제학

경매시장의 불완전정보와 '승자의 불행'

파블로 피카소(Pablo Picasso, 1881~1973)가 1932년에 연인 마리 테리즈 왈터를 모델로 그린 '누드 녹색잎과 흉상'은 뉴욕 크리스티(Christie's) 경매에서 익명의 전화 입찰자에 의해 1억 650만 달러(1,192억원)에 팔렸다. 미술품 경매사상 최고가 였다. 이 외에도 우리는 부동산, 연예인 애장품, 어시장의 어류 등 다양한 종류의 물건들이 경매에 의해 거래되고 있는 것을 어렵지 않게 발견할 수 있다.

현실에는 여러 종류의 경매제도가 존재하지만 파는 경매는 크게 공개경쟁과 입찰의 두 가지가 존재하고, 이는 세부적으로 4가지 형태로 구분할 수 있다. 공개경쟁(open-outcry bidding) 방식은 낮은 가격부터 점점 높은 가격을 불러 가장 높은 가격을 부른 사람이 낙찰되는 영국식 경매(English auction)와 반대로 경매인이 가장 높은 가격을 부르기 시작하여 살 사람이 없으면 점차적으로 가격을 내려가는 방식으로 진행되는 네덜란드식경매(Dutch auction)가 있다.

한편 입찰(sealed bid)에는 각자가 입찰가격을 써내고 가장 높은 가격을 써내는 사람에게 낙찰되는 방식인 최고가격입찰제(first-price sealed-bid auction)와 낙찰자 다음으로 높이 써낸 금액을 낙찰자가 지불하는 방식인 제2가격입찰제(second-price sealed-bid auction)가 있다.

그러나 경매에서 이기면 항상 좋은 것일까? 1950년대 미국의 석유시추권에 대한 경매는 그렇지 않음을 시사한다. 당시 낙찰자는 경매에서 이기고도 큰 손해를 입게 되었는데, 그 원인은 불완전정보 때문이었다. 이 현상은 미국 애틀랜틱 리치필드사(ARCO)에 근무하던 세 명의 석유기술자가 1971년 발표한 논문에서 처음 언급된 개념으로 '승자의 불행(Winner's Curse)'이라 불리며, 역선택이 일어나 입찰경쟁에서는 승리하였으나 결국은 손허를 입게 된 것을 말한다.

5 조세의 경제학

우리는 앞서 환경오염 규제와 치안 등 민간기업에 의해 공급되지 않는 공공재를 정부가 직접 생산한다는 것을 논의했다. 정부는 이러한 정책수행을 위해 가계 및 기업에게 조세를 부과한다. 조세는 민간에서 정부로 경제적 자원이 강제로 이전되는 것이며, 그 구조와 세수의 크기에 따라 자원배분, 소득분배 및 경제활동 수준 등에 커다란 영향을 미친다. 이제 정부가 부과하는 조세의 기본 개념과 종류, 그리고 조세의 기본 목표와 조세 부과의 몇 가지 원칙을 알아보자.

5.1 조세의 기본 개념과 종류

세원

- 과세대상이 되는 부 또는 소득
- 분류 : 직접세와 간접세

직접세

개인소득 또는 부가 과세대상이 되는 조세

간접세

- 물품의 교환, 매매 등에 부과되는 조세
- 조세귀착의 문제 야기

과세대상이 되는 부 또는 소득을 **세원**(tax base)이라고 하는데, 세원의 종류에 따라 조세는 **직접세**(direct tax)와 **간접세**(indirect tax)의 두 가지로 분류된다. 직접세는 개인소득세, 재산세, 상속세 등 주로 개인소득 또는 개인 소유의 부(wealth)가 과세대상이 되는 조세로서, 세원인 소득 및 재산을 직접 포착해 부과되며 납세자는 조세부담을 타인에게 전가할 수 없다. 이에 반하여 간접세는 물품세, 관세 등과 같이 물품의 교환, 매매 등에 부과되는 조세이다. 직접세와 달리 간접세의 부담은 타인에게 전가될 수 있기 때문에 궁극적으로 누가 얼마만큼의 조세를 부담하게 되는가 하는 **조세귀착**(tax incidence)의 문제를 낳는다.

또한 조세징수액과 과세대상(즉, 소득 또는 부)의 비율을 **세율**(tax rate)이라 하는데, 이는 한계세율과 평균세율로 구분된다. **한계세율**(marginal tax rate)은 소득이 한 단위 증가함에 따라 조세로 납부하는 세율인 반면, **평균세율**(average tax rate)은 납부한 세금을 과세대상 또는 세원으로 나눈 것이다.

5.1.1 누진세와 역진세

비례세

한계세율 = 평균세율

누진세

한계세율 > 평균세율

역진세

한계세율 < 평균세율

이러한 한계세율과 평균세율의 관계에 따라 조세를 세 가지로 나눌 수 있다. 먼저 조세부담이 납세자의 소득에 비례하여 변하는 세를 **비례세**(proportional tax)라고 하는데, 이때 한계세율과 평균세율은 동일하다. 그리고 세율이 소득이 증가함에 따라 누진적으로 커지는 세를 **누진세**(progressive tax), 반대로 작아지는 세를 **역진세**(regressive tax)라고 부른다. 소득이 증가할수록 조세가 누진적이라면 한계세율이 평균세율보다 높은 반면, 역진적이라면 한계세율이 평균세율보다 낮다. 이 세 가지 조세와 소득의 관계는 [그림 7-5]와 같다.

이러한 조세의 누진성(또는 역진성)은 그 세원과 세율에 따라 자원배분과

■ 그림 7-4

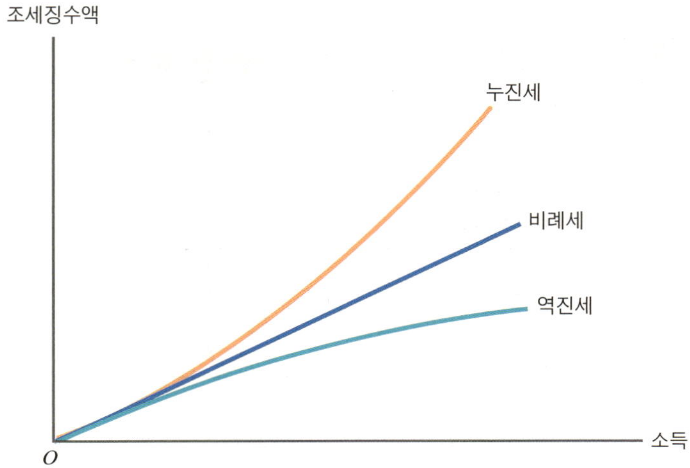

소득과 조세징수액의 관계
조세징수액과 과세대상이 되는 소득 또는 부의 크기와의 비율을 세율이라고 하는데, 조세부담이 납세자의 소득에 비례하여 변하는 세를 비례세라고 한다. 그리고 세율이 소득이 커짐에 따라 누진적으로 커지는 세를 누진세, 반대로 작아지는 세를 역진세라고 부른다.

소득분배 등에 매우 중요한 영향을 미친다. 개인소득세는 그 세율이 누진적이므로 소득재분배정책상 매우 중요한 의미를 갖는다. 법인소득에 부과되는 법인세의 세율도 보통 누진적이다. 또한 법인세는 투자에 대한 **세액공제**(tax credit)나 특정 이윤에 대한 비과세 등의 제도를 통해 기업투자에 큰 영향을 미친다. 여기에서 세액공제란 과세표준에 세율을 곱하여 산출된 세액으로부터 다시 일정액을 공제하는 경우를 말한다. 반면 **소득공제**는 과세표준에서 일정액을 공제한 후 세율을 곱하는 경우라는 점에 유의해야 한다.

5.1.2 직접세와 간접세

직접세는 부담자가 직접 조세지출을 피부로 느끼므로 세율이 높을 경우 **조세저항**이 나타날 수 있는 반면, 간접세는 조세부담자가 누구인지 명백하지 않고 부담자가 현재 조세를 부담하고 있는지조차 느끼지 못하는 경우가 있어 조세저항이 약하다. 이러한 편의 때문에 정부는 직접세 대신 간접세를 선호해 왔다.

직접세의 특징
비교적 큰 조세저항

실제로 물품세, 부가가치세, 관세 등의 간접세는 정부수입의 크기로 볼

표 7-1

우리나라의 조세수입 구성(2018)

구성			구성비율(%)
내국세	직접세	소득세	30.2
		법인세	24.9
		상속 및 증여세	2.6
	간접세	부가가치세	24.5
		기타	7.3
	과년도 수입		1.6
기타 특별세[1]			8.9

주 : 1) 기타 특별세는 교통 · 에너지 · 환경세, 방위세, 교육세, 농어촌특별세, 종합부동산세 등을 포함한다.

(a) 중앙정부 조세수입 구성요소

구성		구성비율(%)
지방세	취득세	28.2
	지방소득세	19.8
	자동차세	9.3
	지방교육세	7.8
	주민 및 재산세	16.1
	기타[1]	18.2
	과년도 수입	0.6

주 : 1) 기타는 등록면허세, 지방소비세, 레저세, 담배소비세, 도시계획세, 지역자원시설세, 도축세 등을 포함한다.

(b) 지방정부 조세수입 구성요소

출처 : 국세청, 『2019 국세통계연보』; 행정안전부, 『2019 지방세정연감』

간접세의 특징
- 품목별 선별적 징수 가능
- 역진적 성격

때 거의 모든 나라에서 매우 중요한 조세이다. 간접세는 행정적으로 징수가 쉽고 몇 개의 품목에 대하여 선별적으로 중과할 수 있다는 장점이 있다. 간접세는 주로 소득탄력성 및 가격탄력성이 낮은 몇 개의 품목(석유제품, 담배, 주류 등)에 부과된다. 간접세는 소득수준에 관계없이 소비액에 비례하므로 대부분 역진적이며 소득분배에 역행한다고 본다.

[표 7-1]의 (a)와 (b)는 2018년 우리나라 중앙정부와 지방정부의 조세수입 구성요소를 나타내고 있다. (a)에서 알 수 있듯이 중앙정부 조세수입의 약 58%가 직접세인 소득세, 법인세, 상속 및 증여세로부터 나오며, 간접세인 부가가치세도 24.5%를 차지한다.

5.2 조세의 목표와 원칙

우리는 지금까지 정부가 다양한 방법으로 조세수입을 올리고 있음을 살펴보았다. 이러한 조세의 기본 목표는 **경제적 효율성**을 달성하는 것이다. 우리는 앞서 기업의 생산활동에서 발생하는 부정적 외부성(예를 들어 환경오염)이 존재할 때, 조세를 통해 기업이 사회적으로 최적 산출량을 선택하도록 유도할 수 있다는 것을 보았다. 이처럼 외부불경제가 존재할 때 조세를 통해 사회적 한계편익과 한계비용이 일치하게 만들어 사회적 후생을 증가시키고 경제적 효율성을 달성할 수 있다. 한편 제6장(4. 소득분배와 소득재분배정책)에서 배웠듯이 누진세제나 상속세 등 때로는 경제적 효율성이 아니라 **형평성**을 추구하기 위해 조세정책을 사용하기도 한다.

경제적 효율성
자중손실 최소화

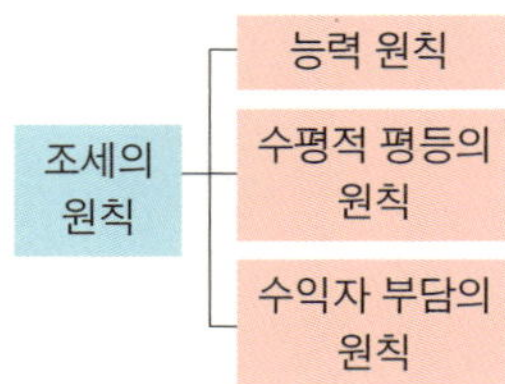

그렇다면 정부가 어떤 방법으로 조세를 부과하든 지켜야 하는 원칙은 무엇인가? 첫째, **능력 원칙**(ability-to-pay principle)이다. 이는 정부가 조세를 부과할 때 더 많은 조세를 납부할 수 있는 능력을 갖고 있는 사람에게 더 많은 조세를 부과해야 한다는 것을 의미한다. 일반적으로 저소득층보다 고소득층에 더 많은 조세를 부과해야 한다는 것이며, **수직적 평등의 원칙**(vertical-equity principle)이라고 불리기도 한다. 예를 들어 소득세는 능력 원칙을 따르고 있는 반면, 판매세는 능력 원칙을 적용하고 있지 않다. 저소득층일수록 고소득층보다 자신의 소득 중에서 높은 비중을 소비하는 경향이 있기 때문이다.

능력 원칙(수직적 평등의 원칙)
더 많은 조세를 납부할 수 있는 능력을 갖고 있는 사람에게 더 많은 조세를 부과해야 함

둘째, **수평적 평등의 원칙**(horizontal-equity principle)이다. 이는 경제적으로 동일한 상태에 있는 사람에게는 동일한 조세기준이 적용되어야 함을 의미한다. 이 원칙은 사람들이 동일한 경제적 상태에 있는지 여부를 판단하기 어렵기 때문에 실제로 적용하기가 쉽지 않다. 예를 들어 동일한 소득을 올리

수평적 평등의 원칙
경제적으로 동일한 상태에 있는 사람에게는 동일한 조세기준이 적용되어야 함

고 있지만 한 사람은 이자소득만으로 연간 5천만원을 벌고, 다른 한 사람은 근로소득으로 연간 5천만원을 번다고 하자. 이에 대해 두 사람이 동일한 경제적 상태에 있기는 하지만 같은 금액의 조세를 납부해서는 안 된다는 주장도 있다.

수익자 부담의 원칙
정부정책의 편익을 얻는 사람이 이 정책의 집행에 관한 조세를 납부해야 함

셋째, **수익자 부담의 원칙**(benefits-received principle)이다. 이는 공공재 등 정부정책의 편익을 얻는 사람이 이 정책의 집행에 관한 조세를 납부해야 함을 의미한다. 예를 들어 지방자치단체에서 자전거 전용도로를 운영할 때 자전거 도로를 이용하는 사람들에게 조세를 부과해야 한다. 그러나 정부가 모든 정책의 수혜자들을 일일이 확인하고 이들에게 조세를 부과하는 것은 효율적이지 않다.

6 정부실패

지금까지 우리는 불완전한 시장기능을 보완하기 위하여 정부가 사용하는 여러 가지 정책을 알아보았다. 실제로 오늘날 서구의 복지국가에서는 시장의 '보이지 않는 손(invisible hand)'이 제대로 그 기능을 발휘하지 못하는 경우, 정부의 **'보이는 손**(visible hand)'을 가지고 불완전한 기능을 보완해 왔다.

그러면 과연 정부의 보이는 손은 완전한가? 그것이 항상 시장보다 좋은 결과를 가져오는가? 이 물음에 대하여 한 마디로 대답할 수는 없으나 근래 각국에서 광범위하게 나타나고 있는 조짐을 보면, 시장실패 못지않게 **정부실패**(government failure), 즉 정부에 의한 자원배분의 비효율 또는 불공평의 현상이 뚜렷해지고 있다.

정부실패
- 정부에 의한 자원배분의 비효율 또는 불공평 현상
- 두 가지 유형 : 정부의 과다한 통제, 바람직하지 못한 정책 개입

그렇다면 정부실패에는 어떤 것이 있는가? 이것도 간단하게 대답할 수 없는 문제이나 개괄적으로 두 가지 유형을 들 수 있다. 첫째, 정부의 과다한 통제 또는 규제완화가 가져오는 비효율성이다. 둘째, 시장이 비효율성을 가져올 때 이를 시정하기 위한 정부의 정책 개입이 오히려 효율성을 더 떨어뜨리는 경우이다.

우선 정부의 통제가 비효율의 근원이 되고 있다는 비판은 대단히 많다.

예를 들어 지나친 독과점의 통제는 민간기업으로 하여금 규모의 경제의 이점을 활용하지 못하게 한다. 이에 따라 미국이나 독일에서는 과거 대단히 엄격했던 독과점 규제를 대폭 완화하였다. 이른바 규제의 완화 또는 철폐(deregulation)는 민간의 요구와 정부의 자각에 의하여 시행되어 왔다. 가장 돋보이는 규제완화는 금융에 관한 것인데, 세계 각국에서는 금융혁명이라는 표현이 조금도 과장이 아닐 정도로 규제 철폐의 열풍이 몰아쳤다.

지나친 독과점 통제는 규모의 경제에서 오는 이점을 제한할 수 있음

그러나 이러한 규제는 과거에 필요해서 제정된 것이고 지금도 필요성이 없어진 것은 아니며, 또 규제의 철폐가 반드시 실물경제의 효율을 높인다는 보장도 없다. 최근의 예로, 2007~2008 글로벌 금융위기의 주요 원인 중 하나는 미국 클린턴(Bill Clinton)과 부시(George W. Bush) 행정부의 시장실패를 방치한 금융감독과 규제 실패였다.

Cartoons for the Week of April 25-May 1, 2010.
Copyright @ 2010 Creators Syndicate(politicalhumor.about.com)
의회 : 금융규제 철폐를 기회로 당신네가 의심스러운 투자상품을 만들어 수백억 달러를 챙겼다고 보는데 어떻게 생각하시는지?
골드먼삭스 : 그저 고마울 따름이죠.
(kimchang.egloos.com)

두 번째 유형의 정부실패는 **차선의 정리**(theory of the second best)로 설명할 수 있다. 차선의 정리에 따르면, 어떤 이유로 경제의 일부분에서 최적의 균형 조건이 만족되지 못한 경우 나머지 부분에서 최적의 균형 조건을 달성하기 위한 정책이 항상 더 나은 결과를 가져오는 것은 아니다. 예를 들어 자동차 시장의 독점과 자동차 배기가스 오염으로 외부성이 발생하고 있는 상태에서는 두 종류의 시장실패를 동시에 교정하는 것이 최선이지만, 불가피한 사정으로 외부성의 시정이 불가능할 경우 자동차 시장의 독점 문제라도 시정하는 것이 차선책이라고 생각하기 쉽다. 그러나 차선의 정리는 차라리 두 시장실패를 그대로 놔두는 것이 오히려 더 효율적일 수 있음을 보여준다. 이는 두 종류의 시장실패가 상호관계를 갖기 때문이다. 따라서 차선의 정리에 의하면, 경제 내의 다양한 시장실패를 동시에 시정할 수 없을 때 단지 한두 개의 시장실패를 치유하려는 정부의 노력은 오히려 사회 전체적으로 효율성을 더 저하시킬 수도 있다.

차선의 정리
경제의 일부분에서 최적 조건이 만족되지 못한 경우 나머지 부분에서 최적 조건을 만족시키는 정책 개입이 항상 더 나은 결과를 가져오는 것은 아님

요약 및 연습문제

1. 시장실패란 무엇인가?

수요곡선과 공급곡선이 일치하지 않는 점에서 균형이 성립하거나 일치하는 점에서 균형이 성립해도 소비에 따른 사회적 한계편익과 생산에 따른 사회적 한계비용이 일치하지 않을 경우 자원배분에 실패했다는 의미에서 시장실패라 부른다.

물음 01. 시장의 자원배분 기능이 효율적으로 작동하지 않는 것을 시장실패라고 한다. 시장실패를 불러오는 요인들은 크게 몇 가지가 있겠는가?

2. 외부성

어느 경제주체의 경제활동에 의한 결과가 의도하지 않게 시장의 외부를 통하여 다른 경제주체의 후생에 영향을 주는 것을 외부성이라고 한다. 이 경우 사회적 비용과 사적 비용이 괴리되거나(외부불경제) 사회적 편익이 사적 편익과 괴리되어(외부경제) 시장실패가 발생한다.

2.1 부정적 외부성 소비의 부정적 외부성이 존재할 경우에는 사회적 한계비용이 사적 한계비용보다 커서 사회적으로 최적인 생산량보다 과잉생산되고, 이에 따라 사회적 후생손실이 발생한다. 이러한 부정적 외부성은 재산권(property right)이 불완전하거나 재산권 설정에 어려움이 있는 경우 발생한다.

2.2 긍정적 외부성 소비의 긍정적 외부성이 존재할 경우에는 사회적 한계편익이 사적 한계편익보다 커서 사회적으로 최적인 생산량보다 과소생산되고, 이에 따라 사회적 후생손실이 발생한다.

2.3 외부성에 대한 정부정책 외부불경제가 존재할 때는 사회적 한계비용과 사적 한계비용의 차이만큼의 세금을 부과하고, 외부경제가 존재할 때는 사회적 한계편익과 사적 한계편익의 차이만큼 보조금을 지급하여 외부성을 해결할 수 있다. 한편 외부불경제는 생산량에 대한 직접적 규제를 통해서 해결할 수 있는데, 이보다는 오염배출권 거래와 같은 제도의 도입을 통해 시장에서의 자율적 해결도 가능하다.

2.4 코우즈 정리 코우즈는 외부불경제가 발생할 경우 낮은 거래비용과 완전정보, 합리성의 전제 하에 당사자들 간의 협상을 통해 정부의 개입 없이도 최적 수준의 생산량을 달성할 수 있다고 주장했다.

물음 02. 양봉업자 A와 과수업자 B, C 3명이 존재하는 사회를 가정하자. 양봉업자 A가 꿀벌의 통수를 증가시키고 B와 C는 아무런 행동도 취하지 않을 때, A의 비용 및 A, B, C의 수입액은 다음과 같다.

꿀벌 통 수	양봉 비용	총수입(A)	총수입(B)	총수입(C)
1	7	15	112	112
2	15	27	121	121
3	24	36	127	127
4	34	44	131	131
5	45	51	133	133
6	57	57	134	134

(1) 양봉업자 A가 자신의 이윤을 극대화하기 위해서는 꿀벌을 몇 통 놓아야 하는가? 또 사회 전체적으로 보아 이윤이 극대화되는 꿀벌의 통 수는 얼마인가? 이 둘은 일치하는가? 만약 일치하지 않는다면 그 이유는 무엇인가?

(2) 현재 양봉업자 A가 꿀벌을 3통 놓고 있다고 하자. 이때 B 혹은 C가 A로 하여금 꿀벌을 더 기르게 하면서 모두가 이익을 볼 수 있는 방법이 있겠는가? 만일 그러한 방법이 있음에도 행동을 취하지 않고 있다면 그 이유는 무엇인가?

(3) 사회적 최적배분 상태에 도달하려는 자발적인 노력이 행해지지 않고 있다고 할 때, 최적배분 상태에 도달하게 할 수 있는 방안을 제시해 보라.

3. 공공재

국방, 치안, 공공시설 등 공공재는 사유재와 달리 비배제성과 비경합성을 가지고 있다. 따라서 시장의 자율적인 생산에 맡길 경우 무임승차의 문제 때문에 과소생산되어 시장실패가 발생한다.

3.1 공공재 정책 공공재의 시장수요는 개별 소비자 수요의 수직 합으로 구할 수 있으며, 한계비용을 나타내는 공급곡선과 만나는 수준에서 최적 생산량이 결정된다. 개별 소비자가 누리는 편익만큼 세금을 거둘 경우 편익을 허위 보고할 유인이 있으므로 이를 사실대로 보고하게 하는 메커니즘의 구축이 필요하다.

3.2 공유자원 배제 불가능하지만 경합적인 재화를 공유자원이라 한다. 이러한 재화의 특성 때문에 공유자원이 남용되는 것을 공유지의 비극이라고 하는데, 재산권 부여 · 조세 · 보조금 · 규제 등으로 이를 해결할 수 있다.

물음 03. 민호와 수지는 서로 이웃한 지역에서 식당을 운영하고 있는데, 주방에서 종종 화재가 발생하곤 한다. 이 때문에 이들은 공공재인 소방서비스를 이용하고자 한다. 소방서비스의 한계비용은 1,000원으로 고정되어 있다. 이제 P를 소방서비스의 가격이라 하고 F를 소방서비스에 대한 수요량이라고 하자. 민호네 식당은 소방서비스에 대한 수요곡선이 $P = 5{,}000 - F$인 반면 수지네 식당의 수요곡선은 $P = 2{,}000 - 2F$와 같이 나타난다.

(1) 근처에 식당이 민호네와 수지네 둘밖에 없다고 할 때 공공재인 소방서비스에 대한 수요곡선을 도출하라.

(2) 소방서비스의 효율적인 산출량은 얼마인가?

4. 정보의 비대칭성

정보의 문제란 경제주체 간에 정보의 비대칭성이 효율적 자원배분을 방해하는 현상이다.

4.1 보험시장의 정보비대칭성 보험회사가 보험가입자의 은폐된 행동을 관찰할 수 없어 발생하는 문제를 도덕적 해이, 보험가입자의 감추어진 정보를 관찰하지 못해 발생하는 문제를 역선택이라고 한다. 도덕적 해이는 공동보험제도 등을 통해 보험가입자에게 적절한 행동의 유인을 제공함으로써, 역선택은 자체 의료검사 등을 통해 보험회사가 정보를 많이 수집함으로써 해결될 수 있다.

4.2 노동시장의 정보비대칭성 경영자와 주주 또는 경영자와 노동자의 이익 사이에서 발생하는 문제를 주인-대리인 문제라고 한다. 이를 방지하기 위해 성과급 지급, 효율성임금, 연공서열제도, 감시 등이 활용될 수 있다.

4.3 중고매매시장의 정보비대칭성 중고매매시장에 불량품만 가득하게 되는 역선택 문제를 해결하기 위해서 거래자들은 상대방에게 정확한 정보를 전달하는 신호를 발송하거나 우량품과 불량품을 구별하는 선별장치를 마련해야 한다.

4.4 금융시장의 정보비대칭성 금융시장에서 잠재적 투자자들은 건실한 기업과 부실한 기업을 구분하기가 쉽지 않기 때문에 역선택 문제가 발생한다. 또한 기업이 자금조달 이후에 운용을 잘 못하는 도덕적 해이의 문제도 존재하는데, 이 같은 문제를 줄이기 위해서는 정보공시를 확대하고 시장감시기능을 강화하는 것이 필요하다.

물음 04. 비대칭적 정보가 존재하는 자동차보험시장에서 평균 이상의 안전운전자들은 법적인 보장이 존재하지 않는다면 자동차보험에 가입하기를 꺼리는 경향이 있다. 그 이유는 무엇인가?

물음 05. 2010년 7월부터 라면, 과자와 빙과류 및 아이스크림에 대한 소비자권장가격제가 폐지되고 유통업자가 소비자가격을 설정하는 오픈프라이스(open price)제도가 시행되었다. 이 제도가 시행됨에 따라 해당 상품시장에서 역선택과 도덕적 해이 현상이 나타날 가능성이 있는지, 있다면 어떤 방법에 의해 경제주체들이 역선택과 도덕적 해이 현상을 방지할 수 있는지 관련 경제주체별로 구분하여 설명하라.

5. 조세의 경제학

5.1 조세의 기본 개념과 종류 조세는 직접세와 간접세로 구분되는데, 직접세는 개인의 소득이나 부, 재산을 과세대상으로 하며 간접세는 물품의 교환, 매매 등의 행위를 과세대상으로 한다. 세율은 소득 한 단위 증가에 따른 조세의 비율인 한계세율과 총소득에 대한 조세의 비율인 평균세율로 구분된다. 조세는 또한 비례세(한계세율 = 평균세율), 누진세(한계세율 > 평균세율), 그리고 역진세(한계세율 < 평균세율)로 나누어진다. 직접세는 누진적인 반면 조세저항이 작고, 간접세는 조세저항이 크지 않으나 역진적인 성격이 있다.

5.2 조세의 목표와 원칙 조세의 원칙에는 능력 원칙(수직적 평등의 원칙), 수평적 평등의 원칙, 수익자 부담의 원칙이 있다.

물음 06. 1960년대 프리드먼(Milton Friedman)에 의해 처음 고안된 단일세(flat tax) 제도는 저소득층에 대해 완전히 면세해 주고 기업이나 개인에게 소득의 많고 적음에 관계없이 똑같은 낮은 단일세율을 적용하는 것이다. 또 세액공제 등 특별제도를 폐지함으로써 조세징수절차를 최대한 단순화하는 것이다. 다음 물음에 답하라.

(1) 단일세제의 장점을 정부의 조세수입, 조세저항 및 조세행정의 측면에서 서술하라.

(2) [표 7-1]에 있는 우리나라의 조세 중에서 단일세에 가장 가까운 것은 무엇인가? 그 이유를 설명하라.

(3) 미국의 경우 1981년에 구체적인 단일세법 개정안이 처음으로 의회에 제출되었다. 그후 많은 정치인들이 단일세를 반영하는 세제개혁 법안을 의회에 지속적으로 제출하였으나, 한 번도 의회를 통과하는 데 성공하지 못하였다. 그 이유는 무엇으로 추측할 수 있는가? 제 5 절에서 살펴본 조세의 목표와 원칙에 기초하여 서술하라.

6. 정부실패

시장실패를 교정하기 위해 정부의 개입이 요구되지만 정부의 실패도 발생할 수 있다. 왜냐하면 정부의 불필요한 규제 등이 비효율을 낳을 수 있기 때문이다. 한편 차선의 정리는 여러 문제가 존재할 때 한 가지만 해결하려는 정부의 노력이 오히려 사회 전체적인 효율성을 감소시킬 수 있다는 것을 이론적으로 뒷받침한다.

물음 07. 만일 정부가 시장실패에 대해 완전한 정보와 합리성을 가지고 대응할 수 있다면 정부실패는 발생하지 않을 것인가? 그렇다면 현실의 정부실패에서는 어떤 요인들이 정부가 잘못된 판단을 내리게 하는가?

응용문제

물음 01. 몇몇 사람들은 "결함이 있는 상품을 만들어 시장에서 판매하는 것도 시장실패가 될 수 있다"라고 주장한다. 이러한 주장에 대해 경제원론을 공부한 독자들은 어떻게 답변할 것인지 유추하라.

물음 02. 흔히 정치학자들은 좋은 교육을 받은 시민들이 많은 나라에서 민주주의가 발전한다는 이론을 제시하고 있다. 이 주장을 경제학적 관점에서 검토해 보기로 하자. 만약 교육을 시장에 맡길 경우 어떤 문제가 발생할 것인가? 만약 정부가 적절한 정책을 사용하여 시장의 불완전성을 해결하고자 한다면 그 정책수단에는 무엇이 있겠는가?

물음 03. 한 국가가 국방서비스를 제공하는 경우 해당 국가 국민들이 실감하는 국방서비스 편익의 크기는 국민들마다 다를 수 있다. 동일 지역에 살고 있는 민호는 10시간의 국방서비스가 제공되는 경우 8,000유틸의 한계편익을, 15시간의 국방서비스에 대해서는 4,000유틸의 한계편익을 각각 느낀다고 한다. 반면에 수지는 10시간의 국방서비스에 대해서는 10,000유틸의 한계편익을, 15시간의 국방서비스에 대해서는 4,000유틸의 한계편익을 느낀다고 한다. 민호와 수지는 각 국방서비스를 통해 느끼는 한계편익만큼을 국방서비스에 대한 가격으로 지불할 의사를 갖고 있다. 다음 질문에 답하라.

(1) 국방서비스시장에서의 시장수요곡선을 도출하라.

(2) 국방서비스 제공시간에 대한 가격이 다음과 같다고 할 때, 이 국가가 최적 수준의 국방서비스 제공을 위해 민호와 수지에게 받을 수 있는 가격을 구하라.

시간	10시간	15시간	20시간
가격(원)	4,000원	8,000원	12,000원

(3) 국가가 민호와 수지로부터 문제 (2)에서 구한 가격을 국방서비스 제공에 대한 대가로 받고자 한다. 이와 같이 국방서비스에 대한 가격을 각 경제주체의 한계편익의 크기만큼 받고자 하는 경우 나타날 수 있는 문제는 무엇인가? 그 이유를 설명하고 이러한 문제를 보완할 수 있는 방법을 제시하라.

물음 04. 미국 서브프라임 모기지 사태로 촉발된 2007~2008 글로벌 금융위기는 시장실패와 정부실패에 기인한 것으로 보는 견해가 많다. 글로벌 금융위기를 통해 나타난 시장실패와 정부실패의 구체적 예를 조사해 보라.

Chapter 08

국제무역과 무역정책

오늘날 다른 나라와 경제관계를 맺고 있지 않은 나라는 거의 없다. 우리나라도 1990년대 후반 OECD에 가입하고 외환위기 극복과정에서 경제개방을 급속히 진행함에 따라 거래상대 국가가 다양해졌을 뿐만 아니라 국제무역 규모도 크게 증가하였다. 또한 예전과 달리 오늘날 국제무역에서는 전체에서 서비스가 차지하는 비중이 늘어나고 있으며, 유럽(EU), 아시아(APEC), 북미지역(NAFTA)과 같은 경제블록에서 이루어지는 무역뿐만 아니라 WTO와 FTA 같은 다자간 또는 양자 간 무역협정에 따른 무역의 비중이 늘어나고 있다.

이 장에서는 국가 간 무역의 발생원인과 교역량 및 가격 결정, 그리고 무역정책의 역할을 알아보려고 한다. 이를 위해 다음과 같은 문제에 대해 논의해 보자.

- 왜 국가들은 서로 무역을 하며, 이때 교역량과 가격은 어떻게 결정되는가?
- 정부의 무역정책은 교역량과 가격에 어떤 영향을 미치는가?
- 왜 보호무역인가?

1 비교우위와 국제무역의 이득

국제무역의 이득

국가 간 기후, 부존자원, 관습 등의 차이가 크기 때문에 분업의 정도가 현저하여 국가 간 교환의 이득이 국내에서 교환의 이득보다 더 큼

우리는 제1장(경제학이란 무엇인가?)에서 경제 내의 각 개인이 각자의 특기에 따라 생산에 종사하고 자신의 생산물을 다른 사람의 생산물과 교환하면 교환하지 않았을 때보다 더 큰 효용을 얻을 수 있다는 사실을 배웠다. 교환의 이득은 교환당사자들이 다 같이 누리는 것이며, 어느 한쪽만이 독점하는 것은 아니다. 이와 같이 교환으로부터 이득이 발생한다는 것은 교환이 국내에서 이루어질 때나 국경을 넘어서 이루어질 때나 다를 바 없다.

특히 거래로부터 얻는 이익은 국내에서보다 국경을 넘어서 이루어질 때 더 큰 경우가 많다. 왜냐하면 국가 간에는 기후, 부존자원, 관습의 차이가 더욱 두드러져서 분업의 정도가 훨씬 크기 때문이다. 이제 국가 간 거래, 즉 **국제무역**(international trade)의 발생 원인과 무역량 및 가격 결정을 설명하는 전통적 이론을 살펴보자.

1.1 절대우위론

재화＼국가	포르투갈	영국
포도주	10	20
직물	20	10

포르투갈 : 포도주 생산 우위
영국 : 직물 생산 우위

아담 스미스는 국내에서 모든 경제주체가 자기 이익을 증진시키기 위하여 자유로운 경제활동을 하면 **보이지 않는 손**(invisible hand)에 의하여 국가경제 전체의 부가 극대화되는 것과 같이, 국가 간의 자유무역이 당사국 모두의 이익을 극대화할 수 있다고 보았다. 예를 들어 포르투갈, 영국 두 나라가 각각 포도주, 직물 두 재화만을 생산하고 생산요소는 오직 노동뿐이라고 하자. 포르투갈에서는 포도주를 생산하는 데 노동 10단위를 필요로 하고, 직물을 생산하는 데 노동 20단위를 필요로 한다. 영국은 포도주를 생산하는 데 노동 20단위, 직물을 생산하는 데 노동 10단위를 필요로 한다. 포르투갈은 영국보다 적은 노동투입으로 포도주를 생산하고, 영국은 포르투갈보다 적은 노동투입으로 직물을 생산할 수 있다. 이러한 경우 포르투갈은 포도주 생산에 **절대우위**(absolute advantage)를 갖고 있고, 영국은 직물 생산에 절대우위를 갖고 있다고 한다.

절대우위

상대국에 비해 적은 요소 투입으로 같은 상품을 생산

양국 간에 무역이 성립하여 포도주, 직물 두 재화가 1 대 1로 교환된다고 하자. 운송비가 무시할 만큼 작다고 가정하면, 포르투갈은 노동 10단위를 들여 포도주를 생산하고 이것을 영국에 수출해서 직물 1단위를 얻을 수 있다. 결과적으로 무역을 통해 포르투갈은 노동 10단위로 직물 1단위를 얻을 수 있게 되었다. 마찬가지로 영국의 경우에도 무역이 일어나기 전에는 프도주 한 단위를 얻기 위해 노동 20단위를 투입하였는데 무역이 일어난 후에는 노동 10단위만 투입하면 된다. 무역의 결과 두 나라가 똑같은 재화를 더 적은 노동투입으로 얻을 수 있게 된 것이다. 위와 같은 간단한 모형으로 아담 스미스는 무역을 통해 어느 한쪽만이 일방적으로 이득을 독점하는 것이 아니라 무역당사국 모두가 이득을 누릴 수 있음을 보였다.

위의 예에서 포르투갈은 영국보다 더 적은 노동투입으로 포도주를 생산하고(포르투갈은 포도주 생산에 절대우위를 가지고 있다), 영국은 포르투갈보다 더 적은 노동투입으로 직물을 생산한다(영국은 직물 생산에 절대우위를 가지고 있다). 그런데 포르투갈이 포도주와 직물 모두 영국보다 더 적은 노동투입으로 생산한다고 가정해 보자. 바꾸어 말하면, 포르투갈이 포도주, 직물 두 재화를 생산하는 데 모두 영국에 비해 절대우위를 가진다면 어떻게 되겠는가? 이런 경우에도 양국 간에 무역이 일어날 수 있으며, 또 무역의 결과로 양국이 다 이익을 볼 수 있을까? 이 문제에 대한 답은 **리카도**(David Ricardo)의 **비교우위론**(theory of comparative advantage) 또는 **비교생산비설**(theory of comparative cost)에서 찾을 수 있다.

비교우위론, 비교생산비설
생산하는 두 재화 모두 상대국이 절대우위를 가져도 비교우위에 의해 무역 이익 발생

1.2 비교우위론

이제 국가 간 비교우위에 따른 무역이 어떻게 교역에 참가한 나라의 후생을 증진시키는지 간단한 모형을 통해 알아보자. 모든 생산요소를 투입하여 미국과 한국이 '블루소프트(BlueSoft)'라는 운영체제(OS)와 '그린콜(GreenCall)'이라는 휴대폰을 생산한다고 하자. 미국과 한국 국민 전체의 선호를 나타내는 무차별곡선은 동일한 반면 양국의 생산함수는 다르다고 가정한다.

■ 그림 8-1

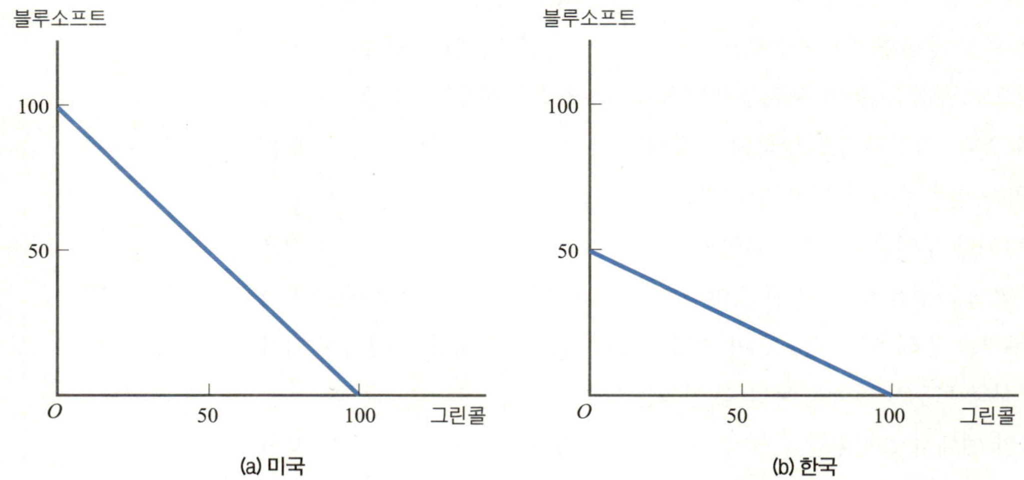

교역당사국의 생산가능곡선

(a)에서 미국은 생산요소를 모두 투입할 경우 블루소프트 100단위 또는 그린콜 100단위를 생산할 수 있다. 한편 (b)는 한국의 생산가능곡선을 보여주는데, 한국은 생산요소를 모두 투입하여 블루소프트와 그린콜을 생산하면 각각 50단위와 100단위를 생산할 수 있다.

미국은 생산요소를 모두 투입할 경우 블루소프트 100단위 또는 그린콜 100단위를 생산할 수 있다고 하자. 이때 기회비용이 불변이라고 가정하면, 미국이 모든 생산요소를 투입하였을 때 생산 가능한 두 재화의 조합을 나타내는 **생산가능곡선**은 [그림 8-1]의 (a)와 같다. 미국의 생산가능곡선에 의하면, 블루소프트 1단위를 더 생산하면 그린콜 1단위의 생산을 희생해야 하고 그린콜 1단위를 더 생산하려면 블루소프트 1단위를 희생해야 한다. 따라서 블루소프트 1단위의 기회비용은 그린콜 1단위이며, 그린콜 1단위의 기회비용은 블루소프트 1단위이다. 또한 생산가능곡선의 기울기는 생산의 기회비용으로 표시한 두 재화의 상대가격을 의미한다. 예를 들어 미국에서 블루소프트 1단위를 더 생산하려면 그린콜 1단위를 희생해야 한다는 것은 블루소프트 1단위의 가격이 그린콜 1단위라는 것을 의미한다.

생산가능곡선의 기울기=두 재화의 상대가격

[그림 8-1]의 (b)에는 한국의 생산가능곡선이 나타나 있다. 한국은 생산

요소를 모두 투입하여 블루소프트와 그린콜을 생산하면 각각 50단위와 100단위를 생산할 수 있다. 이때 블루소프트 1단위의 기회비용은 그린콜 2단위, 그리고 그린콜 1단위의 기회비용은 블루소프트 $\frac{1}{2}$단위이다. 이는 한국에서 블루소프트 1단위의 가격이 그린콜 2단위라는 것을 의미한다.

이와 같이 양국에서 블루소프트와 그린콜의 상대가격이 서로 다르다. 두 재화의 상대가격이 다르기 때문에 양국 사이에 무역이 일어날 수 있다. 위 모형에서 미국의 블루소프트 가격은 상대적으로 한국보다 저렴하고, 한국의 그린콜 가격은 상대적으로 미국보다 저렴하다. 즉, 미국은 블루소프트 생산에 **비교우위**(comparative advantage)를, 한국은 그린콜 생산에 비교우위를 갖고 있다.

따라서 블루소프트에 완전특화하는 미국은 블루소프트 1단위를 수출하는 대가로 자국에서 블루소프트 1단위 생산의 기호비용인 그린콜 1단위 이상을 받으려 할 것이다. 이때 한국은 블루소프트 1단위를 수입하는 대가로 자국에서 블루소프트 1단위 생산의 기회비용인 그린콜 2단위 이하를 지불하려 할 것이다. 한편 그린콜에 완전특화하는 한국은 그린콜 1단위를 수출하는 대가로 자국에서 그린콜 1단위 생산의 기회비용인 블루소프트 $\frac{1}{2}$단위 이상을 받으려 할 것이다. 이때 미국은 그린콜 1단위를 수입하는 대가로 자국에서 그린콜 1단위 생산의 기회비용인 블루소프트 1단위 이하를 지불하려 할 것이다. 결과적으로 한국과 미국 사이에 무역이 가능하려면 국제시장에서 블루소프트의 상대가격은 그린콜 1단위(미국에서의 가격) 이상 2단위(한국에서의 가격) 이하에서 결정되어야 하고, 반대로 그린콜의 상대가격은 블루소프트 $\frac{1}{2}$단위(한국에서의 가격)와 1단위(미국에서의 가격) 사이에 있어야 한다.

예를 들어 국제시장에서 블루소프트 1단위와 그린콜 $\frac{3}{2}$단위가 서로 교환된다고 가정하자. 즉, 블루소프트 1단위의 상대가격은 그린콜 $\frac{3}{2}$단위이다. [그림 8-2]의 (a)를 보면, 무역 전에 미국은 A점에서 생산 및 소비를 하고 있었다. 무역이 시작되면 미국은 블루소프트 생산을 특화하여 B'점에서 블루소프트를 100단위 생산한다. 국제시장에서 결정된 상대가격에 따라 $\frac{OB'}{OP'} = \frac{2}{3}$의 교환비율로 블루소프트와 그린콜이 교환된다. 따라서 $\overline{B'C}$를 잇는 선이 생산가능곡선이라면 $\overline{B'P'}$를 잇는 선은 소비가능곡선, 말하자면 예산제약선이 된다. 무역이 이루어지면 미국 소비자가 소비할 수 있는 영역

그림 8-2

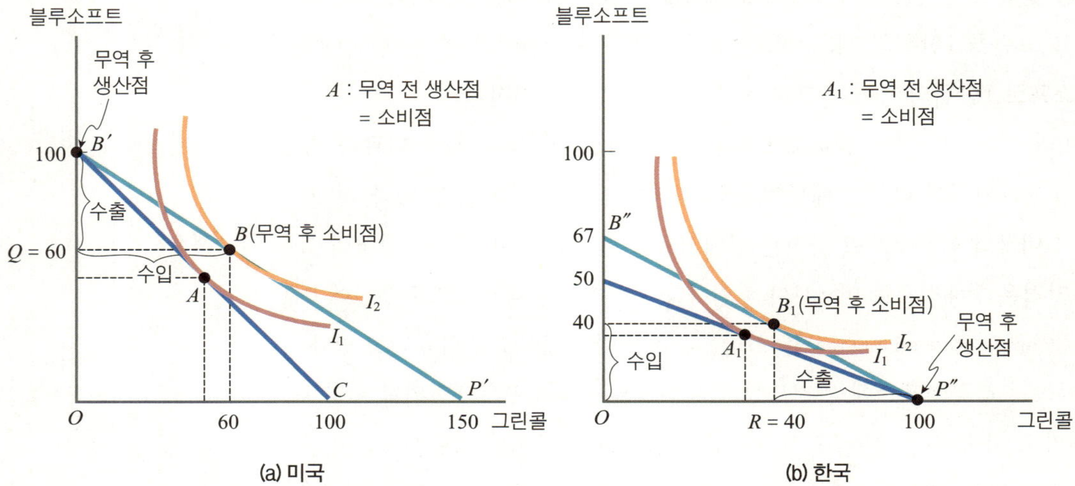

기회비용이 불변인 경우 무역의 이익

무역 전 미국과 한국은 각각 (a)와 (b)의 A점과 A_1점에서 생산 및 소비를 하고 있었다. 무역이 시작되면, (a)에서 미국은 블루소프트 생산을 특화하여 $\overline{B'Q}$ = 40개의 블루소프트를 수출하고 $\overline{QB}$ = 60대의 그린콜을 수입한다. 한편 (b)에서 한국은 그린콜 생산을 특화하여 $\overline{RP''}$ = 60대만큼 수출하고 $\overline{RB_1}$ = 40개의 블루소프트를 수입한다. 무역 이후에 미국과 한국은 각각 B점과 B_1점에서 소비를 함으로써 보다 높은 효용을 누릴 수 있다.

이 넓어지는 것이다. 미국은 무차별곡선과 예산제약선이 접하는 B점에서 소비하게 되는데, 이 점은 A점보다 소비자의 효용이 더 크다. 이때 미국은 한국과의 교역에서 $\overline{B'Q}$ = 40개의 블루소프트를 수출하고 $\overline{QB}$ = 60대의 그린콜을 수입한다.

국제무역을 통해 예산제약이 확장되어 소비가능집합이 넓어져 효용 증가

그림의 (b)는 한국의 경우를 나타낸다. 무역이 일어나기 전 한국은 A_1점에서 생산 및 소비를 하고 있었다. 무역이 일어나면 한국은 비교우위가 있는 그린콜을 특화하여(P''점에서 생산하여) $\overline{RP''}$ = 60대를 수출하고 블루소프트 $\overline{RB_1}$ = 40개를 수입한다. 한국은 무역 이후에 B_1점에서 소비를 하게 됨에 따라 보다 높은 효용을 누릴 수 있게 되었다. 미국의 수출량은 한국의 수입량과 일치하므로 그림 (a)의 $\overline{B'Q}$는 (b)의 $\overline{RB_1}$과 그 길이가 같고, 한국의 수출량은 미국의 수입량과 같으므로 그림 (b)의 $\overline{RP''}$의 길이는 그림 (a)의 $\overline{QB}$와 일치한다.

리카도는 이와 같이 각 나라가 생산요소를 재배분하고 비교우위가 있는 생산품을 특화하여 국제분업을 하면 모든 국가의 후생이 증가한다는 것을 보여주었다. 그러나 리카도의 비교우위론은 이론적으로 몇 가지 한계가 있다. 우선 리카도는 비교우위가 발생하는 원인에 대해 설명하지 않았다. 그리고 양국의 노동생산성 차이가 무엇 때문에 발생하는지에 관해 아무런 논의 없이 이를 주어진 가정으로 받아들인다. 또한 비교우위론은 노동가치설에 입각하여 생산요소를 노동에 국한시켰다. 하지만 현실에서는 노동뿐만 아니라 토지, 자본 등도 매우 중요한 생산요소이다. 끝으로 비교우위에 따라 각 국가가 어떤 산업에 완전특화된다는 결론도 현실설명력이 부족하다. 이러한 한계는 리카도의 비교우위론을 계승 · 발전시킨 국제무역이론에 의해 대부분 해결되었다.

비교우위가 있는 생산품을 특화하여 국제분업을 하면 모든 국가의 후생이 증가

비교우위론의 한계

- 노동생산성 차이의 원인 모호
- 노동을 제외한 토지, 자본 등의 생산요소는 고려되지 않음
- 완전특화는 현실적이지 않음

2 국제무역과 정부의 역할

지금까지 우리는 무역에 대한 정부개입이 없는 자유무역 하에서 국제가격의 결정, 생산량, 소비량, 그리고 교역량 등을 살펴보았다. 그러나 모든 나라가 자국의 산업을 보호하기 위하여 직 · 간접적으로 무역에 개입하고 있다. 정부가 무역에 개입하는 수단으로는 크게 가격규제와 수량규제, 그리고 기타 비관세 무역장벽(예를 들어 까다로운 검역조건, 유통구조 등)이 있다. **가격규제**의 대표적인 예는 관세(tariff)이고, **수량규제**에는 수량할당(quota), 수출입보조금(export-import subsidy ; EIS), 수출자율규제(voluntary export restraint ; VER), 시장질서유지협정(orderly marketing agreement ; OMA), 반덤핑관세(anty-dumping tariff) 등이 있다.

구체적으로 **수출입보조금**이란 정부가 수출 또는 수입에 대해 보조금을 지급하는 것이며, 한국의 경제개발 초기에 수출을 증진시킨 수출보조금이 대표적인 예이다. **수출자율규제**란 형식상 수출국이 수입국 국내시장의 교란행위를 방지하기 위한 것으로 자율적으로 수출량을 제한하는 조치를 일컫는다. **시장질서유지협정**은 수출자율규제와 비슷하지만 일반적으로 기업 간에 맺는

정부의 무역개입 수단

- 가격규제 : 관세
- 수량규제 : 수량할당, 수출입보조금, 수출자율규제, 시장질서유지협정, 반덤핑관세

수출입보조금

정부가 수출 또는 수입에 대해 보조금 지급

수출자율규제

형식상 자율적으로 수출량을 제한하는 조치

시장질서유지협정

수출자율규제와 비슷한 기업 간의 협정

반덤핑관세
수출국에서 덤핑을 하면 수입국에서 국내산업 보호를 위해 덤핑마진율 혹은 그 이상 관세 부과

협정을 말한다. 마지막으로 **반덤핑관세**란 수출국에서 생산비 이하의 가격으로 재화를 수출하는 덤핑을 하면 수입국에서 국내산업 보호를 위해 덤핑마진율만큼, 혹은 그 이상으로 관세를 부과하는 것이다. 여기서는 먼저 수요 · 공급 이론을 이용하여 관세와 수량할당의 경제적 효과에 대해 살펴본다. 그리고 전략적 무역정책을 간략히 알아보자.

2.1 관세

관세
수입품에 부과되는 조세

관세(tariff)란 수입품에 부과되는 조세를 말한다. 제1절의 분석과 연결하여 관세의 경제적 효과를 알아보자. 한국이 미국의 블루소프트에 관세를 부과하면 어떤 효과가 나타나게 될까? 한국이 미국에 관세를 부과하면 한국이 수입한 상품의 가격은 그만큼 상승한다. [그림 8-3]에서 관세가 부과되기 전 블루소프트의 가격과 소비량이 5만원과 90만 개라고 하자(D점). 전체 소비량 90만 개 중에서 30만 개는 국내에서 생산되는 양이고, 나머지 60만 개는 수입되는 양이다. 이제 5만원의 관세가 부과되면, 가격이 10만원으로 상승하

그림 8-3

관세의 경제적 효과
한국이 블루소프트에 5만원의 관세를 부과할 경우, 한국의 블루소프트 소비량은 줄어들고(90만 → 70만 개), 수입량 또한 20만 개로 줄어든다. 이에 따라 소비자잉여가 400억원(□P_1P_2FD)만큼 감소하는데, 이 감소분 중에서 100억원(□$BEFC$)은 정부의 관세수입이고, 200억원(□P_1P_2EA)은 국내 생산자잉여의 증가분이다.

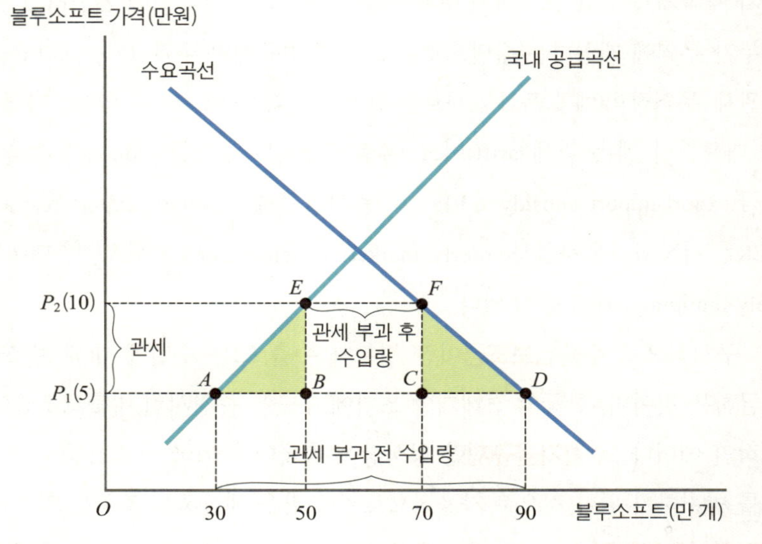

고 블루소프트 소비량이 70만 개로 감소한다(F점). 이때 소비량 70만 개 중에서 50만 개는 국내에서 생산된 양이고, 나머지 20만 개는 수입된 양이다. 따라서 관세 부과 후 블루소프트의 가격이 상승하고 소비량이 감소하며 국내 업자의 시장점유율이 증가하게 된다. 즉, 20만 개만큼 국내 생산이 증가하여 국내산업을 보호하는 효과를 갖는다.

그러나 관세 부과로 소비자들의 부담은 종전에 비해 커진다. 가격이 5만원에서 10만원으로 상승하고 소비량이 90만 개에서 70만 개로 줄어들어 소비자잉여가 400억원(□P_1P_2FD)만큼 감소한다. 이 감소분 중에서 100억원(□$BEFC$)은 정부의 관세수입이고, 200억원(□P_1P_2EA)은 생산자잉여의 증가분이다. 따라서 관세 부과는 소비자로부터 정부와 (국내)생산자에게 후생을 재분배하는 효과를 가져온다. 그런데 소비자잉여의 감소분 중에서 나머지 100억원에 해당하는 색칠된 부분(△AEB와 △CFD)은 어느 누구에게도 귀속되지 않는 부분이다. 이 부분은 관세 부과로 왜곡된 자원배분에서 비롯되는 사회적 비용, 즉 **자중손실**(deadweight loss)이 된다. **수출보조금**도 국가경제 전체로는 이와 유사하게 효율성의 손실을 가져온다.

관세 부과에 따른 왜곡된 자원배분으로 자중손실 발생

2.2 수량할당

수량할당(quota)이란 '1년 동안 블루소프트의 수입량은 100만 개를 초과할 수 없다'라는 식으로 일정한 기간 동안 수입되는 상품의 양을 제한하는 것이다. 다음의 예를 통해 수량할당의 효과를 살펴보자. 환율이 1달러당 1,000원일 때, 자유무역으로 결정된 블루소프트의 국제균형가격 10만원(100달러)에서 한국이 미국으로부터 200만 개의 블루소프트를 수입한다고 하자.

수량할당
일정한 기간 동안 수입되는 상품의 양을 제한하는 조치

이제 한국 정부가 블루소프트 수입에 수량할당을 두어 100만 개를 초과하여 블루소프트를 수입할 수 없다고 하자. 그러면 한국의 블루소프트 수입량은 100만 개로 줄어드는데, 이는 곧 한국에서 블루소프트 공급의 감소를 의미하므로 한국 내 블루소프트 가격이 12만원으로 오른다고 하자. 이때 수량할당에 의해서 미국의 수출량도 100만 개로 줄어들고 대신 미국 내 공급량은 증가하여 블루소프트 가격이 하락할 것이다.

이상에서 우리는 블루소프트에 대한 수입수량 할당에 의해서 블루소프트의 무역량은 줄어들면서 한국에서는 가격이 상승하고 미국에서는 가격이 하락함을 알았다. 그런데 이러한 효과는 관세를 부과할 때와 동일하다. [그림 8-3]에서 수입량 $\overline{EF}$가 수량할당에서 수입량이 되도록 관세율을 정하면 관세와 양적으로도 동일한 효과를 나타낸다.

관세 부과와 수량할당의 차이

- 관세 부과 시 허가권이 없어도 효율적인 생산자는 수출이 가능하나 수량할당의 경우에는 허가권을 가진 생산자만 수출이 가능하기 때문에 이에 따른 비효율성 발생
- 관세 부과 시 정부가 얻었던 재정수입이 수량할당 시에는 수입업자의 이윤이 됨

그러나 위의 두 가지 무역장벽은 다음과 같은 중요한 차이를 지닌다. 첫째, 경쟁력을 결정짓는 요인이 다르다. 관세는 외국의 모든 수출업자(위의 예에서는 한국에 수출하는 미국의 모든 소프트웨어 업체)에게 동일하게 적용되지만, 수량할당은 허가권을 가진 자와 그렇지 못한 자가 구별된다. 따라서 관세를 부과하는 경우에는 가장 효율적인 생산자, 즉 수입상품을 가장 싼 값에 공급할 수 있는 자만이 경쟁에서 이길 수 있는 반면에, 수량할당의 경우는 허가권을 가진 자만이 상품을 수출할 수 있다. 그런데 허가권은 보통 기존의 수출량에 비례하여 할당량이 정해지는 방식으로 주어지거나 정치적 이유 혹은 관련 기관의 자의적 선택에 의해 부여된다. 따라서 가장 효율적인 생산자가 경쟁에서 이긴다는 보장이 없다.

둘째, 자원배분 효과가 다르다. 만약 수량할당량이 관세 부과로 인한 수입량과 같다면 총잉여의 감소분은 [그림 8-3]에서 색칠된 두 개의 삼각형으로 관세를 부과할 때의 총잉여 감소분과 그 크기가 같다. 하지만 관세 부과 시에 정부가 얻었던 재정수입이 수량할당 시에는 수입업자의 이윤으로 귀속된다.

2.3 전략적 무역정책

전략적 무역정책

규모의 경제가 현저하게 나타나는 산업은 보조금 등으로 선점하여 비교우위를 창출해야 한다는 이론

항공기, 반도체, 자동차, 철강 등 규모의 경제가 현저하게 나타나는 산업에서는 완전경쟁이 일어나기 어렵다. 이러한 산업에 종사하는 기업들은 독점적 지위를 바탕으로 상당한 초과수익을 얻게 되므로 이 산업을 선점하는 기업은 매우 유리한 입장에 서게 된다. 따라서 독점력으로 인해 발생하는 초과이윤을 얻기 위해 국가 간 혹은 기업 간에 치열한 경쟁이 일어난다.

예를 들어 로켓 산업에 **규모의 경제**가 현저하여 두 개의 기업이 존재하면 두 기업 모두 10억 달러의 손해를 보지만 만약 한 기업이 독점을 하면 20억 달러의 이익을 얻을 수 있다고 가정하자. 이런 경우 어떤 나라에서 자국 기업에 10억 달러의 보조금을 지급하면, 보조금을 받은 기업이 로켓 산업을 독점할 수 있고 상당한 액수의 초과이윤을 얻게 된다. 왜냐하면 보조금을 받지 못한 기업이 이 산업에 진입하면 10억 달러의 손해를 보고 시장에서 퇴출되는 반면, 보조금을 받은 기업은 보조금으로 손실을 메우고 독점적 지위를 얻게 되기 때문이다.

이와 같이 보조금 등을 통해 규모의 경제가 현저하게 나타나는 산업을 능동적으로 선점하여 비교우위를 창출하는 것을 **전략적 무역정책**이라고 한다. 그러나 전략적 무역이론에도 한계가 있다. 우선 위의 예에서처럼 규모의 경제가 매우 큰 산업은 현실에서 보기 어렵다. 그리고 전략적 무역정책의 분석처럼 어떤 산업에 진입함으로써 얻는 이윤이나 손해를 정확하게 측정하기 어렵다. 또한 이러한 정책은 무역분쟁을 일으킬 위험이 있다.

전략적 무역정책의 한계
- 규모의 경제가 매우 큰 산업을 찾기 어려움
- 산업 진입에 따른 손익 측정 모호
- 무역분쟁의 가능성 내재

3 자유무역론과 보호무역론

자유무역을 주장하는 사람들은 자유무역이 무역에 참여하는 모든 나라의 후생을 증진시킨다고 주장하는데, 그 구체적 근거는 다음과 같다. 첫째, 자유무역은 [그림 8-2]에서 보는 바와 같이 현재와 동일한 생산요소를 갖고도 보다 많은 소비자잉여와 생산자잉여를 누릴 수 있게 한다. 둘째, 비교우위에 따라 어떤 산업을 특화하면 규모의 경제가 발생한다. 특히 국내시장이 협소한 소국의 경우 넓은 세계시장을 겨냥하면 규모의 경제가 있는 산업도 발전할 수 있다. 우리나라가 고도성장을 이룰 수 있었던 것 또한 좁은 국내시장을 벗어나 국제시장을 무대로 했기 때문이다. 셋째, 자유무역은 경쟁을 촉진함으로써 생산성을 높인다. 국내시장에서는 수입제품과 경쟁을 벌여야 하고, 수출상품은 국제시장에서 다른 나라 상품들과 경쟁해야 한다. 이러한 치열한 생존경쟁에서 살아남기 위해서 기업은 상품혁신과 기술개발을 게을리할 수

자유무역론의 장점
- 기존의 생산요소로 보다 많은 소비자잉여와 생산자잉여 향유
- 특화를 통한 규모의 경제 효과
- 경쟁을 통한 생산성 제고
- 학습효과에 따른 생산성 제고

없다. 넷째, 자유무역은 학습효과에 따른 생산성 제고 효과도 가져온다. 어떤 산업을 특화함으로써 생산과정에서 노하우를 축적하면 보다 효율적인 생산을 할 수 있다.

3.1 보호무역론

이론적으로 자유무역은 국가의 후생을 증진시키지만, 실제로 자유무역을 하는 국가는 존재하지 않는다. 많은 나라들이 겉으로는 자유무역을 부르짖지만 실제로는 어느 정도 자국산업 보호를 위해 보호무역조치를 취하고 있다. 물론 보호무역론자들도 어떤 이상적 조건만 충족된다면 자유무역이 좋다는 것에 대해서 이의를 제기하지 않는다. 그러나 현실세계에서는 그러한 이상적인 조건이 충족되지 않기 때문에 무조건 국내시장을 개방할 것이 아니라 어느 정도의 보호가 필요하다고 보는 것이다. **보호무역**의 현실적 필요성 중에서 중요한 몇 가지를 살펴보자.

3.1.1 유치산업보호

리스트(Friedrich List)로 대표되는 보호무역론자들은 국내산업 보호를 중시한다. 리스트는 아직 공업화를 이룩하지 못한 후진국의 경우 초보 단계에 있는 **유치산업**(infant industry)을 보호하여 경제가 성숙한 후에 자유무역을 실시하는 것이 바람직하다고 보았다. 후진국은 비교우위산업을 특화하기보다는 **수입대체산업**을 보호함으로써 공업화를 이룩하고, 나아가서는 경제발전을 도모해야 한다는 것이다.

유치산업보호론
후진국 단계에 있는 유치산업을 보호하여 경제가 성숙된 후에 자유무역 실시를 주장

유치산업보호론은 비교우위 개념에 대해 비판적이다. 비교우위는 정태적인 개념으로 요소부존도, 기술조건 등이 일정하면 변하지 않는다. 그러나 경제가 발전하면서 산업구조도 변화하기 때문에 현재 비교열위에 있는 산업도 경제가 충분히 발전하면 비교우위산업으로 바뀔 수 있다. 실제로 미국과 독일은 18세기 당시 영국에 비해 농업에 비교우위가 있었지만, 20세기에는 공업에 비교우위가 있는 공업선진국으로 탈바꿈했다. 따라서 비교우위를 정

비교우위를 정태적이 아닌 동태적인 측면에서 파악

유치산업의 비교우위화
유치산업을 보호하고 국내 수요를 바탕으로 규모의 경제를 누리면 외국과 경쟁 가능하도록 성장 가능

태적인 측면에서만 파악할 것이 아니라 동태적인 측면에서도 파악해야 한다는 것이다.

후진국의 **비교열위산업**은 일반적으로 공업부문이라고 할 수 있는데, 공업부문에는 규모의 경제가 큰 산업이 많다. 그러나 처음부터 자유무역을 실시하게 되면 이들 산업은 외국의 경쟁력에 눌려 성장할 수가 없다. 반면에 적당한 기간 동안 보호를 해주면 국내 수요를 기반으로 하여 규모의 경제를 누리고 비용을 절감할 수 있기 때문에 외국과의 가격경쟁에서 유리한 위치를 확보하게 된다. 또한 처음에는 생산 경험이 없어서 생산성은 낮고 생산비용은 많이 들지만, 일정 기간 보호해 주면 생산 경험의 축적을 통해 생산성과 기술수준이 높아진다. 따라서 현재 수입대체산업이 생산성이 낮아 비교열위에 있다고 하더라도 일정 기간 보호를 해주면 비교우위산업으로 변할 가능성이 있다.

3.1.2 비경제적 목적

자유무역에 의한 이익은 각국이 비교우위가 있는 산업을 특화함으로써 얻어진다. 그러나 어떤 나라가 지나치게 몇 가지 산업만을 특화하는 경우, 그 나라의 소득을 증가시킬 수는 있으나 **대외의존도**가 심화된다. 대외의존도가 높으면 국가경제가 수출재나 수입재의 세계시장 가격변화에 민감하게 반응하는 등 경제의 자주성을 유지하기 어려워진다.

또한 비교열위에 놓여 있는 산업이지만 **국방력**의 유지를 위해 보호해야 하는 경우도 있다. 최근 우리나라의 식량자급도가 낮아지는 데 대해 많은 사람들이 우려하는 것도 같은 맥락이다. 식량에 비교우위가 없다고 전적으로 식량을 외국에 의존하면 전쟁이 일어나거나 갑작스런 세계 기후 변동으로 곡물가격이 급등하는 경우에 어려움을 겪을 것이다. 따라서 다른 나라에 비해 경쟁력이 약하더라도 중화학공업이나 식량산업은 보호할 필요가 있다. 그러나 이러한 경우 효율성 면에서 어느 정도의 희생을 감수해야 한다.

보호무역의 비경제적 목적
- 경제의 자주성 확보
- 비상사태 우려 : 국방력 유지, 식량 자급

3.2 자유무역을 위한 협정

제1차 세계대전이 끝난 1919년 이후부터 제2차 세계대전이 시작된 1939년까지의 전간기(inter-war period) 동안 세계 각국은 모두 경쟁적으로 보호무역정책을 채택했다. 그 결과 세계 경제는 침체하여 대공황을 겪었으며, 결국 국제평화를 위협했다. 킨들버거(Charles Kindleberger)의 나선(spiral)으로 알려진 바와 같이 공황에 이은 경기침체는 국제무역의 지속적인 감소로 이어졌다.

제2차 세계대전 후 국제경제질서에 관한 협의
- 케인즈 : 단일통화, 세계중앙은행 설립
- 화이트 : 국제기금을 통하여 세계금융시장 조정(IMF, IBRD)

제2차 세계대전 중 연합국은 국제경제질서에 관한 협의를 거듭하였다. 이때 **케인즈**는 전 세계가 단일통화(Bancor)를 사용하고 세계중앙은행을 두며 각국의 중앙은행은 세계중앙은행의 지부 역할을 해야 한다는 의견을 제시한 반면, **화이트**(Henry D. White)는 단일통화의 필요성을 부정하고 국제기금을 통하여 세계금융시장을 조정하면 된다는 의견을 제시했다. 결국 화이트의 의견이 받아들여져 1944년 7월 국제통화기금(IMF)과 국제부흥개발은행(IBRD)이 발족하였다.

3.2.1 다자간무역협정 : GATT와 WTO

관세 및 무역에 관한 일반 협정(GATT)
- 목적 : 세계 각국의 무역장벽의 점진적 철폐를 통한 자유무역질서의 확립
- 역할 : 무역에 관한 기본 규범 형성, 무역 관련 분쟁 및 통상마찰 해결, 다자간 무역협상의 장

세계무역기구(WTO)
- GATT보다 강력한 힘을 갖고 국가 간 교역을 관할하는 국제기구
- 국가 간 무역 분쟁을 법적으로 해결할 수 있는 분쟁해결기구 설치

제2차 세계대전이 끝난 후 각국은 자유무역원칙을 내걸고 미국 주도 하에 **관세 및 무역에 관한 일반협정**(General Agreement on Tariffs and Trade ; GATT)을 체결했다. GATT의 목적은 세계 각국의 무역장벽의 점진적 철폐를 통한 자유무역질서를 확립하는 것이다. 이를 위해 GATT는 몇 가지 중요한 역할을 수행한다. 첫째, 세계무역 증진을 위한 다자간국제조약으로서 무역에 관한 기본 규범을 형성한다. 둘째, 각종 무역 관련 분쟁 및 통상마찰을 해결하기 위한 국제기구로서 기능한다. 마지막으로 다자간무역협상의 장으로서 역할을 수행한다. GATT의 결과는 1947년 제네바 관세협상부터 **세계무역기구**(World Trade Organization ; WTO)를 출범시킨 우루과이라운드 협상에 이르기까지 다양하게 나타났다.

1995년 출범한 WTO는 GATT를 대신하여 상품교역 이외에 서비스교

역, 지적재산권, 투자 등 새로운 분야들을 포함하고 있다. 또한 WTO는 협정의 수준에 있던 GATT와 달리 국가 간의 교역을 관할하는 국제기구로서 조직과 체계, 지위 등의 측면에서 GATT보다 강력한 힘을 가지게 되었다. 특히 국가 간 무역에 관한 분쟁이 발생하였을 때 이를 법적으로 해결할 수 있도록 분쟁해결기구를 설치하고 그 하위조직으로서 분쟁해결패널과 상소기구를 두었다는 점이 큰 특징이다.

현실과 경제학

WTO와 뉴라운드

WTO 체제 하에서 열리고 있는 각료회의(Ministerial Conference)는 지금까지 8회가 개최되었는데, 제4차 각료회의가 일명 도하 라운드(Doha Round) 또는 뉴라운드라고 일컬어지고 있다. 카타르 도하에서 열린 제4차 WTO 각료회의에서는 2002년부터 3년간 협상을 진행하여 2005년 1월 1일까지 협상을 완료하기로 하고, 제5차 각료회의에서 중간평가를 실시하기로 예정했지만, 2003년 11월 멕시코 칸쿤에서 열린 제5차 각료회의가 개발도상국들의 반발로 결렬되면서 현재까지 난항을 겪고 있다. 2005년 12월 홍콩에서 열린 제6차 각료회의 이후 2006년 7월 WTO 이사회에서는 논의를 잠정 중단하기로 결정했으며, 2008년 7월 스위스 제네바에서 재개된 도하 라운드 협상도 끝내 결렬되었다. 도하 라운드에서의 의결사항을 간단히 살펴보면 다음과 같다.

- 시장자유화 : 공산품(임 · 수산 포함), 농업, 서비스
- 국제규범 개선 : 반덤핑, 보조금(수산보조 포함), 자유무역협정을 중심으로 한 지역협정
- 신규 의제 : 환경, 무역절차(통관 등), 지적재산권(TRIPs), 분쟁해결, 개발

현재까지는 UR 협정상 "개도국 우대조치"를 명료화해 달라는 요구(이행문제)에 대해서 약 절반에 대해 해결방안을 합의한 상황이며, 기타 개도국에 대한 기술지원(최빈 개도국 포함), 능력개발, 특별대우를 의결서에 명시하였다. 또한 '지적재산권(TRIPs)/공중보건에 관한 별도선언'을 통해 AIDS 등으로 어려움을 겪는 국가가 치료약품을 저렴하게 사용할 수 있도록 협정이 적용되어야 한다는 원칙을 확인하였다. 하지만 관세나 보조금 등 가장 민감한 분야에서 각국의 의견이 조율되려면 당분간 시간이 필요할 것으로 보인다.

3.2.2 양자 간 자유무역협정(FTA)

자유무역협정
가맹국 간 상품 및 서비스의 자유로운 이동을 위해 모든 무역장벽을 완전히 철폐하고 역외국가에게는 각국이 개별적으로 관세를 매길 수 있게 하는 협정

자유무역협정(free trade agreement ; FTA)은 가맹국 간 재화 및 서비스의 자유로운 이동을 위해 관세를 비롯한 모든 무역장벽을 완전히 철폐하고 역외 국가에게는 각국이 개별적으로 관세를 매길 수 있게 하는 협정을 말한다. FTA는 대개 국가 간 교역증대를 통한 상호 이익을 도모하기 위해 추진된다. 최근 전 세계적으로 FTA 협정 체결이 활발하게 이루어진 결과 200건이 넘는 자유무역협정이 체결되었으며, 전 세계 무역의 50% 정도가 이들 FTA 체결국 간에 이루어지고 있다. 우리나라도 이런 추세에 동참하여 2004년 4월 칠레와의 FTA가 처음 발효된 이래로 2020년 1월 현재 총 16건의 FTA가 발효된 상태이다.

그림 8-4

출처 : 산업통상자원부, 〈통상〉, 2020. 1.

뉴스와경제학

다자무역체제 약화와 지역무역협정 활성화

[표] 최근의 주요 지역무역협정

무역협정	참여국	무역규모[1]	진행경과
CPTPP	일본, 캐나다, 호주, 멕시코, 칠레, 말레이시아, 싱가포르, 페루, 뉴질랜드, 베트남, 브루나이(총 11개국)	5.81조 달러(14.9%)	발효(2018년 12월)
RCEP	한국, 중국, 일본, ASEAN, 호주, 인도, 뉴질랜드(총 16개국)	11.44조 달러(29.4%)	인도 제외 15개국 협정문 합의(2019년 11월)
AfCFTA	아프리카 54개국	1.92조 달러(4.9%)	발효(2019년 5월)
USMCA	미국, 멕시코, 캐나다	5.91조 달러(15.2%)	미국, 캐나다 의회 비준 절차 중
미 · 일 무역협정	미국, 일본	5.55조 달러(14.3%)	발효(2020년 1월)

주 : 1) 2018년 기준, ( ) 안은 전 세계 무역액 대비 비중.
자료 : IMF, 언론보도 종합.

2008 글로벌 금융위기 이후 보호무역주의 기조가 강화되면서 무역장벽이 확대되어 왔다. 특히 관세부과, 수량규제 등 수입제한 조치의 적용을 받는 상품 수입규모가 2009년 73억 달러(글로벌 수입액의 0.6%)에서 2018년 1.5조 달러(글로벌 수입액의 7.5%)로 증가하였다. 이러한 과정에서 국제무역기구(WTO)의 기능이 약화되는 조짐을 보이면서 국제무역질서가 재편되는 양상이 나타나고 있다. 미국 트럼프 행정부는 WTO 체제 내 개발도상국 지위의 부당성, 중국의 반시장적 정책 시정 미흡 등을 지적하며 WTO에 대해 부정적 입장을 표명해 왔다. 2000년대 초 출범한 도하개발어젠다 협상 지연에 더하여 분쟁 해결 기능의 약화는 WTO 체제의 존립에 대한 우려를 낳고 있다.

다자간 무역협상의 어려움이 가중되면서 지역무역협정(regional trade agreement ; RTA)을 통해 통상규범을 수립하고 새로운 국제무역질서 형성을 주도하려는 움직임이 활발해지고 있다. 전체 회원국의 총의(consensus)에 의해 도출되는 다자간 무역협상과 달리 2개 이상 참여국 간 맺어지는 RTA는 2000년대 중반 이후 빠르게 확산되면서 2019년 12월 기준 총 302건이 발효 중이다. 포괄적 · 점진적 환태평양경제동반자협정(CPTPP), 역내 포괄적 경제동반자협정(RCEP), 아프리카 자유무역지대(AfCFTA) 등은 거대한 경제규모 및 다수의 참여국을 기반으로 지역 내 가치사슬(value chain)을 강화하고자 하는 대표적 사례이다. 이러한 RTA의 진전은 향후 글로벌 가치사슬의 재편과 교역에서의 개별국 역할 변화를 촉진하는 요인으로 작용할 것으로 전망된다.

출처 : 한국은행, "2020년 이후 글로벌경제 향방을 좌우할 주요 이슈(I)", 『국제경제리뷰』, 2020. 1.

요약 및 연습문제

1. 비교우위와 국제무역의 이득

국가 간에는 기후, 부존자원, 관습의 차이로 분업의 정도가 현저하게 나타나므로 교환으로부터 얻는 이익이 국내에서보다 국가 간에 이루어질 때가 더 크다.

1.1 절대우위론 아담 스미스는 다른 나라에 비해 적은 요소투입으로 어떤 상품을 생산할 수 있다면 상대국이 생산한 다른 재화와 교환함으로써 양국 모두 이전보다 더 큰 이득을 누릴 수 있다는 절대우위론을 주장하였다.

1.2 비교우위론 리카도는 무역이 절대우위가 아닌 비교우위에 의해 이루어진다고 주장하였다. 하지만 비교우위론은 비교우위가 발생하는 원인과 노동생산성 차이에 대한 설명의 부재, 노동에 국한된 생산요소, 완전특화 등의 한계점을 갖고 있다.

물음 01. 한국과 미국이 TV와 자동차 두 가지 제품을 생산하고 있다. 두 나라가 하루에 생산할 수 있는 각 제품의 양은 다음과 같다(생산요소는 노동뿐이다).

하루 생산량

	한국	미국
TV	5	10
자동차	2	6

(1) 무역이 없을 때 한국과 미국에서 두 제품의 교환비율은 얼마인가?
(2) 한국이 수출하는 제품은 무엇인가?
(3) 가능한 국제가격의 범위를 구하라. 국제가격이 이 범위 밖에서 결정된다면 어떻게 되겠는가?

2. 국제무역과 정부의 역할

정부가 무역에 개입하는 수단에는 크게 가격규제와 수량규제, 그리고 기타 비관세 무역장벽이 있다.

2.1 관세 관세란 수입품에 부과되는 조세를 말하는데, 관세의 경제적 효과에는 국내생산 증대효과, 국내소비 감소효과, 정부의 관세수입효과, 자중손실 발생 등이 있다. 한편 수출보조금도 관세와 유사하게 효율성의 손실을 가져올 수 있다.

2.2 수량할당 수량할당이란 일정한 기간 동안 수입되는 상품의 양을 제한하는 것이다. 이는 관세 부과와 비슷한 경제적 효과를 보이지만 경쟁력이 허가권의 소유 여부에 달려 있고 정부의 재

정수입이 수입업자에게 간다는 점에서 관세와 다른 자원배분효과를 갖는다.

2.3 전략적 무역정책　전략적 무역정책이란 규모의 경제가 현저하게 나타나는 산업을 보조금 등으로 선점하여 비교우위를 창출해야 한다는 이론이다. 그러나 이 이론은 규모의 경제가 큰 산업을 찾기 어렵고, 정확한 손익 분석이 쉽지 않으며, 무역 분쟁의 가능성이 있다는 면에서 한계를 갖고 있다.

물음 02. 다음에 주어진 그래프를 이용하여 정부가 수입품인 너구리 인형에 1만원의 관세를 부과했을 때 나타날 수 있는 현상에 대해 분석해 보자.

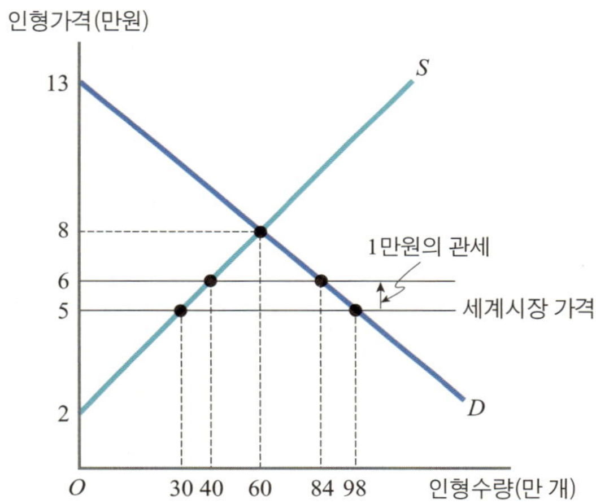

(1) 관세가 부과된 이후 너구리 인형의 국내 가격과 수요량은 얼마나 되는가?

(2) 관세가 부과되기 이전과 이후에 외국으로부터 수입되는 너구리 인형의 수량은 각각 얼마나 되는지 설명하라.

(3) 관세가 부과되기 이전과 이후에 나타나는 소비자잉여의 크기를 계산하라.

(4) 관세가 부과되기 이전과 이후에 나타나는 생산자잉여의 크기를 계산하라.

(5) 관세로 인하여 정부가 얻는 수입의 크기를 구하라. 한편 관세로 인한 자중손실의 크기는 얼마나 되는가?

물음 03. "관세 부과는 관세 부과국의 교역조건을 개선하고 후생을 증대시킨다"라는 주장을 논평하라.

3. 자유무역론과 보호무역론

자유무역론에 따르면 자유무역은 세계경제의 후생을 증진시킨다. 자유무역을 통해 동일한 생산요소 하에서도 보다 많은 소비자잉여와 생산자잉여를 누릴 수 있고, 비교우위에 따라 특화를 하게 되며, 경쟁을 촉진함으로써 생산성을 높일 수 있다.

3.1 보호무역론 이론적으로는 자유무역이 국가의 후생을 증진시키지만 실제로 자유무역을 하는 국가는 존재하지 않으며 대부분 어느 정도의 보호는 필요하다고 본다. 그 근거의 하나로 후진국의 경우 유치산업을 보호하여 경제가 성숙한 후에 자유무역을 해야 한다는 유치산업보호론이 있다. 그 밖에도 경제의 자주성 확보, 비상사태 우려 등의 비경제적 목적 등으로 보호무역을 옹호하기도 한다.

3.2 자유무역을 위한 협정 GATT의 목적은 세계 각국의 무역장벽의 점진적 철폐를 통한 자유무역질서의 확립이었으며, 이는 WTO로 이어졌다. 최근 가맹국 간 상품 및 서비스의 자유로운 이동을 위해 관세를 비롯한 모든 무역장벽을 완전히 철폐하고 역외국가에게는 각국이 개별적으로 관세를 매길 수 있게 하는 자유무역협정(FTA)이 급속도로 퍼져가고 있으며 우리나라도 이에 적극적으로 동참하고 있다.

물음 04. 자유무역은 무역의 이익을 통한 후생의 증대라는 측면에서 강조되고 있다. 그러나 현실적으로 한계가 있다는 주장도 있는데, 그 한계란 무엇인가?

Part 02

거시경제학

지금까지 이 책의 미시경제학 편에서는 개인의 소비활동이 어떻게 이루어지고, 여러 재화와 서비스가 개별 기업에 의해 어떻게 생산되며, 그 생산과정에서 생긴 소득은 어떻게 분배되는가를 개별 경제주체의 관점에서 살펴보았다. 이제 개별 경제주체들이 모인 국가경제 전체를 분석하는 거시경제학을 공부하기로 하자.

먼저 미시경제와 거시경제를 분리해서 분석하는 이유는 무엇인가? 제1장(4.3 미시경제학과 거시경제학)에서 언급했듯이 개별적으로 타당한 명제가 전체적으로는 타당하지 않은 구성의 오류(fallacy of composition)가 있기 때문이다. 예를 들어 우리는 '저축은 미덕'이라는 말을 자주 사용한다. 그러나 불경기에 모든 국민이 소비하지 않고 저축만 한다면 기업이 생산한 물건이 팔리지 않아 각 기업의 창고에는 많은 양의 재고가 쌓이게 된다. 이에 따라 기업은 임금을 낮추거나 고용을 줄일 수밖에 없으며, 결국 가계소득은 줄어들게 된다. 이것을 절약의 역설(paradox of thrift)이라고 한다. 즉, 각 개인에게는 합리적으로 보이는 저축의 미덕이 국가경제 전체에 적용된다면 때에 따라서 오히려 국민소득을 감소시키는 해악이 될 수도 있는 것이다.

거시경제학의 연구대상인 국가경제는 지난 200여 년간 꾸준히 성장해 왔다. 그 결과 오늘날의 생산과 소득수준이 과거와는 비교가 안 될 정도로 높아졌다. 그러나 경제성장 과정이 순탄했던 것만은 아니다. 성장의 추세 속에서 호황과 불황이 번갈아 나타났다. 호황기에는 경기가 과열되어 인플레이션이 심각한 문제가 되었으며, 불황기에는 생산설비가 제대로 이용되지 못하고 실업이 만연했다. 특히 1930년대 전 세계를 강타한 대공황은 시장경제가 본질적으로 불안정한 속성을 갖고 있으며 이에 대한 체계적인 분석 없이는 지속적인 성장이 어렵다는 인식을 확산시키는 계기가 되었다.

한편 1980년대 이후 본격화된 금융자유화와 금융개방으로 신종 금융상품이 등장하고 새로운 금융시장이 형성되는 등 금융혁신이 활발하게 일어났으나, 다른 한편으로는 규제완화에 따라 금융시스템의 불안정성이 커지면서 여러 나라가 금융위기를 경험하게 되었다. 2007년 하반기 미국의 서브프라임 모기지 부실에서 촉발된 글로벌 금융위기가 그 대표적인 예이다.

Chapter 09

국가경제의 순환과 기본 문제

이 장에서는 국가경제의 가계 · 기업 · 정부 · 해외부문 간 생산 · 소득 · 지출의 순환적 흐름과 이러한 실물순환이 원활히 이루어지는데 필수적인 경제부문 간 자금순환을 알아보려고 한다. 아울러 국가경제에서 나타나는 기본 문제들을 개략적으로 살펴보기 위해 다음과 같은 문제에 대해 논의해 보자.

- 국가경제에서 재화와 서비스의 생산과 이에 대한 지출을 통해 창출되는 소득은 어떻게 상호 밀접한 관계를 갖는가?
- 국가경제의 생산 · 소득 · 지출 수준을 측정하는 국민소득계정은 어떤 통계인가?
- 금융시장을 중심으로 가계 · 기업 · 정부 및 금융기관은 각각 어떻게 자금을 조달하고 운영하는가?
- 개별 경제부문의 금융거래 규모와 부문 간 상호관계, 그리고 실물부문과의 연관성을 기록하는 자금순환계정은 어떤 통계인가?
- 국가경제의 총생산과 금융자산은 장 · 단기적으로 어떤 특징을 보여왔는가?

1 국가경제의 생산 · 소득 · 지출순환

우리의 경제에서는 재화와 서비스가 계속 생산되고 있다. 여기서 생산은 한 경제가 갖고 있는 인적 · 물적 생산요소들이 시장기구를 통해 결합되어 이루어진다. [그림 9-1]은 노동 · 자본 등의 생산요소가 결합하는 생산과정을 통해 생산물이 산출되고, 이 생산물이 다시 소비되거나 투자되어 생산요소를 재생산하는 과정을 보여준다.

소비재
생산물 중 소비자의 직접적인 욕망을 충족시키기 위해 사용되는 재화

생산과정을 거친 생산물 가운데 많은 부분은 **소비재**(consumption goods)로 소비자의 손에 들어간다. 그러나 생산물 가운데는 소비재로 소비되지 않는 부분이 있다. 제철소에서 생산하는 철을 예로 들면, 생산된 철 가운데 일부분은 자동차, 철제가구, 칼과 같은 여러 가지 소비재로 변형되어 소비자 손으로 들어가고, 나머지는 소비재가 아닌 기계, 공장, 철도레일 등을 생산하는 데 투입된다. 이들은 다른 상품이나 서비스를 생산하는 데 사용되는데, 이러한 성격의 재화를 **자본재**(capital goods)라고 한다.

자본재
생산물 중 다른 재화나 서비스를 생산하기 위해 투입되는 재화

자본재란 자본이라는 생산요소가 되는 재화를 말한다. 자본재는 비록 직접 소비되는 재화는 아니지만, 이들도 생산과정에서 점점 마모되어 결국은 완전히 소진되거나 폐기되고 만다. 자본재는 기업의 생산요소이므로 기업은

그림 9-1

국가경제의 순환 : 생산물과 생산요소의 순환

국가경제에서 생산된 재화나 서비스는 소비되거나 혹은 투자되어 자본을 재생산하는 순환과정에 투입된다. 이때 소비는 인간의 노동력을 유지 · 발전시키고 투자는 소모된 자본을 대체하거나 새로운 자본을 축적함으로써 국가경제의 운행을 유지 또는 확장시킨다.

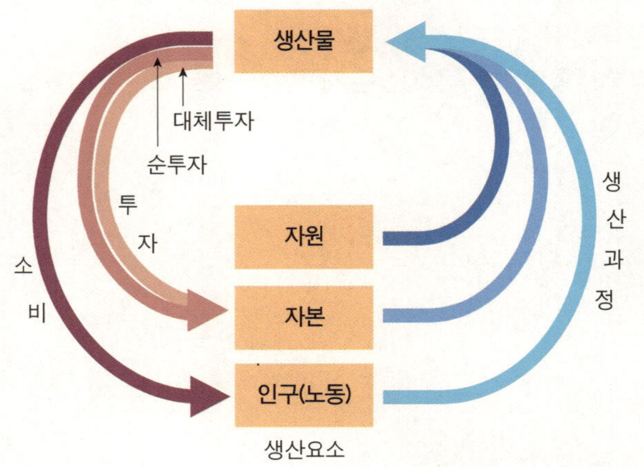

지속적으로 이것을 수리하고, 마모되면 대체한다. 이러한 과정을 통해 기업의 생산능력은 항상 유지될 수 있다. 따라서 자본재도 소비재와 마찬가지로 생산물의 최종적인 종착지가 될 수 있다.

이때 자본재와 구별되어야 할 것으로 **중간재**(intermediate goods)가 있다. 중간재란 최종 생산재, 즉 소비재나 자본재를 생산하는 과정에서 원료나 부속품과 같이 중간에 소요되는 재화를 말한다. 이를테면 자동차를 생산하기 위해 부속으로 들어가는 타이어, 볼트, 너트 등은 중간재이다.

이렇게 기업이 자본을 마련하기 위해 자본재를 구입하는 것을 **투자**(investment ; I)라 한다. 투자는 두 부분으로 구성되는데, 하나는 생산과정에서 소모된 부분을 대체하기 위한 **대체투자**(replacement investment)이고, 다른 하나는 자본재를 증가시키는 **순투자**(net investment)이다. 즉, 총투자(gross investment)는 대체투자와 순투자의 합이 된다. 따라서 자본재의 신규 증가액(즉, 투자총액)이 생산과정에서 소모된 기존 자본량을 초과한다면, 그 초과분이 순투자이고 그만큼 자본재의 양이 증가한다.

투자

자본을 마련하기 위해 자본재를 구입하는 것. 대체투자와 순투자의 합

- 대체투자 : 생산과정에서 소모된 부분을 대체하기 위한 투자
- 순투자 : 자본재를 증가시키는 투자

[그림 9-1]에 요약된 국가경제의 생산물과 생산요소의 순환에서 우리는 두 가지 중요한 사실을 알 수 있다. 첫째, 모든 국가경제는 소비와 투자 간의 선택이라는 근본적인 문제에 직면한다. 여기서 저축이 모두 투자된다고 하면, 투자는 미래소비를 위해 현재소비를 희생하는 행위이다. 둘째, 국가경제의 운행은 스스로 다시 새로워지고 스스로를 키워가는 순환적 성격을 띤다. 인간은 소비를 통해서 자신을 유지 또는 발전시키는 데 필요한 요건들을 충족시키고, 다음 번의 생산과정에 필요한 에너지를 충전한다. 또한 투자는 소모된 자본을 대체하거나 새로운 자본으로 축적되어 국가경제를 유지 또는 확장시킨다.

국가경제의 생산물과 생산요소의 순환

- 소비와 투자 간의 선택
- 국가경제를 키워가는 순환적 성격을 띰
- 생산물과 생산요소 순환의 반대방향으로 화폐소득과 지출의 순환이 나타남

지금까지 살펴본 생산물과 생산요소 순환의 이면에는 반대방향으로 진행되는 화폐의 흐름이 있다. 생산물이 처분되는 이면에는 그 생산물을 구입하기 위한 화폐의 지출이 있고, 생산요소가 생산과정에 참여할 때도 그 생산요소에 대한 대가로 화폐가 지불된다. 생산물에 대한 화폐의 지출은 기업의 판매수입이 되고, 생산요소에 대한 화폐의 지출은 가계의 소득이 된다. 이처럼 국가경제에서 일어나는 화폐소득과 지출의 순환과정을 **국민소득의 순환**

(circular flow of national income)이라고 한다. 이제 가계와 기업만 존재하는 단순한 국가경제의 국민소득순환부터 살펴보도록 하자.

1.1 가계부문과 기업부문

가계부문
생산요소를 기업부문에 판매해서 얻은 소득 전부로 기업이 생산한 재화와 서비스를 구매

기업부문
재화와 서비스를 판매해서 얻은 수입 전부를 가계부문으로부터 생산요소 구입의 대가(임금, 지대, 이자, 이윤)로 지불

국민소득 순환과정을 보다 명확하게 이해하기 위하여 **가계부문**(household sector)과 **기업부문**(business sector)만이 존재하는 단순한 국민소득 순환모형을 설정한다. 이 국가경제에서 가계부문은 모든 생산요소를 보유하고 그 생산요소를 기업에 판매하며, 기업은 가계부문으로부터 구입한 생산요소로 재화와 서비스를 생산하여 가계부문에 판매한다. 가계부문은 생산요소를 기업부문에 판매해서 얻은 소득으로 기업이 생산한 재화와 서비스를 구매한다. 그리고 기업은 재화와 서비스의 판매수입으로 가계부문에서 생산요소를 구입하는 비용인 임금 · 지대 · 이자 · 이윤을 지불한다.

[그림 9-2]는 바로 이러한 가계와 기업 간의 상호 거래관계를 나타낸다.

그림 9-2

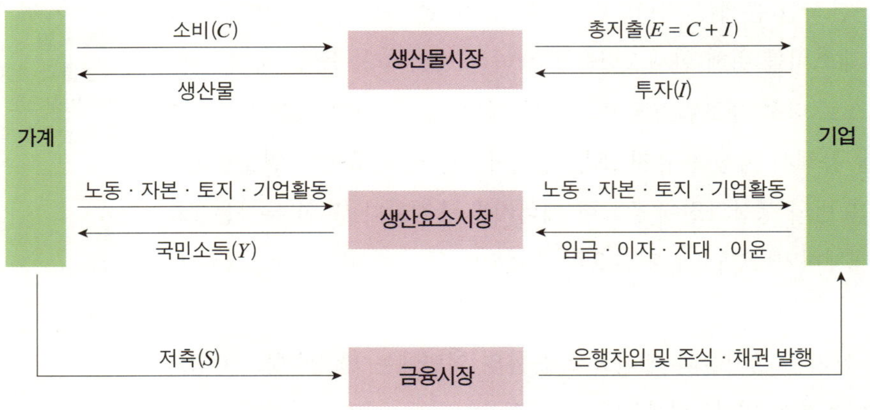

단순한 소득순환모형 : 가계부문과 기업부문

가계부문과 기업부문으로 구성된 소득순환모형에서 가계부문은 생산요소(노동 · 자본 · 토지 · 기업활동)를 기업부문에 공급해서 얻은 소득(임금 · 이자 · 지대 · 이윤)으로 기업이 생산한 재화와 서비스를 구매한다. 그리고 기업은 재화와 서비스의 판매수입으로 가계부문에서 생산요소를 구입한 비용, 즉 임금 · 이자 · 지대 · 이윤을 지불한다. 한편 가계 저축은 금융시장에서 은행대출, 주식 및 채권을 통해 기업의 투자자금으로 제공된다.

여기서 생산물이 거래되는 곳을 생산물시장이라 부르고, 생산요소가 거래되는 곳을 생산요소시장이라 한다. 생산물시장에서는 재화와 서비스에 대한 가계의 수요와 기업의 공급이 만나서 생산물의 수량과 가격이 결정되며, 이곳에서 가계는 재화와 서비스를 얻고 기업은 판매수입을 얻는다. 한편 요소시장에서는 노동 · 토지 · 자본 · 기업활동 등의 생산요소에 대한 기업의 수요와 가계의 공급이 만나서 요소가격과 고용량이 결정되며, 기업은 생산요소를, 가계는 그 대가인 소득을 얻게 된다. 기업은 생산물의 판매수입으로 요소소득을 지불하며, 가계는 기업으로부터 얻은 소득으로 생산물을 구매하는 순환적인 관계에 있다.

한편 가계는 보통 소득의 전부를 **소비**(consumption ; C)하지는 않는데, 소득 가운데 소비되지 않은 부분을 **저축**(saving ; S)이라고 한다. 따라서 저축은 소득에서 소비를 공제한 것이다. 예를 들어 어떤 소비자의 소득이 1,000만원인데 소비가 800만원이라면 저축은 200만원이다. 이러한 저축은 소득 가운데 소비하지 않은 부분이므로 소득순환으로부터의 **누출**(leakage)에 해당한다. 저축은 생산물에 대한 구매의 형태로 지출되지 않는 부분이기 때문에 그 액수만큼 기업의 판매수입이 감소하고, 결국 다음 단계의 생산요소 구매도 줄어든다.

> **저축**
> - 소득 가운데 소비되지 않은 부분
> - 소득순환으로부터의 누출

가계뿐만 아니라 기업도 이윤을 모두 배당하지 않고 그 일부를 기업 내부에 유보하는 방식으로 저축을 한다. 사내유보분을 새로운 기계 구입이나 공장건설 등 **투자**(investment)에 사용하면 소득순환으로 되돌아오겠지만, 장래에 대비하여 그대로 둔다면 소득순환으로 되돌아오지 않는다. 한편 기업 투자자금의 원천은 주로 기업 내부의 저축이나 가계저축 또는 금융기관으로부터의 차입 등이다. 투자지출의 자금원천이 무엇이든 간에 투자는 소득순환을 증가시킨다는 의미에서 **주입**(injection)에 해당한다.

> **투자**
> - 생산설비, 건물 또는 재고를 마련하기 위한 지출
> - 소득순환으로 주입

대부분의 투자자금이 저축으로부터 공급되지만, 저축과 투자는 그 결정 주체가 다르고 동기 또한 다르다. 더구나 현대 자본주의 사회에서는 저축과 투자가 직접적으로 연결되는 경우가 드물고, 은행과 같은 금융기관의 중개를 통해 연결된다. 이렇게 누출인 저축과 주입인 투자는 대부분 금융시장을 통해 연결된다. 가계의 잉여자금인 저축은 금융시장에서 은행대출, 주식 및 채

> 저축과 투자는 금융기관을 통해 이루어지며 일반적으로 불일치

권을 통해 기업에 제공된다. 그리고 기업은 이렇게 조달한 자금으로 마련한 자본재로 생산활동을 함으로써 국민소득의 순환과정에 참여하게 된다.

1.2 정부부문과 해외부문

정부부문
국민의 안녕과 질서유지 및 민간의 원활한 경제생활 보장을 위한 지출을 하며, 지출에 필요한 자금은 조세로 충당

가계부문, 기업부문과 마찬가지로 정부부문은 오늘날 국가경제에서 매우 큰 비중을 차지한다. 정부는 국민의 안녕과 질서를 유지하고 민간의 원활한 경제생활을 보장하기 위하여 여러 가지 지출을 하며, 이러한 지출에 필요한 자금은 원칙적으로 국민으로부터 거두어들이는 조세로 충당한다. 따라서 정부부문은 정부지출과 조세의 두 가지 면에서 소득순환에 영향을 미친다.

조세
소득에 의해 결정되며 소득순환으로부터의 누출

조세(tax ; T)는 대체로 소득에 의해 결정된다. 정부가 가계에 대하여 과세하면(예를 들어 근로소득세) 가계부문은 자신들의 소득으로 그 세금을 내게 된다. 따라서 가계부문이 조세액만큼 저축을 감소시키지 않는 한 소비지출은 감소하게 된다. 그러므로 소득순환의 측면에서 보면 조세는 누출이다. 한편 정부가 기업에 대하여 과세하면(예를 들어 법인세) 기업부문은 판매수입으로 그 세금을 내야 한다. 따라서 기업은 그만큼 생산요소의 구입을 줄일 수밖에 없고, 가계부문으로 환원되는 소득도 그만큼 감소한다. 따라서 기업부문이 납부하는 조세도 누출이다.

정부지출
소득순환으로의 주입

이에 비하여 **정부지출**(government expenditure ; G)은 가계가 소유하는 생산요소(예를 들어 노동)를 구입하는 데 사용되면 가계부문의 소득을 창출하고, 기업부문이 생산하는 재화나 서비스를 구입하는 데 사용되면 기업부문의 소득을 창출한다. 따라서 정부지출의 자금원천이 무엇이든 간에 정부지출은 소득순환에서 주입이다.

정부는 또한 경제활동에 직접 참여하기도 한다. 예를 들면, 한국전력이나 KT&G와 같은 정부기업(government enterprise)이 전력 또는 담배를 생산한다든지, 교원 및 경찰을 고용하여 교육 · 치안 등의 이른바 **정부재**(government goods) 또는 공공재(public goods)를 생산하는 경우가 그것이다.

이전지출
생산활동에 대한 대가로 지불되는 것이 아닌 지출

이 외에도 정부의 지출에는 **이전지출**(transfer payment)이 포함된다. 이전

지출이란 어떤 생산활동에 대한 대가로 지불되는 것이 아닌 지출을 말한다. 이전지출의 예로는 기초생활비와 같은 사회보장을 위한 지출, 각종 보조금, 재해보상금 등이 있다. 이전지출은 생산활동과 직접 관련된 지출이 아니므로 직접적으로 소득순환을 증가시키지는 않는다. 그러나 이전지출의 수령자들은 그것을 기업이 생산하는 재화 및 서비스를 구매하는 데 사용할 것이므로, 이전지출은 궁극적으로 소득순환을 증가시키는 요인이 된다. 만약 이전지출의 수령자들이 이 중 일부를 저축한다면 소득순환의 증가 정도는 낮아지게 될 것이다.

이러한 정부지출은 주로 조세에 의해 뒷받침되지만, 반드시 동일 기간의 조세수입과 비례하는 것은 아니다. 이번 기의 정부지출이 이전 기의 조세에 의해 행해질 수도 있고, 정부가 조세수입을 초과해 적자재정에 의한 지출을 할 수도 있기 때문이다.

끝으로 해외부문을 도입한 소득순환모형을 살펴보자. 전통적으로 한 국가와 외국 간의 거래는 대부분 상품의 교역, 즉 수입과 수출이었다. **수입**(import ; Q)은 국내의 가계 또는 기업이 그들의 소득으로 국내 상품 대신 외국에서 생산된 상품을 구매하는 것으로, 수입이 증가하면 그만큼 국내에서 생산되는 상품에 대한 소비 또는 투자지출이 감소하게 된다. 따라서 수입은 국내소득순환으로부터의 누출이다. 반면 **수출**(export ; X)은 외국의 가계나 기업이 국내 생산물을 구매하는 것이므로 국내소득순환으로의 주입이다. 이와 같이 가계 · 기업 · 정부 · 해외부문으로 구성된 소득순환모형에서 누출은 저축(S) · 조세(T) · 수입(Q)으로 이루어진 반면, 주입은 투자(I) · 정부지출(G) · 수출(X)로 이루어진다.

해외부문
- 수입 : 국내 경제주체가 외국에서 생산된 상품을 구매하는 것으로 소득순환으로부터의 누출
- 수출 : 외국의 경제주체가 국내 기업의 상품에 지출하는 것으로 소득순환에 주입

여기서도 금융시장에서 가계부문의 잉여자금인 저축이 기업의 투자로 연결된다. 또한 해외 및 정부부문의 도입으로 해외차입 및 해외대출과 정부부문의 차입이 추가되는데, 금융시장에서 잉여자금인 가계 저축과 순해외차입(해외차입 − 해외대출)은 은행차입과 주식 및 채권 발행, 그리고 정부차입으로 연결되어 국민소득의 순환과정에 참여하게 된다.

[그림 9-3]은 정부부문과 해외부문이 포함된 소득순환모형을 나타내고 있다. 이 모형에 의하면 국가경제가 생산한 재화와 서비스는 가계의 소비, 기

그림 9-3

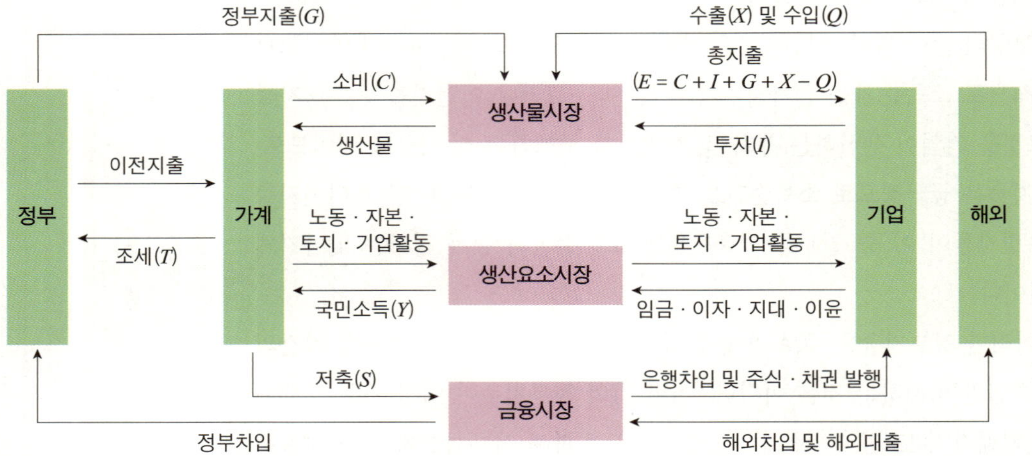

소득순환모형 : 가계 · 기업 · 정부 · 해외부문

국민소득순환모형에서 정부부문의 정부지출 · 조세와 해외부문의 수출 · 수입을 고려해도 기업이 생산한 생산물의 가치가 소득 및 지출과 항상 일치하는 관계의 기본 틀은 그대로 성립한다. 이와 같이 국민소득순환의 생산측면 · 지출측면 · 분배측면에서 파악한 국민소득이 일치하는 것을 국민소득 3면등가의 법칙이라 한다.

업의 투자, 그리고 정부와 해외부문의 지출을 통해 모두 구입된다. 이때 일정 기간 동안 국가경제가 생산한 생산물의 총가치를 측정한 것을 **생산국민소득**이라 하고, 경제주체(가계 · 기업 · 정부 · 해외)가 구입하여 사용한 생산물의 총가치를 **지출국민소득**이라 한다. 결국 경제주체들이 지출한 금액의 합계(지출국민소득)는 국가경제가 생산한 생산물의 총가치(생산국민소득)와 그 크기가 같다.

생산국민소득
일정 기간 동안 국가경제가 생산한 생산물의 총가치

지출국민소득
일정 기간 동안 경제주체가 구입한 생산물의 총가치

분배국민소득
일정 기간 동안 가계가 얻은 요소소득의 총가치

그리고 일정 기간 동안 가계가 벌어들인 요소소득의 합을 **분배국민소득**이라고 하는데, 이것은 기업이 생산활동 과정에서 지불하는 생산요소(노동 · 자본 · 토지 · 기업활동)의 대가를 의미한다. 그런데 생산물의 총가치는 생산과정에서 지불한 생산요소 비용(임금 · 지대 · 이자 · 이윤)과 같으므로 분배국민소득과 생산국민소득 또한 그 크기가 같다. 따라서 국민소득은 순환의 어느 한 측면, 즉 생산측면, 지출측면 또는 분배측면에서 파악할 수 있고 사후적으로 이 세 가지 측면에서의 국민소득은 모두 같다(생산국민소득 = 지출국민소득

= 분배국민소득). 이를 **국민소득 3면등가의 법칙**이라 부른다.

국민소득 3면등가의 법칙
생산국민소득
= 지출국민소득
= 분배국민소득

1.3 균형국민소득의 결정

국가경제에서 최종 재화와 서비스의 생산 결정은 기업부문에 의해 이루어지는 반면, 이들 상품에 대한 지출 결정은 기업부문의 투자, 가계부문의 소비와 정부부문의 지출 등에 의해 결정된다. 이러한 생산물의 총공급과 총수요가 어떻게 상호작용하여 국민소득을 결정하는지 알아보자.

1.3.1 생산물의 총공급

생산을 통해 얻어진 국민소득은 각 생산요소의 공급자에게 분배되고 그 소득은 다시 여러 가지 방식으로 처분된다. 만약 정부와 해외부문을 고려하지 않는다면, 소득 가운데 일부는 소비(C)되고 그 나머지는 저축(S)된다. 정부와 해외부문을 고려하면, 소득 가운데 일부는 조세(T)로 정부에 귀속되고 가계의 소비에는 국산품뿐만 아니라 수입품에 대한 소비도 포함된다. 따라서 국민소득을 소득처분의 관점에서 보면 다음과 같이 표현할 수 있다.

총생산의 가치 = 총소득
생산을 통해 얻은 소득 중 일부는 조세 납부 후 소비되며, 나머지는 저축됨

$$Y^s \equiv C + S + T \qquad (9.1)$$

여기서 Y^s는 생산을 통해 얻어진(또는 공급된) 국민소득을 나타낸다.

위 식 (9.1)이 단순한 항등식이라는 데 주의해야 한다. 즉, 식 (9.1)은 국민소득이 어떠한 형태로 나뉘어 처분되는가를 나타내는 식에 불과하다. 그런데 생산을 통해 얻은 국민소득이 모두 분배되고 처분된다고 가정하면 식 (9.1)은 국가경제의 총공급수준을 나타낸다. 즉, 총공급에 의해 창출된 국민소득은 소비 · 저축 · 세금의 형태로 처분된다.

1.3.2 생산물의 총수요

생산물에 대한 수요
소비지출과 투자지출, 정부지출과 순수출로 구성 ⇒ 총수요

생산활동은 생산물에 대한 수요를 기반으로 이루어진다. 생산물이 어떻게 팔리는지를 분석하면 수요를 알 수 있다. 정부와 해외부문을 고려하지 않는다면, 생산물에 대한 총수요(Y^d)는 소비지출(C)과 투자지출(I)로 구성된다. 정부와 해외부문을 고려하면 국내 생산물에 대한 수요 요인으로 정부지출(G) 및 순수출($NX \equiv X - Q$)이 추가된다. 여기서 수출(X)이 포함되는 이유는 국내 생산물에 대한 수요 중에는 해외로부터의 수요(우리 쪽 입장에서 보면 수출)도 있기 때문이다. 또한 수입(Q)을 차감해야 하는 이유는 소비, 투자, 정부지출 등에 국내 생산물에 대한 수요뿐만 아니라 해외 생산물에 대한 수요도 포함되어 있기 때문이다. 이때 순수출을 경상수지라고도 한다.

기업이 총수요에 맞추어서 생산활동을 수행한다면, 총수요가 증가할 경우 생산이 증가하고 이에 따라 국민소득이 증가할 것이다. 이러한 의미에서 총수요(Y^d)는 국민소득을 창출한다. 따라서 국민소득(Y)을 소득창출의 관점에서 보면 식 (9.2)가 성립한다.

$$Y^d \equiv C + I + G + X - Q \qquad \textbf{(9.2)}$$

위의 식은 기업의 생산활동을 자극하는 수요 요인으로 소비 · 투자 · 정부지출 그리고 순수출이 있음을 나타낸다.

1.3.3 균형국민소득

만일 총수요가 총공급보다 크다면, 기업은 생산을 증가시키고 이에 따라 국민소득이 증가할 것이다. 반대로 총수요가 총공급에 미달할 때는 기업이 생산을 감소시키고 이에 따라 국민소득이 감소하게 된다. 결국 국민소득의 균형은 다음과 같이 총수요와 총공급이 일치할 때 이루어진다.

국민소득의 균형
총수요 = 총공급

$$Y^s = Y^d \qquad \textbf{(9.3)}$$

위 식은 국가경제에서 생산물시장의 균형을 나타내는 방정식으로 식 (9.1)과 식 (9.2)가 항등식인 것과 대조를 이룬다.

한편 균형국민소득을 결정하는 식 (9.3)은 식 (9.1)과 식 (9.2)를 이용하여 다음과 같이 고쳐 쓸 수 있다.

$$Y^s \equiv C + S + T = C + I + G + X - Q \equiv Y^d \tag{9.4}$$

혹은

$$S + T + Q = I + G + X \tag{9.5}$$

식 (9.5)는 누출의 합계($S + T + Q$)가 주입의 합계($I + G + X$)와 일치해야 한다는 것을 의미한다. 따라서 국민소득의 균형조건은 국민소득순환모형에서 누출 · 주입의 균형조건과 일치한다.

누출과 주입이 일치할 때 어떤 의미에서 국민소득순환의 균형이 이루어지는가? 만약 누출의 합계($S + T + Q$)가 주입의 합계($I + G + X$)보다 크다면 국민소득은 감소할 것이며, 반대로 누출의 합계가 주입의 합계보다 작다면 국민소득은 증가할 것이다. 그리고 누출의 합계와 주입의 합계가 동일하다면 ($S + T + Q = I + G + X$) 주어진 수준에서 소득순환은 변하지 않고 그대로 유지될 것이므로 국민소득은 균형상태에 있게 된다.

2 국민소득계정

국민소득이란 국가경제의 생산 · 소득 · 지출수준을 나타내는 지표이다. 그러나 국가경제의 생산 · 소득 · 지출 순환과정 중 어디에서 국민소득을 측정하는가, 그리고 어디까지 국민소득으로 포함시키는가에 따라 국민소득의 개념은 다양하다. 국민소득의 내용과 구성을 경제주체 및 경제활동의 형태별로 정리하고, 그 결과를 수입과 지출로 나타낸 통계표를 **국민소득계정**(national income and product accounts ; NIPA)이라고 한다. 여기서는 국민소득의 지표로 가장 널리 사용되는 국내총생산(gross domestic product ; GDP)과 국민총생산(gross national product ; GNP)을 알아본다.

2.1 국내총생산(GDP)과 국민총생산(GNP)

국내총생산(GDP)

일정 기간 동안 한 국가 내에서 생산된 최종 재화와 서비스의 시장가치 총액

- 국내 거주 외국인 혹은 외국 생산요소에 의한 생산 포함
- 중간생산물 제외
- 시장가치로 평가하여 합산
- 생산물의 일부는 그 기간 동안 판매되지 않고 재고로 보유될 수도 있음

국민총생산(GNP)

생산이 외국에서 이루어지더라도 자국민들이 생산하는 최종 재화와 서비스의 가치를 측정

한 나라의 국가경제는 일정 기간 동안 여러 가지 재화와 서비스를 생산한다. 이렇게 생산된 모든 품목은 보통 시장에서 판매되므로 최종생산물의 가치는 시장가격으로 측정할 수 있다. 이와 같이 "일정 기간 동안에 한 국가 내에서 생산된 최종 재화와 서비스의 시장가치 총액"을 **국내총생산**(gross domestic product ; GDP)이라고 정의한다. 이러한 정의의 각 구성요소에 대해 좀더 자세히 알아보자.

먼저 '일정 기간 동안에'는 생산과 소득의 흐름을 일정한 기간, 즉 3개월(1분기) 또는 1년을 단위로 측정함을 의미한다.

'국내에서 생산된'은 내국민, 외국인을 구별하지 않고 국내에서 생산된 모든 재화와 서비스의 가치가 국내총생산에 포함된다는 것이다. 따라서 자국민 또는 자국민이 소유한 생산요소에 의해 생산된 것이라 하더라도 외국에서 생산된 것은 국내총생산에 포함되지 않는다. 반면에 외국인이 소유한 생산요소에 의하여 생산된 것이라도 국내에서 생산된 것은 국내총생산에 포함된다. 예를 들어 우리나라 사람이 미국에서 생산한 것은 GDP에 포함되지 않지만, 미국 사람이 우리나라에서 생산한 것은 GDP에 포함된다. 한편 **국민총생산**(gross national product ; GNP)은 생산이 외국에서 이루어지더라도 자국민들이 생산하는 최종 재화와 서비스의 가치를 측정한다. 경제 개방과 함께 많은 나라들에서 국내 생산의 상당 부분이 외국인 소유의 자본과 외국인 노동에 의해 이루어지면서 GDP가 GNP에 비해 국가경제의 생산수준을 좀더 정확히 측정하는 지표가 되었다.

'최종'은 GDP가 기업 간에 거래되는 중간생산물(intermediate output)은 포함하지 않고, 가계(소비재의 경우)나 기업(자본재의 경우) 등 최종 사용자에게

구매되어 재판매되지 않는 생산물만을 포함한다는 뜻이다. 만약 쌀이 가계에 구매되어 밥상에 오른다면 최종생산물이지만, 쌀이 공장에 구매되어 식혜음료를 생산하는 데 투입된다면 이는 중간생산물이다. 이처럼 중간생산물은 가공 또는 변형되어 재판매되기 때문에 국내총생산에 포함될 경우 이중계산(double counting)을 초래하므로 GDP에 포함되지 않는다. 따라서 최종생산물의 가치는 생산과정의 각 단계에서 새로 창출된 **부가가치**(value added)의 합을 의미하기도 한다.

부가가치
생산자가 생산과정에서 새로 창출한 가치

'생산물'은 사람이 살아가는 데 필요한 의·식·주와 정신적·문화적 욕구를 충족시키기 위해 생산되는 재화와 서비스를 말한다. 재화(goods)란 쌀·옷·자동차·건물처럼 물질적 형태를 갖는 상품이다. 서비스(service)란 보통 용역이라고도 하는데 운송·교육·금융·의료·문화활동 등과 같은 사람의 노력이다.

'시장가치의 총액'은 GDP가 최종생산물인 각종 재화 및 서비스의 양에 이들의 시장가격을 곱하여 얻은 수치의 합계임을 의미한다. 그렇게 하는 이유는 국가경제 내에서 산출되는 생산물의 종류가 다양하고 각각의 물리적 단위 또한 달라 단순 합계가 불가능하기 때문이다.

예를 들어 [표 9-1]에서와 같이 어떤 가상경제에서 한 해에 최종 재화로 쌀 10가마와 옷 10벌이 생산되었다고 하자. 이때 쌀 10가마와 옷 10벌을 단순하게 합산할 수는 없다. 그러나 쌀 1가마가 15만원이고 옷 1벌이 10만원이라 한다면 쌀 10가마와 옷 10벌의 가치합계는 250만원이 된다.

표 9-1

GDP 측정의 예

쌀 1가마가 15만원이고 옷 1벌이 10만원일 때, 쌀 10가마와 옷 10벌의 가치합계는 250만원이 된다.

2019년			
최종 재화 및 서비스	수량	가격	시장가치
쌀	10(가마)	15만원	10 × 15 = 150만원
옷	10(벌)	10만원	10 × 10 = 100만원
시장가치의 합			250만원

2.1.1 GDP : 부가가치와 감가상각의 합

앞에서 설명한 GDP의 정의 중 최종생산물이라는 부분과 관련하여, GDP에서 중간생산물이 제외되는 이유와 **부가가치**(value added)의 개념을 살펴보자. 우선 중간생산물이 GDP에서 제외되는 이유를 [그림 9-4]로 설명해 보자.

어떤 농부가 원면을 생산해서 400원을 받고 방적방직회사에 팔았다고 하자. 이때 400원은 ① 농부가 사용한 생산요소(노동 · 자본 · 토지)에 들어간 비용, ② 농기구 등에 대한 감가상각, ③ 농부의 순이윤으로 구성되어 있다. 여기서 부가가치라는 매우 중요한 개념이 등장한다. 부가가치(value added)란 '생산자가 생산과정에서 새로 창출한 가치'를 말하며, 생산액에서 원재료에 소요된 금액과 기계설비의 감가상각을 공제한 액수이다(부가가치 = 총생산액 – 중간재구입비 – 감가상각).

이 예에서 농부가 원재료를 사용하지 않았다고 가정하면 생산액 400원에서 기계(농기구 등)에 대한 감가상각을 공제한 액수가 부가가치이다. 바꾸어 말하면, 농부가 창출한 총생산(gross product)은 400원이고 부가가치는 (400원 – 감가상각)이다.

이제 방적방직회사가 노동 · 자본 · 토지 등의 생산요소를 이용하여 원면

그림 9-4

중간생산물과 부가가치

부가가치란 생산자가 생산과정에서 새로 창출한 가치를 말하며, 생산액에서 원재료에 소요된 금액과 기계설비의 감가상각을 공제한 액수이다. 이때 최종생산물의 가격은 제조과정의 각 단계에서 창출한 부가가치의 총액과 각 단계에서의 감가상각액의 합계와 같다.

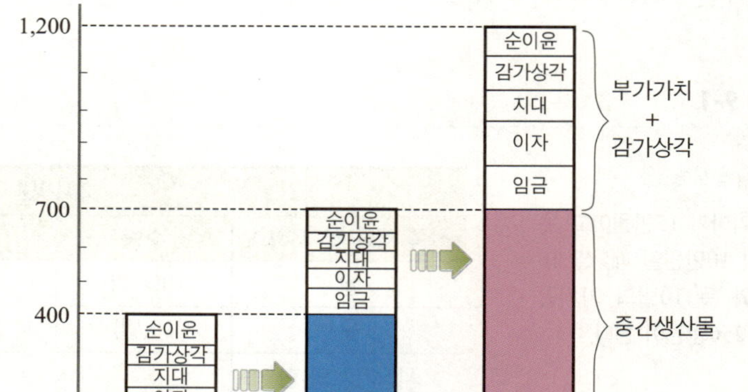

으로 면직물을 생산해서 그것을 700원을 받고 양복점에 팔았다고 하자. 이때 방적방직회사의 생산비는 두 가지로 구성된다. 첫째 중간생산물인 원면에 대하여 지불한 400원이고, 둘째 기타 모든 생산요소의 비용 300원이다. 300원은 면직물 생산에 사용된 생산요소의 총소득이 되며, 이는 회사가 창출한 부가가치와 감가상각의 합계와 같다. 한편 양복점에서는 이 면직물로 양복을 만들어 최종소비자에게 1,200원을 받고 팔았다고 하자. 이때 1,200원은 중간재인 면직물 구입에 지불한 700원과 부가가치 및 감가상각의 합계 500원으로 구성되어 있다.

최종생산물의 가격 = 부가가치 + 감가상각

이 예에서 우리는 다음 사실을 발견할 수 있다. 양복 제조과정에서 발생한 총거래액은 400원 + 700원 + 1,200원 = 2,300원이다. 그런데 최종생산물의 가격은 1,200원이므로 총거래액보다 작다. 양자의 차이는 다름 아닌 중간생산물의 가치이다. 그리고 최종생산물의 가격은 양복 제조과정의 각 단계에서 창출한 부가가치의 총액과 각 단계에서의 감가상각액의 합계와 같다 (400원 + 300원 + 500원 = 1,200원).

이상은 생산물이 하나인 경우의 예이지만 이 원칙은 국가경제 전체에도 해당된다. 일정 기간 동안 생산되는 모든 최종생산물의 시장가치의 합계, 즉 국내총생산은 국가경제의 모든 생산과정에서 창출되는 부가가치와 감가상각액의 합계와 같다.

2.1.2 GDP : 지출의 합

생산된 모든 최종 재화와 서비스의 가치를 더하는 것 이외에도 국내총생산을 계산할 수 있는 방법이 있다. 제1절의 국민소득순환모형에서 살펴보았듯이 국가경제가 생산한 생산물의 총가치는 결국 가계 · 기업 · 정부 · 해외부문이 생산물을 구입하기 위해 지출한 금액의 총합과 같다. 국내총생산(GDP)에 대한 총지출은 이러한 지출의 주체에 따라 크게 민간소비, 투자, 정부지출, 순수출 네 가지로 분류된다.

민간소비
- 서비스에 대한 지출
- 내구재에 대한 지출
- 비내구재에 대한 지출

민간소비(private consumption) 지출은 가계의 서비스(의료 · 교육 · 이발 등)에 대한 지출과 음식 · 옷과 같은 비내구재(non-durable goods), 그리고 가

총투자 [재고증감 / 총고정자본 형성 • 설비투자 • 건설투자]

구 · 가전제품 · 자동차와 같은 내구재(durable goods)에 대한 지출로 나누어진다. 한편 **총투자**(gross investment) 또는 총자본 형성(total capital formation)은 총고정자본 형성과 재고증감으로 구분된다. 이때 총고정자본 형성은 다시 설비투자(신축 공장 및 기계에 대한 기업의 지출)와 건설투자(사무실 건물에 대한 기업의 지출 및 신축 주택에 대한 가계의 지출) 등으로 나뉜다.

정부소비는 좁은 의미의 정부지출을 의미

순수출 = 수출 − 수입

정부소비 또는 **정부지출**(government expenditure)은 재화와 서비스에 대한 중앙정부와 지방정부의 지출을 의미한다. 단, 정부의 이전지출(transfer payments)은 새로운 재화나 서비스의 생산과 독립적으로 이루어지므로 GDP에 대한 지출 항목으로 정부지출에 포함되지 않는다. 재화와 서비스의 수출은 국내에서 생산된 재화와 서비스에 대한 외국 기업과 가계 및 정부의 구매를 의미하며, 수입은 반대로 외국에서 생산된 재화와 서비스에 대한 국내 기업과 가계 및 정부의 구매를 의미한다. 따라서 수출에서 수입을 뺀 **순수출**(net exports)이 GDP에 대한 지출 항목으로 포함되어야 한다. 예를 들어 우리나라의 가계부문이 일본에서 생산된 자동차를 1,000억 달러어치 구입한다면, 이 지출은 위에서 정의한 가계소비 지출에 포함된다. 그러나 이 내구재는 우리나라에서 생산된 재화가 아니고 외국에서 생산된 재화를 구입한 것(즉, 수입)이기 때문에 그 가치는 GDP에서 제외되어야 한다.

GDP
= 소비
 + 투자
 + 정부지출
 + 순수출

요약하면 **GDP**(Y)는 다음과 같이 총지출의 구성항목인 소비(C), 투자(I), 정부지출(G), 순수출(NX)의 합과 같다.

$$Y = C + I + G + NX$$

[그림 9−5]의 (a)와 (b)는 1970년부터 2018년까지 각각 우리나라의 GDP, 소비, 투자, 정부지출, 수출 및 수입의 추이를 나타내며, [표 9−2]는 2018년도 우리나라 GDP의 지출구성을 보여준다. 우선 다른 나라들과 마찬가지로 GDP 구성항목 중 민간소비가 가장 큰 지출항목으로서 국내총생산의 절반에 가까운 비중을 차지하고 있으며, 그 다음으로 수출, 수입, 투자, 정부지출 순서로 비중이 높다. 또한 2018년 재화와 서비스의 수출금액이 수입금액보다 더 많다는 것은 양(+)의 순수출, 즉 경상수지 흑자를 의미한다.

■ 그림 9-5

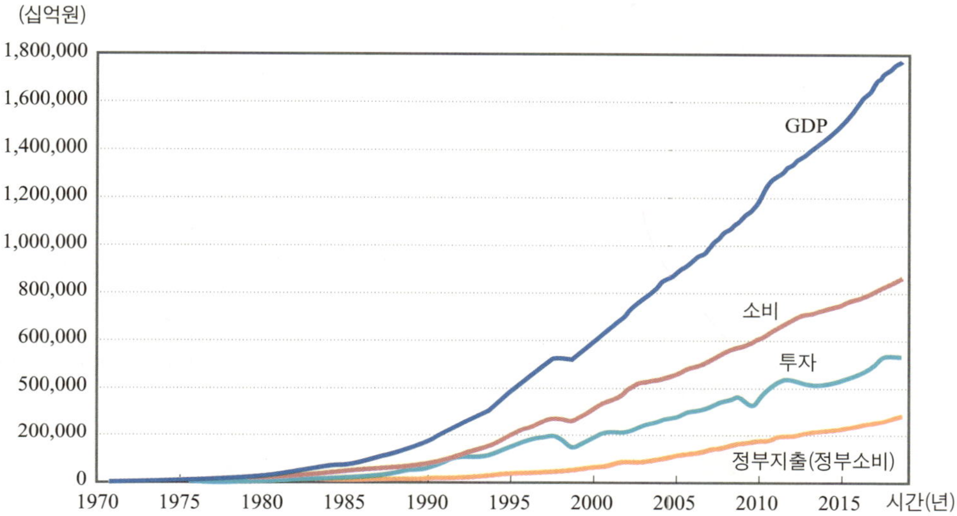

(a) 우리나라의 GDP와 소비, 투자, 정부지출

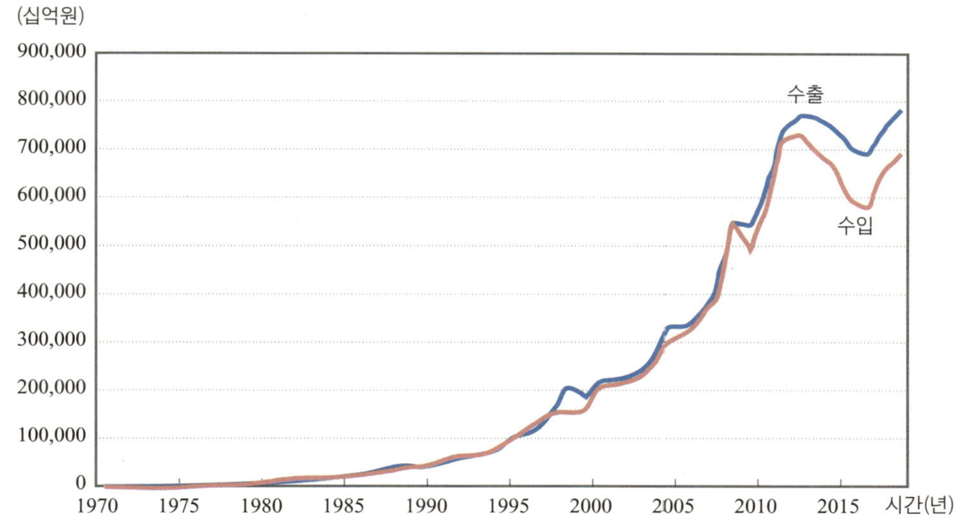

(b) 우리나라의 수출과 수입

자료 : 한국은행 경제통계시스템(http://ecos.bok.or.kr)

우리나라 GDP와 지출구성의 추이

(a)는 1970년부터 2018년까지 우리나라의 GDP, 소비, 투자, 정부지출 추이를 나타내며, (b)는 동 기간의 수출 및 수입 추이를 나타낸다. 다른 나라들과 마찬가지로 GDP 구성항목 중 소비가 가장 큰 지출 항목이며, 투자와 정부지출이 그 다음으로 높은 지출규모를 보인다.

표 9-2

우리나라 GDP의 지출구성(2018)

2018년 우리나라 GDP의 구성항목 중 민간소비가 가장 큰 지출 항목으로서 국내총생산의 절반에 가까운 비중을 차지하고 있으며, 그 다음으로 수출, 수입, 투자, 정부소비 순으로 비중이 크다.

항목	금액(10억원)	구성비(%)
민간 최종소비지출	867,042.9	48.6
총자본 형성	537,935.9	30.2
총고정자본 형성	535,664.3	30.1
재고증감	2,271.6	0.1
정부 최종소비지출	286,730.4	16.1
재화와 서비스의 수출	784,379.3	44.0
재화와 서비스의 수입	694,973.9	39.0
통계상 불일치	1,154.4	0.1
국내총생산	1,782,268.9	100.0

자료 : 한국은행 경제통계시스템(http://ecos.bok.or.kr)

2.2 명목 GDP와 실질 GDP

GDP는 국가경제에서 생산되는 모든 최종생산물의 가치를 하나의 숫자로 표시하기 위해 시장가격을 그 척도로 사용한다. 그러나 시장가격은 거리를 나타내는 미터나 무게를 나타내는 그램과 같이 모든 재화와 서비스에 대해 그 단위가 고정되어 있지 않다. 인플레이션이 발생하면 물가가 상승하고, 디플레이션이 발생하면 물가가 하락한다. 따라서 늘었다 줄었다 하는 고무줄로 길이를 측정하는 데 문제가 있듯이, 수시로 변하는 시장가격으로 GDP의 크기를 측정하는 데에는 문제가 있다. 예를 들어 기준연도의 GDP가 100이고 비교연도의 GDP가 125라고 하자. 그 사이에 물가수준이 변동하였다면 비교연도의 GDP 크기는 기준연도에 비하여 25% 증가한 것이 아니다. 따라서 두 개 연도의 GDP 크기를 비교하자면 우선 그 사이에 일어난 물가수준의 변화를 제거해야 한다.

서로 다른 시기의 GDP를 비교하기 위해서는 물가수준의 변화를 제거해야 함

앞서 설명한 GDP의 정의에서와 같이 '특정 연도의 GDP를 당해 연도의 시장가격으로 나타낸 것'을 **명목 GDP**(경상가격 GDP, nominal GDP)라고 한다. 예를 들어 한국의 2015년도 명목 GDP는 2015년의 총생산을 2015년의 시장가격으로 나타낸 것이며, 2018년도의 명목 GDP는 2018년의 총생산을

명목 GDP

특정 연도의 GDP를 당해 연도의 시장가격으로 나타낸 것

2018년의 시장가격으로 나타낸 것이다. 만약 우리가 두 시점 사이에 GDP가 실질적으로 얼마만큼 변화하였는가를 알고자 한다면 두 시점의 명목 GDP를 비교해서는 안 된다. 왜냐하면 명목 GDP의 변동에는 생산물의 수량과 가격의 변동이 혼합되어 나타나기 때문이다. 따라서 두 시점 사이의 실질 생산량을 비교하기 위해서는 실질 GDP 개념이 필요하다. **실질 GDP**(불변가격 GDP, real GDP)란 '특정 연도의 GDP를 기준연도의 시장가격으로 나타낸 것'을 말한다.

실질 GDP
특정 연도의 GDP를 기준연도의 시장가격으로 나타낸 것

예를 들어 [표 9-3]에서와 같이 쌀과 옷만을 최종 재화로 생산하는 단순한 경제를 가정하자. 기준연도를 2015년이라고 가정하면 2018년의 실질 GDP는 기준연도의 가격을 이용하여 계산된다. 물론 기준연도의 명목 GDP와 실질 GDP는 동일한 값을 갖는다. 계산 결과 명목 GDP는 2015년 207만원에서 2018년 250만원으로 증가한 반면, 기준연도의 불변가격을 이용한 실질 GDP는 2015년 207만원에서 2018년 230만원까지밖에 증가하지 않는다. 왜냐하면 명목 GDP에는 2015년에서 2018년 사이의 가격상승이 포함되어 있기 때문이다.

표 9-3

명목 GDP와 실질 GDP 계산의 예

기준연도를 2015년이라고 가정하면 2018년의 실질 GDP는 기준연도인 2015년의 가격을 이용하여 계산된다.

최종 재화 및 서비스	2015(기준연도)		2018	
	수량	가격	수량	가격
쌀	9(가마)	14만원	10(가마)	15만원
옷	9(벌)	9만원	10(벌)	10만원
명목 GDP	(9 × 14) + (9 × 9) = 207만원		(10 × 15) + (10 × 10) = 250만원	
실질 GDP	(9 × 14) + (9 × 9) = 207만원		(10 × 14) + (10 × 9) = 230만원	

[그림 9-6]은 기준연도가 2010년인 경우 1970년에서 2018년까지 우리나라의 명목 GDP와 실질 GDP의 변동을 보여준다. 1970년대에서 2009년대 초반까지의 가격은 평균적으로 2010년보다 더 낮기 때문에 명목 GDP가 실질 GDP보다 더 작다. 하지만 2010년에는 명목 GDP와 실질 GDP가 동일

그림 9-6

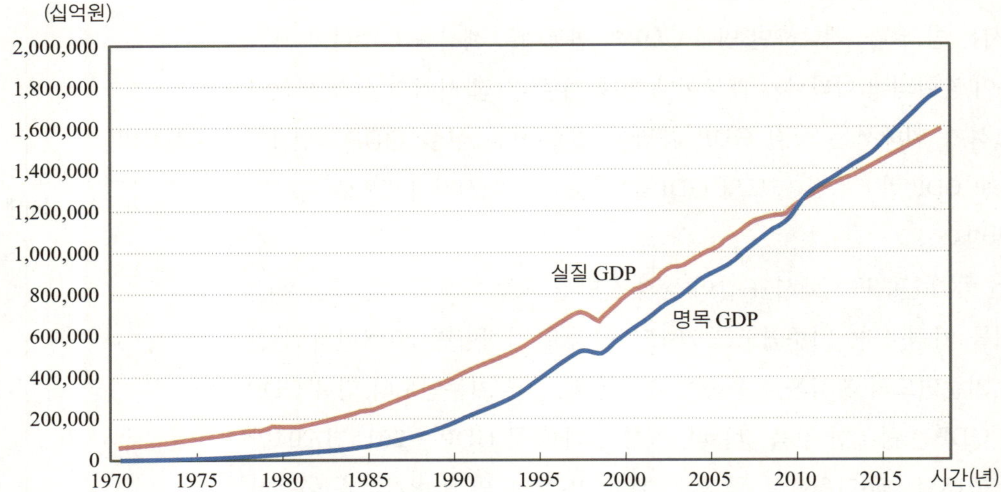

우리나라의 명목 GDP와 실질 GDP

기준연도가 2010년인 경우 1970년대에서 2009년대 초반까지의 가격은 평균적으로 2010년보다 더 낮기 때문에 명목 GDP가 실질 GDP보다 더 작다. 2010년은 기준연도이므로 명목 GDP와 실질 GDP가 동일하며, 2010년 이후에는 명목 GDP가 실질 GDP보다 더 크다.

하며, 2010년 이후에는 가격이 평균적으로 2010년보다 더 높기 때문에 명목 GDP가 실질 GDP보다 더 크다.

한편 한국은행은 1991년 이후 매년 관계기관으로부터 북한의 경제활동에 관련된 기초자료를 제공받아 우리나라의 국민소득 추계기준인 UN의 국민계정체계(System of National Accounts ; SNA)를 적용하여 북한의 GDP를 추정해 왔다. [그림 9-7]은 우리나라와 북한의 실질 GDP성장률을 비교한 것이다. 한편 2018년 북한의 **국민총소득(명목 GNI)**은 35.9조원으로 한국의 1.89% 수준에 불과했으며, 1인당 국민총소득(GNI)은 143만원으로 한국의 3.89% 수준이었다.

국민총소득(GNI)
한 나라의 국민이 일정 기간 동안 벌어들인 임금 · 이자 · 배당 등의 소득을 모두 합친 것

그림 9-7

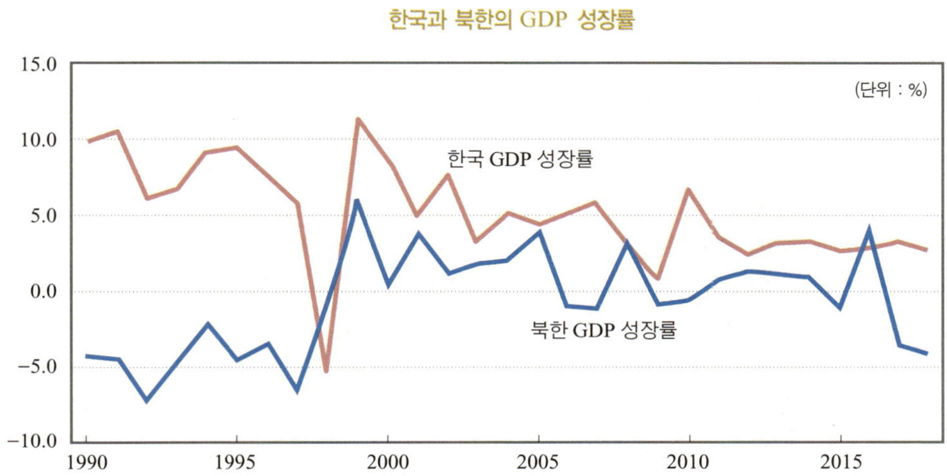

자료 : 한국은행 경제통계시스템(http://ecos.bok.or.kr)

현실과경제학

우리나라의 지하경제 규모

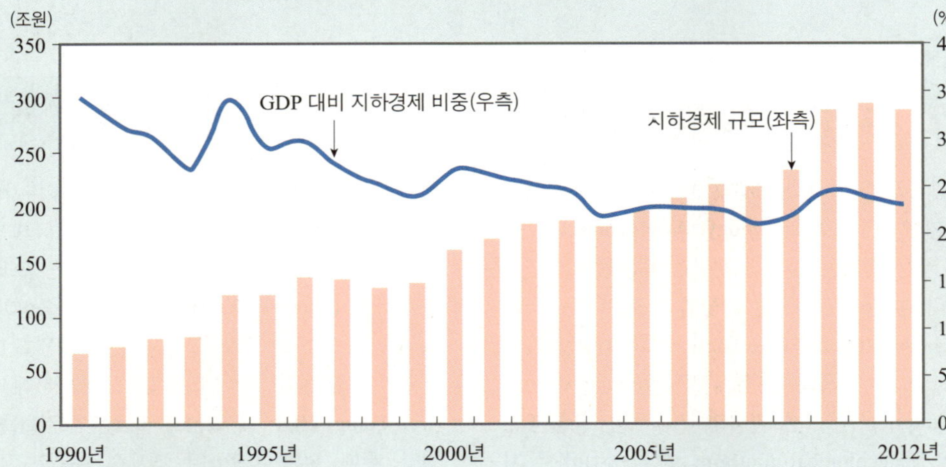

| 그림 | 한국의 지하경제 규모 추이

자료 : 현대경제연구원 자체 추정치

지하경제란 합법적이지만 조세회피 및 탈세 등의 목적으로 공식적인 통계에 포함되지 않는 거래와 불법적인 거래를 의미한다. 지하경제는 금전거래와 비금전거래, 불법적, 합법적인 활동으로 구분되는데 은닉된 경제활동이기 때문에 그 실체나 규모를 정확히 파악하기에는 한계가 있다.

[그림]에서 지하경제의 간접추계방법 중 하나인 통화수요(currency demand) 모델을 이용해 추정한 결과, 한국의 지하경제 규모는 2012년 기준 약 290조원 정도로써 명목 GDP 대비 약 23%로 추정된다. 명목 GDP 대비 지하경제 비중은 하락세를 나타내고 있으나 최근 소폭 증가하고 있는 것으로 나타났다. OECD 선진국의 지하경제 규모는 2007년 기준 13%, 개도국은 26.2%를 나타내고 있다.

지하경제의 문제점으로 지적되는 탈세는 세수 감소를 초래할 뿐만 아니라 소득분배 악화로 인한 양극화에 기여할 수 있다. 이에 따라 지하경제 양성화는 복지재원의 확보뿐만 아니라 조세 형평성 제고, 부정 · 부패 척결이라는 차원에서도 필요하다.

국내 지하경제의 비중이 높은 원인으로는 크게 네 가지를 들 수 있다. 첫째, 한국의 자영업 비율(28.8%)이 OECD 평균보다 매우 높고 자영업자의 실제적인 소득 파악이 힘들어 소득탈루율이 높다. 국세청에 따르면 2005년부터 2009년까지 10차례의 기획 세무조사를 통해 조사대상이 된 고소득 자영업자의 소득탈루 규모가 약 3조 6천억원으로 소득탈루율이 48%를 나타냈다. 둘째, 한국의 국민부담률((조세+사회보장기여금)/GDP)이 주요 선진국에 비해 매우 빠른 증가세를 나타내 조세부담이 커지면서 조세회피 유혹도 증가하고 있다.

셋째, 한국 사회의 부패인식지수(corruption perceptions index ; CPI)는 2008년까지 개선되는 추세를 나타냈으나 그 이후 하락세를 나타내면서 한국 사회의 높은 부패 정도가 지하경제 형성에 기여한 것으로 보인다. 마지막으로, 경기침체로 공식경제(official economy)의 일자리를 구하지 못한 근로자들의 비제도권 노동시장으로의 편입과 노동시장 규제 회피를 목적으로 한 불법적인 고용이 지하경제 형성을 촉진시키는 것으로 나타났다.

출처 : 김민정, "지하경제 해소방안", 『경제주평』 13-10(통권 527호), 현대경제연구원, 2013. 2. 28.

생 활 과 경 제 학

행복 GDP

일찍이 한 국가의 경제와 행복에 관해 1972년 지그메 싱예 왕추크(Jigme Singye Wangchuck) 부탄 국왕이 '좋은 발전은 사회에 행복과 웰빙을 가져다주는 것'이라 정의하고, 행복을 발전의 척도로 하는 국민총행복(Gross National Happiness ; GNH)이란 개념을 제시하였다. 영국의 신경제재단(New Economics Foundation ; NEF)은 각국의 기대수명, 생활만족도, 생태발자국(ecological footprint, 매일 소비하는 자원을 생산하고 배출되는 쓰레기를 처리하기 위해 필요한 토지와 물의 양) 등 3가지 부분 지표로 이루어진 행복지수(Happy Planet Index ; HPI)를 발표하고 있다.

2009년에는 노벨 경제학상 수상자인 스티글리츠(Joseph Stiglitz)와 센(Amartya Sen)이 중심이 된 '경제적 성과와 사회 진보 측정을 위한 위원회'(일명 스티글리츠 위원회)가 〈스티글리츠 보고서〉에서 '행복(well-being) GDP'의 측정에 필요한 요건들을 제시하였다. 첫째, 행복 GDP에는 경제적 활동의 질적인 측면이 반영되어야 한다. 예를 들어 가사나 육아 같이 지금은 GDP에 반영되지 않는 노동의 가치도 포함되어야 한다는 것이다. 둘째, 기존의 GDP가 생산을 중시하고 있는 데 반해 인간의 행복을 보다 중시해야 한다. 즉, 개개인이 체감할 수 있는 실질 가처분소득이나 의료, 교육과 같은 사회서비스의 수준 등을 고려해야 한다는 것이다. 셋째, 분배에 대한 평가기준도 마련되어야 한다. 예를 들어, 전체 소득은 증가하는데 소득불균형은 더욱 심화될 경우 일부 계층의 후생수준은 오히려 악화될 수 있기 때문이다. 마지막으로는 환경을 포함한 지속 가능성에 대한 가치가 현재보다 더 높게 반영되어야 한다. 생산을 중시하는 GDP는 자원을 소모할수록 높아지는 모순을 갖고 있다. 따라서 현재 우리가 가지고 있는 자원이 후대에도 영속적으로 활용될 수 있는 지속 가능성과 인위적인 활동에 의해 발생하는 환경문제를 반영할 수 있어야 한다는 것이다.

출처 : 가난하지만 행복한 은둔의 왕국! 부탄 (http://blog.naver.com/kyb2884)

참고 : 한국일보(www.hankooki.com), "행복 GDP가 뭔가요", 2009. 11. 23.
오마이뉴스(www.ohmynews.com), "〈스티글리츠 보고서〉에 담긴 '행복 GDP' 의 내용은?", 2009. 10. 28.

3 국가경제의 자금순환

지금까지는 국가경제의 순환에서 가계 · 기업 · 정부 · 해외부문 간 실물의 흐름에 초점을 맞추었다. 그러나 실물의 순환 못지않게 경제부문 간 자금의 순환도 중요하다. 자금순환은 다른 이름으로 자금의 융통이라고도 하는데, 이를 줄인 말이 '**금융**' (finance)이다. 실물부문이 제대로 돌아가기 위해서는 자금의 흐름, 즉 금융거래가 원활히 이루어져야 한다.

> **금융 = 자금의 융통**
> 실물부문이 제대로 돌아가기 위해 금융거래가 원활히 이루어져야 함

그렇다면 자금은 어떤 방향으로 흐르는 것일까? 기본적으로 자금은 화폐 및 금융시장을 통해 자금의 흑자부문으로부터 자금의 적자부문으로 흐른다. [그림 9-8]은 이러한 자금의 순환을 나타낸다. 전통적으로 가계부문은 소득이 소비보다 크기 때문에 저축의 크기만큼 자금의 흑자부문인 반면, 기업부문은 투자가 기업이윤보다 크기 때문에 자금의 적자부문으로 볼 수 있다. 정부부문은 조세수입과 지출규모의 상대적 크기에 따라 적자가 될 수도

> **자금의 흐름**
> 흑자주체인 가계로부터 적자주체인 기업으로 흐름

그림 9-8

국가경제의 자금순환

국가경제에서 자금은 금융시장을 통해 자금의 흑자부문(예를 들어 가계부문)으로부터 자금의 적자부문(예를 들어 기업부문)으로 흐른다.

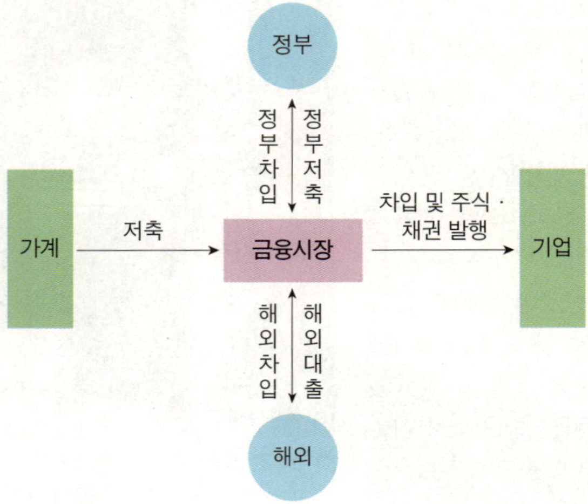

있고 흑자가 될 수도 있다.

일반적으로 자금의 순환에는 앞서 살펴본 생산·소비와 같은 실물경제활동과 관련된 것과, 실물경제활동과는 상관없이 금융자산을 거래할 때 발생하는 것이 있다. 전자를 자금의 산업적 유통, 후자를 금융적 유통이라고 부르는데, 양자는 서로 밀접하게 관련되어 있다. 더욱이 금융제도가 발전할수록 자금의 금융적 유통이 갖는 중요성은 커진다. 따라서 한 국가의 경제활동을 체계적으로 분석하기 위해서는 경제주체들의 실물거래뿐만 아니라 금융거래까지 총체적으로 파악해야 한다. 이를 위해 먼저 가계, 기업, 그리고 금융기관의 자금순환을 이해할 필요가 있다.

자금순환
- 산업적 유통 : 실물경제활동과 관련된 자금의 순환
- 금융적 유통 : 금융자산을 거래할 때 나타나는 자금의 순환

3.1 가계부문의 자금순환

국가경제에서 가계는 생산요소의 공급을 담당하고 그 대가로 요소소득을 취득한다. 그리고 취득한 요소소득을 재화 및 서비스의 구입에 사용하고 나머지를 저축한다. 물론 특정 개인 혹은 가계가 일정 기간 동안 소득보다 더

표 9-4

가계부문의 자금순환

(단위 : 억원)

자금의 운용			자금의 원천		
소비지출	70		소득	115	
금융자산	110		금융부채	65	
현금과 예금		50	대출금		60
보험 및 연금		20	상거래신용		3
채권 · 주식 및 출자지분		35	기타금융부채		2
기타금융자산		5			
합계	180		합계	180	

많은 지출을 할 수도 있다. 이 경우 개인 혹은 가계는 자금을 차입하거나 지난 기간 동안 쌓아온 저축으로부터 자금을 인출해야 할 것이다. 하지만 이러한 가계의 비중은 상대적으로 작으며, 대부분의 가계는 소득보다 소비가 적다. 따라서 가계부문은 경제 전체의 관점에서 볼 때는 저축부문, 즉 자금의 공급부문이 된다.

[표 9-4]는 가계부문의 자금순환을 나타낸 표인데, 대변(오른쪽)에는 자금의 원천(source of fund)이, 차변(왼쪽)에는 자금의 운용(use of fund)이 기록되어 있다. 자금의 원천에는 생산요소를 판매함으로써 획득한 소득 이외에 여러 금융부채를 활용해 조달한 자금이 표시되어 있다. 가계부문이 활용할 수 있는 대표적인 금융부채는 여러 금융기관의 대출금이다. 이 표에서 가계는 보유한 생산요소를 공급한 대가로 115억원의 소득을 얻고, 동시에 대출금을 비롯한 여러 금융부채를 이용해 65억원의 자금을 조달함으로써 모두 180억원의 자금을 확보했다. 이렇게 마련한 자금의 사용처는 자금의 운용에 기록되어 있다. 자금의 운용에는 소비지출 이외에도 다양한 금융자산을 구매하는 데 사용한 금액이 기록되어 있다. 가계는 소비지출을 하고 남은 자금을 주로 현금과 예금의 형태로 보유하지만, 채권 · 주식 등과 같은 유가증권에도 투자한다. 이 표에서 가계는 180억원의 자금 가운데 70억원을 소비하고 나

머지 110억원의 자금을 현금, 예금, 그리고 각종 금융자산의 형태로 보유하고 있다.

가계부문의 자금순환
자금의 흑자부문으로서 잉여자금의 자산운용 방법이 중요함

[표 9-4]에 나타나 있듯이 가계부문은 일반적으로 소득보다 소비지출이 더 적다. 이러한 자금의 잉여는 가계부문이 취득한 금융부채와 금융자산의 차이에서도 나타난다. 표에서 가계의 금융부채는 65억원, 금융자산은 110억원으로 가계부문은 45억원의 순금융투자를 기록하고 있다. 가계부문의 저축이 순금융투자로 이어지는 것이다. 결국 가계부문은 저축을 금융자산의 형태로 보유함으로써 자금의 공급주체가 되며, '여러 금융자산들을 어떤 비율로 보유할 것인가'가 가계부문 금융활동의 주된 내용을 이룬다.

현 실 과 경 제 학

고령화와 가계부채, 그리고 자산시장의 변화

2019년 12월 한국은행 금융안정보고서에 따르면 우리나라의 가계부채 증가세는 2017년 이후 주택시장 및 가계대출 관련 규제 강화 등의 영향으로 계속 둔화되면서 2019년 3/4분기 말에 전년 동기 대비 3.9% 증가하였다. 그러나 부채증가율이 소득 및 금융자산 증가율을 여전히 상회하여 가계의 채무상환 부담은 커진 것으로 나타났다. 특히 60대 이상 고연령 차주의 대출 비중이 2018년 말 17.6%에서 2019년 3/4분기 말

| 그림 | 고령화와 주택가격의 하락 위험

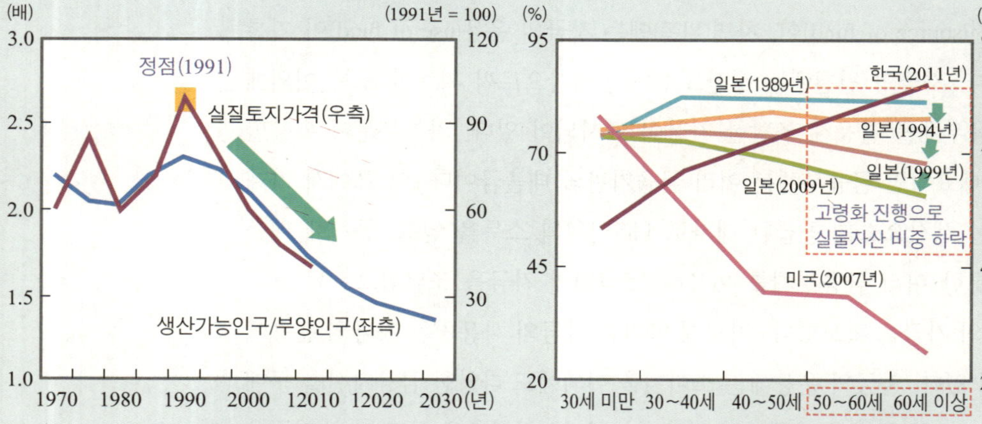

(a) 일본의 인구 변화와 주택가격

(b) 주요국의 연령별 실물자산 비중

자료 : Nishimura, "Macro-Prudential Policy Framework from an Asian Perspective," 2011.

자료 : 통계청 · 한국은행 · 금융감독원, 「2011년 가계금융조사」; 일본 총무성 전국소비실태조사 ; 미국 FRB.

18.1%로 높아지면서 2014년 이후의 상승 추세를 이어갔다.

고연령층의 가계부채 증가는 주택시장의 불안요인으로도 작용할 수 있다. 특히 소득창출 능력이 취약한 고연령 차주의 경우 노후 및 대출상환 자금 마련을 위한 주택 재조정(주택 처분 또는 주택규모 축소)이 빠르게 진행될 것으로 예상된다. 인구 고령화로 인해 고가의 대형 주택에 대한 수요가 감소하는 상황에서 이와 같은 고연령층의 주택 재조정은 주택가격의 하락요인으로 작용할 수 있다. 주택가격이 단기간에 급락할 경우 부채상환을 위해 손실을 감수하고서라도 주택 매각에 나설 가능성이 있고 이 과정에서 가계부실화가 촉발될 수 있다.

[그림]에서 볼 수 있듯이 일본의 경우 1990년대초 버블 붕괴 이후 장기간에 걸쳐 부동산 가격 하락세가 지속되고 있는데, 이는 노후자금 확보를 위해 고령자들이 더 많은 실물자산을 처분하고 있기 때문인 것으로 보인다. 우리나라의 경우 인구 고령화 진행속도가 매우 빠르고 50대 및 60세 이상의 실물자산 비중도 각각 79.3%, 84.9%로 일본 · 미국 등 주요국에 비해 크게 높아 고령화가 진행될수록 주택 매도 압력도 점점 커질 것으로 전망된다.

뿐만 아니라 인구 고령화에 따른 경제 전체의 저축률 하락은 금융시장에 공급되는 자금규모를 감소시켜 금융시장의 본래 기능을 위축시킨다. 또한 노년층이 소비에 필요한 자금을 조달하기 위해 금융자산을 현금화하여 자산수요가 감소하므로 자산가격도 하락할 수 있다.

3.2 기업부문의 자금순환

기업부문의 자금순환
자금의 적자부문으로서 필요자금의 조달방법이 중요함

기업은 이윤을 목적으로 투자를 한다. 개별 기업에 따라서는 유보이윤이 투자보다 많아서 자금의 잉여를 나타내는 기업도 있지만, 기업부문 전체로 보면 투자가 저축보다 많아서 자금이 모자라는 경우가 일반적이다. 따라서 기업은 부족한 자금을 외부로부터 조달하게 된다. 기업부문의 자금순환을 나타내는 [표 9-5]는 이러한 기업의 상황을 잘 보여준다.

기업은 지속적인 생산활동을 위해 기계 · 공장과 같은 생산설비를 확보해야 하며, 적절한 상품재고도 유지해야 한다. 또한 임금 지급을 위한 현금이 필요하고, 거래목적으로 금융자산도 보유한다. 이는 [표 9-5]에서 각각 순고정자본 형성(총고정자본 형성-고정자본 소모) · 재고증감 · 토지 및 무형자산 순구입으로 나타나 있고, 현금은 금융자산에 포함되어 있다. 금융자산의 취득을 제외한 나머지는 기업의 실물투자에 해당하는데, 이를 위해 기업이 사용할 수 있는 내부자금에는 유보이윤과 순자본이전이 있다.

일반적으로 기업의 내부자금이 실물투자를 하기에 충분하지 않기 때문

표 9-5

기업부문의 자금순환

(단위 : 억원)

자금의 운용			자금의 원천		
실물자산(실물투자)	130		내부자금	70	
총고정자본 형성		140	유보이윤		60
고정자본 소모		−70	순자본이전		10
재고증감		10			
토지 및 무형자산 순구입		50			
금융자산	70		금융부채(외부자금)	130	
현금과 예금		30	채권		20
채권 · 주식 및 출자지분		20	기업어음		(12)
상거래신용		5	회사채		(8)
직접투자		5	대출금		60
기타금융자산		10	정부융자		5
			주식 및 출자지분		20
			상거래신용		10
			직접투자		5
			기타금융부채		10
합계	200		합계	200	

기업의 자금조달 방법

- 직접금융 : 주식 및 채권 발행
- 간접금융 : 금융기관 이용

에 기업은 외부자금에 의존하게 된다. 구체적인 자금조달 방법은 다음과 같다. 첫 번째 방식은 주식을 발행하는 것이다. 예를 들어 액면가 10,000원짜리 주식을 20만 주 발행하면 20억원의 자금을 모을 수 있다. 기업의 주식을 보유한 주주는 기업의 투자가 성공하면 주식보유비율만큼 배당을 받지만, 투자가 실패하면 자신이 보유한 주식에 손실이 발생하는 위험을 안게 된다. 두 번째 자금조달 방식은 채권을 발행하는 것이다. [표 9-5]에서 기업은 주식 발행을 통해 20억원을 모았고, 나머지 자금 가운데 20억원은 금융시장에서 채권을 발행함으로써 조달하고 있다. 구체적으로 단기 금융부채인 기업어음을 통해 12억원, 장기 금융부채인 회사채를 통해 8억원을 모았다. 회사채를 구매한 투자자는 일정 기간 후 사전에 약속한 원리금을 받는다. 세 번째 자금조달 방식은 은행이나 기타 금융기관으로부터 자금을 일정 기간 빌려 쓰고 그 기간 동안 정해진 이자를 지급하는 것이다. [표 9-5]에서 기업은 60억원을 금융기관으로부터 차입하여 조달하고 있다.

[표 9-5]와 같이 기업부문은 일반적으로 보유한 자금보다 더 많은 금액을 투자하는 자금적자부문이다. 기업은 부족한 자금을 외부에서 조달하는데, 이는 순금융부채(금융부채-금융자산)의 증가로 나타난다. 결국 기업의 주요 금융행위는 부족한 투자자금을 어떠한 금융부채의 형태로 조달할 것인가와 관련된 의사결정이다.

3.3 정부부문의 자금순환

정부부문의 자금순환
자금의 흑자부문 또는 적자부문으로서 자금 부족 시 금융시장에서 조달함

정부는 국가경제에서 다양한 역할을 수행한다. 기본적으로 정부는 국민으로부터 세금을 걷어 공공행정, 국방, 교육, 각종 경제사업 등에 지출한다. 뿐만 아니라 정부의 정책적 지원이 필요한 부문에 자금을 융자해 주기도 하고 경제위기 시에는 공적자금을 투입하기도 한다. 정부부문의 이러한 다양한 활동에 따라 정부부문은 자금의 잉여주체가 되기도 하고 자금의 부족주체가 되기도 한다. 정부 활동에 필요한 자금이 부족한 경우 정부는 금융시장에서 필요한 자금을 조달하기도 한다.

중앙정부, 지방정부, 그리고 국민연금을 비롯한 각종 사회보장기금으로 이루어진 정부부문의 자금순환은 [표 9-6]과 같다. 정부는 조세수입을 주된 자금의 원천으로 한다. 조세수입에는 소득세, 재산세, 부가가치세 등의 각종 세금뿐만 아니라 국민연금 납부액 등의 사회보장기여금도 포함된다. 한편 도로, 항만, 공항 등의 국가시설을 운영하여 얻는 수수료 수입과 각종 과태료, 벌금 등은 정부의 세외수입으로 기록된다. 또한 정부는 건물, 토지를 비롯한 유·무형의 자산을 매각함으로써 자본수입을 얻는다. [표 9-6]에서 정부는 조세수입, 세외수입, 그리고 자본수입으로 각각 260억원, 70억원, 10억원의 자금을 조달하고 있다. 또한 정부는 필요한 자금을 금융시장에서 조달하기도 하는데, 정부가 금융시장에서 자금을 조달하는 대표적인 수단이 바로 국채이다. 국채는 미래의 조세수입을 근거로 하여 발행하는 금융상품으로 국채 발행이 증가할수록 경제주체들의 미래 조세부담이 증가한다. [표 9-6]에서 정

■ 표 9-6

정부부문의 자금순환

(단위 : 억원)

자금의 운용*		자금의 원천	
경상지출	240	경상수입	330
재화 및 용역에 대한 지출	100	조세수입	260
이자지급	15	각종 세금	(225)
보조금 및 경상이전	125	사회보장기여금	(35)
		세외수입	70
자본지출	80	자본수입	10
고정자산 취득	60	고정자산 매각	1
재고자산 매입	2	재고자산 매각	2
토지 및 무형자산 매입	3	토지 및 무형자산 매각	6
자본이전지출	15	자본이전수입	1
금융자산	80	금융부채	60
통화와 예금	5	국채	50
현금통화	(1)	대출금	5
각종 예금	(2)	기타 대외채무	2
양도성예금증서	(−1)	기타 금융부채	3
환매조건부채권	(2)		
금전신탁	(1)		
채권	20		
국채	(10)		
금융채	(2)		
회사채	(5)		
해외증권	(3)		
정부융자	30		
주식 및 출자지분	20		
기타 대외채권	1		
기타 금융자산	4		
합계	400	합계	400

* 정부지출의 경우 경제적 성격에 따라서는 경상지출, 자본지출로 구분되고, 기능적 분류에서는 정부지출 목적에 따라 일반 공공행정, 국방, 교육, 경제 사업 등으로 구분된다.

부는 국채 50억원을 포함하여 총 60억원의 자금을 금융부채의 형태로 조달하고 있다.

이렇게 조달한 자금을 가지고 정부는 다양한 경제활동을 한다. 공무원에게 임금을 지불하고 국가 운영에 필요한 재화를 구매하는 한편, 국채에 대한 이자, 각종 보조금, 연금 등을 지급한다. 정부사업을 시행하는 과정에서 부동산, 토지 등의 자본을 구입하기도 한다. [표 9-6]에서 정부는 재화 및 용역 구입, 이자지급, 각종 보조금 지급 등에 각각 100억원, 15억원, 125억원을 지출하고 있으며, 유 · 무형자산 취득을 위한 자본지출은 80억원을 기록하고 있다. 정부의 지출은 실물경제활동에만 국한되지 않는다. 사회보장기금은 기금운용 과정에서 수익을 올리기 위해 다양한 금융상품을 보유한다. [표 9-6]에서 정부는 각종 예금과 채권 등에 총 25억원을 투자하고 있다. 또한 정부는 중소기업 육성 등을 위해 융자를 실시하기도 하고 경제위기 시 기업 구조조정 등을 위해 공적자금을 투입하기도 한다. 정부는 부실채권정리기금, 구조조정기금 등의 공적기금 또는 한국정책금융공사 등의 공적금융기관에 출자하여 이들 기금 및 기관들로 하여금 부실채권을 매입토록 하는데, 그 결과 정부 보유의 주식 및 출자지분이 증가한다. [표 9-6]에서 정부는 30억원을 융자하고 주식 매입 및 자본금 출연에 20억원을 지출하고 있다.

[표 9-6]에서 정부는 경상수입과 자본수입의 합이 경상지출과 자본지출의 합을 초과하여 자금의 잉여(surplus)를 나타내고 있다. 이러한 잉여자금은 금융시장을 통해 자금의 부족(deficit)을 겪고 있는 주체들에게 직 · 간접적으로 공급된다. 그러나 정부부문이 언제나 자금의 잉여주체가 되는 것은 아니다. 조세수입을 비롯한 각종 수입이 고정된 상황에서 정부사업의 범위가 확대되고 지출액이 증가할 경우 정부는 자금의 부족주체가 된다. 부족한 자금은 대부분 국채를 발행하여 조달한다. 또한 정부융자 및 공적자금 투입 규모가 증가하는 경우에도 정부의 금융부채를 이용한 자금조달 필요성이 증가한다. 결국 정책적 판단, 사회적 필요에 의해 정부지출 규모가 결정되고, 이에 따른 자금 과부족을 금융시장을 통해 해소하는 것이 정부의 금융행위와 관련된 주된 의사결정이다.

3.4 금융기관의 대차대조표

대표적인 금융기관인 은행의 업무를 이해하기 위해서는 은행의 대차대

표지어음
금융기관이 어음금액을 나누어 재발행하여 판매하는 금융상품

양도성예금증서
제3자에게 양도가 가능한 무기명의 정기예금증서

환매조건부채권
일정한 기간이 경과한 이후 정해진 가격으로 동일 채권을 매수하는 조건으로 거래되는 채권

조표를 분석하는 것이 편리하다. [표 9-7]은 일반적인 은행의 대차대조표를 나타내고 있다.

먼저 부채 및 자본을 살펴보면 은행 부채의 대부분은 예금이 차지하고 있다. 요구불예금과 저축성예금 이외에도 **표지어음**, **양도성예금증서**, **환매조건부채권** 등 통화성 금융상품들도 은행의 자금조달 수단으로 이용된다. 또한 은행은 금융시장에서 유가증권을 발행하거나 일시적으로 지급준비금이 부족한 경우에는 타금융기관으로부터 자금을 차입하기도 한다. 하지만 예금을 제외한 나머지 금융부채들은 상대적으로 그 비중이 작으며, 예금이 가장 큰 비중을 차지한다. 요컨대 은행은 적은 자본금을 바탕으로 예금을 통해 대부분의 자금을 조달하며, 이때 주된 예금주는 가계부문이다. 한편 2008 글로벌 금융위기의 구조적 원인 중 하나인 '금융기관 레버리지의 경기순응성'으로부터 유추할 수 있듯이 오늘날의 은행들은 예금에 의존하는 전통적 자금조달에 더하여 환매조건부채권과 같은 시장성 수신을 통해 적극적으로 자금을 조달하고 있다.

표 9-7

은행의 대차대조표

(단위 : 억원)

자산		부채 및 자본	
현금(시재금)	100	요구불예금	550
중앙은행예치금	200	저축성예금	750
타은행에 대한 예금	50	표지어음	30
		양도성예금증서	70
대출	1,200	환매조건부채권	20
채권	200		
주식 및 출자지분	100	금융채	200
콜론	20	주식 및 출자지분	100
기타 금융자산	130	파생금융상품	30
		콜머니	10
		기타 금융부채	40
		자본금	200
합계	2,000	합계	2,000

현실과경제학

금융기관의 레버리지 경기순응성과 글로벌 금융위기

금융기관의 단순 레버리지(leverage)는 총자산을 총자본(= 총자산 − 총부채)으로 나눈 값으로 금융기관이 보유한 자기자본에 비해 부채를 얼마나 보유하고 있는지를 나타내며, 금융기관의 위험 정도를 측정하는 지표로 사용된다. 미국 뉴욕연방준비은행의 에이드리안(Tobias Adrian)과 프린스턴대학교의 신현송(Hyun Song Shin) 교수에 의하면, 미국 투자은행과 상업은행의 레버리지는 [그림]과 같이 경기변동에 따라 자산가격 변동과 같은 방향으로 움직이는 경기순응성(procyclicality)을 보여왔다.

| 그림 | 미국 투자은행의 레버리지 경기순응성

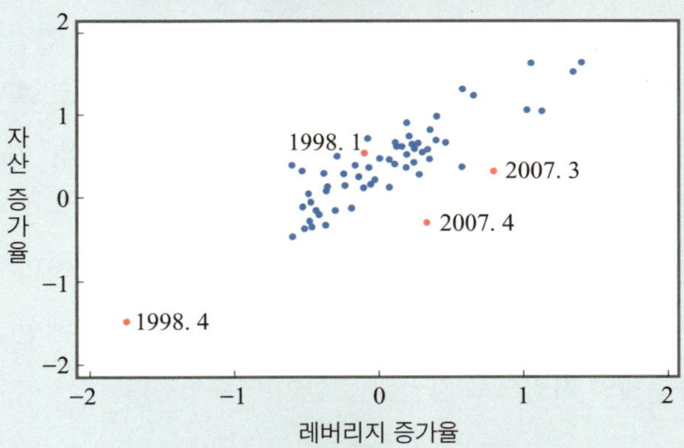

출처 : Adrian, T. and Shin, H. S., "Liquidity and Leverage," *Journal of Financial Intermediation*, 2008.

호황기에 총자산가치 상승으로 레버리지가 하락하면 은행은 잉여자본을 갖게 된다. 경기가 좋을 때에는 일반적으로 자산수익이 부채조달 비용보다 높기 때문에 은행은 부채를 늘려 조달한 추가 자금으로 자산을 매입하여 총자산을 더 증가시킴으로써 레버리지를 확대하여 자본수익률을 높일 유인을 갖는다. 실제로 투자은행과 시중은행들은 자산가격이 상승하면 주로 환매조건부채권(repo) 같은 시장성수신을 통해 부채를 증가시킴으로써 레버리지를 조정해 왔다. 반대로 불황기에 자산가격이 하락하면 자본이 부족하게 되어 레버리지는 상승하게 되는데, 이때에는 자산수익률 하락과 부채 조달비용 상승으로 은행은 자산을 매각하여 조달한 자금으로 부채를 줄여 총자산을 더 감소시킴으로써 레버리지를 낮추려 한다.

이러한 금융기관의 적극적인 대차대조표 조정은 호황기에 자산수요의 추가적 증가와 함께 자산가격 상승을 가속화시키고, 불황기에는 자산의 추가적 매도와 함께 자산가격 하락을 가속화시킴으로써 경기변동을 증폭시키는 피드백 메커니즘(feedback mechanism)으로 작용한다.

실제로 글로벌 금융위기를 촉발한 서브프라임 모기지 사태도 이러한 금융기관의 능동적인 대차대조표 관리의 부산물이었다. 2008년 금융위기 전까지 몇 년 동안 미국에서는 서브프라임 모기지론(돈을 빌린 사람들의 소득이 낮아 돈을 갚지 못할 확률이 높은 주택담보대출)이 급격하게 증가하였다. 특히 금융기관들이 부채로 자금을 조달하여 모기지론을 늘려나가는 이른바 레버리징(leveraging)이 급증하였다. 왜냐하면 주택가격이 빠른 속도로 상승하는 중이었고 미국 사람들의 소득이 지속적으로 증가하고 있었기 때문에 신용도가 낮은 사람이라도 쉽게 돈을 갚을 수 있을 것으로 생각했기 때문이다. 그런데 2006년 들어 금리가 올라가고 주택가격이 떨어질 기미가 보이자 전문적으로 모기지론을 취급하는 금융기관이 파산위기에 처하게 되었다.

이제 자산을 살펴보면 먼저 지급준비제도에 의해 은행이 보유하는 지급준비금이 있다. **지급준비금**은 고객의 예금인출에 대비해서 보유하는 것으로, 중앙은행에 예치되어 있을 수도 있고 은행이 현금 형태로 보유할 수도 있는데, 후자의 경우를 **시재금**(vault cash)이라고 한다. 따라서 지급준비금은 시재금과 중앙은행 예치금을 합한 것이다. 은행은 지급준비금이 충분한 경우 일시적으로 지급준비금의 부족을 경험하고 있는 은행에게 자금을 빌려주기도 한다. 은행은 지급준비와 관련된 금융자산들 이외에 여러 형태의 금융자산을 보유한다. 그 가운데 가장 큰 비중을 차지하는 금융자산이 바로 대출이다. 대출은 가계를 대상으로 이루어지기도 하지만 큰 규모의 대출은 대부분 기업을 대상으로 한다. 은행은 기업이 대출신청을 하면 투자안을 심사한 뒤 대출 여부를 결정한다.

파생금융시장
미래수익이 통화, 채권, 주식 등 금융자산의 미래수익 변동에 의해 결정되는 금융상품(예: 선물, 옵션, 스왑)

이상의 내용을 정리하면 결국 은행은 가계부문의 예금과 시장성 수신 등으로 자금을 조달하여 기업부문에 대출을 해줌으로써 저축과 투자를 연결한다. 이 과정에서 은행은 예금과 대출의 금리차(spread)만큼을 이윤으로 획득한다. 이때 예금 만기와 대출금 만기의 차이, 대출상대방의 신용위험, 예금인출에 대한 불확실성 등으로 인해 은행은 잠재적인 위험을 안게 된다. 결국 은행의 경영자는 안전성, 수익성, 그리고 유동성을 모두 고려하여 최적의 자산 · 부채의 규모와 구성비율을 결정하며, 그 과정에서 자금의 잉여주체인 가계로부터 자금의 부족주체인 기업으로 자금의 순환이 이루어진다.

은행
가계부문의 예금과 시장성 수신 등으로 조달한 자금을 기업부문에 대출해 주어 저축과 투자를 연결하고 예금과 대출의 금리차만큼을 이윤으로 획득함

4 자금순환계정

개별 경제부문의 저축 · 투자 패턴과 경제부문 간 자산 · 부채의 거래를 이해하는 데 필수적인 통계가 바로 **자금순환계정**(flow of funds account)이다. 자금순환표에는 개인(또는 가계)과 기업 · 정부 · 해외 등 경제의 각 부문이 일정 기간 동안 수행한 금융거래의 규모와 부문 간 상호관계, 그리고 생산 · 지출 등 실물활동과의 연관성을 기록한다. 국민소득 통계가 주로 실물거래를 분석한다면, 자금순환표는 주로 금융거래를 분석하면서 실물부문과 금융시

자금순환계정
경제의 각 부문이 일정 기간 동안 수행한 금융거래의 규모와 부문 간 상호관계, 그리고 실물활동과의 연관성을 기록

장 간의 연관성을 나타낸다. 자금순환표는 **유량**(flow) 통계인 금융거래표와 **저량**(stock) 통계인 금융자산부채잔액표로 구성된다.

[표 9-8]은 2016년 우리나라에서 경제부문별로 자금조달 및 운용의 유량 통계를 기록한 금융거래표이다. 우리나라의 자금순환표는 열(column)에 경제부문을, 행(row)에 금융거래 형태를 표시한다. 또한 각 부문에는 금융거래 형태별 자금조달을 기록하는 원천항목과 어떠한 금융거래 형태로 자금이 사용되었는가를 나타내는 운용항목이 있다. 따라서 자금순환표를 열로 보면 각 경제주체의 자금조달과 운용상황을 한눈에 알 수 있으며, 행으로 보면 금융자산(부채)별로 부문 간 수요 · 공급관계를 알 수 있다.

금융거래표에서 모든 경제부문의 경제활동은 실물거래와 금융거래로 구분되고, 이는 자금순환계정상에서 자금이 생산과정에서 사용된 이른바 산업

일정 기간 동안 측정한 것을 **유량**이라 하며, 주어진 시점에서 측정한 것을 **저량**이라 한다.

금융거래표의 구성

- 자본계정 : 자금의 산업적 유통을 기록
- 금융계정 : 자금의 금융적 유통을 기록

표 9-8

금융거래표(2016년)[1]

(단위 : 조원)

		총계		국내		금융법인		일반정부		비금융 법인기업		가계 및 비영리단체		국외	
		운용	조달	운용	조달	운용	조달	운용	조달	운용	조달	운용	조달	운용	조달
자본계정	저축		481		592		24		120		312		136		−110
	투자	480		480		11		81		320		68		0	
	저축투자차액	1[2]		111		12		39		−7		67		−110	
금융계정	합계	796	796	786	663	369	353	82	43	122	124	214	144	10	133
	예금	183	183	180	183	24	176	7	7	31	0	118	0	3	0
	보험 및 연금	95	95	95	95	4	95	0	0	3	0	88	0	0	0
	대출금	205	205	205	204	205	7	0	1	0	55	0	142	0	1
	유가증권	117	117	114	117	79	64	21	35	6	18	8	0	3	0
	대외거래	134	134	131	3	69	−8	33	0	27	11	2	0	3	131
	기타	63	63	62	62	−13	19	21	1	55	41	−2	2	1	1
	순자금 조달 · 운용		0		123		16		39		−2		70		−123

주 : 1) 소수점 이하 금액으로 인해 단수 차이가 발생할 수 있음.
2) 이론상 0이 되어야 하지만 통계적 불일치에 의해 1조원을 기록.

출처 : 한국은행, 『알기 쉬운 경제지표해설』, 2019.

적 유통(industrial circulation)을 기록하는 자본계정(또는 비금융계정)과 자금의 금융적 유통(financial circulation)을 기록하는 금융계정으로 나누어진다. 비금융계정은 해당 기간 동안의 저축과 투자, 즉 자본거래의 흐름을 표시하는 계정이다. 저축과 투자는 국가경제 전체의 입장에서 보면 사후적으로 항상 일치하지만 경제부문별로는 일치하지 않는 경우가 일반적이다. 한편 금융계정은 경제부문별로 저축과 투자 간에 차이가 발생했을 때 각 부문이 어떻게 그 부족자금을 조달하고 잉여자금을 운용하였는가를 기록한 계정이다. 금융계정에는 금융자산의 유동성과 채권 · 채무 관계에 따라 화폐용 금 및 특별인출권(SDR), 현금통화 및 예금, 대출, 채권, 주식 및 기타 지분, 보험 및 연금, 파생금융상품, 기타 채권 등이 표시된다. 한편 비금융계정의 저축-투자 차액과 금융계정의 순금융투자는 이론적으로 일치해야 하지만, 실제 통계에서는 기초자료의 사정 등에 의하여 일치하지 않는 경우가 대부분이다.

예를 들어 [표 9−8]에서 비금융 법인기업 부문의 자본계정과 금융계정을 살펴보자. 먼저 자본계정에서는 기업부문이 총 312조원을 저축하였는데, 투자는 320조원이나 이루어졌다. 이때 저축 · 투자 차액은 −7조원으로 기록된다. 한편 금융계정에서는 124조원의 자금이 대출(55조원), 유가증권(18조원), 대외거래(11조원), 그리고 기타(41조원)로 조달되었다. 이렇게 조달된 자금 중 총 122조원이 예금(31조원), 보험 및 연금(3조원), 유가증권(6조원), 대외거래(27조원), 그리고 기타(55조원)의 형태로 운용되었다. 이때 운용자금과 조달자금의 차액인 −2조원은 순금융투자로 기록되며, 이론적으로 저축 · 투자의 차액(−7조원)과 일치해야 하지만 실제로는 5조원의 차이를 보이고 있다.

한편 자금흐름을 자금의 공급과 수요 측면으로 나누어 파악해 보면, 자금을 공급하는 경제주체는 개인, 금융법인, 일반정부이고, 자금을 수요하는 쪽은 비금융법인기업, 국외부문이다. 이때 자금을 공급하는 부문의 순금융투자액은 125조원으로 자금잉여를 보이고 있고, 자금부족을 겪는 자금수요부문에서 이러한 잉여액을 정확히 사용함으로써 자금흐름이 수요와 공급에 의해 균형을 이루고 있다.

금융거래표

유량 통계로서 실물부문과 금융부문의 자금순환 및 경제부문 간 자금 과부족의 융통을 나타냄

요약하면 유량 통계인 **금융거래표**는 저축과 투자 등 실물부문의 자금순환(산업적 유통)과 금융부문의 자금순환(금융적 유통), 그리고 각 경제부문의

자금 과부족이 어떻게 서로 융통되는가를 나타낸다. 한편 저량 통계인 **금융자산부채잔액표**는 경제부문별 부(富)의 측정지표로서 금융자산과 부채는 소비 및 투자 규모에 영향을 미친다.

금융자산부채잔액표
저량 통계로서 경제부문별 부의 측정지표임

5 국가경제의 기본 문제

제 2 절(2.1 국내총생산(GDP)과 국민총생산(GNP))에서 살펴보았듯이 실질 GDP는 국가경제의 경제활동 수준과 그 변화를 종합적으로 나타내는 거시경제지표이다. [그림 9-9]는 1970년부터 2018년 4분기까지 우리나라의 실질 GDP를 분기별로 나타낸 것으로, 장기적 경제성장과 단기적 경기변동의 두 가지 중요한 특징을 보여준다.

그림 9-9

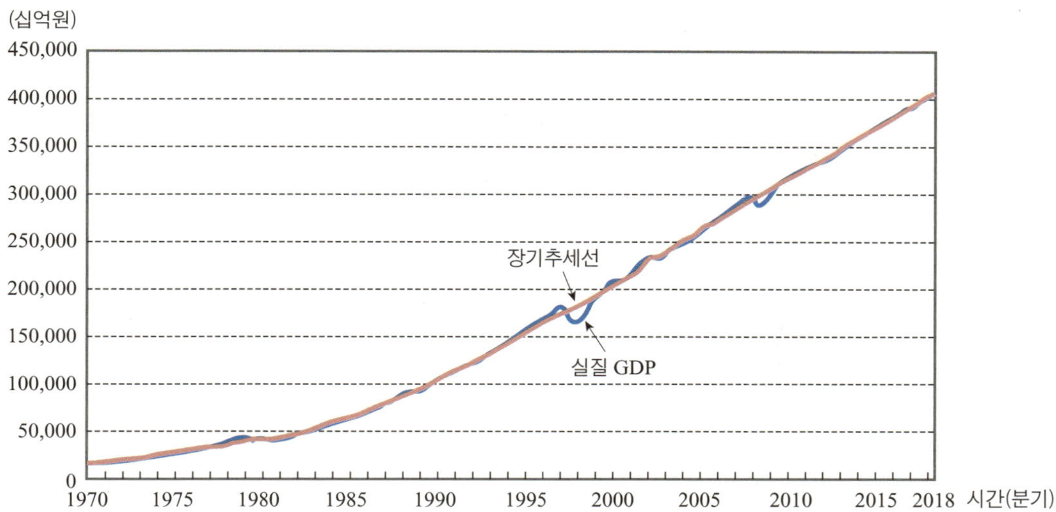

자료 : 한국은행 경제통계시스템(http://ecos.bok.or.kr)

우리나라의 실질 GDP
1970년부터 2018년 4분기까지 우리나라의 분기별 실질 GDP를 보면 장기적으로는 실질 GDP가 지속적으로 성장하는 추세이며, 단기·중기적으로는 실질 GDP가 장기추세선을 중심으로 상승과 하락이 반복되는 패턴을 보이고 있다.

5.1 장기적 경제성장과 단기적 경기변동

경제성장
장기적으로 실질 GDP가 지속적으로 증가하는 추세를 의미하며, 국가별로 큰 차이를 보임

첫째, 장기적으로 실질 GDP가 지속적으로 증가하는 추세를 보이고 있다. 이러한 국가경제의 장기적 성장은 오랜 기간에 걸쳐 생산능력(productive capacity)의 증가와 평균생활수준의 향상을 의미한다. 물론 1997년 외환위기와 2008년 글로벌 금융위기로 성장이 주춤했지만, 장기적 추세로는 경제성장이 지속적으로 이루어져 왔다. 하지만 이러한 경제성장은 국가별로 큰 차이를 보이는데, 국가 간 생산능력과 생활수준의 차이가 장기적으로 수렴하는가 아니면 발산하는가는 바로 국가 간 경제성장의 차이에 의해 결정된다. 이러한 장기적 경제성장(long-run economic growth)과 그 과정에서 나타난 국가 간 경제성장의 차이는 경제성장이론이 규명해야 할 주요 과제라고 할 수 있다.

그림 9-10

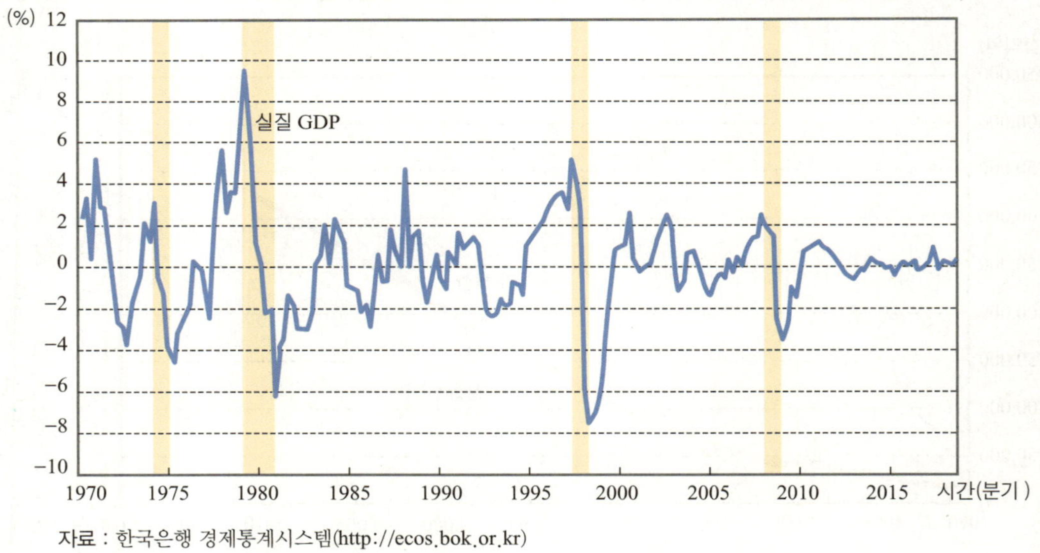

자료 : 한국은행 경제통계시스템(http://ecos.bok.or.kr)

우리나라 실질 GDP와 경기변동 추이

우리나라의 실질 GDP에서 장기추세선으로부터 벗어난 정도를 백분율로 나타낸 실질 GDP의 경기변동은 진폭과 진동수가 불규칙하다는 특징을 갖는다. 또한 실질 GDP의 경기변동 추이로부터 1970년대 이후 4차례 중요한 불황기, 즉 1974~1975년, 1979~1981년, 1997~1998년, 2008~2009년의 불황기를 확인할 수 있다.

둘째, 단기 · 중기적으로는 실질 GDP가 장기추세선을 중심으로 상승과 하락을 반복하는 패턴을 보이고 있다. 단기적으로 GDP가 상승하여 상점의 물건이 잘 팔리고 빌려준 돈도 별 어려움 없이 회수할 수 있으며 일자리도 쉽게 구할 수 있는 때가 있는가 하면, 반대로 GDP가 하락하여 경제의 움직임이 위축되고 모두가 살기 어렵다는 말을 하는 때도 있다. 이와 같이 경제활동이 때로는 활발하고 때로는 둔화되는 현상을 **경기변동**(business fluctuation 또는 business cycle)이라 한다. [그림 9-10]은 우리나라의 실질 GDP에서 장기추세선으로부터 벗어난 정도를 나타낸 실질 GDP의 경기변동을 보여준다. 우리나라에는 1970년대 이후 4차례 중요한 불황기, 즉 1974~1975년, 1979~1981년, 1997~1998년, 2008~ 2009년의 불황기가 있었음을 알 수 있다.

경기변동
단기 · 중기적으로는 실질 GDP가 장기추세선을 중심으로 상승과 하락을 반복하는 패턴을 보임

5.2 장기적 금융심화와 단기적 경기순응성

한편 국민소득은 **금융심화**(financial deepening), 즉 금융발달 정도와 매우 밀접한 관계를 갖는다. 금융심화는 대개 **금융연관비율**(= 금융자산/GDP)로 측정되는데, 금융연관비율이 상승한다는 것은 국민소득 대비 금융자산 규모가 증가하고 그만큼 금융서비스의 선택 폭이 넓다는 것을 의미한다. 구체적으로 자금수요자의 입장에서는 신용제약에 직면할 가능성이 낮아지고, 자금공급자의 입장에서는 자산 증식의 기회가 많이 발생한다는 것을 의미한다. 그 결과 자본의 효율적 배분이 이루어지고 경제성장의 기회가 증가한다.

금융심화
금융발달 정도로, 대개 금융연관비율로 측정

[그림 9-9]와 [그림 9-11]에서 알 수 있듯이 1970년대 중반 이후 우리나라는 국민소득과 더불어 금융연관비율이 동시에 증가해 왔다. 다만, 한국의 금융연관비율은 독일을 제외하고는 선진국에 비해 대체로 낮은 수준을 유지하고 있다. 2008년을 기준으로 한국의 금융연관비율은 8.4배로서 독일의 8.5배와 유사하지만, 미국의 9.7배, 영국의 18.1배, 일본의 10.9배 등에 비해 낮은 수준이다. 일반적으로 국민소득이 많은 나라일수록 금융연관비율이 상승하는 경향이 뚜렷하다. 실제로 미국 · 영국 · 일본 · 네덜란드 등 선진국

■ 그림 9-11

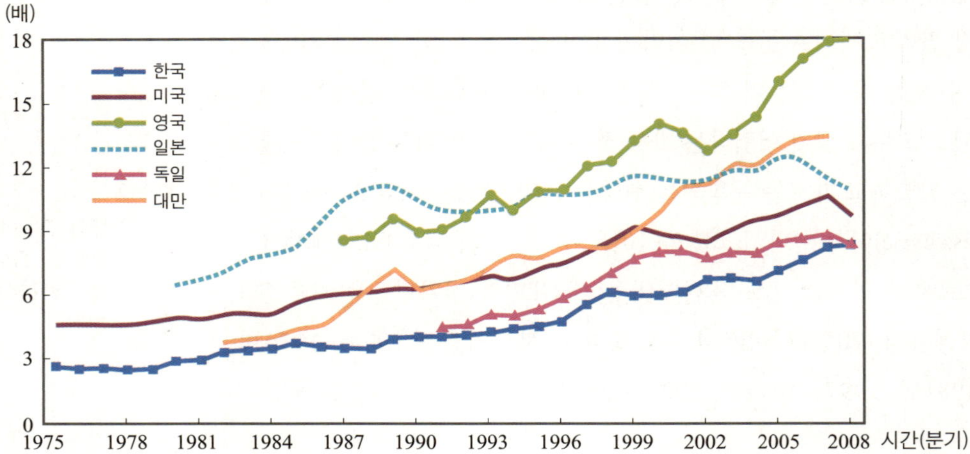

출처 : 김상조 · 김영식 · 박창균 · 최흥식 · 함준호, 『금융백서』, 제1장, 서울대학교출판원, 2013.

주요국의 금융연관비율 추이

1970년대 중반 이후 우리나라는 국민소득과 더불어 금융연관비율이 동시에 증가해 왔다. 다만, 한국의 금융연관비율은 독일을 제외하고는 선진국에 비해 대체로 낮은 수준을 유지하고 있다.

들은 금융연관비율이 높은 반면, 인도 · 인도네시아 · 이집트 등 소득수준이 낮고 금융산업의 발달이 미미한 지역은 금융연관비율이 낮다.

그러나 금융심화가 높아진다고 해서 항상 유익한 것은 아니다. 단기적으로 경기가 좋아지면서 금융심화가 높아지면 때때로 지나친 저금리나 자산가격 버블, 과도한 국채 발행 및 외국인 단기투자 등의 부작용이 발생할 수 있다. 예를 들어 [그림 9-12]를 보면 2007년 9월 서브프라임 사태가 발발하면서 자산가격 급락에 이은 경기침체와 함께 선진국의 금융자산 증가율이 크게 둔화되었다. 즉, 금융자산의 단기적 경기순응성이 나타난 것이다. 특히 소득에 비해 금융자산 증가속도가 가팔랐던 영국을 중심으로 선진국의 소득 대비 금융자산 증가율이 빠르게 하락하는 모습을 보였다. 한국도 비슷한 모습을 보였지만, 상대적으로 금융자산 증가율의 하락속도는 제한적이었다.

요약하면, 국가경제는 장기적으로 지속적 성장을 해오면서 단기적으로는 경기변동을 반복해 왔다. 또한 실물부문의 장기적 성장과 단기적 경기변

■ 그림 9-12

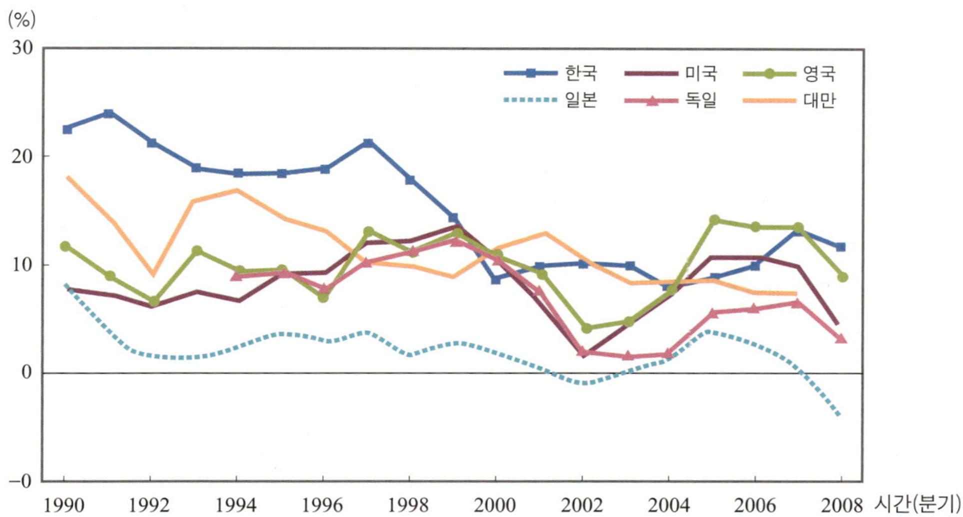

출처 : 김상조 · 김영식 · 박창균 · 최흥식 · 함준호, 『금융백서』, 제1장, 서울대학교출판원, 2013.

주요국의 금융자산 증가율

2007년 9월 서브프라임 사태가 발발하면서 선진국의 금융자산 증가율이 크게 둔화되었다. 한국도 비슷한 모습이 나타나기는 하지만 상대적으로 하락속도는 제한적이었다.

동은 금융부문과 밀접하게 연관되어 있다. 우리는 앞으로 이러한 국가경제의 기본 문제를 설명하기 위한 거시경제모형을 배우게 될 것이다.

요약 및 연습문제

1. 국가경제의 생산 · 소득 · 지출순환

국가경제의 순환은 노동 · 자본 등의 생산요소가 결합하여 생산물(소비재, 자본재 및 중간재)을 산출하고, 이 생산물이 다시 소비되거나 투자(총투자 = 대체투자 + 순투자)의 형태로 생산요소를 재생산하는 과정이다. 이 과정에서 일어나는 화폐소득과 지출의 순환과정을 국민소득의 순환이라고 한다.

1.1 가계부문과 기업부문 단순소득순환모형은 가계와 기업 사이의 생산물시장 및 요소시장과 관련한 실물과 화폐의 흐름을 분석한다. 요소시장에서 가계는 노동 · 토지 · 자본 등 생산요소(실물)를 제공하며 그 대가로 임금 · 지대 · 이자 등의 요소소득(화폐)을 얻는다. 그리고 생산물시장에서 기업은 재화와 서비스를 제공하고 가계는 그것을 구입함으로써 화폐와 실물의 순환이 이루어진다. 이때 가계의 저축은 소득순환을 감소시킨다는 의미에서 누출이고, 기업의 투자는 소득순환을 증가시킨다는 의미에서 주입이다.

1.2 정부부문과 해외부문 정부는 국민의 안녕 보장과 원활한 경제활동을 위해 지출하고 이에 필요한 자금은 조세로 충당한다. 이때 정부지출은 주입이 되고 조세는 누출이 되어 소득순환에 영향을 미친다. 한편 해외부분이 도입되면 누출은 저축 · 조세 · 수입이 되고 주입은 투자 · 정부지출(이전지출 포함) · 수출이 된다. 국민소득의 순환은 생산국민소득 · 지출국민소득 · 분배국민소득으로 파악할 수 있으며 생산물의 총가치가 생산요소비용과 같다는 점에서 3개의 크기가 모두 같은데, 이를 국민소득 3면등가의 법칙이라고 한다.

1.3 균형국민소득의 결정 생산을 통해 얻은 국민소득은 소비(C), 저축(S), 조세(T)로 모두 분배되고 처분된다. 따라서 국가경제의 총공급수준은 다음과 같이 나타낼 수 있다.

$$Y^s \equiv C + S + T$$

국민소득이 총수요에 의해 창출된다는 관점에서 보면 국가경제의 총수요수준은 소비(C), 투자(I), 정부지출(G), 순수출($X - Q$)의 합으로 나타낼 수 있다.

$$Y^d \equiv C + I + G + (X - Q)$$

국민소득의 균형은 다음과 같이 총수요와 총공급이 일치할 때 이루어진다.

$$Y^s \equiv C + S + T = C + I + G + (X - Q) \equiv Y^d$$

누출과 주입의 관점에서 보면 국민소득의 균형은 다음과 같이 누출의 합과 주입의 합이 일치할 때 이루어진다.

$$S + T + Q = I + G + X$$

물음 01. 국가경제의 지출과 소득순환에서 총생산의 가치가 총소득의 가치와 같아지는 이유는 무엇인가?

물음 02. 다음 질문에 간단히 답하라.

(1) 국민소득의 균형조건은 $Y^d = Y^s$라고 한다. 이것은 무슨 뜻인가?

(2) 폐쇄경제에서 (1)의 균형조건은 $I + G = S + T$라고도 한다. 이것의 의미는 무엇이며 $Y^d = Y^s$와는 무슨 차이가 있는가?

2. 국민소득계정

2.1 국내총생산(GDP)과 국민총생산(GNP) 일정 기간 동안 한 국가 내에서 생산된 최종생산물의 시장가치 총액을 국내총생산(GDP)이라고 한다. 이는 국가경제의 모든 생산과정에서 창출되는 부가가치와 감가상각액의 합계 또는 총지출인 민간소비, 민간국내총투자, 정부지출, 순수출의 합으로 다음과 같이 나타낼 수 있다.

$$Y \equiv C + I + G + NX$$

2.2 명목 GDP와 실질 GDP 특정 연도의 GDP를 당해 연도의 시장가격으로 나타낸 것을 명목 GDP, 특정 연도의 GDP를 기준연도의 시장가격으로 나타낸 것을 실질 GDP라 한다.

물음 03. 1985년에 새로 지어진 아파트가 2019년 들어 재건축 아파트에 대한 수요 증가와 함께 다시 팔렸다고 하자. 다음 물음에 답하라.

(1) 2019년에 다시 팔린 아파트의 가치는 2019년의 GDP에 포함되는가? 그 이유를 설명하라.

(2) 2019년에 아파트 매매를 도운 부동산 중개인에게 지급된 수수료는 2019년 GDP에 포함되는가? 그 이유를 설명하라.

물음 04. 어떤 국가경제의 생산품 수량과 가격이 다음 표와 같다고 하자.

	2020년		2019년	
	수량	가격	수량	가격
컴퓨터	100	60	90	50
배	100	2	75	2
옷	50	25	50	30
껌	8,000	0.6	10,000	0.8

(1) 이 나라의 2020년 명목 GDP를 구하라.

(2) 2019년을 기준연도로 할 때 2020년의 GDP 디플레이터와 실질 GDP 성장률을 구하라.

3. 국가경제의 자금순환

국가경제의 실물부문이 원활히 작동하기 위해서는 자금의 흐름, 즉 금융이 원활해야 한다. 자금의 흐름은 보통 흑자주체인 가계의 저축으로부터 적자주체인 기업의 투자로 나타난다.

3.1 가계부문의 자금순환 가계부문은 생산요소 공급의 대가로 얻은 요소소득을 바탕으로 재화 및 서비스를 구입하고 그 나머지를 저축하는데, 일반적으로 금융자산을 보유하는 형태로 저축을 함으로써 자금을 공급하는 역할을 한다. 따라서 가계의 금융활동은 주로 여러 금융자산을 어떤 비율로 보유할 것인가를 결정하는 것이다.

3.2 기업부문의 자금순환 기업부문은 자금적자부문으로 주요 금융행위는 투자자금을 어떠한 금융부채의 형태로 조달할 것인가에 관한 결정이다. 자금조달 방식은 크게 주식이나 채권 발행을 통한 직접금융과 금융기관을 통한 간접금융이 있다.

3.3 정부부문의 자금순환 정부는 조세 징수, 국채 발행 등을 통해 자금을 조달하며, 정책적 판단과 사회적 필요에 따라 정부지출 규모를 결정한다. 이에 따른 자금 과부족은 금융시장을 통해 해소된다.

3.4 금융기관의 대차대조표 은행은 주로 가계부문의 예금 형태로 자금을 조달하여 기업부문에 대출해 줌으로써 저축과 투자를 연결하고, 이 과정에서 예금과 대출의 금리차만큼을 이윤으로 획득한다. 은행은 안전성 · 수익성 · 유동성을 고려하여 최적의 자산 및 부채 규모와 구성비율을 결정하는데, 이 과정에서 가계로부터 기업으로 자금의 순환이 이루어진다.

물음 05. 국가경제의 자금순환에서 가계부문의 역할과 기업부문의 역할에 대해 간단히 설명하라. 이때 정부부문은 어떤 역할을 담당하는가?

물음 06. 다음은 기업이 자금을 조달하는 방식에 관한 문제이다. 물음에 답하라.

(1) 기업이 자금을 조달하는 데에는 대표적으로 세 가지 방식이 있다. 주식 발행, 채권 발행, 그리고 은행대출이 그것이다. 각 방식을 설명하고, 장 · 단점을 비교하라.

(2) 최근 기업들은 주식과 채권의 중간형태인 전환사채나 신주인수권부사채도 발행하고 있다. 이 증권이 각각 무엇인지 설명하고 기업과 채권자 입장에서 유리한 점을 각각 설명하라.

4. 자금순환계정

자금순환계정은 개별 경제부문의 저축 · 투자 패턴과 경제부문 간 자산 · 부채의 거래를 이해하는 데 필수적인 통계이다. 자금순환표에는 개인과 기업 · 정부 · 해외 등 경제의 각 부문이 일정 기간 동안 수행한 금융거래의 규모와 부문 간 상호관계, 그리고 생산 · 지출 등 실물활동과의 연관성을 기록한다. 자금순환표는 유량 통계인 금융거래표와 저량 통계인 금융자산부채잔액표로 구성된다.

물음 07. 이 장의 [표 9-8]에 소개된 우리나라의 금융거래표(2016년)를 보고 다음 물음에 답하라.

(1) 금융 법인기업의 비금융계정(또는 자본계정)에서 저축액과 투자액을 구하라. 만약 저축과 투자가 차이가 난다면, 저축초과액 또는 저축부족액의 크기를 구하라.

(2) 금융 법인기업이 금융계정을 통해 외부로부터 조달한 총 금액을 구하고, 그 조달수단을 열거하라. 이 중 금융자산의 형태로 운용된 자금을 구하고, 그 운용수단을 열거하라. 금융 법인기업의 경우 운용자금과 조달자금의 차액이 저축－투자 차액과 일치하는가?

(3) 개인부문에서의 투자와 저축은 일치하는가? 만약 일치하지 않는다면 저축초과액 또는 저축부족액의 액수는 얼마나 되는가? 개인부문의 운용자금 중 예금과 유가증권의 형태로 운용된 비율을 각각 구하라.

(4) 해외부문에서 도입된 외채의 크기를 구하라. 이 외채는 각각 어느 부문에서 얼마나 사용되었는가?

5. 국가경제의 기본 문제

5.1 장기적 경제성장과 단기적 경기변동 실질 GDP는 국가경제의 경제활동 수준과 그 변화를 종합적으로 나타내는 거시경제지표로서 두 가지 특징을 갖는다. 첫째는 장기적으로 실질 GDP가 지속적으로 증가하면서 국가 간 차이를 보여온 경제성장의 문제이고, 둘째는 단기적으로 실질 GDP가 장기추세선을 중심으로 상승과 하락을 반복하는 경기변동의 문제이다.

5.2 장기적 금융심화와 단기적 경기순응성 금융심화는 대개 금융연관비율로 측정하는데, 장기적으로 국민소득이 증가할수록 금융심화가 높아지는 경향을 보인다. 하지만 단기적으로 경기호황기에 금융심화가 지나치게 높아지면 궁극적으로 자산가격 거품 붕괴에 이은 경기침체로 금융자산 증가율이 급락할 수 있다. 즉, 금융자산의 단기적 경기순응성이 나타날 수 있다.

물음 08. 우리는 제 5 절에서 우리나라의 실질 GDP가 장기적인 경제성장과 단기적인 경기변동 현상을 보여왔다는 사실을 확인하였다. 이러한 특징은 우리나라의 실질 GDP에만 관측되는가? 몇몇 나라의 실질 GDP를 이용하여 답하라.

응용문제

물음 01. 국가경제를 순환과정으로 분석하는 이유는 무엇인가?

물음 02. 어떤 국가에서 기업들이 1년 동안 생산한 재화와 서비스의 총가치가 그것을 생산하는 데 투입된 생산요소의 가치보다 더 작았다고 하자. 이 국가경제에서 1년 동안 창출된 부가가치는 얼마가 되겠는가? 이러한 현상이 한동안 지속된다면 이 국가경제는 어떤 상황에 처하겠는가?

물음 03. UN이 매년 발간하는 인간개발보고서(Human Development Report)에는 세계 여러 나라의 1인당 실질 GDP뿐만 아니라 각 국가의 인간개발지수(Human Development Index ; HDI)가 발표되고 있다. 각자 HDI에 대해 좀더 자세히 알아본 뒤 다음 질문에 답하라.

(1) 인간개발지수(HDI)가 1인당 실질 GDP에 비해 보다 넓은 의미의 생활수준 척도로 여겨지는 이유는 무엇인가?

(2) 1인당 실질 GDP가 높은 나라는 HDI도 높은가? 선진국과 신흥시장국(또는 개발도상국)을 포함하여 임의로 10개의 국가를 선택한 뒤, 2019년 현재 각국의 1인당 실질 GDP와 HDI의 비교를 통하여 이 두 생활수준 지표 간의 관계를 서술하라.

물음 04. 제3 절(3.1 가계부문의 자금순환)의 〈현실과 경제학 : 고령화와 가계부채, 그리고 자산시장의 변화〉에서 살펴보았듯이 최근 소득창출 능력이 취약한 고연령층 차주의 경우 노후 및 대출상환 자금 마련을 위한 주택 재조정(주택 처분 또는 주택규모 축소)이 빠르게 진행될 것으로 예상된다. 인구 고령화로 인해 고가의 대형 주택에 대한 수요가 감소하는 상황에서 이러한 고연령층의 주택 재조정은 주택가격의 하락요인으로 작용할 수 있다. 이러한 주택가격의 하락이 가계부문, 기업부문, 그리고 금융부문의 자금순환에 미치는 영향을 설명하라. 실물부문에는 어떤 영향을 미치겠는가?

Chapter 10

국가경제의 장기적 경제성장

장기적 측면에서 인류는 끊임없는 경제성장을 경험했다. 특히 산업혁명 이후 서구의 자본주의 경제는 인류가 그 당시까지 수천 년에 걸쳐 이룩해 온 경제성장을 단 몇십 년 만에 이루었다. 자본주의 경제는 1930년대 대공황과 같은 심각한 위기도 있었지만 장기적으로 볼 때 오늘날에 이르기까지 비교적 순조롭게 지속적인 경제성장을 이룩해 왔다.

이 장에서는 앞서 살펴본 국가경제의 기본문제 중 장기적 경제성장을 체계적으로 알아보기 위해 세계 여러 나라의 장기적 경제성장 과정에서 나타난 주요 사실을 알아보고 이를 설명하는 경제성장이론과 경제성장을 촉진하기 위한 정책을 살펴보려고 한다. 이를 위해 다음과 같은 문제에 대해 논의해 보자.

- 국가경제는 장기적 경제성장 과정에서 어떤 특징을 보여왔는가?
- 국가경제의 총생산 결정요인 중 어떤 요인이 상대적으로 중요한 역할을 해왔는가?
- 장기적 경제성장 과정에서 나타난 소득수준의 지속적 증가와 국가 간 소득수준의 차이를 어떻게 체계적으로 설명할 것인가?
- 장기적 경제성장에 필수적인 저축과 투자는 어떻게 결정되는가?
- 경제성장을 촉진하기 위해 정부가 사용할 수 있는 정책에는 무엇이 있는가?

1 장기적 경제성장이란 무엇인가?

경제성장
국가경제의 총체적 생산수준 혹은 실질 국내총생산(real GDP)의 지속적 증가와 1인당 실질 GDP의 지속적 증가

경제성장의 원동력
- 노동력 증가
- 물적자본 축적
- 인적자본 축적
- 기술진보

경제성장(economic growth)이란 국가경제의 총체적 생산수준, 즉 실질 국내총생산(real GDP)의 지속적 증가와 1인당 실질 GDP로 측정한 생활수준의 지속적 향상을 의미한다. 따라서 주어진 시점에서 한 나라의 경제력과 국민들의 생활수준은 그 나라의 경제성장 정도에 의해 결정된다고 볼 수 있다. 나아가 국가 간 경제력과 생활수준의 차이가 장기적으로 수렴하는가 아니면 발산하는가는 바로 국가 간 경제성장의 차이에 의해 결정된다. 그렇다면 경제성장의 주된 원동력은 무엇일까? 경제성장은 인구증가를 통한 노동력의 증가 혹은 투자에 의한 물적자본 축적과 교육에 의한 인적자본 축적, 그리고 기술진보 등에 의해 이루어지기도 한다.

1.1 소득수준의 지속적 증가

[표 10-1]에서 볼 수 있듯이 18세기 **산업혁명**이 일어나기 전까지 세계 여러 나라의 생활수준은 오랜 기간 동안 크게 변화하지 않았다. 비록 실질 GDP가 증가하긴 했지만, 그것은 1인당 실질 GDP가 상승해서라기보다는 인구가 증가했기 때문이다. 구체적으로 1820년까지 세계 1인당 GDP 증가율은 0.05%에 불과했으며, 11세기 이전에는 전혀 성장하지 않았다.

산업혁명 이전
기술진보 부재, 자본축적 실패, 그리고 제한된 토지공급으로 인해 수확체감 현상이 나타남

이처럼 18세기 전까지 전 세계적으로 성장이 느렸던 것은 중요한 기술적 향상이 이루어지지 않았고 자본축적에도 실패했기 때문이다. 특히 농경사회에서는 토지의 크기와 생산성이 성장률을 결정했는데, 경작이 가능한 토지의 공급이 다하면 수확체감 현상이 나타났다. 이런 상황에서 산업혁명은 하나의 커다란 전환점이었다.

산업혁명 이후
- 전 세계적으로 인구가 증가했음에도 1인당 GDP가 크게 향상
- 여전히 미약한 성장세를 보이는 나라들이 존재

산업혁명 이후 지난 250여 년간 전 세계적으로 인구가 폭발적으로 증가하였음에도 1인당 GDP로 측정한 세계 평균 생활수준은 크게 향상되었다. [표 10-1]에서도 볼 수 있듯이 1820년 이후 세계 경제성장률은 큰 폭으로 증가했으며, 그 추세가 최근까지도 유지되고 있다. 물론 18~19세기의 경제

표 10-1

세계 여러 나라의 1인당 소득수준과 성장률

지역 \ 연도	1인당 소득수준				1인당 소득 연평균 성장률						
	1000	1820	1913	2010	1~1000	1501~1819	1820~1913	1914~1950	1951~1972	1973~2008	2009~2010
서유럽	427	1,455	3,488	20,889	−0.03	0.17	0.94	0.70	3.97	1.85	1.02
영국	400	2,074	4,921	23,777	0.00	0.43	0.93	0.93	2.22	2.07	1.01
프랑스	425	1,135	3,485	21,477	−0.01	0.18	1.21	1.08	3.93	1.56	1.01
독일	410	1,077	3,648	20,661	0.00	0.18	1.32	0.17	4.90	1.59	1.04
이탈리아	450	1,511	2,305	18,520	−0.04	0.00	0.45	0.87	5.09	1.80	1.01
동유럽[1)]	400	683	1,726	8,678	0.00	0.12	1.00	0.52	3.83	1.58	1.02
구소련	400	688	1,414	7,733	0.00	0.12	0.78	1.90	3.38	0.75	1.05
중남미	400	628	1,552	6,767	0.00	0.67	0.98	1.30	2.44	1.27	1.05
미국	400	1,361	5,301	30,491	0.00	0.21	1.47	1.61	2.19	1.81	1.02
아시아[2)]	470	591	691	6,307	0.00	0.01	0.17	0.10	3.74	3.43	1.07
일본	425	669	1,387	21,935	0.00	0.04	0.79	0.88	8.02	1.91	1.05
중국	466	600	552	8,032	0.00	0.00	−0.09	−0.56	2.34	6.13	1.10
인도	450	533	673	3,372	0.00	0.00	0.25	−0.22	1.40	3.61	1.07
아프리카	425	486	908	2,034	−0.01	0.00	0.67	−0.06	1.97	0.94	1.03
세계	453	712	1,543	7,814	0.00	0.05	0.84	0.84	2.78	1.80	1.04

주 : 1) 알바니아, 불가리아, 체코슬로바키아, 헝가리, 폴란드, 루마니아, 유고슬라비아
2) 일본 제외
출처 : The Maddison-Project.

성장은 영국을 중심으로 한 서유럽 지역에서 주로 이루어졌고, 오늘날에도 여전히 미약한 성장세를 보이는 나라들이 많다. 그러나 성장추세가 전 세계로 뻗어나가고 있으며, 특히 최근 들어 중국과 인도 등 기존의 개발도상국 경제가 빠르게 성장하고 있다.

지니계수
계층 간 소득불평등도를 나타내는 지표로서 1에 가까울수록 높은 불평등도를 나타낸다.

1.2 소득 · 부 불평등 심화

2018 세계불평등보고서

[그림 10-1]의 (a)에는 20세기 초반 이후 미국의 **지니계수**(Gini coefficient)가 나타나 있다. 지니계수의 추이를 보면 제2차 세계대전 이후부

터 1970년대 후반까지는 지니계수가 안정된 수준에 머물렀으나, 1980년대 이후 지속적인 상승 추세를 보여왔음을 알 수 있다.

이러한 현상은 2018 세계불평등보고서(World Inequality Report 2018)에서도 확인할 수 있다. [그림 10-1]의 (b)는 국가별로 상위 10%의 소득이 전체 소득에서 차지하는 비중 추이를 나타낸 것이다. 미국 · 캐나다의 경우 1980년에 동 비중이 34%였으나 이후 지속적으로 증가하여 2016년에는 47%에 달하였다. 나아가 이러한 증가세는 비록 국가별로 속도의 차이는 있지만, 다수의 국가에서 공통적으로 관찰되고 있다. 다시 말해 최근 상위계층으로의 소득집중 현상은 일부 국가에서만이 아닌 전 세계적인 현상으로 나타나고 있다.

그림 10-1

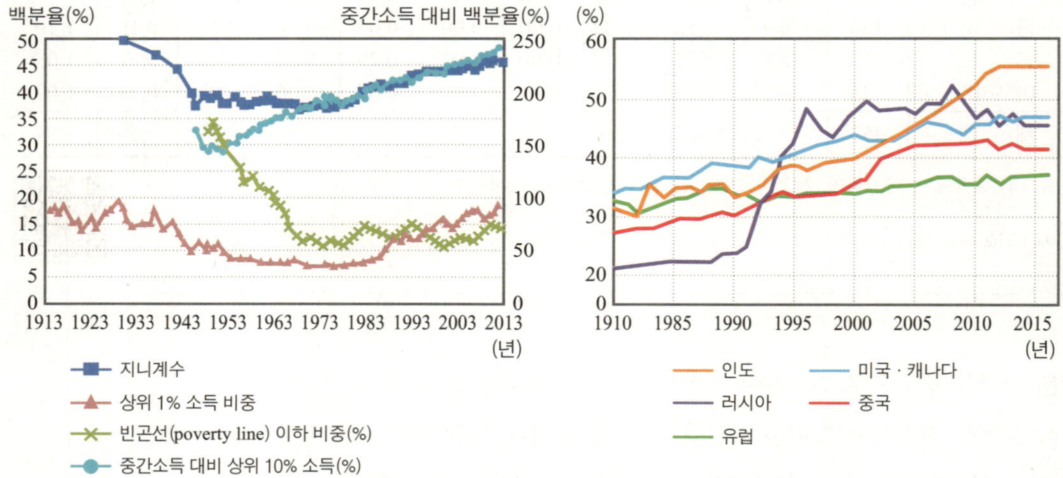

(a) 미국의 지니계수(Gini coefficient) 추이 : 1913~2013

출처 : Atkinson, B. A. *Inequality : What can be done?*, Harvard University Press, 2015.

(b) 국가별 상위 10%의 소득 비중 : 1980~2016

출처 : World Inequality Report(WID, 2018).

소득불평등 심화

미국의 지니계수는 제2차 세계대전 이후부터 1970년대 후반까지 안정적이었으나, 1980년대 이후 상승하는 추세이다. 뿐만 아니라 국가별로 상위 10%의 소득이 전체 소득에서 차지하는 비중도 증가해 왔다. 미국 · 캐나다의 경우 1980년에 동 비중이 34%였으나 이후 지속적으로 증가하여 2016년에는 47%에 달하였다. 이러한 소득의 편중이 심화되는 양상은 국가별로 속도의 차이는 있지만, 다수의 국가에서 공통적으로 관찰되고 있다.

상위계층으로의 소득집중 현상은 개별 국가 단위에서는 물론 전 세계를 하나의 국가처럼 합쳐 살펴보아도 확연하게 드러난다. [그림 10-2]의 (a)는 1980년 이후 전 세계 소득분위별 실질소득 증가율을 나타낸 것이다. 이 기간 동안 중국과 인도를 비롯한 아시아 국가들의 높은 경제성장에 힘입어 전 세계 하위 50%는 상위 50%보다 평균적으로 높은 소득증가율을 보여왔다. 그러나 소득분배 측면에서 하위 50%가 전체 소득증가분의 12%만을 차지한 반면, 상위 1%는 이보다 2배 이상 많은 27%의 소득증가분을 차지하였다.

1980년대 이후 전 세계적으로 소득불평등이 심화되었고, 이는 부의 불균형 현상으로 자연스럽게 이어짐

소득분배의 문제는 자연스럽게 부(Wealth)의 분배 문제로 이어진다. [그림 10-2]의 (b)에는 국가별로 상위 1%가 보유한 부의 비중이 나타나 있다. 미국의 경우 상위 1%가 보유한 부의 비중은 1980년에는 22%였으나 2014년에는 39%로 상승하였다. 중국과 러시아는 동 비중이 1995년에 각각 15%와

그림 10-2

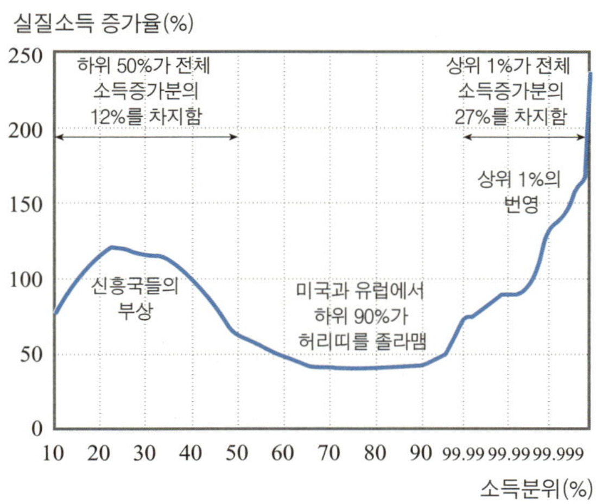

(a) 전 세계 소득분위별 실질소득 증가율 : 1980~2016

출처 : World Inequality Report 2018(WID).

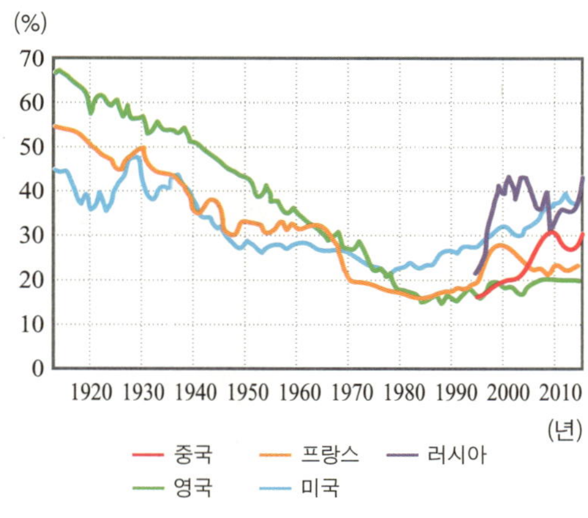

(b) 국가별 상위 1%의 부 집중도 : 1913~2015

출처 : World Inequality Report 2018(WID).

소득 · 부 불평등 심화

2018 세계불평등보고서에 따르면 그림 (a)에서와 같이 전 세계 하위 50%는 상위 50%보다 평균적으로 높은 소득증가율을 나타냈지만 하위 50%는 전체 소득증가분의 12%만을 차지했고, 상위 1%가 27%의 소득증가분을 차지하였다. 또한 (b)에서 국가별 상위 1%가 보유한 부의 비중은 대부분 1980년대까지 하락하는 추세였으나 이후 점차 상승하여 부의 불균형이 심해지고 있다.

22%였으나 2015년에는 2배 가량 상승한 30%와 43%를 기록하였다. 이와 같이 소득의 불균형과 더불어 부의 불균형 현상 또한 세계 각국에서 관측되고 있다.

2018 세계불평등보고서는 이러한 소득집중 현상의 원인으로 소득계층별 교육의 불평등, 고소득자의 빠른 소득 증가에 따라가지 못하는 조세제도 등을 지적하고 있다. 또한 동 보고서의 전망에 따르면 현재의 소득집중 추세가 지속될 경우, 개발도상국의 빠른 경제성장을 가정하더라도 전 세계 소득불평등 현상은 향후 수십 년간 더욱 심화될 것으로 예상된다. 따라서 소득불평등 현상은 현재는 물론 앞으로도 점점 더 중요한 글로벌 경제이슈로 부각될 가능성이 높다 하겠다.

1.3 국가 간 소득격차

산업혁명 이후 1인당 평균소득 수준은 증가했지만 부국과 빈국 사이의 소득격차가 줄어들지 않고 있음

[표 10-1]에서 볼 수 있듯이 지난 250여 년간 전 세계적으로 1인당 평균소득수준은 지속적으로 증가해 왔지만 부유한 국가와 가난한 국가 사이의 소득격차는 줄어들지 않고 있다. 최근 국제통화기금(IMF)의 191개 국가에 대한 조사에 의하면, 2016년 기준으로 가장 잘사는 나라인 룩셈부르크의 1인당 GDP가 10만 4,095달러였으며 그 뒤를 이어 스위스가 8만 346달러였다. 반면 가장 가난한 나라들인 말라위(Malawi)와 부룬디(Burundi)는 연소득이 각각 295달러와 325달러에 불과했다. [그림 10-3]은 2011년 1인당 국민총소득(GNI)으로 측정한 세계 여러 나라들의 연소득 분포를 보여준다.

국민총소득(GNI)
한 나라의 국민이 일정 기간 동안 벌어들인 임금 · 이자 · 배당 등의 소득을 모두 합친 것

이 중에서도 먼저 눈에 띄는 점은 오늘날 가장 부유한 국가들의 소득이 가장 가난한 국가들의 소득보다 약 30배나 높다는 것이다.* 이러한 생활수준의 커다란 차이는 주로 지난 200여 년간 발생하였다. 19세기 초반부터 시작된 국가 간 소득격차는 20세기 중반까지 그 격차가 꾸준히 커졌다. 매디슨(Angus Maddison)의 연구에 따르면, 1820년에 서양의 1인당 소득($1,140, 1990년 국제가격 기준)은 동양의 1인당 소득($540)보다 2.1배 높았다. 그러나 1950년에 서양의 1인당 소득($5,450)은 동양의 1인당 소득($727)보다 7.5배

* Parente, S. and Prescott, E., *Barriers to Riches*, MIT Press, 2000.

■ 그림 **10-3**

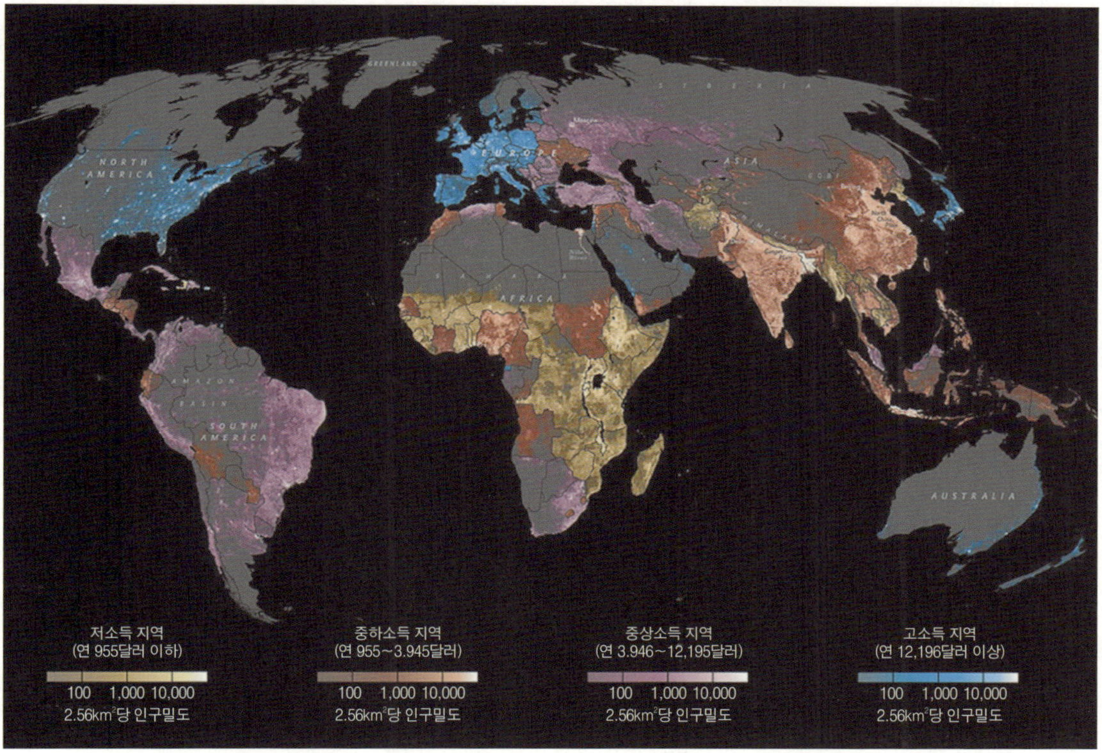

출처 : *National Geographic*, The World of Seven Billion.

전 세계 국가들의 1인당 소득(2011)
2011년 지역별 인구밀도를 포함하여 연평균 1인당 GNI로 측정한 세계 여러 지역의 소득분포를 살펴보면, 북아메리카와 서유럽 지역이 가장 부유한 반면 아프리카와 아시아 지역에 가장 가난한 국가들이 집중되어 있다.

현재 전 세계 소득분포는?

나 높았다. 이것은 영국을 필두로 하여 유럽과 미국의 소득이 35~40년 동안에 두 배로 증가하면서 다른 나라들보다 훨씬 더 빠르게 성장했기 때문이다.

20세기 후반에도 선진국의 빠른 성장은 계속되었지만, 동양과 서양 간 소득격차는 더 벌어지지 않았으며 1970년 이후부터는 오히려 그 격차가 감소해 왔다. 서머스(Robert Summers)와 헤스톤(Alan Heston)의 연구에 의하면 1960년에는 7.3배에 달했던 서양과 동양의 격차가 1995년에는 3.7배로 낮아졌다. 이것은 최근 들어 동양의 개발도상국들이 서양의 선진국들보다 상대

20세기 후반 동양과 서양 간의 소득격차는 더 벌어지지 않았으며, 1970년 이후부터는 오히려 그 격차가 감소해 왔음

Asia's rise
— how and when

적으로 더 빠르게 성장해 왔기 때문이다. 특히 이 기간 동안 소위 기적(miracle)을 일으킨 몇몇 나라들은 선진국들보다 훨씬 더 빠른 속도로 성장하였다. 일본은 1955~1980년 사이에, 대만은 1965~1990년 사이에 1인당 소득이 5배로 증가했으며, 우리나라도 1965~1990년 사이에 6.3배나 증가했다. 이러한 기적은 주로 후진국에서 일어났으며, 경제성장을 늦게 시작한 나라들일수록 소득을 두 배로 늘리는 데 걸리는 시간이 선진국보다 훨씬 적게 걸렸다. 예를 들어 1985년 미국 1인당 소득($20,000)의 10%인 나라들이 1950년 이전에 소득을 두 배로 늘리는 데 걸린 시간이 45년이었다면, 1950년 이후에 소득을 두 배로 늘리는 데 걸린 시간은 15년에 불과했다.

그렇다면 일반적으로 가난한 국가는 부유한 국가를 따라잡을 수 있는가? [그림 10-4]의 (a)는 세계 각국의 1960년 노동자 1인당 소득과 1960~2008년 연평균 성장률 간의 관계를 산포도로 나타낸 것이다. 이 그림은 일반

그림 10-4

국가 간 소득수준의 차이 (1960~2008)

세계 각국의 1인당 소득과 그 성장률 사이에는 특정한 관계가 존재하지 않는다. 이것은 세계 각국의 1인당 소득이 장기적으로 수렴하지 않음을 보여준다.

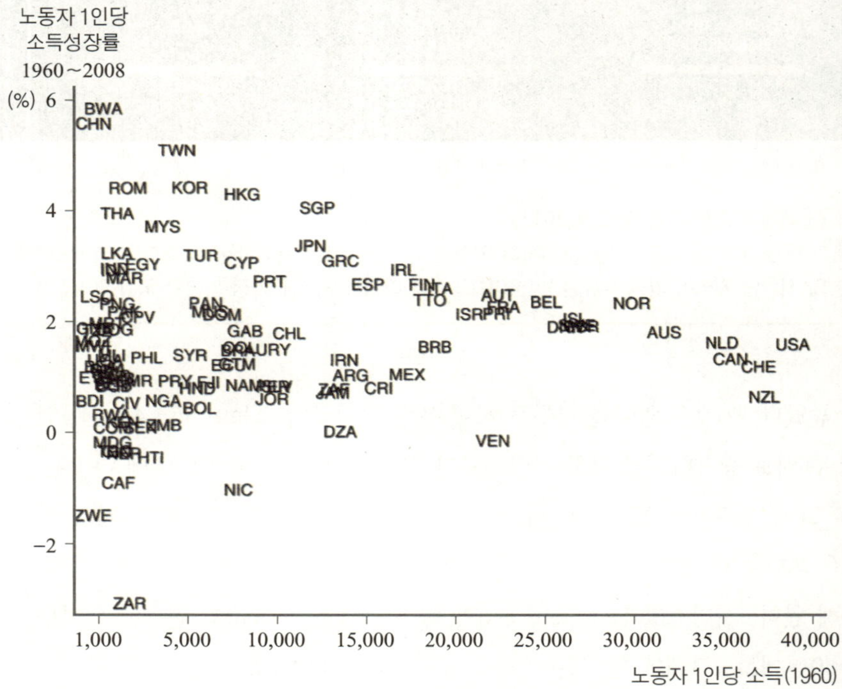

출처 : Jones, C. and Vollrath, D., *Introduction to Economic Growth*, 3rd ed., W. W. Norton, 2013, p.67.

적으로 각 나라의 1인당 소득수준과 그 성장률 사이에 특정한 관계가 없음을 보여준다. 1인당 소득수준이 상대적으로 낮은 국가의 성장속도가 빠르다거나 1인당 소득수준이 높은 국가의 성장속도가 느린 현상이 나타나지 않고 있다. 즉, 세계 각국의 1인당 소득이 장기적으로 수렴하지 않고 있다는 것이다.

세계 각국의 1인당 소득수준과 성장률 사이에 상관관계가 없어 1인당 소득이 장기적으로 수렴하지 않음

2 장기적 경제성장의 주요 사실

이러한 장기적 경제성장의 주요 특성과 사실들을 종합하여 칼도(Nicholas Kaldor)는 산업혁명 이후 한 국가의 경제성장 과정에서 관측되어 온 정형화된 사실들을 다음과 같이 정리하였다.

니콜라스 칼도(1908~1986)

(1) 1인당 소득과 자본량은 지속적으로 증가해 왔으며, 생산성 증가율도 감소하지 않았다.
(2) 1인당 소득과 투자율 사이에 양의 상관관계가 있으며, 특히 양의 상관관계가 높을수록 부유한 나라가 많다.
(3) 1인당 소득과 인구성장률은 역의 상관관계에 있다.

한편 국가 간 경제성장의 수렴성 여부와 관련하여 다음과 같은 정형화된 사실들에도 주목할 필요가 있다.

(4) 산업혁명이 시작된 1800년에서 1950년까지 국가별 1인당 소득수준의 차이가 지속적으로 커졌는데, 특히 서유럽 · 미국 · 캐나다 · 호주 · 뉴질랜드 등의 국가들과 나머지 국가들 간의 소득격차가 꾸준히 증가했다.
(5) 1960년 이후 1인당 실질소득과 경제성장률 사이에는 상관관계가 없다. 즉, 일반적으로 가난한 국가와 부유한 국가 사이에 소득수준이 수렴하지 않고 있다. 예외적으로 부유한 국가들 사이에서는 1인당 소득수준이 수렴하는 경향을 보이고 있으며, 1960년 이후 동아시아와

경제성장의 정형화된 사실
- 1인당 소득과 자본량 및 생산성이 지속적으로 증가
- 1인당 소득과 투자율 간 양(+)의 상관관계
- 1인당 소득과 인구성장률 간 음(−)의 상관관계
- 산업혁명 이후부터 1950년까지 국가별 1인당 소득수준의 차이가 지속적으로 커짐
- 1960년 이후 1인당 소득과 경제성장률 간 상관관계는 없음
- 국가 간 생산성 증가율에는 차이가 큼

남미의 몇 국가들은 선진국들과의 소득격차를 줄여왔다.

(6) 국가 간 생산성 증가율에는 큰 차이가 있다.

3 경제성장의 요인 : 성장회계

앞에서 경제성장을 한 경제의 생산능력이 지속적으로 확대되는 것이라고 정의했다. 그리고 생산능력의 확대는 국내총생산 또는 1인당 국내총생산의 증가율로 측정할 수 있다. 따라서 경제성장을 결정하는 요인은 곧 총생산의 증가를 결정하는 요인이다.

경제성장의 요인
• 생산요소(자본, 노동)의 투입량
• 기술진보

총생산은 무엇보다도 생산요소의 투입량에 의해 결정된다. 생산요소의 투입을 증가시키면 한계생산체감의 법칙에 따라 한계생산은 감소하지만 총생산은 증가한다. 그러면 대표적 생산요소인 자본과 노동은 각각 얼마만큼 경제성장에 기여하는가? 이것은 자본과 노동의 한계생산성에 의해 결정된다. 자본에 비해 노동이 상대적으로 풍부한 나라는 자본 1단위에 대해 적어도 1단위 이상의 노동이 결합되기 때문에 자본의 한계생산이 노동의 한계생산에 비해 상대적으로 높다. 따라서 경제성장에 노동보다 자본이 더 중요하다. 반대로 자본이 노동에 비해 상대적으로 풍부한 나라는 노동 1단위에 대해 적어도 1단위 이상의 자본이 결합하기 때문에 노동의 한계생산이 자본의 한계생산에 비해 상대적으로 높다. 따라서 노동의 증가가 성장의 중요한 요인이 된다. 그러므로 이 두 생산요소 가운데 어떤 생산요소가 경제성장에 더 크게 기여하는가는 그 경제의 **요소부존도**(factor endowment ratio), 다시 말하면 자본과 노동의 상대적인 부존상태에 따라 달라진다.

요소부존도
자본과 노동의 상대적인 부존상태

또 하나의 중요한 성장요인으로 기술진보가 있다. 특히 오늘날 경제성장은 과학과 기술진보의 결과이다. 여기서 기술이라고 하는 것은 비단 어떤 재화와 서비스를 생산하는 기술만을 지칭하는 것이 아니라 판매나 소비, 사회조직이나 운영, 기타 모든 부문의 기술 및 지식의 진보를 의미한다. 과거의 경제성장은 그 전부터 잘 알려진 기술수준에서 이루어진 데 비하여 현재의 경제성장은 폭발적인 기술진보 속에서 이루어지고 있다. 물론 기술진보는 자본축적과 밀접한 관계에 있다. 기술진보는 보통 새로운 자본설비에 체화되며, 풍부한 자본은 빠른 기술진보의 밑거름이 된다.

우리는 지금까지 경제성장의 결정요인을 생산요소 투입량의 증가와 기술진보 두 가지로 나누어 설명하였다. 성장이론에서는 보통 생산요소 공급의 증가에 따른 경제성장을 **양적** 또는 **외연적**(extensive) **성장**이라 하고, 생산성의 증가에 따른 경제성장을 **질적** 또는 **내연적**(intensive) **성장**이라고 한다. 역사적으로 대부분의 국가에서 초기의 경제성장은 외연적 성장이었으나 생산요소 투입량의 증가에는 한계가 있기 마련이므로, 지속적인 성장을 위해서는 생산요소의 질적 개선을 통해 내연적 성장을 추구해야 한다.

외연적 성장
생산요소 투입의 증가에 따른 경제성장

내연적 성장
생산성의 증가에 따른 경제성장

경제성장의 요인을 분석하기 위해 다음과 같은 국가경제의 총생산함수를 가정하자.

$$Y = zF(K, L) \tag{10.1}$$

여기서 Y는 총생산수준, K와 L은 각각 자본투입과 노동투입을 나타낸다. 또한 z는 기술수준을 나타내는데, 자본(K)과 노동(L)의 생산성에 공통적으로 영향을 미치는 **총요소생산성**(total factor productivity ; TFP)이라고도 불린다. 이 생산함수에 의하면 총생산(Y)의 지속적 증가를 의미하는 경제성장은 기술진보(z의 상승) 또는 자본(K)이나 노동(L)의 양적 증가를 통해 이루어진다. 한 나라의 경제성장을 이렇게 기술진보, 자본증가, 노동증가가 기여하는 세 부분의 합으로 보고, 경제성장에 대한 총요소생산성 · 자본 · 노동의 상대적 기여도를 파악하는 것을 **성장회계**(growth accounting)라 한다.

총요소생산성
자본과 노동의 생산성에 공통적으로 영향을 미치는 요소, 기술수준

성장회계
한 나라의 경제성장을 기술진보, 자본증가, 노동증가가 기여하는 세 부분의 합으로 보고, 경제성장에 대한 총요소생산성 · 자본 · 노동의 상대적 기여도를 살펴보는 것

[표 10-2]는 1960~2010년 동안 주요국의 성장회계를 기간별로 나타낸 것이다. 먼저 1960~1990년 사이에 동아시아 국가들은 역사적으로 유례없는 높은 성장을 이룩했는데, 이는 주로 자본과 노동 투입이 증가했기 때문이다. 실제로 한국의 경우를 보면 1966~1990년 동안 연평균 10.3%의 높은 성장률을 나타냈는 데, 자본기여율(46%)과 노동기여율(42%)에 비해 총요소생산성의 기여율(12%)은 대체로 낮은 수준에 머물렀다. 한편 같은 기간 주요 선진국의 경제성장은 대부분 자본투입과 총요소생산성이 주도하는 패턴을

■ 표 10-2

주요국의 성장회계

(단위 : 연평균 증가율, %)

국가		1960~1990	1990~1995	1995~2000	2000~2005	2005~2010
한국[2)]	Y	10.30	7.66	5.08	5.3	3.3
	L	4.33(42)	1.46(19)	−0.52(−10)	0.98(18)	−0.44(−13)
	K	4.74(46)	1.98(26)	1.84(36)	1.58(30)	1.04(32)
	TFP	1.24(12)	4.22(55)	3.76(74)	2.76(52)	2.68(81)
일본	Y	6.8	2.12	0.78	1.38	1.05
	L	0.95(14)	−0.5(−24)	−0.9(−115)	−0.46(−33)	0.05(5)
	K	3.87(57)	1.3(61)	0.98(126)	0.64(46)	0.2(19)
	TFP	1.97(29)	1.32(62)	0.68(87)	1.2(87)	0.78(74)
프랑스	Y	3.5	1.32	2.36	1.94	0.64
	L	0.04(1)	−0.36(−27)	0.44(19)	0.14(7)	0.08(13)
	K	2.03(58)	0.76(58)	0.78(33)	0.78(4)	0.58(91)
	TFP	1.44(41)	0.94(71)	1.12(47)	1.02(53)	0(0)
독일	Y	3.2	1.1	1.58	1.06	0.66
	L	−0.26(−8)	−0.8(−73)	−0.12(−8)	−0.44(−42)	−0.08(−12)
	K	1.89(59)	0.7(64)	0.66(42)	0.5(47)	0.38(58)
	TFP	1.57(49)	1.2(109)	1.02(65)	0.96(91)	0.34(52)
영국	Y	2.5	1.18	3.14	3.18	0.76
	L	−0.10(−4)	−1.1(−93)	0.86(27)	0.36(11)	0.02(3)
	K	1.30(52)	1.28(108)	1.38(44)	1.18(37)	0.94(124)
	TFP	1.30(52)	1.04(88)	0.9(29)	1.64(52)	−0.2(−26)
미국	Y	3.1	2.32	3.94	2.58	0.78
	L	1.30(42)	0.68(29)	1.74(44)	−0.1(−4)	−0.4(−51)
	K	1.40(45)	0.72(31)	1.06(27)	0.82(32)	0.58(74)
	TFP	0.40(13)	0.96(41)	1.12(28)	1.86(72)	0.66(85)

주 : 1) ( ) 안은 요인별 기여율(%).
2) 한국의 경우 1960~1990 대신에 1966~1990.

출처 : OECD.

보였으나, 지속적인 인구유입이 있었던 미국은 예외적으로 노동투입의 기여율이 높게 나타났다. 1960년대 말 부터 1980년까지 관측되었던 미국의 생산성 저하(productivity slowdown)는 당시 노동자들이 새로운 정보통신기술(information communication technology)을 직접 배워가는 과정에서 나타난 것으로 볼 수 있다. 실제로 1990년대에 들어서는 노동자들의 정보통신기술 습득에 힘입어 생산성이 다시 회복되는 모습을 보였다.

둘째, 1990년대 이후 2008년 글로벌 금융위기 직전까지 미국 · 영국을 제외한 대부분 국가의 성장률은 1960~1990년대에 비해 큰 폭으로 감소했다. 특히 일본은 1990년대 이후 연평균 성장률이 1%대로 급락하면서 '잃어버린 20년' 을 겪었다. 또한 1960~1990년대와 달리 한국을 포함한 대부분의 국가에서 총요소생산성과 자본투입의 성장기여율이 높게 나타났다. 예외적으로 미국이 1995~2000년에 걸쳐 3.94%의 비교적 높은 연평균 성장률을 보였는데, 자본투입과 총요소생산성에 비해 노동투입이 중요한 기여를 했다. 한편 2008년 글로벌 금융위기와 대침체로 인해 미국 · 영국을 포함한 주요 선진국들은 한동안 낮은 경제성장을 기록하였으며, 이후 최근까지 완만한 회복세를 이어나가고 있다. 신흥국들의 성장세는 금융위기 이후 계속 부진한 모습을 보였으나 최근에는 다시 확대 조짐을 보이고 있다.

한편 여러 나라의 경제성장요인 분석에서 전통적인 성장요인으로 간주되어 온 자본, 노동, 총요소생산성 이외에 한 나라의 인적자본에 대한 투자, 즉 교육수준이 그 나라의 생활수준을 결정하는 주요 요인으로 지적되었다. [그림 10-5]는 여러 나라들의 1인당 실질소득이 평균교육수준과 강한 양의 상관관계를 갖고 있음을 보여준다.

인적자본과 경제성장
평균교육수준과 1인당 실질소득은 강한 양(+)의 상관관계를 가짐

■ 그림 10-5

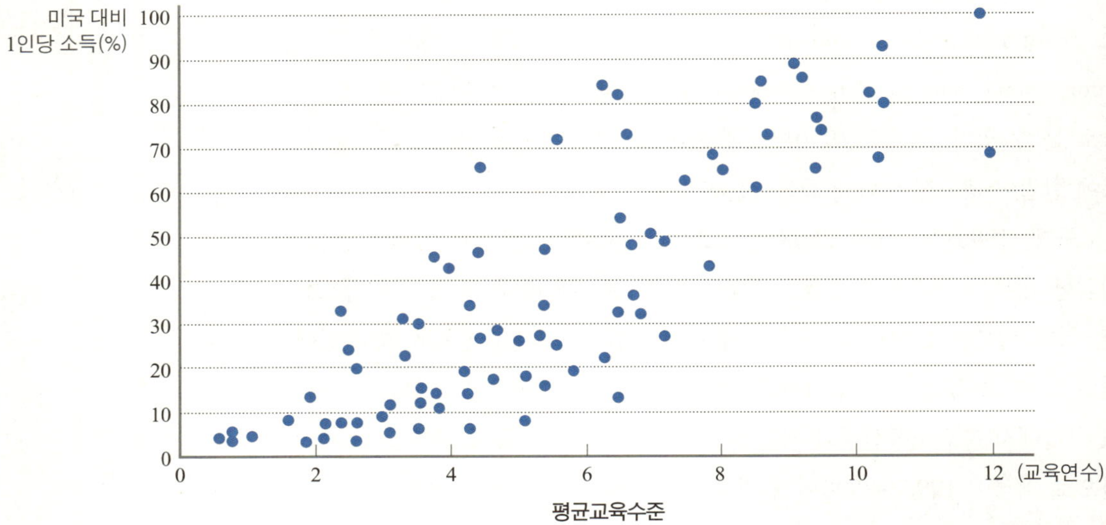

출처 : Jones, C., *Introduction to Economic Growth*, W. W. Norton, 1998, Table B.2.

교육수준과 1인당 소득

여러 나라들의 1인당 실질소득은 평균교육수준과 강한 양의 상관관계를 갖고 있다.

뉴 스 와 경 제 학

한국 경제의 저성장, 고착화되는가?

| 그림 1 | 한국의 GDP 성장률 추이

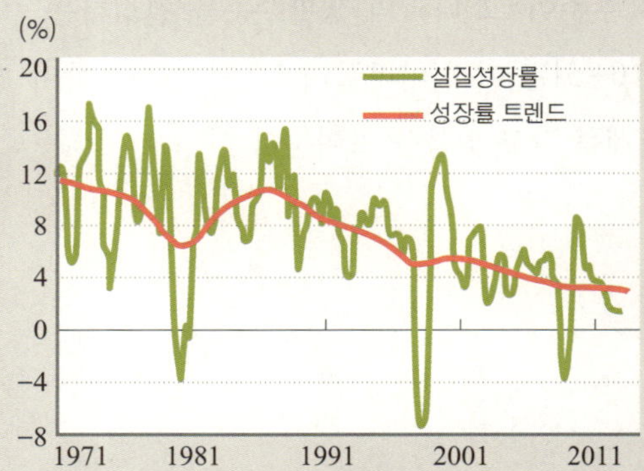

자료 : 한국은행

한국 경제는 1997년과 2008년 두 차례 금융위기의 영향으로 성장잠재력이 급격하게 둔화되었으며, 이로 인해 1980년대 8.6%이던 평균 GDP성장률이 2000년대에는 4.4%로 하락했다. 특히 최근에는 과도한 가계부채와 높은 수출의존도 등 국내경제의 취약성 때문에 글로벌 금융위기의 악영향이 확대됨으로써 저성장세가 가속화되어 왔다.

이러한 성장률 둔화의 가장 근본적인 원인은 고정투자의 축소 등 내수 위축에서 찾을 수 있다. 최근 10년간 고정투자 증가율이 연평균 1.6%에 불과하여 같은 기간 중국의 24.1%는 물론 1970년대의 17.9%와도 비교가 안 될 정도로 저조해 고정투자의 침체가 성장잠재력을 훼손해 왔다. 고정투자의 성장기여율은 1971~1979년 44.9%에서 2003~2012년 15.2%로 추락하였으며, 설비투자의 성장기여율은 26.8%에서 14.8%로 12.0% 둔화되었다.

또한 잇따른 금융위기를 겪으면서 임금 및 자산소득 증가율이 추세적으로 하락하고 양극화가 심화되면서 소비여력을 제한한 점과 최근 가계부채 부담 및 부동산 시장 부진과 같은 구조적인 요인도 내수를 위축시켜 성장률 둔화를 야기했다. 외부요인으로는 글로벌 금융위기 이후 주요국의 경쟁적 양적완화로 인한 달러 및 엔화 약세가 수출을 통한 국내경제의 회복을 제한하고 있다.

한편 핵심 생산인구가 감소하면서 고령화가 빠른 속도로 진행되는 등 생산요소의 이탈도 가속화되고 있다. 경제규모 확대와 더불어 성장률의 둔화는 불가피한 측면이 있으나, 최근 설비투자 감소와 핵심 생산인구의 이탈에 따른 빠른 성장률 둔화로 실제 성장률이 잠재성장률을 지속적으로 미달하고 있기 때문에 저성장의 악순환으로부터의 탈출이 시급한 상황이다.

| 그림 2 | 해외투자 및 국내 설비투자 추이

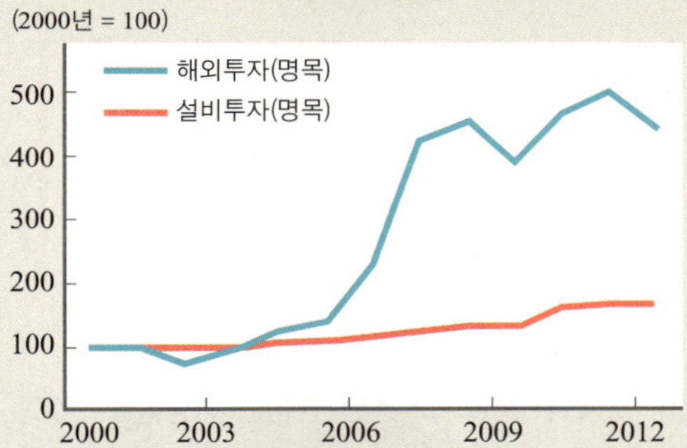

자료 : 한국은행, 수출입은행

| 그림 3 | 핵심 생산인구(25~49세) 추이

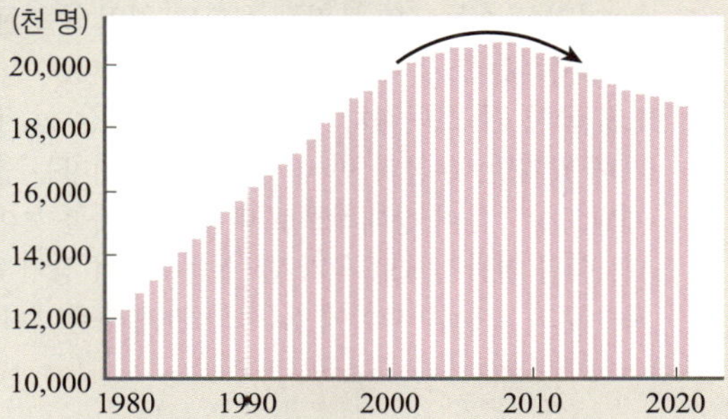

자료 : 통계청

출처 : "장기 저성장 대응 시리즈(1) : 저성장, 고착화되는가?", 하나금융정보 장기 저성장 대응시리즈, 하나금융경영연구소, 2013. 5. 7.

요약 및 연습문제

1. 장기적 경제성장이란 무엇인가?

1.1 소득수준의 지속적 증가 경제성장이란 실질 GDP의 지속적 증가와 1인당 실질 GDP로 측정된 평균 생활수준의 지속적 향상을 의미한다. 특히 1820년 이후 세계 경제성장률은 큰 폭으로 증가했으며, 그 추세가 최근까지 유지되고 있다. 하지만 오늘날에도 여전히 낮은 수준의 성장세를 보이는 나라들이 많다. 한편 장기적 경제성장과 함께 금융심화도 나타났다.

1.2 소득 · 부 불평등 심화 경제성장으로 증가한 소득과 부가 모든 사람에게 균등하게 분배되지는 않는다. 1980년대 이후 소득분배가 점점 더 상위계층으로 집중되는 소득집중 현상이 전 세계적으로 관측되고 있으며, 부의 분배 또한 유사한 흐름을 보이고 있다. 2018 세계불평등보고서는 이러한 소득 · 부 불평등 심화의 원인으로 교육의 불평등, 고소득자의 빠른 소득 증가에 발맞추지 못하는 조세제도 등을 지적하고 있다.

1.3 국가 간 소득격차 지난 250여 년간 전 세계적으로 1인당 평균 소득수준이 지속적으로 증가해 왔지만, 부국과 빈국 사이의 소득격차는 좁혀지지 않았다. 그러나 1970년 이후부터 동양의 개발도상국들이 상대적으로 빠른 성장세를 보이면서 부국과 빈국 간 소득수준 격차는 감소해 왔다. 한편 일반적으로 국가 간 소득수준이 장기적으로 수렴하지 않지만, 부유한 국가들의 경우 소득수준과 성장률 사이에 음(−)의 관계가 존재하여 소득이 장기적으로 수렴하는 현상을 보인다.

물음 01. 다음 그림은 OECD 각국의 1960년 노동자 1인당 소득과 1960~2008년 연평균 성장률을 산포도로 나타낸 것이다. 이 그림에 의하면 OECD 국가들의 소득수준이 수렴하고 있는가, 아니면 수렴하지 않고 있는가? 그 이유를 설명하라.

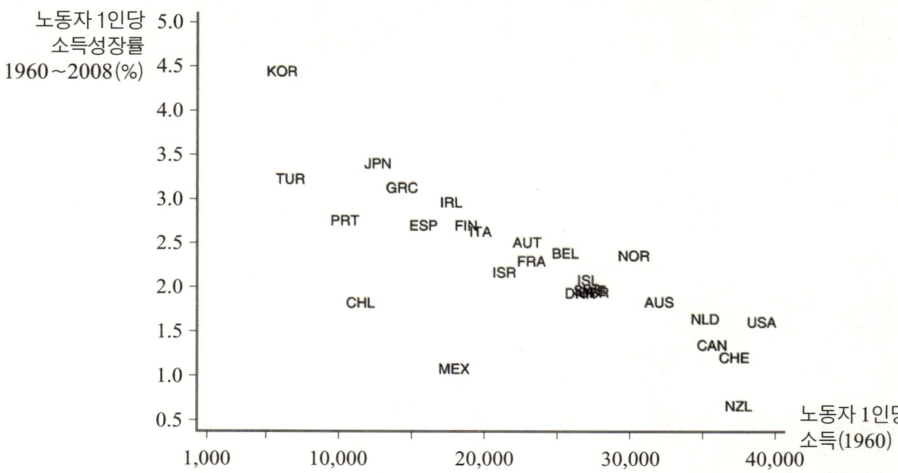

출처 : Jones, C. and Vollrath, D., *Introduction to Economic Growth*, 3rd ed., W. W. Norton, 2013, p.66.

2. 장기적 경제성장의 주요 사실

한 국가의 경제성장 과정에서 나타난 정형화된 사실은 1인당 소득과 자본량의 지속적 증가, 1인당 소득과 투자율 간 양의 상관관계, 1인당 소득과 인구성장률 간 역의 상관관계 등으로 요약할 수 있다. 한편 국가 간 경제성장의 수렴성과 관련하여 가장 중요한 사실은 가난한 국가와 부유한 국가 사이에 소득수준이 수렴하지 않고 있다는 것이다.

3. 경제성장의 요인 : 성장회계

국가경제의 총생산함수로부터 경제성장률은 자본증가율, 노동증가율, 기술진보율의 합으로 구성된다. 개별 생산요소와 기술수준이 경제성장에 기여하는 상대적 중요도를 나타낸 것을 성장회계라고 한다. 1960~2010년 주요국의 성장회계를 보면, 먼저 1960~1990년 동아시아 국가들은 주로 노동투입 증가를 바탕으로 높은 성장을 기록했다. 같은 기간 주요 선진국의 경제성장은 대부분 자본과 총요소생산성이 주도하는 모습을 보였다. 1990년대 이후 대부분 국가의 성장률이 큰 폭 감소했는데, 예외적으로 미국의 경우 1990년대 중후반 노동투입의 기여로 높은 성장률을 보였다. 2008년 금융위기와 대침체 이후에는 주요 선진국들이 한동안 낮은 경제성장을 기록하였으며, 이후 최근까지 완만한 회복세를 이어나가고 있다. 신흥국들의 성장세는 금융위기 이후 계속 부진한 모습을 보였으나 최근에는 다시 확대 조짐을 보이고 있다.

물음 02. 다음 표는 1960년대 중반부터 1990년경까지 동아시아 몇 개 국가와 미국의 실질 GDP 연평균 성장률에 자본과 노동, 총요소생산성이 상대적으로 기여한 정도를 보여주고 있다. 1960년대 중반 동아시아 국가들의 실질 GDP와 총요소생산성은 미국의 실질 GDP와 총요소생산성보다 낮은 수준이었다.

	실질 GDP의 연평균 성장률	상대적 성장 기여도		
		자본	노동	총요소생산성
한국(1966~1990)	10.17%	39.6%	43.8%	16.6%
싱가포르(1966~1990)	8.75%	64.6%	33.1%	2.3%
홍콩(1966~1991)	7.29%	40.9%	27.6%	31.5%
대만(1966~1990)	9.40%	33.6%	38.7%	27.7%
미국(1966~1990)	3.03%	37.9%	42.3%	19.8%

(1) 표에 있는 국가들의 경제성장 특징을 각각 설명하라. 단, 각 나라의 실질 GDP는 자본과 노동, 총요소생산성에 의해 결정되며, 그 관계는 다음 그림과 같다고 가정한다.

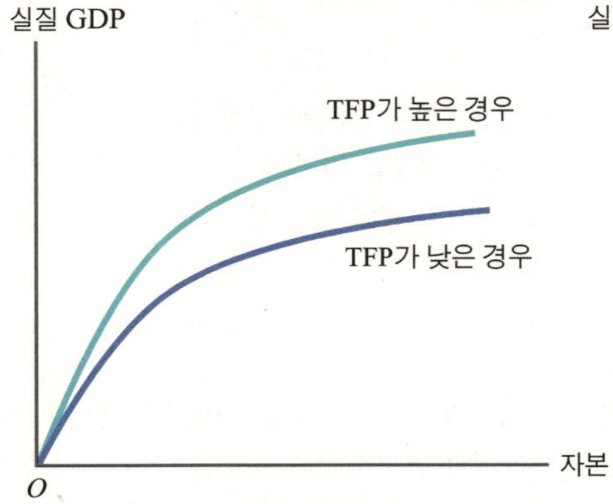

| 그림 1 | 노동이 일정한 경우

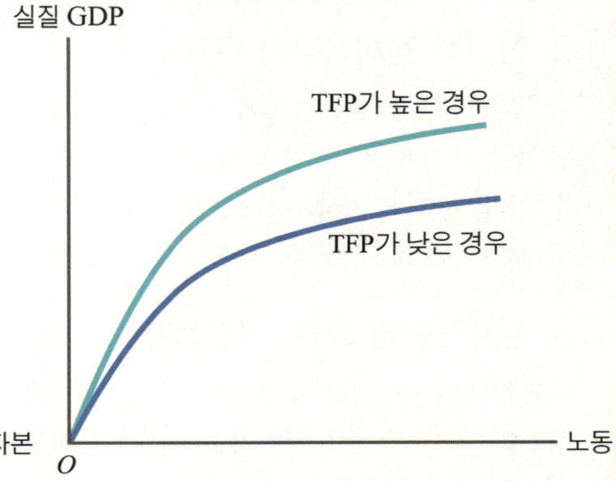

| 그림 2 | 자본이 일정한 경우

(2) 1인당 실질 GDP가 두 배로 증가하는 데 걸리는 연수를 쉽게 계산할 수 있는 방법으로 다음과 같은 '70의 법칙(rule of 70)'이 있다:

$$\text{두 배가 되는 데 필요한 연수} \fallingdotseq \frac{70}{\text{성장률}}$$

위 표에 있는 국가들의 1인당 실질 GDP가 두 배가 되는 데 걸리는 연수를 각각 구하라.

Chapter 11

경제성장이론과 경제성장정책

이 장에서는 장기적 경제성장의 주요 사실을 설명하는 모형과 경제성장을 촉진하기 위한 정책에 대해 알아보려고 한다. 이를 위해 다음과 같은 문제에 대해 논의해 보자.

- 장기적 경제성장 과정에서 나타난 소득수준의 지속적 증가와 국가 간 소득수준의 차이를 어떻게 체계적으로 설명할 것인가?
- 장기적 경제성장에 필수적인 저축과 투자는 어떻게 결정되는가?
- 국가 간 경제성장의 차이를 가져온 자본축적과 생산성의 결정요인은 무엇인가?
- 경제성장을 촉진하기 위해 정부가 사용할 수 있는 정책에는 무엇이 있는가?

1 경제성장이론

토마스 맬더스(1766~1834)

맬더스의 이론
1인당 소비 가능한 식량이 그 수준에 미치지 못한다면 사망률이 증가하여 인구가 줄어드는 반면, 그 수준 이상일 경우 출생률이 증가하여 인류는 최소한의 식량수준에서만 생존이 가능하다는 이론

오늘날 여러 국가가 매년 4~5%의 성장률을 기록하고 있다. 그러나 제10장의 [표 10-1]에서 보았듯이 이런 성장속도는 오랜 인류 역사에서 비교적 최근에 나타난 현상이다. 18세기 영국의 산업혁명 이후 급격한 성장이 가능하였지만, 그 이전에는 제로수준의 성장을 보였고 심지어 1인당 소득수준으로 대표되는 건강지수는 지속적으로 서서히 악화되었다는 연구결과도 있다. 이렇게 정체된 상태를 설명하는 것이 바로 **맬더스(Thomas R. Malthus)의 이론**이다. '인구는 기하급수적으로 늘어나지만 식량은 산술급수적으로 증가한다'는 것이 맬더스 이론의 핵심이다. 즉, 수확체감의 법칙에 의해 추가적인 노동에서 얻어지는 식량의 양이 점차 적어진다는 것이다. 이 이론에 의하면 인류가 생존하기 위해 필요한 최소한의 식량수준이 존재하는데, 1인당 소비 가능한 식량이 그 수준에 미치지 못한다면 사망률이 증가하여 인구가 줄어드는 반면 그 수준 이상일 경우 출생률이 증가해 인류는 결국 최소한의 식량만 가지고 생존할 수밖에 없다.

맬더스의 이론에 따르면 우리는 발전이 없는 세상에 살고 있어야 한다. 하지만 우리가 실제 경험하고 있는 현실의 자본주의 경제는 장기적으로 봤을 때 비교적 안정적으로 성장해 왔다. 이는 경제를 안정적 성장경로로 이끄는 어떤 내재적인 힘이 자본주의 경제에 작용한다는 것을 의미한다. 이러한 현실을 설명하는 대표적 성장이론으로서 솔로우(Robert Solow)의 외생적 경제성장모형과 이를 발전시킨 내생적 성장이론에 대해 알아보자.

1.1 외생적 성장이론 : 솔로우 모형

솔로우 모형
장기적으로 생산요소 간의 기술적 대체가 가능함을 전제로 하여 자본주의 경제의 안정적인 성장을 설명하는 이론

솔로우 성장모형(Solow growth model)은 어떤 재화를 일정량 생산하는데 여러 가지의 생산방법이 있다고 가정한다. 예를 들어 주어진 면적의 밭을 경작할 때 삽과 많은 노동을 사용할 수도 있고, 트랙터와 비교적 적은 노동을 사용할 수도 있다. 어떤 방법이 채택될 것인가는 노동과 자본의 상대가격에

의해 결정된다. 노동이 자본에 비해 상대적으로 싼 경우에는 노동집약적인 생산방법이 채택되고, 반대의 경우에는 자본집약적인 생산방법이 채택된다. 그리고 자본을 모두 다 쓰고 노동이 남는 경우(즉, 노동이 상대적으로 과잉인 경우)에는 임금이 자본가격에 비해 하락하면서 노동의 상대적 과잉상태가 해소된다. 즉, 자본가격과 노동가격(임금)의 상대적 조정을 통하여 완전고용 하에서 적절한 생산방법이 채택되는 것이다.

로버트 솔로우(1924~)

국가경제의 여러 가지 대체 가능한 생산방법을 다음과 같은 총체적 생산함수(aggregate production function)로 나타내자.

$$Y = z \cdot F(K, L)$$

즉, 주어진 기술수준(z) 하에서 국가경제의 기업들은 자본(K)과 노동(L)을 결합하여 총산출 또는 실질 GDP(Y)를 생산한다. 이때 생산함수 $F(K, L)$는 자본과 노동투입의 증가함수이며, **규모수익불변**(constant returns to scale ; CRS)과 한계수확체감의 성질을 갖는다.

솔로우 모형의 가정
한계수익체감, 규모수익불변의 총생산함수

규모수익불변
규모수익불변이란 모든 생산투입요소(즉, K와 L)가 k배 증가할 때 총산출(Y)도 k배 증가함을 의미한다.

우선 규모에 대한 수익불변의 성질을 이용하면 위 총생산함수를 다음과 같은 1인당 생산함수로 변환할 수 있다.

$$y = z \cdot f(k)$$

여기서 $y = \frac{Y}{L}$, $k = \frac{K}{L}$로 각각 1인당 산출량과 1인당 자본량을 나타낸다. 이러한 1인당 생산함수는 1인당 자본량에 대해 한계수확체감의 성질을 가지기 때문에 [그림 11-1]과 같이 1인당 자본량 증가에 따라 그 기울기, 즉 자본의 한계생산이 감소하는 형태를 갖는다.

자본에 대한 한계생산이 체감해도 기술수준이 지속적으로 상승하는 경우 지속적 경제성장 가능

이때 기술진보는 1인당 생산함수 $y = zf(k)$에서 z값의 상승으로 나타난다. 따라서 기술진보는 [그림 11-2]와 같이 1인당 생산함수 $y = z_1f(k)$를 $y = z_2f(k)$로 비례적으로 상방이동시키는 역할을 한다. 따라서 1인당 생산함수가 원점에 대해 오목한 모양을 가져도 기술수준이 지속적으로 상승하면 1인당 산출량 또한 지속적으로 증가할 것이다. 결국 솔로우 모형에서는 오직

새로운 산업혁명의 시기가 왔습니다.

■ 그림 11-1

1인당 생산함수

1인당 생산함수 $y = zf(k)$는 1인당 자본량(k)에 대해 한계수확체감의 성질을 갖기 때문에 원점에 대해 오목한 형태로 그려진다.

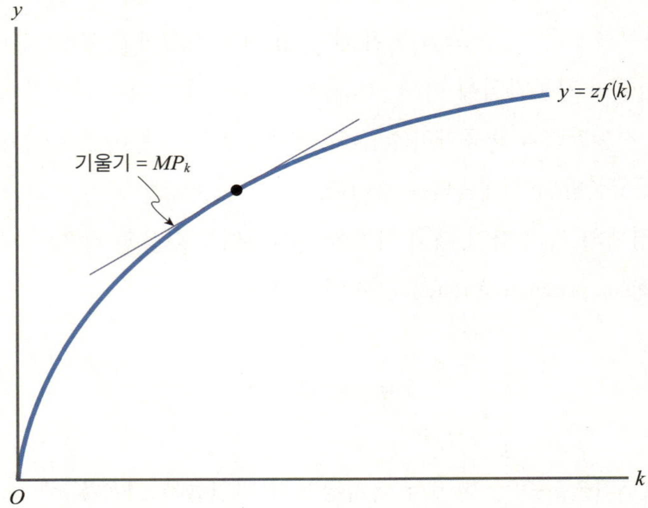

■ 그림 11-2

기술진보와 지속적 경제성장

생산함수 $y = zf(k)$에서 z 값의 상승은 1인당 생산함수를 상방으로 이동시킨다. 그러나 한계수확이 체감하는 한, 생산함수의 오목한 형태는 그대로 유지되기 때문에 일회적 기술진보에 의한 지속적 경제성장은 불가능하다. 그러나 기술수준이 지속적으로 상승하는 경우, 1인당 생산함수는 지속적으로 상방이동해 지속적 경제성장이 가능하다.

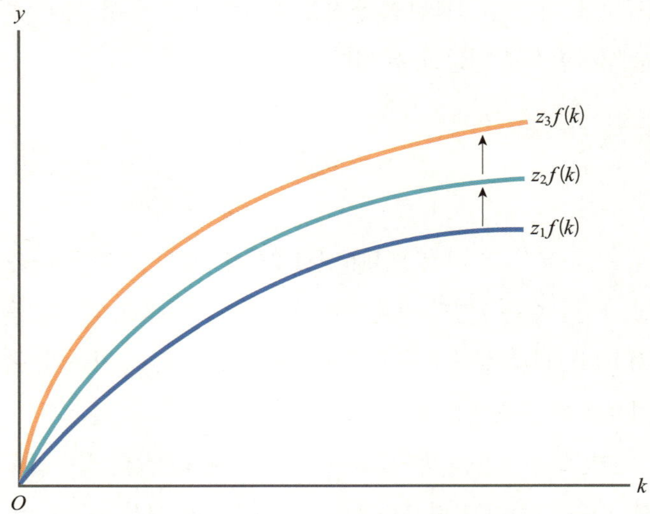

그림 11-3

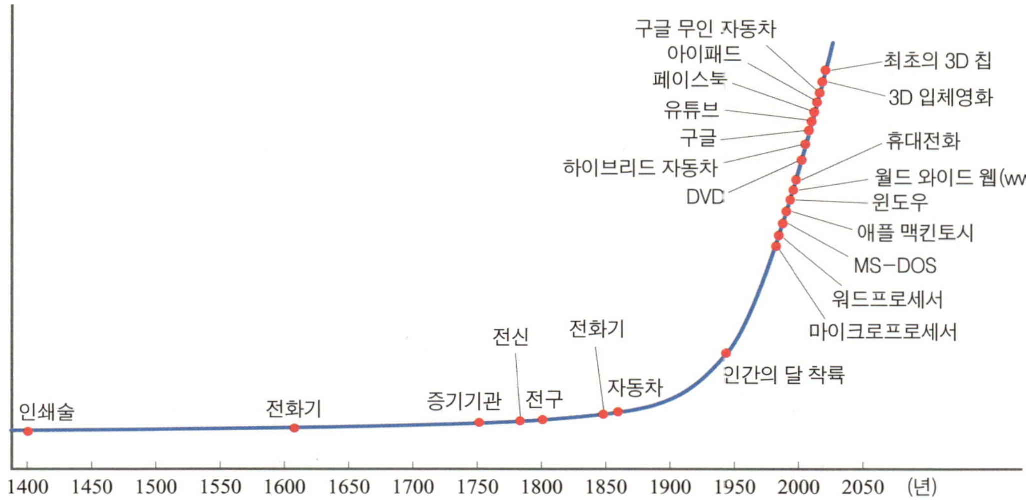

출처 : Hallberg, R. "The Promise of Accelerating Growth in Technology," *Seeking Alpha*, 2012. 3. 23.

기술진보의 사례

인쇄술에서부터 3D 칩에 이르기까지 기술진보가 있어왔다. 특히 18세기 산업혁명 이후 지속적인 기술혁신이 1인당 소득의 추이와 유사한 패턴을 보여왔다는 점에서 지속적인 기술진보가 장기적 경제성장의 주 원동력이 되어 온 것으로 보인다.

지속적인 기술진보만이 지속적인 경제성장을 가져올 수 있다. 실제로 [그림 11-3]과 같이 18세기 산업혁명 이후 지속적인 기술혁신이 1인당 소득의 추이와 유사한 패턴을 보여왔다는 점에서 지속적 기술진보가 장기적 경제성장의 주 원동력이 되어온 것으로 보인다.

한계수확체감의 법칙에 의해 국가 간 경제성장 수렴

한편 솔로우 모형은 자본축적 정도가 상이한 두 나라도 결국 장기적으로는 동일한 1인당 자본량과 소득을 갖게 될 것이라는 결론을 내리고 있다. 솔로우 모형에서 이러한 소득수준의 수렴(convergence)이 도출되는 것은 기본적으로 한계수확체감의 법칙 때문이다.

예를 들어 [그림 11-4]에서 가난한 나라와 부유한 나라의 1인당 자본량을 각각 k_p, k_r이라 하면($k_p < k_r$), 한계수확체감에 의하여 1인당 자본량이 적은 가난한 나라의 한계생산성이 더 높다. 따라서 부유한 나라보다는 가난한

그림 11-4

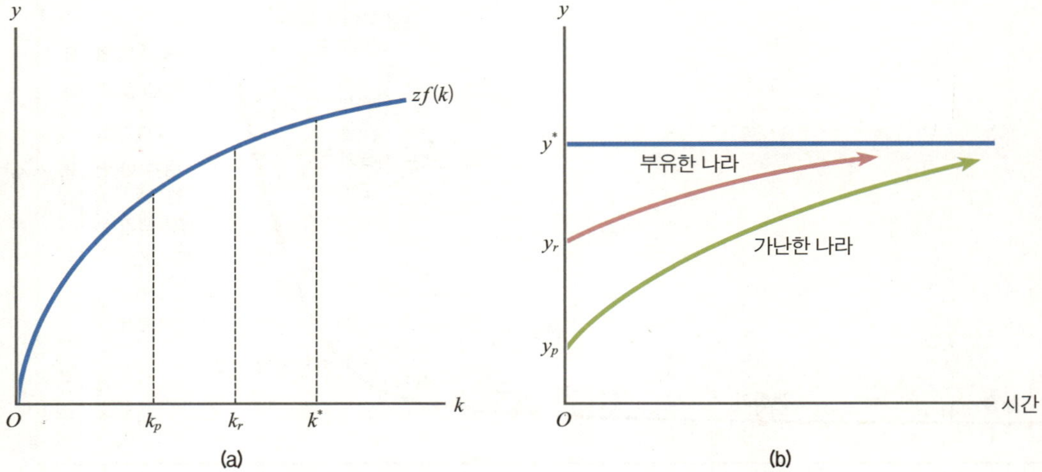

경제성장의 수렴성

가난한 나라와 부유한 나라의 1인당 자본량을 각각 k_p, k_r이라 하면($k_p < k_r$), 한계수확체감에 의하여 1인당 자본량이 적은 가난한 나라의 한계생산성이 더 높다. 따라서 부유한 나라보다는 가난한 나라에서 자본을 축적할 유인이 커지고, 가난한 나라의 자본축적 속도는 부유한 나라의 자본축적 속도보다 빠르게 된다. 결국 가난한 나라와 부유한 나라의 1인당 자본량은 모두 동일한 수준인 k^*로 수렴하고 1인당 소득은 $y^* = zf(k^*)$로 수렴한다.

나라에서 자본을 축적할 유인이 커지고, 가난한 나라의 자본축적 속도는 부유한 나라의 자본축적 속도보다 빠르게 된다. 결국 가난한 나라와 부유한 나라의 1인당 자본량은 모두 동일한 수준(예를 들어 k^*)으로 수렴하고, 1인당 소득은 [그림 11-4]의 (b)와 같이 $y^* = zf(k^*)$로 수렴한다. 이와 같이 국가 간 경제구조의 차이에 관계없이 1인당 소득이 수렴한다는 주장을 **절대적 수렴**(absolute convergence)**가설**이라 한다.

절대적 수렴가설
경제의 기본 구조에 대한 고려 없이 1인당 소득이 수렴한다는 주장

하지만 이러한 솔로우 모형의 예측은 부유한 국가들과 가난한 나라들 간의 지속적인 소득격차를 설명하지 못한다. 경제학자들은 그 이유를 국가경제의 구조적인 차이에서 찾고 있다. 즉, 경제의 생산함수, 저축률, 인구증가율 등이 다르다면 국가경제의 1인당 소득이 서로 다른 수준으로 수렴할 수 있다. 이와 같이 경제의 기본 구조가 서로 다른 나라들 사이에는 소득수준의 수렴현상이 발생하지 않을 수 있다는 주장을 **조건부 수렴**(conditional

조건부 수렴가설
경제의 기본 구조가 다른 나라들 사이에는 수렴현상이 발생하지 않을 수 있다는 주장

convergence)가설이라 한다.

그렇다면 실제로 국가 간에 어떤 기본 구조의 차이가 국가 간 소득수준의 지속적인 격차를 가져오는가? 먼저 국가 간 저축률과 인구증가율의 차이는 국가 간 소득격차의 일부를 설명하는 데 도움이 될 것으로 보인다. 그러나 한 국가경제의 지속적 기술진보가 1인당 소득수준의 지속적 증가를 가져올 수 있듯이, 국가 간 소득격차의 상당 부분은 국가 간 기술수준의 차이와 그에 따른 총요소생산성의 차이에서 올 가능성이 높다.

국가 간 기술 차이를 보이는 이유
- 새로운 기술을 통해 배우는 기간이 국가마다 차이가 있음

실제로 개별 국가들이 일정 시점에서 기술수준의 차이를 보이는 몇 가지 이유가 있다. 첫째, 노동자와 경영자가 새로운 기술을 실행을 통해 배우는(learning by doing) 기간이 국가마다 차이가 있다. 실제로 1960년대 말부터 1980년대까지 미국의 생산성 저하(productivity slowdown)는 당시 노동자들이 새로운 정보기술을 실행을 통해 배워가는 기간에 나타난 것으로 볼 수 있다. 국가 간에는 부유한 나라들이 이미 사용 중인 기술을 가난한 나라들이 실행을 통해 배워서 수용하는 데 일정 기간이 소요될 것이다.

- 신기술 도입에 대한 장벽이 국가마다 차이가 있음

둘째, 신기술 도입에 대한 장벽(barriers)이 국가마다 차이가 있다. 예를 들어 어떤 회사의 노동조합이 현재 고용된 노동자들을 보호하기 위해 생산공정의 조정이나 새로운 기계설비의 도입을 막을 수 있다. 이 밖에 국내산업을 보호하기 위한 정부의 무역제한 조치나 정부보조금도 기술 도입의 장벽이 될 수 있다. 이처럼 보호받는 산업은 세계시장에서 경쟁력을 갖기 위해 필요한 연구 · 개발에 투자할 유인도 낮을 것이다.

- 기업들 간 생산투입요소들의 효율적 배분이 국가마다 차이가 있음

셋째, 기업들 간 생산투입요소들의 효율적 배분이 국가마다 차이가 있다. 정부발주 사업 계약을 정치인의 인척들에게 나눠준다든지, 뇌물을 받고 특정 산업에 정부보조금을 지급하는 것과 같은 부정부패는 비효율적인 기업들에게 특혜를 주는 결과를 가져온다. 또한 금융시장이 발달되지 않은 나라에서는 새 기술을 가진 신생기업이 사업 착수에 필요한 자금을 조달하는 데 어려움이 많을 것이다.

이러한 이유들로 인해 개별 국가들의 기술수준과 총요소생산성이 서로 다르다면 국가 간 소득수준의 수렴이 나타나지 않을 것이다. 예를 들어 부유한 나라가 가난한 나라보다 더 높은 기술수준을 갖고 있다면($z_r > z_p$) 장기적

으로 부유한 나라가 가난한 나라보다 더 큰 1인당 자본량을 갖게 된다($k_r^* > k_p^*$). 따라서 기술수준이 높은 부유한 나라와 기술수준이 낮은 가난한 나라 간 1인당 소득수준은 장기적으로 수렴하지 않게 된다($y_r^* > y_p^*$). 실제로 맨큐(N. Gregory Mankiw) · 로머(David Romer) · 와일(David Weil)은 솔로우 모형에 인적자본을 도입한 뒤 각국의 물적 · 인적자본 및 기술수준에 따라 장기적으로 수렴해가는 각국의 소득수준이 서로 다르다는 조건부 수렴 가설을 뒷받침하였다.

우리는 지금까지 솔로우 모형이 장기적 경제성장의 원동력을 지속적인 기술진보에서 찾고 있을 뿐 아니라 국가 간에 지속되어 온 소득격차의 상당 부분도 국가 간 기술수준과 그에 따라 결정되는 총요소생산성의 차이로 설명하고 있음을 보았다. 그러나 솔로우 모형은 이러한 결론만을 제시하고 있을 뿐, 어떤 요인이 지속적인 기술진보를 가져오는가에 대한 만족스러운 설명을 제시하지는 못했다. 솔로우 모형의 이러한 한계는 기술진보라는 성장원동력을 단지 외생변수로 취급해버린 데 기인한다. 이러한 한계를 극복하기 위해 1980년대 중반 이후, 솔로우 모형에서 외생변수로 취급했던 기술수준과 총요소생산성이 내생적으로 결정되는 경제성장이론들이 등장하였다.

솔로우 모형의 한계
1인당 소득과 자본량의 지속적 성장이 외생적으로 주어진 기술진보에 의해서만 가능

1.2 내생적 성장이론

제2차 세계대전 후 각국의 경제성장률 비교를 통해 발견된 중요한 경험적 사실은 각국의 1인당 성장률 격차가 크고 또한 지속적이라는 것이다. 예를 들어 1960년부터 1990년까지 30년 동안 한국, 대만, 홍콩, 싱가포르 등 신흥공업국들은 연 6% 이상의 1인당 GNP 성장률을 보인 반면, 미국은 2%에도 못 미치는 성장률을 보였다.

솔로우 모형에서 1인당 성장률의 지속적 격차는 외생적인 기술진보율의 지속적 격차를 가정해야만 설명할 수 있는데, 솔로우 모형은 이 가정의 타당성을 뒷받침할 만한 어떠한 근거도 제시하지 못했다. 일반적으로 한 국가경제의 기술진보와 총요소생산성 증가는 연구 및 개발(research and development ; R&D), 교육, 직장 내 훈련(on-the-job training), 실행에 의한 학습(learning by doing) 등에 의해 이루어진다. 특히 이러한 활동들의 공통점은 연구 · 개발 보조금, 공교육에 대한 정부지출 규모, 경제성장 촉진을 위한 정부의 성장전략 등 경제여건의 변화에 대한 경제주체들의 선택이라는 것이다. 솔로우 모형은 기술수준과 총요소생산성을 주어진 것으로 가정했기 때문에 가계부문과 기업부문 선택의 결과로서 기술진보와 총요소생산성의 증가를 설명하는 데 한계가 있었다.

이에 1980년대 중반 이후 로머(Paul Romer)와 루카스(Robert E. Lucas, Jr.)를 비롯한 경제학자들은 기술진보와 총요소생산성 증가의 경제적 결정요인들을 설명하려고 노력했는데, 이러한 시도를 **내생적 성장이론**(endogenous growth theory)이라 한다. 지금까지 내생적 경제성장이론은 크게 두 방향으로 발전되어 왔다.

내생적 성장이론
각국의 지속적인 성장률 격차의 경제적 결정요인들을 설명하는 이론

첫째는 한 국가의 기술진보가 연구 · 개발부문(R&D sector)에 의해 내생적으로 결정되는 **R&D모형**이다. 이 모형에 따르면 솔로우 모형과 같이 한계수확이 체감하는 1인당 생산함수가 연구 · 개발부문에서 결정되는 기술진보에 의해 지속적으로 상방이동하게 된다. 구체적으로 로머의 R&D모형은 기술진보의 속도가 연구 · 개발부문에 투입된 연구인력의 증가율과 생산성, 기존 지식의 파급효과에 의해 내생적으로 결정된다고 보았다.

내생적 경제성장이론의 두 방향
- R&D모형
- 인적자본모형

둘째는 가계부문의 교육과 실행학습 등 인적자본 투자에 의한 지식축적과 기술(skill) 습득이 기술진보와 총요소생산성의 증가를 가져오는 **인적자본모형**이다. 주어진 노동력에 대한 물적자본 투자가 한계생산체감을 가져오는 것과 달리, 인적자본 투자는 비경합성(nonrivalry)을 갖는 지식과 기술을 무한정 증가시킴으로써 유효노동력의 지속적인 증가를 가져오게 된다. 여기서 지식의 비경합성이란 지식이 한 번 공개되면 그것을 공유하는 데 비용이 들지 않음을 의미한다. 그 결과 인적자본 투자의 경우 실질적으로 고정투입요소를 제거함으로써 자본의 한계생산체감이 나타나지 않고 한계생산불변이 가능해진다.

2 저축 · 투자와 대부자금시장 모형

우리는 앞서 투자의 결과로 축적된 자본량이 장기적 경제성장에 크게 기여해 왔음을 보았다. 여기서는 대부자금시장 모형을 이용하여 장기적으로 금융시장에서 저축과 투자의 균형이 이루어지는 과정을 알아보자.

2.1 국가경제의 저축과 투자

먼저 제9장(국가경제의 순환과 기본문제)에서 살펴본 바와 같이 국가경제가 생산한 생산물의 총가치, 즉 GDP는 가계 · 기업 · 정부 · 해외부문 등 경제주체가 이 생산물을 구입하기 위해 지출한 금액의 총합과 같다. 즉, GDP(Y)는 총지출의 구성항목인 소비(C), 투자(I), 정부지출(G), 순수출(NX)의 합과 같다($Y = C + I + G + NX$).

폐쇄경제를 가정하면 순수출(NX)이 0이 되므로 GDP와 그 지출 구성 간의 관계를 다음과 같이 쓸 수 있다.

$$Y = C + I + G$$

이 관계식을 투자(I)에 관해 다음과 같이 다시 적어보자.

$$I = Y - C - G$$

그리고 국가경제에서 투자(I)와 저축(S) 간의 관계를 보기 위해 위 식의 우변에 조세(T)를 한 번 더하고 한 번 빼줌으로써, 식 (11.1)과 같이 민간저축($S_p \equiv Y - T - C$)과 정부저축($S_g \equiv T - G$)의 합으로 나타내 보자.

$$I = (Y - T - C) + (T - G) = S_p + S_g = S \qquad (11.1)$$

따라서 국가경제에서 총투자의 가치는 민간저축과 정부저축의 합, 즉 총저축의 가치와 항상 일치한다.

총투자 = 민간저축 + 정부저축 = 총저축

정부저축에 대해 좀더 자세히 살펴보면, 정부지출이 정부가 거두어들인 조세수입과 일치하는 경우를 **균형재정**(balanced budget)이라고 한다. 그리고 **재정적자**(budget deficit)는 주어진 기간에 정부의 조세수입보다 정부지출이 더 많은 경우를, **재정흑자**(budget surplus)는 조세수입이 지출보다 더 많은 경우를 의미한다. 또한 정부저축의 정의에 의하면 재정흑자는 양(+)의 정부저축을 의미하는 반면, 재정적자는 음(−)의 정부저축 또는 양(+)의 정부차입을 의미한다. 정부지출이 조세수입을 초과하여 재정적자 상태가 되었을 때, 정부는 채권을 팔아서 필요한 자금을 조달한다. 이 경우 음(−)의 정부저축은 투자에 공급될 총저축을 줄이는 것과 같다.

정부저축 = 0 : 균형재정
정부저축 $<$ 0 : 재적정자
정부저축 $>$ 0 : 재정흑자

이제 개방경제에서 일반적으로 순수출($NX = X - Q$)이 0이 아니므로 GDP와 그 지출구성 간의 관계식 $Y = C + I + G + NX$를 투자에 관해 다시 적은 뒤 식 (11.2)와 같은 형태로 나타내면 다음과 같다.

$$I = (Y - T - C) + (T - G) - NX = S_p + S_g - NX = S - NX \qquad \textbf{(11.2)}$$

즉, 개방경제에서 총투자는 국내의 민간저축과 정부저축의 합에 순수출 또는 경상수지를 뺀 값과 일치한다.

개방경제의 총투자 = 민간저축 + 정부저축 − 순수출

한편 국내 경제에서 민간저축 · 투자의 차이($S_p - I$)와 정부저축 또는 재정흑자($S_g = T - G$), 그리고 경상수지 흑자($NX = X - Q$) 간의 관계를 나타내기 위하여 식 (11.3)을 다음과 같이 다시 적을 수 있다.

$$(S_p - I) + (T - G) = X - Q \qquad \textbf{(11.3)}$$

따라서 민간 및 정부의 초과저축($S_p - I$와 $T - G$)이 경상수지 흑자($X - M$)와 동일하다. 이러한 관계는 2000년대 초부터 2008년 글로벌 금융위기 직전까지 지속된 미국의 막대한 경상수지 적자($Q - X$)가 재정적자($G - T$)의 증가 및 낮은 민간저축(S_p)과 밀접하게 연관되어 있음을 보여준다.

민간 및 정부의 초과저축 = 경상수지

현 실 과 경 제 학

세계 경제 불균형(global imbalance)과 글로벌 금융위기

| 그림 | 세계 경제 불균형 추이(세계 GDP 대비)

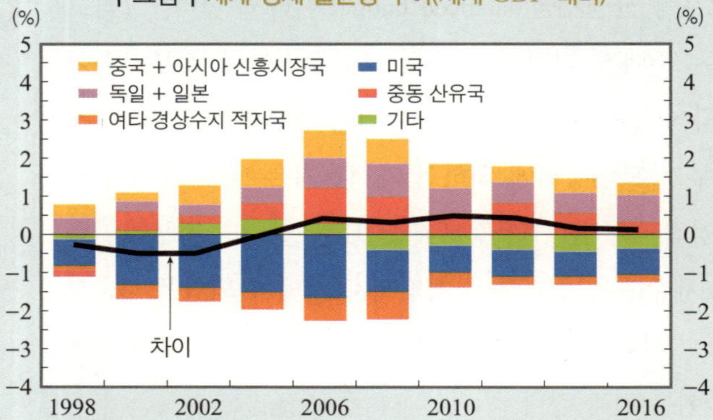

출처 : IMF, *World Economic Outlook*, 2013. 4.

1990년대 중반 이후 2008 글로벌 금융위기 전까지 미국의 경상수지는 주요 선진국에 비해 빠른 속도로 악화되었다. [그림]에서 알 수 있듯이 2000년 4,103억 달러의 경상수지 적자가 2006년에는 8,035억 달러로 GDP 대비 6.0%에 달했다. 다행히도 이후 계속해서 그 규모와 비율이 감소하여 2009년에는 3,698억 달러의 경상수지 적자(GDP 비중 2.6%)에 그쳤다. 반면에 금융위기가 본격화된 2008년 이전까지 일본 및 동아시아, 중동 국가들은 미국과는 달리 경상수지 흑자폭이 계속 증가해 왔다. 이들은 금융위기가 발생한 2008~2009년에도 비교적 큰 규모의 무역흑자를 유지하여 적자를 유지한 선진국과 큰 차이를 보였다. 이처럼 미국이 막대한 경상수지 적자를 보이고 있는 반면, 중국 등 아시아 국가들은 경상수지 흑자를 유지하는 국가 간 · 지역 간 대외경제의 불균형 현상을 세계 경제 불균형(global imbalance)이라 한다.

이러한 세계 경제 불균형의 원인은 무엇인가? 우선 미국의 재정적자 증가와 함께 낮은 저축과 과소비를 세계 경제 불균형의 주요 원인으로 보고 있다. 실제로 2001년 부시 행정부 이후 미국의 재정수지 적자는 크게 증가해 왔다. 이는 부시 행정부가 경기부양을 위해 적극적인 감세 정책을 써왔고, 이라크 전쟁 등 군사비 지출이 크게 늘어났을 뿐만 아니라 베이비 붐 세대의 은퇴와 인구 고령화로 인한 사회보장비 지출 등도 많았기 때문이다. 이러한 재정적자의 증가와 함께 민간부문의 과소비 때문에 미국은 국내에서 생산을 통해 벌어들인 소득보다 많은 지출을 하여 해외에서 수입을 해야 했고, 이것이 실질적인 경상수지의 적자로 나타났다.

한편 국내 소비와 투자가 부진한 동아시아 국가들과 산유국들이 대미 경상수지 흑자로 벌어들인 돈을 미국에 재투자하고, 세계 각국의 중앙은행도 외환보유고를 달러로 보유하면서 미국으로 자본이 유입되는 "달러 리사이클링(dollar recycling)"이 2000년대 들어 심화되었다. 특히 이렇게 유입된 달러가 당시 높은 수익률을 보였던 미국 내 부동산 및 주식 매입 자금으로 몰리면서 자산가격에 거품(bubble)이 생기게 되었다. [그림]에서 볼 수 있듯이 2008 금융위기 이후 세계 경제 불균형은 미국 · 중국을 중심으로 완화되고 있는 양상이다. 중국의 GDP 대비 경상수지 흑자가 2007년 10.1%에서 2011년 2.8%로 감소하였으며, 같은 기간 미국의 GDP 대비 경상수지 적자는 5.1%에서 3.2%로 감소하였다.

2.2 대부자금시장 모형

우리는 폐쇄경제에서 식 (11.1)과 같이 총투자가 사후적으로 민간저축과 정부저축의 합인 총저축과 일치하는 것을 확인했다. 그러나 일반적으로 저축과 투자를 결정하는 주체가 서로 다르기 때문에 사전적으로는 식 (11.1)이 성립하지 않는다. 예를 들어 민간저축과 투자는 각각 주로 가계부문과 기업의 결정사항이기 때문에 서로 일치하는 경우가 드물다. 그러면 이처럼 서로 다른 저축과 투자가 어떻게 특정 수준으로 수렴해 갈까?

이제 이러한 저축과 투자 간의 균형이 금융시장에서 이루어지는 과정을 알아보자. 일반적으로 국가경제의 금융제도 하에서 자금의 공급원인 저축은 은행의 대출, 주식시장, 채권시장 등을 통해 자금의 수요라고 할 수 있는 투자로 연결된다. 분석의 단순화를 위해 이러한 시장들을 모두 포괄하여 **대부자금시장**(loanable funds market)이라 한다. 대부자금시장에서 자금의 균형거래량과 시장이자율은 자금을 공급하는 저축자 혹은 대여자(lender)와 투자 자금을 수요하는 차입자(borrower)의 상호작용에 의해 결정된다.

대부자금시장
자금의 공급인 저축이 자금의 수요인 투자로 연결되는 시장

2.2.1 대부자금시장의 수요와 공급

국가경제에서 대부자금에 대한 수요는 투자, 즉 새로운 기계설비 구입, 공장 및 사무실 신축, 신상품의 연구개발 등에 필요한 자금을 기업이 금융시장에서 조달하는 것이다. 이러한 투자는 일반적으로 투자를 통해 벌어들일 것으로 예상되는 미래 수익, 이자율, 조세, 그리고 유동성 등을 고려하여 결정된다. 특히 금융시장 또는 대부자금시장을 통해서 투자 자금을 빌릴지 여부를 결정하는 주요 요인은 투자로부터 예상되는 수익과 자금을 빌리는 비용, 즉 실질이자율이다. 예를 들어 실질이자율이 상승할수록 투자 자금의 차입비용도 상승할 것이므로 투자를 위한 대부자금수요는 감소할 것이다. 따라서 [그림 11-5]에서와 같이 대부자금과 실질이자율 평면에서 대부자금수요곡선은 우하향한다.

대부자금수요
실질이자율의 감소함수

한편 국가경제에서 대부자금의 공급은 가계부문에 의해 주로 결정되는

그림 11-5

폐쇄경제의 대부자금시장

폐쇄경제에서 대부자금시장의 균형은 대부자금수요를 결정하는 투자자금 규모와 대부자금공급을 결정하는 총저축량이 일치하는 수준에서 결정된다.

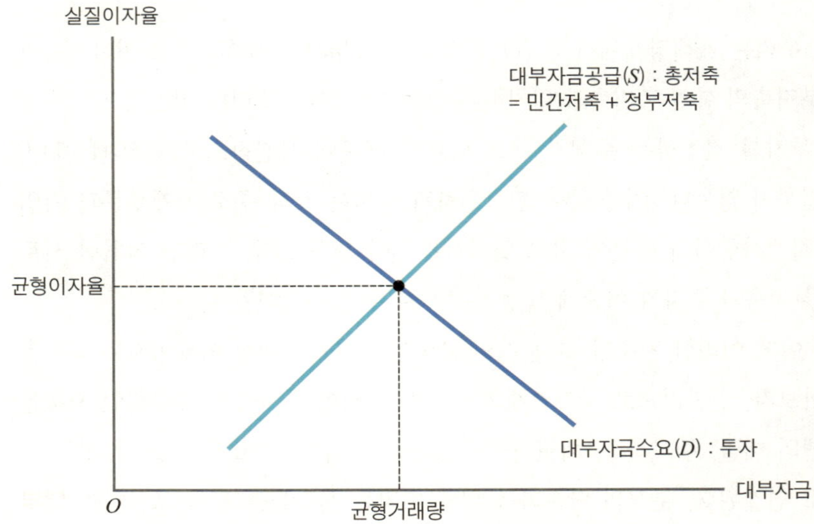

민간저축과, 정부의 재정흑자 또는 적자에 의해서 결정되는 정부저축의 합으로 결정된다. 민간저축은 가처분소득에서 소비하고 남은 부분($S_p = Y - T - C$)이므로, 일반적으로 소비를 결정하는 요인에 영향을 받는다. 특히 가계소비자들은 일반적으로 자동차나 가구와 같은 내구재(durables)를 구입하는 경우 차입 또는 소비자금융을 이용한다. 따라서 실질이자율이 상승하면 내구재 소비가 줄어들고 저축이 늘어날 것이다. 또한 이자율이 높을수록 현재소비의 기회비용이 증가하는 반면, 저축에 대한 이자소득이 증가하기 때문에 소비는 줄고 저축은 늘어날 것이다. 따라서 [그림 11-5]에서와 같이 대부자금공급 곡선은 우상향한다.

대부자금공급
실질이자율의 증가함수

대부자금시장의 균형은 실질이자율 이외에 대부자금수요와 대부자금공급에 영향을 미치는 요인이 일정하다는 가정 하에, [그림 11-5]와 같이 대부자금수요를 결정하는 투자자금 규모와 대부자금공급을 결정하는 총저축량이 일치하는 수준에서 결정된다.

2.2.2 투자세액공제의 효과 : 대부자금수요의 증가

이제 기업의 투자자금 중 일부를 세금에서 공제할 수 있게 하는 **투자세액공제**(investment tax credit)가 대부자금시장의 균형이자율과 자금의 균형거래량을 어떻게 바꾸는지 알아보자. 투자세액공제는 우선 신규 투자를 늘림으로써 대부자금수요를 증가시킨다. [그림 11-6]은 바로 이러한 대부자금수요가 증가함에 따라 수요곡선이 우측으로 이동하는 상황을 보여준다. 따라서 새로운 대부자금시장균형에서 실질이자율이 상승하고, 대부자금의 균형거래량도 증가할 것이다. 이는 곧 민간저축과 투자의 증가를 의미한다. 특히 투자의 증가는 자본량을 늘려 경제성장에 기여할 것이다.

투자세액공제
→ 신규 투자로 대부자금수요 증가
→ 실질이자율 상승, 대부자금 거래량 증가

그림 11-6

대부자금시장에서 투자세액공제의 효과

투자세액공제는 신규 투자를 늘리는 효과를 가져온다. 이에 따라 대부자금수요가 증가하여 수요곡선이 우측이동하면, 새로운 대부자금시장균형에서 실질이자율이 상승하고, 대부자금의 균형거래량도 증가할 것이다.

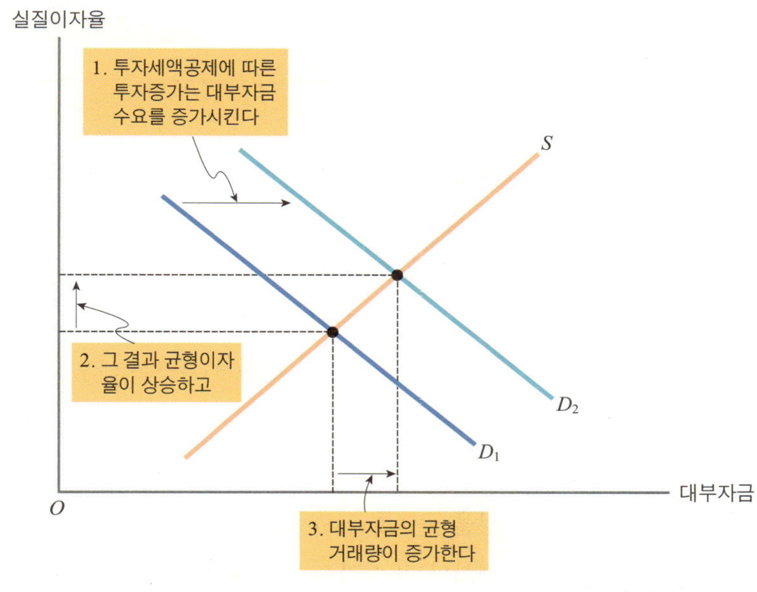

2.2.3 재정적자의 효과 : 대부자금공급의 감소

한편 대부자금공급곡선을 이동시키는 예로서 정부가 재정적자를 통해 정부지출을 증가시키는 경우를 살펴보자. 주어진 실질이자율 하에서 정부의

정부의 재정적자
→ 정부저축 감소로 대부자금 공급 감소
→ 실질이자율 상승, 대부자금 거래량 감소

■ 그림 11-7

대부자금시장에서 재정적자의 효과

주어진 실질이자율 하에서 정부의 재정적자는 정부저축의 감소를 의미하므로 총저축이 감소한다. 이에 따라 대부자금 공급곡선이 왼쪽으로 이동하면 대부시장의 균형이자율은 상승하고 대부자금의 균형거래량은 감소한다.

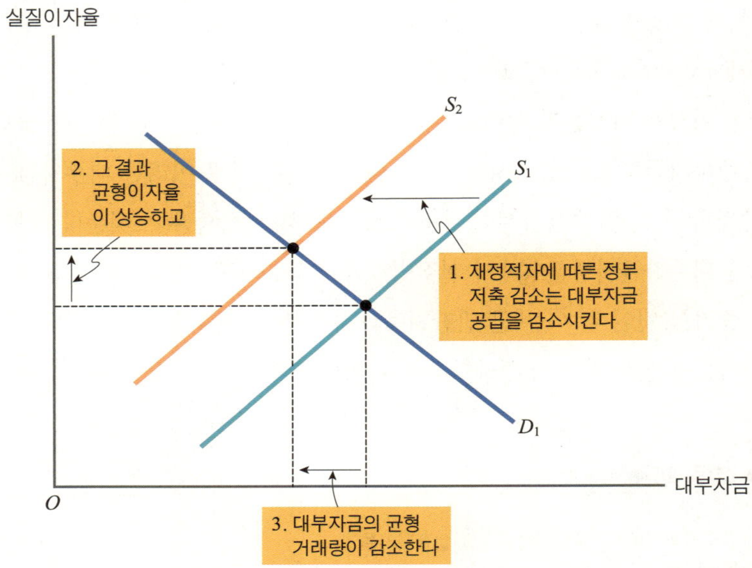

재정적자는 정부저축의 감소를 의미하므로 총저축이 감소할 것이다. 이는 [그림 11-7]에서 대부자금공급곡선을 왼쪽으로 이동시키고, 그 결과 대부자금시장 균형이자율이 상승하여 대부자금 균형거래량은 감소한다. 이때 민간저축은 실질이자율 상승과 함께 증가하는 반면 투자는 감소한다. 즉, 정부가 재정적자를 메꾸기 위해서 자금을 대부시장에서 빌리게 되면 기업이 투자를 위해 조달할 수 있는 자금을 정부가 대신 차지하게 된다. 이처럼 재정적자를 통한 정부지출의 증가가 실질이자율 상승을 통해 민간투자를 감소시키는 현상을 **구축효과**(crowding out effect)라고 한다. 이때 투자 감소는 자본량을 이전보다 더 증가시키지 못할 것이므로 경제성장을 둔화시킬 것이다.

구축효과
재정적자를 통한 정부지출의 증가가 실질이자율 상승을 통해 민간투자를 감소시키는 현상

3 경제성장의 여러 문제

우리는 앞서 국가 간 경제성장의 차이가 생산에 사용되는 물적 · 인적자

본 축적의 차이와 기술수준 또는 생산성의 차이에 기인한다는 것과 이를 설명하는 대표적 경제성장이론을 살펴보았다. 여기서는 국가 간 자본축적과 생산성의 차이를 가져오는 구조적 요인 중 금융, 고령화, 소득불평등 등이 각국의 경제성장과 어떠한 관계를 갖고 있는지 알아보자.

국가 간 자본축적과 생산성 차이의 결정요인
경제개방, 금융, 정부, 소득불평등, 문화 및 환경 등

3.1 금융과 경제성장*

국가경제의 금융제도를 구성하는 금융중개기관과 금융시장은 소규모 저축들을 모아 생산성이 높은 대규모 투자에 필요한 자금을 공급함으로써 물적자본 축적에 기여한다. 금융제도는 또한 교육투자를 원하는 사람들에게 자금을 공급함으로써 인적자본 축적을 촉진시킬 뿐만 아니라 소득불평등이나 세대 간 경제적 이동성에도 큰 영향을 미친다. 금융이 이러한 기능을 적은 비용으로 원활하게 수행할수록 낮은 투자비용으로 생산성이 높은 물적 · 인적자본 투자가 촉진되고, 그 결과 자원배분의 효율성이 높아질 뿐만 아니라 경제성장이 촉진된다.

금융이 성장에 영향을 미치는 경로
- 소규모 저축을 모아 대규모 투자에 필요한 자금을 공급함
- 교육투자에 자금 공급 ⇒ 인적자본 축적 촉진과 소득불평등 완화
- 투자비용 감소

금융발전, 경제성장, 소득불평등의 실증적 관계와 한국경제의 정책함의

실제로 금융제도가 발달되어 있고 경제성장률이 높은 나라들 중 많은 경우 좋은 금융제도가 경제성장이 일어나기 전부터 정착되어 있었다. 예를 들어 1960년 당시 금융발달 측면에서 하위 20% 국가들의 1인당 소득은 1960~2000년 사이에 매년 1.2% 증가한 반면, 상위 20% 국가들의 1인당 소득은 같은 기간 매년 3.2% 증가하였다.

한편 경제성장이 금융발전을 가져오기도 한다. 경제가 성장하면 금융에 대한 수요가 증대되어 금융의 성장을 촉진하고, 실물부문의 기술발전이 금융부문의 기술발전을 촉진시키기도 한다. 이러한 관계는 제10장(1.1 소득수준의 지속적 증가)에서 살펴보았듯이 장기적으로 경제성장과 함께 국가경제의 금융심화(financial de-epening)를 나타내는 금융연관비율(= 금융시장/GDP)의 지속적인 증가에도 나타나 있다. 또한 최근 기술(technology)과 금융(finance)의

경제성장이 금융발전을 가져오기도 함

* Weil, D., *Economic Growth*, Prentice Hall, 2009. ; King, R. and Levine, R., "Finance and Growth : Schumpeter Might Be Right," *Quarterly Journal of Economics*, 1993.

[한국은행 금요강좌]
금융혁신과 핀테크

융합으로 기존 금융서비스가 획기적으로 효율화되거나 새로운 금융서비스가 출현하는 것을 의미하는 핀테크(FinTech)는 실물부문의 IT 혁신이 금융발전을 촉진시킨 한 예라고 할 수 있다.

3.2 고령화와 경제성장*

우리나라를 포함하여 대다수 선진국들이 빠른 속도의 인구 고령화를 경험하고 있다. 인구 고령화는 경제 전반에 영향을 주어 성장을 저해하는 요소로 작용할 것으로 예상된다. 실제로 한국개발연구원(KDI)의 분석에 따르면 인구 고령화의 영향으로 우리나라의 잠재성장률은 2030년에는 1.6%, 2050년에는 0.74% 수준까지 감소할 것이라고 한다.

고령화가 경제성장을 저해하는 이유
- 노동인구의 양과 질 감소
  ⇒ 해결방안 : 여성 노동참여율의 증진, 해외노동인력 유입, 정년 연장, 인적자본 투자 확충
- 사회 전체의 저축 감소

그렇다면 고령화가 경제성장을 저해하는 이유는 무엇일까? 첫째, 인구 고령화는 노동인구의 양과 질을 떨어뜨릴 수 있다. 노년층 인구의 증가에 따라 고령 노동자의 수가 증가하는 데 반해, 저출산에 따른 젊은 층의 노동력은 지속적으로 감소할 것이기 때문이다. 젊은 층의 노동력은 상대적으로 새로운 지식과 기술을 습득한 인력이므로 이러한 노동시장의 인구 구성비 변화는 장기적으로 노동시장의 생산력을 저해하는 요소로 작용할 수 있다. 이 문제를 해결하기 위해서는 여성 노동참여율의 증진, 해외노동인력 유입, 정년 연장과 같은 방안을 통해 노동인구의 양을 늘리고 인적자본 투자 확충을 통해 노동의 질을 증대시키는 정책이 필요하다.

[한국은행 금요강좌]
우리나라 고령화 현황과 과제

둘째, 인구 고령화가 지속되면 사회 전체의 저축이 감소하기 때문에 경제성장에 필요한 자본축적이 감소할 수 있다. 사람들은 평생 고른 생활수준을 영위하기 위해 젊을 때 저축을 하여 노년층 소비에 필요한 자산을 확보한다. 만약 전체 인구에서 저축을 하는 젊은 층의 비율은 감소하고 음(−)의 저축을 하는 노년층의 비율이 증가한다면 사회 전체의 저축은 감소하게 될 것

* 김기호, 「인구 고령화가 경제성장에 미치는 영향」, 『금융경제연구』, 한국은행 금융경제연구원, 2005. 9. ; 한국개발연구원, 「고령화의 경제적 영향에 대한 분석」, 2005. 12. ; 국회예산정책처, 『저출산 · 고령화의 영향과 정책과제』, 저출산 · 고령사회 대응 연구(종합), 2009. 12. ; Fougere, M. and Merette, M., "Population Ageing and Economic Growth in Seven OECD Countries," *Economic Modelling*, 1999.

이다. 더욱이 우리나라의 베이비 붐 세대를 형성하고 있는 장년층이 자신들이 젊은 시절 축적해 놓은 자산을 노후 소비를 위해 대거 처분하게 된다면, 이는 자산시장에 영향을 줄 뿐만 아니라 장기적으로 우리나라의 자본축적을 변화시킬 수 있다.

한편 한 연구결과에 따르면 미국, 스웨덴, 영국, 이탈리아, 일본, 캐나다, 프랑스 등 7개국에서 고령화가 진행됨에 따라 단기에는 효율적 노동공급이 크게 감소하여 1인당 실질 GDP가 줄어드는 반면, 장기에는 인적자본에 대한 투자의 증가로 노동생산성 증가와 함께 1인당 실질 GDP가 증가하는 것으로 나타났다. 그러나 인적자본 투자 증가에 따른 성장효과가 노동공급 감소효과를 완전히 상쇄하지는 못한다는 연구결과도 제시되었다.

현실과경제학

저출산 · 고령화와 저성장*

| 그림 | 고령화와 주택가격의 하락 위험

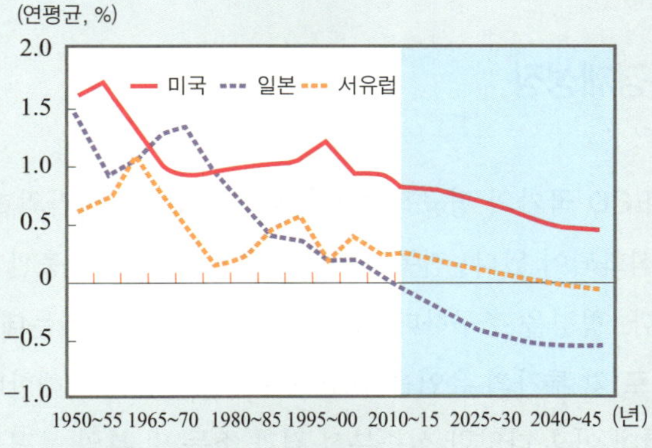

자료 : World Bank.

(a) 인구증가율 전망[1)]

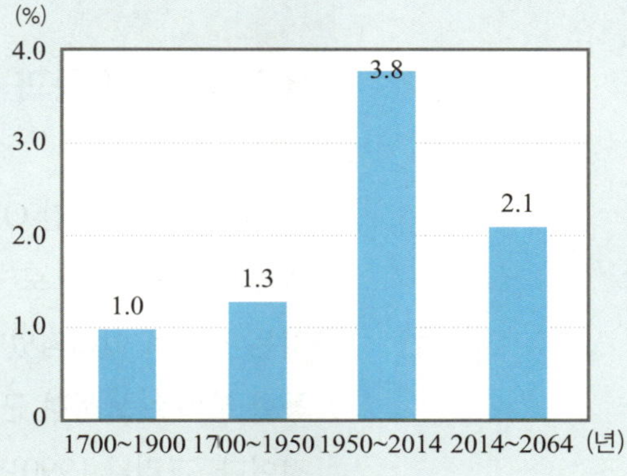

자료 : Mckinsey Global Institute.

(b) 세계 경제 성장률 추이 및 전망[2), 3), 4)]

주 : 1) 음영부분은 2012년에 실시한 전망기간.
2) G19와 나이지리아 20개국 대상(세계 인구의 63%와 글로벌 GDP의 80%를 차지함).
3) 연평균 성장률 기준.
4) 2014~2064년 노동생산성의 연평균 증가율을 1.8%로 가정.

맥킨지(McKinsey Global Institute)가 2015년 1월 발표한 보고서 「Global Growth : Can Productivity Save the Day in an Aging World」에 따르면 1964~2014년 중 노동가능인구 및 노동생산성의 연평균 증가율은 각각 1.7%와 1.8%를 기록하였으며, 동 기간 중 1인당 연평균 생산액은 2.4배까지 확대되었다. 하지만 향후 50년간은 세계 경제의 성장에 기여했던 인구통계학적 요인이 사라질 가능성이 높아졌다. 실제로 이미 다수의 국가에서는 전체 인구 중 노동가능인구(15~64세) 비중이 증가하여 노동력과 소비가 늘면서 경제성장을 견인하는 인구보너스(demographic bonus) 현상이 약화되고, 오히려 노동가능인구 비중이 감소하여 경제성장이 지체되는 인구오너스(demographic onus) 현상이 나타나고 있다.

특히 향후 50년간 고령화가 급진전되면서 노동가능인구의 연평균 증가율은 0.3%에 그칠 것으로 추정된다. 위 〈그림〉의 (b)에서와 같이 노동생산성의 연평균 증가율이 과거 50년과 동일한 수준(1.8%)을 유지하더라도 세계 경제의 연평균 GDP 성장률은 3.8%에서 2.1%로 약 40% 둔화될 것으로 추정된다. 이에 따라 2007~2009년의 대침체(Great Recession) 또는 1974~1984년의 에너지위기 당시 경험했던 저성장이 '뉴노멀(New Normal)'이 될 가능성이 커지고 있다.

과거 50년에 버금가는 수준의 GDP 성장률 달성이 가능하기 위해서는 노동생산성 증가율을 과거 50년의 1.8%보다 훨씬 높은 3.3%까지 끌어올려야 할 것으로 추정된다. 이를 위해서는 기업들의 실물자본에 대한 투자 확충, R&D 투자 확대를 통한 신기술 개발, 여성과 노인들을 위한 유연한 작업환경 제공, 청년층에 대한 직업훈련 및 조언자 역할 강화 등에 주력할 필요가 있는 것으로 지적되었다.

* "최근 맥킨지 보고서의 세계 경제 성장잠재력 확충필요성 주장", 『주간금융브리프』, 2015. 3. 7. 한국금융연구원.

3.3 소득불평등과 경제성장*

최근 20여 년간 OECD 국가의 평균적인 소득불평등과 우리나라의 소득불평등은 지속적으로 심화되어 왔다. 전통적으로 효율과 형평은 상충관계를 갖는 것으로 이해되었다. 형평을 추구하다 보면 효율성을 해치게 되는데, 평등한 분배는 오히려 근로 및 투자의 유인을 감소시켜 경제성장을 저해한다는 것이다. 그러나 1990년대 이후 다양한 실증분석 결과 소득 및 부의 불평등도와 경제성장 간에 음(−)의 상관관계가 있음이 밝혀지면서 성장과 분배가 상충관계를 갖는다는 전통적 고정관념이 깨지기 시작했다.

[그림 11-8]의 (a)는 경제성장의 지속기간과 소득불평등 사이에 음(−)의

* 하준경, "21세기 성장동력으로서의 동반성장", 동반성장포럼, 2013. 5. 9. ; 윤성주, 「포용적 성장을 통한 경제성장 : 소득불평등을 중심으로」, 『재정포럼』, 한국조세재정연구원, 2014. 7. ; IMF staff, "Fiscal Policy and Income Inequality," *IMF Policy Paper*, IMF, 2014. ; 홍승현 · 류덕현 · 전병목 · 윤성주, 「경제성장과 재정정책」, 한국조세재정연구원, 2014. 12.

그림 11-8

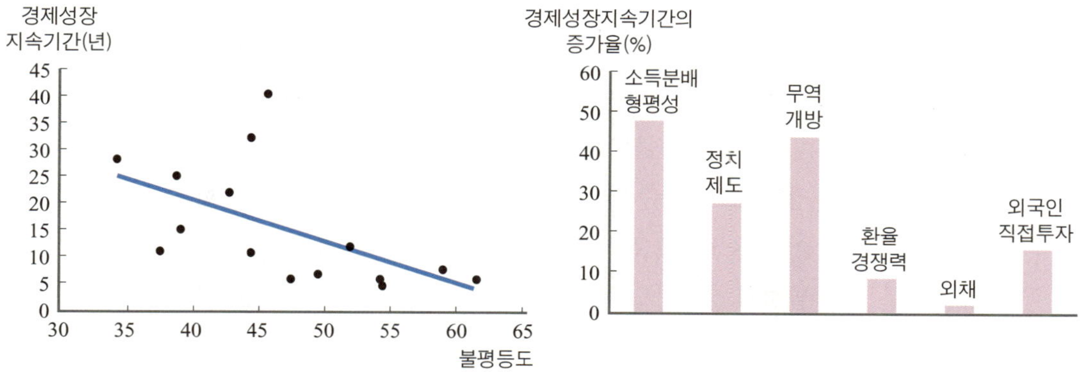

(a) 소득불평등도와 경제성장 지속기간[1), 2), 3)]

(b) 경제성장 지속기간을 결정하는 요인들[4)]

주 : 1) 소득불평등도는 지니계수(Gini coefficient)로 측정 : 0은 모든 가구의 소득이 동일한 것을 나타내며, 100은 한 가구가 모든 소득을 차지하고 있는 상태를 의미함.
2) 최소 지속기간은 5년이며, 표본에서 성장기간이 끝난 것만 포함.
3) 자료 : Penn World Table, World Income Inequality Database(United Nations University).
4) 각 요인이 10%포인트 상승(50% → 60%)할 때 경제성장 지속기간의 증가율(%).

출처 : Berg, A., and Ostry, J. D. "Inequality and Unsustainable Growth : Two Sides of the Same Coin?" *IMF Staff Discussion Note*, 2011.

소득불평등도와 경제성장 지속기간

소득불평등도와 경제성장 지속기간 간에는 음(−)의 상관관계가 나타나며, 소득분바의 형평성이 다른 요인들에 비해 상대적으로 경제성장 지속기간에 큰 영향을 미친다.

상관관계가 있음을 나타내고 있다. 이는 소득불평등의 정도가 심할수록 성장의 지속기간이 짧게 나타날 가능성이 높다는 것을 의미하는 것으로, 소득불평등도가 성장의 지속가능성에 부정적 영향을 미친다는 것을 시사한다. 또한 (b)는 경제성장의 지속기간에 영향을 미치는 여러 요인 중 소득분포의 영향력이 상대적으로 크다는 것을 보여주고 있다. 즉, 소득불평등도 10%포인트의 감소가 경제성장 지속기간의 기대치를 평균적으로 50% 증가시키는 것으로 추정되었다. 이는 소득불평등도가 경제성장 지속가능성의 중요한 결정요인이라는 점을 시사하고 있다.

국가경제의 소득불평등이 경제성장을 저해하는 경로는 크게 물적 · 인적자본의 감소, 정치 · 사회적 불안 등이 있다. 즉, 자본시장이 불완전한 상황

소득불평등이 경제성장을 저해하는 경로
- 물적 · 인적자본의 감소
- 정치 · 사회적 불안

에서 소득불평등이 커질수록 신용제약에 직면한 소규모 기업가와 저소득층은 각각 적정 수준의 실물자본 투자와 인적자본 투자를 실행하기 어렵다. 또한 소득불평등의 심화로 정치 · 사회적 불안이 증가하면 범죄가 늘어나고 이를 방지하기 위한 비용이 상승하면서 경제성장이 저해된다.

계층 간 이동성

경제시스템의 효율적 운영을 의미 ⇒ 계층 간 이동성이 높을수록 성장률 증가

한편 소득불평등도 자체보다는 계층 간 이동가능성이 더 중요하다는 주장도 있다. 계층 간 이동가능성이 높다는 것은 그만큼 한 사회의 경제시스템이 효율적으로 운영되고 있음을 의미한다. 효율성이 높을수록 경제가 더 활발하게 성장하므로 결국 계층 간 이동가능성이 높은 나라가 그렇지 못한 나라보다 빠르게 성장한다는 것이다. 계층 간 이동가능성에 영향을 주는 요인에는 교육, 정책과 제도, 결혼, 차별 등이 있다. 특히 교육을 많이 받을수록 이동가능성이 높고 정책과 제도가 이를 촉진한다면 사람들이 자기의 처지를 개선하기가 용이해지는 반면, 인종 · 종교 · 지역 · 성에 따른 차별이 있으면 그만큼 이동가능성이 저하된다.

소득이동성이 경제성장에 미치는 영향

역사와경제학

형평 제고를 통한 경제성장정책의 역사적 기원

유럽에서는 19세기 후반에 접어들면서 경제발전에서 인적자본의 중요성이 점점 커짐에 따라 자본가들이 앞장서서 노동자와 대중에게 양질의 교육을 제공할 수 있도록 공교육을 확충할 것을 주장했다. 영국에서는 특히 1867년 파리박람회 이후 공교육 확충 및 교육개혁에 대한 자본가들의 로비가 강화되었고, 정부는 이를 수용했다. 1851년의 박람회에서는 90개 정도의 제조업 종목 중 대부분에서 최고상을 휩쓴 영국이 1867년에는 단지 10개 정도의 종목에서만 수상하게 됨으로써 영국의 교육제도에 대한 전반적 위기감이 확산되었다.

마네(Edouard Manet, 1832~1883)의 '1867년 파리 만국박람회'

1868년 의회에 과학교육에 대한 위원회 등이 설치되었고 교육실태에 대한 전면적 재점검이 각종 위원회들을 통해서 지속적으로 이루어지게 되었다. 1870년의 교육법에서는 정부가 초등교육의 전면적 실시를 책임지게 되었고, 1880년에는 의무교육이 실시되었으며, 1890년 지방조세법에서는 기술교육을 위한 공적기금을 조성했다.

프랑스에서도 자본가들이 교육개혁을 지원하여 1881년에는 무상 의무 초등교육이 실시되었고 과학기술 교육을 더욱 확충했다. 독일에서는 자본가들이 대

학개혁을 로비하고 기술훈련의 강화와 기초과학의 산업적 응용을 위한 자금을 지원하였으며, 정부에서도 공교육제도를 확충하기 위한 조세를 부과하고 교사에 대한 훈련 및 자격증 제도를 확립했다. 네덜란드에서는 이미 1830년대에 산업자본가와 기업가들을 대표하는 민간조직들의 자금지원으로 산업학교들이 설립되었다.

이와 같이 공교육을 대폭 확충한 결과 자본에 대한 렌트에 비해 임금이 크게 상승하고 소득분배 상황이 현저히 개선되었으며, 중산층이 확대되고 지속적 안정성장의 토대가 마련되었다. 자본가들이 나서서 공교육을 통한 재분배를 로비하고 정부가 이를 수용함으로써 자본축적에 따른 이윤율의 하락 등 기존 생산시스템의 문제를 해결할 수 있었다. 자본가들은 양질의 노동력과 지속적 기술혁신을 통해 이윤율을 높이고자 스스로의 계급적 특권을 기꺼이 포기했던 것이다.

출처 : 하준경, "21세기 성장동력으로서의 동반성장", 동반성장포럼, 2013. 5. 9.

4 경제성장정책

우리는 앞서 경제성장의 주요 요인으로 물적 · 인적자본의 축적과 기술수준 또는 생산성이 중요하다는 것을 확인하였다. 이제 장기적인 경제성장을 촉진하기 위해서 정부가 사용할 수 있는 몇 가지 정책들을 알아보자.

저축과 투자에 관한 정책
- 저축 동기 유발
- 투자 동기 유발 : 투자세액공제, 법인세 감면

첫째, 물적자본 축적을 위한 정책이다. 기업은 설비투자나 연구 · 개발에 부족한 자금을 조달하기 위해 금융시장을 이용하는 반면, 가계는 평균적으로 소득 중 소비하고 남은 자금을 저축하기 위해 금융시장에 참여한다. 따라서 저축과 투자 동기를 유발하는 정책은 저축 및 투자수준을 증가시키고, 그 결과 1인당 실질 GDP 역시 증가한다. 예를 들어 연금형 저축에 대한 비과세 혜택은 가계저축을 증가시키고, 기업이 투자에 지출하는 자금 중 일부를 세금에서 공제할 수 있게 해주는 투자세액공제나 이윤에 대해 지불해야 하는 법인세의 감면은 기업에게 투자 동기가 된다.

선진국에서는 기업이 투자에 필요한 자금을 은행대출을 통해서 확보하거나 금융시장에서 주식과 채권을 팔아서 조달한다. 이때 은행이 기업에 빌려준 자금은 가계의 저축에서 나오는데, 이는 선진국의 많은 가계가 소득 중 상당 부분을 저축하기 때문이다. 그러나 개발도상국의 가계는 소득이 적기 때문에 거의 저축을 할 수 없고, 따라서 기업이 빌릴 수 있는 자금도 부족하다. 이러한 개발도상국의 낮은 저축과 투자, 그리고 저성장의 악순환은 외국인들이 국내 기업의 채권이나 주식 매입을 통해 자금을 공급하는 **포트폴리오 투자**(portfolio investment)에 의해 어느 정도 벗어날 수 있다.

기술진보에 관한 정책
연구 · 개발에 보조금 지급, 세금혜택, 외국인 직접투자 유치

둘째, 기술진보를 위한 정책으로서 선진국에서는 연구 · 개발부문의 보조금 지급을 통해 기술진보를 유도할 수 있다. 실제로 각국 정부는 국립연구원을 통해 직접 연구를 하고 있을 뿐만 아니라, 국립학술재단이나 이와 유사한 단체의 인정을 얻은 대학 연구자들에게 보조금을 지급하고 있다. 정부는 또한 연구 · 개발에 투자하는 기업에게 세금혜택을 주는 경우도 있다.

로버트 포겔(1926~2013)

반면에 개발도상국이 선진기술에 가장 쉽게 접근할 수 있는 방법 중 하나는 **외국인 직접투자**(foreign direct investment; FDI)이다. 이와 같이 외국 기업들은 새로운 시설을 건설하고 국내 기업을 사들이면서 저소득 국가에게 기술을 제공할 수 있다. 얼마 전까지만 해도 많은 개발도상국가들이 이러한 기회를 이용하는 데 주저하였으나, 최근 들어 외국인 직접투자에 대한 규제를 완화하고 있다. 한 예로 최근 인도 정부는 외국인 직접투자에 대한 규제완화를 통해서 델(Dell), 마이크로소프트(MicroSoft) 등 다국적기업의 기술에 접근할 수 있게 되었고, 이는 인도의 경제성장에 크게 기여하였다.

인적자본 축적을 위한 정책
- 위생의 개선 : 국민건강 향상으로 생산성 제고
- 교육의 개선 : 인적자본의 수확체증

셋째, 양질의 인적자본 축적을 위한 정책으로서 위생과 교육 여건의 개선을 들 수 있다. 노벨 경제학상 수상자인 시카고대학의 포겔(Robert Fogel)은 경제성장, 기술변화, 그리고 사람들의 신체건강 증진 사이에 밀접한 관련이 있음을 보였다. 예를 들어 [그림 11-9]에서 볼 수 있듯이 1900년 당시 미국, 영국, 프랑스 국민들의 평균수명은 50세 미만이었지만 최근 이들 나라의 평균수명은 거의 80세에 달한다. 또한 비교적 최근 높은 경제성장을 경험하기 시작한 인도의 평균수명은 1900년 27세였으나 최근 64세로 거의 두 배 이상으로 늘었다. 즉, 국민건강이 향상됨에 따라 몸도 튼튼해지고 질병에 대한 면역력도 강해져 생산성이 높아진 것이다. 따라서 개발도상국은 경제성장을 위해 전염병에 대한 예방접종을 늘리거나 상하수도시설을 개선하고 공중위생을 증진시키기 위해 노력해야 한다.

로버트 루카스(1938~)

한편 시카고대학의 노벨 경제학상 수상자인 루카스(Robert E. Lucas, Jr.)는 인적자본에는 수확체증이 존재하며, 따라서 인적자본의 양이 증가하면 생

그림 11-9

평균수명과 경제성장

주요 선진국인 미국, 영국, 프랑스를 비롯한 인도 국민들의 평균수명은 과거에 비해 크게 늘어났는데, 이 또한 경제성장과 밀접한 관련이 있다.

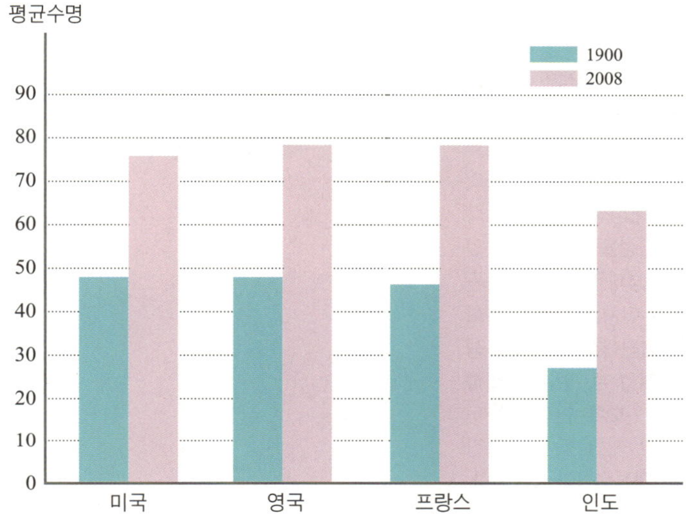

자료 : World Health Statistics, WHO, 2010.

산성도 증가한다고 주장한다. 교육에 대한 정부의 정책적 뒷받침이 없는 경우 개인의 교육 선택이 비효율적으로 낮은 수준에서 결정되기 때문에, 정부의 교육지원정책이 생산성 향상을 통해 경제성장을 촉진시키는 데 중요한 역할을 한다는 것이다.

끝으로 최근 국제통화기금(IMF)의 한 보고서는 소득재분배를 재정정책의 주요 목적 중 하나로 보면서 정부가 재정정책을 통해 다음과 같이 소득불평등에 유의미한 영향을 미칠 수 있다고 주장했다.

첫째, 경제성장의 결과 시장에서는 시장소득 불평등이 발생한다. 이러한 소득불평등으로 인한 정치·사회적 불안 및 그에 따른 투자의 불확실성 확대 등은 경제성장에 부정적인 영향을 미칠 가능성이 높다. 이때 정부는 [그림 11-10]에서와 같이 조세 및 이전지출 등의 **소득재분배정책**을 통해 소득분배 형평성을 제고할 필요가 있다. 구체적으로 시장불평등은 조세, 현금이전(cash transfers) 등의 소득재분배정책을 통해 일부 완화되는데, 이로 인해 완화된 불평등도는 경제성장에 각각 상이한 영향을 미치게 된다. 우선 높은 수

소득불평등 완화 및 경제성장을 위한 재정정책
- 소득재분배정책
- 동반성장을 위한 재정정책

소득 주도 성장의 이해와 과제

■ 그림 11-10

소득불평등, 경제성장 및 재정정책

경제성장에 부정적인 영향을 미치는 시장소득 불평등을 완화시키기 위해 정부는 단기적으로 조세 및 이전지출 등의 소득재분배정책을 통해 소득분배 형평성을 제고할 수 있다. 또한 경제성장이 시장소득 불평등에 미치는 영향을 완화시키기 위해 경제주체들이 성장에 기여할 수 있는 기회를 가질 수 있도록 인적자본 투자에 대한 지원 등 동반성장을 위한 재정정책이 필요하다.

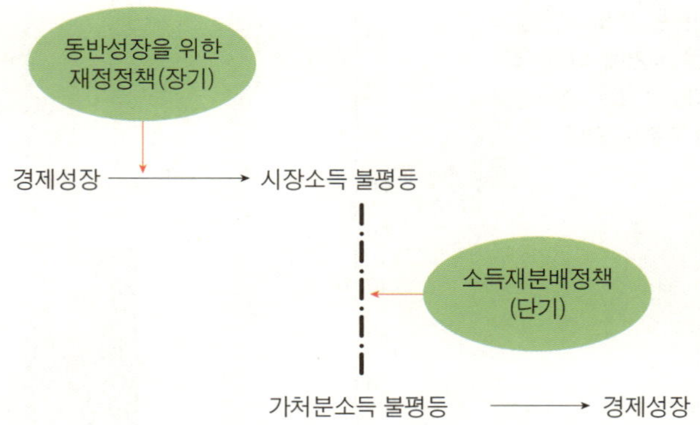

준의 세금과 보조금은 투자유인을 감소시킬 뿐만 아니라, 고소득층과 저소득층 모두의 노동공급을 감소시킬 수 있다. 반면에 소득재분배를 통한 불평등의 완화는 정치 · 사회적 불안을 감소시켜 투자에 긍정적 영향을 미칠 수 있을 뿐만 아니라, 저소득층의 교육 · 건강에 대한 지출의 증가를 이끌어내어 노동시장과 자본시장의 불완전성을 일부 상쇄시킴으로써 경제성장에 긍정적 영향을 미칠 수 있다. 또한 위기상황 발생 시 이를 극복하기 위한 사회적 공감대를 형성하는 것이 용이해지는 것도 경제성장에 긍정적 영향을 미칠 것으로 보인다.

둘째, 경제성장이 시장소득 불평등에 미치는 영향을 완화시키기 위해 저소득층을 포함한 다수의 경제주체들이 경제성장에 기여할 수 있는 기회를 가질 수 있도록 정부가 교육서비스 등에 대한 접근성 향상을 지원할 필요가 있다. 이러한 인적자본 투자에 대한 정부의 지원은 그 성과가 나타나기까지 비교적 오랜 시간이 걸린다는 점에서 장기적인 접근방법으로 볼 수 있으며, 최근 부각되고 있는 **동반성장**(shared growth)을 위한 재정정책으로 볼 수 있다.

실제로 재분배정책 지표들(세율, 사회보장 지출 등)이 경제성장과 양(+)의 상관관계를 갖고 있음이 밝혀졌다. 또한 최근의 한 실증분석에 의하면 미국에서 GDP의 6%를 재분배(상위 30% 소득계층이 하위 70% 계층을 지원하는 방식)에 사용하면 하위계층의 인적자본 투자 증가 등으로 미국의 장기 경제성장률이 0.5% 상승하는 것으로 추정되었다.

현 실 과 경 제 학

동반성장과 포용적 성장

과거 수십 년 동안 경제성장과 소득불평등의 문제는 학계와 정책입안자들의 주요 관심사가 되어 왔다. 1950~1970년대에는 경제성장과 소득분포의 상충관계(trade-off)에 초점이 맞추어졌다. 즉, 정부의 개입으로 인한 소득불평등도의 완화가 경제성장에 부정적 영향을 미칠 가능성을 강조하였다. 1970년대에는 둘 사이의 상충관계를 고려하여 경제성장을 해치지 않는 범위 내에서 빈곤 감소를 달성할 수 있는 소득재분배 방법이 주요 관심사로 부각되었다. 1980년대에는 자율적 시장경제체제에서 경제성장의 성과가 별도의 제도적 장치 없이 낙수효과(trickle down)를 통해 저소득층의 소득 증가로 이어질 수 있다는 논리가 대두되었다. 그러나 1990년대 여러 개발도상국가들의 경험에 의하면 이와 같은 낙수효과가 명확히 나타나지 않았다. 이에 과거의 문제점들을 인식하면서, 경제성장과 관련하여 인적자원에 대한 투자의 중요성 등이 강조되기 시작하였고 세계은행 등을 중심으로 동반성장(shared growth) 등의 개념이 나타나기 시작하였다. 2000년대 들어서는 경제위기를 겪으면서 포용적 성장(inclusive growth)이 주요 이슈로 부각되고 있다.

포용적 성장의 주요 핵심 개념은 기회의 균등(equalizing opportunities)으로 경제성장에 기여할 수 있는 기회가 모든 경제주체들에게 균등해야 한다는 것이다. 그런데 기회의 균등은 소득불평등과 밀접한 관련이 있다. 즉, 기회의 불균등으로 인한 노동시장 참여의 정도가 소득불평등을 초래하기도 하며, 소득불평등으로 인한 교육 · 보건 등에 대한 투자의 차이가 기회의 균등에 영향을 미칠 가능성이 높다. 따라서 지속가능한 성장을 위한 포용적 성장에서 소득불평등의 완화가 중요한 역할을 한다고 볼 수 있다.

요약 및 연습문제

1. 경제성장이론

고전적인 경제성장모형인 맬더스의 이론은 수확체감의 법칙만을 강조하여 자본주의 경제의 성장경로를 잘 설명하지 못한다. 이러한 성장경로는 생산요소의 기술적 대체가능성과 요소가격의 신축적 조정을 가정하는 솔로우 모형으로 설명될 수 있다.

1.1 외생적 성장이론 : 솔로우 모형 솔로우 모형의 총생산함수는 투입요소인 총자본과 총노동에 대해 규모수익불변과 한계수확체감의 성질을 가진다. 따라서 1인당 산출량도 1인당 자본량에 대해 한계수확체감의 성질을 갖는다. 1인당 소득과 자본량이 지속적으로 증가하기 위해서는 외생적으로 주어진 기술수준의 지속적 진보가 필요하다. 솔로우 모형에 따르면 한계수확체감의 법칙에 의해 가난한 나라와 부유한 나라 모두 장기적으로 동일한 소득수준에 수렴한다. 이러한 솔로우 모형의 절대적 수렴 가설은 조건부 수렴 가설로 일반화되면서 국가 간 소득수준의 비수렴성을 어느 정도 설명하였으나, 기술진보를 외생변수로 취급하여 제2차 세계대전 이후 국가별 소득격차가 지속적으로 확대되는 현상을 설명하기에는 역부족이었다.

1.2 내생적 성장이론 솔로우 모형이 설명하지 못했던 기술진보와 총요소생산성 증가의 경제적 결정요인들을 설명하려는 시도를 내생적 경제성장이론이라고 한다. 크게 두 가지 접근이 있는데, 하나는 기술진보가 연구·개발부문에 의해 내생적으로 결정된다고 보는 R&D모형이고, 다른 하나는 기술진보와 총요소생산성 증가가 인적자본 투자에 의한 노동력의 지식축적과 숙련도 향상의 결과라고 보는 인적자본모형이다.

물음 01. 제10장의 [연습문제 2]에서 알아본 각 나라의 경제성장 특징이 향후에도 그대로 유지된다고 하자. 다음 물음에 답하라.

(1) 각 나라가 장기적으로 지속적 경제성장을 보일 것인지에 대하여 논하라.

(2) 국가들 간 소득수준은 장기적으로 수렴할 것인지에 대해 논하라.

(3) 문제 (1)과 (2)의 논의는 솔로우 모형의 예측과 일치하는가?

물음 02. 솔로우 모형은 부국과 빈국 간 1인당 소득의 상대적 격차가 줄어드는 수렴현상을 예측하고 있다. 그러나 실증분석 결과에 의하면 실제로 수렴현상이 나타나지 않고 국가 간 소득격차가 오히려 증가하는 경우가 많았다. 다음 질문에 답하라.

(1) 폐쇄경제를 가정하고 솔로우 모형에서 수렴이 발생하는 이유를 설명하라.

(2) 솔로우 모형을 개방경제로 확대하면 수렴은 더욱 촉진된다. 그 이유를 설명하라.

(3) 솔로우 모형의 예측과는 달리 실제로는 수렴이 발생하지 않는 이유는 무엇인가?

물음 03. 1960년대 이후 30년 동안 고도성장을 이룩한 우리나라 경제는 1997년 말 경제위기를 맞은 후 1998년에는 마이너스 성장을 기록하였다.

(1) 1960년대 초 이래 우리나라 경제가 이룩한 성장과정의 주요 특징을 기술하라.

(2) 우리나라 경제가 다시 높은 성장을 달성하기 위한 방안을 내생적 성장이론의 관점에서 논하라.

2. 저축 · 투자와 대부자금시장 모형

2.1 국가경제의 저축과 투자 폐쇄경제에서 총투자는 사후적으로 민간저축과 정부저축의 합인 총저축과 일치한다(개방경제의 경우에는 사후적으로 총투자가 국내총저축에서 순수출을 뺀 값과 동일하다).

$$I = (Y - T - C) + (T - G) = S_p + S_g = S$$

이때 정부지출이 조세수입과 일치하면 균형재정, 정부지출이 더 많으면 재정적자, 그 반대를 재정흑자라 한다. 민간저축 · 투자의 차이, 정부저축과 경상수지의 관계는 다음과 같다.

$$(S_p - I) + (T - G) = X - Q$$

2.2 대부자금시장 모형 자금의 공급인 저축이 자금의 수요인 투자로 연결되는 시장을 대부자금시장이라 한다. 국가경제에서 대부자금에 대한 수요는 투자에 필요한 자금을 기업이 금융시장에서 조달하는 수요에 의해 결정되며 실질이자율에 반비례한다. 한편 대부자금의 공급은 폐쇄경제에서 민간저축과 정부저축의 합으로 결정되며 실질이자율과 비례 관계를 갖는다. 대부자금시장의 균형은 대부자금 수요와 공급이 일치하는 수준에서 결정된다.

물음 04. 어느 나라의 GDP가 10조, 세금이 1.2조, 민간저축이 0.7조, 정부저축이 0.3조이다. 폐쇄경제 하에서 소비, 정부지출, 총저축 및 투자를 구하라.

물음 05. 폐쇄경제에서 정부차입이 1조원 증가한다고 하자. 대부자금시장 모형을 이용하여 이자율과 투자, 민간저축, 정부저축, 총저축에 미치는 영향을 분석하라. 이들 변수의 변화량은 정부의 추가 차입액 1조원보다 더 많은가 아니면 더 적은가?

3. 경제성장의 여러 문제

3.1 금융과 경제성장 금융은 소규모 저축들을 모아 생산성이 높은 대규모 투자에 필요한 자금을 공급함으로써 물적자본 축적에 기여한다. 금융은 또한 교육투자를 원하는 사람들에게 자금을 공급함으로써 인적자본 축적을 촉진시킬 뿐만 아니라 소득불평등이나 세대 간 경제적 이동성에도 큰 영향을 미친다. 한편 경제가 성장하면 금융발전을 촉진하고, 실물부문의 기술발전이 금융부문의 기술발전을 촉진시키기도 한다.

3.2 고령화와 경제성장 인구 고령화는 노동인구의 양과 질을 떨어뜨리는 한편 사회 전체의 저축률 하락을 가져옴으로써 자본축적을 감소시키기 때문에 경제성장을 저해하는 요소로 작용할 수 있다.

3.3 소득불평등과 경제성장 자본시장이 불완전한 상황에서 소득불평등이 심할수록 물적자본과 인적자본의 축적이 저하되며, 범죄 발생 등으로 사회적 혼란이 가중된다.

4. 경제성장정책

장기적인 경제성장을 촉진하기 위해서 정부는 다음과 같은 정책을 사용할 수 있다. 첫째, 저축과 투자 동기를 유발하여 물적자본의 축적을 도모한다. 둘째, 연구 · 개발부문의 보조금 지급 등을 통해 기술진보를 유도한다. 셋째, 위생과 교육 여건의 개선을 통해 양질의 인적자본 축적을 도모한다. 끝으로 정부는 조세 · 이전지출 등의 소득재분배정책과 동반성장을 위한 재정정책을 통해 소득불평등을 완화하고 경제성장을 촉진할 수 있다.

물음 06. 영국의 이코노미스트지(The Economist, "Closing the Growth Gap," 2005. 10. 27.)에 의하면 1995~2005년간 유럽의 경제성장률은 연간 2% 정도였던 데 반해, 미국은 그보다 높은 연 3%의 경제성장률을 보였다. 제2차 세계대전 이후 30여 년 동안 유럽은 미국보다 빠른 성장을 해왔지만 점차 그 격차가 줄어들었으며, 1995~2005년에는 오히려 미국이 더 빠르게 성장했다. 이러한 현상이 발생한 원인에 대해 하버드대학의 아기온 교수와 브라운대학의 하윗 교수는 세 가지 이유를 제시하였다. 첫째, 유럽의 경우 성장단계에 적합한 제도와 정책(예를 들어 교육정책)이 부족했다. 둘째, 유럽에서는 기업의 시장 진입과 퇴출이 어려웠다. 셋째, 유럽의 자본시장이 평균적으로 미국에 비해 덜 발달되어 있다. 이 세 가지 이유가 각각 어떻게 유럽과 미국 간의 경제성장 차이를 가져올 수 있는지 설명하라.

Chapter 12

국가경제의 단기적 경기변동

우리는 제 10 장과 제 11 장에서 장기적 경제성장을 포함한 국가경제의 장기적 측면에 대해 알아보았다. 한편 제 9 장(5. 국가경제의 기본문제)에서도 보았듯이 단기적으로는 국가경제의 실질 GDP가 장기적 성장추세를 중심으로 상승과 하락을 반복하는 경기변동을 보여왔다. 이제 세 개의 장에 걸쳐 국가경제의 기본문제 중 단기적 경기변동을 체계적으로 알아본다.

이 장에서는 먼저 우리나라의 주요 거시경제지표와 금융지표를 중심으로 단기적 경기변동 과정에서 관측되어 온 주요 사실을 알아보려고 한다. 이를 위해 다음과 같은 문제에 대해 논의해 보자.

- 국가경제는 단기적 경기변동 과정에서 어떤 특성을 보여왔는가?
- 단기적 경기변동을 가져오는 주된 원인은 무엇인가?

1 경기변동이란 무엇인가?

경기변동
실질 GDP, 소비, 투자, 고용 등의 집계변수가 장기추세선을 중심으로 상승과 하락을 반복하는 현상

경기순환의 4국면
- 호황
- 후퇴
- 불황
- 회복

경기변동(business cycle)이란 실질 GDP, 소비, 투자, 고용 등 집계변수들이 장기추세선을 중심으로 상승과 하락을 반복하는 현상을 말한다. 먼저 경기변동의 국면에 대해서 살펴보고, 이어서 경기변동 과정에서 나타나는 몇 가지 중요한 사실들을 정리해 보자.

[그림 12-1]은 전형적인 경기변동의 국면(phase)을 나타낸다. 이 그림에서 장기추세선은 A, B, C를 연결하는 선이며, A와 C는 하나의 새로운 순환이 시작되는(또는 과거에 시작된 하나의 순환이 끝나는) 시점이기도 하다. 예를 들어 A에서 경기상승의 원인이 되는 어떤 충격이 발생하면 호황국면이 시작된다. **호황국면**에서는 총체적인 경제활동이 상승한다. 투자와 소비뿐만 아니라 고용과 소득도 증가한다. 출하가 호조를 보이고 재고는 감소하며 기업의 이윤율이 상승한다. 대체로 물가와 임금도 상승한다. 은행대출이 증가하고 이자율도 오르며, 주식시장도 활기를 띤다.

이와 같은 호황국면이 한동안 지속되면 경기는 **상위전환점**(upper turning point)인 **정상**(peak)에 도달하게 되고 후퇴국면으로 접어든다. **후퇴국면**에서는 호황 때에 확대되었던 모든 경제활동이 점차 활기를 잃기 시작한다. 소비, 투자, 고용, 소득 등이 모두 감소하기 시작하고 판매가 감소하며 기업이윤도

그림 12-1

경기순환의 4국면
경기상승이 일어나면 호황국면이 나타나다가 후퇴국면으로 접어든다. 이 후퇴국면은 불황국면을 거쳐 회복국면에 진입하게 된다.

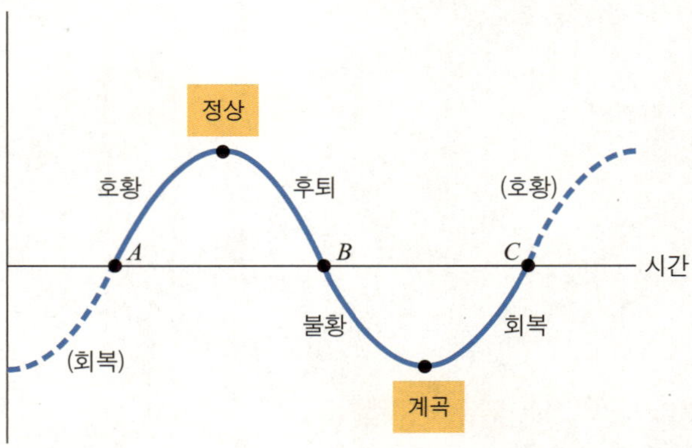

줄어든다. 물가와 임금도 경우에 따라서는 하락하기 시작한다.

후퇴국면은 불황국면으로 이어진다. **불황국면**에서는 소비, 투자 등이 더욱 침체되고, 고용과 소득도 크게 감소한다. 기업이윤은 큰 폭으로 감소하고 (또는 손실이 발생하고) 기업의 도산이 속출한다. 또한 물가, 임금, 이자율 등

현실과경제학

우리나라의 기준순환일

경기순환을 현실적으로 파악하고 분석하기 위해서는 경기의 정점과 저점이 정해져야 하는데, 이러한 경기의 정점 또는 저점이 발생한 구체적인 시점을 기준순환일(reference date)이라 한다. 우리나라에서는 통계청이 1981년 3월에 경기종합지수(composite index ; CI)를 편제한 이래 1970년대 이후의 기간을 대상으로 관련 전문가의 의견을 들어 기준순환일을 공식적으로 결정·발표해 오고 있는데, 이에 따르면 우리나라 경기의 순환주기는 약 50개월이며 이 중 확장기는 31개월, 수축기는 18개월로 확장기가 수축기에 비해 긴 것으로 나타났다.

경기종합지수는 매월 국가경제의 각 부문을 대표하고 경기대응성이 높은 각종 경제지표들을 선정한 후, 이를 가공·종합하여 작성하고 있다. 동 지수의 전월에 대한 증감률이 양(+)인 경우에는 경기상승을, 음(−)인 경우에는 경기하강을 나타내며, 그 증감률의 크기에 의해 경기변동의 진폭까지도 알 수 있으므로 동 지수를 통하여 경기변동의 방향, 국면, 전환점은 물론 변동속도까지도 동시에 분석할 수 있다.

우리나라의 기준순환일

	기준순환일(년 : 월)			지속기간(개월)		
	저점	정점	저점	확장기간	수축기간	전 순환기간
제1순환기	72:3	74:2	75:6	23	16	39
제2순환기	75:6	79:2	80:9	44	19	63
제3순환기	80:9	84:2	85:9	41	19	60
제4순환기	85:9	88:1	89:7	28	18	46
제5순환기	89:7	92:1	93:1	30	12	42
제6순환기	93:1	96:3	98:8	38	29	67
제7순환기	98:8	00:8	01:7	24	11	35
제8순환기	01:7	02:12	05:4	17	28	45
제9순환기	05:4	08:1	09:2	33	13	46
제10순환기	09:2	11:8	13:3	30	19	29
제11순환기	13:3	17:9		54		
평균	–	–	–	33	18	49

출처 : 통계청

이 대체로 하락하는 양상을 보이며, 주가도 크게 하락한다.

일정 기간이 지나면 불황국면은 경기의 **계곡**(trough)으로 표현되는 밑바닥에 도달한다. 그 계곡을 **하위전환점**(lower turning point)이라고도 한다. 하위전환점을 지나면 회복국면에 진입하게 된다. **회복국면**에서는 다시 생산활동이 활발해지기 시작하고, 고용이 증가한다. 고용의 증가는 소득을 증가시키고 소득의 증가는 다시 총수요 증가로 이어진다. 총수요의 증가로 인해 물가수준 또한 점차 상승한다. 경기는 그림의 *C*점에 도달하여 하나의 순환을 끝맺게 된다. *A*부터 *C*까지가 하나의 순환(one cycle)이다.

2 경기변동의 주요 특성

[그림 12-2]는 [그림 9-10]과 동일한 그림으로서 우리나라의 실질 GDP가 장기추세선으로부터 벗어난 정도를 백분율(%)로 나타낸 것이다. 여기서 우리는 1970년대 이후 4차례의 중요한 불황기, 즉 1974~1975년, 1979~1981년, 1997~1998년, 그리고 2008~2009년의 불황기를 확인할 수 있다. 이 중에서 1974~1975년과 1979~1981년, 2008~2009년의 불황기에는 추세선으로부터 4~6% 이상 실질 GDP의 감소를 보인 반면, 외환위기와 함께 겪은 1997~1998년의 불황기에는 추세선으로부터 약 8%의 감소를 보이고 있다.

실질 GDP가 단기적으로 불규칙하게 변동하는 동안 여러 거시경제변수들은 실질 GDP와 강한 규칙성을 보이면서 함께 변동한다. 이러한 변동 형태를 **동조성**(comovement) 또는 공행성이라 부른다. 만약 어떤 거시경제변수의 경기변동이 실질 GDP의 경기변동과 양의 상관관계를 가지고 있다면 그 변수를 **경기순응적**(procyclical)이라고 한다. 반대로 어떤 변수의 경기변동이 실질 GDP의 경기변동과 음의 상관관계를 가진다면 그 경제변수를 **경기역행적**(countercyclical)이라고 한다. 그리고 경기순응적이지도 경기역행적이지도 않은 경우는 **경기비순행적**(acyclical)이라고 한다.

경기변동의 동조성
거시경제변수와 실질 GDP 간 변동의 규칙성

거시경제변수와 실질 GDP의 상관관계
+ : 경기순응적
− : 경기역행적
0 : 경기비순행적

일반적으로 두 변수 사이에 양의 상관관계가 있다는 것은 어느 한 변수

그림 12-2

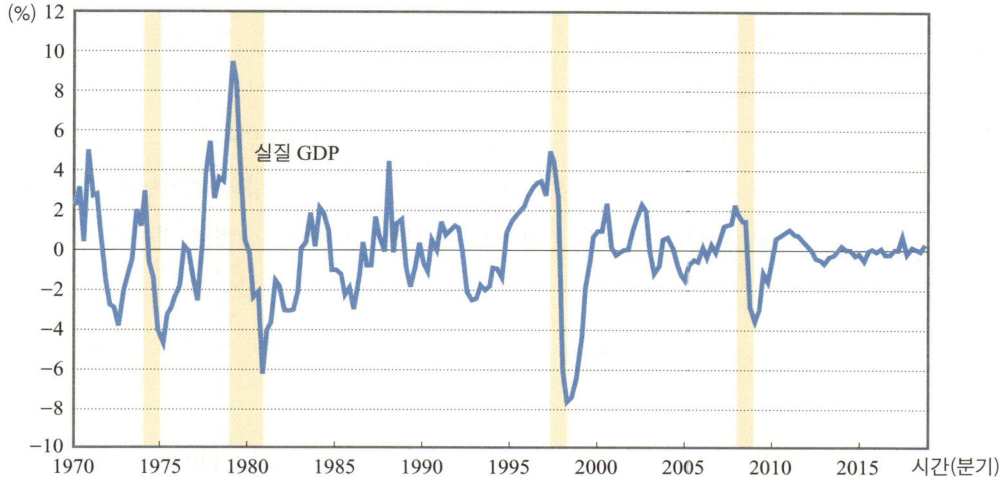

자료 : 한국은행 경제통계시스템(http://ecos.bok.or.kr)

우리나라 실질 GDP의 경기변동 추이

우리나라의 실질 GDP에서 장기추세선으로부터 벗어난 정도를 백분율로 나타낸 실질 GDP의 경기변동은 진폭과 진동수가 불규칙하다는 특징을 갖는다. 또한 실질 GDP의 경기변동 추이로부터 1970년대 이후 4차례 중요한 불황기, 즉 1974~1975년, 1979~1981년, 1997~1998년, 2008~2009년의 불황기를 확인할 수 있다.

가 증가하면 다른 변수도 증가하는 경향이 있음을 의미한다. 반면에 두 변수가 서로 반대방향으로 변하는 경향이 있을 때, 두 변수 사이에 음의 상관관계가 있다고 한다. 이러한 두 변수 간의 상관관계를 나타내는 척도인 상관계수(correlation coefficient)는 −1과 1 사이의 값을 갖는다. 만약 두 변수의 상관계수가 1이면 완전 양(+)의 상관관계를 의미하며, 상관계수가 −1이면 완전 음(−)의 상관관계를 의미한다.

두 변수 사이에 한쪽이 증가하면 다른 쪽도 증가(또는 감소)하는 경향이 있을 때, 이 두 변수 사이에는 **상관관계**(correlation)가 있다고 한다.

동조성과 함께 경기변동의 중요한 특성으로 실질 GDP 변동성에 대한 집계변수들의 상대적 변동성이 갖는 규칙성을 들 수 있다. 여기서 거시변수의 **변동성**(volatility)은 해당 거시변수가 장기추세선으로부터 벗어난 정도를 의미한다. 그리고 변동성의 크기는 해당 거시변수가 장기추세선으로부터 벗어난 정도를 표준편차(standard deviation)로 측정할 수 있다.

거시경제변수의 변동성은 표준편차로 측정

또한 실질 GDP 변동의 시점과 비교하여 거시경제변수들이 실질 GDP

거시경제변수의 변동과 실질 GDP의 변동 시점에 따라
• 경기선행적
• 경기후행적
• 경기동행적

보다 먼저 변동하면 **경기선행적**(leading), 나중에 변동하면 **경기후행적**(lagging), 그리고 동시에 변동하면 **경기동행적**(concurrent)이라 한다. 이러한 경기선행성 · 후행성 · 동행성은 거시경제변수와 실질 GDP의 경기전환점을 비교하여 알 수 있다.

다음에는 실질 GDP를 구성하는 거시경제변수들(즉 소비, 투자, 수출, 수입, 정부지출)과 고용, 그리고 물가수준과 통화량의 경기변동 추이를 살펴보고, 이들의 동조성과 실질 GDP 대비 변동성을 살펴볼 것이다.

2.1 소비와 투자

여기서 **소비**는 최종 서비스, 비내구재 및 내구재에 대한 분기별 민간소비지출을 의미한다.

[그림 12-3]은 추세를 제거한 소비와 실질 GDP의 경기변동을 보여준다. 이 두 시계열의 상관계수는 0.73으로, 높은 양의 상관관계를 가지고 있으므로 소비가 경기순응적임을 알 수 있다. 또한 소비의 전환점이 실질 GDP

그림 12-3

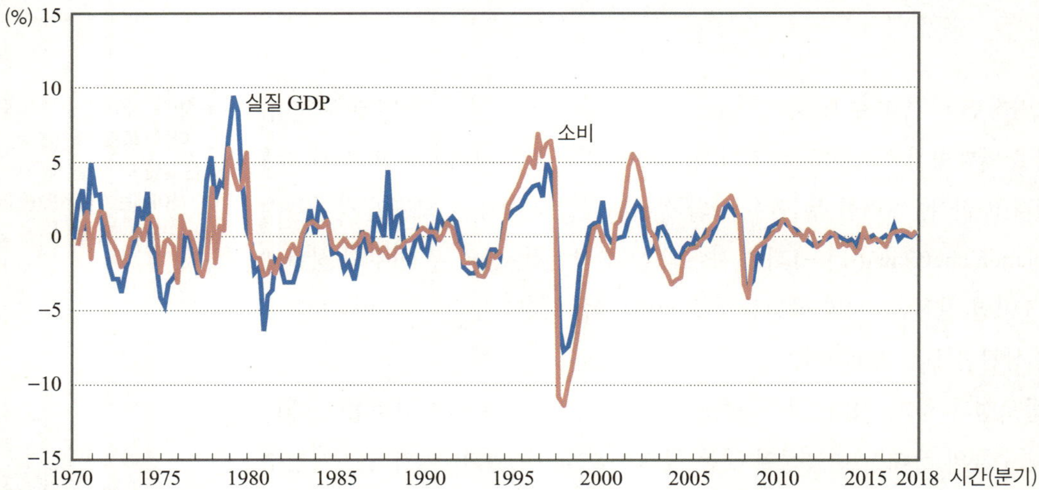

우리나라 실질 GDP와 소비의 경기변동

경기순응적인 소비는 1997년 말 외환위기 이후 실질 GDP보다 그 변동폭이 커지고 있다. 외환위기 이전 소비의 표준편차는 실질 GDP 표준편차의 81%였으나, 외환위기 이후를 포함한 전 기간 동안 소비의 표준편차는 실질 GDP 표준편차의 107%에 달한다.

의 전환점보다 선행하거나 후행하지 않으므로 소비는 실질 GDP의 동행지수라고 볼 수 있다.

소비는 경기순응적이고 실질 GDP보다 변동성이 작은 성향을 보임

한편 [그림 12-3]에서 눈에 띄는 점은 1997년 말 외환위기 이전의 약 20여 년 동안 소비가 실질 GDP보다 변동폭이 작았던 반면, 외환위기 이후에는 소비의 변동폭이 실질 GDP보다 커지고 있다는 것이다. 구체적으로 1997년 말 외환위기 이전 소비의 표준편차는 실질 GDP 표준편차의 81%였으나, 외환위기 이후를 포함한 전 기간 동안 소비의 표준편차는 실질 GDP 표준편차의 107%에 달한다.

[그림 12-4]는 추세를 제거한 총투자와 실질 GDP의 경기변동을 보여준다. 소비와 더불어 투자 역시 경기순응적인 거시경제변수로서 실질 GDP와 0.83의 높은 상관계수를 갖는다. 그리고 투자가 실질 GDP에 대해 선행하거나 후행하지 않으므로 투자가 실질 GDP의 동행지수임을 알 수 있다. 그러나 주택투자와 재고투자 같은 특정 투자 항목이 경기에 선행하여 나타난다는 사실은 이미 잘 알려져 있다. 그리고 [그림 12-4]에서 보는 바와 같이 소비와

여기서 **총투자**는 분기별 설비투자, 건설투자 및 재고투자가 포함된 총고정자본 형성을 의미한다.

투자는 경기순응적이고 실질 GDP보다 변동성이 훨씬 큼

그림 12-4

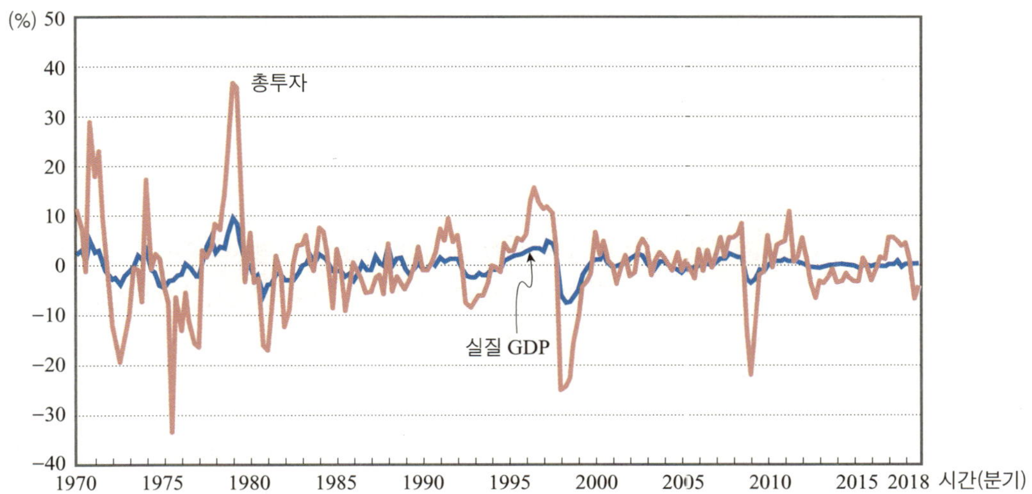

우리나라 실질 GDP와 투자의 경기변동

경기순응적인 투자는 변동성이 실질 GDP의 약 3.8배에 이르며, 이는 주택투자와 재고투자의 높은 변동성에 기인한다.

대조적으로 투자는 실질 GDP에 비해 그 변동성이 훨씬 크다. 즉, 투자의 표준편차는 실질 GDP 표준편차의 약 3.8배로서 경기변동에서 매우 중요한 역할을 한다.

2.2 수출과 수입

여기서 **수출**은 국내에서 생산된 분기별 최종 재화와 서비스에 대한 해외부문의 수요를, **수입**은 해외에서 생산된 분기별 최종 재화와 서비스에 대한 국내수요를 의미한다.

수출과 수입은 경기순응적이고 실질 GDP보다 변동성이 큼

[그림 12-5]는 실질 GDP와 수출, 그리고 수입이 각각의 추세선으로부터 벗어난 정도를 나타낸 것이다. 이 그림에서 실질 GDP가 추세선보다 높거나 낮을 때 수출과 수입도 각각 높거나 낮게 나타나는 경향을 보인다. 따라서 실질 GDP와 수출, 실질 GDP와 수입이 각각 양의 상관관계를 가지고 있음을 알 수 있다. 실제로 1970~2018년 4분기까지 분기별 실질 GDP와 수출의 상관계수는 0.35이고, 실질 GDP와 수입의 상관계수는 0.73이다. [그림 12-5]에서 수출과 수입은 실질 GDP보다 변동성이 크다는 것을 눈으로도 확인할 수 있으며, 실제로 수출과 수입의 표준편차는 실질 GDP의 표준편차보다 각각 3.1배, 3.2배 정도 큰 것으로 측정된다. 또한 수출이 실질 GDP보다 먼저 변동하는 경향을 보인다는 점에서 경기선행적인 반면, 수입은 실질 GDP와 거의 동시에 변동하므로 경기동행적이다.

2.3 고용과 실업

여기서 **고용**은 총 취업자 수를 의미한다.

고용은 경기순응적이고 실질 GDP보다 변동성이 작음

[그림 12-6]은 추세를 제거한 고용과 실질 GDP의 경기변동을 보여준다.* 고용은 실질 GDP와 같은 방향으로 변동하는 경기순응적인 변수임을 쉽게 확인할 수 있다. 실제로 두 시계열자료의 상관계수는 0.55이다. 또한 고용의 전환점이 실질 GDP의 전환점에 동행하여 나타나므로 고용이 경기동행변수임을 알 수 있다. 그리고 고용이 실질 GDP에 비해 변동성이 작음을 쉽게 확인할 수 있다. 실제로 고용의 표준편차는 실질 GDP 표준편차의 약

* 한국은행이 제공하는 고용 데이터가 1999년 3분기에 시작되므로 분석기간을 1999년 3분기부터 2018년 4분기까지로 하였다.

■ 그림 12-5

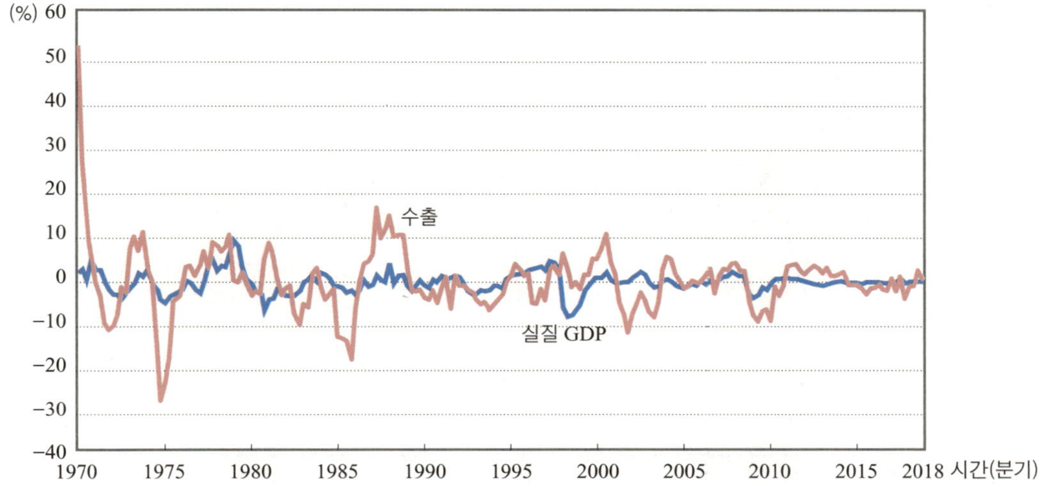

(a) 수출

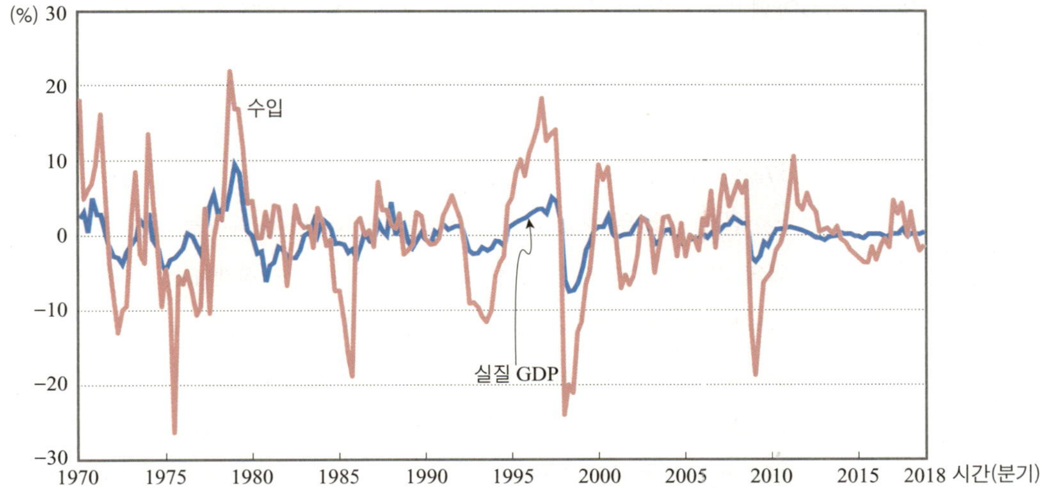

(b) 수입

우리나라 실질 GDP와 수출 · 수입의 경기변동

실질 GDP와 수출 · 수입의 경기변동이 각각 양의 상관관계를 가지고 있다는 점에서 수출과 수입은 모두 경기순응적이다. 또한 수출 · 수입의 경기변동은 실질 GDP보다 높은 변동성을 나타낸다.

■ 그림 12-6

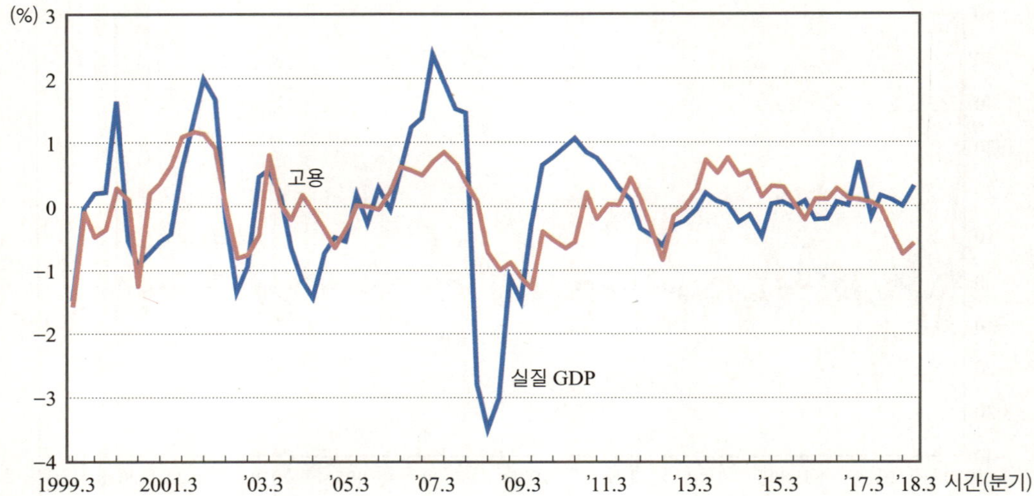

우리나라 실질 GDP와 고용의 경기변동

경기순응적인 고용은 실질 GDP에 비해 변동성이 작고 경기전환점이 실질 GDP의 전환점에 동행하여 나타난다는 점에서 경기동행적이다.

57%에 해당된다.

실업
일할 능력과 의사를 가지고 있지만 취업 기회가 주어지지 않은 상태

경제활동참가율
15세 이상 인구 중 경제활동에 참가하는 인구의 비율

$$\text{실업률} = \frac{\text{실업자}}{\text{경제활동인구}}$$

한편 **실업**은 사람들이 일할 능력과 일하려는 의사를 가지고 있는데도 취업의 기회가 주어지지 않는 상태를 말한다. 국가경제에서 15세 이상 인구로 정의되는 **노동가능인구** 중 경제활동에 참가하고 있는 사람을 **경제활동인구**(economically active population)라 하며, 후자의 전자에 대한 비율을 **경제활동참가율**(labor-force participation rate)이라 한다. [그림 12-7]에서 우리나라의 대표적 고용통계인 경제활동인구조사에 의하면 2019년 11월 현재 우리나라의 경제활동참가율은 대략 63% 정도이다. 한편 경제활동인구 중에서 일자리를 갖고 있는 사람을 취업자(employed ; E)로, 일자리를 찾고 있으나 취업이 안 된 사람을 실업자(unemployed ; U)로 분류한다. 이때 **실업률**(unemployment rate ; u)은 다음과 같이 경제활동인구에 대한 실업자의 비율로 정의된다.

그림 12-7

우리나라의 경제활동인구 현황 및 경제활동인구 분류(2019년 11월)

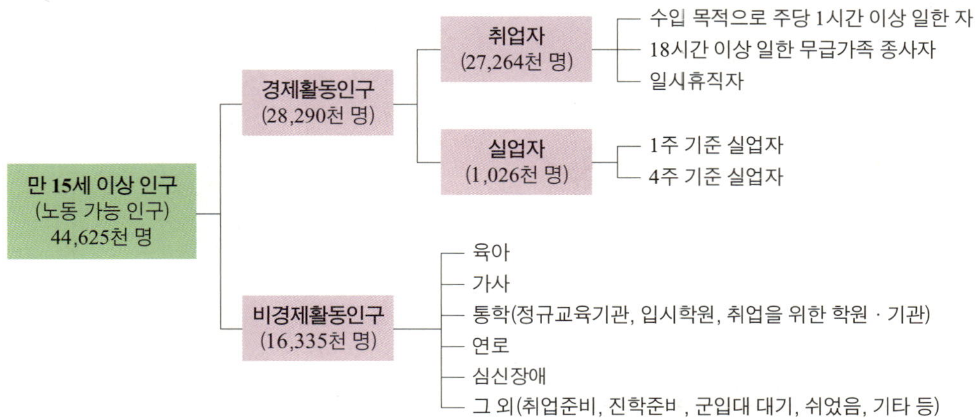

자료 : 한국은행 경제통계시스템(http://ecos.bok.or.kr)

$$u = \frac{U}{U + E} \qquad (12.1)$$

[그림 12-7]에 의하면 2019년 11월 우리나라의 실업률은 약 3.6%이다.

한편 취업준비자 및 **구직단념자** 또는 **실망실업자**(discouraged worker)의 경우 실질적인 의미의 실업자이나 조사대상 기간 동안 구직활동을 하지 않았으므로 실업자가 아닌 비경제활동인구로 분류된다. 따라서 취업준비자 및 구직단념자의 증가는 실업률에 영향을 미치지 않거나 오히려 실업률을 낮아지게 한다. 즉, 구직활동을 열심히 하던 사람이 취직이 잘 되지 않아 구직활동을 포기하거나 또는 취업학원을 통해 취업준비를 하게 되는 경우, 실업자에서 비경제활동인구로 이동하게 되므로 실업자 수가 감소하게 되어 실업률은 낮아진다. 따라서 국민이 실제 피부로 느끼는 체감실업률과 정부가 발표하는 실업률 간에는 괴리가 발생할 수 있다.

최근에는 이와 같은 실업률의 문제점을 해소할 수 있는 지표로 만 15세 이상 인구 중에서 취업자가 차지하는 비율을 나타내는 **고용률**이 이용되기도 한다. 고용률은 실업률과 달리 실업자와 비경제활동인구 간의 잦은 이동 등

한국만 악화된 청년실업률
(단위 = %)

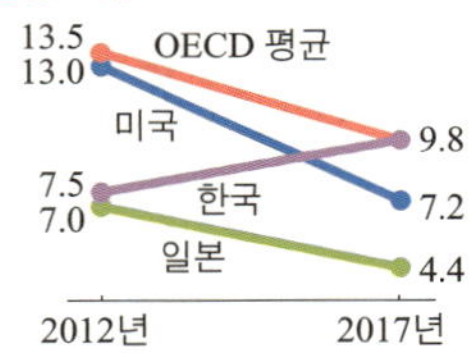

한국만 더디게 증가한 청년 고용률 (단위 = %)

자료 : OECD 통계

$$\text{고용률} = \frac{\text{취업자}}{\text{15세 이상 인구}}$$

■ 그림 12-8

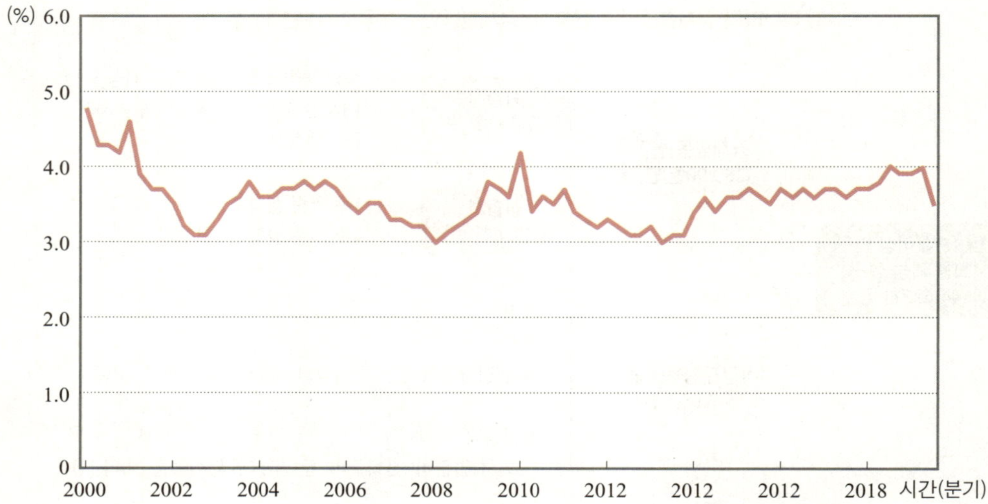

(a) 실업률

(b) 경제활동참가율과 고용률

자료 : 한국은행 경제통계시스템(http://ecos.bok.or.kr)

우리나라의 실업률, 경제활동참가율 및 고용률 추이

우리나라의 실업률은 2002년에 최저를 기록한 이후 오르고 내림을 반복하다가 2008 금융위기 이후 조금 상승하고 있는 상태이다. 한편 실업률은 그 개념상 실망실업자를 포함하지 않으므로 체감실업률에 비해 그 수치가 낮을 수 있는데, 이를 보완하기 위해 고용률을 보조지표로 사용한다. (b)에서 볼 수 있듯이 고용률은 경제활동참가율과 비슷한 흐름을 보이는 반면 실업률과는 대체로 반대로 움직이고 있음을 알 수 있다.

으로 인한 경제활동인구 변동의 영향을 받지 않는다. 즉, 적극적인 구직활동을 하던 실업자가 조사대상 기간 중 구직활동을 하지 않고 구직단념자가 되는 경우 실업자에서 비경제활동인구로 이동함에 따라 실업률은 떨어지지만, 취업자 수와 15세 이상 인구 수는 변하지 않으므로 고용률은 영향을 받지 않는다.

구직단념자(실망실업자)
구직활동을 해봤지만 취직이 잘 되지 않아 구직활동을 포기한 사람

[그림 12-8]은 우리나라의 실업률, 경제활동참가율 및 고용률의 추이를 보여주고 있다.

현 실 과 경 제 학

고용 없는 경기회복

경기변동에서 나타나는 거시경제지표들 간의 동조성과 관련하여 1990년대 이후 관측되어 온 '고용 없는 경기회복(jobless recovery)'이 세계 경제의 주요 관심사가 되어 왔다. 과거에는 국가경제의 총생산이 증가함에 따라 소비 및 투자가 활성화되고 자연스럽게 고용이 증가해 왔지만, 최근에는 노동시장과 산업구조 및 경제 환경의 변화 등 여러 원인들로 인하여 생산이 증가하고 있는데도 고용여건은 크게 나아지지 않고 있다.

| 그림 | 미국의 비농업부문 취업자 수

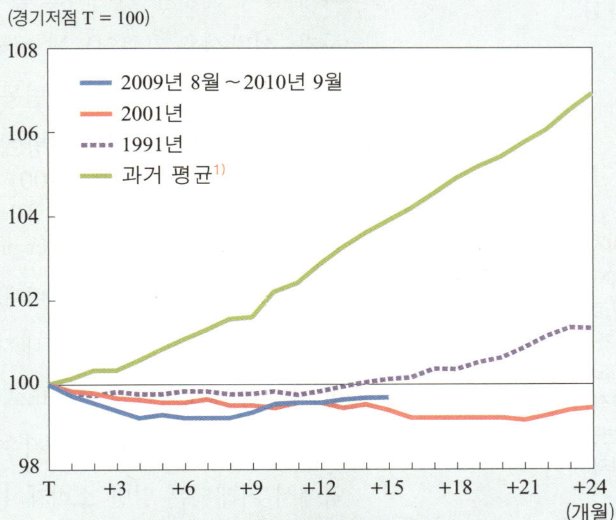

주 : 1) 1970~1980년대 4차례 경기침체기
출처 : 미국 노동부 NBER.

우리나라에서도 1997년 말 외환위기 이후 경제회복 과정에서 GDP가 증가되었지만 과거와 같은 고용개선은 크게 나타나지 않았다. 통계청이 발표한 『2004년 고용동향』에 따르면 실업자는 81만 3천 명으로 전년보다 4.7% 늘었고, 실업률도 3.9%로 전년보다 0.1% 올라 2001년도(3.8%) 이후 가장 높았다. 특히 청년실업률은 7.9%로 1999년(10.9%) 이후 5년 만에 최고치를 기록했다.

이러한 고용 없는 경기회복의 원인은 다음과 같다. 첫째, 산업구조가 점차 고도화되면서 고용창출이 높은 노동집약적인 산업이 감소하고 지식·자본집약적인 산업이 증가하였다. 둘째, 제조업 등 노동집약적 산업을 중심으로 기업들이 생산비용이 저렴한 해외로 생산기지를 이전하고 있어 일자리 수가 감소하고 있다. 셋째, 경직적인 노동시장과 인건비 상승에 따른 노동비용 증가로 기업의 부담이 증가하고 있어 신규 고용창출과 경쟁력 제고에 어려움을 겪고 있다는 것이다.

2.4 물가수준

물가
시장에서 거래되는 모든 재화와 서비스의 가격을 일정한 기준으로 평균한 종합적인 가격수준

물가지수
물가의 움직임을 구체적으로 측정하기 위해 작성하는 지수

물가지수의 종류
소비자물가지수, GDP 디플레이터 등

소비자물가지수
소비자가 일상 소비생활에 쓸 용도로 구입하는 재화(소비재)의 가격과 서비스요금의 변동을 조사함으로써 도시 가계의 평균적인 생계비 내지 구매력의 변동을 측정하기 위한 특수 목적지수

물가는 시장에서 거래되는 모든 재화와 서비스의 가격을 일정한 기준으로 평균한 종합적인 가격수준이다. 이러한 물가의 움직임을 구체적으로 측정하기 위하여 작성하는 지수를 **물가지수**(price index)라 부른다. 세계 각국은 용도에 따라 여러 가지 물가지수를 작성하여 쓰고 있다. 그중에서 가장 흔히 쓰이는 물가지수로는 소비자물가지수와 GDP 디플레이터가 있다.

물가지수는 어떤 기준연도의 재화와 서비스의 가격을 100으로 놓고 비교연도의 가격을 평균하여 지수로 나타낸다. 그런데 이때 평균은 단순한 산술평균이 아니라 이들 재화와 서비스가 총지출에서 차지하는 상대적 비중에 따라 가중치를 부여한 가중평균이다. 예를 들어 소비지출의 대상이 되는 재화가 쌀과 설탕 두 가지이고 쌀에 대한 지출은 설탕에 대한 지출의 10배라고 하자. 설탕값은 기준연도에 비해 배가 오르고 쌀값은 그대로 있다고 할 때, 소비자물가지수는 두 가격 변동의 산술평균 150$\left(=\dfrac{200+100}{2}\right)$이 아니다. 왜냐하면 쌀에 대해서는 설탕에 비해 10의 가중치를 주어야 하기 때문이다. 따라서 물가지수는 $\dfrac{(10\times100)+(1\times200)}{10+1}=\dfrac{1,200}{11}\fallingdotseq 109$이다.

소비자물가지수(consumer price index ; CPI)는 소비자가 일상 소비생활에 쓸 용도로 구입하는 재화(소비재)의 가격과 서비스요금의 변동을 조사하여 도시가계의 평균적인 생계비 내지 구매력의 변동을 측정하기 위한 지수로서, 한 나라의 대표적인 물가지표로 이용되고 있다.

우리나라의 소비자물가지수는 2015년 기준으로 전국 37개 주요 도시지역에서 거래되는 일반 소비재 481개의 소매가격(소비자구입가격)을 시장거래액 비중에 따라 가중치를 달리하여 평균한다. 조사대상 품목의 기본 분류에 대해 각각의 가중치를 보면 주택 · 수도 · 전기 및 연료 16.6%, 식료품 및 비주류 음료 13.8%, 음식 및 숙박 13.2%, 교통 11.3%, 교육 9%, 보건 7%, 오락 및 문화 6.1%, 의류 및 신발 6.1%, 기타 상품 및 서비스 5.7%, 통신 5.4%, 가정용품 및 가사 서비스 4.4%, 주류 및 담배 1.6%의 순이다. 현행 소비자물가지수의 품목 분류 및 가중치, 그리고 2014~2018년의 지수는 [표 12-1]과 같다.

표 12-1

우리나라의 소비자물가지수(2014~2018)

(2015=100, 연평균 기준)

분류		가중치	2014	2015	2016	2017	2018
기본분류	총지수	1,000.0	99.3	100	101.0	102.9	104.5
	식료품 및 비주류 음료	137.6	98.4	100	102.3	105.8	108.7
	주류 및 담배	15.8	66.6	100	100.7	102.2	102.5
	의류 및 신발	61.1	98.7	100	101.8	102.9	104.0
	주택 · 수도 · 전기 및 연료	165.9	100.6	100	99.2	100.9	101.6
	가정용품 및 가사 서비스	44.2	97.5	100	101.6	102.7	105.0
	보건	69.8	98.8	100	101.0	101.9	101.8
	교통	112.6	108.5	100	97.8	101.3	103.7
	통신	53.5	100.2	100	100.1	100.4	99.5
	오락 및 문화	61.2	100.5	100	101.8	101.9	102.4
	교육	89.6	98.3	100	101.6	102.8	104.2
	음식 및 숙박	131.8	97.7	100	102.5	105.0	108.1
	기타 상품 및 서비스	56.9	97.4	100	103.4	106.3	106.9

출처 : 통계청

간단한 예로 2018년의 CPI를 기본 분류에 의해 계산하는 방법을 생각해 보자. [표 12-1]에서 기본 분류 각 항목의 2018년 지수에 해당 가중치를 곱한 뒤, 그 합을 구하면 다음과 같이 2018년의 소비자물가지수가 계산된다. CPI(2018) = 0.1376 × 108.7 + 0.0158 × 102.5 + ··· + 0.0569 × 106.9 = 104.5. 이는 2018년의 물가가 2015년에 비해 평균적으로 약 4.5% 상승했음을 의미한다.

소비자물가지수(consumer price index ; CPI)로 측정한 물가수준과 실질 GDP의 경기변동을 그려보면 [그림 12-9]와 같이 음의 상관관계가 있음을 알 수 있다. 실제로 물가수준과 실질 GDP는 −0.42의 상관계수를 나타낸다는 점에서 1970~2018년 4분기까지 우리나라의 물가수준은 경기역행적인 변수이다. 또한 물가수준의 변동시점이 실질 GDP의 변동시점과 대체적으로 같다는 점에서 물가수준이 경기동행적임을 알 수 있다. 한편 [그림 12-9]에서 소비자물가지수의 표준편차는 실질 GDP 표준편차의 135%로서 물가수준이 실질 GDP에 비해 변동성이 크다는 것을 보여준다.

물가수준과 실질 GDP의 상관관계는 나라별, 기간별로 차이가 있다. 제2차 세계대전 이후에는 대부분의 나라에서 물가수준이 경기역행적인 것으로 나타난 반면, 제1차 세계대전과 제2차 세계대전 사이에는 물가수준이 경기순행적인 것으로 나타났다.(Backus, D. and Kehoe, P., "International Evidence on the Historical Properties of Business Cycles," *American Economic Review*, 1992.)

■ 그림 12-9

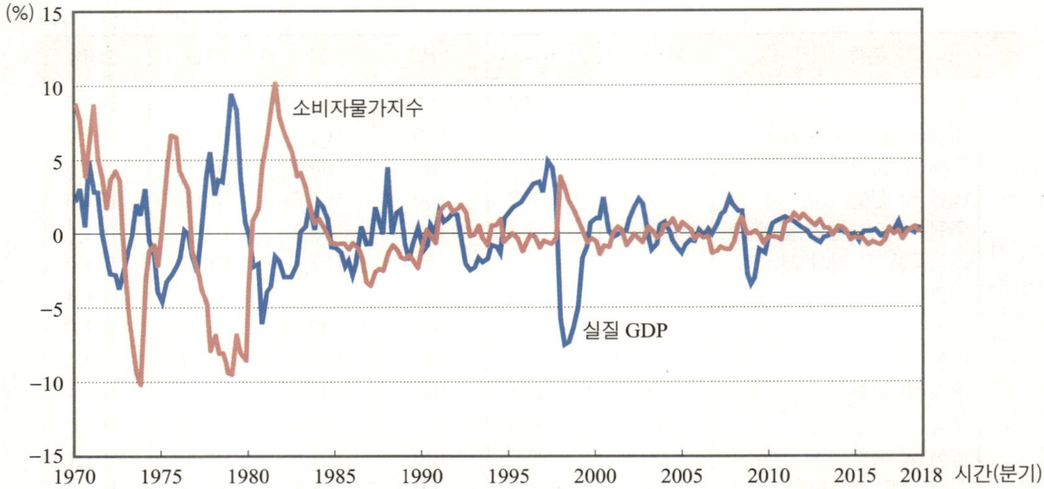

우리나라 실질 GDP와 소비자물가지수의 경기변동

1970~2018년 4분기까지 소비자물가지수로 측정한 물가수준과 실질 GDP의 경기변동은 음의 상관관계를 가지고 있다는 점에서 물가수준은 경기역행적이다. 또한 물가수준의 변동성은 실질 GDP의 변동성보다 크다.

필립스곡선
명목임금 상승이 반영된 물가상승률과 실업률 간의 관계를 나타내는 곡선

스태그플레이션
물가상승률과 실업률이 동시에 상승하는 현상

물가수준과 실질 GDP 사이의 상관관계는 오랫동안 경제학자들의 관심 대상이었다. 1950년대에 필립스(William Phillips)는 영국에서 명목임금의 변화율과 실업률 사이에 음(−)의 관계가 있음을 관찰하였다. 그 이후부터 명목임금 상승이 반영된 물가상승률과 실업률 간 음의 상관관계를 나타내는 곡선을 그의 이름을 따서 **필립스곡선**(Phillips curve)이라 부르게 되었다. 실업률이 강하게 경기역행적이라는 점에 주목하면 필립스곡선은 물가수준과 실질 GDP 간 양의 상관관계가 있음을 의미한다. 그러나 일반적으로 필립스곡선은 불안정적이며, 그 대표적인 사례가 1970년대 오일쇼크로 인한 **스태그플레이션**(stagflation), 즉 물가상승률과 실업률의 동시 상승이었다. 우리나라의 경우도 [그림 12−9]에서 볼 수 있듯이 1970년대 두 차례(1974, 1979년) 오일쇼크로 인한 스태그플레이션을 겪으면서 물가수준의 경기역행성이 강하게 나타났다. 필립스곡선과 그 불안정성을 설명하는 이론에 대해서는 제16장(실업 · 인플레이션과 필립스곡선)에서 좀더 자세히 논의될 것이다.

GDP 디플레이터(GDP deflator)는 소비자물가지수와 달리 직접조사가 아닌 국민소득 추계 결과 사후적으로 계산되는 물가지수로, 명목 GDP를 실질 GDP로 나눈 값을 백분율로 나타낸 것이다.

GDP 디플레이터
명목 GDP를 실질 GDP로 나눈 백분위 비율

$$\text{GDP 디플레이터} = \frac{\text{명목 GDP}}{\text{실질 GDP}} \times 100$$

GDP 디플레이터는 국민소득에 영향을 주는 모든 물가요인을 포괄하는 종합적인 물가지수로, 이를테면 GDP라는 상품의 가격수준을 나타낸다.

[표 12-2]를 통해 2018년의 GDP 디플레이터를 계산해 보면 다음과 같다. 2018년 경상가격으로 나타낸 명목 GDP는 1,782조 2,689억원이고 2010년 기준 불변가격으로 나타낸 실질 GDP가 1,597조 5,141억원이므로 GDP 디플레이터는 $\frac{1,782,268.9}{1,597,514.1} \times 100 = 116.6$이 된다.

CPI는 소비자의 생계비 변동을 파악하는 데 유용하기 때문에 노사 간 임금조정의 기초자료로 이용된다. 그러나 기준연도의 상품구입량이 가중치로 고정되어 있어 구입하는 상품들이 변화하는 경우 물가의 움직임을 잘 나타내지 못할 가능성이 있으며, 이 때문에 물가변화를 과대평가하는 단점이 있다.

소비자물가지수의 한계
구입하는 상품이 변화하는 경우 물가변화를 과대평가

표 12-2

우리나라의 GDP 디플레이터(2010~2018)

GDP 디플레이터란 명목 GDP를 실질 GDP로 나눈 뒤 백분율로 나타낸 것으로, 국민소득에 영향을 주는 모든 물가요인을 포괄한다.

항목 / 연도	명목 GDP(10억원)	실질 GDP(10억원)	GDP 디플레이터
2010	1,265,308.0	1,265,308.0	100.0
2011	1,332,681.0	1,311,892.7	101.6
2012	1,377,456.7	1,341,966.5	102.6
2013	1,429,445.4	1,380,832.6	103.5
2014	1,486,079.3	1,426,972.4	104.1
2015	1,564,123.9	1,466,788.3	106.6
2016	1,641,786.0	1,509,755.0	108.7
2017	1,730,398.5	1,555,995.3	111.2
2018	1,782,268.9	1,597,514.1	111.6

GDP 디플레이터의 한계
- 비교연도의 대상품목과 가중치를 매번 조사해야 하는 불편
- 수입재의 가격변화를 반영하지 못함

소비바구니에 들어 있는 상품의 가격이 오르는 경우, 실제로 소비자는 이보다 저렴한 다른 상품을 대신 구입하기 때문에 소비지출액은 그 상품의 가격 상승분보다 덜 증가할 수 있다. 이에 반해 GDP 디플레이터는 가장 포괄적인 가격지수로 가중치가 매년 바뀌므로 현실의 물가동향을 정확히 반영할 수 있는 장점이 있다. 그러나 수입품의 가격변화를 반영하지 못하고 비교연도의 대상품목과 가중치를 매번 조사해야 하는 불편함이 있다.

[그림 12-10]의 (a)는 1970년에서 2018년까지 우리나라의 분기별 CPI와 GDP 디플레이터의 변동을 나타낸 것으로, 장기적으로 우리나라의 물가수준이 지속적으로 상승해 왔음을 알 수 있다. 두 지수에 의한 물가변동의 방향은 대체로 같지만 크기는 다소 다르게 나타난다. 이는 각 지수의 기준연도(CPI는 2015년, GDP 디플레이터는 2010년), 포괄범위와 대상품목 및 가중치, 조사가격 등이 서로 다르기 때문이다.

물가지수의 한계
물가상승 이상으로 상품의 질이 향상되는 경우 실질적으로 물가가 하락한 효과를 반영하지 못함

끝으로 물가지수를 추정하는 것은 물가변동을 포착하기 위해서이다. 그런데 현실적으로 물가지수의 변동만 가지고 물가변동을 정확하게 알기는 어렵다. 이는 상품의 품질변화 때문이다. 외관상 인플레이션이 있더라도 물가상승 이상으로 상품의 질이 향상되었다면 실질적으로는 물가가 하락한 것과 같다. 반대로 상품가격에는 변화가 없었지만 생산자들이 상품의 질을 떨어뜨리는 경우, 물가지수의 상승은 없었지만 실질적으로는 인플레이션이 일어나고 있는 셈이다.

인플레이션
일반 물가수준이 지속적으로 상승하는 현상

인플레이션(inflation)이란 CPI나 GDP 디플레이터와 같은 물가지수가 지속적으로 상승하는 현상을 의미한다. [그림 12-10]의 (b)를 보면, 1차(1974~1975) 및 2차(1980~1982) 오일쇼크 기간 동안 물가지수의 전년 동기 대비 상승률이 매우 크게 나타났음을 알 수 있다. 1차 오일쇼크를 보면 전년 동기 대비 CPI 상승률이 1973년 4분기 5.5%에서 1974년 1분기 17.9%로 상승한 후 1974년 4분기 27.4%, 1975년 3분기 27.5%로 정점에 도달하였고, 이후 1976년 4분기 들어 10% 이하로 하락하면서 비로소 안정되는 모습을 보였다. 2차 오일쇼크 때는 1977년 4분기에 전년 동기 대비 CPI 상승률이 10%를 넘어서면서 물가상승세가 나타나 1982년 1분기까지 높은 물가상승세가 이어졌다. 1983년 이후에는 물가지수의 변동폭이 크게 줄어든 것으로 나타

■ 그림 12-10

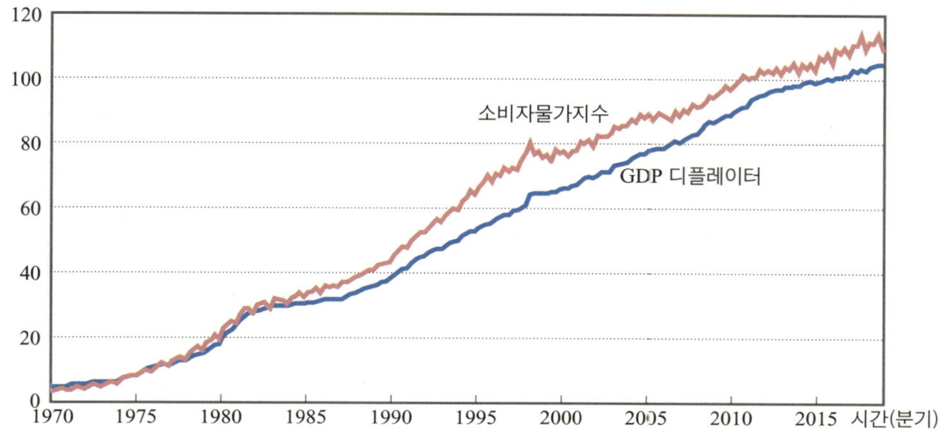

(a) 소비자물가지수와 GDP 디플레이터

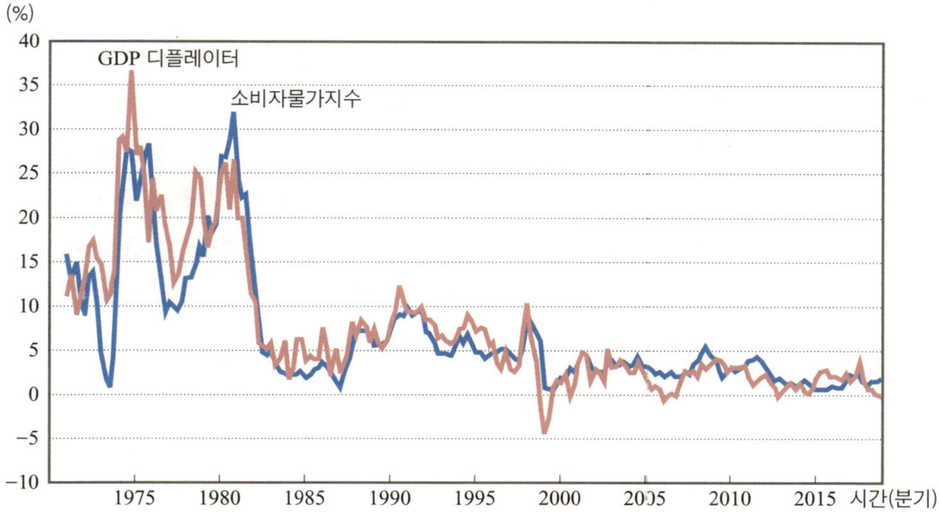

(b) 전년 동기 대비 증감률

자료 : 한국은행 경제통계시스템(http://ecos.bok.or.kr)

물가수준과 인플레이션

지수(index) 형태의 자료인 분기별 CPI와 GDP 디플레이터를 각각 2015년, 2010년을 기준으로 100으로 표준화하여 시간에 따른 변화를 보면, 장기적으로 우리나라의 물가수준이 지속적으로 상승해 왔음을 알 수 있다. 이러한 물가지수의 전년 동기 대비 상승률은 다른 기간에 비해 1차 및 2차 오일쇼크 기간 동안 매우 크게 나타났다.

난다. 한편 외환위기 기간(1997~1998) 중에 나타난 물가상승 국면과 하락 국면에서는 환율변동에 따른 수입재 가격 변화가 물가수준 변동의 중요한 요인이 되었던 것으로 보인다.

인플레이션율은 명목이자율과 실질이자율을 구분하는 역할도 한다. 예를 들어 100만원을 은행에 예금하면 1년 뒤에 110만원을 돌려준다고 하자. 이것은 화폐 단위로 측정된 이자율이 10%라는 의미인데, 은행예금에 붙는 이자율처럼 화폐 단위로 측정된 이자율을 **명목이자율**(nominal interest rate)이라 한다. 한편 현재 100대의 컴퓨터를 빌려주고 1년 뒤에 110대의 컴퓨터로 돌려받는 계약을 맺는다고 하자. 이것은 실물재화 단위로 계산한 이자율이 10%라는 의미인데, 이와 같은 이자율을 **실질이자율**(real interest rate)이라 부른다.

명목이자율
화폐 단위로 측정된 이자율

실질이자율
실물재화 단위로 계산한 이자율

그렇다면 명목이자율과 실질이자율 사이에는 어떤 관계가 있을까? 예를 들어 명목이자율이 21%이고 인플레이션율이 10%라고 하자. 이때 현재 100만원을 가진 사람은 실질적으로 얼마의 이자를 받는 셈이 될까? 이 사람은 현재 100만원짜리 컴퓨터 한 대를 구입할 수 있다. 반면 이 돈을 은행에 예금하면 1년 뒤에 121만원의 현금을 돌려받게 되어, 결국 110만원으로 값이 오른 컴퓨터 한 대와 현금 11만원을 얻을 수 있다. 현금 11만원은 110만원짜리 컴퓨터 한 대의 10%에 해당하는 금액이므로, 이 사람이 실제로 누리는 (실질)이자율은 21%가 아니라 10%가 된다. 따라서 실질이자율(r)과 명목이자율(R), 그리고 인플레이션율의 관계를 수식으로 나타내면 다음과 같다.

$$1 + R = (1 + r)(1 + \pi) \qquad (12.2)$$

식 (12.2)에서 $r\pi$는 무시할 만큼 충분히 작으므로 이를 소거하면 다음과 같은 간단한 관계를 얻을 수 있다.

$$R = r + \pi \qquad (12.3)$$

피셔방정식
명목이자율 = 실질이자율 + 인플레이션율

명목이자율과 실질이자율의 차이는 인플레이션율 또는 디플레이션율

이것을 **피셔방정식**(Fisher equation)이라 부른다. 즉, 명목이자율은 실질이자

■ 그림 12-11

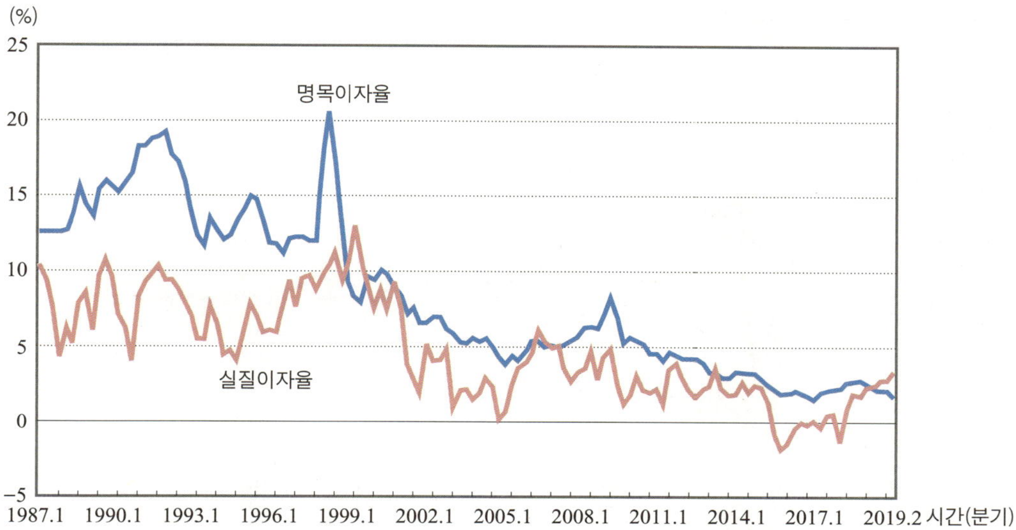

주 : 명목이자율 = 3년 만기 회사채 금리, 실질이자율 = 명목이자율 − GDP 디플레이터 변화율
자료 : 한국은행 경제통계시스템(http://ecos.bok.or.kr)

명목이자율과 실질이자율
피셔방정식에 의하면 명목이자율은 실질이자율과 인플레이션율의 합으로 나타낼 수 있다. 이때 주어진 시점의 명목이자율과 실질이자율의 차이는 인플레이션율 또는 디플레이션율로 해석할 수 있다.

율과 인플레이션율의 합으로 나타낼 수 있다. 피셔방정식에 의하면 [그림 12−11]에서 주어진 시점의 명목이자율과 실질이자율의 차이는 인플레이션율($\pi > 0$) 또는 디플레이션율($\pi < 0$)로 해석할 수 있다.

2.5 통화량

한편 [그림 12−12]에서 화폐공급을 M1으로 정의할 때 1970~2018년 기간의 경기변동 과정에서 화폐공급(M1)과 실질 GDP의 상관계수는 0.35로 추정된다. 화폐공급과 실질 GDP에 관한 또 다른 중요한 특징은 화폐가 경기 선행적이라는 것이다. 이러한 사실은 1867~1960년 동안 미국의 화폐공급

■ 그림 12-12

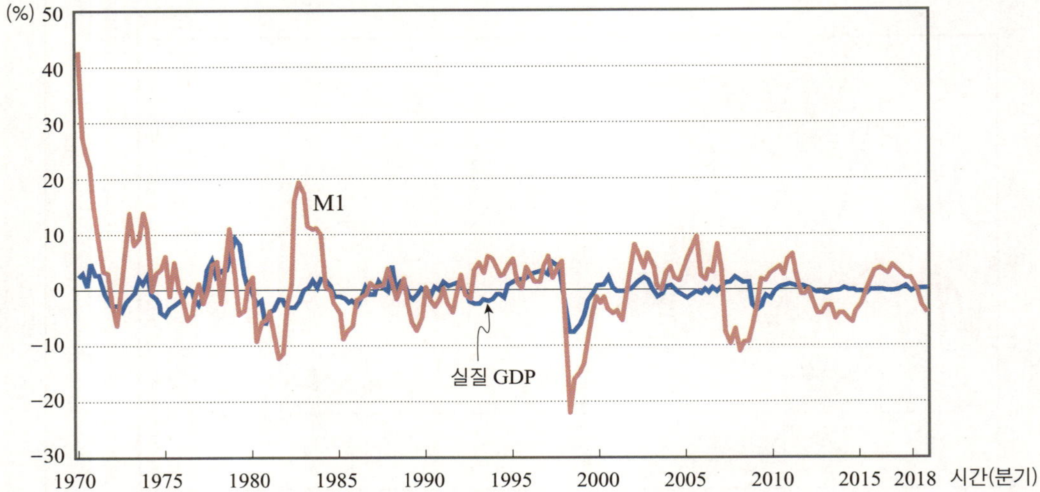

우리나라 실질 GDP와 화폐공급의 경기변동

화폐공급을 M1으로 정의할 때 1980년대까지의 화폐공급은 경기순응적으로 보이지만, 그 이후에는 화폐공급과 실질 GDP 사이의 경기순응적 관계가 약해지고 있다. 화폐공급은 실질 GDP의 약 3.1배에 달하는 변동성을 보이며, 변동시점이 실질 GDP의 변동시점보다 앞선다는 점에서 경기선행적이다.

과 실질 GDP의 관계를 실증분석한 프리드먼(Milton Friedman)과 슈와츠(Anna Schwartz)의 연구에서도 강조되었다.* 끝으로 화폐공급의 표준편차는 실질 GDP 표준편차의 약 3.1배로서 화폐공급의 변동성이 실질 GDP보다 더 크게 나타났다.

* Friedman, M. and Schwartz, A., *A Monetary History of the United States*: 1867～1960, Princeton University Press, 1963.

2.6 주요 금융지표의 특성

주요 금융지표의 경기변동 추이

- 장기금리와 주가지수 : 경기순응적, 경기선행적
- 은행의 예대율 : 경기순응적, 경기동행적
- 신용스프레드 : 경기역행적, 경기동행적

지금까지 살펴본 주요 거시경제지표 이외에 **장·단기금리**, **주가지수**, **은행의 예대율**(=대출/예금), **신용스프레드**(회사채금리 − 국채금리)와 같은 주요 금융지표도 경기변동 과정에서 동조성을 나타낸다. 구체적으로 장기금리와 주가지수는 실질 GDP와 일정 시차를 두고 앞서 가면서 같은 방향으로 움직이는 성향을 보인다는 점에서 경기순응적 · 경기선행적인 특성을 갖는다. 은행의 예대율은 실질 GDP와 시차 없이 같은 방향으로 변동하는 성향을 보인다는 점에서 경기순응적 · 경기동행적인 반면, 신용스프레드는 실질 GDP와 시차 없이 반대방향으로 움직이는 성향을 보인다는 점에서 경기역행적 · 경기동행적이다.

3 경기변동의 원인

일반적으로 경제학자들은 경기변동을 경제 전체의 충격(aggregate 또는 economy-wide shock)에 대해 경제주체들이 반응하는 과정에서 나타나는 현상으로 이해한다. 따라서 경기변동을 분석하는 이론의 핵심은 크게 두 가지로 나눌 수 있다. 첫째는 무엇이 최초에 경기변동을 발생시키는가, 즉 경기변동을 촉발시키는 주된 원인이 무엇인가에 관한 것이다. 둘째는 경기변동의 파급경로, 즉 무엇이 호황 또는 불황을 상당 기간 동안 지속시키고, 뜨 호황에서 후퇴로, 불황에서 회복으로 반전시키느냐에 관한 것이다.

경기변동
경제 전체의 충격에 대해 경제주체들이 반응하는 과정에서 나타나는 현상

경기변동을 촉발시키는 외부충격의 실체가 무엇인지에 관해서는 다음과 같은 여러 가지 견해가 제기되었다. 첫째, 민간기업의 투자지출 변화에 의한 총수요 측면의 충격(aggregate demand shock)을 강조하는 견해가 있다. 민간기업의 장래에 대한 기대 변화 등으로 인해 투자지출이 변함으로써 경기변동이 촉발될 수 있다는 것이다. 경기변동의 원인으로 투자지출의 역할을 강조한 대표적인 경제학자는 케인즈이다. 케인즈에 따르면 시장경제에서 투자는 기업가의 미래 수익에 대한 기대를 반영하는데, 기대는 기업가의 야성적 충동(animal spirit)에 크게 의존한다.

경기변동을 촉발시키는 외부충격에 대한 견해
- 총수요 충격 : 케인즈
- 화폐적 충격 : 프리드먼, 루카스
- 공급측 충격 : 슘페터
- 기타 : 국제적 전파, 정치적 변수 등

둘째, 경기변동의 원인으로 통화량 변화와 같은 화폐적 충격(monetary shock)을 강조하는 견해가 있다. 프리드먼(Milton Friedman)으로 대표되는 통화주의자들에 의하면, 시장경제는 본질적으로 안정적이지만 통화당국의 자의적인 통화량 조정 때문에 경기변동이 나타난다는 것이다. 통화론자들은 과거의 시계열자료 분석을 통해 추세를 제거한 통화량의 변화가 GDP의 변화

에 선행한다고 판단하여, 경기순환의 원인을 화폐적 요인에서 찾아야 한다고 보았다.

한편 루카스(Robert E. Lucas)는 불완전정보 하에서 경제주체들이 합리적 기대를 하더라도 예상치 못한 화폐금융정책으로 인한 물가수준의 변화를 정확히 예측할 수 없다고 전제한다. 이러한 상황에서 경제주체들은 일반물가수준의 변화에 대한 예상착오를 일으켜 명목임금의 변화를 실질임금의 변화로 잘못 판단하기 때문에 노동공급을 변화시키고, 결국 경기변동이 촉발된다고 본다.

셋째, 기술이나 생산성 변화와 같은 공급측 요인을 경기변동의 가장 중요한 원인으로 보는 견해가 있다. 슘페터는 경기변동과 경제발전의 원인이 생산요소의 새로운 결합 또는 기술혁신(innovation)에 있다고 보았다. 특히 최근 주목받고 있는 **실물경기변동이론**(real business cycle theory)도 경기변동의 주요 원인으로 기술변화와 같은 실물적 충격의 중요성을 강조하고 있다.

최근 일부 학자들은 해외부문의 충격이 한 나라의 경기변동을 설명하는 데 중요한 요소라고 주장하였다. 이들은 세계 각국의 경기변동이 서로 높은 상관관계를 가지고 있는 점을 들어 경기변동의 국제적 전파(international transmission of business cycle)의 중요성을 강조하였다. 그 밖에 선거와 같은 정치적 변수가 경기변동을 유발시킬 수 있다는 견해도 제기되었다. 이러한 **정치적 경기변동이론**(political business cycle theory)에 따르면, 정부는 선거에서 승리하기 위해 선거에 앞서 여러 가지 경기부양정책을 시행하고 일단 선거가 끝나면 다시 긴축정책을 시행한다. 이러한 이유에서 선거주기와 일치하는 경기변동이 발생한다는 것이다.

그러나 현실의 경기변동 현상은 이러한 원인들이 복합적으로 작용한 결과이며, 어느 원인이 더 중요한지는 시기와 장소에 따라 달라진다. 예를 들어 [그림 12-2]에서 1979~1981년, 1997~1998년, 2008~2009년에 나타난 세 차례 경기침체는 해외충격과 동시에 정권교체라는 정치적 충격에 의해 촉발되었다는 공통점이 있다. 이러한 경기변동의 원인과 그 파급경로는 관련 경기변동이론을 이용하여 제 14 장(경기변동이론 : 총수요 · 총공급 모형)에서 보다 구체적으로 살펴볼 것이다.

요약 및 연습문제

1. 경기변동이란 무엇인가?

경기변동이란 실질 GDP, 소비, 투자, 고용 등 집계변수들이 장기추세선을 중심으로 상승과 하락을 반복하는 현상으로 경기변동의 국면은 호황, 후퇴, 불황, 회복의 순환으로 이루어진다.

2. 경기변동의 주요 특성

실질 GDP의 장기추세선으로부터 벗어난 정도를 백분율로 나타낸 실질 GDP의 경기변동은 진폭과 진동수가 불규칙한 특성을 갖는다. 이때 경기변동의 주요 특성은 실질 GDP, 소비, 투자, 수출과 수입, 고용, 물가수준, 통화량 등 개별 거시경제지표들의 변동성과 동조성으로 나타낸다. 여기서 변동성은 거시경제지표들이 장기추세로부터 이탈해 움직이는 정도를 표준편차로 측정한 것이며, 동조성은 거시경제변수들이 실질 GDP와 일정한 관계를 갖고 함께 변화하는 특성을 상관계수로 측정한 것이다.

2.1~2.5 소비, 투자, 수출, 수입, 고용, 물가수준, 통화량 등 주요 거시경제지표의 동조성과 변동성은 다음과 같이 요약된다.

	실질 GDP와의 상관관계	경기선행성	실질 GDP 대비 변동성
소비	경기순응적	경기동행적	낮음
투자	경기순응적	경기동행적	높음
수출	경기순응적	경기선행적	높음
수입	경기순응적	경기동행적	높음
고용	경기순응적	경기동행적	낮음
물가수준(CPI)	경기역행적	경기동행적	높음
통화량(M1)	경기순응적	경기선행적	높음

2.6 주요 금융지표의 특성 경기변동 과정에서 장기금리와 주가지수는 경기순응적 · 경기선행적인 특성을 갖는다. 은행의 예대율은 경기순응적 · 경기동행적인 반면, 신용스프레드는 경기역행적 · 경기동행적이다. 한편 금융자산 규모는 단기적으로 경기순응성을 나타낸다.

물음 01. 다음은 우리나라를 제외한 몇몇 OECD 국가들의 소비, 투자, 실업률 및 물가수준과 각국의 실질 GDP 간의 상관관계를 막대그래프로 요약 · 비교한 것이다. 이들 나라에서도 우리나라에서 관측된 소비, 투자, 실업률 및 물가수준의 동조성이 그대로 나타나는가?

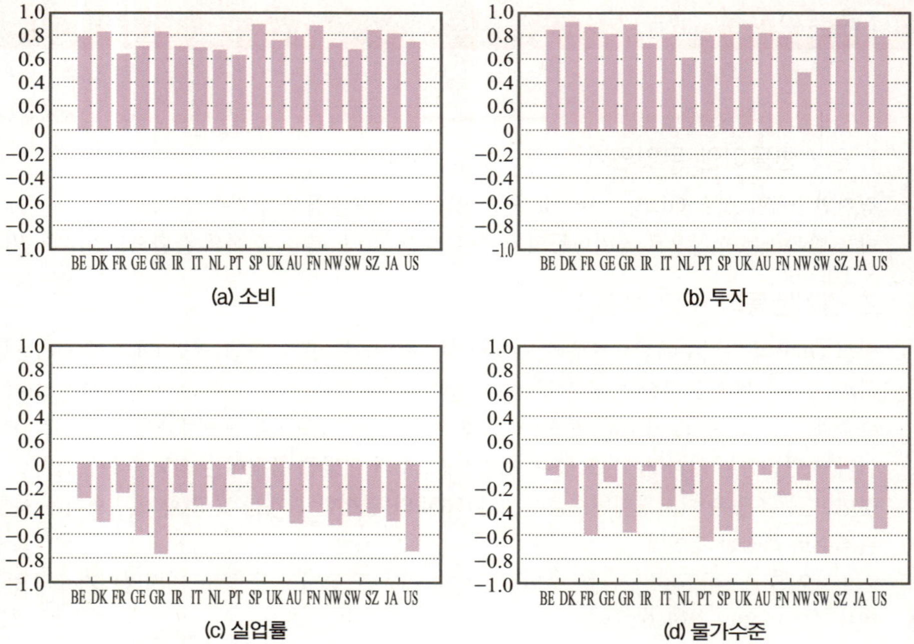

물음 02. 다음은 암스트롱(Philip Armstrong)과 글린(Andrew Glyn) 및 해리슨(John Harrison)이 세계 자본주의 역사에 대해 서술한 『Capitalism since 1945』(1991)라는 책의 제12장 〈Overheating〉에 수록된 한 문단이다. 이 글을 읽고 다음 질문에 답하라.

> 선진국들은 1968년과 1969년 사이에 동시적으로 완만한 경기후퇴를 경험했다. 하지만 언제 그랬냐는 듯 1972년과 1973년 초반에 세계 자본주의는 급속한 성장기를 되찾았다. 이 시기에 총생산은 7%, 공업생산은 10% 증가했다. 이러한 '미니붐(mini-boom)'은 경기성장 둔화에 대한 우려를 잠재우기에 충분했다. …… (중략) …… 그러나 미니붐은 한 시대의 종말을 보여주었다. 미니붐은 경기침체와 스태그플레이션, 그리고 대량실업이 시작되기 직전의 마지막 경기상승기였다.

(1) 경기호황기와 비교하여 경기불황기에 경제성장률, 실업률, 인플레이션율 등 여러 가지 거시경제지표들은 어떤 특징을 갖는지 설명하라.

(2) 이 글에 설명된 것처럼 역사적으로 볼 때 경기호황 뒤에는 거의 예외 없이 경기불황이 뒤따른다. 자본주의 경제의 순환적 변동이 발생하는 원인이 무엇인지 생각해 보라.

(3) 역사적으로 볼 때 자본주의는 경기호황과 경기불황의 부침을 거듭하면서도 지속적으로 성장해 왔다. 경제성장은 어떤 요인에 의해 어떤 방식으로 진행되는지에 대해 생각해 보라.

물음 03. 다음 표는 2018년 경제활동인구조사에서 수집된 데이터 중 일부를 보여주고 있다. 빈칸을 채워라. 이때 고용률은 얼마인가?

15세 이상 인구	
취업자	26,822천 명
실업자	
실업률	3.80%
경제활동인구	
경제활동참가율	63.10%

물음 04. 다음 표는 2009년 4월~2009년 7월 사이에 우리나라의 경제활동인구조사(구직기간 4주 기준) 결과를 요약한 것이다.

	실업률(%)	고용률(%)	15세 이상 인구(만 명)				
				경제활동인구(만 명)			비경제활동인구(만 명)
					취업자	실업자	
2009. 4	3.82	58.84	3,997.8	2,445.6	2,352.4	93.3	1,552.1
2009. 5	3.80	59.26	4,002.7	2,465.8	2,372.0	93.8	1,536.9
2009. 6	3.85	59.80	4,007.8	2,492.7	2,396.7	96.0	1,515.1
2009. 7	3.75	59.38	4,012.5	2,475.6	2,382.8	92.8	1,536.9

자료 : 통계청, 『경제활동인구조사』

(1) 2009년 4~5월 사이에 실업자가 5천 명 증가했는데도 실업률이 0.02% 감소했다. 그 이유는 무엇인가? 고용률은 증가했는가, 감소했는가?

(2) 2009년 6~7월 사이에 실업률이 0.1% 하락한 이유를 설명하라. 고용률은 증가했는가, 아니면 감소했는가? 고용시장의 상황을 나타내는 지표로서 실업률의 단점을 서술하고 고용률을 실업률의 보조지표로 사용하는 이유를 설명하라.

(출처 : 차성훈, "실업률이 낮아졌다고 고용사정이 개선된 것은 아니다!", 『KDI 클릭경제교육』, KDI 경제정보센터, 2011. 9.)

물음 05. 한 달 사이에 취업자 수와 실업률이 동시에 하락했다고 하자. 이 것이 어떻게 가능한지 설명하라.

3. 경기변동의 원인

경기변동의 원인으로는 총수요 충격, 기술 및 생산성 변화와 같은 총공급 충격, 화폐적 충격, 해외부문의 충격 및 정치적 요인 등이 제시되었다.

Chapter 13

화폐와 거시경제

이 장에서는 단기적 경기변동 과정에서 중요한 역할을 하는 화폐와 이자율에 대해 알아보려고 한다. 이를 위해 다음과 같은 문제에 대해 논의해 보자.

- 화폐란 무엇인가?
- 국가경제에서 화폐공급은 어떻게 결정되고, 화폐수요는 이자율과 어떤 관계를 갖는가?
- 개방경제에서 국제수지와 환율은 어떻게 결정되는가?

1 화폐의 기능과 통화량

욕망의 이중적 일치
물물교환 거래가 이루어지기 위한 조건

유동성
한 형태의 자산이 다른 형태의 자산 또는 재화와 얼마나 신속하고 편리하게 교환될 수 있는가를 판가름하는 기준

화폐는 물물교환경제에서 발생하는 여러 가지 **거래비용**(transaction cost)을 절감하는 수단으로 등장하였다. 예를 들어 물물교환경제에서 거래가 성사되려면 민호가 내놓은 물건을 수지가 원하는 동시에 수지는 민호가 원하는 물건을 가지고 있어야 한다. 즉, **욕망의 이중적 일치**(double coincidence of wants)를 보장하는 거래상대를 찾아야 한다. 하지만 화폐경제에서는 이러한 어려움 없이 자기가 생산한 재화를 화폐와 교환하고, 여기서 받은 화폐로 자신이 원하는 물건을 구입하면 된다. 즉, 욕망의 이중적 일치를 만족하는 상대를 찾는 데 드는 막대한 거래비용을 없앨 수 있으며, 단지 두 단계의 거래를 통해 원하는 교환을 모두 이룰 수 있다.

화폐가 거래비용을 줄일 수 있는 이유는 유동성이 크기 때문인데, 이때 **유동성**(liquidity)이란 한 형태의 자산이 다른 형태의 자산 또는 재화와 얼마나 신속하고 편리하게 교환될 수 있는가를 판가름하는 기준이다. 일반적으로 한 형태의 자산을 다른 형태의 자산으로 바꾸려면 비용이 든다. 이 비용이 많이 들수록 교환을 통해 획득되는 재화 및 자산의 가치는 원래의 가치보다 떨어지는데, 이 비용이 작을수록 유동성이 큰 것이다. 이러한 점에서 화폐는 유동성이 가장 큰 자산이라 할 수 있다.

모든 자산은 크든 작든 어느 정도의 유동성을 가지고 있다. 유동성이 큰 순서대로 몇 가지 자산을 나열해 보면 현금(cash), 은행의 요구불예금(demand deposits), 저축성예금(time deposits), 단기 정부채권, 장기 정부채권, 회사채, 주식, 부동산 등이 있다. 이처럼 다양한 형태의 자산 중 어디까지를 화폐로 보아야 할 것인가? 일반적으로 화폐의 세 가지 주요 기능(교환수단, 가치저장수단 및 회계 단위) 중 어느 것을 더 중시하느냐에 따라 화폐의 범위가 달라진다. 먼저 화폐의 주요 기능에 대해 알아보자.

역사와경제학

화폐의 발달

역사적으로 볼 때 화폐, 즉 교환의 매개물로 사용된 재화에는 여러 가지가 있다. 화폐로 사용되기 위해서는 상당한 내구성이 있고, 크기가 작아 운반에 편리해야 한다. 동시에 소액으로 세분될 수 있어서 소액거래에 편리해야 하고, 그것을 위조할 가능성이 적어야 한다. 이런 측면에서 금속(특히 금이나 은)은 화폐가 되기에 훨씬 더 알맞은 재화라 볼 수 있다.

출처 : 아이빛연구소(www.ivitt.com).

따라서 역사적으로 볼 때 금속, 특히 금이 화폐로 많이 사용되었지만 그 공급이 충분하지 못하여 금의 사용을 절약하지 않으면 안 되는 처지에 직면하게 되었다.

이러한 문제를 해결하기 위하여 점차 등장한 것이 지폐이다. 지폐는 주화의 장점을 가지고 있을 뿐만 아니라 그 공급량이 필요에 따라서 얼마든지 증가할 수 있다는 장점이 있고 생산비도 매우 낮다. 그러나 공급에 대한 적당한 통제가 없다면 공급량이 과다해져 화폐가치가 하락할 우려가 있어 지폐는 점차 정부가 중앙은행을 통하여 독점적으로 관리하게 되었다.

한편 경제가 발전하면서 지폐 사용에도 역시 여러 가지 불편함이 나타났다. 이에 은행의 요구불예금(demand deposits)에 기반한 수표가 등장하여 이러한 불편을 완화해 주었다. 그런데 19세기 후반부터 20세기 초까지 주기적으로 발생한 경제공황 때 은행이 대규모로 파산하는 등 여러 문제가 발생하면서 자본주의 경제에서 은행 공신력의 중요성이 부각되었다.

1.1 화폐의 기능

화폐의 기능
- 지불수단, 교환의 매개수단
- 가치저장수단
- 회계의 단위

일반적으로 화폐는 다음과 같은 세 가지 주요 기능을 수행한다. 첫째, 화폐는 **지불수단**(means of payment)이 된다. 이는 화폐가 **교환의 매개수단**(medium of exchange)임을 전제로 한다. 교환의 매개수단이란 판매자와 구매자 간의 교환을 성립시킬 수 있는 모든 것을 총칭한다. 여기에는 화폐 이외에도 어음, 당사자 간의 신용 등이 포함된다. 반면 지불수단이란 그것이 지불됨으로써 채권 · 채무관계가 완전히 소멸되는 것을 말한다. 어음의 경우, 비록 그것을 매개로 교환은 이루어졌더라도 어음에서 약정한 금액을 약속된 날에 지급하기 전까지는 채권 · 채무관계가 완전히 소멸되지 않는다. 따라서 어음이 교환의 매개수단은 될 수 있어도 지불수단은 아니다. 반면 화폐는 그것이 교환을 매개할 때 채권 · 채무관계 자체도 소멸되므로 교환의 매개수단인 동시에 지불수단이다. 화폐 사용이 보편화되면서 물물교환은 거의 자취를 감추게 되었고, 모든 교환이나 거래는 화폐 또는 화폐 단위로 가치가 표시된 대체물을 통하여 이루어지게 되었다.

둘째, 화폐는 **가치저장수단**(store of value)이다. 비화폐경제에서는 가치를 저장하기 위해 실물을 저장한다. 그러나 화폐경제에서는 실물을 팔아 화폐로 보유하면 된다. 나중에 필요에 따라 그것을 실물과 교환하면 되는 것이다. 이렇게 하면 시차가 있는 교환을 보다 원활하게 할 수 있고 또 개인적으로나 사회적으로 저장비용을 절감할 수 있다.

이와 같이 화폐가 가치저장수단으로서 만족스럽게 기능을 수행하기 위해서는 화폐가치가 안정적이어야 한다. 화폐가치가 안정적이어야 일정액의 화폐로 얼마만큼의 실물자산을 구매할 수 있는지 알 수 있다. 그러나 화폐가치가 불안정적이면 일정액의 화폐를 가지고 얼마만큼의 실물자산을 구매할 수 있을지 알 수 없게 된다. 예를 들어 물가상승이 예상되는 경우 화폐보다는 토지나 기타 실물자산이 훨씬 더 유력한 가치저장수단이 된다. 왜냐하면 화폐가치는 물가상승에 따라 하락하기 때문이다. 따라서 물가수준이 상승하는 경우에 사람들이 화폐보유를 통해 가치를 저장하고자 하는 성향은 줄어들게 된다.

셋째, 화폐는 **회계의 단위**(unit of account)가 된다. 화폐경제에서는 모든 상품의 가치가 화폐 단위로 통일되어 표시되며 모든 계산은 화폐 단위로 이루어진다. 하지만 화폐경제에서도 모든 교환이나 거래가 반드시 화폐를 매개로 이루어지는 것은 아니다. 외상거래와 같은 것은 순전히 장부상의 거래일 뿐이며 실제로 화폐를 주고받지는 않는다. 그러나 이 경우에도 계산은 화폐 단위로 이루어진다.

1.2 통화량

화폐의 기능 가운데 교환수단으로서의 기능과 가치저장수단으로서의 기능 중 어느 것을 더 중시하느냐에 따라 화폐의 정의가 달라진다. 교환의 매개수단 또는 지불수단으로서 화폐를 정의하면, 화폐에는 민간이 보유하는 현금통화(currency in circulation)뿐만 아니라 금융자산 중 일상적인 거래에 현금처럼 사용할 수 있는 일반은행의 요구불예금(demand deposits) 역시 포함된다. 이것을 **협의의 통화** 혹은 **M1**이라고 부른다.

좁은 의미의 화폐(M1)
- 지불수단 강조
- 민간보유 현금통화 + 일반은행 요구불예금(수시입출식 저축성예금 포함)

$$M1 = \text{현금통화} + \text{일반은행의 요구불예금}$$

현금통화는 중앙은행이 발행하여 시중에 유통되는 돈을 말한다. 그리고 **요구불예금**이란 예금자의 요구가 있을 때 언제든지 현금으로 교환해 주어야 하는 예금이다. 화폐를 이 두 가지로 정의하는 것은 이들이 일반적인 거래의 지불수단으로 통용되는 유동자산(liquid assets)이기 때문이다. 즉, 사회 전반에 걸쳐서 현금통화 또는 요구불예금으로 상품대금을 지불할 때 상대방이 거절하지 않고 받는 것이 관습이라는 것이다.

현금통화와 요구불예금 이외에도 화폐로 간주할 만한 것으로 (소액이지만) 우리나라 지식경제부가 발행하는 소액환증서와 외국에서 널리 사용되고 있는 여행자수표(traveller's check) 등이 있다.

또한 현금통화나 요구불예금과 여러 가지 면에서 비슷하고 상호 간의 대체성도 높은 **정기예금**(time deposits)이나 **단기국채** 등은 즉시 현금화될 수 있으므로 거의 화폐에 가깝다. 그러나 이들은 일반적 지불수단으로 직접 통용될 수 없다. 왜냐하면 이들은 반드시 현금통화나 요구불예금으로 전환된 후에야 비로소 지불수단으로 쓰이기 때문이다. 그러나 **수시입출식 저축성예금**은 매우 손쉽게 현금이나 요구불예금으로 전환될 수 있으므로 최근에는 이를 M1의 범주에 포함시킨다.

화폐는 지불수단, 교환수단의 기능뿐만 아니라 가치저장이라는 기능 역시 갖는다. 따라서 화폐의 가치저장수단 기능을 강조하여, 현금통화와 요구불예금 외에 저축성예금까지 화폐로 보아야 한다는 견해가 있다. 이러한 **광의의 통화**를 흔히 총통화 혹은 **M2**라고 부른다.

총통화(M2)
- 가치저장수단까지 포함된 넓은 의미의 통화
- M1 + 저축성예금

■ **그림 13-1**

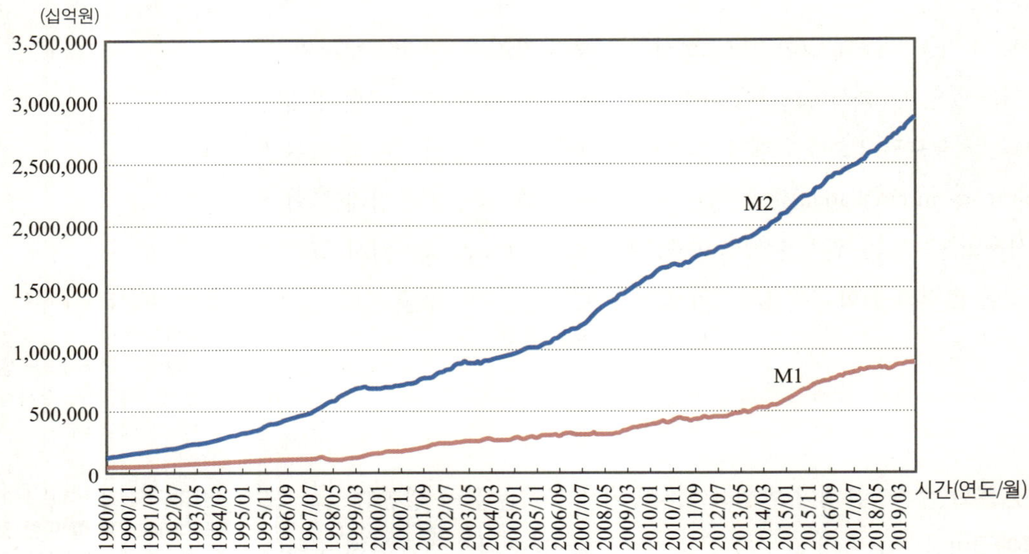

자료 : 한국은행 경제통계시스템(http://ecos.bok.or.kr)

우리나라의 M1과 M2

M1은 현금통화와 일반은행의 요구불예금의 합이고, M2는 M1에 일반은행의 저축성예금을 더한 것이다. M1과 M2는 오랜 기간 동안 지속적으로 증가해 왔는데, 이러한 추세는 물가수준의 지속적 상승추세와 연관되어 있다.

$$M2 = M1 + \text{일반은행의 저축성예금}$$

[그림 13-1]은 우리나라의 M1과 M2의 변동 추이를 보여준다. 여기서 주목할 점은 장기적으로 통화량이 지속적으로 증가해 왔으며, 이러한 추세는 곧이어 살펴볼 물가수준의 지속적인 상승추세와 밀접하게 연관되어 있다는 것이다.

현실과경제학

우리나라의 유동성과 통화지표

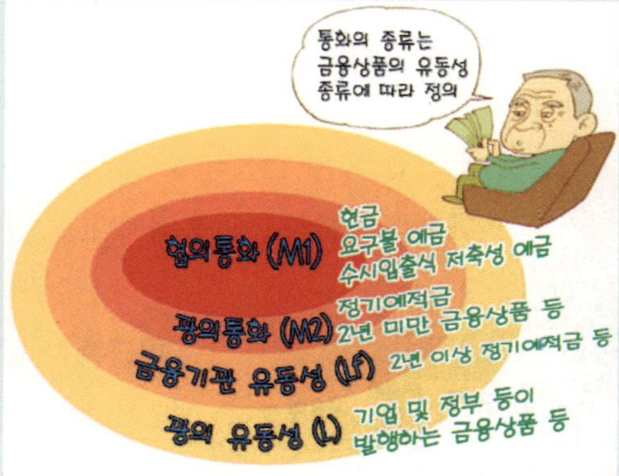

사전적으로 유동성(liquidity)이란 어떤 자산을 필요한 시기에 손실 없이 현금으로 얼마나 쉽게 바꿀 수 있는지의 정도를 의미한다. 하지만 일반적으로 신문이나 방송에서 언급하는 유동성은 경제 내에 유통되고 있는 돈의 양, 즉 통화량을 의미한다. 여기서 통화란 일반적으로 현금뿐만 아니라 여러 가지 종류의 금융자산을 포함하는데, 유동성이 다른 여러 금융자산 중 어디까지를 돈으로 볼 것인지에 따라 다양한 통화지표가 편제된다.

우리나라의 통화지표는 포괄범위에 따라 협의통화(M1), 광의통화(M2), 금융기관유동성(Lf), 광의유동성(L)으로 구분된다. 간략히 설명하면 M1은 가장 좁은 의미의 통화지표로서 민간이 보유하고 있는 현금에 요구불예금 및 수시입출식 저축성예금을 포함한다. M2는 보다 넓은 의미의 통화지표로, M1에 정기예적금 등 2년 미만 금융상품을 포함하는 것으로 가장 중심적인 통화지표로 활용되고 있다. 이 밖에 Lf, L로 갈수록 포괄범위가 넓어져, L의 경우 기업 및 정부 등이 발행하는 금융상품 등이 포함된다.

출처 : 한국은행 경제교육 홈페이지(http://www.bokeducation.or.kr), 경제칼럼, "유등성이 뭔가요?"(2008. 9. 8.).

2 화폐공급과 통화제도

좁은 의미의 통화량(M1)은 민간보유현금과 일반은행의 요구불예금의 합이다. 그런데 민간보유현금은 중앙은행이 공급하고, 요구불예금은 일반은행이 공급한다. 이처럼 화폐는 중앙은행과 일반은행이 업무를 수행하는 과정에서 공급된다. 이런 의미에서 중앙은행과 일반은행을 합하여 **통화제도**(monetary system)라고 부른다.

통화제도
중앙은행 + 일반은행

2.1 중앙은행

대부분 나라에 중앙은행이 존재한다. 중앙은행은 나라에 따라서 그 형태와 조직이 다양하다. 그러나 중앙은행이 통화량을 조절하고 자금시장(money market 또는 단기금융시장)과 주식 · 채권이 거래되는 자본시장(capital market)에 직접 혹은 간접적으로 영향을 미치고 있다는 것은 세계 어느 나라를 막론하고 공통적이다. 중앙은행의 역할은 다음과 같다.

출처 : 한국은행 경제교육 홈페이지 (http://www.bokeducation.or.kr)

중앙은행의 역할
- 현금통화 발행
- 은행의 은행
- 정부의 은행
- 금융안정 : 최종대부자
- 외화관리

현금통화 발행 중앙은행은 발권은행으로서 현금통화를 발행하며, 그 양을 조정하거나 그 밖의 정책수단을 통해 통화량을 규제한다. 중앙은행은 현금통화를 독점적으로 공급한다. 그 이유는 기본적으로 화폐를 생산할 때에는 그 한계생산물가치(예를 들어 만원권 1매를 생산하면 한계생산물가치는 1만원이다)에 비하여 한계생산비가 아주 적기 때문이다. 과거 금화(gold coin)와 같은 상품화폐의 경우는 만원권 화폐의 생산비가 금의 가치에 비례해서 비교적 높았는데, 오늘날 명목화폐(fiat money)의 경우 한계생산비는 거의 0에 가깝다. 따라서 화폐생산이 독점되지 않는다면 공급이 너무 많아서 통화가치가 떨어짐에 따라 화폐는 그 기능을 수행하지 못할 것이다. 또한 공급이 공공기관에 의해 이루어지지 않으면 독점생산자의 폭리를 막을 수 없을 것이다.

은행의 은행 일반은행은 중앙은행에 예금을 하기도 하고, 지급준비금이 부족할 때는 중앙은행으로부터 차입을 하기도 한다. 일반은행이 중앙은행에 예치한 예금을 **중앙은행예치금**이라 한다. 중앙은행으로부터의 차입은 민간은행이 보유한 유가증권 매각이나 다른 금융기관으로부터의 차입으로는 자금조달이 어려울 때 최종적인 수단으로 사용된다. 중앙은행으로부터의 차입은 주로 어음을 **재할인**(rediscount)받아 이루어진다. 일반은행의 재할인을 통한 중앙은행차입은 제 15 장(2.1 화폐금융정책의 수단)에서 좀더 자세히 배우게 될 것이다.

정부의 은행 정부는 자금(조세 및 기타의 원천으로부터 얻은 자금)을 중앙은행에 예금하고, 필요할 때 이를 인출한다. 정부는 국채를 발행한 후 이것을 중앙은행에 인수시켜서 자금을 차입하기도 한다.

금융안정 중앙은행은 자금시장 및 자본시장을 조정한다. 중앙은행은 금융시스템이 원활하게 작동하고 공황이나 경기과열 현상이 일어나지 않도록 이자율이나 시중의 자금사정을 조절하기도 하고, 때로는 보다 직접적으로 금융기관의 업무수행을 규제하기도 한다. 특히 중앙은행은 화폐의 독점적 발권력과 공급능력을 갖고 있는 **최종대부자**(lender of last resort)로서 금융제도의 안정을 도모한다.

외화관리 중앙은행은 외화를 관리하고 외국 금융기관의 예금을 받으며 외국 금융기관에 대출도 한다. 특히 환율안정을 위해 중앙은행이 외환시장에 직접 개입하는 경우 외환보유고 관리가 필수적이다. 예를 들어 달러화에 대한 수요가 늘어나 자국 통화가치가 큰 폭으로 떨어질 경우 중앙은행이 외환시장에 직접 참여하여 보유하고 있는 달러를 팔고 자국 통화를 매입함으로써 달러에 대한 초과수요를 충족시키게 된다. 그러나 자금시장 및 자본시장이 국제화되어 있는 나라에서는 중앙은행뿐만 아니라 일반은행도 외화를 보유하고 외국은행이나 외국기관의 예금을 받거나 대출을 한다. 따라서 이를 중앙은행 고유의 기능이라고 할 수는 없다.

지금까지 살펴본 중앙은행의 기능을 간략히 정리하면, 중앙은행은 미시적 측면에서 금융제도의 안정을 도모하고 거시적 측면에서 통화가치의 안정을 유지하기 위해 노력한다.

중앙은행의 기능
- 금융제도의 안정성 도모
- 통화가치의 안정 유지

현실과경제학

중앙은행과 금융안정

2007~2008 미국 서브프라임 모기지 부실화로부터 발생한 금융위기로 인해 금융안정이 중요한 이슈로 떠오르고 있다. 금융안정(financial stability)은 미시적인 '금융기관의 안정'과 거시적인 '금융시장의 안정'으로 나눌 수 있으며, 이 둘은 별개의 것이 아니라 서로 밀접하게 관련되어 있다.

금융안정을 위한 최종대부자의 역할

최종대부자(lender of last resort) 기능이란 금융위기가 발생하여 개별 금융기관 혹은 금융시장 전체에 자금 부족사태가 발생할 때 위기극복을 위해 마지막으로 자금을 공급해 주는 역할을 말한다. 따라서 중앙은행은 은행의 증권 중 즉각적으로 현금화하기 어려운 증권을 담보로 유동성을 제때에 공급하여 위기를 넘길 수 있게 도와준다.

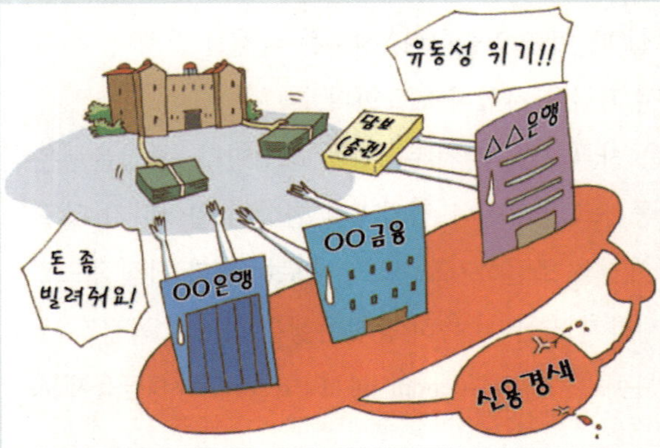

금융위기에 대응한 중앙은행의 대책

금융시장이 불안하면 금융기관의 기업에 대한 자금공급에 이상이 생겨 신용경색이 나타나기 쉽다. 이러한 신용경색이 장기화되면 대량부도와 경기침체가 초래될 수 있기 때문에 중앙은행은 여러 가지 조치를 취한다. 2008년 10월 초 미 연준(FRB) 등 주요국 중앙은행들은 정책금리를 동시에 인하하였다. 우리나라도 2008년 10월 27일 한국은행이 시장의 자금조달 비용을 낮추기 위해 기준금리를 사상 최대폭으로 인하(5.00% → 4.25%)했다. 또한 미 연준은 담보로 하는 증권의 범위를 확대하고 2008년 9월에는 미국의 대형 보험회사인 AIG에 직접 자금을 지원하기도 했다.

출처 : 한국은행 경제교육 홈페이지(http://www.bokeducation.or.kr), 경제칼럼, "금융위기 때 중앙은행의 역할은 뭔가요?" (2008. 11. 25.).

2.2 일반은행

은행이 처음 나타났을 때 그 기능은 단순히 다른 사람의 금화를 보관해 주고 그에 대한 보관증서를 발행해 주는 일이었다. 금화를 직접 들고 다니면서 거래하는 것은 번거로운 일이었으므로 금화는 은행에 보관되고 대신 보관증서가 화폐 역할을 하면서 유통되었다. 그러던 중 은행들은 점차 자신의 업무에 익숙해지면서 고객들이 하루에 되찾아가는 금의 양이 전체 금 보관량의 일부에 불과하다는 것을 깨닫게 되었다. 그래서 은행은 고객들이 맡긴 금의 일부만을 금고에 남겨두고 나머지 금을 필요로 하는 사람에게 빌려주어 이자수익을 얻게 되었다. 이렇게 해서 고객들의 예금을 기초로 신용(또는 대출)업무를 하는 오늘날의 은행이 성립되었다.

부분지급준비제도
예금액의 일부만을 지급준비금으로 보유하고 나머지 예금액을 모두 대부나 투자에 이용하는 것

그런데 예금액의 일부만을 지급준비금으로 보유하고 나머지 예금액을 모두 대출이나 투자에 이용하는 **부분지급준비제도**(fractional reserve system)

는 은행의 수익성을 높이는 데 기여한 반면 은행의 불안정성 또한 증대시켰다. 왜냐하면 예금액을 모두 지급준비금으로 보관하고 있는 경우에는 예금주들이 언제 얼마만큼의 인출을 요구하더라도 은행은 즉각 대응할 수 있지만, 예금액의 일부만을 지급준비금으로 남겨둔 경우에는 많은 예금주들이 동시에 인출을 요구할 경우 제대로 대응하지 못할 수도 있기 때문이다.

특히 은행이 높은 이자수입을 얻기 위해 위험이 큰 사업에 대출할 경우, 예금주들은 은행이 파산할지도 모른다고 생각하고 예금을 동시에 인출해 버릴 수도 있다. 이러한 현상을 **뱅크런**(bank run)이라 한다. 이는 정보비대칭이 심한 금융시장에서 특정 경제주체의 행동이 다른 경제주체에게 일종의 외부효과를 일으켜 나타나는 현상이다. 이때 만약 은행이 예금주들의 인출요구에 제대로 응할 수 없다면 그 은행은 문을 닫아야 한다. 따라서 은행은 이윤을 추구하는 사적 기업으로서의 성격뿐만 아니라 국가경제 전체의 안정성을 유지할 의무가 있다는 점에서 강한 공공성을 갖는다.

뱅크런
예금주들이 은행 파산을 예상하여 동시에 예금을 인출하는 현상

은행 파산이 국가경제에 미치는 파급효과는 매우 크므로 중앙은행은 일반은행이 충분한 안정성을 확보하도록 규제해야 한다. 예를 들어 일반은행이 보유해야 할 지급준비금의 최저수준을 법적으로 규정하는 **법정지급준비금**(legal reserves) 또는 **필요지급준비금**(required reserves)**제도**가 그 대표적인 규제수단이다. 이때 필요지급준비금이 전체 예금액에서 차지하는 비중을 필요지급준비율이라고 한다. 한편 은행이 실제로 보유하고 있는 지급준비금은 실제지급준비금(actual reserves)이라고 하며, 실제지급준비금과 필요지급준비금의 차이를 **초과지급준비금**(excess reserves)이라고 한다. 초과지급준비금은 양(+)인 것이 보통이다. 한편 일반은행은 중앙은행으로부터 차입을 하기도 하는데, 이렇게 차입을 통해서 얻은 지급준비금을 **차입지급준비금**(borrowed reverses)이라고 한다.

법정지급준비금제도
일반은행이 보유해야 할 지급준비금의 최저수준을 법적으로 규정

초과지급준비금
= 실제지급준비금
 − 필요지급준비금

차입지급준비금
중앙은행으로부터 차입을 통해 얻은 지급준비금

2.2.1 은행의 대차대조표

은행이 요구불예금을 창조하는 과정을 이해하려면 은행업무를 보다 구체적으로 살펴볼 필요가 있다. 기업으로서의 은행은 고객들로부터 예금을 받

아 이를 유가증권 투자나 대출에 운용하여 이윤을 획득한다. 이때 예금은 고객들이 은행에 맡겨둔 자금이므로 고객들이 원할 때 다시 돌려주어야 하는 **은행의 부채**(liability)이다. 그리고 대출이나 유가증권의 인수 · 매매 등 수익을 올리기 위해 예금을 운용한 결과가 **은행의 자산**(asset)이다. 은행업무란 바로 이러한 부채와 자산의 관리를 의미한다.

본원적 예금
외부로부터 현금이 들어오면서 생기는 예금

이제 A라는 은행의 대차대조표를 통해 은행업무가 어떻게 이루어지는지 살펴보자. 어느 날 고객 유나가 현금 40만원을 A은행에 갖고 와서 요구불예금을 했다고 하자. 이와 같이 외부로부터 현금이 들어오면서 생기는 예금을 **본원적 예금**(primary deposits)이라 한다. 그런데 예금은 고객에 대한 은행의 부채이므로 40만원의 예금은 대차대조표의 부채 항목을 그만큼 증가시킨다. 한편 은행은 현금을 40만원 보유하게 되므로 자산 항목도 그만큼 증가한다. 이상의 과정이 [표 13-1]에 나타나 있다.

표 13-1

A은행의 대차대조표

자산			부채	
지급준비금	₩100,000		요구불예금	₩400,000
현금		₩30,000		
중앙은행예치금		₩70,000		
유가증권	₩300,000			

A은행은 이윤극대화를 추구하는 기업이므로 수익을 올리기 위해 보유하고 있는 현금을 기초로 수익성이 있는 대출 혹은 유가증권 투자를 하는데, 이와 같이 대출 혹은 투자로 보유하게 되는 자산을 **수익자산**(earning assets)이라고 한다. 위 대차대조표에 의하면 A은행은 현금 40만원 중에서 30만원을 수익자산인 유가증권에 투자하고 있다.

한편 A은행은 10만원의 지급준비금 중에서 3만원을 자신의 금고에, 7만원은 중앙은행에 예치하고 있다. 만일 앞의 예에서 A은행의 필요지급준비율이 20%라고 한다면 필요지급준비금은 40만원 × 0.2 = 8만원이 된다. 그런데 A은행의 실제지급준비금은 10만원이었으므로 초과지급준비금, 즉 필요 이상으로 보유하고 있는 지급준비금은 10만원 − 8만원 = 2만원이다.

2.2.2 은행의 대출과 파생적 예금

은행은 수익을 높이기 위하여 지급준비금을 가능한 한 최소한으로 보유하려고 한다. 따라서 A은행은 초과지급준비금 2만원을 누군가에게 대출해 주려고 할 것이다. 이때 어떤 고객이 2만원의 대출신청을 했고 A은행은 그 고객의 신용상태를 파악한 후 대출약정서를 받고 대출해 주었다고 하자.

표 13-2

파생적 예금
은행의 대출로 말미암아 요구불예금이 발생할 때, 그 예금을 파생적 예금(derivative deposits)이라고 한다.

자산			부채	
지불준비금	₩100,000		요구불예금	₩420,000
현금		₩30,000		
중앙은행예치금		₩70,000		
유가증권	₩300,000			
대출	₩20,000			

이러한 은행의 대출활동은 먼저 [표 13−2]에 표시된 것처럼 대차대조표 상의 두 항목에 영향을 준다. 첫째, 차변에 대출 항목이 나타난다. A은행은 차용자의 대출약정서를 자산으로 갖게 되었기 때문이다. 둘째, 대변의 요구불예금이 증가한다. 은행의 대출은 차용자의 요구불예금계정의 증액으로 나타나기 때문이다. 은행대출은 차용자에게 직접 현금을 주는 것이 아니라 차용자의 요구불예금계정을 대출금만큼 증액시켜 주는 형태로 이루어진다. 이와 같이 대출로 말미암아 요구불예금이 발생할 때, 그 예금을 **파생적 예금**(derivative deposits)이라고 한다. 본원적 예금의 경우 현금이 외부로부터 들어오기 때문에 은행의 지급준비금이 증가하는 반면, 파생적 예금의 경우에는 은행의 지급준비금이 증가하지 않는다.

파생적 예금
대출로 말미암아 발생하는 요구불예금

2.3 예금통화의 창조

본원통화
중앙은행의 통화성 부채로 민간보유현금과 지급준비금으로 구성된다.

본원통화가 중앙은행의 부채인 데 비하여 예금통화는 일반은행의 부채이다. 본원통화의 공급으로 인하여 은행의 지급준비금이 증가하면 은행은 이를 기초로 대출하여 예금통화를 창조한다. 이제 예금통화가 은행제도 전체에서 어떻게 얼마나 창조되는가를 살펴보도록 하자.

어떤 경제에 여러 은행이 존재하고 이들 은행의 필요지급준비율은 모두 r이며, 은행이 초과지급준비금이 있으면 이를 모두 대출한다고 가정한다. 차입자들은 대출자금 전액을 사용하고, 이 자금을 받은 사람은 그 전액을 자신의 거래은행에 예금한다고 하자. 즉, 차입자들의 현금인출이 없는 경우를 상정하자.

이제 H원의 본원통화가 중앙은행으로부터 민간부문에 공급되고 그 전액이 A은행에 요구불예금으로 들어왔다고 하자. 이 예금은 본원적 예금이다. A은행은 H원의 현금이 생겼으므로 rH를 지급준비금으로 보유하고 초과지급준비금 $(1-r)H$를 대출함으로써 같은 액수의 파생적 예금이 창조된다. 따라서 A은행이 보유하고 있는 요구불예금은 $H+(1-r)H$원이 된다. 차입자는 현금을 보유하지 않고 대출자금 전액을 사용하며 이 자금을 받은 사람은 전액을 자신의 거래은행인 B은행에 예금한다고 하자. A은행과 B은행 사이의 결제 후 A은행 계정에는 본원적 예금인 H원만 남게 되고 차입자의 요구불예금계정은 0이 되어 파생적 예금은 사라진다.

한편 B은행에는 $(1-r)H$만큼 본원적 예금이 유입된다. 따라서 이 은행은 $r(1-r)H$를 지급준비금으로 보유하고 $(1-r)(1-r)H$를 대출하며, 그 결과 같은 액수의 파생적 예금이 생긴다. 이때 차입자는 대출 전액을 지출할 것이고, 이 자금을 받은 사람은 자기의 거래은행인 C은행에 예금한다. B은행과 C은행 사이에 결제가 이루어지면 B은행의 파생적 예금은 사라지고 $(1-r)H$의 본원적 예금만 남게 되며, C은행에는 $(1-r)(1-r)H=(1-r)^2H$의 본원적 예금이 생긴다. 이와 같은 과정이 계속된다면 은행 전체적으로 본원적 예금의 증가액 D와 지급준비금 R 및 대출(파생적 예금)의 증가액 L은 각각 [표 13-3]과 같이 결정된다.

표 13-3

은행제도 전체에 의한 대출 및 예금창조(현금인출이 없는 경우)

	본원적 예금(D)	지급준비금(R)	대출(L)
은행 A	H	rH	$(1-r)H$
은행 B	$(1-r)H$	$r(1-r)H$	$(1-r)^2H$
은행 C	$(1-r)^2H$	$r(1-r)^2H$	$(1-r)^3H$
⋮	⋮	⋮	⋮
합계	$\frac{1}{r}H$	H	$\frac{1-r}{r}H$

이때 경제 전체에 존재하는 요구불예금은 얼마나 될까? 현금인출이 없다고 가정하였으므로 요구불예금은 그대로 경제 내의 통화량이 된다. 앞에서 살펴보았듯이, 은행 간 결제가 이루어지는 과정에서 각 개별 은행은 본원적 예금만을 보유한다. 따라서 경제 내에 존재하는 총예금액(D_g)은 다음과 같이 각 은행의 본원적 예금의 합이 된다.

경제의 총예금액
= 각 은행의 본원적 예금의 합

$$D_g = H + (1-r)H + (1-r)^2H + \cdots = \frac{1}{1-(1-r)}H = \frac{1}{r}H \qquad (13.1)$$

최초에 본원적 예금이 H만큼 증가하면 H 전액이 법정지급준비금으로 묶일 때까지, 즉 모든 은행의 초과지급준비금이 없어질 때까지 대출은 계속 이루어진다. 따라서 은행 전체가 보유한 지급준비금의 합은 H이다.

법정지급준비금
은행이 요구불예금 및 저축성 예금의 일정 비율을 시재금으로 보유하거나 중앙은행에 예치하도록 법으로 정한 금액

그러면 이때 은행제도에 의해 창조된 통화는 얼마나 될까? 그것은 경제 내에 존재하는 전체 예금액에서 최초 공급되었던 본원적 예금을 뺀 액수가 된다. 따라서 예금은행 전체의 순예금액 또는 순신용창조액(D_n)은 다음과 같다.

$$D_n = \frac{1}{r}H - H = \frac{(1-r)}{r}H \qquad (13.2)$$

이것은 은행 전체에 의해 이루어진 대출총액과도 일치한다. 그리고 식

(13.2)의 분자에 해당하는 $(1-r)H$는 A은행의 초과지급준비금이므로 예금은행 전체의 순신용창조 $\frac{(1-r)}{r}H$는 최초 은행이 가진 초과지급준비금의 $\frac{1}{r}$배가 된다. 이와 같이 은행 전체로는 최초의 초과지급준비금에 법정지급준비율의 역수$\left(\frac{1}{r}\right)$가 곱해진 만큼 **예금창조**(deposit creation) 또는 **신용창조**(credit creation)가 이루어지는데, 이때 $\frac{1}{r}$을 **통화승수**(money multiplier) 또는 **신용승수**(credit multiplier)라 한다.

통화승수
법정지급준비율의 역수로서 초과지급준비금에 대한 예금창조의 크기를 결정

3 화폐수량설 : 통화량과 물가

데이빗 흄(1711～1776)

우리는 지금까지 국가경제의 통화량 또는 화폐공급의 결정에 대해서 살펴보았다. 이러한 화폐공급의 변화는 일반적으로 거시경제변수에 영향을 미친다. 그중에서도 화폐공급과 물가수준 사이의 관계는 수백 년 전부터 경제학자들의 주요 관심사였다. 이러한 관심은 흄(David Hume), 캉티용(Richard Cantillon) 등 고전학파 경제학자들의 **화폐수량설**(quantity theory of money)에서 시작되어 오늘날에 이르고 있다.

고전적 화폐수량설에 의하면 통화량의 변화는 경제 내의 총명목지출을 같은 비율로 변화시키고, 이러한 총명목지출의 변화와 같은 비율로 물가도 변한다. 따라서 통화량의 변화는 같은 비율로 물가를 변화시킨다. 이제 화폐수량설을 대표하는 수량방정식(quantity equation)부터 살펴보자.

화폐수량설
화폐공급과 물가수준 간의 관계에 대한 이론

3.1 수량방정식

수량방정식
통화량 × 유통속도
= 물가 × 실질 GDP

화폐수량설은 피셔(Irving Fisher)에 의해 정립된 **수량방정식**으로 표현된다.

$$M \times V = P \times Y \tag{13.3}$$

어빙 피셔(1867~1947)

여기서 M은 통화량, V는 화폐의 유통속도(velocity of money), P는 물가수준, Y는 실질 GDP(실질소득)를 나타낸다. 우변의 $P \times Y$는 어떤 기간에 거래된 재화와 서비스의 시장가치, 즉 명목 GDP를 나타낸다. 모든 거래에는 화폐의 흐름이 수반되기 때문에 주어진 화폐량이 그 기간 동안에 순환하며 사용된 총화폐지출액, 즉 좌변의 $M \times V$는 언제나 우변과 같다. 결국 $M \times V = P \times Y$는 동일한 금액을 다른 측면에서 파악한 항등식이다.

이때 **화폐유통속도** V는 실제로 관측할 수 없는 숫자인데, 위 수량방정식에서 우변의 $P \times Y$를 좌변의 M으로 나누어서 사후적으로 계산할 수 있다.

$$V = \frac{P \times Y}{M}$$

즉, 화폐유통속도는 화폐 1단위가 GDP에 포함되는 재화와 서비스를 구입하기 위해 사용되는 평균 횟수를 의미한다. 예를 들어 2019년 우리나라의 명목 GDP(약 1,919조원)와 M1으로 측정한 통화량(약 877조원)을 대입하면 유통속도의 값은 약 2가 된다. 이는 2019년에 M1의 1원이 GDP에 포함되는 재화와 서비스 구입을 위해 평균적으로 약 두 번 사용되었음을 의미한다.

3.2 통화량과 물가

피셔는 화폐유통속도 V가 일정하다는 가정 하에 항등식에 불과한 수량방정식 (13.3)을 물가는 통화량에 비례한다는 화폐수량설 이론으로 전환시켰다. 그는 화폐 한 단위가 평균적으로 사용되는 횟수는 사람들의 거래습관 등 자주 바뀌지 않는 요인들에 의해 결정된다고 보았다. 피셔의 가정에 따라 $V = \bar{V}$로 일정하게 놓고 수량방정식을 물가수준 P에 대해 다시 정리하면 다음과 같다.

$$P = \bar{V}\left(\frac{M}{Y}\right) \tag{13.4}$$

통화량과 물가의 관계
- (통화량 증가 > 실질 GDP 증가) ⇒ 물가상승
- (통화량 증가 < 실질 GDP 증가) ⇒ 물가하락
- (통화량 증가 = 실질 GDP 증가) ⇒ 물가불변

식 (13.4)에 의하면 통화량과 물가수준 사이의 관계에 대해 다음 세 가지 예측이 가능하다. 첫째, 통화량이 실질 GDP보다 더 빨리 증가하면 물가가 상승한다(즉, 인플레이션이 발생한다). 둘째, 통화량이 실질 GDP보다 더 느리게 증가하면 물가가 하락한다(즉, 디플레이션이 발생한다). 셋째, 통화량이 실질 GDP와 동일하게 증가하면 물가는 불변한다.

장기적으로 실질 GDP는 잠재적 또는 완전고용 실질 GDP 수준에 가깝기 때문에, 통화량이 증가할 때 실질 GDP는 거의 증가하지 않고 물가수준만 상승할 것이다. 반면에 단기적으로 경제에 유휴생산력이 있다면 물가는 조금 상승하지만, 실질 GDP는 크게 증가할 것이다.

3.3 화폐수요

피셔의 관심은 물가와 통화량의 관계에 있었지만, 수량방정식에서 고전학파의 화폐수요 역시 살펴볼 수 있다. 이를 위해 식 (13.3)을 다음과 같이 변형해 보자.

$$M = \frac{1}{V}PY \tag{13.5}$$

고전학파의 화폐수량설
- 화폐는 교환의 매개수단
- 화폐수요 : $M = \frac{1}{V}PY$

위 식에서 좌변은 통화량, 즉 화폐의 공급을 나타낸다. 그런데 화폐공급과 화폐에 대한 수요가 균형을 이루고 있다면 위 식의 우변은 화폐에 대한 수요로 해석된다. 따라서 고전학파의 화폐수량설은 화폐에 대한 수요가 거래된 재화와 서비스의 시장가치, 즉 명목 GDP에 비례한다고 본다. 피셔의 분석에서 강조되는 화폐의 기능은 교환의 매개 또는 지불수단으로서의 기능이다. 즉, 고전학파의 관점에서 화폐는 거래의 편의를 위한 수단이다.

역사와경제학

초인플레이션의 역사

인플레이션은 인류의 역사와 함께 해왔다. 과거 인플레이션 중에서는 그 정도가 특히 심한 경우가 있었는데, 이를 초인플레이션(hyper inflation)이라고 한다. 초인플레이션은 일반적으로 1개월 동안 물가가 50% 이상 상승하는 경우를 말한다.

출처 : www.marketoracle.co.uk

역사적으로 가장 유명한 초인플레이션은 1923~1924년 독일의 사례이다. 제1차 세계대전에서 패한 독일은 연합국에 1,320억 마르크라는 천문학적 규모의 전쟁배상금을 지불해야 하는 처지가 되었다. 이는 당시 독일 국민총생산의 2년치에 해당하는 규모였다. 하지만 전쟁에 져서 배상금을 마련할 길이 없었던 독일은 화폐를 마구 찍어냈는데, 그 결과 마르크화의 가치는 1922년 7월 1달러당 493마르크에서 1923년 11월 무려 4조 2천억 마르크로 하락했다. 또 제2차 세계대전 직후인 1946년 헝가리에서는 42,000조%에 달하는 사상 최악의 초인플레이션이 발생했다. 물가가 15시간마다 두 배로 뛰었다고 한다.

1980년대 중반 이후 남미, 동유럽, 아프리카 등지에서도 극심한 인플레이션이 발생했다. 1985년 볼리비아에서는 소비자물가가 약 23,500% 상승했으며, 1989년 아르헨티나에서도 약 20,000%의 물가상승률을 기록한 바 있다. 또한 1992년 러시아에서는 소비자물가가 약 2,300% 상승하기도 했으며, 브라질은 1990년과 1994년 각각 6,800%와 4,900%의 물가상승을 경험했다. 1993년 유고슬라비아에서도 내전 때문에 약 5,000조%의 인플레이션이 있었는데, 당시 유고슬라비아는 전비 조달을 위해 조폐국을 24시간 가동해 화폐를 만들었다고 한다. 한편 아프리카의 짐바브웨는 최근 들어 인플레이션율이 가장 높은 나라이다. 2007년 짐바브웨의 소비자물가는 전년 대비 약 1,000% 상승했다.

한국의 경우도 6·25전쟁 중 전비 마련을 위한 화폐 발행이 늘면서 1950년 6월 328.2였던 소매물가지수가 이듬해 6월 2,008.8로 6배 이상 상승했다. 또한 조선 말 대원군 집권 시 발행된 당백전이라는 새 화폐가 심각한 인플레이션을 일으킨 사례가 있었다. 당백전의 발행으로 발행 초기인 1866년 12월경에 7~8냥에 지나지 않았던 미곡 1섬의 가격이 1~2년 사이에 약 6배로 폭등하였다.

출처 : 한국은행 경제교육 홈페이지(http://www.bokeducation.or.kr), 경제칼럼, "경제의 독버섯, 인플레이션—역사 속에서 실례로 본 인플레이션의 폐해"(2008. 8. 26.).

4 유동성선호이론 : 화폐시장과 이자율

유동성
어떤 자산이 가치의 감소 없이 즉시 화폐와 교환될 수 있는 가능성의 정도

앞서 배운 고전학파의 화폐수요이론과 달리, 케인즈의 화폐수요이론은 이른바 **유동성선호이론**(liquidity preference theory)으로 알려져 있다. 앞서 살펴본 바와 같이 **유동성**(liquidity)이란 일반적으로 어떤 자산이 그 가치의 감소 없이 즉시 화폐와 교환될 수 있는 가능성을 말한다. 예를 들어 요구불예금 100만원과 건물을 비교해 보면 전자가 후자보다 유동성이 훨씬 크다. 전자는 거의 즉석에서 100만원의 현금과 교환될 수 있는 반면에 후자는 그 가능성이 낮다.

모든 자산은 어느 정도의 유동성을 지니고 있다. 유동성이 가장 높은 자산은 화폐이므로 유동성이라는 말은 흔히 화폐를 지칭하고, 또 경우에 따라서는 화폐 및 준화폐를 아울러 지칭한다. 케인즈의 이론에서 유동성은 곧 화폐를 의미하는 것으로 해석해도 무방하다.

화폐수요의 동기
- 거래적 동기 : 소득수준에 의해 결정
- 예비적 동기 : 예상치 못한 지출에 대비
- 투자적 동기 : 다른 자산과 비교한 화폐의 보유수익

유동성선호는 유동성(화폐)을 선호하는 것, 다시 말하면 화폐에 대한 수요를 의미한다. 케인즈는 화폐를 보유하면 이자를 받을 수 없을 뿐만 아니라 다른 수익자산(이를테면 저축성예금, 주식 또는 부동산 등)을 보유할 때 획득할 수 있는 수익을 포기해야 하는데도 왜 개인이나 기업이 화폐를 보유하는가 하는 문제에 대해 고민하였다. 케인즈는 사람들의 화폐보유 동기를 거래적 · 예비적 동기와 투자적 동기로 나누어 설명한다.

4.1 거래적 · 예비적 동기에 의한 화폐수요

거래적 동기(transaction motive)에 의한 화폐수요란 계획된 거래를 위하여 화폐를 보유하는 것을 말한다. 예를 들어 개인이 재화와 서비스를 사기 위하여, 또는 기업이 생산요소를 사기 위하여 필요한 화폐를 미리 보유하는 것이 거래적 화폐수요이다. 개인이나 기업의 수입 및 지출의 발생시기와 액수가 정확히 일치하지 않기 때문에 거래적 화폐수요가 존재한다. 케인즈는 거래적 동기에 의한 화폐수요가 주로 소득수준에 의해 결정된다고 보았다. 소

득이 많을수록 지출이 많기 때문에 거래적 화폐수요도 많아진다.

한편 **예비적 동기**(precautionary motive)에 의한 화폐수요는 예상치 못한 지출에 대비하기 위하여 화폐를 보유하는 것을 말한다. 예를 들어 한 개인에게 갑자기 경조금이 필요할 수 있고, 기업의 경우 예상보다 제품이 잘 팔리지 않아서 뜻하지 않은 자금 부족을 겪는 경우도 있다. 따라서 사람들은 만일의 사태에 대비하여 항상 어느 정도의 예비적 화폐를 필요로 한다. 예비적 동기에 의한 화폐수요 또한 소득수준이 높을수록 많아진다.

거래적 화폐수요와 예비적 화폐수요는 다른 금융상품을 보유함으로써 얻을 수 있는 이자를 포기해야 하기 때문에 이자율의 영향을 받기도 한다. 그러나 케인즈는 거래적 · 예비적 화폐수요에서 이자율의 영향이 매우 미미하다고 보았다. 따라서 거래적 · 예비적 동기를 중시하는 화폐수요이론에 의하면 거래의 수단으로서 화폐에 대한 수요는 소득에 비례한다. 이러한 거래적 화폐수요는 앞서 배운 고전학파의 화폐수량설과 매우 유사하다.

4.2 투자적 동기에 의한 화폐수요

케인즈의 유동성선호이론의 핵심은 **투자적 동기**(speculative motive)에 의한 화폐수요에 있다. 앞에서 본 바와 같이 거래적 · 예비적 수요는 지출을 위한 것인 데 비하여, 투자적 수요는 화폐를 자산으로 보유하는 것이다. 투자적 화폐수요는 다른 자산과 비교했을 때 화폐를 보유하는 것이 유리하다고 생각될 때 나타난다.

소득의 일부를 저축하는 어떤 개인을 생각해 보자. 이 사람은 저축을 어떤 형태의 자산으로 보유할 것인가를 결정해야 한다. 그는 저축을 화폐라는 형태로 보유할 수도 있고, 어떤 다른 금융자산(예를 들어 주식, 채권 등)이나 실물자산(예를 들어 토지, 주택)의 형태로 보유할 수도 있다. 금융자산을 보유하면 이자수입이 있고, 실물자산을 보유하면 그것을 사용함으로써 얻을 수 있는 효용이나 가격상승에 따른 자산이득을 기대할 수 있는데, 화폐를 보유하면 이런 수입을 포기해야 한다. 그런데도 사람들은 왜 화폐를 보유할까?

케인즈는 분석의 단순화를 위하여 보유자산이 화폐와 채권만 존재한다고 가정한다. 여기서 화폐는 현금, 요구불예금과 같이 아무런 이자도 얻을 수 없는 금융자산인 반면, 채권은 매기마다 일정한 금액의 이자가 붙는 금융자산으로서 기타 금융자산과 완전한 대체성이 있다고 가정한다.

자본이득(capital gain) 혹은 **자본손실**(capital loss)은 이자율의 변동에 따른 채권가격 변동 때문에 발생한다. 즉, 채권을 샀을 때의 가격보다 채권가격이 오르면 자본이득이 발생하고, 원래 샀던 가격보다 채권가격이 떨어지면 자본손실이 발생하는 것이다.

이자율 하락(상승)
→ 채권의 현재가치 상승(하락)
→ 채권수요 증가(감소)
→ 채권가격 상승(하락)
⇒ 채권가격과 이자율 간 역의 관계

만일 채권 발행 당시 이자율이 i라면 1년 후 만기에 a원을 지불하는 채권의 현재가치(present value)는 $\frac{a}{1+i}$이다. 따라서 채권가격은 이자율과 역의 관계에 있다. 채권을 보유하는 동안 이자율이 상승하면 채권가격이 하락하여 자본손실을 보게 되고, 반대로 이자율이 하락하면 채권가격이 상승하여 자본이득을 본다.

이자율과 투자적 화폐수요
- 높은 이자율 : 채권가격 상승 예상 → 투자적 화폐수요 감소
- 낮은 이자율 : 채권가격 하락 예상 → 투자적 화폐수요 증가

시장이자율이 아주 높으면 거의 대부분의 사람들은 이자율 하락(채권가격 상승)을 기대하고 자본이득을 얻기 위해 채권을 매입한다. 이때 화폐보다는 채권을 보유하는 것이 유리하기 때문에 투자적 화폐수요는 그리 많지 않

그림 13-2

경제 전체의 투자적 화폐수요
시장이자율이 높을수록 더 많은 사람들이 이자율 하락을 기대하고 모두 채권을 매입하기 때문에 투자적 화폐수요가 적다. 그러나 시장이자율이 상당히 낮은 수준에서는 많은 사람들이 이자율 상승을 기대하여 투자적 화폐수요가 더욱 증가한다. 따라서 시장이자율에 대한 투자적 화폐수요는 우하향한다.

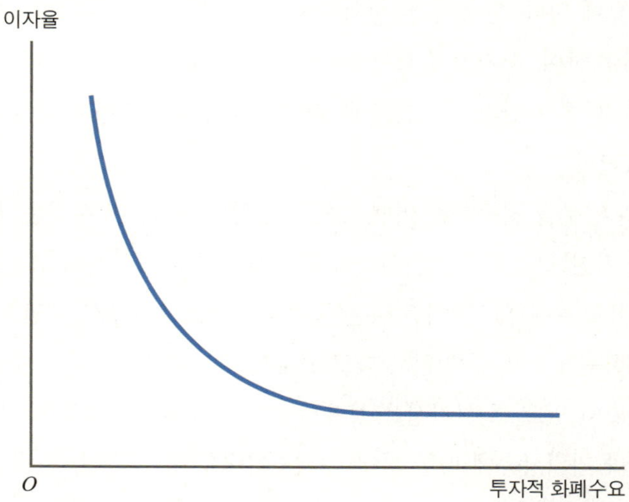

을 것이다. 그러나 시장이자율이 낮아지면 그것이 앞으로 더 내릴 것으로 예상하는 사람이 줄어들기 때문에 채권 매입은 줄고 투자적 화폐수요가 증가한다. 시장이자율이 아주 낮은 수준에서는 많은 사람들이 이자율 상승(채권가격 하락)을 기대하기 때문에, 채권보유에 따른 자본손실을 피하기 위해 채권을 사려는 사람은 더욱 줄고 투자적 화폐수요는 더욱 증가한다. 이와 같이 국가경제 전체로 보면, 시장이자율에 대해 투자적 화폐수요는 [그림 13-2]에서처럼 우하향하는 곡선이 된다. 즉, 투자적 화폐수요는 이자율(i)의 감소함수이다.

4.3 균형이자율의 결정

앞서 살펴본 거래적 · 예비적 화폐수요와 투자적 화폐수요를 총괄하여 총화폐수요라고 하자. 거래적 · 예비적 수요는 소득의 함수이고, 투자적 수요는 이자율의 함수이므로 총화폐수요(M^d)는 다음과 같이 소득(Y)과 이자율(i)의 함수이다.

$$M^d = L(Y, i) \qquad (13.6)$$

케인즈의 화폐수요함수에 의하면 소득이 증가할수록 거래적 · 예비적 화폐수요가 증가하고, 이자율이 상승할수록 투자적 화폐수요는 감소한다.

케인즈의 화폐수요함수
- 소득증가 → 화폐수요 증가
- 이자율 상승 → 화폐수요 감소

이제 균형이자율은 사람들이 식 (13.6)에 따라 보유하는 화폐량(화폐수요)이 통화량(화폐공급)과 일치하는 수준에서 결정된다. [그림 13-3]의 M^d곡선은 주어진 소득수준(Y_0)에서 화폐수요가 이자율의 감소함수임을 나타낸다. 그러나 소득이 증가하면 화폐수요곡선은 우측으로 이동한다. 같은 이자율수준에서 소득이 증가하면 거래적 · 예비적 화폐수요가 증가하기 때문이다. 한편 M^s는 화폐공급량을 표시한다. 화폐공급이 중앙은행에 의하여 또는 다른 요인에 의하여 이자율에 관계없이 외생적으로 결정된다면 화폐공급곡선 M^s는 수직선이 된다. 이 M^d와 M^s곡선이 교차하는 수준에서 균형이자율이 i_0로 결정된다.

균형이자율
화폐수요와 화폐공급이 일치하는 수준에서 결정

■ 그림 13-3

이자율의 결정

화폐수요곡선 $M^d(Y_0)$는 주어진 소득수준(Y_0)에서 이자율과 역의 관계를 갖는 화폐수요를 나타낸 것이며, M^s는 화폐공급량을 나타낸다. 이때 M^d와 M^s곡선이 교차하는 수준에서 이자율은 i_0로 결정된다. 이처럼 이자율이 화폐시장에서 유동성선호(화폐수요)와 유동성의 공급(화폐공급)에 의하여 결정된다는 이론을 유동성선호설이라고 한다.

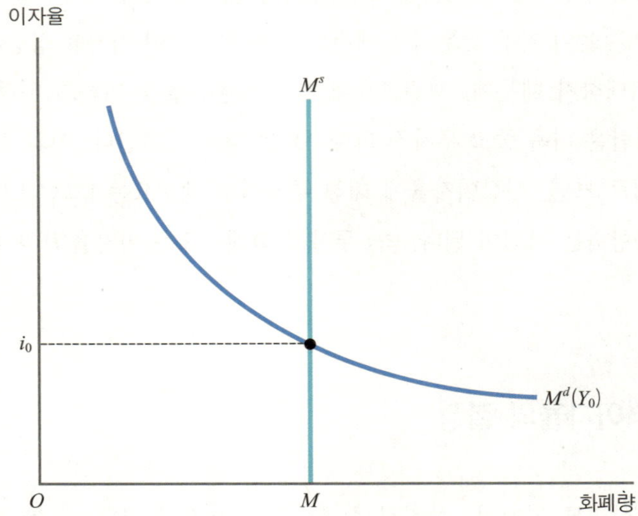

유동성선호설
이자율이 화폐시장에서 유동성선호(화폐수요)와 유동성공급(화폐공급)에 의하여 결정

이처럼 이자율이 화폐시장에서 유동성선호(화폐수요)와 유동성공급(화폐공급)에 의하여 결정된다는 이론이 유동성선호설이다. 케인즈가 주장했던 **유동성선호이론**(liquidity preference theory)은 고전학파이론에서 이자율이 실물부문의 저축과 투자에 의하여 결정된다는 대부자금시장이론과 대조를 이룬다.

[그림 13-4]는 중앙은행이 화폐공급을 감소시킬 때 균형이자율의 변화를 보여준다. 화폐시장이 원래 이자율 4%와 통화량 500조원에서 균형이었다고 하자. 이때 중앙은행이 화폐공급을 400조원으로 감소시키면(1), 가계소비자와 기업들은 4% 이자율 수준에서 자신들이 원하는 거래적 화폐수요보다 더 적은 화폐를 보유하게 될 것이다. 따라서 소비자와 기업들은 화폐보유를 늘리기 위해 채권과 다른 금융자산을 매각할 것이며, 이에 따른 채권공급의 증가는 채권가격을 떨어뜨리고 이자율을 상승시킬 것이다(2).

한편 이자율이 균형수준보다 높아지면 대부분의 사람들이 이자율 하락(채권가격 상승)을 예상하기 때문에 채권보유에 따른 자본이득을 얻기 위한 채권매입이 증가한다. 따라서 투자적 화폐수요량은 화폐수요곡선을 따라 감소한

그림 13-4

통화량 감소와 이자율

중앙은행이 화폐공급을 400조원으로 감소시키면, 사람들은 4% 이자율 수준에서 자신들이 원하는 거래적 화폐수요보다 더 적은 화폐를 보유하게 된다. 따라서 화폐보유를 늘리기 위해 채권을 매각할 것이며, 이에 따른 채권공급의 증가는 채권가격 하락과 이자율 상승을 가져올 것이다. 이때 투자적 화폐수요는 감소한다.

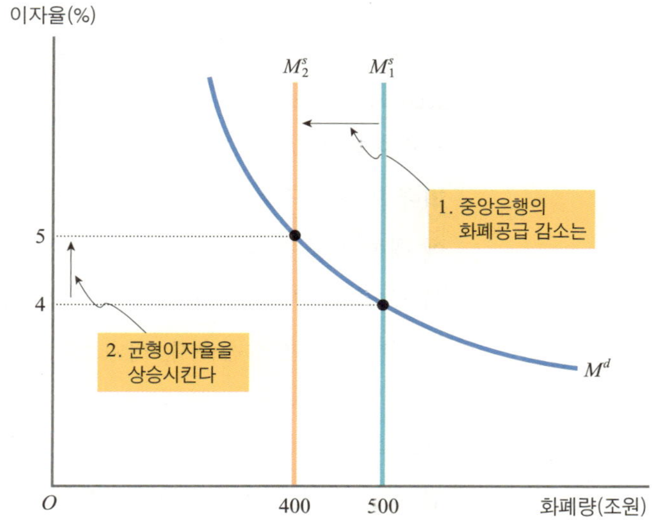

다. 결국 화폐시장의 균형이자율은 전보다 높은 5% 수준에서 결정될 것이다.

5 국제수지와 환율

개방경제인 나라는 해외 여러 나라와 다양한 경제적 거래를 한다. 이때 한 국가가 일정 기간 동안 수행한 해외부문과의 경제적 거래를 화폐 단위로 표시한 것이 **국제수지**(balance of payments)이다. 여기서 경제적 거래는 외국과의 상품거래, 서비스거래, 자본거래 및 국제 간 증여 등을 모두 포함한다. 한편 개방경제에서 이루어지는 국가 간의 모든 거래에는 반대급부로 화폐의 이동이 따른다. 따라서 이러한 화폐이동에서 가장 중요한 개념이 두 나라 화폐의 교환비율, 즉 **환율**이다. 이제 국제수지와 환율에 대해 좀더 자세히 알아보자.

국제수지
한 국가가 일정 기간 동안 수행한 해외부문과의 경제적 거래를 화폐 단위로 표시한 것

환율
두 나라 화폐의 교환비율

5.1 국제수지

경상계정
• 상품수지
• 서비스수지
• 본원소득수지
• 이전소득수지

국제수지표 상의 모든 국제거래는 [표 13-4]와 같이 **경상계정**(current account 또는 경상수지)과 **자본금융계정**(capital and financial account 또는 자본수지)으로 분류된다. 국제수지표의 대변(credit)에는 복식부기(複式簿記)의 원리에 의해 외국으로부터 수입(收入)을 가져오는 거래를, 차변(debit)에는 외국에 대한 지급(支給)이 발생하는 거래를 기재하고, 동시에 이들 거래에 수반하여 일어나는 반대급부의 이동은 각각의 반대편에 기록한다.

경상계정은 상품수지, 서비스수지, 본원소득수지, 이전소득수지로 구성된다. **상품수지**에는 재화의 수출입이 기록되는데, 우리나라에서 외국으로의 재화수출이 증가하면 상품수지는 양(+)이 되고 반대로 재화의 수입이 증가하면 상품수지는 음(–)이 된다. **서비스수지**에는 서비스의 수출입이 기록되는데, 여기에 포함되는 서비스는 운송, 여행, 통신, 건설, 보험, 금융, 사업서비스, 정부서비스 및 지적재산권 사용료 등이다. 예를 들어 우리나라의 선박이

표 13-4

우리나라의 국제수지표(2019. 10)

(단위 : 억 달러)

항목	대변(수입)	차변(지급)	차액	계
경상계정				78.27
상품수지	491.20	410.92	80.28	
서비스수지	86.94	104.13	−17.19	
본원소득수지	33.14	14.87	18.27	
이전소득수지	9.05	12.15	−3.09	
자본수지			−0.15	−0.15
금융계정				−102.42
직접투자	12.00	22.39	−10.39	
증권투자	6.63	34.88	−28.25	
파생금융상품(순자산)			3.30	
기타투자	−20.60	41.59	−62.19	
준비자산			−4.89	
오차 및 누락				24.30

자료 : 한국은행

국제적인 화물운송 서비스를 제공하고 외국으로부터 운임을 수령하면, 이는 운임수입의 증가에 해당되어 서비스수지를 양(+)으로 만들게 된다. 한편 **본원소득수지**는 투자수익수지와 외국으로부터의 임금소득수취(혹은 지불)와 같은 거래를 포함한다. 경상계정의 마지막 항목인 **이전소득수지**는 국제적으로 이루어진 일방적인 부의 이전을 표기한다. 예를 들어 국내 거주자가 외국에 있는 유학생에게 생활비를 송금하면 이전소득수지는 음(−)이 된다.

자본금융계정은 자본계정과 금융계정으로 세분된다. **자본계정**은 해외이주비 같은 자본이전을 포함한다. 그리고 **금융계정**은 투자된 자본의 성격에 따라 직접투자(direct investment), 증권투자, 파생금융상품, 기타투자 및 준비자산으로 구분된다. 예를 들어 외국인이 국내에 현지법인을 설립하고 공장을 건설하여 영업활동을 한다면 이에 수반된 거래는 직접투자 항목에 기입되고, 외국계 증권투자펀드가 국내 주식시장에서 주식을 매입하게 되면 증권투자로, 파생금융상품을 구매하면 파생금융상품으로 분류된다. 그 외 대출 및 차입처럼 앞의 세 가지 거래에 포함되지 않는 금융거래는 모두 기타투자로 분류된다. 끝으로 **준비자산**(reserve assets)에는 통화당국이 보유한 대외준비자산(international reserve assets)을 기록하는데, 일반적으로 외환보유액과 같은 개념이다.

자본금융계정
- 자본계정
- 금융계정(직접투자 + 증권투자 + 파생금융상품 + 기타투자 + 준비자산)

준비자산
통화당국이 보유한 대외준비자산(외환보유액)

그런데 복식부기의 원리에 의하면 국제수지표의 차변과 대변의 총계가 일치해야 하므로, 오차 및 누락은 경상계정과 자본금융계정의 차이와 크기가 같고 방향은 반대가 된다. 예를 들어 [표 13−4]에서 2019년 10월 현재 상품수지는 80.28억 달러의 흑자를, 서비스수지는 17.9억 달러의 흑자를 보이고 있다. 여기에 본원소득수지와 이전소득수지까지 합한 경상수지는 78.27억 달러의 흑자를 보이는 반면, 자본 · 금융계정은 102.42억 달러의 적자를 보이고 있다. 따라서 오차 및 누락은 24.3억 달러이다.

5.2 환율과 외환시장

폐쇄경제에서는 오직 국내 화폐 한 가지만 이용되지만, 개방경제에서는 국내 화폐뿐만 아니라 외국 화폐도 거래된다. 예를 들어 한국에서는 원화, 미국에서는 달러화가 화폐로 사용된다. 따라서 미국에 물건을 수출하면 우리나라 수출업자는 달러를 얻게 된다. 이때 국내 수출업자가 자신이 벌어들인 달러를 우리나라에서 쓰기 위해서는 원화로 바꿔야 한다. 또한 국내 수입업자가 미국에서 재화를 수입하려면 해외시장에서 달러를 주고 재화를 구입해야 한다. 이때 수입업자는 미리 자신이 갖고 있던 원화를 달러로 바꿔야 한다. 이것은 자본거래에서도 마찬가지이다.

외환시장
국내 화폐와 외국 화폐가 교환되는 시장

환율
외환시장에서 결정되는 두 나라 화폐의 교환비율 : 원화로 표시한 1달러의 가격

환율상승
자국 화폐가치의 하락

환율하락
자국 화폐가치의 상승

이처럼 개방경제에서는 일반적으로 국내 화폐와 외국 화폐 간의 교환이 수반된다. 이렇게 국내 화폐와 외국 화폐가 교환되는 시장을 **외환시장**(foreign exchange market)이라고 한다. 그리고 여기서 결정되는 두 나라 화폐의 교환비율을 **환율**(exchange rate)이라 한다. 즉, 환율이란 자국 화폐 단위로 표시한 외국 화폐 1단위의 가격을 말한다. 가령 달러화에 대한 원화 환율이 1,000(원/달러)이라고 하면, 이것은 1,000원을 주면 1달러를 얻을 수 있다는 것으로 원화로 표시한 1달러의 가격을 뜻한다.

그렇다면 환율이 상승한다는 것은 무엇을 뜻하는가? 예를 들어 환율이 1달러당 1,000원에서 1,100원으로 상승하면, 자국 화폐 1원의 가치는 1/1,000달러에서 1/1,100달러로 하락(depreciation)한다. 반대로 환율이 하락하면 자국 화폐의 가치는 상승(appreciation)할 것이다. [그림 13-5]는 미 달러화 대비 우리나라 원화의 환율변동 추이를 보여준다.

환율에 영향을 미치는 주요 변수로는 국내 소득수준과 국내 물가, 통화량 및 이자율 등이 있다. 또한 외국의 소득수준과 해외 물가 및 외국의 통화량과 이자율 등도 환율에 영향을 준다. 먼저 이 변수들이 일정하다고 가정하고 외환시장의 균형환율이 결정되는 과정을 알아보자.

환율은 다른 상품과 마찬가지로 외환의 수요와 공급에 의해서 결정된다. [그림 13-6]에서 외환(이를테면 미국의 달러화)의 수요곡선은 우하향하고, 공급곡선은 우상향하는 것으로 그려져 있다. 외환의 수요 · 공급곡선은 일반적인

그림 13-5

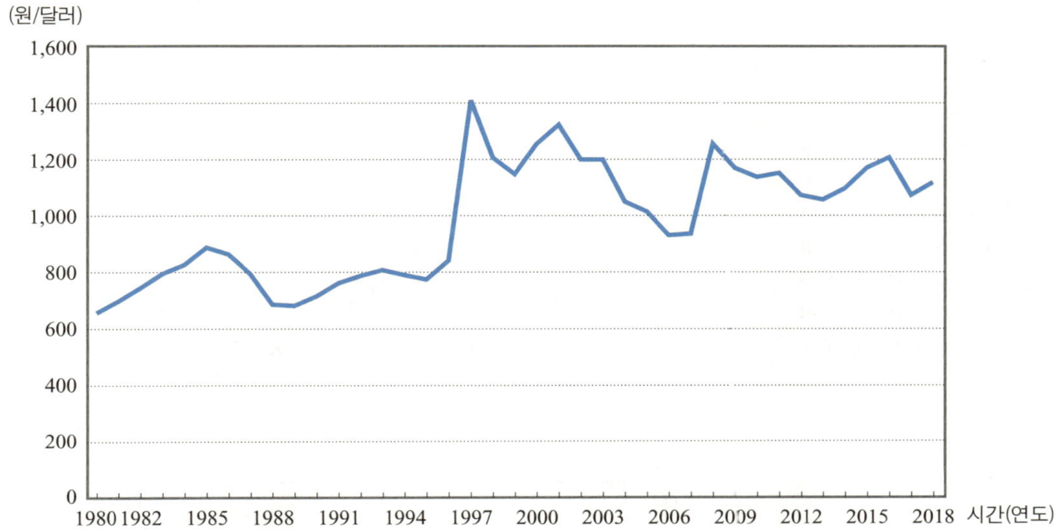

자료 : 한국은행 경제통계시스템(http://ecos.bok.or.kr)

달러화 대비 원화 환율 추이(연평균)

원/달러 환율은 1980년대 이후 가파른 상승추세를 보여왔으며, 특히 1997년 외환위기를 거치면서 급격하게 상승하였다. 한편 외환위기 이후 변동률 또한 큰 폭으로 나타나고 있는데, 이는 관리변동환율제를 버리고 자유변동환율제를 도입한 데 따른 결과이다.

상품의 수요 · 공급곡선과 유사한 형태지만 조금 다른 과정을 거쳐 도출된다.

먼저 외환의 수요곡선에 대해 살펴보자. 예를 들어 환율이 1달러당 1,300원이면 100달러에 파는 미국 MP3를 수입하는 데 13만원을 지불해야 한다. 그런데 환율이 1달러당 1,400원이 되면 똑같은 물건을 수입하는 데 14만원을 지불해야 한다. 이와 같이 환율이 오르면 수입하는 상품의 원화표시 가격이 상승하므로 국내에서 그 상품을 적게 수입하게 된다. 수입이 줄면 외국 화폐에 대한 수요도 감소한다. 따라서 환율인상에 의한 수입감소의 결과 외환수요곡선은 우하향하는 형태를 갖는다.

환율과 외환의 수요

환율상승
→ 수입상품의 원화표시 가격 상승
→ 수입 감소
→ 외환수요 감소
⇒ 우하향하는 외환수요곡선

이제 외환의 공급곡선에 대해 살펴보자. [그림 13-6]에서 볼 수 있듯이 외환(여기서는 달러)의 공급곡선은 우상향한다. 예를 들어 환율이 1달러당 1,300원이고 우리나라 휴대폰 한 대 가격이 13만원이라고 하자. 이때 미국

환율과 외환의 공급

환율상승
→ 수출상품의 외화표시 가격 하락
→ 수출 증가
→ 외환공급 증가
⇒ 우상향하는 외환공급곡선

그림 13-6

환율의 결정

환율도 다른 상품과 마찬가지로 외환의 수요와 공급에 의해서 결정된다. 환율이 상승할 경우 수입이 감소하면서 외환수요가 감소하기 때문에 외환수요곡선은 우하향한다. 반면에 환율이 상승할 경우 수출은 증가하면서 외환공급이 증가하기 때문에 외환공급곡선은 우상향하는 형태를 띤다.

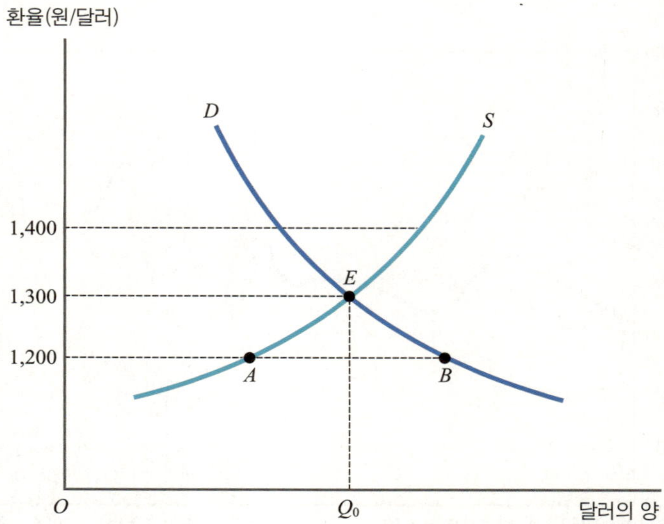

인이 우리나라 휴대폰을 구입할 때 지불하는 가격은 100달러이다. 우리나라 수출업자는 휴대폰울 수출하여 13만원의 소득을 얻는다. 이때 환율이 1달러당 1,400원으로 올랐다고 하자. 우리나라 수출업자는 휴대폰의 달러표시 가격에 상관없이 13만원의 소득만 얻으면 된다. 그는 휴대폰 가격을 95달러로 내리더라도 13만원 이상의 소득을 얻으므로 손해를 입지 않는다. 따라서 우리나라 휴대폰 가격이 95달러로 떨어지면 미국 소비자의 우리나라 휴대폰에 대한 수요가 늘어나게 된다. 결국 환율이 올라가면(원화가치 하락) 수출이 늘어나면서 외환의 공급이 증가하고 이에 따라 외환공급곡선이 우상향하게 된다.

5.3 외환시장의 균형과 국제수지균형

외환시장의 균형
외환의 수요와 공급이 일치하는 상태

외환시장의 균형은 [그림 13-6]에서 외환에 대한 수요와 공급이 일치하는 점(E)에서 이루어지고 환율은 1달러당 1,300원, 외환거래액은 Q_0가 된다. 만약 어떤 이유(예를 들어 외환시장에서의 일시적인 심리작용)로 환율이

1,200원이 되면, 한국 사람들이 외국 상품 및 자산 구입을 위해 수요하는 달러의 양이 미국 사람들이 한국 상품 및 자산 구입을 통해 공급하는 달러의 양을 $\overline{AB}$만큼 초과한다. 이러한 달러의 초과수요 상태가 계속되는 한, 한국이 가지고 있는 외화자산(즉, 미 달러화)은 초과수요만큼 미국으로 이동한다. 그 결과 한국의 국제수지는 악화되는 반면 미국의 국제수지는 호전된다.

그러나 이러한 외화자산의 이동에 대한 통제가 없다면 미 달러화에 대한 초과수요는 곧 환율의 상승을 가져올 것이다. 환율이 1,300원으로 상승하면 외화자산의 이동이 없어지고 양국의 국제수지는 모두 균형에 도달한다. 반대로 환율이 일시적으로 1,400원에 머무른다면, 정반대의 현상이 나타날 것이다. 즉, 환율의 신축적 조정은 외환시장뿐만 아니라 국제수지도 항상 균형상태에 있도록 만든다.

환율의 신축적 조정은 외환시장뿐만 아니라 국제수지도 항상 균형상태에 있게 만든다.

5.4 환율제도

외환의 가격이라고 할 수 있는 환율은 외환시장의 수요와 공급뿐만 아니라 정부의 시장개입에도 영향을 받는다. 각국 정부는 환율 결정에 어느 정도 개입할지를 나름대로 제도화하고 있다. 정부의 외환시장에 대한 개입 여부에 따라 **환율제도**(exchange rate system)는 크게 고정환율제도(pegged 또는 fixed exchange rate system)와 변동환율제도(floating 또는 flexible exchange rate system)로 구분된다.

환율제도
- 고정환율제도
- 변동환율제도

5.4.1 고정환율제도

고정환율제도는 정부가 외환시장에 개입하여 환율을 특정 단일통화나 복수통화에 대해 일정 수준으로 고정시키는 제도이다. 역사적으로 이러한 고정환율제도는 1970년대 초까지 오랫동안 세계 각국이 채택한 환율제도였다. 그 대표적인 것이 1870년대부터 국제적으로 확립된 **금본위제도**(gold standard system)와 제2차 세계대전 이후 국제통화기금에 의해 운용된 **브레튼우즈체제**(Bretton Woods System)이다. 금본위제도에서 각국 통화의 상대적

고정환율제도
정부가 외환시장에 개입하여 환율을 특정 단일통화나 복수통화에 대해 일정 수준으로 고정시키는 제도

금본위제도
환율이 금으로 고정

브레튼우즈체제
미국 달러화를 기축통화로 금과의 일정 교환비율로 고정, 다른 나라 통화는 달러화와 일정한 교환비율 유지

■ 그림 13-7

고정환율제도의 원리
고정환율제도에서는 환율이 외환에 대한 수요와 공급을 일치시키는 균형환율 e_0로 결정된다는 보장이 없다. 예를 들어 고정환율이 e_1이라면 중앙은행은 이 환율수준을 유지하기 위해 달러 부족분(그림의 $\overline{AB}$)을 공급해 주어야 한다.

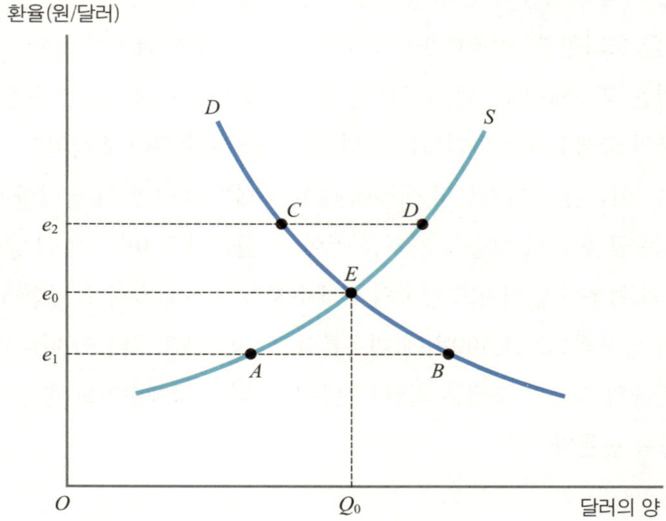

가치, 즉 환율은 금을 통하여 고정되었다. 브레튼우즈체제에서는 미국의 달러화를 기축통화로 정하고 달러화의 가치는 금과의 일정한 교환비율로 고정시키는 한편, 다른 나라의 통화는 달러화와 일정한 교환비율을 유지함으로써 환율을 고정시켰다.

고정환율제도에서는 환율이 [그림 13-7]의 외환시장에서 외환에 대한 수요와 공급을 일치시키는 균형환율 e_0로 결정된다는 보장이 없다. 실제로 합의된 환율이 [그림 13-7]의 e_1이나 e_2와 같은 불균형환율인 경우가 많았다. 예를 들어 한국과 미국 간에 합의된 고정환율이 [그림 13-7]의 e_1처럼 균형환율(e_0)보다 낮아서 달러에 대한 초과수요가 초래되는 환율이라고 하자. 이 경우 한국의 원화는 **고평가**되어(overvalued) 있다고 하고, 미국의 달러화는 **저평가**되어(undervalued) 있다고 한다.

이와 같은 불균형환율을 유지하려면 한국의 중앙은행이나 미국의 중앙은행이 달러 부족분(그림의 $\overline{AB}$)을 공급해 주어야 한다. 한국의 중앙은행이 개입하여 불균형환율을 유지하는 경우를 보자. 이를 위해 한국은행은 보유하고 있는 달러를 가지고 e_1의 환율로 원화를 매입해야 한다. 이처럼 달러의 공급

부족분인 $\overline{AB}$만큼의 달러화를 공급한다면 환율은 e_1 이상으로 오르지 않는다. 결과적으로 한국은행 보유의 외화자산이 그만큼 줄어든다. 만일 이러한 사태가 계속된다면 한국이 보유한 외화자산은 고갈될 것이다. 브레튼우즈체제에서는 이것을 막기 위해 원화를 **평가절하**(devaluation)할 수 있었다.

한편 고정환율제도에서는 중앙은행이 외환시장에 개입하는 과정에서 국내통화량의 변동이 유발된다. 위의 예에서처럼 중앙은행이 외환시장에서 외환을 팔고 국내통화를 사면, 국내통화가 중앙은행으로 환수되어 통화량이 감소한다. 반대로 중앙은행이 외환을 사들이면 국내통화가 방출되어 통화량이 증가한다. 이와 같이 고정환율제도에서는 외환시장에서 환율을 안정시키는 대가로 중앙은행이 통화량을 독자적으로 통제하는 데 큰 어려움을 겪게 된다.

5.4.2 변동환율제도

변동환율제도는 원칙적으로 중앙은행의 개입 없이 외환시장의 수요와 공급을 일치시키는 수준에서 환율이 자유롭게 결정되도록 하는 제도를 말한다. 역사적으로 변동환율제도는 1973년에 브레튼우즈체제가 붕괴하면서 주요 서방 선진국들이 채택한 후, 현재 우리나라를 포함하여 세계 약 70개국이 채택하고 있다. 브레튼우즈체제에서 만성적인 국제수지 적자를 겪었던 미국은 보유했던 금의 절반 이상을 팔고 달러를 환수하였지만 달러가치를 유지할 수 없게 되었다. 이에 미국은 달러화의 평가절하(devaluation)와 함께 고정환율제도의 종결을 선언함으로써 마침내 브레튼우즈체제는 붕괴되었다.

변동환율제도
중앙은행의 개입 없이 외환시장의 수요와 공급을 일치시키는 수준에서 환율이 자유롭게 결정
- 관리변동환율제도
- 자유변동환율제도

1973년 이후 미국의 달러, 독일의 마르크, 일본의 엔화 등 당시 주요 교역국들 간의 환율은 계속 변동해 왔다. 물론 중앙은행 개입이 전혀 없는 상태에서 환율이 자유롭게 움직이는 변동환율제도를 채택했던 것은 아니다. 실제로는 중앙은행이 필요에 따라 어느 정도 외환시장에 개입하는 **관리변동환율제도**(managed floating exchange rate system)를 유지해 왔다.

외환시장의 수급상황에 따라 환율이 자유롭게 움직이는 **자유변동환율제도**(free floating exchange rate system)에서는 환율의 신축적 조정에 의해 외환시장뿐만 아니라 국제수지도 항상 균형상태에 있게 된다. 따라서 고정환율제

도와 달리 변동환율제도에서는 환율이 일종의 자동안정화장치(built-in stabilizer) 역할을 한다.

또한 변동환율제도에서는 환율의 즉각적 조정에 의해 외환의 수요와 공급이 항상 일치하므로, 외환시장에서 외환을 살 때 줄어드는 국내통화량과 외환을 팔 때 증가하는 국내통화량이 항상 일치한다. 따라서 고정환율제도와는 달리 변동환율제도에서는 외환시장의 수급상황이 국내통화량에 영향을 미치지 못한다. 그러나 변동환율제도에서는 외환시장의 수급상황에 따라 결정되는 환율의 변동위험 때문에 국제무역과 투자가 위축될 수도 있다.

생활과경제학

비트코인은 '화폐' 인가?*

화폐경제학에서 화폐의 필수적 역할(essentiality)을 요약하는 두 가지 명제가 있다. "불신은 모든 화폐의 근원이다(Evil is the root of all money)"가 하나이고, "화폐는 기억이다(Money is memory)"가 다른 하나이다.

화폐 없이 차용증서를 써주고 물건을 사고파는 상거래를 상상해 보자. 개인의 차용증서만으로는 사후적으로 완전한 채무이행을 보장할 수 없고, 이러한 신뢰의 문제 때문에 거래는 쉽게 이루어지기 어렵다. 그러나 구매자가 판매자에게 차용증서 대신 정부 또는 중앙은행에 의해 신뢰가 형성되어 있는 화폐를 지급한다면 거래가 성사될 수 있을 것이다. 즉, 신뢰 문제가 없다면 화폐 또한 반드시 필요하지 않다는 것을 의미한다는 점에서 "불신(distrust)이 화폐의 근원"이라는 것이다.

또한 구매자와 판매자 간 거래의 기록이 모든 사람들 사이에 공적으로 유지 · 관리될 수 있다면 구매자가 채무불이행 시 거래 기록에 근거하여 처벌을 받게 될 것이므로, 이 경우에도 신뢰의 문제가 해결될 수 있다. 이러한 공적 거래 기록(public record keeping)이 없는 상황에서는 판매자가 구매자로부터 받은 화폐가 과거 판매자-구매자 간 거래의 증거이기 때문에 실질적으로 공적 거래 기록을 대체할 수 있다는 점에서 "화폐는 기억"이라는 것이다.

일반적으로 공적 거래 기록의 유지 및 관리가 불완전하거나 비용이 발생하고 화폐 보유도 비용이 수반되기 때문에 공적 거래 기록과 화폐가 각각 서로를 완전히 대체하기보다는 공적 거래 기록을 바탕으로 한 신용거래와 화폐를 이용한 거래가 공존하는 것이 보통이다.

비트코인은 어떠한가? 비트코인 블록체인(Bitcoin Blockchain)의 기반 기술인 공개 분산원장(public distri-buted ledger) 또는 공적 블록체인(public blockchain)은 거래의 기록 · 관리에 대한 책임과 권한을 독점하는 외부기관 없이 참가자들이 거래정보를 기록한 원장을 P2P(개인 간 거래) 네트워크에 나눠 기록·관리하는 것이 특징이다. 비트코인 블록체인은 또한 시간과 장비, 전력 등 자원비용이 발생하는 작업증명(proof of work)과 이러한 거래 검증에 참여를 유도하는 인센티브, 즉 비트코인 채굴을 통해 기존 전자화폐의 이중지불(double spending) 문제 해결방안을 최초로 제시함으로써 외부기관 없이 거래 참가자 간 신뢰 형성 메커니즘을 구현했다. 따라서 비트코인은 일견 화폐의 필수적 역할을 요약하는 두 명제("불신은 모든 화폐의 근원이다"와 "화폐는 기록이다")의 필요조건, 즉 '신뢰'와 '공적 거래 기록'을 모두 갖춘 것처럼 보였다.

그러나 비트코인에 적용된 블록체인 기술은 현 시점에서 문제점들이 있다. 우선 신뢰를 형성하는 과정에서 과도한 자원비용이 발생하고 주어진 시간에 처리할 수 있는 거래 건수가 너무 제한적이다. 예컨대 비트코인과 이더리움(Ethereum)이 사용한 전력비용은 시리아·아제르바이잔 같은 국가 전체의 전력 비용과 맞먹는다. 기술적 오류 같은 문제 발생 시 참가자 간 이견 조정 메커니즘을 포함한 지배구조 시스템이 없어 의사결정이 지연될 가능성도 높다. 이처럼 비트코인 블록체인의 '신뢰'와 '공적 거래 기록'은 매우 높은 비용 발생과 기술적·구조적 불완전성을 갖고 있다.

이는 '코인(coin, 주화)'이라는 접미사가 붙은 '비트코인'이 법정화폐 및 기존 지급결제 시스템에 대한 신뢰가 높은 대부분의 국가에서 '화폐'로 널리 통용되거나 기존 법정화폐를 대체하기에는 근본적인 한계가 있음을 시사한다. 실제로 비트코인 가격의 매우 높은 변동성과 여타 금융자산(달러, 유로화, 엔화 등 기축통화 포함) 가격변동과의 매우 낮은 상관관계는 비트코인이 화폐로서의 필수적 기능, 즉 교환의 매개, 회계단위, 가치의 저장 수단으로서 역할을 수행하기 어렵다는 것을 방증한다.

물론 비트코인 블록체인을 포함한 공적 블록체인이 향후 많은 사람들이 다양한 목적으로 사용하는 공적 플랫폼으로 발전될 가능성을 배제할 수는 없다. 공적 블록체인 기술의 구현을 가능케 한 핵심 인센티브로서 비트코인은 '가상화폐'가 아니라 블록체인 기술을 가치의 원천으로 하는 일종의 '고(高)위험 자산'으로 봐야 할 것이다.

더군다나 비트코인을 보유한다고 해서 공적 블록체인 기술에 대한 권리를 갖는 것도 아니다. 그래서 존스홉킨스대의 존 파우스트(Jon Faust) 교수는 비트코인을 내재 가치는 없지만 보유자의 주관적 기호에 따라 가치를 갖는 '수집품(collectibles)'이라고 평가한다.

* Kiyotaki, N. and Moore, J. "Evil is the root of all money," *American Economic Review*, 2002. ; Kocherlakota, N. "Money is memory," Journal of Economic Theory, 1998. ; Yermack, D. "Is Bitcoin a Real Currency? An Economic Appraisal" *Handbook of Digital Currency*, Chapter 2, 2015. ; Faust, J. "While visions of Bitcoins danced in their heads," Center for Financial Economics, Johns Hopkins University, 2017.

요약 및 연습문제

1. 화폐의 기능과 통화량

1.1 화폐의 기능 화폐경제에서는 욕망의 이중적 일치가 필요 없으므로 거래비용이 줄어드는데, 이는 신속하고 편리하게 다른 형태의 자산으로 교환될 수 있는 유동성 때문이다. 화폐는 모든 자산 중에 유동성이 가장 크며, 3가지 주요 기능(지불수단, 가치저장수단 및 회계 단위)을 수행한다.

1.2 통화량 교환의 매개수단 또는 지불수단으로서의 화폐를 정의하면 화폐는 M1(= 민간보유 현금통화 + 일반은행의 요구불예금)이 되는 반면, 가치저장수단까지 화폐의 정의에 포함시키면 화폐는 보다 넓은 의미의 M2(= M1 + 저축성예금)가 된다.

물음 01. 물물교환 경제에서 두 사람 사이에 거래가 일어나기 위해서는 각자가 다른 사람이 필요로 하는 것을 가지고 있어야만 한다. 이러한 교환의 필요조건을 욕망의 이중적 일치(double coincidence of wants)라고 부른다. 그러나 영국의 경제학자 스탠리 제본스(Stanley Jevons)는 1889년 『Money and the Mechanism of Exchange』에서 두 사람 사이에 욕망의 이중적 일치가 충족되어도 교환되는 재화와 서비스의 질(quality)에 대해서 서로 다른 정보를 가지고 있다면 거래가 이루어지기 어렵다는 점을 강조하였다. 특히 물물교환 경제에서 거래당사자 간 정보의 비대칭성 문제가 심각한 경우에는 교환이 일어나지 않을 것이다. 다음 물음에 답하라.

(1) 일반적으로 욕망의 이중적 일치가 충족되어 물물교환이 이루어지려면 상당한 시간과 에너지가 필요할 것이다. 이러한 상황에서 대부분의 사람들이 지불수단으로 받아들이는 화폐가 어떻게 물물교환의 거래비용을 줄일 수 있는가?

(2) 물물교환 경제에서 제본스가 강조한 정보의 비대칭성 문제 하에서 화폐를 통한 교환이 가능하기 위해서 화폐는 교환의 매개수단으로서 어떤 특성을 가져야 하는가?

2. 화폐공급과 통화제도

M1은 민간보유현금과 일반은행의 요구불예금으로 구성되는데, 이들이 각각 중앙은행과 일반은행에 의해 공급된다는 점에서 이러한 금융기관을 통화제도라고 부른다.

2.1 중앙은행 중앙은행은 현금통화를 발행하고 일반은행의 은행과 정부의 은행 역할을 하며, 금융안정을 위해 화폐 및 자본시장을 조정하고 외화도 관리한다. 이러한 중앙은행의 기능은 미시적 측면에서 금융제도의 안정을 도모하고, 거시적 측면에서는 통화가치의 안정을 유지한다.

2.2 일반은행 은행도 하나의 기업으로서 수익을 올리기 위해 예금액의 일부만을 지불준비금으

로 보유하고(부분지급준비제도) 나머지 예금액은 대출이나 투자에 이용한다. 그러나 은행이 예금주의 인출요구를 제대로 충족시키지 못하면 뱅크런이 발생하여 큰 혼란이 발생하기 때문에 법정지급준비금 제도가 존재하며, 은행이 초과지급준비금을 보유하기도 한다. 이러한 특징 때문에 은행은 국가경제의 측면에서 공공성이 요구된다.

2.3 예금통화의 창조 본원통화의 증가로 은행에 예금이 증가하면 이를 대출받은 사람이 거래 후 다시 예금하는 과정을 통해 경제 내의 통화량은 연쇄적으로 증가한다. 이를 예금창조 또는 신용창조라 한다. 이때 증가하는 배수를 신용승수 또는 통화승수$\left(\frac{1}{r}\right)$라 하는데, 통화승수는 필요지급준비율에 영향을 받는다.

물음 02. 다음은 어떤 은행의 대차대조표이다.

자산		부채 및 자본	
현금	4,000	요구불예금	8,000
대출	(A)	저축성예금	2,000
유가증권	3,000	자본금	10,000
고정설비	3,000		

이 은행의 고객 민호가 상품대금으로 받은 2,000원을 요구불예금에 넣고 은행은 이를 토대로 2,000원을 고객 수지에게 대출한 경우 대차대조표 상의 변화는 다음과 같다.

자산		부채 및 자본	
현금	(B)	요구불예금	(C)
대출	12,000	저축성예금	2,000
유가증권	3,000	자본금	10,000
고정설비	3,000		

공란 (A), (B), (C)에 알맞은 값을 넣어라.

물음 03. 은행예금의 법정지급준비율이 10%이고 현금보유비율은 0일 때 아래 물음에 답하라.

(1) 은행들이 초과지급준비금을 보유하지 않는다고 하자. 중앙은헝이 100억원 상당의 국채를 공개시장을 통해 매각한다면 지급준비금과 통화공급은 어떻게 변하겠는가?

(2) 중앙은행이 법정지급준비율을 5%로 낮춘다고 하자. 이때 은행들이 스스로 예금의 5%를 초과지급준비금으로 보유한다면, 화폐공급과 신용승수에 어떤 영향을 미치겠는가?

3. 화폐수량설 : 통화량과 물가

화폐수량설은 화폐공급과 물가수준 간의 관계에 대한 이론이다.

3.1 수량방정식 화폐수량설은 피셔에 의해 정립된 수량방정식으로 표현되는데, 이는 거래된 재화와 서비스의 시장가치가 총화폐지출액과 언제나 같다는 항등식이다.

$$M \times V = P \times Y$$

여기서 V는 화폐유통속도를 나타내는데, 수량방정식에 의해 사후적으로 계산할 수 있다.

3.2 통화량과 물가 피셔는 화폐유통속도가 일정하다는 가정 하에 항등관계인 수량방정식을 물가는 통화량에 비례한다는 화폐수량설 이론으로 발전시켰다. 이때 통화량이 실질 GDP보다 빠르게 증가하면 인플레이션, 실질 GDP보다 느리게 증가하면 디플레이션이 각각 발생하고, 실질 GDP와 같은 속도로 증가하면 물가는 불변한다.

3.3 화폐수요 고전학파의 화폐수량설은 화폐에 대한 수요가 거래된 재화와 서비스의 시장가치, 즉 명목 GDP에 비례한다고 본다. 피셔의 분석에서 강조되는 화폐의 기능은 교환수단으로서의 기능이다.

물음 04. 화폐수량설에 의하면 통화량 증가율이 12%, 실질 GDP 성장률이 4%, 화폐유통속도 증가율이 −3%일 때 물가상승률은 얼마인가?

물음 05. 제3 절의 〈역사와 경제학 : 초인플레이션의 역사〉에 있는 1923~1924년대 초인플레이션 당시의 사진에서 왜 독일의 한 여성이 땔감 대신에 마르크화를 난로에 태우고 있었을까? 이 한 장의 사진에 담겨 있는 초인플레이션의 전형적인 폐해를 서술하라.

4. 유동성선호이론 : 화폐시장과 이자율

케인즈의 유동성선호이론에 따르면, 화폐보유 동기는 거래적 · 예비적 · 투자적 동기로 나뉜다.

4.1 거래적 · 예비적 동기에 의한 화폐수요 거래적 동기에 의한 화폐수요란 계획된 거래를 위하여 화폐를 보유하는 것을 말하고, 예비적 동기에 의한 화폐수요란 예상치 못한 지출에 대비하기 위하여 화폐를 보유하는 것을 말한다. 두 가지 수요는 모두 소득수준에 비례한다.

4.2 투자적 동기에 의한 화폐수요 투자적 화폐수요는 다른 자산(예를 들어 채권)과 비교했을 때 화폐를 보유하는 것이 유리할 때 나타난다. 시장이자율이 매우 높다면 거의 대부분 사람들이 이자율 하락(채권가격 상승)을 예상하고 채권을 매입하기 때문에 투자적 화폐수요는 적다. 반대로 시장이자율이 아주 낮은 수준에서는 많은 사람들이 이자율 상승(채권가격 하락)을 예상하기 때문에 채권 매입은 줄고 투자적 화폐수요는 증가한다. 따라서 투자적 화폐수요는 이자율의 감소함수이다.

4.3 균형이자율의 결정 총화폐수요(M^d)는 다음과 같이 소득(Y)에 비례하고 이자율(i)에 반비례하는 함수이다.

$$M^d = L(Y, i)$$

균형이자율은 총화폐수요가 외생적인 화폐공급과 일치하는 수준에서 결정되는데, 이는 실물부문의 대부자금시장에서 이자율이 결정된다는 고전학파의 견해와 대조를 이룬다.

물음 06. 유동성함정의 대표적인 사례로 '잃어버린 10년'이라고 불리는 1990년대 일본 경제의 장기 침체기가 자주 거론된다. 일본 경제는 1980년대 중반 이후 경기호황이 지속되고 부동산, 주식 등의 자산가격이 급등하면서 자산가격 버블현상이 나타났다. 그러나 1990년대 초 버블이 붕괴되면서 금융회사의 부실채권이 급증하고 디플레이션이 발생하는 등 심각한 경기침체를 겪기 시작하였다. 이러한 상황을 극복하기 위해 일본의 중앙은행은 금리를 0%에 가까운 수준으로 내리고 통화공급을 늘렸다. 다음 물음에 답하라.

(1) 일본의 사례를 통해 볼 때 유동성함정 하에서 실질이자율은 높아지는가, 아니면 낮아지는가? 그 결과 투자는 증가하는가, 아니면 감소하는가? 그 이유를 설명하라.

(2) 케인즈의 투자적 화폐수요에 의하면 유동성함정 하에서 명목이자율에 대한 화폐수요의 탄력성은 얼마인가? 이때 통화량의 증가가 균형이자율에 미치는 영향을 화폐시장에서의 균형이자율 결정 모형을 이용하여 설명하라. 이러한 모형의 예측이 실제 1990년대 일본의 경우와 일치하는지 조사해 보라.

5. 국제수지와 환율

5.1 국제수지 국제수지는 상품 및 서비스수지 · 본원소득수지 · 이전소득수지로 구성되는 경상계정(또는 경상수지)과, 자본계정, 그리고 직접투자 · 증권투자 · 파생금융상품 · 기타투자 · 준비자산으로 구성되는 금융계정으로 이루어진다.

5.2 환율과 외환시장 환율이란 두 나라 화폐의 교환비율로서 자국 화폐 단위로 표시한 외국화폐 1단위의 가격을 의미한다. 환율이 상승하면 수입이 감소하여 외환수요곡선이 우하향하고, 수출은 증가하여 일반적으로 외환공급곡선은 우상향한다.

5.3 외환시장의 균형과 국제수지균형 외환시장의 균형환율은 외환의 수요와 공급이 일치하는 수준에서 결정되는데, 환율이 신축적으로 조정되면 균형에서 국제수지도 균형에 이른다. 따라서 변동환율제도에서 외환시장의 균형은 자동적으로 국제수지의 균형을 의미한다.

5.4 환율제도 환율제도는 정부의 외환시장에 대한 개입 여부에 따라 고정환율제도와 변동환율제도로 구분된다. 고정환율제도는 정부가 외환시장에 개입하여 환율을 특정 단일통화나 복수통화에 대해 일정한 비율로 고정하는 제도로, 금본위제도와 브레튼우즈체제가 그 대표적 예이다.

> 만약 달러에 대한 초과수요가 존재한다면 한국 원화는 고평가된 것이며 달러는 저평가된 것이다. 이 경우 원화를 평가절하하여 초과수요를 제거할 수 있다. 한편 변동환율제도는 중앙은행의 개입 없이 외환시장의 수요와 공급이 일치되는 수준에서 환율이 자유롭게 결정되는 제도를 의미하는데, 실제로 대부분의 나라는 중앙은행이 개입하는 관리변동환율제도를 유지해 왔다. 환율이 자동안정화장치 역할을 하여 국제수지는 항상 균형상태에 있고 외환시장의 수급상황이 국내통화량에 영향을 미치지 못한다는 점에서 고정환율제도와 다르다.

물음 07. 다음 물음에 답하라.

(1) 아이폰 한 대의 가격이 700달러라고 할 때 우리나라에서 아이폰의 가격이 70만원이라고 한다. 다음 해에 아이폰의 달러 가격이 불변인 상황에서 우리나라에서는 77만원이 되었다면 환율은 어떻게 변한 것인가? 이 경우 원화의 가치는 상승한 것인가, 아니면 하락한 것인가?

(2) 위의 상황에서 다음 해에 아이폰의 달러 가격이 630달러로 하락했다면 원화가치는 어떻게 달라진 것일까?

응용문제

물음 01. 사람들이 옷장 속에 두었던 현금을 꺼내서 저축예금 계좌에 넣기로 결정했다고 하자. 이것이 M1과 M2에 미치는 영향을 간략히 설명하라.

물음 02. 다음은 어떤 은행의 대차대조표이다.

자산			부채 및 자본	
지급준비금	2,000		요구불예금	5,000
현금		1,000	저축성예금	2,000
중앙은행예치금		1,000	자본금	3,000
대출	5,000			
유가증권	3,000			

1,000원의 현금인출이 있다고 하자. 이때 1,000원의 지급준비금으로 법정지급준비율을 만족시키기 위해서는 저축성예금에 대한 지급준비율을 어떻게 변화시켜야 할까?

물음 03. 우리는 지금까지 예금통화의 창조과정을 은행이 본원적 예금을 받는 시점에서부터 시작하여 분석했다. 만약 은행의 초과지급준비금이 예금과는 관계없이 유가증권의 매각이나 중앙은행으로부터의 차입으로 발생하는 경우 은행 전체의 예금창조 과정은 어떻게 달라지는가?

물음 04. 고정환율제도와 변동환율제도를 사용하는 대표적인 국가들을 찾아보고, 자국의 화폐가치가 실제보다 높은 상태일 때 어떠한 과정을 통해 조정되는지 설명하라.

Chapter 14

경기변동이론 : 총수요 · 총공급 모형

이 장에서는 경기변동을 설명하기 위한 이론으로서 국가경제의 총수요 측면을 강조한 케인즈의 총지출모형과 이를 일반화시킨 총수요 · 총공급 모형을 알아보려고 한다. 이를 위해 다음과 같은 문제에 대해 논의해 보자.

- 단기적으로 주어진 물가수준에서 총수요 증가가 곧바로 총공급 증가로 이어지는 경우 균형국민소득은 어떻게 결정되는가?
- 단기적으로 물가수준과 총수요, 물가수준과 총공급은 각각 어떤 관계를 가지며, 총수요와 총공급의 상호작용에 의해 균형국민소득과 물가수준은 어떻게 결정되는가?
- 총수요충격 또는 총공급충격은 단기적으로 경기변동에 어떤 영향을 미치는가?

1 케인즈의 총지출모형

총지출모형
(단기적으로 물가수준이 일정하다는 가정 하에) 국가경제의 총지출과 실질 GDP 결정 간 관계를 설명하는 경기변동모형

총지출모형(aggregate expenditure model)은 단기적으로 물가수준이 일정하다는 가정 하에서 국가경제의 총지출과 실질 GDP 간의 관계를 설명하는 경기변동모형이다. 총지출모형의 핵심은 단기적으로 실질 GDP가 같은 기간의 총지출 수준에 의해 결정된다는 것이다. 1930년대 대공황(Great Depression)을 계기로 경제학자들이 이러한 총지출과 GDP의 관계에 대해 관심을 갖기 시작하였다. 1930년대 초반 미국, 영국을 포함하여 많은 서구 산업국가들의 실질 GDP가 25% 이상 하락하였다. 영국의 경제학자 케인즈는 1936년 『일반이론』(*The General Theory of Employment, Interest, and Money*)에서 처음으로 총지출 변화와 실질 GDP 변화 간의 관계를 체계적으로 분석하였다.

국가경제의 총지출 항목
- 소비
- 투자
- 정부지출
- 순수출

우선 케인즈는 국가경제의 총지출(AE) 항목을 소비(C), 투자(I), 정부지출(G) 및 순수출(NX)로 분류하였다. 이는 우리가 제9장에서 살펴본 실질 GDP의 총지출 구성항목과 동일한 것이다.

$$AE = C + I + G + NX$$

그렇다면 이러한 소비, 투자, 정부지출 및 순수출의 지출규모를 결정하는 요인은 무엇인가? 이제 이들 총지출 구성항목의 결정요인들을 살펴보자.

1.1 소비

소비의 결정요인
- 가처분소득(+)
- 가계 부(+)
- 미래 기대소득(+)
- 물가수준(−)
- 이자율(−)

먼저 어떤 기간의 소비를 결정하는 대표적 요인으로는 가처분소득(disposable income ; YD), 가계 부(wealth), 미래 기대소득, 물가수준, 그리고 이자율 등을 들 수 있다. 가처분소득은 납세 후 소득으로 대부분 가계의 경우 가처분소득이 높을수록 지출이 더 많고, 가처분소득이 낮을수록 지출이 더 적다. 경제 전체의 총소비는 이러한 가계소비의 합이므로 가계의 가처분소득

이 증가할 때 총소비가 늘어나고 가처분소득이 감소할 때는 총소비가 줄어들 것이다.

가처분소득뿐만 아니라 가계가 현재까지 축적해 온 순자산(= 자산 - 부채), 즉 부(wealth)도 소비에 영향을 미친다. 예를 들어 가계가 보유하는 대표적 자산인 주택, 주식 및 채권의 가치가 오르는 경우 소비도 증가할 것이다. 반면에 가계 부채가 많아지거나 자산의 가치가 떨어지는 경우 소비는 감소할 것이다. 관련 연구결과에 의하면 영구적인 소득 또는 부의 증가는 일시적인 증가보다 소비를 더 많이 증가시키는 것으로 알려졌다. 따라서 현재 소득뿐만 아니라 미래 예상소득의 변화도 소비에 영향을 미칠 것이다.

한편 물가수준의 변화는 가계소비자 부의 실질가치를 변화시킴으로써 소비에 영향을 미친다. 예를 들어 어떤 소비자가 1억원 상당의 주식을 보유하고 있는 경우, 물가가 높을수록 이 주식을 팔아서 받은 돈으로 살 수 있는 재화나 서비스의 수량은 감소할 것이다. 따라서 물가수준이 상승함에 따라 부의 실질가치는 감소하고, 이에 따라 소비도 일정 수준 감소한다.

또한 가계소비자들이 자동차나 가구와 같은 내구재(durables)를 구입하는 경우 차입 또는 소비자금융을 이용한다. 이때 실질이자율의 상승은 이러한 금융비용의 상승을 의미하므로 내구재 소비가 줄어들 것이다.

명목이자율과 실질이자율 간의 관계에 대한 자세한 논의는 제13장을 참고하라.

앞에서 살펴본 소비의 결정요인 중 단기적으로 가처분소득(YD)이 가장 중요한 요인으로 알려져 왔다. [그림 14-1]은 1970년부터 2012년까지 우리나라의 소비가 가처분소득과 밀접하게 연관되어 왔음을 보여준다. 이제 [그림 14-1]과 같이 소비와 가처분소득의 조합을 나타내는 점들을 가장 잘 근사시키는 직선을 그려보자. 이러한 직선은 소비가 가처분소득 수준에 의존해서 결정되는 관계를 나타낸다는 점에서 **소비함수**(consumption function)라고 한다.

소비함수
가처분소득과 소비와의 관계를 나타내는 직선

이때 소비함수의 기울기는 다음과 같이 소비 변화분(ΔC)을 가처분소득 변화분(ΔYD)으로 나눈 값으로서 **한계소비성향**(marginal propensity to consume)이라 한다. 예를 들어 2016년과 2017년 사이에 가처분소득이 100조원 증가한 반면, 소비지출은 80조원 증가하였다고 하자. 그렇다면 한계소비성향은 다음과 같이 0.8이 된다.

한계소비성향
소비 변화분을 가처분소득 변화분으로 나눈 값$\left(\frac{\Delta C}{\Delta YD}\right)$

■ 그림 14-1

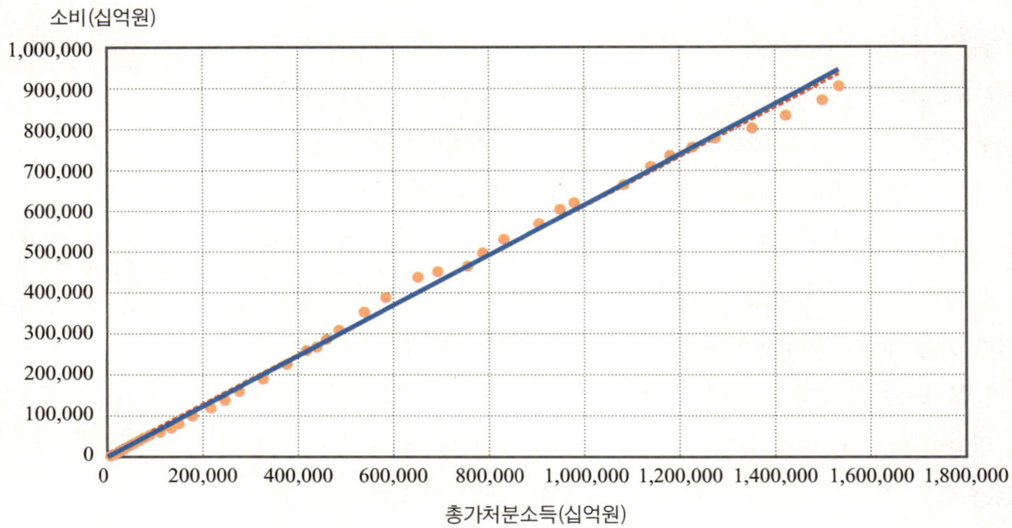

출처 : 한국은행 경제통계시스템(http://ecos.bok.or.kr)

우리나라의 소비와 가처분소득

1970년부터 2018년까지 우리나라의 소비는 가처분소득과 밀접하게 연관되어 왔다. 이러한 소비와 가처분소득의 조합을 가장 잘 근사시키는 직선은 소비가 가처분소득 수준에 의존해서 결정되는 관계를 나타낸다는 점에서 소비함수라 하고 그 기울기를 한계소비성향이라고 한다.

$$MPC = \frac{\text{소비 변화분}}{\text{가처분소득 변화분}} = \frac{\Delta C}{\Delta YD} = \frac{80\text{조원}}{100\text{조원}} = 0.8$$

실질 GDP = 가처분소득 + 순조세

이제 가처분소득과 소비 간의 관계를 국민소득(또는 실질 GDP)과 소비 간의 관계로 일반화하자. 먼저 가처분소득은 국민소득에서 순조세(= 조세 − 정부이전지출)를 뺀 값이므로 국민소득 또는 실질 GDP는 가처분소득과 순조세의 합으로 나타낼 수 있다.

[그림 14−2]의 표에 있는 국민소득(또는 실질 GDP), 순조세, 가처분소득, 소비지출의 가상적 수치를 고려하자. 순조세가 1,000원으로 일정한 경우 [그림 14−2]에서 소비와 국민소득 간의 관계를 나타낸 직선은 [그림 14−1]의 소비함수와 매우 비슷하다. 특히 [그림 14−2]에서 한계소비성향을 측정하기

■ 그림 14-2

(단위 : 원)

국민소득	순조세	가처분소득	소비	국민소득 변동	가처분소득 변동	소비 변동
1,000	1,000	0	750	–	–	–
3,000	1,000	2,000	2,250	2,000	2,000	1,500
5,000	1,000	4,000	3,750	2,000	2,000	1,500
7,000	1,000	6,000	5,250	2,000	2,000	1,500
9,000	1,000	8,000	6,750	2,000	2,000	1,500
11,000	1,000	10,000	8,250	2,000	2,000	1,500
13,000	1,000	12,000	9,750	2,000	2,000	1,500

소비와 국민소득

국민소득 또는 실질 GDP는 가처분소득과 순조세의 합으로 나타낼 수 있다. 순조세가 일정하다고 가정하면 소비와 국민소득 간의 관계는 소비와 가처분소득 간의 관계와 동일하다. 이때 국민소득의 변화분과 가처분소득의 변동분은 항상 같기 때문에 가처분소득과 국민소득을 각각 이용하여 계산된 한계소비성향은 같은 값이 된다.

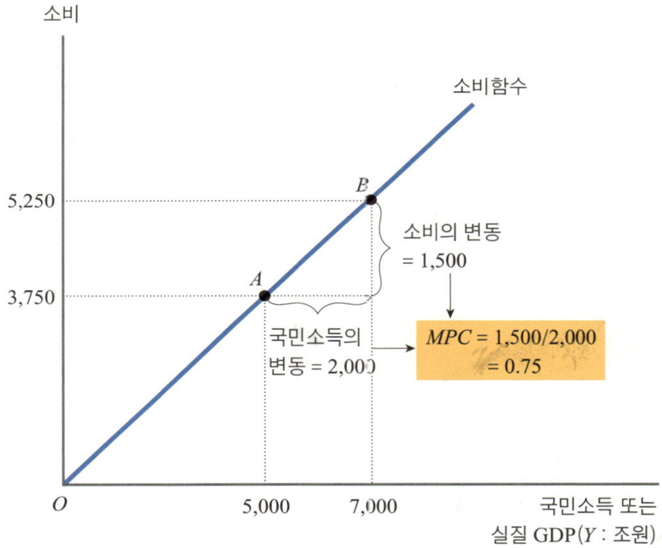

위해 두 점 A와 B 사이의 기울기를 계산하면 다음과 같이 0.75가 나온다.

$$\frac{\Delta C}{\Delta Y} = \frac{5{,}250\text{원} - 3{,}750\text{원}}{7{,}000\text{원} - 5{,}000\text{원}} = 0.75$$

또한 [그림 14-2]의 표에서 계산된 국민소득의 변동분과 가처분소득의 변동분이 항상 같기 때문에 가처분소득 수치를 이용하여 계산된 한계소비성향도 같은 값이 될 것이다.

$$\frac{\Delta C}{\Delta YD} = \frac{5{,}250\text{원} - 3{,}750\text{원}}{6{,}000\text{원} - 4{,}000\text{원}} = 0.75$$

따라서 앞으로는 가처분소득 대신에 국민소득을 이용하여 소비함수를 나타내기로 하자.

한편 우리는 제9장에서 국민소득(Y)이 소비, 저축(S) 및 조세(T)로 처분되는 관계를 살펴보았다($Y = C + S + T$). 조세수준이 항상 일정하다는 가정하에서 조세의 변동분 $\Delta T = 0$이므로, $Y = C + S + T$의 관계를 각 변수의 변동분 사이의 관계로 나타내면 다음과 같이 단순화된다.

$$\text{소득의 변동분}(\Delta Y) = \text{소비의 변동분}(\Delta C) + \text{저축의 변동분}(\Delta S)$$

한계소비성향 + 한계저축성향 = 1

위 식의 양변을 소득의 변동분 ΔY로 나누면 다음과 같이 한계소비성향과 **한계저축성향**(marginal propensity to save ; MPS)의 관계가 도출된다.

$$\frac{\Delta Y}{\Delta Y} = \frac{\Delta C}{\Delta Y} + \frac{\Delta S}{\Delta Y} \Leftrightarrow 1 = MPC + MPS$$

현실과경제학

가계부문의 자산 · 부채와 소비

일반적으로 자산가격 상승으로 인한 소비증가는 나라마다 차이가 있는 것으로 나타났다. 예를 들어 주택자산 가격 1달러 상승 시 미국과 영국처럼 주택담보대출 시장이 활성화된 국가에서는 소비가 4~6센트(cent) 증가한 반면, 나머지 국가에서는 소비가 1센트 정도 증가한 것으로 조사되었다. 이는 주택담보대출 시장이 활성화된 경우 주택자산에 대한 투자가 유리해지고, 그 결과 주택자산의 부 효과가 크게 나타나기 때문이다.*

한편 가계부채의 증가는 소비를 감소시키는 것으로 나타났다. 특히 IMF의 2012년 4월 세계경제전망(World Economic Outlook)에 의하면 2008 금융위기와 대침체기 이전인 2002~2006년 동안 소득 대비 가계부채 비율(debt-to-income ratio ; DTI)이 10% 증가하는 경우 위기 이후인 2010년 소비는 2.6% 감소했다. 이는 대침체기의 소비감소가 과거 높은 가계부채를 가진 국가에서 더욱 심각했음을 의미한다.

* Slacalek, J., "What Drives Personal Consumption? The Role of Housing and Financial Wealth," *European Central Bank Working Paper*, 2009.

즉, 한계저축성향은 저축증가분을 소득증가분으로 나눈 값을 의미하며, 조세 수준이 일정한 경우 한계소비성향과 한계저축성향의 합은 항상 1이 된다.

1.2 투자

투자의 주요 결정요인
- 미래 기대수익(+)
- 이자율(−)
- 조세(−)
- 유동성 또는 현금흐름(+)

투자의 주요 결정요인으로는 미래 기대수익, 이자율, 조세, 그리고 유동성 또는 현금흐름(cash flow)이 있다. 우선 기업 투자의 대상이 되는 공장, 사무실, 기계설비 등은 소비재와 달리 일반적으로 수명이 길기 때문에, 기업은 적어도 향후 수년간 생산하는 재화 수요에 대한 전망이 밝지 않으면 새로운 공장을 짓거나 새로운 기계설비를 구입하지 않을 것이다. 실제로 1990년대 후반 미국의 많은 기업들은 새로운 정보통신(IT) 기술이 가미된 기계설비들이 미래에 높은 수익을 가져올 것이라는 기대로 투자지출을 크게 늘렸다. 즉, 기업들의 미래 경제에 대한 낙관적 전망 혹은 비관적 전망이 투자지출의 주요 결정요인이 된다.

한편 내구재 소비와 마찬가지로 가계소비자의 신규 주택 구입이나 기업의 기계설비 구입 등은 주로 차입을 통해 이루어지므로 차입비용에 해당하는 실질이자율의 변화 역시 투자에 영향을 준다. 예를 들어 실질이자율의 상승은 투자비용의 상승을 의미하기 때문에 투자의 감소를 가져올 것이다. 한편 기업이윤에 부과되는 법인세의 증가도 납세 후 투자수익을 떨어뜨리므로 투자를 감소시킬 것이다. 반대로 기업의 신규 기계설비 구입에 대해 법인세를 감면해 주는 투자세액공제(investment tax incentive)는 투자의 증가를 가져올 것이다.

끝으로 기업의 내부자금 상태, 즉 유동성이 풍부한 기업이 상대적으로 더 많은 투자여력을 가지게 된다. 또한 제9장(3.2. 기업부문의 자금순환)의 [표 9−7]과 같이 일반적으로 내부자금보다 더 많은 금액을 투자하는 기업부문에서는 담보능력이 있는 자산과 부채 · 자본 구성이 투자 및 자금조달에 중요한 영향을 미친다. 즉, 기업에 자금을 대여하는 금융기관 입장에서는 대차대조표에 반영된 기업의 특성에 대한 분석에 기초하여 자금 대출 여부 및 그 규모를 결정하게 된다. 예를 들어 자산가격이 상승하면 기업이 은행 차입 시 제공할 수 있는 담보가치도 증가하여 은행대출을 받기 쉬워지므로 기업의 보유자산을 투자 재원으로 더 많이 활용할 수 있다.

1.3 순수출

순수출의 주요 결정요인
- 국내외 물가수준
- 국내외 경기상황
- 환율(+)
- 국내외 이자율

순수출의 주요 결정요인에는 국내외 물가수준, 국내외 경기상황, 환율, 그리고 이자율 등이 있다. 먼저 우리나라의 상품가격이 다른 나라들보다 높다면, 우리 상품에 비해 다른 나라 상품에 대한 수요가 증가할 것이다. 따라서 우리나라의 수출이 감소하고 수입은 증가하여 순수출은 감소한다. 반대로 우리나라의 물가상승률이 다른 나라에 비해 상대적으로 낮다면, 우리나라의 순수출은 증가할 것이다.

국내외 경기상황도 순수출에 영향을 미친다. 우리나라의 GDP가 증가하면 가계소득이 늘어나면서 국내 생산품뿐만 아니라 외국에서 생산된 재화에 대한 수요, 즉 수입이 늘어난다. 예를 들어 우리나라의 국민소득이 다른 나라보다 빠르게 증가하는 경우 우리 가계소비자의 외국 상품 구입이 외국인들의 우리 상품 구입보다 빠르게 증가하고, 그 결과 순수출이 감소한다.

또한 우리나라의 화폐와 다른 나라 화폐의 상대가치, 즉 환율의 변화는 국산품과 외제품 간의 상대가격을 변화시켜 순수출에 영향을 준다. 예를 들어 우리나라 원화의 가치가 외국 통화에 비해 하락하는 경우, 외국에 수출되는 우리 상품의 외화표시 가격이 떨어지고 우리나라에 수입되는 외국 상품의 원화표시 가격은 오르게 된다. 그 결과 수출이 증가하고 수입은 감소하면서 순수출이 증가하게 된다.

한편 국가 간 자본이동이 자유롭다면 국내외 이자율 변동은 환율 변화를 통해 순수출에도 영향을 미친다. 예를 들어 국내 이자율이 상승하면 국내외 투자자들이 상대적으로 수익이 높은 국내 금융자산을 구입하기 위해 해외 통화에 비해 원화에 대한 수요를 증가시킨다. 이는 원화의 가치를 상승시키면서 순수출을 줄인다.

우리는 지금까지 총지출 항목의 결정요인에 대해 살펴보았다. 이제 이를 고려하여 거시경제의 균형에서 실질 GDP가 결정되는 과정을 살펴보자.

1.4 균형국민소득의 결정

제2장(수요 · 공급과 시장균형)에서 살펴보았듯이 개별 재화나 서비스 시장의 균형은 특정 재화나 서비스에 대한 수요와 공급이 일치하는 수준에서 결정된다. 그리고 일단 균형이 이루어지면 해당 재화나 서비스에 대한 수요 또는 공급이 변하지 않는 한, 그 생산량과 판매량도 변하지 않는다. 거시경제의 균형도 이와 유사하게 총지출(AE)이 총생산 또는 실질 GDP(Y)와 같아지는 수준에서 결정된다.

거시경제의 균형
총지출 = 총생산 또는 실질 GDP

$$AE = C + I + G + NX = Y$$

[그림 14-3]에서 실질 GDP(Y) 또는 국민소득과 총지출을 각각 가로축

■ **그림 14-3**

총지출과 GDP의 거시경제 균형
국민소득 또는 실질 GDP(Y)와 총지출(AE) 평면에서 원점을 지나는 45도선은 총지출과 실질 GDP가 일치하는 거시경제균형을 나타낸다. 이때 45도선 위의 모든 점은 총지출이 실질 GDP보다 더 많은 상태를 나타내며, 반대로 45도선 아래의 모든 점은 총지출이 실질 GDP보다 더 적은 상태를 나타낸다.

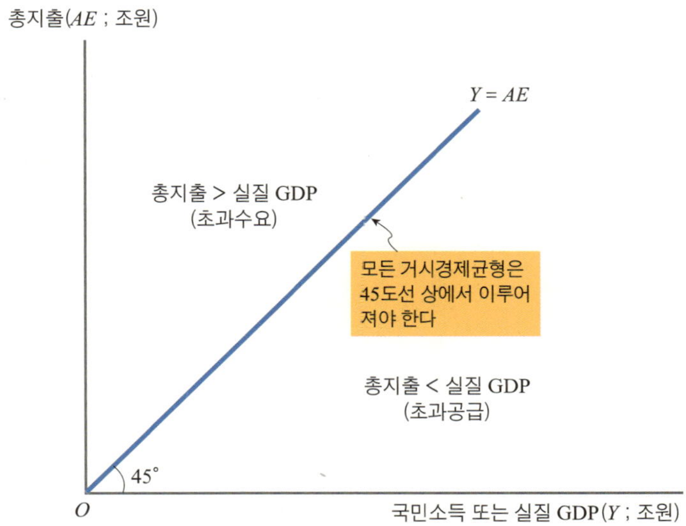

과 세로축에 나타내면, 총지출과 실질 GDP가 같은 수준에서 결정되는 거시경제균형은 원점을 지나는 45도선 상에서 이루어지게 된다. 이 45도선은 수요가 증가하면 수요증가만큼 곧바로 공급의 증가가 이루어진다는 '**케인즈의 법칙**'을 뜻하기도 한다. 또한 45도선 위쪽의 모든 점은 총지출이 실질 GDP보다 더 많은 초과수요 상태를 나타내며, 반대로 45도선 아래쪽의 모든 점은 총지출이 실질 GDP보다 더 적은 초과공급 상태를 나타낸다.

케인즈의 법칙
수요 증가만큼 곧바로 공급이 증가함

이제 특정 기간의 균형국민소득은 실제 총지출 수준(케인즈는 이를 '유효수요'라고 불렀다)에 의해서 결정된다. 주어진 국민소득 또는 실질 GDP 수준과 총지출 간의 관계를 **총지출함수**(aggregate expenditure function)라고 하자. 일반적으로 GDP 수준의 변화는 총지출 항목 중 투자, 정부지출, 순수출에 비해 상대적으로 소비에 큰 영향을 미친다. 특히 투자는 미래의 소득을 증가시키기 위하여 현재의 생산설비 및 재고를 늘리는 행위인데, 현재의 소득이 투자에 미치는 영향은 별로 크지 않다. 왜냐하면 기업가가 미래의 경제상황을 어둡게 본다면 현재 GDP가 높더라도 투자를 늘리지 않을 것이기 때문이다. 여기서는 분석의 단순화를 위해 앞서 살펴본 투자, 정부지출, 순수출의

총지출함수
실질 GDP 수준과 총지출 간의 관계

그림 14-4

균형국민소득의 결정
소비함수(C)는 한계소비성향을 기울기로 하는 직선이고 투자(I), 정부지출(G), 순수출(NX)이 일정한 수준으로 주어졌다면 총지출함수를 나타내는 $C + I + G + NX = AE$ 곡선은 소비함수를 각 소득수준에서 $I + G + NX$만큼 상방으로 평행이동시킨 것이다. 이때 거시경제균형은 45도선과 AE곡선이 만나는 점에서 이루어진다.

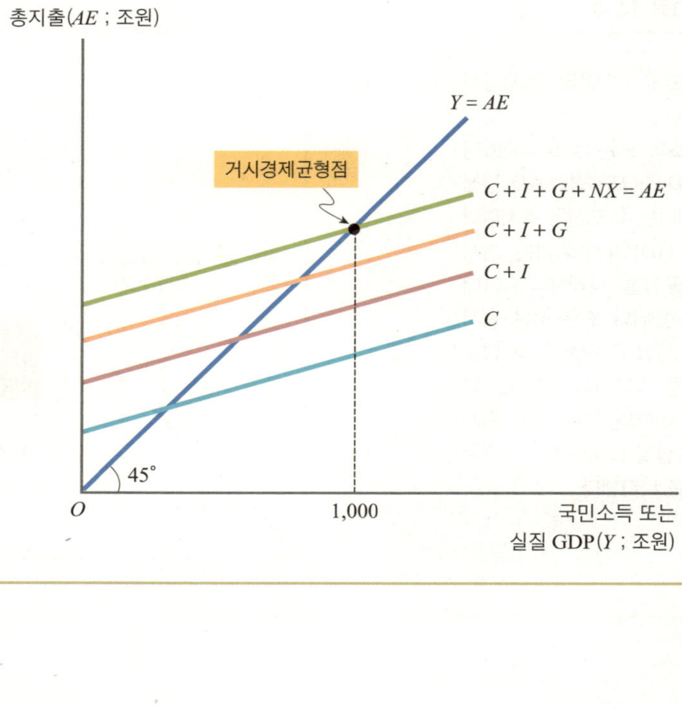

주요 결정요인들이 모두 일정하고 실질 GDP 이외에 소비에 영향을 미치는 요인들도 모두 일정하다고 가정하자. 예를 들어 올해 실질 GDP가 증가해도 올해 투자와 순수출, 그리고 정부지출은 모두 변하지 않는다고 가정한다.

[그림 14-4]에서 소비함수(C)는 국민소득에 대해 우상향하는 직선이고 투자(I), 정부지출(G), 순수출(NX)은 일정한 수준으로 주어져 있으므로, 총지출함수를 나타내는 AE곡선($= C + I + G + NX$)은 각 소득수준에서 소비함수(C)를 $I + G + NX$만큼 상방으로 평행이동시킨 것이다. 총지출과 실질 GDP 수준이 같아지는 거시경제균형은 총지출함수인 AE곡선이 45도선과 만나는 점에서 이루어지고, 이때 균형국민소득(또는 실질 GDP) 수준은 1,000조원이 된다.

거시경제균형이 총지출과 실질 GDP가 일치하는 수준에서 결정되는 과정을 더 자세히 살펴보기 위해, 실제 국민소득이 균형국민소득 수준보다 더 크거나 작은 경우를 살펴보자. [그림 14-5]에서 실제 국민소득이 균형국민소득 1,000조원보다 크다면 총지출이 총생산에 미달하고(1), 그 결과 재고가 늘어남에 따라 기업들은 생산을 줄이게 된다(2). 실질 GDP가 감소하면서 소

거시경제균형의 결정
- 총지출 > 실질 GDP : 재고감소, 생산 증가
- 총지출 < 실질 GDP : 재고증가, 생산 감소
- 총지출 = 실질 GDP : 균형국민소득 결정

그림 14-5

거시경제균형의 조정과정
실제 소득이 균형국민소득보다 크면 재고가 늘어나면서 기업들은 생산을 줄이게 된다. 실질 GDP가 감소하면서 소비도 감소하고 총지출은 AE 곡선을 따라 감소할 것이다. 반대로 실제 소득이 균형국민소득보다 작으면 재고가 줄어들면서 기업들은 생산을 늘리게 된다. 결국 총지출과 총생산이 일치하는 점에서 균형국민소득이 결정된다.

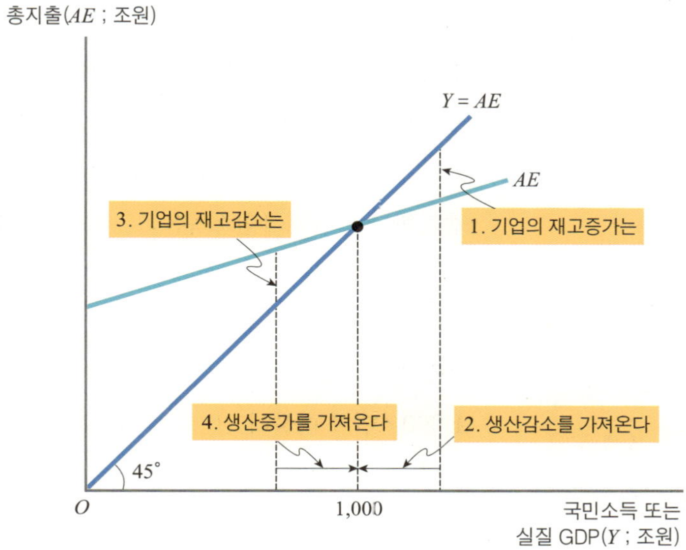

비도 감소하고 총지출은 *AE*곡선을 따라 감소할 것이다. 이러한 재고증가와 생산감소는 실질 GDP가 1,000조원으로 감소할 때까지 계속된다. 반대로 실제 국민소득이 균형국민소득 1,000조원보다 작다면 총지출이 총생산보다 크고(3), 그 결과 재고가 줄어들면서 기업들은 생산을 늘리게 된다(4). 실질 GDP가 증가하면서 소비도 증가하고 총지출은 *AE*곡선을 따라 증가할 것이다. 이러한 재고감소와 생산증가는 실질 GDP가 1,000조원으로 증가할 때까지 계속된다. 결국 총지출과 총생산이 일치하는 점에서 재고와 생산의 변화가 없이 균형국민소득 1,000조원이 결정된다.

1.5 균형국민소득의 변화와 승수효과

우리는 지금까지 단기적으로 국가경제의 총지출이 실질 GDP를 결정한다는 사실과 실제 국민소득 수준이 균형국민소득과 다른 경우의 총생산 조정과정을 살펴보았다. 이제 총지출의 변화가 균형 실질 GDP 수준에 미치는 영향을 자세히 알아보자. 예를 들어 총지출 항목 중 투자가 증가하면, 자본재를 생산하는 기업의 생산과 소득이 새로 증가한 투자액만큼 늘어난다. 기업의 수입은 임금, 이자, 지대, 이윤 등의 형태로 가계에 분배되기 때문에 가계 또한 소득이 증가한다. 가계의 소득증가는 다시 소비의 증가로 이어지고, 기업은 늘어난 소비지출에 따라 다시 생산을 늘린다. 이는 곧 기업의 생산 및 수입 증가를 불러오고 이러한 과정이 반복되면서 소득은 더욱 크게 증가한다.

승수효과

균형국민소득(또는 균형 실질 GDP)이 1,000조원일 때 투자지출이 1조원 증가한다면 균형국민소득은 얼마나 증가하겠는가? 투자지출이 소득의 증가에 의해 유발된 것이 아니라 기업가의 미래에 대한 기대에 의하여 독립적으로 증가했다면 [그림 14-6]에서와 같이 총지출곡선($AE = C + I + G + NX$)이 AE_1에서 AE_2로 1조원만큼 상방이동한다. 투자가 증가하면 국민소득이 1,000조원에 머물러 있지 않는다. 왜냐하면 지출이 늘면 소득 역시 늘기 때문이다. 소득은 바로 1조원 증가하여 A_1에서 B_0로 이동한다. 이처럼 지출의 증가가 즉시 그만큼의 소득증가를 가져오는 것은 경제 내에 충분한 잉여생산능

■ 그림 14-6

승수효과
독립투자지출이 증가하면 생산재를 생산하는 기업의 생산과 소득은 새로 증가한 투자액만큼 늘어난다. 기업의 소득은 임금, 이자, 지대, 이윤 등으로 가계에 분배되기 때문에 가계소득이 증가한다. 가계의 소득 증가는 다시 소비의 증가로 이어지고, 기업은 늘어난 소비지출에 맞춰 다시 생산을 늘린다. 이는 곧 기업의 소득 증가를 불러오고 이러한 과정이 반복되면서 결국 국민소득은 투자증가분의 승수만큼 증가한다.

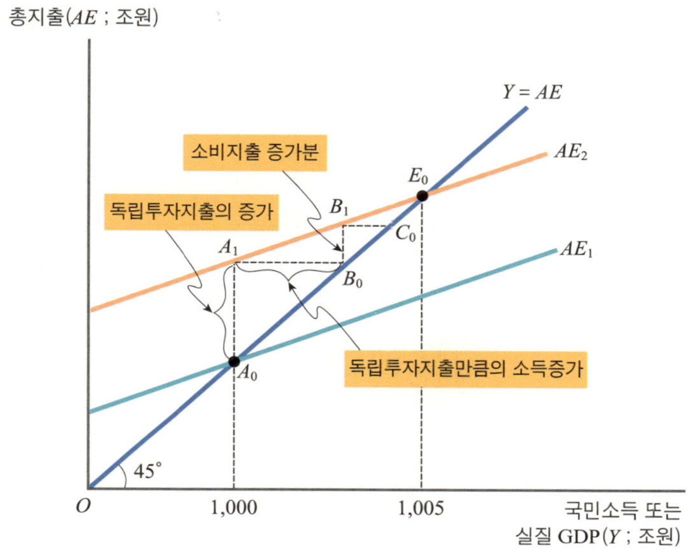

력이 있어서 수요의 증가에 생산이 즉각 대응할 수 있다고 가정하기 때문이다.

그런데 조정과정은 여기서 끝나지 않는다. 한계소비성향이 0.8이라고 하면, 국민소득 1조원 증가에 대해 소비지출이 8,000억원 증가하여 B_0에서 B_1으로 이동한다. 지출이 또 증가하였으므로 여분의 생산능력이 존재하는 상황에서는 다시 같은 액수의 소득이 증가해 B_1이 C_0로 이동한다. 이 과정에서 국민소득이 또 8,000억원 증가하면 소비지출은 다시 6,400억원(= 0.8 × 8,000억원) 증가한다. 이것이 또다시 소득을 증가시키는 과정이 계속되어 마침내 국민소득은 E_0에서 거시경제균형을 이루고, 이때 균형국민소득은 1,005조원이 된다. 결국 1조원의 투자지출 증가는 국민소득을 그 액수만큼 증가시키는 것이 아니라 다음과 같이 5조원만큼 증가시킨다.

$$
\begin{aligned}
&1\text{조원} + (1\text{조원} \times 0.8) + (1\text{조원} \times 0.8^2) + \cdots\cdots \\
&= 1\text{조원}(1 + 0.8 + 0.8^2 + \cdots\cdots) \\
&= 1\text{조원} \times \left(\frac{1}{1-0.8}\right) = 5\text{조원}
\end{aligned}
$$

표 14-1

승수효과
한계소비성향이 0.8일 때 투자지출 1조원 증가는 승수효과를 통해 균형 실질 GDP를 5조원만큼 증가시킨다.

	추가 총지출	추가 소비지출	추가 총국민소득
1단계	1조원	0	1조원
2단계	0	8,000억원	1조 8,000억원
3단계	0	6,400억원	2조 4,400억원
4단계	0	5,120억원	2조 9,520억원
⋮	0	⋮	⋮
합계	1조원	4조원	5조원

[표 14-1]은 투자지출 1조원 증가가 균형 실질 GDP를 5조원만큼 증가시키는 과정을 정리한 것이다.

일반적으로 투자의 독립적인 증가 ΔI는 다음과 같이 국민소득을 증가시킨다.

$$\begin{aligned}\Delta Y &= \Delta I + (\Delta I \times MPC) + (\Delta I \times MPC^2) + (\Delta I \times MPC^3) + \cdots\cdots \\ &= \Delta I(1 + MPC + MPC^2 + MPC^3 + \cdots\cdots) \\ &= \Delta I \times \left(\frac{1}{1 - MPC}\right)\end{aligned}$$

승수
독립지출의 증가가 국민소득의 증가를 가져오는 배수 $\left(\frac{1}{1 - MPC}\right)$

여기서 $\left(\frac{1}{1 - MPC}\right)$을 **승수**(multiplier)라고 부른다. 즉, 승수는 독립지출의 증가가 그 몇 배만큼 국민소득을 증가시키는지를 의미한다.

$$승수 = \frac{균형국민소득의\ 변화}{독립지출의\ 변화} = \frac{1}{1 - MPC}$$

한계소비성향을 나타내는 MPC는 항상 0보다 크고 1보다 작으므로 $(1 - MPC)$ 역시 0보다 크고 1보다 작다. 따라서 승수 $\left(\frac{1}{1 - MPC}\right)$은 항상 1보다 큰 숫자가 되며, MPC가 클수록 $\left(\frac{1}{1 - MPC}\right)$은 커진다. MPC가 0이면 투자의 증가로 인한 국민소득 증가가 모두 저축되며 승수는 1이다. 반대로 MPC가 1이면 투자의 증가로 인한 국민소득 증가가 모두 소비로 이어지며 승수는 무한대가 된다.

역사와경제학

1930년대 대공황(Great Depression)과 승수효과

대공황은 1929~1933년 무렵에 북아메리카와 유럽을 중심으로 전 세계 산업지역에서 광범위하게 지속된 경기침체를 가리킨다. 1920년대의 미국 경제는 호황을 이루었으나 1929년 10월 주식시장이 붕괴되면서 호경기는 막을 내렸다. 이때부터 경기는 계속 후퇴를 거듭하여, 1932년까지 미국 노동자의 1/4이 실직하였다. 불황의 영향은 즉시 유럽 경제에 파급되어 독일과 영국을 비롯한 여러 산업국가에서 수백만의 노동자들이 일자리를 잃었다. 또 나라마다 금본위제를 포기하고 외국 상품 수입에 반대하는 정책을 시행함에 따라 1932년 무렵 세계무역 규모는 절반 이상 줄어들었다.

특히 1930년 가을에 시작된 일련의 은행위기로 가계소비와 기업 투자를 위한 자금조달마저 어려워졌다. 총지출이 감소하면서 많은 기업들의 매출이 감소하였고 노동자들을 해고하기 시작하였다. 생산과 소득의 감소는 소비의 추가적인 감소를 가져왔고, 이는 다시 생산과 고용, 소득의 감소로 이어졌다. 다음 표에는 대공황 직전 경기정점이었던 1929년과 비교할 때 대공황이 한창이던 시점인 1933년 당시 경기침체의 심각성이 잘 나타나 있다(소비, 투자, 순수출, 실질 GDP의 단위는 10억이다).

	소비	투자	순수출	실질 GDP	실업률
1929	\$661	\$91.3	−\$9.4	\$865	3.2%
1933	\$541	\$17.0	−\$10.2	\$636	24.9%

총지출모형을 이용하여 1929~1933년 기간 동안 역으로 작용한 승수효과의 분석은 독자들의 연습문제로 돌린다.

2 총수요

어떤 재화에 대한 수요가 증가하는 경우 기업들은 대개 생산의 증가로 대응하지만 동시에 재화의 가격을 올리는 경우도 많다. 마찬가지로 수요의 감소는 생산감소와 함께 종종 가격하락을 가져온다. 따라서 총지출의 증가 및 감소는 실질 GDP뿐만 아니라 물가수준에도 영향을 미친다. 이러한 물가수준의 변화는 다시 총지출에 영향을 미친다. 실제로 물가수준의 상승 또는 하락은 각각 총지출을 감소시키거나 증가시킬 수 있다. 이제 물가수준의 변화가 총지출 항목인 소비, 투자, 그리고 순수출에 미치는 영향을 각각 살펴보고, 이러한 물가수준과 총지출의 관계를 총수요곡선(aggregate demand curve)으로 도출해 보자.

2.1 총수요곡선의 도출

물가수준 상승의 효과

- 소비의 감소(부의 효과)
- 순수출의 감소(국제무역 효과)
- 투자의 감소(이자율 효과)

우선 물가수준의 상승은 가계소비자 부(wealth)의 실질가치를 떨어뜨린다. 예를 들어 어떤 소비자가 보통예금 1,000만원을 갖고 있는 경우, 물가가 높을수록 이 돈으로 살 수 있는 재화나 서비스의 수량은 감소한다. 즉, 물가수준이 상승함에 따라 부의 실질가치가 감소하고, 이에 따라 소비는 줄어들게 된다. 반대로 물가수준이 하락하면 부의 실질가치가 증가하면서 소비가 증가하는데, 이를 **부의 효과**(wealth effect)라 한다.

한편 자국의 물가수준 상승은 **국제무역 효과**(international trade effect)에 의해 순수출의 감소를 가져온다. 예를 들어 우리나라의 상품가격이 다른 나라들보다 높다면, 다른 나라 상품에 비해 우리나라 상품에 대한 수요가 감소할 것이다. 따라서 우리나라의 수출이 감소하고 수입은 증가하므로 순수출이 감소한다. 반대로 우리나라의 물가상승률이 다른 나라에 비해 낮다면 우리나라의 순수출이 증가할 것이다.

투자는 물가수준의 변화에 어떻게 반응하는가? 물가수준이 상승하는 경우 기업과 가계소비자들은 재화 구입을 위해 더 많은 돈을 필요로 하게 된다. 이때 중앙은행이 화폐공급을 늘리지 않는다면 화폐에 대한 초과수요가 발생하여 이자율이 상승한다. 한편 이자율의 상승은 기업이 투자를 위해 차입하는 자금의 이자비용을 증가시키므로 투자의 감소를 가져온다. 따라서 물가수준의 상승은 **이자율 효과**(interest rate effect)에 의해 투자의 감소를 가져오는 반면, 물가수준의 하락은 투자의 증가를 가져올 것이다.

이러한 물가수준의 변화가 총지출에 미치는 효과를 제1절에서 살펴본 균형국민소득 결정모형을 이용하여 나타내보자. 예를 들어 물가수준이 100에서 110으로 상승하면 주어진 실질 GDP 수준에서 소비와 투자, 그리고 순

그림 14-7

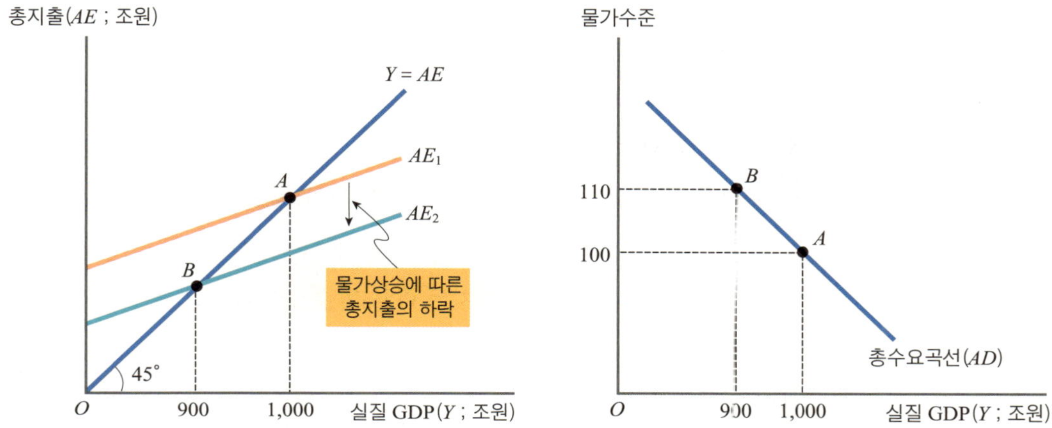

(a) 물가상승이 실질 GDP에 미치는 효과

(b) 총수요곡선

물가수준의 변화와 총수요곡선

물가수준의 상승은 가계소비자 부의 실질가치 하락을 통해 소비의 감소를 가져오며, 해외시장에서 자국 상품의 가격경쟁력을 낮추면서 순수출을 감소시킨다. 또한 물가가 상승하면 재화 구입을 위해 더 많은 돈이 필요하므로 이자율이 상승하는데, 이는 기업이 투자를 위해 차입하는 자금의 이자비용을 증가시키므로 투자가 감소한다. 따라서 물가수준이 상승하면 주어진 실질 GDP 수준에서 소비와 투자, 그리고 순수출이 감소하면서 총지출곡선(AE)이 아래로 이동하고 균형국민소득이 감소한다. 이러한 물가수준의 변화와 균형국민소득의 변화 간 음(−)의 관계를 물가수준과 국민소득수준 평면에 우하향하는 곡선으로 나타낼 수 있는데, 이를 총수요곡선(aggregate demand curve ; AD)이라고 한다.

수출이 감소하면서 총지출곡선(AE)이 [그림 14−7]의 (a)에서 AE_1로부터 AE_2로 하방이동한다. 그 결과 균형국민소득은 1,000조원에서 900조원으로 감소한다. 반대로 물가수준이 100에서 90으로 하락하면, 총지출곡선이 위로 이동하고 균형국민소득은 1,000조원 이상으로 증가할 것이다.

[그림 14−7]의 (b)는 이러한 물가수준의 변화와 균형국민소득의 변화 간 음(−)의 관계를 나타낸다. 즉, 실질 GDP와 물가수준을 각각 가로축과 세로축에 나타낸 그래프에서 물가수준과 국민소득수준 간 음(−)의 관계를 우하향하는 직선(또는 곡선)으로 나타낼 수 있는데, 이를 **총수요곡선**(aggregate demand curve ; AD)이라고 한다.

총수요곡선
물가수준과 국민소득수준 간 음의 관계를 나타낸 곡선

2.2 총수요곡선의 이동

총수요곡선의 이동
- 정부지출의 변화
- 소비변화 : 가처분소득, 가계부, 미래 기대소득, 이자율의 변화
- 투자변화 : 미래 기대수익, 이자율, 조세, 유동성, 현금흐름의 변화
- 해외부문 : 해외 물가수준, 국내외 경기, 이자율, 환율의 변화
- 금융부문 : 신용경색, 자산가격의 변화

일반적으로 가계소비, 투자, 정부지출은 물가수준뿐만 아니라 여러 가지 다른 변수들의 영향을 받는다. 총수요곡선은 이런 다른 변수들이 일정한 경우, 물가수준과 실질 GDP 간의 관계를 나타낸다. 즉, 가계와 기업, 정부지출에 영향을 미치는 다른 모든 변수들이 변하지 않고 물가수준만 변하는 경우 국가경제는 우하향하는 총수요곡선을 따라 이동한다. 반면에 물가수준이 변하지 않고 총지출에 영향을 미치는 다른 변수가 변한다면 총수요곡선 자체가 이동할 것이다. 이제 총수요곡선의 이동을 가져오는 변수들에 대해 좀더 자세히 살펴보자.

우선 정부지출은 총지출의 한 구성항목이므로 정부지출의 증가는 총수요곡선을 오른쪽으로 이동시킨다. 그리고 우리는 제1절에서 소비의 결정요인으로 물가수준과 소득 이외에 가계 부(wealth), 미래 기대소득, 이자율 등을 살펴보았다. 주어진 물가수준에서 다른 결정요인의 변화는 소비를 증가 또는 감소시키므로 총수요곡선의 이동을 가져온다.

또한 제1절에서 투자의 주요 결정요인으로 고려한 미래 기대수익, 이자율, 조세, 그리고 유동성 또는 현금흐름(cash flow) 등의 변화는 투자의 변화를 통해 총수요곡선을 이동시킬 것이다. 마찬가지로 주어진 국내 물가수준에서 순수출에 영향을 미치는 해외 물가수준, 국내외 경기상황, 이자율, 그리고 환율 등의 변화 역시 총수요곡선을 이동시킬 것이다. [표 14-2]는 총수요곡선의 이동과 그 이유를 정리한 것이다.

이 밖에 금융시장의 여건 변화도 소비 · 투자 등 국내수요에 영향을 미친다. 그 단적인 예가 2007~2008년의 글로벌 금융위기와 세계경기 침체이다. 제9장의 〈현실과 경제학 : 금융기관 레버리지의 경기순응성과 글로벌 금융위기〉에서 살펴보았듯이 당시 미국에서 모기지론을 취급하던 금융기관들이 파산위기에 처했고, 이들 금융기관으로부터 금융상품을 구매한 다른 여러 금융기관들까지 큰 손실을 입게 되었다. 그 결과 세계 금융시장에서 금융기관들 사이에 융통되던 자금의 흐름이 갑자기 얼어붙는 현상이 나타났다. 이는 파산위험을 느끼는 금융기관들이 부채를 덜기 위해 대출을 줄이고 현금자산

■ 표 14-2

총수요곡선 이동의 예

다음 요인의 증가는	총수요곡선을 오른쪽으로 이동시킨다	이유
정부지출	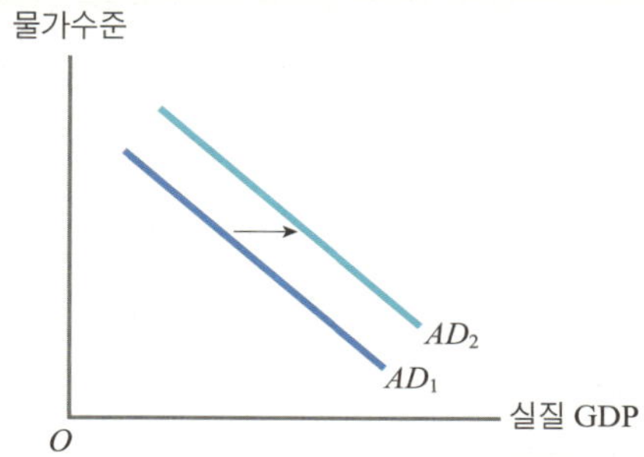	정부지출은 총지출의 구성항목이다.
가계의 미래 기대소득		현재 가처분소득의 증가뿐만 아니라 미래소득의 증가도 현재소비를 증가시킨다.
기업 투자에 대한 미래 기대수익		투자를 증가시킨다.

다음 요인의 증가는	총수요곡선을 왼쪽으로 이동시킨다	이유
이자율	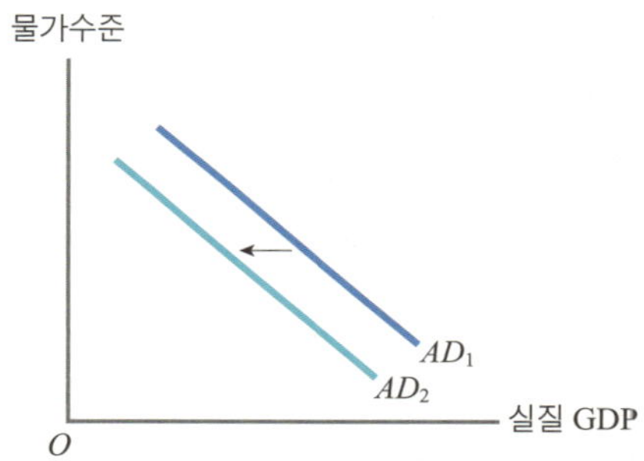	가계와 기업의 차입비용을 증가시켜 소비와 투자를 감소시키고, 국내 자산수요 증가에 따른 자국 통화가치 상승으로 순수출을 감소시킨다.
소득세 또는 법인세		가처분소득과 납세 후 이윤을 감소시켜 소비와 투자를 감소시킨다.
외국 GDP 대비 국내 GDP 성장률		외국소득에 비해 국내소득이 더 빨리 증가하여 수입이 늘고 수출이 줄어든다.
외국 통화 대비 자국통화의 가치(환율하락)		수출가격이 오르고 수입가격이 내려 순수출이 감소한다.

을 비축하려 했기 때문이다.

그러나 금융기관들 간의 채무관계가 복잡하게 얽혀 있는 상황에서 한 금융기관이 다른 금융기관에게 빌려준 자금에 대해 상환을 요구하면, 갑작스런 상환요구를 받은 다른 금융기관은 또 다른 은행에 연쇄적으로 상환을 요구할 것이다. 결국 개별 금융기관들이 빚을 갚기 위해 자산을 헐값에 매각해야만 하는 상황이 벌어져 자산가격이 급락했고, 이에 따라 일부 은행들은 도산을 피할 수 없었다.

이런 식으로 큰 손해를 입은 은행들은 돈을 빌려줄 수 있는 능력이 급격하게 줄었다. 따라서 평소 그 은행과 거래하던 기업들은 필요한 자금을 제때 조달하지 못하게 되어 생산과 투자 활동에 차질을 빚게 되었고, 이는 많은 기업들의 도산으로 이어졌다. 즉, 경제부문 간 자금융통의 중심적 역할을 담당해야 할 금융기관들이 오히려 그 통로를 차단하면서 세계 각국은 심각한 **신용경색**(credit crunch) 문제에 봉착하게 되었다. 또한 주택가격을 포함한 자산가격의 급락은 가계부문의 소비감소를 가져왔다.

신용경색
경제부문 간 자금융통의 중심 역할을 담당해야 할 금융기관들이 오히려 그 통로를 차단한 현상

결국 금융시장의 불안이 세계적으로 소비와 투자의 위축과 함께 극심한 경기침체를 가져왔던 것이다. 이는 곧 총수요곡선이 큰 폭으로 좌측이동하는 것을 의미한다.

3 총공급

이제 물가수준과 기업들이 공급하는 재화 및 서비스 산출량 간의 관계를 나타내는 **총공급곡선**(aggregate supply curve ; AS)에 대해서 살펴보자. 일반적으로 물가수준의 변화가 재화와 서비스의 총공급에 미치는 영향이 단기와 장기에 따라 다르기 때문에 단기 총공급곡선(short-run AS ; SRAS)과 장기 총공급곡선(long-run AS ; LRAS)을 각각 살펴본다.

총공급곡선
물가수준과 재화 및 서비스 산출량 간의 관계를 나타내는 곡선

3.1 장기 총공급곡선

우리는 제11장의 경제성장이론에서 장기적으로 실질 GDP 수준이 노동력, 기계설비 · 공장건물 등 물적자본, 그리고 기술수준에 의해 결정된다는 것을 살펴보았다. 또한 장기적으로 실질 GDP는 단기적인 호황 · 불황에 관계없이 완전고용 수준의 노동력과 정상가동 상태의 물적자본이 투입되어 생산된 산출량 수준에서 결정된다는 점에서 **잠재적 GDP**(potential GDP) 혹은 **완전고용 GDP**(full-employment GDP)라고도 한다.

잠재적 GDP 또는 완전고용 GDP
단기적인 호황 · 불황에 관계없이 완전고용 수준의 노동력과 정상가동 상태의 물적자본이 투입되어 생산된 산출량 수준

장기 총공급곡선
완전고용 수준의 노동력과 정상가동 상태의 물적자본이 투입되어 생산된 산출량(잠재적 GDP) 수준에서 수직선

■ 그림 14-8

장기 총공급곡선
장기적으로 실질 GDP가 잠재적 GDP 또는 완전고용 GDP 수준에서 결정된다고 가정할 때, 국가경제 내 기업의 정상적인 가동수준은 장기적으로 물가수준의 영향을 받지 않는다. 따라서 장기적으로 물가수준과 기업들이 공급하는 산출량 간의 관계를 나타내는 장기 총공급곡선(*LRAS*)은 잠재적 GDP 수준에서 수직선이 된다.

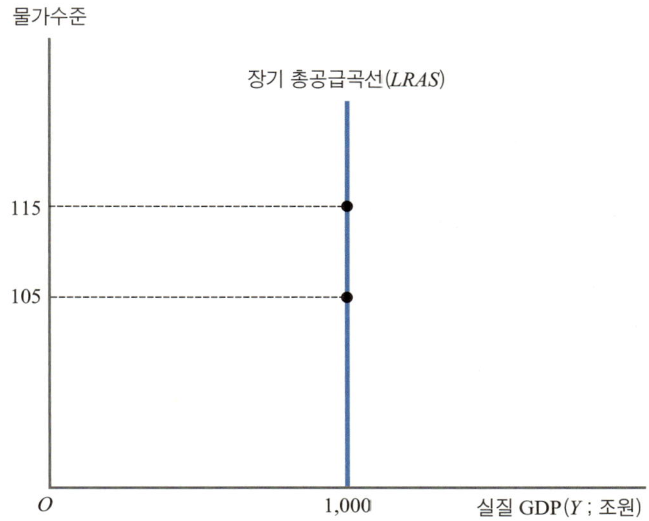

특히 실질 GDP는 장기적으로 물가수준의 영향을 받지 않는다. 따라서 장기적으로 물가수준과 기업들이 공급하는 산출량 간의 관계를 나타내는 **장기 총공급곡선**(*LRAS*)은 잠재적 GDP 수준에서 수직선이 된다. 예를 들어 [그림 14-8]에서 2012년 GDP 디플레이터는 115였고 잠재적 GDP는 1,000조원이었다. 만약 물가수준이 105였다고 해도 장기적인 총공급 수준은 여전히 1,000조원이다.

한편 장기적으로 기술수준이 향상되고, 노동력 및 기계설비가 증가함에 따라 잠재적 GDP 수준 자체가 증가하며, 이에 따라 장기 총공급곡선이 우측으로 이동할 것이다.

3.2 단기 총공급곡선

장기와 달리 단기적으로 실질 GDP는 물가수준의 영향을 받는다. 구체적으로 물가수준이 상승하면 단기적으로 기업들이 공급하는 재화와 서비스

■ 그림 14-9

단기 총공급곡선

현실적인 여러 이유로 임금 경직성과 재화가격 경직성이 존재할 경우 단기적으로 물가수준이 상승하면 기업들이 공급하는 재화와 서비스의 산출량은 증가한다. 이에 따라 단기 총공급곡선(*SRAS*)은 우상향하는 형태를 나타낸다.

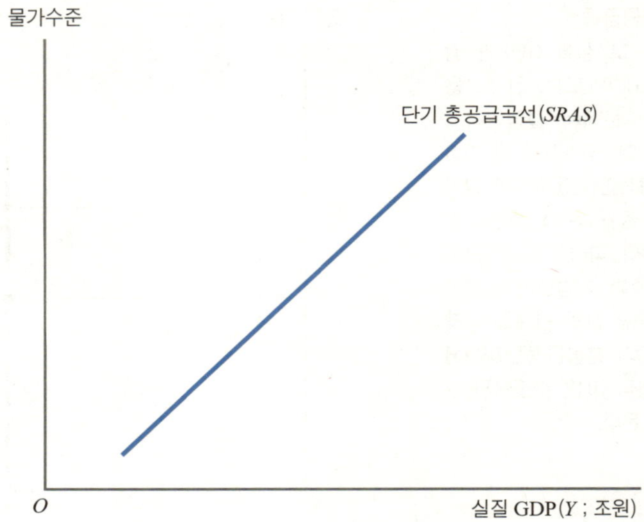

의 산출량이 증가하는 것으로 알려져 왔다. 즉, [그림 14-9]에서와 같이 **단기 총공급곡선**(*SRAS*)은 우상향한다.

물가수준과 산출량 간 양의 관계
- 재화가격 경직성
- 임금 경직성

왜 물가수준이 상승할 때 기업들이 산출량을 늘리는가? 가장 널리 알려진 이유는 물가수준이 상승할 때 최종 재화 · 서비스의 가격이 생산요소의 가격(예를 들어 임금)보다 더 빨리 오르기 때문이다. 따라서 물가수준이 상승하면 이윤이 증가하고 기업들은 더 많은 재화와 서비스를 공급하려고 할 것이다. 단기 총공급곡선이 우상향하는 두 번째 이유는 물가수준이 상승할 때 일부 기업들은 상품가격을 천천히 올리고, 그 결과 매출이 증가하면서 생산도 늘어나기 때문이다. 요약하면 **재화가격 경직성**과 **임금 경직성**이 단기적으로 물가수준과 재화 및 서비스의 산출량 간에 양(+)의 관계를 가져온다는 것이다.

임금 및 재화가격 경직성의 이유
- 미래 물가수준에 대한 정보의 불완전성
- 임금 경직성 : 다년간 임금계약
- 재화가격 경직성 : 메뉴비용

그렇다면 왜 임금은 재화가격보다 천천히 변화하고 일부 기업들은 재화가격을 천천히 조정하는가? 대부분의 경제학자들은 노동자들과 일부 기업들이 물가수준 및 경제여건의 변화를 정확하게 예측하지 못하기 때문이라고 생각한다. 이러한 정보의 불완전성과 우상향하는 단기 총공급곡선 간의 관계에 대해 경제학자들이 모두 동의하지는 않지만, 지금까지 제시된 두 가지 대표적인 설명을 살펴보자.

첫째, 다년간의 임금계약이 임금을 경직적으로 만든다. 예를 들어 자동차에 대한 수요가 천천히 증가하고 있을 때 어떤 자동차회사가 자동차노동조합과 3년 계약을 체결했지만 그후 자동차에 대한 수요가 급속히 증가하여 가격이 상승한다고 하자. 이때 자동차 생산을 늘리면 이윤이 증가한다는 것을 알고 있는 자동차회사는 자동차의 공급량을 증가시킬 것이다. 만약 노동자들이 미래 가격을 정확하게 예상했다면, 이러한 예측이 임금계약에 미리 반영되어 자동차회사는 가격이 상승해도 더 많은 이윤을 얻을 수 없다. 따라서 산출량은 늘어나지 않을 것이다.

둘째, 기업들은 현재가격을 향후 예상되는 경제여건의 변화를 고려하여 설정하는데 만약 실제 수요가 예상수준보다 다르다면 가격을 변경하려고 할 것이다. 이러한 가격변경에는 비용이 들기 마련인데, 이를 **메뉴비용**(menu cost)이라 한다. 예를 들면 기업들이 가격을 올릴 때 가격표를 다시 인쇄하고 배포하는 데 들어가는 비용이다. 메뉴비용 때문에 가격을 올리지 않은 일부 기업들은 자사 제품이 다른 재화보다 상대적으로 가격이 낮기 때문에 매출이 증가하므로 제품 생산을 증가시킬 것이다. 그러나 이 경우에도 만약 기업들이 수요변화를 정확히 예상했다면 이를 미리 반영하여 가격표를 인쇄했을 것이므로 메뉴비용이 발생하지 않았을 것이다.

메뉴비용
기업의 상품가격 변경에 따르는 비용

3.3 단기 총공급곡선의 이동

총수요곡선과 마찬가지로 단기 총공급곡선 상의 움직임과 총공급곡선 자체의 이동을 구분하는 것이 중요하다. 일반적으로 총공급은 물가수준뿐만 아니라 여러 가지 다른 변수들의 영향을 받는다. 총공급곡선은 이런 다른 변수들이 일정한 경우, 물가수준과 기업들이 공급하는 재화 · 서비스 산출량 간의 관계를 나타낸다. 이때 기업들의 총공급 수준에 영향을 미치는 다른 모든 변수들이 변화하지 않고 물가수준만 변화하는 경우, 국가경제는 우상향하는

단기 총공급곡선의 이동
- 공급충격 : 자연재해, 유가변동
- 미래 물가수준에 대한 기대
- 기술수준, 노동력, 자본량 증가

총공급곡선을 따라 이동한다. 반면에 물가수준은 변화하지 않고 총공급에 영향을 미치는 다른 변수가 변화한다면 총공급곡선 자체가 이동할 것이다. 이제 총공급곡선의 이동을 가져오는 변수들에 대해 좀더 자세히 살펴보자.

공급충격
단기 총공급곡선을 이동시키는 예상치 못한 경제여건의 변화

우선 단기 총공급곡선을 이동시키는 예상치 못한 사건을 **공급충격**(supply shock)이라 한다. 여기에는 자연재해(가뭄, 홍수, 태풍, 지진 등)와 유가 및 환율 변동 등이 포함된다. 예를 들어 원유가격이 예상치 못하게 상승하면 원유를 이용하여 생산되는 전기요금도 오르므로 전기를 에너지로 사용하는 기업들의 생산비용이 상승한다. 이때 기업들은 더 높은 가격에서만 동일한

표 14-3

단기 총공급곡선 이동의 예

<table>
<tr><th>다음 요인의 증가는</th><th>단기 총공급곡선을 오른쪽으로 이동시킨다</th><th>이유</th></tr>
<tr><td>기술수준</td><td rowspan="2">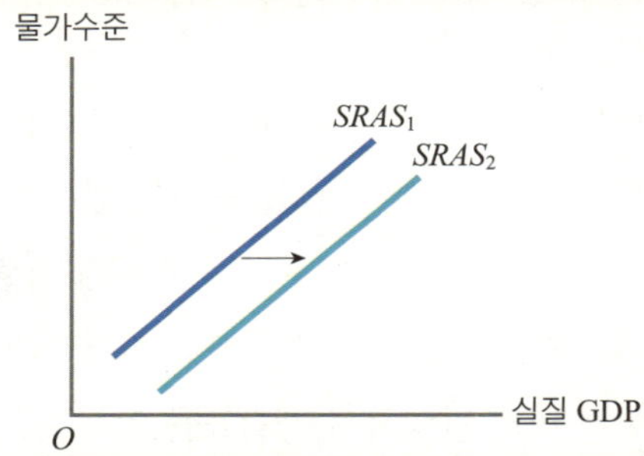</td><td>생산비용이 감소하여 더 낮은 가격에서도 동일 수준의 산출량을 공급한다.</td></tr>
<tr><td>노동력 또는 자본량</td><td>주어진 물가수준에서 더 많은 수준의 산출이 가능하다.</td></tr>
<tr><th>다음 요인의 증가는</th><th>단기 총공급곡선을 왼쪽으로 이동시킨다</th><th>이유</th></tr>
<tr><td>미래 물가수준에 대한 예상</td><td rowspan="4">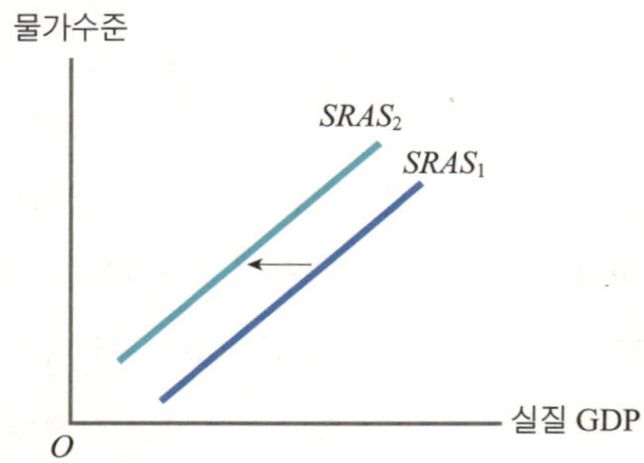</td><td>임금과 가격이 상승한다.</td></tr>
<tr><td>과거에 낮을 것으로 기대했던 물가에 대한 예상 조정</td><td>임금과 가격이 상승한다.</td></tr>
<tr><td>주요 원자재 가격</td><td>생산비용이 상승하여 더 높은 가격에서만 동일 수준의 산출량을 공급한다.</td></tr>
<tr><td>자국 통화 대비 외국 통화의 가치(환율상승)</td><td>원유 및 원자재 수입가격이 상승한다.</td></tr>
</table>

수준의 산출량을 공급할 것이므로 단기 총공급곡선이 왼쪽으로 이동한다. 또한 주어진 원유가격 하에서 환율상승(자국 통화가치의 하락)은 원유 수입가격의 상승을 의미하므로 단기 총공급곡선이 왼쪽으로 이동한다.

노동자와 기업들의 미래 물가수준의 변화에 대한 기대 또한 총공급곡선의 이동을 가져온다. 예를 들어 노동자와 기업들이 모두 물가가 일정 비율 상승할 것을 예상하여 명목임금과 재화가격을 올린다면, 경제 전체의 명목비용이 같은 비율로 상승할 것이다. 명목임금의 상승은 노동비용의 증가를, 재화가격의 상승은 생산과정에 중간재로 투입되는 재화의 구매비용 증가를 통해 결국 생산비용의 증가를 가져오기 때문이다. 그 결과 단기 총공급곡선이 왼쪽으로 이동한다.

한편 기술수준, 노동력, 자본량이 증가하면 잠재적 GDP가 증가하면서 장기 총공급곡선이 오른쪽으로 이동할 뿐만 아니라 단기적으로 기업들이 모든 가격수준에서 산출량을 늘릴 것이므로 단기 총공급곡선도 오른쪽으로 이동한다. [표 14-3]은 단기 총공급곡선의 이동과 그 이유를 정리한 것이다.

4 총수요 · 총공급 균형과 경기변동

이제 앞에서 도출한 총수요곡선과 총공급곡선을 이용하여 경기변동 과정에서 실질 GDP, 고용(또는 실업), 그리고 물가수준의 변화를 설명해 보자. 먼저 [그림 14-10]에서와 같이 총수요 · 총공급 모형에서 **장기 거시경제균형**(long-run macroeconomic equilibrium)은 총수요곡선(*AD*)과 단기 총공급곡선(*SRAS*)이 장기 총공급곡선(*LRAS*) 상에서 만나는 점이 된다. 이때 국가경제의 균형 실질 GDP는 잠재적 실질 GDP(또는 완전고용 실질 GDP) 수준인 1,000조원이고 균형 물가수준은 100이라고 하자. 즉, 기업들은 정상적인 가동수준에서 생산하며 구조적 · 마찰적 실업을 제외하면 구직자들은 모두 고용되어 있을 것이다.

장기 거시경제균형
총수요곡선과 단기 총공급곡선, 장기 총공급곡선이 만나는 점

구조적 · 마찰적 실업이란 단기적 호황 및 불황에 관계없이 직장탐색이나 산업구조조정 과정에서 나타나는 실업을 의미한다. 이에 대한 자세한 논의는 제14장(1.2 실업의 원인과 폐해)을 참조하라.

그러나 단기적으로 국가경제는 여러 가지 경기변동 요인들에 의해 장기적인 거시경제균형 상태로부터 벗어나게 되고, 이에 따라 총수요곡선 또는

■ 그림 14-10

장기 거시경제균형

총수요 · 총공급 모형에서 장기 거시경제균형은 총수요곡선(AD)과 단기 총공급곡선($SRAS$)이 장기 총공급곡선($LRAS$) 상에서 만나는 점이 된다. 이때 국가경제의 균형 실질 GDP는 잠재적 실질 GDP(또는 완전고용 실질 GDP) 수준에서 결정된다.

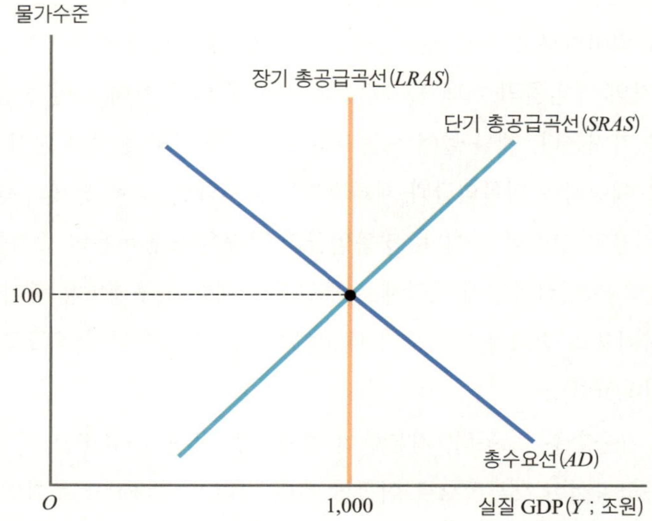

단기 총공급곡선이 이동하여 실질 GDP와 물가수준이 변화한다. 이제 총수요충격에 따른 불황과 호황, 그리고 공급충격의 단기적 · 장기적 영향에 대해 살펴보자.

4.1 총수요 증가와 호황

총수요 증가
신규 투자 증가
→ 총수요곡선 우측이동
→ 물가상승 및 호황
→ 명목임금 상승
→ 총공급곡선 좌측이동

기업들이 투자의 미래 수익성을 낙관적으로 전망하면서 공장과 기계설비에 대한 신규 투자를 늘렸다고 하자. [그림 14-11]에서 총수요곡선은 AD_1에서 AD_2로 우측이동하며(1), 그 결과 단기 거시경제균형은 A에서 B로 이동한다. 실질 GDP는 1,000조원에서 1,010조원으로 증가하고 물가수준은 100에서 103으로 상승한다. 이때 실질 GDP(1,010조원)는 잠재적 실질 GDP(1,000조원)보다 높은 수준으로, 이는 기업들이 정상적인 생산수준 이상에서 가동되고 있으며 구조적 · 마찰적 실업상태에 있는 일부 노동자들도 고용되는 호황 상태를 의미한다.

■ 그림 14-11

호황과 장기적인 조정
신규 투자가 증가하면 총수요곡선은 AD_1에서 AD_2로 우측 이동하며, 그 결과 단기 거시경제균형은 잠재적 GDP 수준보다 높은 B로 이동한다. 그러나 장기적으로는 물가상승이 임금과 재화가격에 반영되어 단기 총공급곡선이 $SRAS_1$에서 $SRAS_2$로 좌측이동하고 거시경제균형은 B에서 다시 잠재적 GDP 수준인 C로 이동하게 된다.

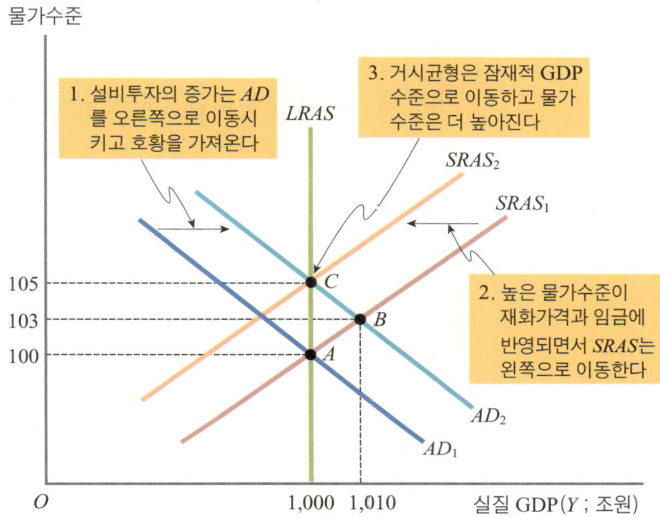

이제 잠재적 GDP 수준을 넘어서는 단기적 호황균형으로부터 다시 장기 거시경제균형으로 회복되는 과정을 살펴보자. 먼저 단기적 거시경제균형의 물가수준이 100에서 103으로 상승함에 따라 노동자들은 동일한 명목임금으로 구입할 수 있는 재화와 서비스의 양이 줄어들기 때문에 명목임금 상승을 요구할 것이고, 기업들은 임금상승을 반영하여 재화가격을 더 높게 책정할 것이다. 그 결과 물가와 명목임금이 상승하면서 단기 총공급곡선이 $SRAS_1$에서 $SRAS_2$로 좌측이동하고(2), 거시경제균형은 B에서 다시 잠재적 GDP 수준인 C로 이동한다(3). 이때 물가수준은 105로서 이전보다 높다.

이때 단기적 호황으로부터 잠재적 GDP 수준으로 조정되는 과정은 정부의 개입 없이 자동적으로 발생한다. 만약 정부가 화폐금융정책이나 재정정책을 사용하여 총수요곡선(AD)을 왼쪽으로 이동시킨다면 물가상승 없이 보다 신속하게 잠재적 GDP 수준으로 돌아갈 수 있을 것이다. 우리는 제 15장(경기안정화정책)에서 화폐금융정책과 재정정책의 효과를 자세히 살펴볼 것이다.

4.2 총수요 감소와 불황

총수요 감소
신규 투자 감소
→ 총수요곡선 좌측이동
→ 물가하락
→ 명목임금 하락
→ 총공급곡선 우측이동

호황과 반대로 기업들이 투자의 미래 수익성을 비관적으로 전망하면서 공장과 기계설비에 대한 신규 투자를 줄였다고 하자. [그림 14-12]에서 총수요곡선은 AD_1에서 AD_2로 좌측이동하며(1), 그 결과 단기 거시경제균형은 A에서 B로 이동한다. 실질 GDP는 1,000조원에서 992조원으로 감소하고 물가수준은 100에서 98로 하락한다. 이때 실질 GDP(992조원)는 잠재적 실질 GDP(1,000조원)보다 낮은 수준으로서, 이는 기업들이 정상적인 생산수준 이하에서 가동되고 있으며 구조적 · 마찰적 실업상태에 있는 노동자들 이외에 추가적인 비자발적 실업자들이 존재하는 상태를 의미한다.

이제 잠재적 GDP 수준을 밑도는 단기적 불황균형으로부터 다시 장기 거시경제균형으로 조정되는 과정을 살펴보자. 먼저 단기적 거시경제균형의 물가수준이 100에서 98로 하락함에 따라 호황기와 반대로 물가와 명목임금이 하락하면서 단기 총공급곡선이 $SRAS_1$에서 $SRAS_2$로 우측이동하고(2), 거

그림 14-12

불황과 장기적인 조정
설비투자가 감소하면 총수요곡선은 AD_1에서 AD_2로 좌측이동하며, 그 결과 단기 거시경제균형은 잠재적 GDP 수준보다 낮은 B로 이동한다. 그러나 장기적으로는 물가하락이 임금과 재화가격에 반영되어 단기 총공급곡선이 $SRAS_1$에서 $SRAS_2$로 우측이동하고 거시경제균형은 B에서 다시 잠재적 GDP 수준인 C로 이동하게 된다.

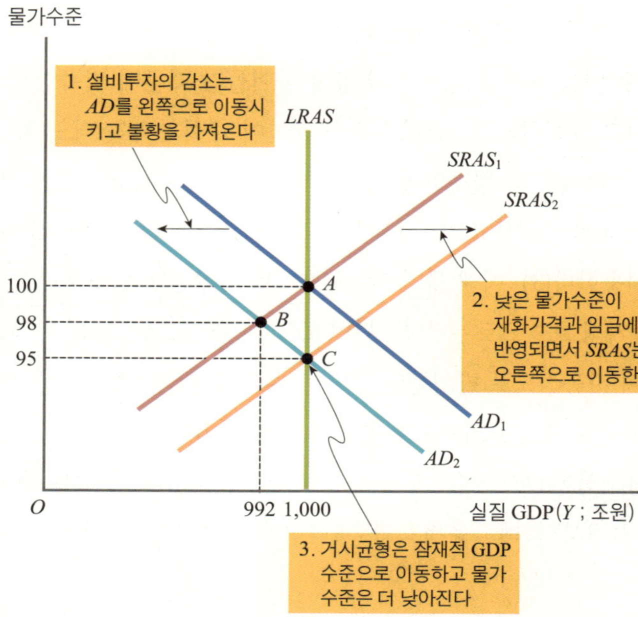

시경제균형은 *B*에서 다시 잠재적 GDP 수준인 *C*로 이동한다(3). 이때 물가 수준은 95로서 이전보다 낮다.

현실과 경제학

2008~2009 대침체와 1930년대 대공황

지난 2007~2008 글로벌 금융위기에 따른 신용경색(credit crunch)과 자산가격 급락은 세계 대부분의 나라에서 소비, 투자의 위축과 함께 극심한 대침체(Great Recession)를 가져왔다.

금융위기로 인해 시중은행의 중개기능을 통한 자금공급이 막히면서 은행의 존도가 높은 기업과 가계의 투자 및 소비가 줄어들었다. 또한 주식과 부동산 등 자산가격이 급락하면서 가계와 기업의 소비, 투자에 다음과 같은 부정적 영향을 미쳤다. 첫째, 자산을 보유한 가계부문의 부(富)가 감소하여 소비지출이 줄어들었다. 둘째, 자산가격 하락은 가계 및 기업의 대차대조표에서 순자산 규모를 감소시켰다. 따라서 가계와 기업이 내부자금을 조달할 수 있는 여력이 줄어들었을 뿐만 아니라, 은행 차입 시 제공할 수 있는 담보가치도 감소하여 은행대출을 받기 어려워졌다. 그 결과 가계와 기업의 보유자산을 소비 및 투자 재원으로 활용하기가 어려워졌다.

특히 금융위기의 한가운데 있었던 선진국 경제는 리먼브라더스가 파산한 2008년 9월 이전부터 이미 위축되고 있었으며, 금융위기와 함께 극심한 경기침체를 겪었다.

[그림]은 미국의 실질 GDP가 장기추세선으로부터 벗어난 정도를 백분율로 나타낸 것이다. 여기서 우리는 2008 세계경기 침체가 규모면에서 제2차 석유파동(1980~1982) 시기의 경기침체와 유사하다는 것을 확인할 수 있다.

| 그림 | 미국의 실질 GDP 경기변동 추이(1870~2008)

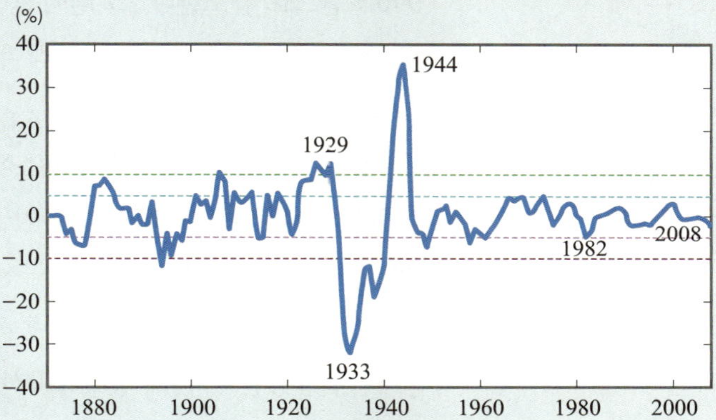

한편 최근 세계경기 침체는 1930년대 대공황(Great Depression)과 비교해 볼 여지가 있다. 미국의 실업률을 보면 최근 경기침체기에 연 9%까지 상승했던 반면, 대공황 당시인 1933년에는 25%까지 상승했었다. 그 이후 1937년까지 매우 빠른 속도로 경기가 회복되는 듯하였으나, 1937~1938년에 긴축적인 재정정책과 화폐금융정책이 실시되면서 회복추세가 중단되면서 14%까지 하락했던 실업률은 19%까지 다시 상승했다.

4.3 공급충격

공급충격의 예
유가 상승
→ 단기 총공급곡선 좌측이동
→ 실질 GDP 감소와 물가상승 (스태그플레이션)
→ 명목임금 하락
→ 단기 총공급곡선 우측이동

유가 상승으로 기업들의 생산비용이 상승하여 [그림 14-13]의 (a)에서와 같이 단기 총공급곡선이 $SRAS_1$에서 $SRAS_2$로 좌측이동했다고 하자(1). 그 결과 단기 거시경제균형은 잠재적 수준인 A에서 이보다 낮은 B로 이동한다. 이때 물가수준은 100에서 105로 상승하고 실질 GDP는 1,000조원에서 990조원으로 감소한다. 그 결과 공급충격으로 인한 불황은 수요충격으로 인한 불황과 달리 실업과 인플레이션을 모두 상승시키는 **스태그플레이션**(stagflation)을 유발한다.

이처럼 실업이 증가하고 산출이 감소함에 따라 장기적으로 노동자와 기업들은 각각 전보다 낮은 명목임금과 재화가격을 받아들이게 된다. [그림 14-13]의 (b)에서 단기 총공급곡선은 $SRAS_2$에서 $SRAS_1$으로 우측이동하고 (2), 경제는 다시 B에서 A로 이동하면서 원래의 물가수준에서 잠재적 GDP가 다시 달성된다. 이때 총수요곡선을 오른쪽으로 이동시키기 위해 화폐금융정책과 재정정책을 사용하면, 경제를 더 신속하게 잠재적 GDP 수준으로 회복시킬 수 있는 반면 물가수준은 더 높아질 것이다.

■ 그림 14-13

(a) 공급충격의 단기적 효과
유가 상승으로 기업들의 생산 비용이 증가하면 단기 총공급곡선은 $SRAS_1$에서 $SRAS_2$로 좌측이동한다. 그 결과 단기 거시경제균형은 잠재적 수준인 A에서 이보다 낮은 B로 이동하는데, 이때 물가수준은 상승하고 실질 GDP는 감소하는 스태그플레이션(stagflation)이 나타난다.

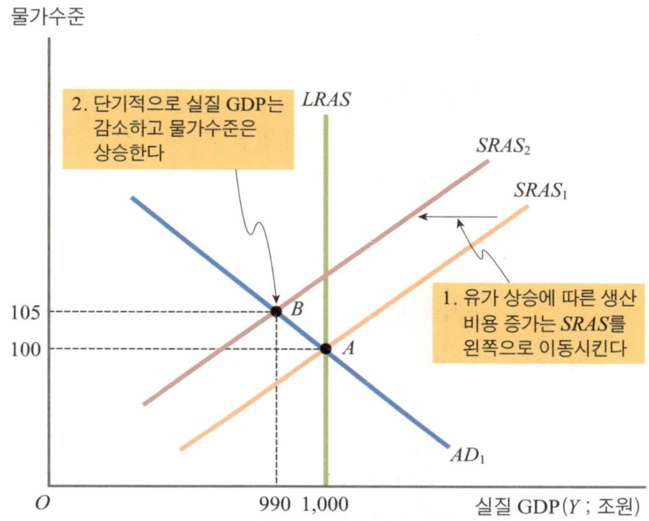

(b) 공급충격의 장기적 조정
스태그플레이션으로 인해 실업이 증가하고 산출이 감소함에 따라 장기적으로 노동자와 기업들은 각각 전보다 낮은 명목임금과 재화가격을 받아들이게 된다. 그 결과 장기적으로 단기 총공급곡선은 $SRAS_2$에서 $SRAS_1$으로 우측이동하고 경제는 다시 B에서 A로 이동하면서 원래의 물가수준에서 잠재적 GDP가 달성된다.

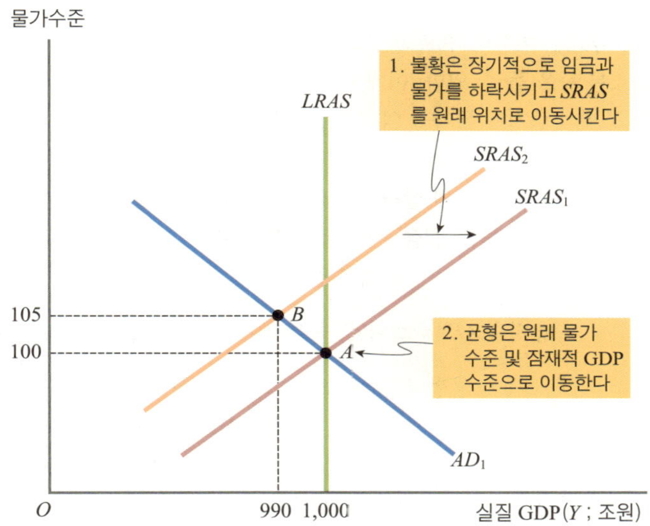

요약 및 연습문제

1. 케인즈의 총지출모형

총지출모형은 단기적으로 물가수준이 일정하다는 가정 하에 국가경제의 총지출과 실질 GDP 결정 간의 관계를 설명하는 경기변동모형이다. 1930년대 대공황 당시 케인즈에 의해 정립된 총지출모형의 핵심은 단기적으로 실질 GDP가 총지출 수준에 의해 결정된다는 것이다. 여기서 총지출은 다음과 같이 정의된다.

$$\text{총지출}(AE) = \text{소비}(C) + \text{투자}(I) + \text{정부지출}(G) + \text{순수출}(NX)$$

1.1 소비 어떤 기간의 소비를 결정하는 대표적 요인으로는 가처분소득 · 가계 부 · 미래 기대소득 · 물가수준, 그리고 이자율 등을 들 수 있는데, 이때 가처분소득과 가계 부 및 미래 기대소득의 증가는 소비를 늘리는 반면 물가수준과 이자율 상승은 소비를 억제한다. 소비함수는 소비와 가처분소득의 관계를 나타내는데, 그 기울기를 한계소비성향이라 부른다. 한편 한계저축성향은 저축증가분을 소득증가분으로 나눈 값을 의미하며, 조세수준이 일정한 경우 한계소비성향과 한계저축성향의 합은 항상 1이 된다.

1.2 투자 투자의 주요 결정요인으로는 미래 기대수익 · 이자율 · 조세, 그리고 유동성 또는 현금흐름 등을 들 수 있다. 이때 미래 기대수익과 유동성의 증가는 투자를 증가시키는 반면 이자율과 조세의 증가는 투자를 억제하는 요인이 된다.

1.3 순수출 순수출의 주요 결정요인으로는 국내외 물가수준 · 국내외 경기상황 · 환율 등이 있는데, 국내 물가수준의 상승이나 국내 경기호조, 환율하락은 순수출을 감소시킨다.

1.4 균형국민소득의 결정 거시경제의 균형국민소득은 다음과 같이 총지출(AE)이 총생산 또는 실질 GDP와 같아지는 수준에서 결정된다.

$$\text{총지출}(AE) = \text{소비}(C) + \text{투자}(I) + \text{정부지출}(G) + \text{순수출}(NX) = \text{실질 GDP}$$

만약 실제 소득이 균형국민소득보다 크면 총지출이 총생산에 미달하고, 그 결과 재고가 늘어남에 따라 기업들은 생산을 줄인다. 반대로 실제 소득이 균형국민소득보다 작으면 재고가 줄어들면서 기업들은 생산을 늘린다. 결국 케인즈의 법칙에 의해 총지출과 총생산(실질 GDP)이 일치하는 수준에서 균형국민소득이 결정된다.

1.5 균형국민소득의 변화와 승수효과 독립투자지출 증가 등 외생적 요인으로 총지출이 증가하면 기업의 생산과 가계의 소득은 먼저 증가한 지출액만큼 늘어난다. 이러한 소득증가의 일부는 소비의 증가로 이어지고, 기업은 늘어난 소비지출에 맞춰 다시 생산을 늘린다. 이러한 과정이 반복되면서 결국 국민소득은 지출증가분의 일정 배수(즉, 승수)만큼 증가한다. 이때 승수는 $\left(\frac{1}{1-MPC}\right)$이며, 한계소비성향($MPC$)이 증가할수록 승수도 커진다.

물음 01. 케인즈의 소비함수 $C = a + bY$에서 a와 b의 의미를 설명하고 저축함수를 도출하라.

물음 02. 어떤 경제의 소비함수와 투자함수가 다음과 같이 주어졌다고 하자. 다음 질문에 답하라.

> 소비함수 : $C = 500 + 0.7Y$ 투자함수 : $I = 1{,}200$

(1) 소비함수에서 500과 0.7의 의미를 설명하라.

(2) 총지출함수와 국민소득균형식을 구하고, 균형국민소득을 계산하라.

(3) $I = S$를 이용하여 균형국민소득을 계산하라. 그리고 (2)번의 결과와 비교해서 설명하라.

(4) 다른 요인은 불변이고 소비함수에서 Y의 계수가 0.7에서 0.5로 감소했다고 하자. 이때 질문 (2)와 (3)에 답하고, 그 차이를 설명하라.

물음 03. 제1절의 〈역사와 경제학〉에서 살펴본 1930년대 대공황의 원인과 그 결과의 심각성을 총지출모형의 그래프를 이용하여 설명하라.

물음 04. [물음 2]에서 투자지출이 추가적으로 3,000만큼 증가했다고 하자. 이때 투자승수를 구하고, 그 결과를 총지출모형의 그래프로 설명하라.

물음 05. 어느 나라의 거시경제모형이 다음과 같다고 하자. 이 경제의 잠재적 총생산(potential output)이 1,500인 경우, 다음 질문에 답하라.

> $C = 100 + 0.8(Y - T)$, $I = 150$, $G = 50$, $T = 50$, $Y = C + I + G$
>
> (Y는 국민소득, C는 소비, I는 투자, G는 정부지출, T는 조세)

(1) 이 경제의 균형국민소득은 잠재적 총생산 수준보다 많은가, 적은가?

(2) 이 경제의 균형국민소득이 잠재적 총생산 수준에 도달하기 위해서 필요한 정부지출의 변화 규모를 구하라.

2. 총수요

2.1 총수요곡선의 도출 물가수준의 하락은 가계소비자 부의 실질가치를 상승시키므로 부의 효과에 의해 소비를 증가시키는 한편, 화폐수요 감소에 의한 이자율 하락에 따라 투자도 증대시킨다(이자율 효과). 또한 자국 상품 가격이 상대적으로 싸져 다른 나라 상품에 비해 자국 상품에 대한 수요가 증가하므로 순수출이 늘어난다(국제무역 효과). 이처럼 물가와 실질 GDP 간 음(−)의 관계를 우하향하는 곡선으로 나타낼 수 있는데, 이를 총수요곡선(AD)이라고 한다.

2.2 총수요곡선의 이동 물가수준의 변화가 아닌 가처분소득, 가계 부, 미래 기대소득, 이자율 등의 요인 변화는 총수요곡선 자체의 이동을 가져온다. 또한 미래 기대수익, 이자율, 조세, 그리고 유동성 또는 현금흐름 등의 변화는 투자의 변화를 통해 총수요곡선의 이동을 가져온다. 마찬가지로 금융시장의 여건 변화도 소비, 투자 등 국내수요에 영향을 미쳐 총수요곡선을 이동시킨다.

물음 06. 다음의 변화가 소비, 투자, 정부지출, 수출, 또는 수입에 미치는 영향을 설명하라.

(1) 세계경기 침체

(2) 환율하락

(3) 국내 물가수준 하락

(4) 미래 기대소득의 감소

(5) 실질이자율 상승

물음 07. 케인즈의 유동성선호이론과 총수요 · 총공급 모형을 이용하여 다음 물음에 답하라.

(1) 화폐를 좁은 의미로 정의할 때 화폐를 대체하는 지불수단으로서 직불카드나 체크카드의 보급이 화폐시장의 균형이자율에 미치는 영향을 설명하라.

(2) 이러한 이자율의 변화가 총수요에 미치는 영향을 설명하라.

3. 총공급

물가수준과 국가경제의 기업들이 공급하는 재화 및 서비스 산출량 간의 관계를 나타내는 곡선을 총공급곡선(*AS*)이라 부른다.

3.1 장기 총공급곡선 장기적으로 완전고용 수준의 노동력과 정상가동 상태의 물적자본이 투입되어 생산된 잠재적 산출량(potential GDP)은 물가수준의 영향을 받지 않는다. 따라서 장기적으로 물가수준과 기업들이 공급하는 산출량 간의 관계를 나타내는 장기 총공급곡선은 완전고용 GDP 또는 잠재적 GDP 수준에서 수직선이 된다. 한편 기술수준, 노동력 및 기계설비의 변화는 장기 총공급곡선을 이동시키는 요인이다.

3.2 단기 총공급곡선 물가수준이 상승하면 단기적으로 기업들이 공급하는 재화와 서비스의 산출량이 증가하는 것으로 알려져 있으며, 따라서 단기총공급곡선은 우상향한다. 이는 다년간의 임금계약과 메뉴비용으로 인해 최종 재화와 서비스의 가격상승이 생산에 투입되는 요소가격 상승보다 더 빠르게 일어나기 때문이다.

3.3 단기 총공급곡선의 이동 단기 총공급곡선에 영향을 미치는 요인으로는 자연재해, 유가변동 등의 공급충격이 있다. 그리고 미래 물가수준의 변화에 대한 기대나 기술수준, 노동력, 자본량의 변동 등도 단기 총공급곡선을 이동시킨다.

물음 08. 아래에 열거한 각각의 요인에 의해 단기 총공급곡선이 어떻게 이동하는지 설명하라.

(1) 농경사회에서 가뭄과 같은 기후조건의 변화

(2) 1970년대의 두 차례에 걸친 오일쇼크

(3) 노동조합에 의한 임금인상 요구

물음 09. 명목임금이 노사합의로 물가수준에 완전 연동되었다고 하자. 즉, 물가수준이 x%만큼 상승한다면 명목임금도 x%만큼 증가할 것이다. 이것은 실질임금이 계약기간 동안 고정되어 있다는 것을 의미한다. 이 경우 단기 총공급곡선을 도출하라.

4. 총수요 · 총공급 균형과 경기변동

장기 거시경제균형에서는 총수요곡선과 단 · 장기 총공급곡선이 동일한 점에서 만나지만, 단기적으로는 여러 가지 경기변동 요인들에 의해 장기균형 상태로부터 이탈할 수 있다.

4.1 총수요 증가와 호황 설비투자 등 총수요의 증가는 먼저 총수요곡선을 오른쪽으로 이동시키고 호황을 가져온다. 장기적으로 높은 물가수준이 재화가격과 임금에 반영되면서 단기 총공급곡선은 왼쪽으로 이동하게 되는데, 최종적으로 거시균형은 잠재적 GDP 수준으로 이동하고 물가수준은 이전보다 상승한다.

4.2 총수요 감소와 불황 설비투자 등 총수요의 감소는 먼저 총수요곡선을 왼쪽으로 이동시키고 불황을 가져온다. 장기적으로 낮은 물가수준이 재화가격과 임금에 반영되면서 단기 총공급곡선은 오른쪽으로 이동하게 되는데, 최종적으로 거시균형은 잠재적 GDP 수준으로 이동하고 물가수준은 이전보다 하락한다.

4.3 공급충격 유가 상승 등 공급충격에 따른 생산비용 증가는 단기 총공급곡선을 왼쪽으로 이동시켜 단기적으로 실질 GDP는 감소하고 물가는 상승하는 스태그플레이션을 유발한다. 하지만 장기적으로 불황은 임금과 물가를 하락시키고 단기 총공급곡선을 원래 위치로 이동시킨다.

물음 10. 2007~2008 글로벌 금융위기와 함께 세계 여러 나라에서 부동산가격과 주식가격이 급락하였다. 총수요 · 총공급 모형을 이용하여 이러한 자산가격 하락과 신용경색이 각국의 총생산, 고용, 소비, 투자, 순수출, 그리고 물가수준에 미치는 단기적 영향을 설명하라.

물음 11. 경기동향에 대한 비관적인 견해가 확산되면서 기업의 설비투자가 감소하고 소비자의 내구소비재 지출이 감소한다고 하자. 총수요 · 총공급 모형을 이용하여 이러한 내수부진과 동시에 국제유가와 원자재 가격 상승이 국내총생산, 소비, 투자, 고용, 순수출, 그리고 물가수준에 미치는 영향을 설명하라.

물음 12. 총수요 · 총공급 모형을 이용하여 최근 환율하락 또는 원화가치 상승이 우리나라의 총생산, 고용, 소비, 투자, 경상수지, 그리고 물가수준에 미치는 영향을 설명하라.

물음 13. 국내 정보통신 기술의 발전으로 국내산업 전반에 생산성이 향상되고, 나아가 우리 제품의 수출경쟁력이 향상되었다고 하자. 다음 질문에 답하라.

(1) 이 현상에 따른 총수요와 총공급의 변화과정을 그림으로 설명하라.

(2) (1)의 분석에 입각하여 이 현상이 국내물가와 생산에 미치는 효과를 설명하라.

Chapter 15

경기안정화정책

거시경제학의 주요 과제 중 하나는 생산수준의 불규칙한 변동으로부터 파생되는 실업과 인플레이션을 완화 또는 퇴치하는 방안을 강구하는 것이다. 한편 2007년 하반기 미국의 서브프라임 모기지 부실에서 촉발된 2008 글로벌 금융위기는 물가가 안정되더라도 신용팽창과 자산가격 급등이 금융불균형의 축적으로 이어져 경제위기의 원인이 될 수 있다는 사실을 확인하는 계기가 되었다. 이제 이러한 실업 · 인플레이션의 문제와 금융위기에 대응하는 경기안정화정책에 대해 살펴본다.

이 장에서는 경기안정화정책의 필요성과 목표 및 그 효과를 알아보려고 한다. 이를 위해 다음과 같은 문제에 대해 논의해 보자.

- 인플레이션과 실업, 그리고 금융불안은 국가경제에 어떤 폐해를 가져오는가? 경기안정화정책의 목표는 무엇인가?
- 화폐금융정책은 국가경제의 총생산과 고용, 물가수준에 어떤 영향을 미치는가?
- 정부지출 또는 조세 변화를 통한 재정정책은 국가경제의 총생산과 고용, 물가수준에 어떤 영향을 미치는가?

1 왜 경기안정화정책이 필요한가?

국가경제의 인플레이션과 실업률 변동은 단기적 경기변동 과정에서 나타나는 현상이다. 실업이란 일할 의사가 있는데도 일자리를 구하지 못하는 상태를 말한다. 한편 인플레이션이란 다양한 재화와 서비스의 평균적인 가격수준을 의미하는 물가가 지속적으로 상승하는 현상을 말한다. 1930년대 이후 거시경제학의 주된 문제는 실업이었다. 특히 대공황(Great Depression) 때는 실업을 줄이는 것이 경제학자들과 정책 담당자들의 가장 중요한 관심사였다. 이에 비해 인플레이션은 1960년대 후반 이후 전 세계적 현상으로 대두되면서부터 중요한 경제문제로 주목받게 되었다.

경기안정화정책
단기적 경기변동 과정에서 나타나는 폐해를 줄이기 위해 고안된 거시경제정책
- 화폐금융정책
- 재정정책

경기안정화정책은 단기적 경기변동 과정에서 나타나는 인플레이션, 실업, 그리고 금융불안 등의 폐해를 줄이기 위해 고안된 거시경제정책을 말한다. 1930년대 대공황 이후 중앙은행의 화폐금융정책(통화신용정책)과 정부의 재정정책이 주요 경기안정화정책으로 사용되어 왔다.

경기안정화정책의 목표
- 물가안정
- 고용안정과 경제성장
- 금융안정

1.1 인플레이션의 원인과 폐해

물가변동의 원인
- 수요측 요인
- 공급측 요인
- 기타 요인

물건 값이 오르면 흔히 상인들은 올해 작황이 나빠서라든지 인건비나 재료값이 올랐기 때문이라는 등의 이야기를 하는 경우가 많다. 이것은 물가의 변동요인을 부분적으로나마 설명한 것으로, 물가를 변동시키는 원인은 크게 수요측 요인과 공급측 요인, 그 밖의 기타 요인으로 구분할 수 있다. 이러한 원인을 직관적으로 분석하고 인플레이션이 어떤 측면에서 경제에 해악을 끼치는지 알아보자.

1.1.1 인플레이션의 원인

수요견인설
통화량의 증가 등 총수요의 과다로 인한 인플레이션

과도한 총수요가 물가를 끌어올려 인플레이션이 발생한다고 보는 견해를 **수요견인설**(demand-pull theory)이라고 한다. 주로 수요에 영향을 미치는

요소로는 통화량, 소득, 소비성향 및 인플레이션 기대심리 등이 있다. 그중에서도 통화량은 가장 중요한 요소이다. 통화량이 늘어나면 시중에 돈이 풍족해져서 상품에 대한 수요가 늘어나게 되는데, 이때 만일 공급능력이 한계에 달하여 수요가 증가한 만큼 공급이 늘어나지 못한다면 통화량 증가는 곧바로 물가상승으로 이어진다. 실제로 우리나라를 포함하여 여러 나라에서 GDP 디플레이터 또는 소비자물가지수 상승률은 통화량 증가율과 밀접한 관계를 보여왔다. 이 때문에 정책당국은 적정 통화를 공급하여 물가를 안정시키고, 안정적인 경제성장을 이루려 한다.

공급에 영향을 주는 요소로는 생산기술 및 설비투자, 수출입, 자연조건 등이 있다. 생산기술의 진보나 생산설비의 증설은 공급에 영향을 주는 요소로 원가를 절감시키거나 상품의 생산량을 증대시켜 물가를 하락시킨다. 최근 정보통신산업의 급속한 기술발전 등 생산성 향상으로 인한 관련 상품의 가격 하락에서도 이를 확인할 수 있다. 가뭄과 홍수와 같은 자연환경 변화도 농산품 물가 변화의 중요한 원인이며, 그 밖에 수출입 물량의 증감도 국내공급량에 영향을 미쳐 물가변동을 초래한다.

또한 물가를 변동시키는 주요한 공급측 요인으로 비용요인이 있다. 즉, 원자재 가격, 환율, 임금, 세금, 금융비용, 유통비용 및 부동산 임차료 등과 같이 상품의 원가를 구성하는 항목들이 여기에 해당한다. 이러한 생산비의 상승에 주목하는 이론을 **비용인상설**(cost-push theory)이라고 한다. 생산비 구성항목들 가운데 가장 중요한 것은 원자재 가격의 움직임인데, 특히 우리나라는 부존자원이 부족하여 원자재의 상당 부분을 수입에 의존하므로 해외 원자재 가격의 상승이 국내물가에 큰 영향을 미친다. 1973년과 1979년의 석유파동 직후 국내물가가 연간 40% 이상 올랐던 것이 그 좋은 예이다.

비용인상설
원자재 가격 상승 등 생산비의 상승으로 인한 인플레이션

그리고 외국으로부터 상품을 수입하기 위해서는 미달러화를 비롯한 외환을 사용해야 하는데, 수입품의 외화표시 가격이 변하지 않았더라도 환율이 변동하면 원화로 환산한 국내수입가격이 변동한다. 환율이 오르면, 즉 외국통화에 대한 우리나라 돈의 가치가 떨어지면 원화로 환산한 수입품의 가격이 상승하므로 물가가 오르게 되며, 반대의 경우에는 물가가 떨어지게 된다. 외환위기로 인해 환율이 32.0%나 상승하였던 1998년에 소비자물가가 7.5%나

상승한 것이 좋은 예이다.

또한 임금은 근로자 입장에서는 소득이지만, 기업 입장에서는 제조원가를 구성하는 항목이므로 비용면에서 물가를 변동시키는 요인이 된다. 그 밖에 세율인상에 따른 세금부담의 증가와 금리상승에 따른 금융비용의 증가, 유통비용의 상승 및 부동산 임차비용의 상승 등도 기업의 제조원가를 상승시켜 결과적으로는 물가를 상승시킨다.

1.1.2 예상된 인플레이션의 비용

물가가 안정된다고 자동적으로 경제가 성장하는 것은 아니지만, 경제가 지속적으로 성장하려면 반드시 물가안정이라는 조건이 갖추어져야 한다. 이러한 결론은 물가가 안정되지 않은 상태, 다시 말해 인플레이션 또는 디플레이션이 경제에 어떠한 폐해를 가져오는지를 살펴보면 자명해진다. 인플레이션은 경제주체들이 인플레이션을 미리 예상했느냐, 아니면 예상하지 못했느냐에 따라 차이가 있지만 어느 경우든 경제의 효율성을 저하시켜 적지 않은 비용을 발생시킨다.

미래의 인플레이션을 완벽하게 예상할 수 있다면 경제활동에 왜곡이 초래될 가능성은 크게 줄어든다. 예를 들어 앞으로 1년 동안 5%의 물가상승이 예상되어 임금협약을 체결하거나 자금을 대차(貸借)할 때, 그리고 소비나 투자를 할 때 이를 반영한 경우 이후 1년간 실제 물가상승률이 5%였다면 그 의사결정은 옳은 것이 되기 때문이다.

예상된 인플레이션의 비용
- 신발이 닳아서 생기는 비용(구두창 비용)
- 계약에 반영하는 데 따르는 행정적 · 사무적 비용
- 메뉴비용

그러나 인플레이션을 완벽하게 예상할 수 있다고 하더라도 현실적으로는 적지 않은 비용이 발생한다. 첫째, 인플레이션이 예상될 경우 사람들은 가능한 한 현금을 보유하지 않으려 할 것이다. 인플레이션만큼 현금의 가치가 낮아져 현금보유의 기회비용이 커짐에 따라 인플레이션으로 인한 명목금리 상승으로 더 많은 이자소득이 발생하는 예금의 비중을 현금에 비해 늘리고자 하기 때문이다. 이 경우 사람들은 현금을 지출할 필요가 있을 때마다 더 자주 은행을 찾아야 하며, 끊임없이 현금과 예금을 조절해야 한다. 은행을 자주 방문하는 것도 일종의 비용인데 이를 흔히 신발이 닳아서 생기는 비용, 이른바

표 15-1

인플레이션의 비용

예상된 인플레이션	예상하지 못한 인플레이션
• 실질잔고 유지비용(shoe leather cost) • 세제, 임금 등의 조정비용 • 가격표 교체비용(menu cost)	• 채권자 · 채무자 간의 부의 재분배 • 경제적 불확실성 확대 및 실물자산의 가격상승 • 상대가격 체계의 왜곡

↓

경제의 효율성 저하

출처 : 한국은행, 『한국의 통화정책』, 2012. 12, p.19.

구두창 비용(shoe leather costs)이라 한다.

둘째, 앞으로의 인플레이션을 경제활동에 반영하는 과정에서도 비용이 발생할 수 있다. 예를 들어 인플레이션에 따라 세율을 변경할 필요가 있다면 세법개정안을 마련하여 국회에 제출하거나 세법이 개정된 이후 이를 실행하는 행정적 · 사무적 절차가 따라야 하는데, 이 모든 것이 사회적 비용이다. 이러한 사례는 정도의 차이는 있지만 명목기준으로 결정되는 모든 계약에 적용된다. 하루가 다르게 물가가 상승한다면 그때마다 노사협의를 개최하여 임금인상을 결정해야 하는데 이는 무척 번거로운 일이 아닐 수 없다. 끝으로 기업과 상인들은 물가상승에 맞추어 가격표를 자주 바꾸어야 한다. 이와 같이 가격변화에 대한 정보수집과 가격표를 교체하는 데도 비용(menu cost)이 발생하는 것이다.

1.1.3 예상하지 못한 인플레이션의 비용

예상하지 못한 인플레이션의 폐해는 예상된 인플레이션의 경우보다 더 심각하다. 첫째, 인플레이션은 채무의 실질가치를 떨어뜨리므로 채권자로부터 채무자로 부(富)의 이전이 일어난다. 개인 간 채권-채무 계약이나 은행의 대출은 계약시점에서 예상되는 인플레이션율에 기초하여 이루어진다. 그런

예상하지 못한 인플레이션의 비용

- 채권자로부터 채무자로 부가 재분배
- 정액소득자에 불리한 소득재분배
- 미래 불확실성의 증가에 따른 경제활동 위축
- 상대가격 왜곡으로 인한 자원배분의 효율성 저해

데 인플레이션율이 당초 예상보다 더 높아지면 채무자의 실질적인 상환규모는 줄어드는 반면 채권자는 그만큼 불리해지면서 결과적으로 채권자의 부가 채무자에게 재분배된다. 예를 들어 부채가 많은 기업일수록 인플레이션의 덕을 많이 본다. 일반적으로 적자부문인 기업들은 외형확대 위주의 경영행태를 보이게 될 위험이 있다.

또한 인플레이션은 일반적으로 민간부문에 손해를 주고 정부부문의 재정부담을 덜어준다. 왜냐하면 민간부문은 일반적으로 채권자이고 정부부문은 채무자이기 때문이다. 따라서 정부는 인플레이션을 통해 민간을 희생시키면서 이득을 얻게 된다. 이러한 의미에서 인플레이션은 화폐에 부과하는 조세(inflation tax)이다. 사실 정부는 경제자원을 획득하기 위해 가끔 인플레이션이란 수단을 사용한다. 뿐만 아니라 인플레이션은 정부가 발행한 국채의 실질이자율을 낮춤으로써 정부부담을 줄이는 효과도 있다. 예를 들어 공채의 명목이자율이 5%라 할 때 물가가 4% 상승한다면 국채의 실질이자율은 1%로 하락하게 된다(명목이자율 = 실질이자율 + 물가상승률).

그 결과 인플레이션은 사람들이 저축할 동기를 감소시키며, 이는 금융제도 발전을 어렵게 한다. 물론 저축성예금에 대한 예금이자율도 물가상승이 예상됨에 따라 오르는 경향이 있다. 그러나 예금자가 손해를 보지 않기 위해서는 은행(및 그 밖의 금융기관)의 명목이자율이 예상되는 물가상승률을 충분히 반영하여 실질이자율을 보장해야 한다. 그러나 대개의 경우 명목이자율의 상승이 불충분하여 인플레이션이 예상되는 동안에도 제도금융권에서의 실질이자율은 하락한다. 이는 민간의 금융저축을 감소시키고 금융기관의 발전을 저해한다.

인플레이션은 부뿐만 아니라 소득 역시 재분배한다. 인플레이션 발생 시 화폐소득이 일정한 정액소득자는 손해를 보고, 화폐소득이 물가상승에 비례하여 오르는 계층은 손해를 면한다. 어떤 계층이 정액소득자인가? 금리생활자, 연금수령자 등은 대표적인 정액소득자이다. 대부분의 봉급생활자, 노동자들도 그들의 화폐소득이 고용계약에 의하여 묶여 있는 기간 동안에는 정액소득자이다. 따라서 노동자들이나 그 밖의 봉급생활자들도 가급적이면 그들의 급여가 물가상승률과 비례하여 오를 수 있도록 고용자들과 계약을 맺고자 한다. 이러한 약관을 **물가연동조항**(escalator clause)이라 하며, 인플레이션이 심한 나라에서 널리 사용되고 있다. 그러나 모든 경제주체가 이와 같이 행동하면 그 나라 경제는 인플레이션이 구조화되어 만성적인 인플레이션에 시달리게 된다.

둘째, 인플레이션이 만연하고 변동성이 클수록 미래에 대한 불확실성이 커지면서 경제활동이 위축된다. 불확실성은 경제주체들의 의사결정이나 경제활동이 단기적 관점에서 이루어지도록 한다. 앞으로 자신의 실질소득이 어떻게 될지 모르는 상황에서 개인들은 합리적인 소비행위를 하기 어려우며, 자산가치가 어떻게 변할지 불투명하다면 기업들은 투자를 망설이게 될 것이다. 사람들은 장기보다는 단기로 자금을 운용할 것이며, 이는 금융시장의 잠재적 불안요인이 된다. 또한 자금을 빌려주는 측에서 미래의 불확실성을 보상받기 위해 높은 리스크 프리미엄을 요구하면, 차입자의 자금조달비용이 높아질 것이며 사람들이 금융상품보다 부동산과 같은 실물자산을 선호하게 되어 부동산투기가 만연할 가능성도 커진다.

셋째, 인플레이션은 상품 간의 상대가격을 왜곡시켜 자원배분의 효율성을 저해한다. 모든 경제주체들이 인플레이션을 완벽히 예측할 경우 상대가격은 변하지 않는다. 그러나 예상하지 못한 인플레이션이 발생하면 경제주체들이 서로 다른 인플레이션 기대를 가지게 되므로 상대가격의 왜곡 가능성이 높아지게 된다.

예를 들어 상품 A와 상품 B의 가격이 각각 10원, 100원이라고 하자. 모든 경제주체들이 인플레이션율을 똑같이 10%라고 예상하면 상품 A와 상품 B의 절대가격은 각각 11원 및 110원으로 상승하겠지만 상대가격은 여전히 1 : 10으로 변하지 않는다. 그러나 예상치 않은 인플레이션으로 불확실성이 커져 상품 A를 생산하는 사람의 기대인플레이션은 5%이고 상품 B를 생산하는 사람의 기대인플레이션은 15%라고 한다면 상품 A의 절대가격은 10.5원, 상품 B의 절대가격은 115원이 되어 상품 B의 상대가격이 높아지게 된다. 이 경우 시장에서는 상품 A가 수요에 비해 과소 생산되고 상품 B가 과잉 생산되면서 생산구조의 왜곡을 가져온다. 이러한 현상은 생산자뿐 아니라 소비자들의 경우에도 똑같이 발생할 수 있다.

이 밖에 인플레이션은 국제수지에도 중요한 영향을 미친다. 국내에 인플레이션이 발생하면 수입품에 비해 국산품의 가격이 상대적으로 상승한다. 그러면 사람들은 상대적으로 싸진 외국 제품을 더 수요하므로 수입이 증가한다. 그리고 상대적으로 비싸진 국산품은 해외시장에서 덜 팔리게 되므로 수출이 감소한다. 따라서 인플레이션은 수입을 증가시키고 수출을 감소시켜 경

현실과경제학

화폐환상에 경영진은 판단력을 잃는다

인플레이션 시기에는 경영진이 소위 '화폐환상(Money Illusion)'이라는 덫에 빠져 판단력을 잃기 쉽다. 화폐환상이란 실질 마진이 줄어도 재무제표에는 기업 성과가 좋아진 것으로 나타나 경영진이 현실을 직시하지 못하는 현상을 말한다. 쉽게 말해 물가가 5% 오르는 동안 매출이 3% 늘었는데 "성과가 좋다"며 샴페인을 터뜨리는 것이다. 인플레이션 시기에는 숫자도 진실을 말하지 않는다. 이 사실을 잊는 순간 경영자는 화폐환상의 덫에 빠진다.

일러스트 = 정인성 기자 10008is@chosun.com

숫자에 속은 경영진은 종종 실적이 좋은 것으로 착각해 기업의 효율성 개선 작업을 미루거나 투자 결정을 잘못한다. 중장기적으로 기업가치에 큰 손상을 입히는 실책이다. 인플레이션에 적절하게 대응하지 못하면 문제는 얼마만큼 심각해질까? 보스턴컨설팅그룹(BCG)의 시뮬레이션에 따르면 인플레이션 증가율만큼 제품 가격을 올린다고 해도 기업가치의 훼손은 피할 수 없는 것으로 나타났다. 인플레이션 증가율이 2%일 때 가격을 그에 맞춰 2% 올려도 기업가치는 10% 하락하는 것으로 나타났다. 물가상승률이 높을수록 기업가치도 크게 하락했다.

기업가치가 하락하는 원인은 인플레이션이 현금흐름을 악화시키는 데에서 찾을 수 있다. 인플레이션이 오면 순운전자본, 즉 기업의 운영에 있어 필요한 비용이 매출보다 빠르게 증가하면서 현금흐름이 나빠진다. 특히 자본집약적인 기업은 인플레이션 위기에 크게 취약한 것으로 나타났다. 대규모 설비투자를 해야 하는 기업이나 사이클상 인플레이션 시기에 투자를 해야 하는 기업이 이에 해당한다. 중공업, 반도체, 화학 등 한국의 대표 기업 등도 포함된다. 인플레이션율을 상회하는 가격인상이나 혁신을 통해 큰 폭의 비용삭감을 하지 못한다면 이들은 결정적 투자기회를 놓쳐 경쟁우위를 잃을 수도 있다. 따라서 기업은 각자 인플레이션 위기에 얼마만큼 노출돼 있는지 살피면서 화폐환상에 빠지지 않도록 실질적인 성과 지표를 개발해 정확하게 자기 자신을 파악해야 한다.

출처 : 김연희, "인플레이션이 부르는 '화폐환상'에 경영진은 판단력을 잃는다", 조선일보, 2011. 5. 21.

상수지를 악화시킨다.

1.1.4 디플레이션의 비용

인플레이션이 경제에 좋지 않은 영향을 미치는 것과 마찬가지로 전반적인 물가수준이 지속적으로 하락하는 디플레이션도 경제의 안정적 성장을 가로막는 요인으로 작용한다. 디플레이션은 인플레이션에 비해 그 발생 가능성이 높지 않다 하더라도 1990년대 초 이후 일본의 장기불황에서 볼 수 있듯이 인플레이션보다 더 큰 경제적 비용을 초래할 수 있다는 점에서 경계의 대상이 되고 있다.

디플레이션의 비용
- 실질금리 상승에 따른 경제활동 위축
- 실질임금 상승에 따른 고용위축
- 채무불이행 위험 증가로 인한 신용경색
- 제로금리 수준에서 금리인하를 통한 전통적 통화정책의 총수요 진작효과 감소

디플레이션의 경제적 폐해로는 대체로 다음과 같은 점들이 지적되고 있다. 먼저 인플레이션은 그것이 예상된 것일 경우 명목금리와 1 : 1의 대응관계가 있기 때문에 실질금리 수준에는 영향을 미치지 못한다. 그러나 디플레이션이 장기간 지속되면 명목금리가 제로(zero) 수준까지 낮아지고 이후에는 더 이상 떨어질 수 없기 때문에 실질금리가 높아지면서 경제활동이 위축된다. 디플레이션으로 명목금리가 0에 접근할 경우 사람들은 구태여 현금을 은행에 저축할 필요성을 못 느끼기 때문에 시중에는 자금이 잘 돌지 않게 된다. 또한 디플레이션이 지속되는 상황에서는 향후 물건 값이 계속 떨어질 것을 예상해 가계는 소비지출을 뒤로 미루게 되므로 디플레이션이 더욱 심해지는 악순환에 빠지게 된다.

둘째, 디플레이션이 진행될 경우 고용주는 이에 상응하는 수준으로 명목임금을 삭감해야만 실질임금이 오르는 것을 막을 수 있다. 그러나 임금은 올리기는 쉬워도 내리는 것은 근로자의 반발 때문에 매우 어렵다. 따라서 디플레이션은 실질임금의 상승을 초래하며, 이는 고용 및 생산을 위축시키는 요인으로 작용한다.

셋째, 디플레이션은 명목금액으로 표시된 채무의 실질가치를 높인다. 따라서 디플레이션이 지속될 경우 외부차입에 많이 의존하고 있는 기업의 재무상태가 악화되어 기업활동이 위축되며, 심할 경우 채무불이행 위험의 증가로 신용경색이 발생하고 금융기관의 건전성이 악화된다. 또한 디플레이션으로

인한 채무의 실질상환부담 증대는 채무자의 부(富)를 채권자에게 이전시키는 부작용도 가져온다.

넷째, 디플레이션으로 명목금리가 제로 수준으로 하락하게 되면 중앙은행의 금리인하가 사실상 불가능해져 전통적인 통화정책으로는 총수요를 진작하는 데 제약을 받게 된다. 이에 대해서는 제2절(2.2 이자율과 총수요)에서 자세히 알아볼 것이다.

1.2 실업의 원인과 폐해

실업은 크게 자발적 실업과 비자발적 실업으로 분류할 수 있는데, 전자는 개인의 선택의 결과이므로 개인적 · 사회적으로 큰 문제가 되지 않는다. 반대로 비자발적인 실업은 개인적 · 사회적으로 큰 문제를 일으킨다. 이제 자발적 실업의 여러 측면을 살펴보고, 이어서 비자발적 실업의 경제적 비용을 알아보자.

1.2.1 자발적 실업

자발적 실업
임금, 근로조건 등을 이유로 스스로 실업 선택(예 : 마찰적 실업)

일반적으로 실업은 더 이상의 일자리가 없기 때문에 발생하지는 않는다. 일자리는 있어도 임금이 너무 낮다든가, 근로조건이 나쁘다든가 하는 이유로 근로자 자신이 실업을 택하는 경우가 많다. 이런 경우를 **자발적 실업**(voluntary unemployment)이라고 한다. 예를 들어 상품수요가 감소하여 기업가가 생산을 감축하기로 결정하고 일부 노동자를 해고하려고 하는데, 해고의 위기에 처한 노동자들이 전보다 낮은 임금조건을 받아들인다면 해고를 면할 수 있다고 하자. 그들은 보다 낮은 임금을 감수하든지, 그렇지 않으면 직장을 떠나야 한다. 지금까지 일하던 직장 말고도 낮은 임금을 감수하기만 한다면 취업할 수 있는 기회는 많다. 그가 원하기만 한다면 즉시 다른 직업을 얻을 수 있다. 그러나 그가 임금인하를 거부하고 즉시 다른 직업을 찾아 나서지 않은 채, 당분간 사태를 관망하고 일자리를 구하는 동안 실업하는 쪽을 택할 수 있다. 이처럼 어떤 노동자가 취업정보를 수집하면서 실업을 택하고 있을 때,

그는 **마찰적 실업**(frictional unemployment)의 상태에 있다고 한다. 마찰적 실업은 결코 경제적 비효율성을 의미하지 않는다. 그것은 사람들이 완전한 정보를 가지고 있지 않은 현실세계에서 예측할 수 없는 수요와 공급의 변화에 대처하는 방식으로 불가피한 현상이다.

마찰적 실업
취업정보를 수집하며 실업을 택하는 경우

고전학파의 세계에서처럼 임금이 신축적으로 움직이는 경제에서도 역시 마찰적 실업은 발생한다. 마찰적 실업은 자발적이고 불가피한 실업이고, 또한 대부분의 경우 자연적인 실업이므로 인위적으로 줄일 수가 없다. 이때 마찰적 실업만이 있는 상태를 **완전고용** 상태라고 하며, 완전고용 상태에서도 일할 의사가 없는 사람을 포착한 실업률을 **자연실업률**(natural rate of unemployment)이라고 부른다. 이런 의미에서 자연실업률은 노동시장에서 수요와 공급이 균형을 이루어 실제로 자발적 실업만 존재하는 경우의 실업률을 의미하기도 한다.

완전고용
마찰적 실업만 존재하는 상태

자연실업률
노동시장에서 수급이 균형을 이루어 실제로 자발적 실업만 존재하는 경우의 실업률

1.2.2 비자발적 실업의 원인과 비용

마찰적 실업은 자발적 실업이기 때문에 정책상 큰 문제가 되지 않는다. 그러나 정책적인 고려대상이 되는 몇 가지 중요한 비자발적 실업이 있다.

비자발적 실업
- 경기적 실업
- 구조적 실업

경기적 실업(cyclical unemployment)은 경기순환 과정에서 불경기에 발생하는 실업이며, 그 원인은 다양하나 가장 전형적인 것은 총수요의 부족이다. 물론 앞서 살펴본 마찰적 실업의 경우 노동자가 해고된 이유는 그가 생산하는 재화에 대한 수요가 감소했기 때문이다. 그러나 이 경우의 수요감소는 경제 전체에 걸친 것이 아니라 부분적인 것에 불과하다. 따라서 마찰적 실업은 대개 일시적인 산업별 · 기업별 생산감축으로 나타난다. 이와 달리 경기적 실업은 전반적인 총수요의 감소로 인해 발생하기 때문에 일반적으로 지속적인 대량실업이 나타난다.

경기적 실업
경기순환과정에서 불경기에 발생하는 지속적인 대량실업

경제가 완전고용 상태에 있다고 가정하고, 총수요가 감소하는 경우 왜 실업이 발생하는지 살펴보자. 총수요가 감소하면 판매부진으로 많은 재화가 재고로 누적되고, 결국 기업가는 줄어든 매출만큼 생산을 감축하게 된다. 이에 따라 생산요소의 투입량도 감소하여 기업가는 일부 노동자들을 해고할 수

경기적 실업의 발생과정
총수요 감소
→ 재고 증가
→ 생산 감축
→ 근로자 해고 및 실업

밖에 없다.

한편 해고된 노동자들은 처음에는 종전 수준의 임금을 받을 수 있는 다른 직장을 곧 찾을 수 있으리라고 기대한다. 경제 전체의 총수요가 감소하지 않은 경우라면 노동자들은 약간의 정보를 수집한 후 곧 새로운 직장에 취업할 수 있다. 그러나 총수요가 감소한 경우에는 그것이 불가능하다. 노동자들은 다른 직장에서도 역시 취업의 길이 막혀 있다는 사실을 깨닫게 된다. 그러나 노동자들은 처음에는 이러한 현상이 일반적인 추세라는 사실을 깨닫지 못하고 좀더 찾아보면 보다 높은 임금을 주는 직장이 나타나리라고 생각한다. 그들이 총수요와 취업기회가 경제 전반에 걸쳐 감소했다는 사실을 깨닫게 되는 것은 보다 많은 정보를 수집한 후의 일이다. 총수요 감소가 장기적일수록 실업도 장기적이 된다.

그런데 경기적 실업의 심각성은 여기에서 그치지 않는다. 기업가들이 재화시장에서 상품을 판매할 수 없어서 노동에 대한 수요를 줄이는 한편, 노동시장에서 노동을 통해 임금을 받을 수 없게 된 노동자는 소비재에 대한 수요를 줄인다. 실업자들이 소비수요를 줄이면서 침체된 산업의 상품수요는 더욱 감소하고 원래 수요가 충분하던 재화의 수요까지 줄어든다.

이와 같이 총수요의 감소는 실업을 발생시키며 실업이 발생함에 따라 총수요는 더욱 감소하고, 그것은 다시 실업을 증가시키는 식으로 총수요와 실업 간 악순환이 일어난다. 이것이 바로 경기적 실업의 본질이다. 결국 노동자는 일할 능력과 의사를 가지고 있더라도 일자리를 찾을 수 없기 때문에 비자발적으로, 그리고 대량으로 실업의 상태에 있게 된다.

구조적 실업
소비유형의 변동 등 특수한 종류의 노동에 대한 수요 부족으로 발생하는 실업

구조적 실업(structural unemployment)은 전체 노동에 대한 수요가 부족하여 발생하는 것이 아니라 어떤 특수한 종류의 노동에 대한 수요가 부족하여 발생하는 실업을 말한다. 예컨대 경제가 발전하고 소득이 증가함에 따라 사람들의 소비유형은 변한다. 그에 따라 어떤 재화에 대한 수요는 감소하고 또 어떤 재화에 대한 수요는 증가하는데, 수요가 감소한 재화를 생산하는 노동자에 대한 수요는 당연히 감소하므로 이 부문에 실업이 존재하게 된다. 또한 경제활동의 입지가 이동했음에도 기존 지역의 주민이 다른 곳으로 이주하지 않으면 해당 지역의 경제는 침체되고 다수의 주민이 실업을 면치 못하게 된다.

앞의 예에서 볼 수 있듯이 경제 전체에는 노동에 대한 수요가 상당히 높더라도 노동에 대한 수요 및 공급의 내부구조는 어느 때나 변동할 수 있다. 이에 따라 부문별로 노동에 대한 수요와 공급의 불균형은 항상 발생할 수 있다. 그 결과 경제의 어떤 부문에서는 노동자가 모자라는 반면, 또 어떤 부문에서는 상당수의 실업자가 생기게 된다.

그런데 만약 노동자들이 노동이 과다한 부문에서 노동이 부족한 부문으로 쉽사리 이동할 수 있다면 구조적 실업은 별로 심각한 문제가 아니다. 그러나 실제로 노동자는 다른 부문으로 쉽게 이동할 수 없다. 이러한 노동의 이동성 부족(immobility)으로 인해 특정 산업의 노동공급이 항상 노동수요 수준과 일치하기는 어렵다. 따라서 특정 부문에서의 실업률은 경제 전체의 실업률에 비해 상대적으로 높게 나타나며, 이와 같은 구조적 실업은 마찰적 실업이나 경기적 실업보다 더 장기적으로 지속된다. 앞서 마찰적 실업만 있는 완전고용 상태의 실업률로 정의된 자연실업률에 구조적 실업을 포함시키기도 한다.

1.3 금융불안의 폐해

금융불안의 폐해
- 금융중개기능 마비 시 대외교역 · 자본거래 위축, 국가신용도 하락에 따른 통화가치 급락
- 금융기관을 통한 화폐금융정책의 수행이 어려워지고 정책의 파급경로도 원활하게 작동하지 않음

금융불안은 다음과 같은 측면에서 금융부문과 실물경제에 해악을 끼칠 수 있다. 첫째, 발달된 금융은 자원배분의 효율성을 높여 경제성장을 뒷받침하지만, 안정되지 못하면 극단적인 경우 경제위기의 진원지가 될 수도 있다. 금융중개기능이 마비되면 대외교역 및 자본거래가 위축되고 국가신용도가 하락하여 자국통화의 가치가 급락하는 등 경제파탄이 초래될 수 있다. 실제로 글로벌 금융위기의 진행과정에서 명백히 드러났듯이, 위기는 성장률 하락과 실업률 급등을 수반하고 이로 인한 국가경제의 손실규모는 천문학적 수치에 다다르게 된다.

둘째, 제2절(2.1 화폐금융정책의 수단)에서 자세히 알아보겠지만, 금융부문이 불안하거나 제 기능을 수행하지 못하면 중앙은행과 금융기관 간 거래로 시중자금을 조절하는 공개시장조작정책 수행이 어려워질 뿐만 아니라 화폐금융정책의 파급경로가 원활히 작동하지 않기 때문에 화폐금융정책의 효과

를 기대만큼 얻을 수 없다. 이는 마치 운전자가 올바른 방향으로 운전대를 조정하더라도 운전대와 바퀴를 연결하는 조향장치에 고장이 발생하면 자동차가 엉뚱한 방향으로 달리게 되는 것과 같은 이치이다.

셋째, 금융시장에서 형성되는 금융자산의 가격이나 거래량 등은 향후 경제상황에 대한 시장의 평가와 전망 등을 집약적으로 보여주는 중요한 정보로서의 역할을 한다. 만약 금융시장이 불안하여 여기에서 형성되는 정보가 왜곡되거나 잘못된 신호를 주게 되면 이를 바탕으로 하는 화폐금융정책 역시 실패할 가능성이 높아진다.

그렇다면 금융안정은 무엇으로 이루어지는가?

금융안정의 핵심 요소
- 개별 금융기관의 건전성
- 금융시장 및 금융거래의 안정성
- 거시건전성
- 각종 제도의 정합성

금융안정을 일목요연하게 정의하기는 힘들지만 금융안정을 이루는 핵심요소로서 개별 금융기관의 건전성, 금융시장 및 금융거래의 안정성, 가계·기업·금융기관·해외부문을 포함하는 개별 경제주체의 행위와 이들 간 상호작용의 결과로 나타나는 거시건전성, 그리고 금융기관과 금융시장을 규율하는 각종 제도의 정합성 등을 들 수 있다. 특히 글로벌 금융위기 이후 개별 금융기관에 대한 미시건전성 규제만으로는 금융시스템 전반의 리스크 축적과 리스크의 현재화로 인한 금융위기의 광범위한 확산을 방지하는 데 한계가 있다는 인식이 공감대를 얻게 되었다.

이에 따라 금융안정을 도모함에 있어 개별 금융기관에 대한 건전성에 더하여 금융시스템 전체의 건전성, 즉 거시건전성의 중요성이 부각되었다. 이는 개별 금융기관의 최적화된 활동과 그 결과로 나타나는 현상들이 반드시 금융시스템 전체의 안정을 보장하지 못한다는 구성의 오류(fallacy of composition)가 존재하기 때문이기도 하다. 또한 개별 금융기관이 자신의 영업행위가 금융시장 및 경제 전반에 미칠 수 있는 부정적 영향을 충분히 내재화(internalization)하지 못하고 있다는 점도 거시건전성 측면에서 금융안정을 도모할 필요가 있다는 점을 일깨워 주고 있다.

2 총수요 · 총공급 모형과 화폐금융정책의 효과

화폐금융정책의 궁극적 목표는 통화량 또는 이자율의 변화가 실물부문에 전달되어 총생산이나 고용, 그리고 물가지수 등에 영향을 미쳐서 완전고용, 물가안정, 국제수지 개선 등의 목표를 달성하는 데 있다. 그러나 실제로 통화량이나 그 밖의 변수를 어떻게 얼마만큼 변화시킬 것인가를 판단하기 위해서는 이들이 어떤 경로를 거쳐서 얼마만큼의 영향을 실물부문에 미치는가를 알아야 한다. 이때 통화량이나 기타 변수의 변화가 실물부문에 전달되는 경로를 **화폐금융정책의 파급경로**(transmission mechanism of monetary policy)라 한다.

화폐금융정책의 파급경로
통화량 등의 변화가 이자율, 총수요 등 실물부문에 전달되는 경로

2.1 화폐금융정책의 수단

화폐금융정책은 통화당국(중앙은행)이 통화량, 이자율 및 기타 관련 변수의 조정을 통해 완전고용, 물가안정, 국제수지개선 등을 목표로 하는 정책이다. 중앙은행은 여러 가지 정책수단을 사용하여 통화량을 조정한다. 대표적인 정책수단으로 공개시장운영, 재할인율정책, 지급준비율정책, 그리고 직접규제방식이 있다.

통화량 조절수단
- 공개시장조작
- 재할인율정책
- 지급준비율정책
- 각종한도제

2.1.1 공개시장운영

공개시장운영(open market operation)이란 중앙은행이 공개시장에서 유가증권을 매입 또는 매각하는 것을 말한다. 구체적으로 중앙은행이 매매하기에 가장 알맞은 유가증권은 국채이다. 국채를 매매하는 것, 즉 공개시장운영이 통화량을 증감시키는 가장 간편한 방법이라는 것은 오랜 경험을 통해 검증되었다.

공개시장운영
중앙은행이 공개시장에서 유가증권 매입 또는 매각을 통해 본원통화량을 조절하는 것

가령 중앙은행이 100만원 상당의 단기국채를 공개시장에서 매입했다고 하자. 중앙은행은 국채의 매입대금을 수표로 지불한다. 국채를 매도한 유나

표 15-2

중앙은행의 국채 매입

국채 매입의 결과 통화량(유나의 요구불예금)과 은행의 실제지급준비금(중앙은행예치금)은 증가한다. 이를 바탕으로 한 은행의 신용창조로 통화량은 통화승수배만큼 증가하게 된다.

중앙은행

자산		부채	
국채	+1,000,000	A은행예치금	+1,000,000

A은행

자산		부채	
중앙은행예치금	+1,000,000	유나의 요구불예금	+1,000,000

는 그 수표를 자신의 거래은행인 A은행에 예금한다. 그 결과 A은행에서 유나의 요구불예금이 증가한다. A은행은 유나에게서 받은 중앙은행 수표를 중앙은행에 보내고 A은행의 중앙은행예치금을 증가시키는 형식으로 수표를 결제한다. 일련의 거래가 모두 끝났을 때 중앙은행과 A은행의 대차대조표상에는 [표 15-2]와 같은 변화가 일어난다. 이와 같은 공개시장운영으로 통화량(유나의 요구불예금)과 은행의 실제지급준비금(중앙은행예치금)이 다같이 100만원씩 증가했다. 그리고 이를 바탕으로 한 은행의 신용창조로 인해 통화량은 통화승수배만큼 증가하게 된다. 중앙은행이 국채를 매각할 때에는 위와 정반대의 결과가 발생한다.

공개시장운영은 또한 직접적으로 이자율을 변화시킨다. 위의 예에서와 같이 중앙은행이 국채를 매입할 경우 국채에 대한 수요가 증가해 국채가격을 상승시키는데, 국채가격의 상승은 국채의 수익률, 즉 이자율을 하락시킨다. 이러한 공개시장매입에 따른 이자율 하락은 제 13 장(4.3 균형이자율의 결정)의 [그림 13-4]에서와 반대로 통화량이 증가할 때 화폐시장의 균형이자율이 하락하는 것과 일치한다.

2.1.2 법정지급준비율과 재할인율의 조정

법정지급준비제도

은행이 예금 중 일정 비율을 현금자산으로 보유하거나 중앙은행에 예치

법정지급준비제도란 은행이 (요구불 및 저축성)예금의 일정 비율을 현금자산, 즉 시재금(vault cash)으로 보유하거나 중앙은행에 예치하도록 법령으로

규정하는 제도를 말한다. 거의 모든 나라에서 법정지급준비율 수준을 결정할 수 있는 권한이 중앙은행에 있고, 중앙은행은 화폐의 공급량을 통제하는 데 법정지급준비제도를 이용한다.

법정지급준비율을 인하하면 은행의 초과지급준비금이 이전보다 증가하고 통화승수의 크기도 증가한다. 이와 반대로 법정지급준비율을 인상하면 은행의 초과지급준비금이 감소하고 통화승수도 감소한다. 따라서 중앙은행은 통화량을 늘리고 싶을 때는 법정지급준비율을 인하하고, 통화량을 줄이고 싶을 때는 법정지급준비율을 인상한다.

법정지급준비율은 직접적으로 법정지급준비금의 크기를 변화시키는 반면, 재할인율의 변화는 실제지급준비금의 크기를 변화시킨다. **재할인율**(rediscount rate)이란 일반은행이 중앙은행으로부터 현금을 차입할 때 지불하는 이자율이다. 마치 민간인이 은행으로부터 대출을 받을 때에 이자를 지불해야 하듯이, 은행이 중앙은행으로부터 대출을 받을 때도 이자를 지불해야 한다. 재할인율이 높을수록 중앙은행으로부터 차입하는 자금의 비용이 높아지므로 민간은행은 중앙은행으로부터의 차입을 꺼리게 된다. 재할인율은 중앙은행의 재량에 의하여 결정된다. 가령 재할인율이 인하되었을 때 민간은행이 중앙은행으로부터 100만원을 대출받는다면, 그 은행의 대차대조표에는 [표 15-3]과 같은 변화가 일어난다. 이때 중앙은행예치금의 증가는 실제지급준비금의 증가를 의미하므로 주어진 법정지급준비율 하에서 민간은행의 신용창조 능력이 확대될 것이다. 따라서 재할인율 인하는 민간은행의 중앙은행차입을 자극하여 통화량을 증가시킨다.

재할인율
일반은행이 중앙은행으로부터 현금차입 시 지불하는 이자율

표 15-3

자산		부채	
중앙은행예치금	+1,000,000	중앙은행차입금	+1,000,000

재할인율의 인하
재할인율이 인하되면 민간은행은 중앙은행으로부터의 차입을 늘린다.

2.1.3 각종 한도제

앞에서 살펴본 것처럼 화폐금융정책의 수단들은 간접적으로 통화량을 규제하는 방식으로 선진국에서 널리 사용되고 있다. 이들 수단들은 시장기구의 조작을 통해 민간경제주체들의 행동을 간접적으로 조정한다. 이 중에서 가장 중요한 것은 공개시장조작인데, 이 수단이 효과적으로 사용되기 위해서는 규모가 크고 효율적으로 조직된 국공채시장이 있어야 한다. 따라서 국공채시장이 충분히 발달하지 않은 경우나 국공채시장이 존재하기는 하지만 공개시장조작만 가지고는 충분한 효과를 기대할 수 없는 특수한 경우에는 보다 직접적인 수단을 채택한다.

한도제
민간은행의 자산 또는 국내총여신량이 일정 한도를 넘지 않도록 상한선을 설정하는 것

이와 같은 직접적인 수단이 바로 여러 가지의 한도제이다. **한도제**(ceiling)라 함은 통화량, 중앙은행의 국내자산, 민간은행의 자산, 또는 국내총여신량이 일정 한도를 넘지 못하도록 그 상한선을 설정하는 것을 말한다. 이러한 여러 가지 한도제는 대부분의 경우 특정 부문(예를 들어 중소기업, 수출산업)에 대하여 선별적으로 실시된다. 따라서 각종 한도제는 결국 통화당국이 통화량이나 기타 변수에 상한선을 정하고 이를 기준으로 자금의 초과수요가 상존하는 상태에서 부족한 자금을 자의적으로 할당하는 결과를 가져온다. 이들 정책은 강력하고 효과적인 것처럼 보일지 모르나, 매우 경직적인 면을 지니고 있어 장기적으로는 금융산업의 발전을 저해하고 자원배분의 효율성을 저하시키는 등 부작용이 매우 크다.

2.2 이자율과 총수요

제 13 장(4. 유동성선호이론 : 화폐시장과 이자율)에서 살펴보았듯이 케인즈의 유동성선호이론에 의하면 통화량의 변화는 재화나 서비스에 대한 지출에 직접 영향을 미치는 것이 아니라, 투자적 동기에 의한 화폐수요의 변화를 통해 먼저 이자율을 변화시킨다. 특히 이자율의 변화는 투자지출에 영향을 미치고 이것이 다시 승수효과를 통해 총생산에 영향을 미친다. 예를 들어 통화량의 감소는 '이자율 상승 → 투자감소 → 총생산 감소' 와 같은 경로를 거쳐

실물부문에 영향을 미친다.

이 밖에 이자율의 변화가 총수요의 다른 구성요소인 소비와 순수출에 미치는 영향은 무엇인가? 먼저 가계소비자들이 자동차나 가구와 같은 내구재를 구입할 때 차입을 하는 경우가 많으므로 이자율이 오르면 소비자들이 대출에 대해 지불해야 하는 이자가 늘어난다. 따라서 이자율이 상승하면 가계소비자들은 이러한 내구재에 대한 지출을 줄일 것이다.

제 14 장(1.3 순수출)에서도 살펴보았듯이 국가경제의 순수출은 자국 통화와 해외 통화 간의 환율에 영향을 받는다. 자국 통화의 가치가 상승하면 해외 소비자와 기업은 자국에서 생산된 상품에 대해 전보다 더 많이 지불해야 하는 반면 자국의 소비자와 기업은 외국 상품에 대해 더 적게 지불한다. 그 결과 자국의 수출이 줄고 수입은 늘어나면서 순수출이 감소한다. 이때 국내 이자율이 해외 이자율보다 높은 수준으로 상승하면 외국 투자자들이 상대적으로 수익이 높은 국내 금융자산을 구입하기 위해 자국 통화에 대한 수요를 증가시킨다. 이는 자국 통화의 가치를 상승시키면서 순수출의 감소를 가져온다.

전달경로의 예
통화량 감소
→ 이자율 상승
→ 소비, 투자, 순수출 감소
→ 총수요곡선 좌측이동

요약하면 이자율 상승은 총수요의 구성항목인 소비, 투자, 순수출을 감소시킨다. 따라서 주어진 정부구입 하에서 이자율 상승은 총수요곡선을 왼쪽으로 이동시키고, 이자율 하락은 총수요곡선을 오른쪽으로 이동시킨다.

2.3 화폐금융정책의 효과

이제 제 14 장(경기변동이론 : 총수요 · 총공급 모형)에서 도출한 총수요 · 총공급 모형을 이용해 중앙은행이 통화량을 증가시키는 확장적 화폐금융정책(expansionary monetary policy)과 긴축적 화폐금융정책(tightening monetary policy)이 국가경제의 실질 GDP와 물가수준에 미치는 효과를 분석해 보자.

통화량 증가(감소)
→ 이자율 하락(상승)
→ 소비, 투자, 순수출 증가(감소)
→ 총수요 증가(감소)
→ 실질 GDP 증가(감소)
물가수준 상승(하락)

중앙은행은 경제동향을 주시하면서 미래의 실질 GDP와 물가수준을 예측한다. 예를 들어 총수요가 경제의 잠재적 실질 GDP(또는 완전고용 실질 GDP)를 밑돌 것으로 예상되면, 중앙은행은 화폐금융정책을 확장기조로 변경할 필요가 있는지를 고려한다. [그림 15-1]의 (a)에서 A와 같이 다음 해에 실질 GDP가 잠재적 실질 GDP보다 12조원 적을 것으로 예상되어 중앙은행이 총수요 진작을 위해 통화량을 증가시켜 이자율을 내리는 정책을 수행한다고 하자. 이자율 하락은 소비, 투자, 순수출의 증가를 통해 총수요를 증가시

그림 15-1

(a) 확장적 화폐금융정책의 효과 중앙은행은 *A*에서 총수요 진작을 목적으로 통화량 증가를 통해 이자율을 내리는 정책을 수행할 수 있다. 이때 이자율 하락은 소비, 투자, 순수출의 증가를 통해 총수요곡선의 우측이동을 가져온다. 그 결과 실질 GDP가 잠재적 GDP 수준으로 증가하는 반면, 물가수준은 100으로 이전보다 높아진다.

(b) 긴축적 화폐금융정책의 효과 중앙은행은 *A*에서 물가안정을 위해 통화긴축 정책으로 이자율 상승을 가져올 수 있다. 이때 이자율 상승은 소비, 투자, 순수출 감소를 통해 총수요곡선의 좌측이동을 가져온다. 그 결과 실질 GDP가 잠재적 GDP 수준으로 감소하고 물가수준은 100으로 이전보다 낮아진다.

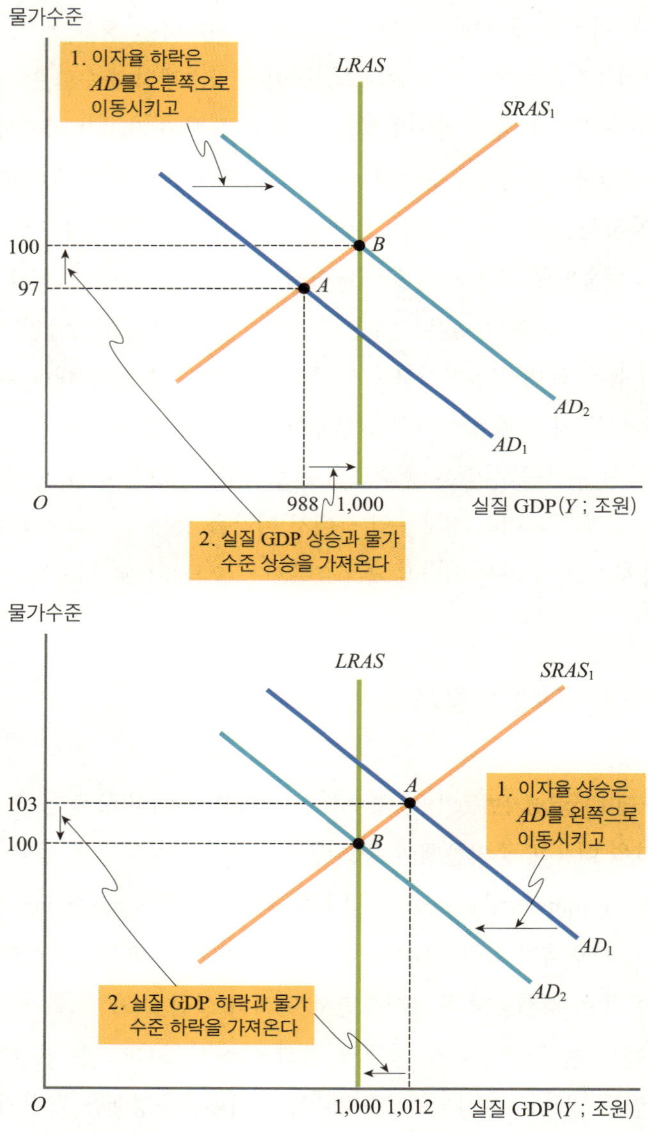

현 실 과 경 제 학

세계적인 저금리 정책기조와 글로벌 금융위기

미국 연방준비제도(Fed)의 연방공개시장위원회(FOMC)가 결정하는 기준금리인 연방기금금리(Federal funds rate)는 2008년 12월 이후부터 2015년 11월까지 0~0.25%의 최저수준으로 유지되다가 2015년 12월 7년 만에 처음으로 오르기 시작하여 총 9차례 인상되었다. 그러나 미 연준은 2019년 8월 10년 7개월 만에 미중 무역전쟁과 글로벌 경기둔화에 대한 선제 대응으로 연방기금금리를 기존 2.25~2.50%에서 2.00~2.25%로 0.25%포인트 내리면서 저금리 정책기조를 예고했다. 제로금리에 가까운 초저금리 정책은 미국에 국한된 것이 아니다. 우리나라를 포함하여 유럽, 영국, 일본 등 세계의 주요 국가들이 이와 같은 저금리 정책을 동시에 유지하고 있는 이유는, 금리 하락을 통해 소비·투자를 활성화하려는 데 그 목적이 있기 때문이다.

많은 경제학자들은 현재의 저금리 현상을 가져온 2008 글로벌 금융위기의 주요 원인으로 2000년대 초반 미국의 저금리 정책을 지목한다. 2000년 닷컴 버블의 붕괴로 2001년 경기가 위축되자, 미국 연준은 2001년 12월 기준금리를 1.75%로 인하하기 시작하여 2004년 하반기까지 1.00~1.75%의 저금리 수준을 유지했다. 이러한 저금리 덕분에 2001~2002년 중 연평균 1%에 머물던 미국의 경제성장률은 2003년 2.6%, 2004년 3.5%로 빠른 회복세를 보였다. 저금리 정책에 따른 경제성장에도 불구하고 중국에서 수입한 값싼 소비재 덕분에 미국의 물가는 2%대의 안정상태를 유지하였다.

그러나 이러한 저금리 기조로 미국 주택시장의 과열과 세계적으로 달러 자금이 대량 공급되는 과잉유동성 상황이 야기되었다. 가계는 빚에 의존하여 무리한 주택구입을 하게 되었고, 이에 힘입어 건설경기가 활발해지면서 경제는 성장세를 이어갔다. 하지만 2007년 가계의 과도한 부채가 감당하기 힘든 수준에 이르게 되자, 주택시장의 거품이 붕괴하고 말았다. 가계 파산, 주택가격 하락이 이어지면서 가계대출을 과도하게 실행한 미국 금융기관뿐만 아니라 주택대출과 연계된 모기지 채권에 투자비중이 높았던 유럽계 은행이 부실화된 것은 당연한 결과였다.

| 그림 | 주요국의 기준금리

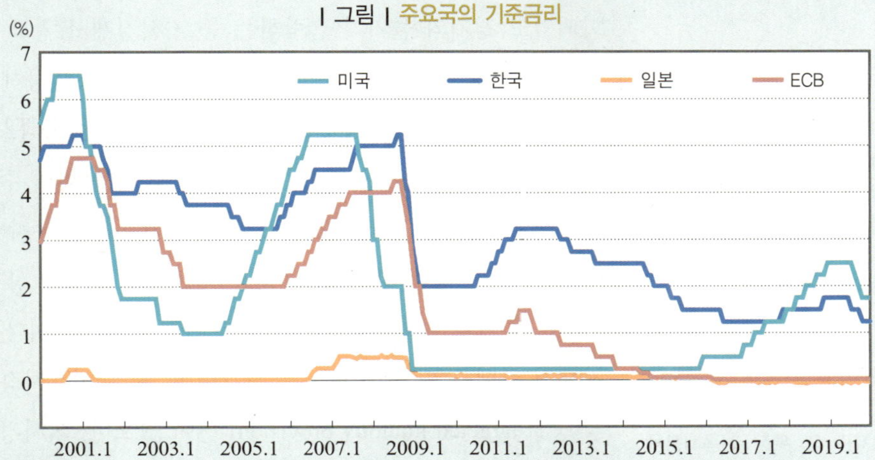

출처 : 각국 중앙은행

출처 : 문소상, "세계적인 저금리 추세", 『KDI 클릭경제교육』, KDI 경제정보센터, 2012. 11.

키면서 총수요곡선을 AD_1에서 AD_2로 우측이동시키고, 그 결과 거시경제균형이 B로 이동하면서 실질 GDP가 잠재적 GDP 수준으로 증가하는 반면 물가수준은 100으로 이전보다 높아진다.

한편 [그림 15-1]의 (b)에서 A와 같이 다음 해에 실질 GDP가 잠재적 실질 GDP보다 12조원 더 증가하고 물가상승이 예상되어 중앙은행이 물가안정을 위해 통화량을 감소시켜 이자율을 인상하는 정책을 수행한다고 하자. 이자율 상승은 소비, 투자, 순수출을 감소시킬 것이므로 총수요곡선은 AD_1에서 AD_2로 좌측이동하며, 그 결과 거시경제균형이 B로 이동하면서 실질 GDP가 잠재적 GDP 수준으로 감소하고 물가수준은 100으로 이전보다 낮아진다.

2.4 비전통적 화폐금융정책*

비전통적 화폐금융정책
2008년 글로벌 금융위기와 대침체 시 주요국 중앙은행이 기존에 활용된 화폐금융정책(예를 들어 정책금리 조정) 이외의 화폐금융정책을 도입

금융안정을 위한 비전통적 화폐금융정책
금융기관 및 특정 신용시장을 대상으로 한 유동성 공급

2008년 글로벌 금융위기와 대침체에 대응하여 각국 중앙은행은 정책금리를 큰 폭으로 인하하는 등 화폐금융정책 기조를 크게 완화하였다. 그러나 국제금융시장에서 주가가 폭락하고 신용경색이 확산되는 등 금융불안이 심화되었고 경기와 물가가 급락하는 등 거시경제 상황도 계속 악화되었다. 이에 주요국 중앙은행은 정책금리 조정 등 기존에 활용해 왔던 전통적 화폐금융정책 이외의 **비전통적**(unconventional) **화폐금융정책**을 도입하였다. 이러한 비전통적 화폐금융정책은 크게 두 가지 목적을 위해 수행되었다. 하나는 신용경색 완화 등을 통해 금융시장의 중개기능을 회복시키는 것이며, 다른 하나는 금리가 **제로 하한**(zero lower bound)에 도달한 상황에서 화폐금융정책 기조를 추가로 완화하여 거시경제를 안정시키는 것이다. 금융안정을 위한 비전통적 화폐금융정책으로는 금융기관 및 특정 신용시장을 대상으로 한 유동성 공급(targeted liquidity provision) 등이 있으며, 거시경제 안정을 위한 비전통적 화폐금융정책으로는 국채 매입 등을 통한 양적완화(quantitative easing ; QE), 사전적 정책방향 제시(forward guidance), 마이너스 금리정책 등이 있다.

* 한국은행, 『한국의 통화정책』, 2017. 12, pp.135~141.

양적완화(QE)는 정책금리가 제로 하한에 도달하거나 근접하여 중앙은행이 추가적으로 금리를 인하하기 어려운 상황에서 화폐금융정책의 완화 정도를 추가로 확대하기 위하여 국채 매입 등을 통해 장기시장금리의 하락을 유도하는 정책이다. 먼저 중앙은행이 국채 매입을 통해 양적완화를 실시할 경우 민간 경제주체에 화폐금융정책의 완화 기조가 상당 기간 유지될 것이라는 신호를 줄 수 있다. 둘째, 중앙은행이 국채 등 특정 자산을 대규모로 매입할 경우 해당 자산이 희소해지면서 민간 경제주체는 포트폴리오 조정을 위하여 다른 위험자산 등을 매입하게 되고 이들 자산의 가격이 상승하는 효과가 나타날 수 있다. 셋째, 금융시장에서 유동성 사정이 개선되고 위험회피 심리가 완화될 경우 금융기관의 대출이 증가하고 대출금리 하락도 기대할 수 있다. 넷째, 중앙은행의 완화적 화폐금융정책 기조 강화에 따라 민간 경제주체들의 향후 경기회복에 대한 기대가 높아질 경우 소비 및 투자 심리 개선도 기대할 수 있다.

제로 금리 상황에서 거시경제 안정을 위한 비전통적 화폐금융정책

- 국채 매입 등을 통한 양적완화
- 사전적 정책방향 제시
- 마이너스 정책금리

중앙은행의 **사전적 정책방향 제시**(forward guidance)는 향후 화폐금융정책 방향에 대해 중앙은행이 명시적으로 시그널을 전달하는 것이다. 중앙은행이 정책금리를 상당 기간 낮은 수준으로 유지할 것이라는 사전적 정책방향을 명확히 제시할 경우 단기시장금리의 미래 기대경로를 낮추고 정책금리 경로 관련 불확실성이 줄어들어 장기금리의 하락에 기여할 수 있다.

끝으로 **마이너스 정책금리**는 중앙은행이 금융기관 등과의 거래에 적용하는 금리를 음(−)의 영역까지 인하하는 것으로 글로벌 금융위기 이후 유럽중앙은행(ECB)과 일본, 스웨덴, 덴마크, 스위스 등의 중앙은행이 화폐금융정책의 완화 정도를 확대하는 과정에서 이를 도입하였다. 이들 중앙은행은 정책금리를 제로 수준으로 인하한 이후에도 경기회복이 지연되고 디플레이션 우려가 심화되자 정책금리를 마이너스 수준으로 인하하였다.

현실과경제학

대침체와 양적완화, 그리고 화폐금융정책의 정상화

2008년 글로벌 금융위기에 따른 대침체의 충격을 완화시키기 위하여 선진국들을 중심으로 세계 각국은 대규모 재정진작과 확장적 화폐금융정책 및 양적완화 정책을 수행하였다. 특히 미 연준은 2007년 9월부터 2008년 12월까지 1년 조금 넘는 기간 동안 10회에 걸쳐 금리를 4.75%에서 0~0.25%로 인하했다. 그러나 금융시장의 신용경색이 좀처럼 완화되지 않자 자산매입을 통한 유동성 공급조치, 즉 양적완화를 2008년 12월부터 2014년 10월까지 세 차례에 걸쳐 시행하였다. 이는 규모면에서 1930년 대공황 이후 처음으로 시행된 것이었다.

미 연준은 2008년 11월부터 2010년 3월에 걸쳐 실시한 1차 양적완화정책(QE1)을 통해 총 1.7조 달러에 달하는 자산(장기국채, 주택담보부채권(mortgage-backed securities ; MBS) 등)을 매입하였다. 이후 2010년 11월에서 2011년 6월에 걸친 2차 양적완화(QE2)를 통해 6천억 달러 규모의 장기국채를 매입했으며, 2012년 9월부터 2014년 10월까지 실시된 3차 양적완화(QE3)를 통해 매월 최대 850억 달러에 달하는 자산을 추가로 매입했다. 이와 같은 3차례의 양적완화정책으로 인해 미 연준의 자산규모는 금융위기 이전인 2008년 3월의 0.9조 달러에서 2017년 1월에는 4.5조 달러로 5배 가량 증가했다.

이 밖에 정책금리가 이미 제로 수준에 근접한 영란은행과 일본은행, 유럽중앙은행도 경기회복을 지원하기 위해 여러 양적완화정책을 시행했다. 그중 일본은 양적완화를 비롯한 통화정책과 더불어 강력한 재정정책을 병행한 소위 아베노믹스(Abenomics)를 추진하여 저성장 · 저물가 기조 탈출을 모색하였다.

이후 실업률이 하락하고 물가가 상승하는 등 미국경제가 완연한 회복세를 보임에 따라 양적완화를 비롯한 위기 시의 조치들을 평상시로 되돌리는 미 연준의 통화정책 정상화가 진행되었다. 우선 미 연준은 2015년 12월과 2016년 12월에 금리를 한 차례씩 인상하였으며, 2017년에는 세 차례에 걸쳐 금리를 추가로 인상하였다. 또한 양적완화로 인해 크게 증가한 자산규모를 줄이기 위한 자산축소 프로그램을 2017년 10월부터 실시하였다.

〈그림 1〉 주요국 중앙은행의 정책금리

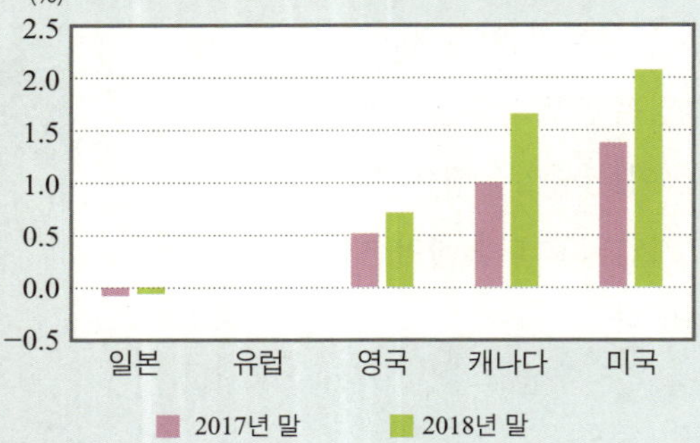

자료 : Bloomberg.

〈그림 2〉 주요국 중앙은행의 자산증가율

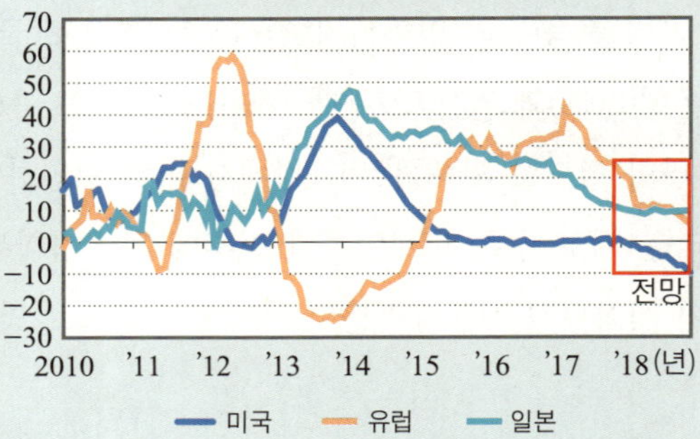

주 : 2018년은 현재 예정된 계획 및 최근 추세 반영
자료 : Bloomberg.

출처 : 이상원 · 황유선, "글로벌 통화정책 정상화 흐름 속 엔화 전망", 국제금융센터, 2018. 1.

3 총수요 · 총공급 모형과 재정정책의 효과

재정정책이란 정부가 완전고용과 경제성장, 복지사회건설 등의 목표를 달성하기 위해 정부지출 및 조세, 그리고 이에 관련된 정책수단을 사용하는 정책을 말한다. 정부는 경기동향을 주시하면서 미래의 실질 GDP와 고용, 물가수준 등을 예측한다. 예를 들어 총수요가 경제의 잠재적 실질 GDP(또는 완전고용 수준의 실질 GDP)를 밑도는 수준에서 실업이 증가할 경우, 정부가 지출을 증가시키거나 조세삭감을 통해 총수요를 진작시킬 필요가 있는지를 고려할 것이다. 이제 제14장의 총지출모형과 총수요 · 총공급 모형을 이용하여 정부지출을 늘리거나 세금을 적게 부과하는 확장적 재정정책(expansionary fiscal policy)이 국가경제의 실질 GDP와 고용, 그리고 물가수준에 미치는 효과를 분석해 보자.

3.1 재정정책의 수단

정부가 직접 이용할 수 있는 수단에는 정부지출과 민간으로부터의 조세 징수가 있다.

3.1.1 정부지출

정부지출의 항목은 대개 다음 세 가지로 구분된다. ① 해당 기간의 재화 및 서비스를 구입하기 위한 지출, ② 어떤 특정한 개인이나 단체에 대하여 지출하는 보조금(subsidy), ③ 직접 또는 간접으로 민간에 대여하는 것 등이다.

정부지출의 크기와 구조는 거시적으로는 국민총생산 수준에, 그리고 미시적으로는 자원배분과 소득분배에 커다란 영향을 미친다. 거시적인 측면은 개괄적으로 다음과 같이 말할 수 있다. 앞의 세 가지 지출 중에서 ①을 증가시키면 그 자체가 당해 기간의 국민소득을 증가시킨다. $Y = C + I = G$에서의 G는 이것을 지칭한다. ②의 지출은 **이전지출**(transfer payment)이라고 부

정부지출의 종류

- 경상지출, 자본지출 : 재화 및 서비스에 대한 소비 · 투자 지출
- 이전지출 : 개인 및 기업에 대한 이전지출과 보조금
- 직 · 간접 민간대여

른다. 이전지출과 ③의 지출의 증가는 직접 국민총생산(총소득)을 증가시키지는 않지만, 그 수혜자(개인 또는 기업)는 이를 근거로 소비 또는 투자를 증가시키기 때문에 ②, ③의 지출도 결국 국민총생산의 수준을 높인다.

미시적인 측면에서 정부지출이 자원배분과 소득분배에 미치는 영향 중 가장 대표적인 몇 가지 사항은 다음과 같다. 첫째, ①의 지출, 즉 해당 기간 중에 생산되는 재화 및 서비스에 대한 지출은 공무원들의 급여를 포함하는 정부의 소비지출 또는 **경상지출**(current expenditure)과 공공투자를 위한 투자지출 또는 **자본지출**(capital expenditure)로 구성되어 있다. 정부의 소비지출은 그것이 대부분 국방, 치안, 일반행정, 교육 등과 같은 공공서비스를 공급하기 위하여 지출된다. 정부의 투자지출은 정부지출 중에서도 국민소득에 대한 효과가 가장 강력한 지출 중의 하나이다. 정부투자는 도로, 항만, 통신, 운수 등의 공공사업에 대한 투자나 교육에 대한 투자를 막론하고 주로 유형 · 무형의 사회간접자본을 형성하기 위한 지출이며, 이것이 경제성장에 기여하는 정도는 매우 크다. 또한 도로, 학교, 병원 등의 건설은 일반 국민의 공공수요를 충족시킨다는 의미도 있다. 어떤 특정 지역 또는 특정 산업에 대한 투자는 그 지역이나 산업을 보호하는 데 기여하고, 값싼 주택을 건설하기 위한 지출 등은 소득재분배의 의미를 함축한다.

둘째, ②에 해당하는 이전지출에는 두 가지가 있다. 하나는 실업자, 노령자 및 질환자 등의 개인에 대한 이전지출이고, 다른 하나는 수출보조금, 특정 산업에 대한 투자보조금 등과 같이 기업이나 기타 단체에 대한 이전지출이다. 개인에 대한 이전지출은 납세자인 일반 국민으로부터 저소득층으로 소득을 이전시키는 작용을 하기 때문에 소득재분배의 의미가 크다고 볼 수 있다. 그 중 사회보장지출은 피보험자의 부담에 비하여 조세로 충당되는 부분이 많을수록 소득재분배의 효과가 크다. 기업에 대한 선별적 이전지출은 어떤 특정 산업 또는 특정 경제활동에 대한 보호 또는 육성책으로 사용된다.

끝으로 ③의 지출, 즉 정부가 민간부문의 개별 주체나 단체에 대여하는 것 역시 어떤 특정 부분에 대한 육성책의 하나로 쓰이는 정책수단이다. 중소기업이나 수출산업에 대한 융자를 전담하는 특수금융기관을 설립하고 이것을 통하여 정부가 재정자금을 대여하는 등의 정책이 그 예이다.

3.1.2 조세

정부수입
조세, 전매수익금, 정부 소유 기업의 수익 등

정부수입은 주로 조세, 전매수익금, 정부 소유 기업의 수익 등으로 구성되지만, 조세가 그 대부분을 차지한다. 조세는 미시적으로는 그 세원과 세율에 따라 자원배분과 소득분배 등에 매우 중요한 영향을 미치는 동시에, 거시적으로 보면 경제활동, 경제성장 등에도 큰 영향을 미친다. 왜냐하면 조세는 민간의 가처분소득(= 소득 − 조세)을 감소시켜 소비지출을 억제하는 효과를 가지기 때문이다. 또 투자에 대해 세액공제(tax credit)가 적용되면 이는 투자를 촉진시키는 효과를 지닌다.

3.2 정부지출 증가의 효과

정부지출은 실질 GDP에 대한 총지출 항목 중 하나로 정부지출의 변화는 실질 GDP, 즉 국민소득을 변화시킨다. 먼저 제14장의 총지출모형을 이용하여 주어진 물가수준에서 정부지출의 증가가 총지출에 미치는 효과를 살펴보자.

예를 들어 [그림 15−2]의 (a)에서 정부지출이 130조원에서 140조원으로 10조원 증가하면 총지출곡선(AE)이 AE_1으로부터 AE_2로 10조원만큼 상방이동한다. 그 결과 균형국민소득이 800조원에서 850조원으로 증가한다. 즉, 제14장에서 살펴본 독립지출 증가의 승수효과에 의해 10조원의 정부지출 증가가 실질 GDP를 50조원만큼 증가시키는 것이다.

실질 GDP가 증가하는 과정을 좀더 자세히 살펴보자. 정부지출(G) 10조원 증가에 대해 실질 $GDP = C + I + G + NX$에 의해 일차적으로 국민소득을 10조원 증가시킨다. 이때 한계소비성향이 0.8이라고 하면, 10조원 소득증가에 대해 소비지출이 8조원 증가한다. 이는 다시 같은 액수만큼의 소득증가로 이어지고 소비지출은 다시 6조 4천억원(= 0.8 × 8조원)만큼 증가한다. 이것이 또다시 소득을 증가시키고 소비의 증가로 이어지면서 결국 균형국민소득은 다음과 같이 정부지출의 5배만큼 증가하게 된다.

■ 그림 15-2

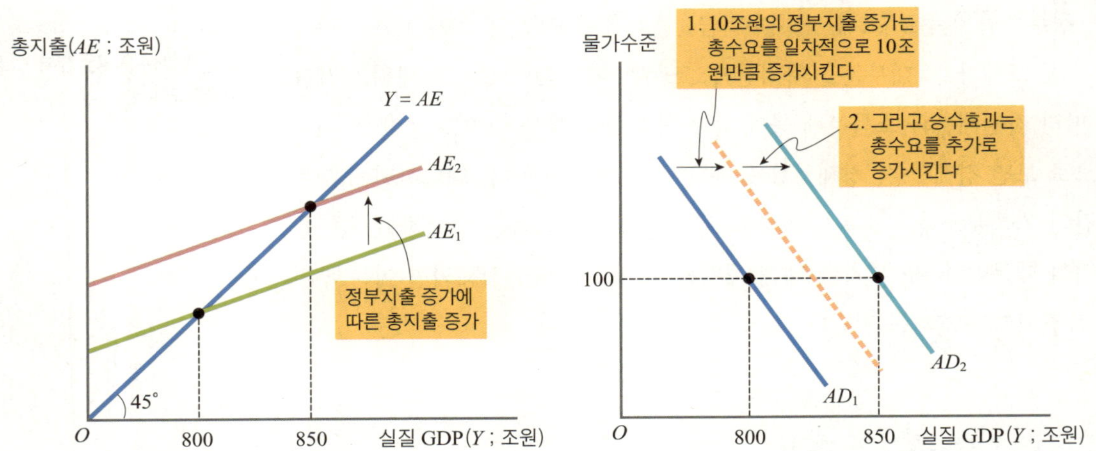

(a) 정부지출이 실질 GDP에 미치는 효과

(b) 총수요곡선의 우측이동

정부지출의 증가

(a)에서 정부지출이 10조원 증가하면 총지출곡선(AE)이 AE_1으로부터 AE_2로 10조원만큼 상방이동한다. 그 결과 균형국민소득이 승수효과에 의해 800조원에서 850조원으로 증가한다. 이러한 국민소득의 증가는 주어진 물가수준에서 총지출의 증가와 같으므로 (b)와 같이 총수요곡선이 AD_1에서 AD_2로 우측이동한다.

$$\begin{aligned} &10\text{조원} + (10\text{조원} \times 0.8) + (10\text{조원} \times 0.8^2) + \cdots\cdots \\ &= 10\text{조원}(1 + 0.8 + 0.8^2 + \cdots\cdots) \\ &= 10\text{조원} \times \left(\frac{1}{1 - 0.8}\right) = 50\text{조원} \end{aligned}$$

정부지출승수 = $\dfrac{1}{1 - MPC}$

이러한 국민소득의 증가는 주어진 물가수준에서 총지출의 증가와 같으므로 [그림 15-2]의 (b)와 같이 총수요곡선을 AD_1에서 AD_2로 우측이동시킨다. 요약하면 정부지출의 증가는 총수요곡선을 승수의 크기, 즉 $1/(1 - MPC)$배만큼 오른쪽으로 이동시킨다.

3.3 조세삭감의 효과

정부지출 증가와 조세삭감이 실질 GDP에 미치는 영향을 비교하기 위해

■ 그림 15-3

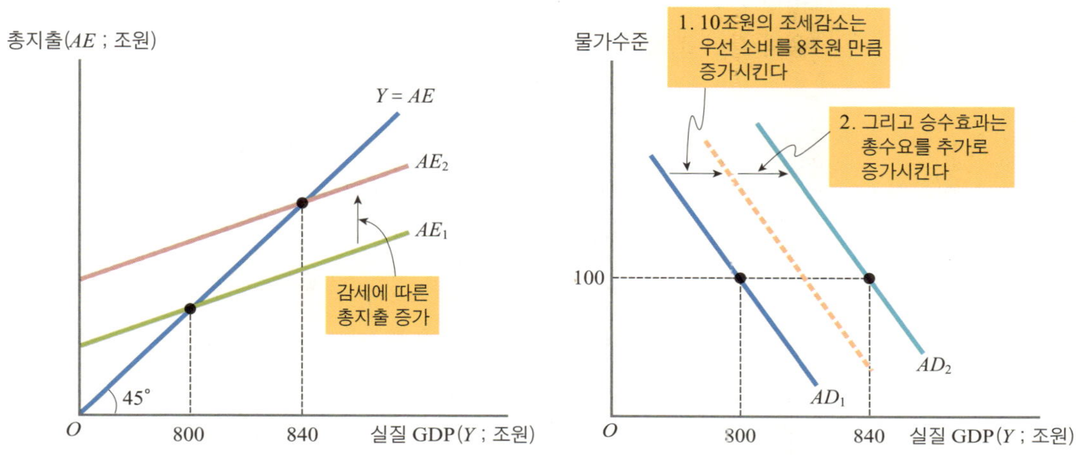

(a) 조세삭감이 실질 GDP에 미치는 효과 (b) 총수요곡선의 우측이동

조세삭감

(a)에서 정부가 10조원만큼 세금을 적게 거두어들이면 우선 총가처분소득이 10조원 증가하여 소비는 8조원만큼 증가하고 총지출곡선(AE)이 AE_1으로부터 AE_2로 8조원만큼 상방이동한다. 그 결과 균형국민소득은 승수효과에 의해 800조원에서 840조원으로 증가한다. 이러한 국민소득의 증가는 주어진 물가수준에서 총지출의 증가와 같으므로 (b)와 같이 총수요곡선이 AD_1에서 AD_2로 우측이동한다.

정부지출 증가와 동일한 규모, 즉 10조원만큼 세금이 적게 걷혔다고 하자. 이러한 조세삭감은 우선 총가처분소득을 10조원 증가시키므로 소비는 8조원(= 0.8 × 10조원)만큼 증가하고 [그림 15-3]의 (a)에서 총지출곡선(AE)이 AE_1으로부터 AE_2로 8조원만큼 상방이동한다. 그 결과 균형국민소득은 800조원에서 840조원으로 증가한다. 즉, 10조원의 조세삭감이 실질 GDP를 40조원만큼 증가시킨 것이다.

주어진 물가수준에서 정부지출 10조원 증가는 실질 GDP를 50조원 증가시킨 반면, 같은 규모의 조세삭감은 왜 이보다 적은 40조원만큼 실질 GDP를 증가시키는 것인가? 그 이유는 정부지출(G)의 경우 10조원 증가는 실질 $GDP = C + I + G + NX$에 의해 직접적으로 국민소득을 10조원만큼 증가시키는 반면, 10조원의 조세삭감은 가처분소득 증가를 통해 한계소비성향만큼 소비를 증가시키면서 일차적으로 국민소득을 10조원보다 적은 8조원만큼 증가시키기 때문이다. 이는 다시 6조 4천억원(= 0.8 × 8조원)만큼의 소비증가로 이어지고 또다시 소득을 증가시키면서 결국 균형국민소득은 다음과 같이 조세삭감분의 4배만큼 증가하게 된다.

$$(10\text{조원} \times 0.8) + (10\text{조원} \times 0.8^2) + (10\text{조원} \times 0.8^3) + \cdots\cdots$$
$$= 10\text{조원}(0.8 + 0.8^2 + 0.8^3 + \cdots\cdots)$$
$$= 10\text{조원} \times \left(\frac{0.8}{1-0.8}\right) = 40\text{조원}$$

이러한 국민소득의 증가는 주어진 물가수준에서 총지출의 증가와 같으므로 [그림 15-3]의 (b)와 같이 총수요곡선을 AD_1에서 AD_2로 우측이동시킨다. 요약하면 조세삭감은 총수요곡선을 승수의 크기, 즉 $\frac{MPC}{1-MPC}$배만큼 오른쪽으로 이동시킨다.

조세승수 = $\frac{MPC}{1-MPC}$

정부지출승수 $\frac{1}{1-MPC}$이 **조세승수** $\frac{MPC}{1-MPC}$보다 큰 이유는 정부지출이 직접 총수요를 증가시키는 데 비해, 조세삭감은 가처분소득 증가를 통해 소비지출에 영향을 미치기 때문이다. 정부지출의 증가가 있으면 그 증가분만큼 총수요가 증가하지만, 조세액 감소는 그로 인한 가처분소득의 증가분에 한계소비성향을 곱한 만큼만 총수요를 증가시킨다. 그런데 한계소비성향은 1보다 작기 때문에 정부지출의 증가액이 조세의 감소액과 같다면, 정부지출 증가로 인한 총수요의 증가는 조세감소로 인한 총수요의 증가보다 크다. 따라서 정부지출승수가 조세승수보다 큰 것이다.

정부지출승수 > 조세승수

정부지출승수가 조세승수보다 크기 때문에 정부지출의 증가와 조세의 증가가 동시에 같은 액수만큼 이루어지더라도 국민소득은 증가한다. 정부지출의 증가는 국민소득을 증가시키고 조세의 증가는 국민소득을 감소시키지만, 그 영향력의 크기가 다르기 때문에 국민소득이 증가하는 것이다. 이처럼 균형재정을 유지하면서 정부지출과 조세가 동시에 같은 액수만큼 증가할 때 국민소득이 얼마나 변하는가를 나타내는 수식을 **균형재정승수**(balanced budget multiplier)라 한다.

균형재정승수
정부지출과 조세가 동시에 같은 규모로 증가할 때 국민소득이 같은 규모로 얼마나 변하는가를 나타내는 수식

지금까지 우리는 물가수준이 일정하다는 가정 하에 정부지출 증가와 조세감소의 승수효과를 살펴보았다. 제 14장에서 배운 총수요 · 총공급 모형으

그림 15-4

확장적 재정정책의 효과

확장적 재정정책의 결과 정부 지출이 10조원 증가하면 총수요곡선은 AD_1에서 AD_2로 이동한다. 그 결과 새로운 거시경제균형 B에서 물가는 102로 상승하고 실질 GDP는 825조원으로 증가한다. 이때 만약 물가수준이 그대로라면 C에서 실질 GDP는 850조원까지 증가할 것이다. 그러나 물가수준의 상승으로 총수요가 감소하면서 경제균형이 C에서 B로 이동하여 실질 GDP는 825조원까지만 증가한다.

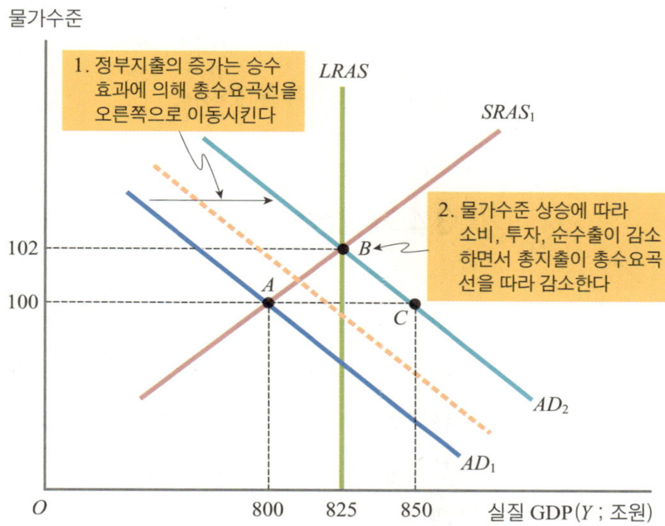

로 얘기한다면 지금까지 우리는 일정한 물가수준에서 수평인 단기 총공급곡선을 가정해 온 셈이다.

그러나 일반적으로 단기 총공급곡선은 [그림 15-4]에서와 같이 우상향하므로 확장적 재정정책의 결과 총수요곡선이 오른쪽으로 이동하면 물가수준이 상승할 것이다. 예를 들어 정부지출이 증가하기 전에 국가경제는 A에서 실질 GDP가 잠재적 실질 GDP(또는 완전고용 수준의 실질 GDP)보다 낮은 800조원에 머물고 있으며 물가수준은 100이라고 하자. 이때 정부지출이 10조원 증가하면 총수요곡선은 [그림 15-2]의 (b)에서와 같이 AD_1에서 AD_2로 이동한다. 그 결과 새로운 거시경제균형 B에서 물가수준이 100에서 102로 상승하고 실질 GDP는 800조원에서 825조원으로 증가한다. 이때 만약 물가수준이 일정하게 유지된다면 C에서 실질 GDP는 850조원까지 증가할 것이다. 그러나 물가수준 상승에 따라 소비, 투자, 순수출이 감소하면서 총수요곡선을 따라 경제가 C에서 B로 이동하여 실질 GDP는 850조원보다 25조원 적은 825조원으로 증가할 것이다.

조세감소의 경우도 [그림 15-3]의 (b)에서와 같이 총수요곡선을 오른쪽으로 이동시키므로 정부지출의 증가와 거의 동일한 결과를 가져올 것이다. 차이가 있다면 정부지출승수에 비해 조세감소의 승수가 작기 때문에 총수요곡선의 오른쪽 이동폭이 더 작고, 따라서 실질 GDP의 증가와 물가수준 상승폭이 각각 더 작을 것이다.

3.4 재정정책의 한계 : 민간지출의 구축효과

우리는 제14장에서 총수요·총공급 모형에 화폐시장과 이자율을 고려하여 화폐수요 또는 화폐공급의 변화에 따른 이자율의 변화와 총수요 사이의 관계를 살펴보았다. 이제 재정정책과 화폐부문 간의 상호관계를 고려하여 정부지출 증가가 소비, 투자, 순수출 등 민간지출을 감소시키는 구축효과를 통해 총수요를 감소시키는 과정을 살펴보자.

[그림 15-4]에서 정부지출의 증가는 실질 GDP와 소득의 증가를 가져온다는 것을 확인하였다. 이때 가계소비자는 늘어난 소비를 위해 주어진 이자율 수준에서 화폐수요를 증가시킬 것이다. 그 결과 화폐시장의 수요와 공급을 나타내는 [그림 15-5]의 (a)에서 화폐수요곡선이 오른쪽으로 이동하면서 균형이자율이 4%에서 5%로 상승할 것이다.

우리가 제14장(2. 총수요)에서 살펴보았듯이 이자율이 상승하면 가계소비자들의 내구재 구입과 기업의 기계설비 구입을 위한 차입 또는 대출이 줄어들 것이므로 내구재 소비와 투자지출이 감소할 것이다. 또한 이자율 상승으로 국내 이자율이 해외 이자율보다 높아지면 외국 투자자들이 상대적으로 수익이 높은 국내 금융자산을 구입하기 위해 자국 통화에 대한 수요를 증가시키므로 자국 통화의 가치가 상승하면서 수입이 늘고 수출이 줄어들 것이다. 즉, 순수출이 감소하여 경상수지가 악화될 것이다.

구축효과
정부지출의 증가로 인한 민간지출의 감소

정부지출의 증가로 인한 민간지출의 감소를 **구축효과**(crowding out effect)라고 하며, [그림 15-5]의 (b)에서와 같이 총수요곡선의 좌측이동($AD_2 \rightarrow AD_3$)으로 나타낼 수 있다. 그 결과 거시경제균형은 C에서 결정되며, 이때 실질 GDP는 구축효과를 고려하지 않은 경우보다 낮은 810조원이 된다. 한

■ 그림 15-5

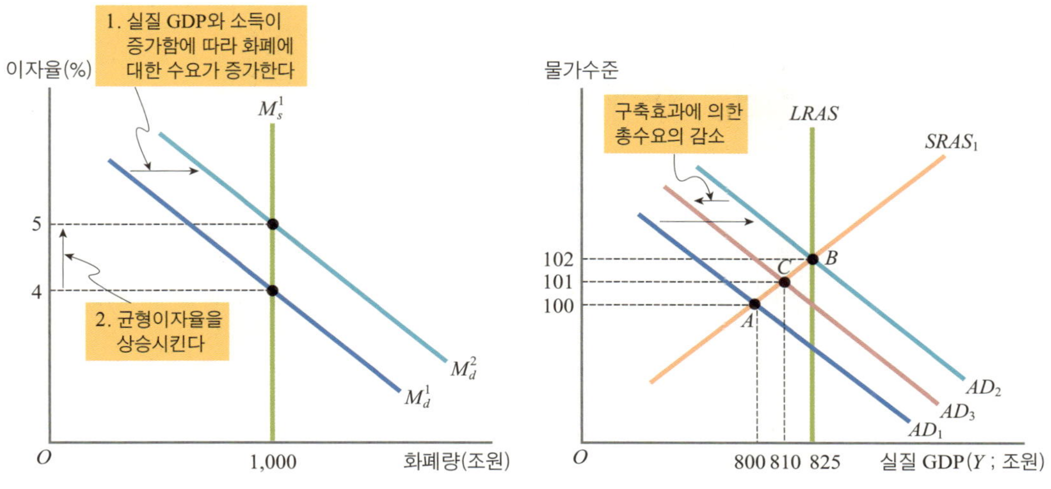

(a) 소득증가에 따른 화폐수요의 증가

(b) 구축효과

확장적 재정정책의 구축효과

정부지출의 증가는 실질 GDP와 소득의 증가를 가져오는데, 이때 가계소비자는 늘어난 소비를 위해 주어진 이자율 수준에서 화폐수요를 증가시킬 것이다. 그 결과 화폐시장의 균형이자율은 4%에서 5%로 상승할 것이다. 이자율이 상승하면 내구재 소비와 투자지출이 감소하며, 자국 통화의 가치가 상승하면서 순수출이 줄어들 것이다. 이러한 구축효과는 총수요곡선의 좌측이동($AD_2 \rightarrow AD_3$)으로 나타낼 수 있는데, 결과적으로 거시경제균형은 C에서 결정되며 실질 GDP는 구축효과를 고려하지 않은 경우보다 낮은 810조원이 된다.

편 이러한 GDP 증가폭의 감소에 따라 조세수입의 증가 또한 크지 않다면 정부지출 증가의 결과 재정수지($T - G$)는 악화될 가능성이 높다. 이와 같이 재정적자와 경상수지 적자가 동시에 발생하는 쌍둥이 적자(twin deficit) 현상이 나타날 수 있다.

구축효과의 크기는 이자율 상승에 대한 소비, 투자, 순수출의 민감도에 의존함

구축효과는 이자율 상승에 대해 소비, 투자, 순수출이 민감하게 반응할수록 더 크게 나타날 것이다. 예를 들어 대공황과 같이 투자수준이 매우 낮은 경기침체기에는 투자가 미래 경제에 대한 전망에 크게 좌우된다. 따라서 투자가 이자율 변화에 거의 반응하지 않을 것이므로 구축효과는 그리 큰 문제가 되지 않을 것이다. 그러나 경기회복기에는 기업들이 미래 경제에 대해 낙관적이 되고 투자가 이자율 변화에 민감하게 반응하며, 이 경우 정부지출 증

가로 인한 이자율 상승은 투자지출을 크게 하락시킬 것이다.

4 조세정책과 공급경제학

우리는 앞에서 조세의 변화가 총수요의 변화를 통해서 국민소득에 영향을 미칠 수 있음을 보았다. 여기서는 조세의 변화가 국민경제의 수요뿐만 아니라 공급측에도 영향을 미친다는 일련의 주장에 대해 살펴본다.

4.1 조세정책과 래퍼곡선

경제학자들 사이에는 전통적으로 조세구조는 누진적이 되어야 하며, 또 가급적이면 간접세보다 직접세가 많은 것이 바람직하다는 관념이 널리 퍼져 있다. 이것이 공평한 소득분배를 위하여 바람직하다고 생각하기 때문이다. 그러나 세율이 너무 높다거나 너무 누진적이 되면 근로의욕 또는 투자의욕을 해칠 우려가 있다.

공급측면 경제학
1970년대 후반 투자와 노동 등 공급측면에서의 미시적 접근을 중시하는 이론으로서 감세, 정부지출 감축, 정부에 의한경제통제의 축소 등에 반영됨

1970년대 후반부터 미국에서는 래퍼(Arthur Laffer), 펠드스타인(Martin Feldstein) 등에 의해 이른바 **공급측면 경제학**(supply-side economics)이라는 새로운 경제사조가 주창되었다. 케인즈학파나 통화주의가 거시경제의 수요측면에서 개인적인 동기, 즉 노동, 저축, 투자 등에 대한 동기를 중요시하지 않는 반면, 공급측면 경제학에서는 사람들이 어떤 동기와 기대를 가지고 투자와 노동을 하는가에 관심을 가진다. 따라서 공급측 경제학자들은 경제정책을 수립하고 집행할 때 단순한 기계장치를 조정하는 것처럼 할 것이 아니라 사람들의 기대와 동기를 고무시켜서 생산을 증가시키고 부를 창출하도록 유도해야 한다고 주장한다. 이러한 면에서 케인즈학파가 수요측면과 거시적 접근을 중시하는 반면, 공급측면 경제학에서는 공급측면과 미시적 접근을 중시한다고 볼 수 있다. 공급측면 경제학자들의 기본 사상은 1980년 이후 레이건 행정부의 경제정책 기조인 감세, 정부지출 감축, 정부에 의한 경제통제 폭의

축소 등에 반영되었다.

공급측면 경제학의 논리
높은 세율
→ 근로의욕, 투자의욕 감소
→ 소득감소, 임금인상 요구
⇒ 세율을 낮춤으로써 투자 및 생산 촉진

공급측면 경제학은 조세측면에서 근로 및 자본에 대한 세율이 지나치게 높으면 근로의욕, 투자의욕을 해쳐 생산과 소득이 줄어든다고 본다. 노동에 대한 조세부담이 커지면 근로자가 받는 실제 임금과 기업이 지불하는 임금 사이에 격차가 커질 것이다. 이는 임금인상 요구의 원인이 되므로 기업은 고용을 그만큼 줄이려는 유인을 갖게 되고 근로자는 노동공급을 줄여 결국 생산과 소득이 감소할 것이다. 자본에 대한 조세부담이 커지는 경우에도 마찬가지 이유로 투자의욕이 저해된다. 따라서 세금이 과중한 경제에서 세율을 낮추면 동기유발을 통해 생산 및 경제성장을 촉진할 수 있다는 것이다. 그리고 국민소득이 높아짐에 따라 세율이 낮아졌어도 세수는 오히려 증가한다. [그림 15-6]에서 보는 것처럼 세율이 0으로부터 점차 올라가면 일정 한도 내에서는 세수도 증가하지만, 세율이 t^* 이상으로 오르면 오히려 사람들의 근로의욕을 해쳐서 소득 자체가 줄어들기 때문에 소득의 함수인 세수도 줄어든다. 따라서 그림에서 세율이 t^* 이상이 되는 경우 세수를 늘리기 위해서는 세

그림 15-6

래퍼곡선
세율이 0으로부터 점차 올라가면 일정 한도 내에서는 세수도 증가하지만, 세율이 t^* 이상으로 오르면 오히려 사람들의 근로의욕을 해쳐서 소득 자체가 줄어들기 때문에 소득의 함수인 세수도 줄어든다. 이 곡선을 주창한 사람의 이름을 따서 래퍼곡선이라고 부른다.

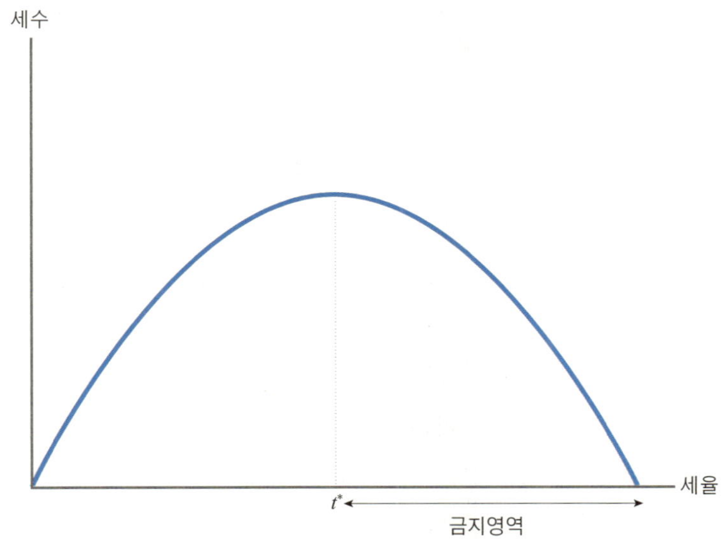

출처 : 한국은행 경제교육(http://www.bokeducation.or.kr), 경제칼럼, "감세정책과 래퍼곡선"(2006. 7. 10.).

율을 오히려 줄여야 한다. 따라서 세율이 t^* 이상인 영역을 금지영역이라고 하며, 이 곡선을 주창한 학자의 이름을 따서 **래퍼곡선**(Laffer curve)이라고 부른다.

세율과 세수 사이의 이러한 관계는 사실 경제이론에서 옛날부터 인정되고 있었다. 아담 스미스는 『국부론』에서 다음과 같이 말하였다. "높은 세율에 의한 세수는 때로는 과세된 재화의 소비를 감소시키고 또 때로는 밀수를 증가시키기 때문에 보다 낮은 세율로부터 걷히는 세수보다도 적을 수가 있다." 아담 스미스는 이미 200년 전에 래퍼곡선에 대한 정의를 내린 것이다. 또 리카도의 『경제학원리』에서도 기업의 이윤에 대하여 과세하면 투자가 감소한다는 것이 지적되고 있다. 이 또한 공급측면 경제학이 오늘날 주장하고 있는 바와 거의 같은 주장이라 할 수 있다.

이렇게 볼 때, 공급측면 경제학의 기본 철학은 200년 전의 고전학파 경제학의 그것과 같은 것이고 현실적으로도 일리가 있다. 그것은 또 수요측면만을 강조하는 주류 경제이론이 간과한 측면을 보완하는 하나의 예로 받아들여야 한다.

4.2 래퍼곡선의 이론적 · 실증적 문제점

그러나 래퍼곡선은 이론적으로뿐만 아니라 실증적으로도 많은 문제점을 내포하고 있다. 먼저 근로소득세율을 낮추면 사람들이 노는 시간을 줄이고 더 많이 일해서 세후(稅後) 소득을 올릴 수 있다. 그러나 이러한 세후 소득의 증가는 다른 효과 역시 가진다. 예를 들어 예전에는 200시간을 일해야 가처분소득으로 120만원을 벌 수 있었으나, 이제는 150시간만 일해도 120만원을 벌 수 있다고 하자. 그러면 예전에 비해 몇 시간 적게 일해도 오히려 소득이 커질 수 있기 때문에 사람들은 예전처럼 열심히 일하지 않아도 되겠다는 생각을 가질 수 있다. 즉, 세율 감소의 소득효과로 인해 오히려 노동시간이 줄어들 수도 있다는 것이다.

실제 공급경제학의 이론에 따라 1980년대 초 레이건 정부와 2001년 부시 정부가 대규모 감세정책을 추진하였다. 그러나 감세정책으로 사람들이 더 열심히 일하는 결과는 나타나지 않았다. 오히려 세율 인하로 인한 조세수입의 감소는 1980년대와 1990년대, 그리고 최근의 재정적자 문제를 야기한 근본 원인이 되었다. 게다가 1980년대 초반 조세감면과 통화긴축의 결과, 이자율 상승으로 환율이 절상되어 경상수지 적자까지 증가하면서 **'쌍둥이 적자'**(재정적자 + 경상수지 적자)라는 새로운 문제를 가져왔다.

끝으로 미국 경제의 세율이 [그림 15-6]의 t^* 수준을 넘어서고 있는지는 알 수 없으며, 조세삭감이 생산 · 저축 · 투자를 증가시키더라도 동시에 소비수요를 자극하여 인플레이션을 유발할 수도 있다. 참고로 미국 경제의 래퍼곡선에 대한 한 연구에 의하면 미국의 세수입을 극대화시키는 세율(t^*)은 약 79%로서 당시 평균소득세율보다 3배 이상 높은 수준이었다고 한다.

5 재정적자와 국가채무

정부지출이 조세수입과 일치하는 재정을 **균형재정**(balanced budget)이라 하고, 전자가 후자보다 큰 재정을 **적자재정**(budget deficit), 그 역의 경우를 **흑자재정**(budget surplus)이라고 한다.

- 균형재정
  정부지출 = 조세수입
- 적자재정
  정부지출 > 조세수입
- 흑자재정
  정부지출 < 조세수입

5.1 재정적자와 자동안정화장치

[그림 15-7]은 우리나라의 GDP 대비 재정적자 또는 흑자 규모의 변동 추이로서 경제가 불황 또는 침체기일 때 재정적자가 대체로 커지는 특성을 보여주고 있다. 경기침체기에 총수요를 증가시키기 위한 정부지출의 증가나 조세삭감이 정부예산 적자를 증가시키기 때문이다.

그림 15-7

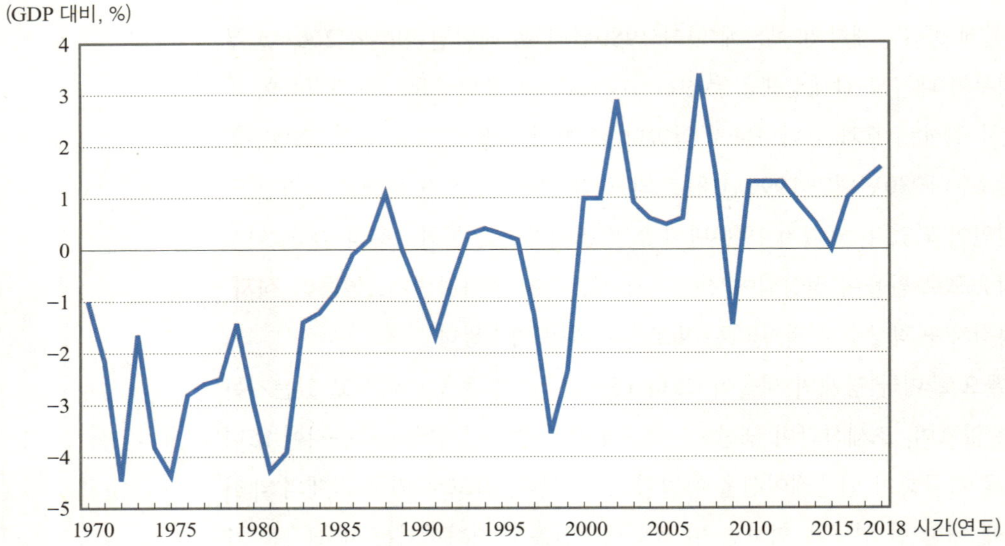

출처 : 기획재정부, OECD.

우리나라의 재정적자

우리나라의 GDP 대비 재정적자 또는 흑자 규모의 변동 추이는 경제가 불황 또는 침체기일 때 재정적자가 대체로 커지는 특성을 보여주고 있다. 경기침체기에 총수요를 증가시키기 위한 정부지출의 증가나 조세삭감이 정부예산 적자를 증가시키기 때문이다.

자동안정화장치
경기침체기에 재정적자가 증가하고 호황기에 재정적자가 감소하는 것

그러나 앞에서도 지적되었듯이 실제로는 정책의 시차 문제 등으로 인해 경기침체기에 많은 경우 확장적 재정정책으로의 변화가 나타나지는 않았다. 사실 경기침체기에 나타나는 재정적자의 증가는 대부분 어떤 정책을 도입하지 않고도 자동적으로 발생한다. 우선 경기침체기에는 임금과 이윤이 감소하여 소득세 및 법인세 등 조세수입이 줄어든다. 또한 불황기에 고용이 감소하고 실업률이 상승하면서 실업보험 지급 등 제도화된 이전지출 프로그램에 대한 정부지출이 늘어날 것이다. 호황기에는 반대로 조세수입이 늘고 실업자들에 대한 정부지출은 줄어들 것이다. 이와 같이 경기침체기에는 재정적자가 자동적으로 증가하고 호황기에는 재정적자가 자동적으로 감소하는 것을 **자동안정화장치**(automatic stabilizers)라고 한다. 왜냐하면 자동적인 재정적자와

흑자가 경제를 안정화시키는 데 도움이 되기 때문이다. 즉, 경기침체기의 조세수입 감소는 실질적으로 가계와 기업의 소득세 및 법인세를 내려주고 이전지출 증가는 가계의 소득을 올려줌으로써 가계소비와 기업의 투자지출을 증가시키며, 궁극적으로 국가경제가 경기침체를 좀더 빨리 벗어나는 데 도움을 주는 것이다.

그러면 균형재정, 적자재정, 흑자재정 가운데 어떤 상태의 재정이 가장 이상적인가? 경기는 불황과 호황이 반복되므로 장기적으로 보면 재정적자 연도의 적자부분과 재정흑자 연도의 흑자부분이 상쇄되어 재정이 대체로 균형을 이룰 것으로 예상된다. 그러나 실제로는 정부가 완전고용의 책임을 지게 되면서 실업이 있으면 항상 지출을 늘리는 방향으로 정책이 집행되었다. 정부지출의 대부분은 관료제도 및 예산과 연결되어 있기 때문에 일단 늘리게 되면 다시 줄이기가 어려운데, 이러한 점에서 정부가 균형재정을 달성하는 것도 쉽지 않은 일이다.

5.2 국가채무

일정 시점까지 발행된 국채와 차입금의 총액을 **국가채무**(national debt)라고 하며, 대개 재정적자인 해에는 국가채무가 증가하고 흑자인 해에는 국가채무가 감소한다. [그림 15-8]은 우리나라의 GDP 대비 국가채무의 변동 추이로서 대체로 증가추세를 보이고 있다. 연도별로 살펴보면 GDP 대비 국가채무비율이 1990년대 후반부터 2000년대 중반까지 급속도로 증가한 것을 알 수 있다. 이는 외환위기와 복지비용 증가 등에 따른 것으로 1997년 한국의 국가채무비율은 11.4%에 불과했으나 2006년에는 29.1%를 기록해 무려 16.7% 포인트나 급증해 일본(84.7%)에 이어 국가채무비율이 가장 많이 늘었다. 글로벌 금융위기에 이어 대규모 재정적자를 통해 경기부양을 시행했던 2007년부터 2009년까지 국가채무비율은 2.3% 포인트 늘어나는 데 그쳤으나 최근 들어 2018~2019년 사이에 3.5% 포인트의 높은 증가를 보였다.

국가채무
일정 시점까지 발행된 국채와 차입금의 총액으로서 재정적자 시 증가하고 재정흑자 시 감소함

국회예산정책처는 통계청 인구전망(2011. 12)을 활용하여 고령화에 따른

그림 15-8

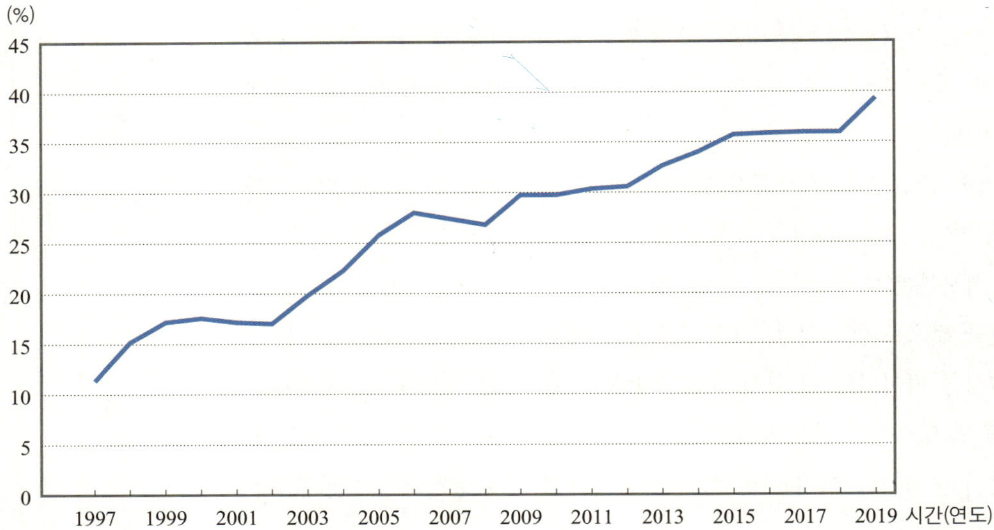

출처 : 기획재정부

우리나라의 국가채무

우리나라의 GDP 대비 국가채무의 변동 추이는 현재까지 대체로 증가추세를 보이고 있다.

인구구조의 변화가 반영된 「2012~2060년 장기 재정전망 및 분석」 보고서를 발간했다. 먼저 국가채무는 2012년 GDP 대비 34.2%에서 지속적으로 증가하여 2060년 218.6%로 확대될 것으로 보았다. 특히 GDP 대비 국가채무 비율이 70.2%에 달하는 2034년 이후 지속가능성 확보에 어려움이 있을 것으로 예상했다.

또한 이 보고서는 세대 간 회계(generational accounting)를 사용하여 세대별 순조세부담과 생애소득 대비 순조세부담 비율을 분석하였다. 연령별 순조세부담에 의하면 2012년 현재 0세는 순조세부담이 3.4억원, 20세는 2.9억원, 40세는 1.2억원인 반면, 현재 60세는 순편익이 7천 8백만원, 70세는 8천만원, 80세는 8천 7백만원이었다. 생애소득 대비 순조세부담 비율은 2012년에 태어난 신생아의 경우 22.2%, 1964년생은 10.1%, 1957년생은 1.6% 수준인 반면, 1954년생은 순혜택이 생애소득의 10.9%, 1950년생은 27.1%,

1944년생은 50.4%로 계산되었다. 이는 1957년 이후 출생한 세대의 조세부담이 정부로부터의 혜택보다 커짐에 따라 현행 재정부담의 세대 간 불균형이 심화될 것임을 의미한다.

결국 지속적인 재정적자로 인해 불어나는 정부부채는 미래 세대에게 과중한 조세부담을 떠맡기는 것이며, 이것은 미래 세대가 사용할 생산자원을 적자재정에 의해 현 세대가 미리 사용해 버리는 것을 의미한다. 이러한 의미에서 최근에는 세계 각국에서 균형재정원칙을 채택하려는 움직임이 활발히 일어나고 있다.

그러나 균형재정의 원칙이 너무 경직적으로 해석되는 것도 바람직하지 못하다. 정부는 적자재정(정부지출의 증가 또는 조세감소)을 통해 침체상태에 있는 경제를 활성화시킬 수 있다. 만약 경제가 침체상태에 빠진 경우에도 정부가 균형재정을 고집한다면 경제는 총수요의 부족으로 더욱 침체되고, 그에 따라 소득세, 법인세 등의 조세수입도 감소한다. 이런 상황에서는 균형재정을 유지하려는 정부의 의도조차 유지되기 어려울 것이다. 그러나 재정지출에 따른 총수요의 증가 결과 국민소득이 증가하고 실업이 감소한다면 이는 보다 큰 조세기반(tax base)이 마련되는 셈이므로 종전의 적자재정을 메울 수 있을 것이다.

정부부채 또는 **총금융부채**
국가채무 + 준정부기관 부채

한편 최근에는 재정건전성을 나타내는 지표로 국가채무 대신 **정부부채** 또는 **총금융부채**(gross financial liabilities, 준정부기관 부채 포함)를 사용하는 경우가 늘어나고 있다. 한국은 2018년 기준으로 경제협력개발기구(OECD) 35개 회원국과 견주면 하위권에 속한다. 한국의 GDP 대비 정부부채비율은 1위인 일본(214.6%)에 5분의 1 수준도 안 된다. 프랑스(110.0%), 영국(108.6%), 미국(99.2%) 등 주요 선진국과 대비해도 마찬가지다. 한국보다 정부부채비율이 낮은 OECD 회원국은 멕시코(35.3%)나 스위스(31.9%), 터키(29.0%) 정도다. 그러나 한국경제연구원에 따르면 2000년부터 2018년까지 정부부채비율 증감을 분석했더니 OECD 회원국을 포함한 43개국 가운데 한국의 부채 증가율이 3위를 기록했다. 이는 아르헨티나, 중국에 이어 세 번째로 가파른 속도다. 끝으로 현재 정부의 공식 통계는 국제통화기금(IMF) 기준에 따라 중앙정부와 지방정부가 원리금 상환 의무를 부담하는 확정채무만 국가채무로 인정하고 있다. 이에 따라 보증채무, 4대연금의 잠재 채무, 중앙은행 채무, 공기업 채무 등은 대상에서 제외되어 있다.

현 실 과 경 제 학

유럽 재정위기와 OECD 정부부채

2007년 미국의 서브프라임 모기지 사태가 표면화되기 시작하면서, 세계 각국의 정부는 금융규제와 경기부양을 위해 막대한 양의 국채를 발행했다. 게다가 대다수 선진국들에서는 저출산 · 고령화 · 저성장 등으로 사회안전망 확충을 위한 재정지출의 증가와 세수 기반 감소가 동시에 나타나면서 정부부채가 급증하고 있다.

2010년 6월 OECD 재정건전화 보고서에 따르면 OECD 24개 회원국의 GDP 대비 정부부채비율은 평균 100%를 넘어섰는데, 특히 일본은 199.8%에 달해 24개 회원국 중 재정상황이 가장 열악한 것으로 나타났으며, 이탈리아(127.3%), 그리스(111.8%), 아이슬란드(108.8%), 벨기에(106.4%)도 정부부채비율이 100%를 넘는 위험국으로 평가됐다.

유로존 국가들의 재정위기는 여러 가지 요인이 복합적으로 작용하면서 발생했다. 우선 유로화 출범 이후 금리하락에 따른 풍부한 유동성 공급이 물가와 임금을 급상승시켰고, 이는 남유럽 국가들의 수출경쟁력을 떨어뜨려 지속적인 경상수지 적자를 유발하였다. 또한 방만한 재정정책과 회원국 재정정책에 대한 통제 미흡도 재정위기의 한 원인이 되었다.

이에 2010년 5월 재정위기의 진원지인 남유럽 국가를 필두로 독일, 프랑스 등 핵심 국가들까지 재정건전화에 매진해 왔다. 그러나 [그림 1]에서와 같이 2018년 현재 일본, 그리스, 이탈리아, 프랑스 등의 GDP 대비 정부부채비율이 여전히 100% 이상을 나타내고 있다.

최근 하버드대학의 로고프(Kenneth Rogoff) 교수 등 일각에서는 간신히 경기침체를 벗어나 회복국면으로 접어든 것처럼 보이는 세계 경제가 정부부채라는 새로운 위기에 직면할 가능성이 있음을 경고하고 있다. 경기회복이 느리게 진행되면 각국 정부의 세수가 줄어들어 정부의 채무상환 능력이 떨어진다. 이는 국채이자 지급을 위한 새로운 국채 발행을 늘리고, 이러한 국채 물량 증가는 국채가격 하락과 함께 국채수익률을 끌어올려 이자지급 부담을 가중시키는 악순환을 낳을 수 있다. 또한 정부의 재정건전성 악화는 미래의 새로운 경제위기에 대한 정부의 대응능력을 약화시킬 수 있다.

| 그림 | OECD 주요 회원국의 정부부채비율

2018년 기준(단위 : %)

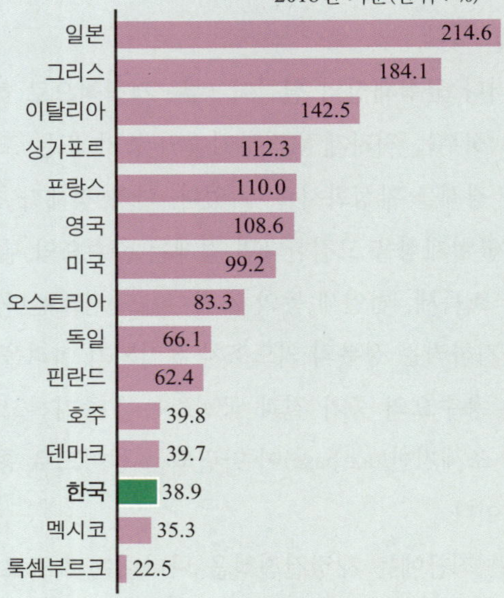

자료 : 한국경제연구원.

출처 : 국민일보, [팩트체크] 40% 육박한 국가채무비율, 위험한 수준일까요, 2019. 9. 3.

출처 : 연합뉴스, "올해 한국 정부부채 건전성 OECD 3위 전망", 2010. 6. 9.
한국은행 경제교육 홈페이지(http://www.bokeducation.or.kr), 경제칼럼, "유럽의 곳간 사정"(2010. 10. 26).

요약 및 연습문제

1. 왜 경기안정화정책이 필요한가?

경기안정화정책은 단기적 경기변동 과정에서 나타나는 인플레이션, 실업, 그리고 금융불안 등 폐해를 줄이기 위해 고안된 거시경제정책으로서 중앙은행의 화폐금융정책과 정부의 재정정책이 주요 경기안정화정책으로 사용되어 왔다.

1.1 인플레이션의 원인과 폐해 인플레이션의 수요측 요인을 강조하는 수요견인설은 총수요가 과다하여 물가를 상승시킨다는 견해로 통화량, 소득, 인플레이션 기대심리 등이 중요한 수요측 요인이다. 공급측면에서 생산비 상승으로 인해 상품가격이 올라서 물가를 상승시킨다는 비용인상설은 수입원자재 가격 상승, 노동조합에 의한 임금인상, 유통비용의 상승 및 부동산 임차비용의 상승 등에 주목한다. 예상된 인플레이션의 비용에는 현금보유를 줄이는 데 따르는 '구두창비용', 계약에 반영하는 데 따르는 행정적 · 사무적 비용, 가격 변경에 따르는 메뉴비용 등이 있다. 예상하지 못한 인플레이션의 비용에는 채권자로부터 채무자로 부의 이전, 정액소득자에 불리한 소득재분배, 미래 불확실성의 증가에 따른 경제활동 위축, 상대가격 왜곡으로 인한 자원배분의 효율성 저해 등이 있다. 한편 디플레이션의 비용에는 실질금리 및 실질임금 상승에 따른 경제활동 및 고용 위축, 채무불이행 위험 증가로 인한 신용경색, 제토금리 수준에서 전통적 통화정책의 총수요 진작효과 감소 등이 있다.

1.2 실업의 원인과 폐해 실업이란 사람들이 일할 능력과 일하려는 의사를 가지고 있는데도 취업의 기회가 주어지지 않는 상태를 말한다. 실업은 크게 자발적 실업과 비자발적 실업으로 나눌 수 있는데, 전자에 비해 후자가 개인적 · 사회적으로 큰 문제가 된다. 자발적 실업이란 일자리는 있어도 임금이 너무 낮거나 근로조건이 나빠서 노동자가 스스로 실업을 선택하는 경우를 말한다. 마찰적 실업은 자발적 실업의 대표적 예로서 직장탐색이나 취업정보 수집을 위해 실업상태에 있는 것으로, 경제 전체에 마찰적 실업만 있는 상태를 완전고용이라 하고 이때의 실업률을 자연실업률이라고 한다. 비자발적 실업으로는 경기적 실업과 구조적 실업이 존재하는데, 경기적 실업은 불경기에 발생하며 총수요 부족이 주요 원인이다. 한편 구조적 실업은 특정 부문의 노동에 대한 수요가 부족하여 발생하는 실업으로 장기적으로 지속될 가능성이 높다.

1.3 금융불안의 폐해 금융중개기능이 마비되면 대외교역 및 자본거래가 위축되고 국가신용도가 하락하여 자국 통화가치가 급락할 수 있다. 또한 금융기관을 통한 화폐금융정책의 수행이 어려워지고 정책의 파급경로도 원활히 작동하지 않는다.

물음 01. 일반적으로 경제가 완전고용 상태에 있을 때 실제 실업률이 0이 아닌 이유는 무엇인가?

물음 02. 지불수단이나 교환의 매개수단으로서 화폐, 특히 현금이 사용되는 거래는 기록에 남지 않는다는 점에서 익명성(anonymity)을 갖는다. 현실경제에서는 바로 이러한 현금거래의 익명성을 이용하여 불법거래와 탈세 등이 행해지고 있다. 일정 수준의 인플레이션이 이러한 문제를 해결하는 데 효과적인 이유를 설명하라.

2. 총수요 · 총공급 모형과 화폐금융정책의 효과

2.1 화폐금융정책의 수단 화폐금융정책이란 통화량, 이자율 및 기타 관련 변수의 조정을 통하여 완전고용, 물가안정, 국제수지 개선, 경제성장 촉진 등의 목표를 달성하기 위해 통화당국이 수행하는 정책을 말한다. 이러한 화폐금융정책의 수단으로는 공개시장운영, 법정지급준비제도, 재할인율이 있다.

2.2 이자율과 총수요 이자율의 변화는 투자지출에 영향을 미치고, 이것은 다시 승수효과를 통해 총생산에 영향을 미친다. 예를 들어 이자율 상승은 총수요의 구성항목인 소비, 투자, 순수출을 감소시켜 총수요곡선을 왼쪽으로 이동시킨다.

2.3 화폐금융정책의 효과 중앙은행이 확장적 화폐금융정책으로 통화량 증가를 통해 이자율을 내리면 소비, 투자, 순수출이 증가하고, 그 결과 총수요곡선이 우측으로 이동하여 실질 GDP가 증가하고 물가가 상승한다. 한편 긴축적 화폐금융정책은 그 반대의 효과를 가져온다.

물음 03. 중앙은행이 금리를 인상하려 한다고 하자. 중앙은행이 화폐금융정책의 대표적인 정책수단을 이용하여 금리인상을 어떻게 달성하는지 화폐시장의 수요와 공급 그래프를 이용하여 설명하라.

물음 04. 2010년 남유럽 재정위기 등 일련의 불확실성 하에서도 신흥시장국에서는 경기회복이 확실시되면서 화폐금융정책의 정상화 또는 출구전략을 의미하는 통화긴축에 대한 논의가 확산되었다. 총수요 · 총공급 모형을 이용하여 통화긴축이 국가경제의 총생산, 고용, 소비, 투자, 순수출, 그리고 물가수준에 미치는 단기적 영향을 설명하라.

3. 총수요 · 총공급 모형과 재정정책의 효과

3.1 재정정책의 수단 정부가 직접 사용할 수 있는 재정정책 수단에는 정부지출과 조세가 있다. 정부지출의 항목을 지출대상으로 분류하면 당해 기간의 재화 및 서비스를 구입하기 위한 경상지출과 자본지출, 어떤 특정한 개인이나 단체에 대한 보조금인 이전지출, 그리고 직 · 간접적으로 민간에 대여하는 지출이 있다. 정부수입은 조세, 전매수익금, 정부 소유 기업의 수익 등으로 구성되는데 조세가 그 대부분을 차지한다. 조세는 미시적으로 자원배분과 소득분배에 영향을 미치고, 거시적으로는 소비와 투자에 영향을 미침으로써 경제활동과 경제성장에 큰 영향을 미친다.

3.2 정부지출증가의 효과 정부지출이 증가하면 총지출곡선이 상방 이동하여 균형국민소득이 증가하는데, 이러한 변화는 총수요곡선을 정부지출의 승수만큼 오른쪽으로 이동시킨다.

3.3 조세삭감의 효과 정부지출의 증가와 달리 조세의 감소는 가처분소득 증가분의 한계소비성향만큼만 총수요를 증가시킨다. 따라서 조세승수의 크기는 정부지출승수보다 작다. 만약 정부지출과 조세가 같은 크기로 증가할 경우 국민소득은 균형재정승수만큼 증가한다.

3.4 재정정책의 한계 : 민간지출의 구축효과 정부지출의 증가는 소득증가를 통해 화폐수요의 증가를 가져온다. 이는 주어진 화폐공급 하에서 이자율을 상승시켜 내구재 소비와 투자지출, 순수출의 감소와 함께 총수요곡선을 좌측으로 이동시킨다. 이처럼 정부지출이 증가하여 민간지출이 감소하는 것을 구축효과라라고 한다. 이러한 구축효과는 이자율 상승에 대해 소비, 투자, 순수출이 민감하게 반응할수록 더 크게 나타난다. 일반적으로 화폐금융정책은 내부시차보다 외부시차가 상대적으로 긴 반면, 재정정책은 외부시차보다 내부시차가 더 긴 것으로 알려져 왔는데, 시차가 길수록 재정정책의 유효성은 감소하고 오히려 경기변동을 심화시키는 결과를 가져올 수 있다.

물음 05. 다음을 경상지출, 자본지출, 이전지출로 구분하여라.

(1) 공무원에게 지급한 보수

(2) 실업보험의 지급

(3) 사무용 비품의 구입비용

(4) 신공항 건설을 위한 지출

물음 06. 다음의 정책들이 각각 확장적 재정정책인지, 긴축적 재정정책인지, 아니면 재정정책이 아닌지를 밝히고 그 이유를 간략히 설명하라.

(1) 국방지출의 증가

(2) 법인세율 인상

(3) 지방자치단체의 적자재정을 통한 시청 청사 신축

(4) 공무원 감축

(5) 부가가치세율 인하

물음 07. 다음을 읽고 물음에 답하라.

> 완전고용 수준의 국민소득은 1,000이고, 소비함수는 $C = 40 + 0.9Y$이며, 독립투자(I)는 40으로 주어져 있고, 정부지출과 조세는 각각 10으로 균형재정을 이루고 있다고 가정한다.

(1) 이 경제의 균형국민소득은?

(2) 균형국민소득의 수준으로 보아 현재 이 경제는 인플레이션 상황인가? 판단하라.

(3) 정부지출만을 사용하여 완전고용 수준을 유지하고자 할 때 적절한 정책은? 구체적으로 값을 구하라.

(4) 이전지출만으로 완전고용 수준을 유지하고자 할 때 적절한 정책은?

물음 08. 다음과 같은 거시경제모형을 고려하여 다음 물음에 답하라.

소비$(C) = 10 + 0.7Y$　　투자$(I) = 2 - r$
정부구입$(G) = 8$　　통화공급$(MS) = 10$
화폐수요$(MD) = 20 + 0.2Y - r$
여기서 Y = 국민소득, r = 이자율이다.

정부구입이 3만큼 증가하는 경우 구축효과에 의해 소득(Y)은 얼마만큼 감소하는가?

4. 조세정책과 공급경제학

래퍼곡선으로 대표되는 공급측면의 경제학은 조세에 대한 사람들의 근로 및 투자 동기에 주목하여 세율이 지나치게 높으면 근로의욕과 투자의욕을 해쳐 생산과 소득이 줄어든다고 주장했다. 공급경제학은 1970년대 당시의 수요측면만을 강조하는 주류 경제이론의 결점을 지적하는 하나의 예이지만, 이 역시 이론적인 문제와 더불어 실증적으로도 많은 문제점을 가지고 있다.

4.1 조세정책과 래퍼곡선 래퍼곡선으로 대표되는 공급측면의 경제학은 조세에 대한 사람들의 노동 및 투자 동기에 주목하였다. 세율이 지나치게 높으면 근로의욕과 투자의욕을 해쳐 생산과 소득이 감소하기 때문에 세율을 낮춰 경제성장을 촉진할 수 있다고 보았다.

4.2 래퍼곡선의 이론적 · 실증적 문제점 이론적으로 세율 감소에 따른 소득효과로 노동시간이 줄어들 수 있고 실증적으로도 1980~1990년대에 세율 인하로 인한 조세수입 감소로 쌍둥이 적자를 가져왔다. 또한 조세삭감이 오히려 인플레이션을 유발할 수 있다.

물음 09. 공급측면의 경제학에 의하면 근로소득세 삭감이 국가경제의 총생산, 고용, 소비, 투자, 순수출, 그리고 물가수준에 어떤 영향을 미치는가? 총수요 · 총공급 모형을 이용하여 감세정책의 수요측면 효과를 강조한 케인즈의 이론과 비교 · 설명하라.

5. 재정적자와 국가채무

재정상태는 정부지출과 조세수입의 크기에 따라 균형재정과 적자재정, 흑자재정으로 나뉜다.

5.1 재정적자와 자동안정화장치 경기침체기에는 재정적자가 자동적으로 증가하고 호황기에는 재정적자가 자동적으로 감소하는 것을 자동안정화장치라고 한다.

5.2 국가채무 일정 시점까지 발행된 국채와 차입금의 총액을 국가채무라고 하는데, 일반적으로 재정적자인 해에는 국가채무가 증가하고 흑자인 해에는 감소하는 경향이 있다. 고령화에 따른 인구구조의 변화가 반영된 국가채무 전망에 의하면 우리나라 국가채무는 향후 지속적으로 증가하여 2060년 GDP 대비 218.6%로 확대될 것으로 보인다. 또한 향후 1957년 이후 출생한 세대의 조세부담이 정부로부터의 혜택보다 커짐에 따라 현행 재정부담의 세대 간 불균형이 심화될 것으로 전망된다.

물음 10. 재정적자와 국가채무의 증가가 장기적 경제성장에 미치는 영향을 설명하라.

Chapter 16

실업 · 인플레이션과 필립스곡선

이 장에서는 실업과 인플레이션 간 역의 상관관계를 나타내는 필립스곡선의 이론적 기초와 정책적 시사점을 알아보려고 한다. 이를 위해 다음과 같은 문제에 대해 논의해 보자.

- 물가수준과 총생산 간 양(+)의 관계 하에서 경기안정화정책을 포함한 총수요충격은 인플레이션과 실업 사이에 어떤 관계를 가져오는가?
- 인플레이션 예상을 고려하는 경우 실업과 인플레이션 간 안정적인 상충관계가 존재하는가?

1 필립스곡선이란 무엇인가?

1950년대 말 뉴질랜드 출신의 영국 경제학자 필립스(William Phillips)는 [그림 16-1]에서처럼 1861~1957년 동안 영국의 실업률(u)과 명목임금 변동률($\dot{W}$)에 대한 자료를 실증분석했다. 그 결과 이들 사이에 안정적인 역의 관계가 있다는 매우 흥미로운 사실을 발견하였다.

이후 필립스의 연구결과는 인플레이션율과 실업률의 관계를 나타내는 이론으로 발전하여 양자의 관계를 나타내는 곡선을 **필립스곡선**(Phillips curve)이라고 부르게 되었다. [그림 16-1]의 (b)는 (a)에서 명목임금 상승률을 물가상승률로 대체시킨 가상적인 필립스곡선이다. 특히 1960년대에 필립스의 연구와 유사한 경험적 연구들이 영국뿐만 아니라 미국 등 다른 여러 나라, 그리고 여러 시기에 걸쳐 이루어졌다. 이들 연구에서도 물가상승률(또는

필립스곡선
인플레이션과 실업률 간 역의 관계를 나타내는 곡선

그림 16-1

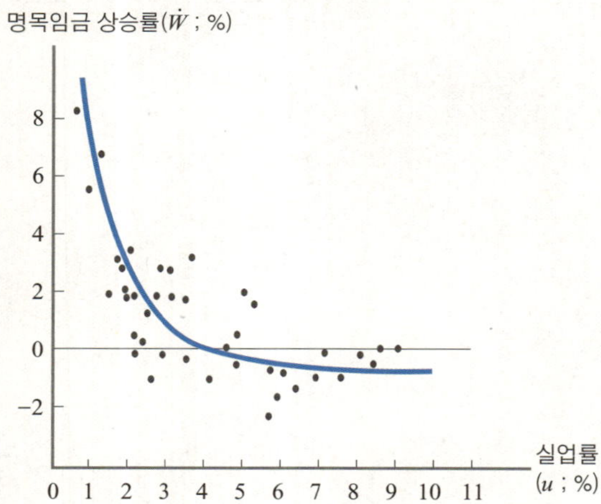

(a) 영국의 실업률과 명목임금 변동률(1861~1957)

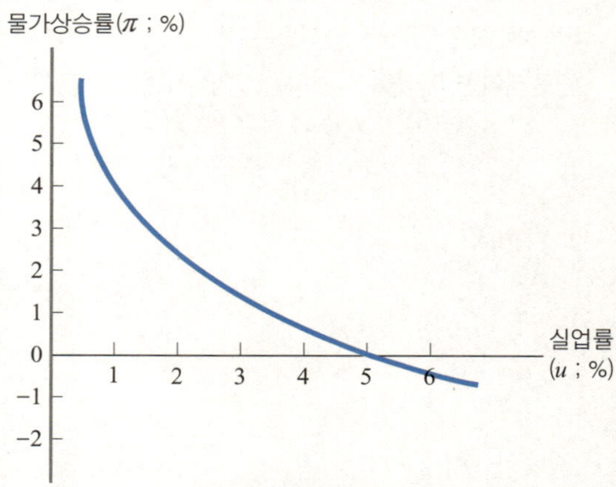

(b) 실업률과 물가상승률

고전적 필립스곡선

필립스는 (a)와 같이 1861~1957년의 기간 동안 영국의 실업률(u)과 명목임금 변동률($\dot{W}$)에 대한 실증분석 결과 이들 사이에 안정적인 역의 관계가 있다는 사실을 발견했다. 한편 (b)는 명목임금 상승률을 물가상승률(π)로 대체시킨 필립스곡선으로서, 실업률이 낮을 때는 실업을 줄이기 위해 감수해야 할 물가상승률의 증가가 실업률이 높을 때보다 훨씬 크다는 것을 보여준다.

명목임금 상승률)과 실업률 사이에 매우 안정적인 역의 관계가 존재하는 것으로 밝혀졌다.

필립스가 제안하고 립시(Richard Lipsey)에 의해 발전된 고전적 필립스곡선에 의하면 실업률이 높을 때 물가상승률은 비교적 낮고 실업률이 낮을 때 물가상승률은 비교적 높다. 즉, 필립스곡선은 물가상승률과 실업률 사이에 존재하는 역의 상관관계(trade-off)로 이해할 수 있다.

안정적 필립스곡선의 정책적 시사점
- 물가안정과 완전고용의 두 가지 정책목표 간에 상충관계가 있음
- 실업률이 낮을수록 실업을 줄이기 위해 감수해야 할 물가상승률의 증가가 커짐

이러한 안정적인 필립스곡선의 존재는 인플레이션과 실업에 관한 정책에 중요한 시사점을 갖는다. 물가안정과 완전고용이라는 두 가지 거시경제정책 목표가 동시에 달성될 수는 없으며, 이 둘 가운데 어느 한쪽을 달성하기 위해서는 다른 한쪽을 희생시켜야 한다는 것이다. 그리고 [그림 16-1]의 필립스곡선 기울기는 실업률이 낮을수록 실업을 줄이기 위해 감수해야 할 물가상승률의 증가가 커진다는 것을 의미한다.

1.1 필립스곡선과 총공급곡선의 관계

필립스곡선은 인플레이션율과 실업 사이에 존재하는 상충관계를 의미한다. 이러한 필립스곡선은 제14장(3. 총공급)에서 도출한 총공급곡선과 어떤 관계를 갖는가?

필립스곡선과 총공급곡선
- 단기 총공급곡선 : 총수요 증가 → 인플레이션율 상승, 산출량 증가 → 실업률 감소 ⇒ 우하향하는 필립스곡선

먼저 [그림 16-2]의 (a)와 같이 우상향하는 단기 총공급곡선 하에서 총수요 증가로 총수요곡선이 AD_0에서 AD_1으로 이동하면 균형점이 E_0에서 E_1으로 이동한다. 그 결과 인플레이션율과 산출량 수준이 모두 상승한다. 이러한 상황에서 필립스곡선은 어떤 형태가 될까?

산출량 증가는 **오쿤의 법칙**(Okun's Law)에 의해 고용량 증가, 즉 실업률 감소를 뜻한다. 따라서 총공급곡선이 우상향하는 형태를 가질 때 총수요 충격이 있다면, 인플레이션율은 상승하는 반면 실업률은 감소함에 따라 전형적인 우하향하는 필립스곡선이 도출된다.

오쿤의 법칙
실업률이 자연실업률에서 1% 상승할 때마다 산출량이 약 2% 가량 감소함

- 장기 총공급곡선 : 총수요 증가 → 인플레이션율 상승, 생산량 불변 → 실업률 불변 ⇒ 수직의 필립스곡선

한편 [그림 16-2]의 (b)와 같이 잠재적 또는 완전고용 수준의 산출량(Y^*)에서 수직인 장기 총공급곡선 하에서 총수요 증가로 총수요곡선이 AD_0에서

■ 그림 16-2

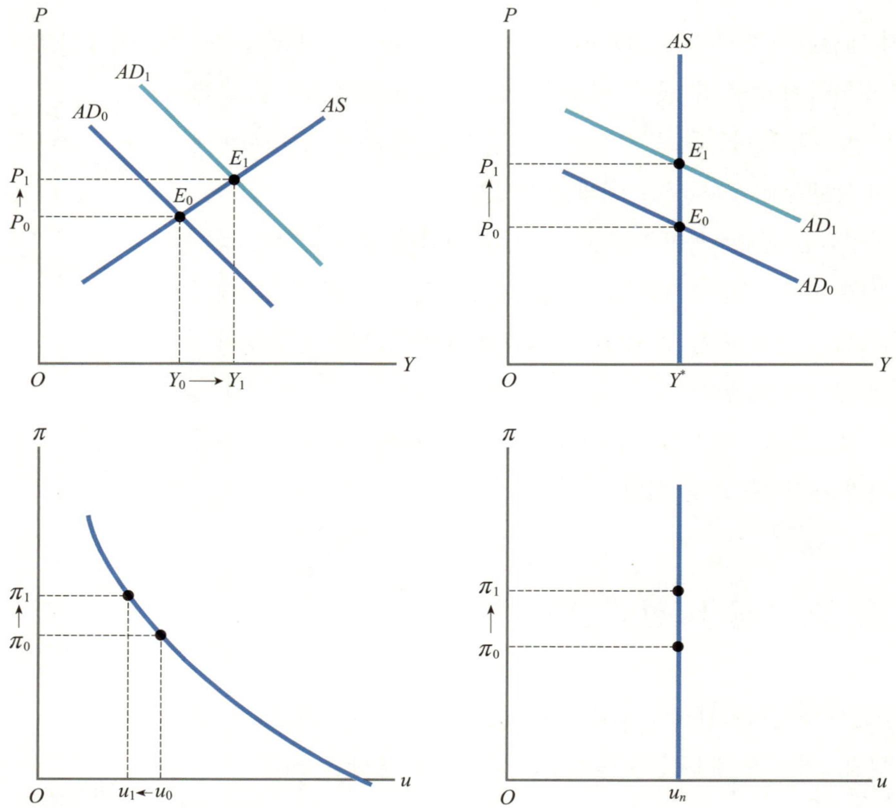

(a) 우하향하는 필립스곡선 (b) 수직의 필립스곡선

필립스곡선과 총공급곡선

우상향하는 총공급곡선 하에서 총수요가 증가하면 물가수준($P_0 \rightarrow P_1$)과 산출량($Y_0 \rightarrow Y_1$)이 모두 상승한다. 이러한 상황에서는 우하향하는 필립스곡선이 도출된다. 수직의 총공급곡선 하에서 총수요가 증가하면 인플레이션율은 상승하지만 산출량은 변화하지 않는다. 이러한 상황에서는 수직인 필립스곡선을 얻을 수 있다.

AD_1으로 이동하면 균형점은 E_0에서 E_1으로 이동한다. 이때 인플레이션율이 상승해도 생산수준은 변화하지 않고 실업률은 잠재적 산출량(Y^*) 수준의 실업률인 자연실업률(u_n)에서 수직의 형태를 갖는 필립스곡선이 도출된다. 이것은 뒤에서 살펴볼 자연실업률가설과 밀접한 관련을 갖는다. 따라서 필립스곡선은 총공급곡선과 동전의 양면 같은 관계를 갖는다. 이러한 개념을 바탕

으로 고전적 필립스곡선의 문제점을 검토한 뒤, 프리드먼과 펠프스가 주장한 새로운 필립스곡선을 살펴보자.

1.2 고전적 필립스곡선의 문제점

1960년대와 1970년대 초까지만 해도 실증연구들에 의해 우하향하는 필립스곡선은 물가상승률과 실업률의 조합들을 보여주는 안정적인 관계식으로 간주되었다. 그러나 시간이 흐르면서 필립스곡선에 대한 다양한 비판이 제기되었다. 예를 들어 1970년대에는 물가상승률과 실업률이 동시에 상승하는 스태그플레이션 현상이 나타났다. 스태그플레이션은 물가상승률과 실업률이 서로 양(+)의 상관관계를 보임으로써, 원래 필립스곡선이 제시한 인플레이션과 실업 간 역의 관계가 항상 안정적인 것은 아님을 보여주었다.

1970년대 스태그플레이션은 고전적 필립스곡선이 제시한 인플레이션과 실업 간 역의 관계가 항상 안정적이지 않다는 것을 보여줌

그러나 케인즈학파 경제학자들은 필립스곡선이란 총수요 변동에 의해 유발된 인플레이션과 실업 사이의 관계를 설명하기 위한 것인데, 1970년대의 인플레이션은 주로 비용인상형 인플레이션이므로 이 시기의 경험만 가지고 필립스곡선을 비판하는 것은 타당하지 않다고 보았다. 즉, 1970년대에는 석유수출국기구(OPEC)의 원유 감산을 통한 에너지가격 조작과 세계적 식량 부족으로 인해 경제의 총공급곡선이 좌측으로 이동해 GDP 감소와 물가상승이 동시에 일어났다는 것이다.

그리고 필립스곡선이 1970년대의 인플레이션을 잘 설명하지 못했다고 해서, 그것이 곧 정책당국이 인플레이션과 실업 사이에 존재하는 역의 상관관계에 더 이상 관심을 가질 필요가 없다는 것은 아니다. 왜냐하면 비용인상형 인플레이션 상황에서 정책당국이 실업에 대처하기 위하여 확장적인 거시경제정책을 사용한다면 총수요를 자극하여 인플레이션을 더욱 심화시킬 수 있고, 반대로 인플레이션을 막으려고 긴축적 거시경제정책을 사용하면 단기적으로 고용상황을 훨씬 더 악화시킬 가능성이 있기 때문이다.

2 인플레이션 예상과 필립스곡선 : 자연실업률 가설

필립스와 립시는 케인즈의 **화폐환상**(money illusion)에 입각하여 가계(노동공급자)와 기업(노동수요자)이 명목임금 변화를 실질임금 변화로 착각한다고 보았다. 그리고 명목임금에 기초한 노동수요와 노동공급 의사결정의 결과, 명목임금과 실업률 사이의 안정적인 상충관계를 나타내는 필립스곡선이 존재한다고 주장했다. 그러나 이 분석은 노동자나 기업가가 의사결정을 할 때 관심을 갖는 것이 일반적으로 명목임금과는 상이한 실질임금이라는 사실을 간과하였다.

2.1 단기 필립스곡선과 장기 필립스곡선

에드문드 펠프스(1933～)

프리드먼(Milton Friedman)과 펠프스(Edmund Phelps)는 특히 기대실질임금의 변화를 결정하는 기대인플레이션의 역할을 강조했다. 이들은 1970년대 들어 필립스곡선이 상방이동하는 현상을 기대인플레이션의 상승이 반영된 결과로 해석하였다. 프리드먼과 펠프스는 확장적 거시경제정책으로 인플레이션이 발생하는 경우, 사람들이 인플레이션을 예상하지 못하는 단기에는 일시적으로 실업률이 자연실업률보다 낮은 수준으로 하락한다고 보았다. 따라서 단기적으로 필립스곡선은 [그림 16-3]에서 우하향하는 곡선 PC_0로 표시된다. 하지만 노동자들이 곧 인플레이션을 인지하고 기대인플레이션의 상향조정과 함께 임금상승을 요구하면서 단기 필립스곡선이 PC_0에서 PC_1으로 상방이동하고, 장기적으로 실업률은 자연실업률 수준으로 수렴한다는 것이다. 따라서 장기적으로 필립스곡선은 [그림 16-3]에서와 같이 자연실업률 수준에서 수직선인 PC_L이 된다.

자연실업률

- 완전고용 수준의 산출량 또는 잠재적 산출량에서의 실업률
- 장기적으로 인플레이션 압력을 유발하지 않는 수준의 실업률(NAIRU)

자연실업률이란 잠재적 국내총생산에 대응되는 실업률로, 총수요 변동과 관계없이 구조적 · 마찰적 요인에 따라 결정되는 실업률 또는 공급 측면에 교란요인이 없을 때 장기적으로 인플레이션 압력을 유발하지 않는 수준의 실업률, 즉 **NAIRU**(non-accelerating inflation rate of unemployment)를 의미한

■ 그림 16-3

기대인플레이션과
장 · 단기 필립스곡선

현재 인플레이션율이 2%이고 자연실업률이 4%인 점 A에서 정부가 확장적 거시경제정책으로 실업률을 3%로 낮추려고 한다. 이때 단기에는 점 B에서 3%의 인플레이션율 상승을 감수하면서 3%의 실업률을 유지할 수 있다. 그러나 장기적으로 사람들이 인플레이션을 완전히 예상함에 따라 경제는 자연실업률 수준(점 C)으로 돌아오게 되어 수직의 장기 필립스곡선이 도출된다.

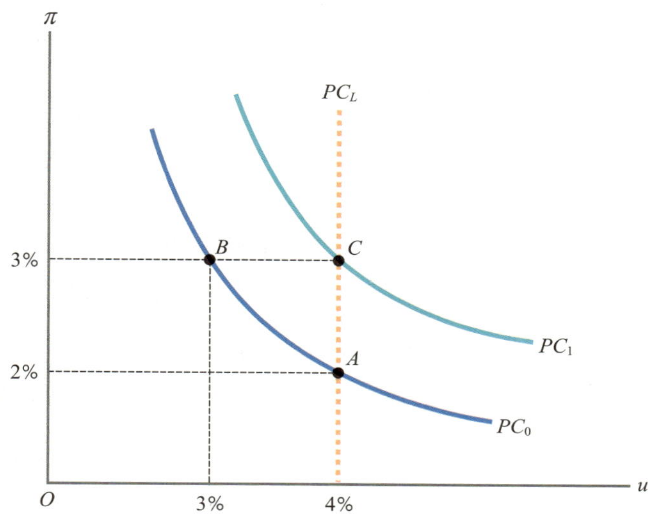

다. 여기서 구조적 실업이란 산업구조 및 기술변화 등에 의해 발생되는 실업을 말하고, 마찰적 실업은 직업 이전에 따라 일시적으로 발생하는 실업을 의미한다. 따라서 경제에 장기적으로 구조적 실업이 없다 하더라도, 직업탐색의 과정에서 어느 정도의 마찰적 실업은 발생하기 마련이므로 자연실업률은 0%보다 클 수밖에 없다.

이제 우하향하는 단기 필립스곡선과 자연실업률 수준에서 수직인 장기 필립스곡선의 관계를 좀더 자세히 살펴보자. [그림 16-3]에서 인플레이션율이 2%이고 실업률이 자연실업률 수준(4%)에 있는 점 A의 상황을 생각하자. 이때 기대인플레이션율은 실제 인플레이션율(2%)과 같다고 하자. 이제 정부가 실업률을 3%로 줄이는 대신 3%의 인플레이션율을 감수하기로 결정하고 통화량의 증가와 같은 확장적 거시경제정책을 수행하면 물가와 명목임금이 상승할 것이다. 이때 노동자들은 단기적으로 명목임금 상승이 인플레이션에 따른 것임을 알지 못하고 노동공급을 늘린다. 따라서 실업률이 하락하고 인플레이션율이 증가하여 경제는 단기 필립스곡선을 따라 점 B에 도달한다.

확장적 거시경제정책
→ 물가 · 명목임금 상승
→ 실질임금 상승으로 착각하여 노동공급 증가
→ 실업률 하락
→ 기대인플레이션율 상승
→ 필립스곡선 상방이동(노동공급 감소)

그러나 시간이 지남에 따라 노동자들이 3% 인플레이션율을 사후적으로 나마 인식하고 앞으로도 3% 인플레이션율이 지속될 것으로 예상하여 기대인플레이션율을 상향 조정하면, 단기 필립스곡선은 [그림 16-3]에서와 같이 PC_0에서 PC_1으로 상방이동한다. 그리고 노동자들은 자신의 실질임금이 종전과 동일함을 알게 되어 노동공급을 줄이게 된다. 그 결과 실업률은 다시 자연실업률 수준인 점 C로 돌아오게 되어 수직 형태의 장기 필립스곡선 PC_L이 도출된다.

자연실업률가설
확장적 거시경제정책이 단기적인 경기부양 효과는 가질 수 있지만, 장기적으로는 실질변수에 아무런 영향을 미치지 못하고 인플레이션만 증가시킨다는 이론

요약하면, 화폐공급량을 증가시키는 화폐금융정책이 단기적 경기부양 효과는 있을지 모르나 장기적으로는 산출량이나 실업률 등 실질변수에 아무런 영향을 미치지 못하고 인플레이션만 증가시킬 뿐이다. 이것이 바로 프리드먼과 펠프스로 대표되는 통화론자의 **자연실업률가설**(natural rate hypothesis)의 핵심이다.

2.2 자연실업률 가설의 유용성과 한계

1970년대와 1980년대에 걸쳐 발생한 고물가-고실업 현상, 즉 스태그플레이션은 실업과 인플레이션 간에 장기적 상충관계가 존재하지 않는다는 것을 명확하게 보여주었다. 노동자가 기대인플레이션율을 조정해 감에 따라 필립스곡선이 이동하는 현상을 통해 필립스곡선의 불안정성을 발견했던 것이다. 즉, 인플레이션 · 실업 간의 상충관계가 단기적으로는 존재할 수 있으나, 경제주체의 기대인플레이션 조정에 따라 단기 필립스곡선이 이동하면서 두 변수 간의 장기적인 상충관계는 사라지게 된다. 이로써 단기 필립스곡선은 불안정하며 장기적으로 필립스곡선이 자연실업률 수준에서 수직선이 된다는 통화론자의 주장이 설득력을 얻게 되었다.

또한 1970년대 중반 이후의 스태그플레이션 현상은 전통적인 필립스곡선에 기초하여 적극적인 총수요관리정책을 주장하던 케인즈학파의 경제학자들이 통화론자의 입장을 수용하는 계기가 되었다. 이들은 실업률이 일종의 문턱(threshold) 수준보다 낮아지는 경우 인플레이션이 가속될 수 있다는 인식 하에 NAIRU 개념을 도입하였다. 케인즈학파가 제안한 NAIRU는 인플

레이션이 상승하거나 하락하지 않고 안정적으로 유지될 수 있는 실업률이라는 점에서 자연실업률과 동일한 개념이다.

구체적으로 단기적인 관점에서 볼 때 실업률과 자연실업률 간의 차이인 **실업률 갭**(unemployment gap)은 노동시장의 여력을 평가할 수 있는 유용한 지표로 이용되고 있다. 예를 들어 실업률 갭이 양(+)인 경우는 노동공급 여력이 양호한 상황으로 인플레이션 압력 가능성이 희박함을 나타내며, 실업률 갭이 음(−)인 경우는 노동공급 여력이 소진된 상황으로 임금상승으로 인한 인플레이션 상승압력이 높은 것으로 해석된다. 따라서 물가안정이 주요 정책 목표인 통화당국의 입장에서 볼 때, 실업률 갭은 노동시장을 통한 인플레이션 상승압력을 평가할 수 있는 지표로 유용할 뿐만 아니라 화폐금융정책 기조가 노동시장 수급불균형 해소에 부합하는지를 평가하는 데도 유용하다. 그러나 정확한 자연실업률의 추정이 어렵다는 기술적인 문제뿐만 아니라 화폐금융정책의 효과가 2~3년의 시차를 두고 나타남에 따라 발생되는 불확실성의 문제가 있다.

실업률 갭
실업률 − 자연실업률

- 실업률 갭 > 0 : 인플레이션 압력 감소
- 실업률 갭 < 0 : 인플레이션 압력 발생

⇒ 실업률 갭은 노동시장을 통한 인플레이션 상승압력을 평가할 수 있는 지표

현 실 과 경 제 학

우리나라의 자연실업률과 필립스곡선

OECD 추정에 따르면 우리나라의 자연실업률 또는 NAIRU는 1980년대 초반 4%를 웃돌다가 하락하기 시작해 1991년에 약 2.8%까지 내려갔다. 이후 다시 상승하기 시작한 자연실업률은 1997년 말 외환위기를 거쳐 1998년에 4.2%까지 올라갔다. 2000년대에 들어서는 다시 완만한 하락세를 보여 2006년 이후 약 3.4% 수준이 유지되어 왔다. [그림 1]은 1980년 이후 최근까지 우리나라의 자연실업률과 실업률 갭의 추이를 나타내고 있다.

한편 우리나라의 필립스곡선 또한 [그림 2]와 같이 항상 우하향하는 형태가 유지되었던 것

| 그림 1 | 우리나라의 자연실업률과 실업률 갭

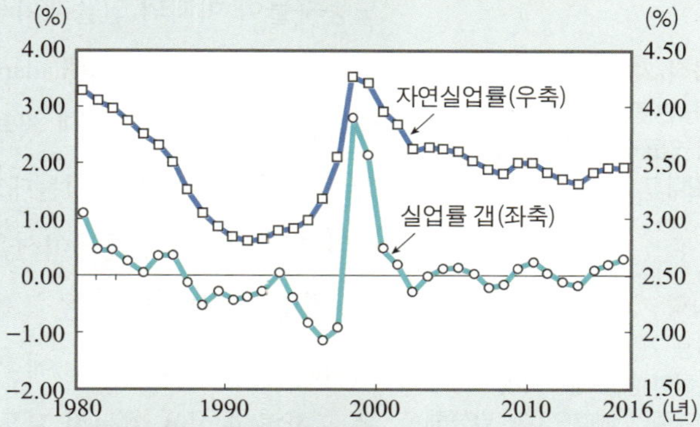

출처 : OECD 통계청

은 아니다. 이는 석유파동과 같은 경제의 외부적 충격이 발생하였기 때문이다. 그러나 외환위기 이후 완만한 필립스곡선의 형태가 유지되고 있음을 확인할 수 있다. 미국의 경우에도 1997년 이후 필립스곡선의 기울기가 완만하게 변했는데, 이에 대해 대부분의 경제학자들은 세계화가 원인이라고 생각한다. 오늘날에는 세계화의 결과 노동자들의 임금협상력이 약해지면서 실업률이 감소하더라도 과거와 같이 임금이 인상되지 않기 때문에 임금상승에 기인하는 인플레이션율이 감소하여 필립스곡선의 기울기가 줄어들게 되었다는 것이다.

| 그림 2 | 우리나라 필립스곡선의 구조적 변동 추이 (장기추세 변동치 기준)

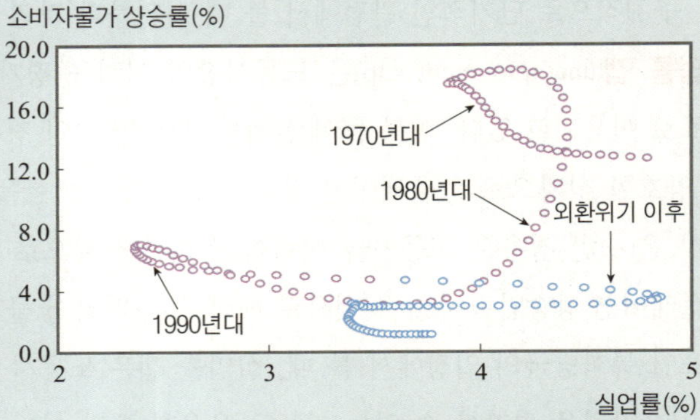

출처 : 이종건, 「경제충격과 신경제적 구조변화」, 『경제분석』, 한국은행, 2002. 원 논문과 같은 방법으로 2017년까지 시계열 연장

3 합리적 기대와 필립스곡선

인플레이션과 실업률 사이에 단기적인 상충관계만이 존재한다는 자연실업률가설은 1970년대 들어 루카스(Robert E. Lucas) 등에 의해 제기된 합리적 기대가설에 의해 한 단계 더 발전하였다. 앞서 본 자연실업률 가설에서는 노동자들이 미래의 인플레이션율을 현재와 과거 인플레이션율의 가중평균과 같다고 보는 **적응적 기대**(adaptive expectations)를 가정하였다. 그러나 경제주체들은 예를 들어 내년에 정부가 통화량을 두 배로 늘린다고 공표하여 급속한 인플레이션이 예상되는데도, 과거의 인플레이션율이 계속 3%였다는 이유만으로 내년의 인플레이션율도 3%라고 예상하지는 않을 것이다.

적응적 기대
미래 인플레이션율을 현재와 과거 인플레이션율의 가중평균과 같다고 봄

합리적 기대론자들은 적응적 기대의 이러한 문제점을 지적했다. **합리적 기대**(rational expectations)에 의하면 경제주체들은 미래 경제변수들의 움직임을 포함하여 이용 가능한 모든 정보를 활용하여 효율적으로 인플레이션을 예상한다. 이처럼 합리적으로 기대가 형성되면 과거의 인플레이션율이 계속 3%였다고 해서 내년의 인플레이션율도 3%라고 예상하지는 않는다. 만약 경

합리적 기대
- 이용 가능한 모든 정보를 활용하여 형성되는 기대
- 체계적인 예측오차가 발생하지 않음

제주체들이 내년에 수입원자재 가격이 급격히 오를 것이라는 정보를 입수하면, 이에 따라 인플레이션율도 상승할 것이라 예상한다.

물론 합리적 기대가 사람들이 인플레이션율을 항상 정확히 예상하는 것, 즉 기대인플레이션율과 실제 인플레이션율이 정확히 일치하는 완전예견(perfect foresight)을 의미하는 것은 아니다. 주어진 정보를 최대한 효율적으로 이용하더라도 주어진 정보가 불완전하면 예측오차가 발생하기 마련이다. 그러나 이러한 예측오차는 평균적으로 0이 된다.

인플레이션에 대한 합리적 기대 하에서도 단기적으로는 불완전정보로 인해 인플레이션율과 실업률 사이의 상충관계, 즉 고전적 필립스곡선이 의미하는 상충관계가 존재할 수 있다. 예를 들어 정부의 갑작스런 확장적 화폐금융정책의 결과로 민간이 예상하지 못한 인플레이션이 발생했다고 하자. 이때 노동자들은 명목임금 상승이 인플레이션에 따른 것임을 알지 못한 채 노동공급을 늘리고, 그 결과 실질임금이 예상보다 낮아지면서 기업의 노동수요도 증가하여 실업률이 줄어들 수 있다. 물론 이러한 인플레이션율 상승이 기대에 반영되는 즉시 노동공급 · 노동수요와 실질임금이 이전 수준으로 돌아가면서 결국 실업률은 이전과 같이 유지되고 인플레이션율만 상승한다.

합리적 기대 하에서도 단기에 예상치 못한 확장적 거시경제정책은 실업률을 낮출 수 있지만, 미리 예상된 총수요확대정책은 실업률에 아무런 영향을 미치지 못하고 인플레이션율만 상승시킴

한편 정부의 총수요확대정책이 미리 예견된 것이어서 인플레이션이 충분히 예상되었다면, 실업률에 전혀 영향을 미칠 수 없다. 왜냐하면 예상된 인플레이션만큼 명목임금이 이미 증가하여 실질임금은 변하지 않으며, 이에 따라 실업률도 변하지 않기 때문이다. 따라서 예상된 확장적 거시경제정책은 실업률에 영향을 미치지 못하고 인플레이션만 증가시킨다.

합리적 기대 하에서의 필립스곡선은 정책당국의 인플레이션 억제정책(disinflation policy) 또는 안정화정책(stabilization policy)에 중요한 시사점을 갖는다. 사람들이 합리적으로 기대를 형성하면 정책당국의 예상된 확장적 거시경제정책은 실업률을 변화시키지 못하며 인플레이션율만 증대시킨다. 따라서 저실업과 물가안정의 두 가지 정책목표 하에서 정책당국이 어차피 실업률을 줄일 수 없다면, 인플레이션율을 줄이는 것이 최적의 정책일 것이다. 그런데 정책당국이 인플레이션율을 줄임과 동시에 민간의 기대인플레이션도 똑같이 줄일 수 있다면, 안정화정책에 의한 인플레이션 억제는 실업의 증가

실업률 증가를 수반하지 않는 인플레이션 억제정책의 달성 여부는 정책의 신뢰성과 관련됨

- 민간이 정책당국을 신뢰하는 경우 : 인플레이션을 낮추겠다는 발표만으로 기대인플레이션 하락을 통해 인플레이션을 낮출 수 있음
- 민간이 정책당국을 신뢰하지 않는 경우 : 실제 긴축정책을 실시하여 인플레이션이 하락해도 실업률은 상승함

나 산출의 감소 없이도 가능해진다.

그러나 실업률 증가를 수반하지 않는 인플레이션 억제정책이 쉽게 달성될 수 있는 것은 아니다. 그것은 정책당국이 기대인플레이션을 통제할 수 있는가의 문제, 즉 정책의 신뢰성(credibility)과 밀접하게 관련된다.

[그림 16-4]에서 현재 인플레이션율은 π_0이고, 필립스곡선은 점 A를 지나는 $PC(\pi_0^e)$라고 하자. 이때 정책당국이 긴축정책을 통해 인플레이션율을 π_1으로 줄이겠다고 발표하고 민간이 정책당국의 정책발표를 전적으로 믿는다면, 정책당국은 이러한 발표만으로도 인플레이션율을 낮출 수 있다. [그림 16-4]에서 기대인플레이션율이 π_0^e에서 π_1^e로 낮아지면 필립스곡선이 $PC(\pi_0^e)$에서 $PC(\pi_1^e)$로 하방이동하여 점 D와 같이 실업률의 증가 없이 인플레이션을 낮출 수 있다.

그러나 민간이 정책당국 발표를 완전히 믿지 않는다면 어떻게 될까? 정책당국이 인플레이션율을 π_1 수준으로 억제하기 위해서 긴축정책을 발표하고 이를 강력히 실시하여 인플레이션율이 실제로 하락하고 있다고 하자. 그러나 민간이 정책당국의 안정화정책을 믿지 않으면 [그림 16-4]의 π_0^e와 같

그림 16-4

합리적 기대와 인플레이션 억제정책

경제가 점 A에 놓여 있을 때 정책당국이 인플레이션율을 π_1으로 억제하겠다는 사전공약을 민간이 신뢰해 기대인플레이션율이 π_1^e으로 하락하면, 필립스곡선이 $PC(\pi_0^e)$에서 $PC(\pi_1^e)$로 하방이동하여 실업률 증가 없이 인플레이션을 낮출 수 있다. 그러나 민간이 물가안정화정책을 믿지 않으면 기대인플레이션율은 떨어지지 않고, 이때 인플레이션 억제정책은 실업률의 증가를 수반한다.

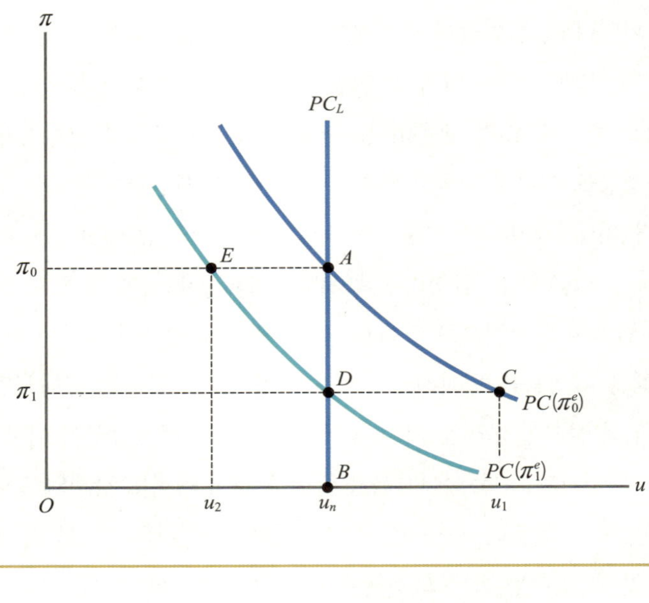

이 기대인플레이션율은 계속 높은 상태에 머무르게 되고, 따라서 필립스곡선도 $PC(\pi_0^e)$로 계속 머물러 있게 된다. 이 상황에서 정책당국이 긴축정책을 실시하여 실제 인플레이션율이 π_1으로 하락하면, 이 경제는 점 C로 이동하여 실업률은 오히려 u_1으로 증가한다. 이것은 남미와 같이 높은 인플레이션을 겪었던 많은 나라에서 인플레이션 억제정책이 신뢰를 얻기 전에 일반적으로 나타나는 현상이다.

따라서 경기침체 없이 인플레이션율을 감소시키기 위해서는 정책의 신뢰를 형성하는 것이 필수적이다. 그래야만 정책당국의 인플레이션 억제정책이 기대인플레이션율을 낮추어 실업률의 증가 없이 인플레이션율을 감소시킬 수 있다. 이를 위해서는 정책당국이 인플레이션율을 줄인다는 발표와 함께 낮은 인플레이션율에 상응하는 긴축정책 기조를 실제로 계속 유지한다는 사실을 보여주어야 한다.

이를 위해서는 정책 결정에서 가능한 한 재량(discretion)을 배제하고 정책과정을 준칙(rule)화하는 것이 매우 중요하다. 예를 들어 프리드먼의 제안에 따라 통화증가율을 경제성장률 수준과 동일하게 맞추는 준칙을 정하고 정책당국이 이를 준수한다고 하자. 이러한 상황에서는 민간이 예상하지 못한 정책을 원천적으로 억제할 수 있으므로 정책의 신뢰성이 제고되어 인플레이션 억제정책의 효과도 높아질 수 있다.

요약 및 연습문제

1. 필립스곡선이란 무엇인가?

인플레이션율과 실업률 사이에 역의 상관관계를 나타내는 곡선을 필립스곡선이라 부른다. 안정적인 필립스곡선의 존재는 물가안정과 완전고용이라는 두 가지 거시경제정책 목표가 동시에 달성될 수 없음을 보여준다.

1.1 필립스곡선과 총공급곡선의 관계 우상향하는 단기 총공급곡선 하에서 총수요가 증가하면 물가수준과 산출량이 모두 증가한다. 이때 산출량 증가는 오쿤의 법칙에 의해 실업률 감소를 의미하므로 물가와 산출량 간 양(+)의 관계는 곧 물가와 실업률 간 음(−)의 관계로 해석할 수 있다.

1.2 고전적 필립스곡선의 문제점 1970년대 스태그플레이션은 고전적 필립스곡선이 제시한 인플레이션과 실업 간 역의 관계가 항상 안정적이지 않다는 것을 보여주었다.

2. 인플레이션 예상과 필립스곡선 : 자연실업률 가설

2.1 단기 필립스곡선과 장기 필립스곡선 자연실업률 가설에 의하면 확장적 거시경제정책은 단기적으로 화폐환상에 의해 실업률을 자연실업률보다 낮은 수준으로 하락시킴으로써 경기부양효과가 있을 수 있다. 즉, 단기적으로는 우하향하는 필립스곡선이 도출된다. 그렇지만 장기적으로는 기대인플레이션이 조정되어 자연실업률(NAIRU) 수준으로 돌아오게 되기 때문에 산출량과 실업률 등 실질변수에 아무런 영향을 미치지 못하고 인플레이션만 증가시킨다. 따라서 장기 필립스곡선은 자연실업률 수준에서 수직선이 된다.

2.2 자연실업률 가설의 유용성과 한계 물가안정이 주요 정책목표인 통화당국의 입장에서 볼 때, 실업률 갭(= 실업률 − 자연실업률)은 노동시장을 통한 인플레이션 상승압력을 평가할 수 있는 지표로서 유용하다. 그러나 정확한 자연실업률의 추정이 어려울 뿐만 아니라 화폐금융정책의 효과가 시차를 두고 나타남에 따라 발생되는 불확실성 때문에 실업률 갭에 대한 화폐금융정책의 즉각적인 대응을 부정적으로 보는 견해도 있다. 한편 최근 실업률과 인플레이션율의 관계가 안정화되는 추세를 보이고 있고, 또한 세계화에 의해 필립스곡선의 기울기가 완만해지고 있다.

물음 01. 자연실업률이 4%인 경제를 상정하자. 이 경제는 수년 동안 6%의 비교적 높은 인플레이션이 유지되어 왔기 때문에 기업과 노동자도 향후 인플레이션이 6% 수준이 될 것이라고 예상하고 있다. 이제 중앙은행이 물가안정을 위해 인플레이션을 영구적으로 3% 수준까지 하락시키기로 결정했다고 하자. 중앙은행은 이 목표를 달성하기 위해 화폐금융정책을 어떻게 사용할 수 있는가? 자연실업률가설의 필립스곡선을 이용하여 설명하라.

3. 합리적 기대와 필립스곡선

자연실업률 가설에서 가정한 적응적 기대와 달리, 합리적 기대에 의하면 경제주체는 미래 경제변수들의 움직임을 포함하여 이용 가능한 모든 정보를 활용하여 인플레이션을 예상한다. 그러나 이것이 완전예견을 의미하는 것은 아니므로 단기적으로는 불완전정보에 의해 예상하지 못한 인플레이션이 발생하면 인플레이션율과 실업률 사이에 상충관계가 존재할 수 있다. 한편 예상된 확장적 거시경제정책은 단기적으로도 실업률에 영향을 미치지 못하고 인플레이션율만 증가시킨다.

물음 02. 2010년 남유럽 재정위기 등 일련의 불확실성에도 불구하고 신흥시장국에서는 경기회복이 확실시되면서 화폐금융정책의 정상화 또는 출구전략을 의미하는 통화긴축에 대한 논의가 확산되어 왔다. 다음 물음에 답하라.

(1) 자연실업률 가설의 필립스곡선을 이용하여 통화긴축의 단기 및 장기 효과를 설명하라.

(2) 경제주체들이 미래 인플레이션에 대해 합리적 기대를 갖는 경우 (1)의 분석이 어떻게 달라지는지 비교하여 설명하라.

연습문제 해답

Chapter 01 | 경제학이란 무엇인가?

연습문제

01. 경제학은 경제주체가 주어진 제약 하에서 자신의 목표를 최대한 달성하기 위한 합리적 선택을 다루는 학문이다. 따라서 경제학은 사회에서 주어진 제약인 희소한 자원들을 분배하는 역할을 맡는다. 그러나 만약 모든 사람이 필요한 재화와 서비스를 자신이 원하는 만큼 얻을 수 있다면 굳이 경제학을 통해 자원을 분배할 필요가 없다. 따라서 부족함이 없는 재화에 대해서는 경제학자들이 굳이 가장 합리적인 분배를 연구할 필요가 없다. 한정된 자원, 즉 자원의 희소성은 합리적인 의사결정을 통해 주어진 제약 하에서 최소의 비용과 최대의 편익을 얻도록 하는 경제학의 기본 전제가 된다.

02. 기회비용은 명시적 비용과 암묵적 비용의 합으로 계산할 수 있다. 식당까지 가는 데 교통비 등이 소요되지 않았다고 가정하면, 친구가 사주는 점심에는 명시적 비용이 존재하지 않는다. 일상생활에서 우리는 이렇게 명시적 비용이 존재하지 않는 것을 공짜라고 칭한다.

그러나 공짜라는 것이 그 어떤 비용도 존재하지 않는다는 것을 의미하지는 않는다. 식당까지 가는 시간, 식사를 하는 시간 동안 다른 일을 했다면 얻을 수 있었을 이익을 포기하는 것이기 때문이다. 아르바이트를 한다면 그 시간만큼의 수당, 다이어트 중이었다면 내면의 만족감 등을 점심 약속의 대가로 지불한 셈이 된다. 따라서 기회비용의 관점에서 공짜 점심은 '공짜' 가 아니라고 할 수 있다.

희소성, 즉 무한한 욕구를 충족시키기 위한 수단이 제한되어 있다는 것은 바꿔 말하면 가지고 있는 수단으로 이룰 욕망을 선택함과 동시에 다른 욕망은 포기한다는 것을 의미한다. 따라서 "공짜 점심 같은 것은 없다"라는 말은 바로 포기하는 것 없이는 그 어떤 것도 선택할 수 없다는 점을 시사한다.

03. (1) 아래 그림에서 (a)는 민호의 생산가능곡선, (b)는 수지의 생산가능곡선을 나타낸다.

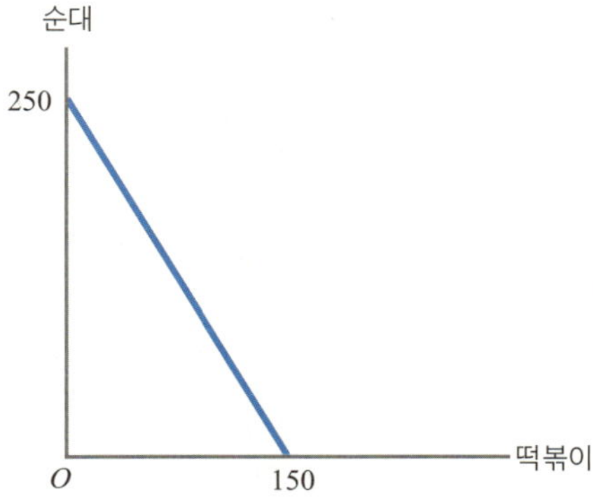

(a) 민호

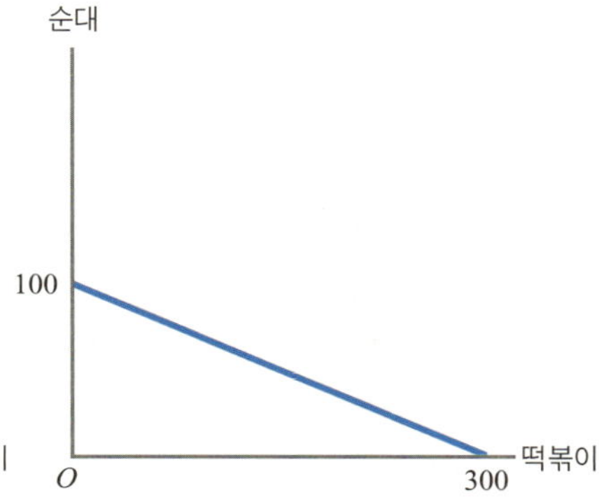

(b) 수지

(2) 민호는 5시간 동안 떡볶이 75접시, 순대 125접시를 요리할 수 있고, 수지는 5시간 동안 떡볶이 150접시, 순대 50접시를 요리할 수 있다. 따라서 민호와 수지가 주어진 시간을 효율적으로 이용하여 떡볶이와 순대를 생산할 경우 이들이 생산하는 떡볶이는 총 225접시, 순대는 총 175접시가 된다.

(3) 민호의 경우 떡볶이 한 접시를 생산하는 데 들이는 시간을 순대를 생산하는 데 들일 경우 $\frac{250}{150}=\frac{5}{3}$접시를 생산할 수 있다. 반면 수지의 경우 떡볶이 한 접시를 생산하는 데 들이는 시간을 순대를 생산하는 데 들일 경우 $\frac{100}{300}=\frac{1}{3}$접시밖에 생산하지 못한다. 따라서 민호가 떡볶이 한 접시를 생산하는 데 따른 기회비용은 순대 $\frac{5}{3}$접시와 동일하며, 수지가 떡볶이 한 접시를 생산하는 데 따른 기회비용은 $\frac{1}{3}$접시와 동일하다. 마찬가지 방식으로 민호가 순대 한 접시를 생산하는 데 따른 기회비용은 떡볶이 접시와 $\frac{3}{5}$접시, 수지가 순대 한 접시를 생산하는 데 따른 기회비용은 떡볶이 3접시로 나타난다.

따라서 민호는 수지에 비해 상대적으로 큰 기회비용을 갖는 순대를 만드는 데 최대한의 시간을 들이고, 수지는 민호에 비해 상대적으로 큰 기회비용을 갖는 떡볶이를 만드는 데 최대한의 시간을 들일 경우 경제적으로 효율적인 생산이 이루어진다. 이때 주어진 표에 따라 민호는 순대 250접시를, 수지는 떡볶이 300접시를 생산할 수 있으므로 이들의 생산량의 총합은 (2)에서 나타난 순대 175접시와 떡볶이 225접시를 크게 상회한다.

(4) (3)을 참고하면, 순대를 만드는 데 비교우위가 있는 민호에게 떡볶이 한 접시는 순대 $\frac{5}{3}$접시와 동일한 가치를 가지며, 떡볶이를 만드는 데 비교우위가 있는 수지에게 떡볶이 한 접시는 순대 $\frac{1}{3}$접시와 동일한 가치를 가진다. 따라서 민호는 수지로부터 떡볶이 한 접시를 얻기 위해 순대를 $\frac{5}{3}$접시까지 제공할 용의가 있으며, 수지는 적어도 자신의 떡볶이 한 접시에 대

해 순대 $\frac{1}{3}$접시 이상을 받아야만 떡볶이를 제공할 것이다. 즉, 떡볶이와 순대의 교환비율은 떡볶이 1접시당 순대 $\frac{1}{3} \sim \frac{5}{3}$접시 사이에서 형성될 것이다.

그렇기 때문에 수지의 제안은 성립할 수 없다. 민호는 떡볶이 1접시를 얻기 위해 수지에게 순대 2접시를 제공하느니 차라리 순대 $\frac{5}{3}$접시를 포기하고 스스로 떡볶이 1접시를 만드는 편이 이득이라고 생각할 것이기 때문이다.

04. 폭설을 효과적으로 치우기 위해서는 다양하고 많은 양의 제설장비와 이를 관리 · 운영할 인력을 보유하고 있어야 한다. 그런데 이런 장비와 인력을 보유하는 제설부서의 유지비용은 만만치 않을 것이다. 따라서 서울시가 당면한 문제는 평소에 어느 정도의 제설장비를 유지하고 작업자를 고용하느냐는 것인데, 이는 제설부서의 유지에 따른 비용과 눈을 치움으로써 얻는 편익을 형량해서 결정될 것이다.

서울에는 눈이 많이 내리는 편이 아니다. 더구나 폭설은 흔치 않다. 따라서 서울시가 폭설에 대비해서 대규모의 제설부서를 유지하는 것은 비용 측면에서 효율적이지 못하다. 그러나 폭설 시 제설작업을 빨리 하지 못하면 도로가 마비되고, 교통사고가 발생하며, 또 생산활동도 원활하지 못하여 큰 손실이 발생할 것이다. 제설작업이 잘 이루어지면 이런 손실이 발생하지 않을 것이므로 이것이 곧 제설부서 유지의 편익이다.

정리하면 서울시가 폭설에도 효과적으로 대처하기 위한 비용은 장비와 인력 등을 포함하여 제설부서를 유지하는 비용이다. 반면에 편익은 눈이 내릴 확률에 그로 인해 발생할 손실(제설작업이 효과적으로 이루어졌을 때 없앨 수 있는 손실)을 곱한 기댓값이 될 것이다. 이 기댓값이 비용보다 더 크다면 대규모 제설부서를 유지하는 것이 바람직하지만, 그렇지 않다면 비용 대 편익 측면에서 그런 제설부서를 유지하는 것이 바람직하지 않다. 실제로 서울에 폭설이 내리지 않는 것은 아니지만 확률이 낮아 기댓값이 낮으므로 대규모 제설부서를 유지할 필요는 없다.

그렇다면 폭설을 효과적으로 치울 수 있는 능력이 되지 않을 경우에는 어떻게 하는 것이 바람직할까? 서울시의 일부 또는 전체를 닫아버리는 방법을 고려할 수 있다. 휴무에 들어가는 것이다. 이 경우 당연히 생산 등 손실이 발생할 것이다. 그러나 그 손실이 폭설에 대비해 제설부서를 유지하는 비용보다 작다면 도시의 일부나 전체를 닫아버리는 것이 효율적일 것이다

다른 방법은 서울시가 제설장비와 인력을 보유한 기업에 의뢰하여 제설작업을 하도록 하는 것이다. 그러나 이 또한 우리 경제에서 누군가 그러한 장비와 인력을 보유하고 있어야 함을 의미한다. 즉, 서울시가 아닌 그 기업이 제설부서 유지의 비용을 치른다는 점만 다를 뿐 우리 사회가 치러야 하는 전체 비용에는 변화가 없다. 물론 이런 장비와 인력을 보유하여 영업하는 기업

도 생기지 않을 것이다. 서울시로부터 받을 수 있는 금액이 유지비용보다 많지 않을 것이기 때문이다.

알래스카 주나 모스크바 시에는 눈이 자주 오고 양도 많다. 이 지역들이 대규모의 제설부서를 유지하는 이유는 그 편익이 비용보다 크기 때문이다. 그런 지역의 제설 솜씨가 서울시의 제설 솜씨보다 한결 나은 것은 당연한 일이다. 그러므로 폭설을 빨리 잘 치우지 못했다고 무턱대고 서울시를 비난할 일이 아니다. 서울시가 통상적인 강설량을 기준으로 제설부서를 유지하고 있는 것은 효율적이라고 할 수 있다.

「제설작업의 편익과 비용」, 김영용, 한국경제연구원

05. (1) 기업이 근로의욕을 고취시키기 위해 임직원들에게 일정 기간이 지난 후 회사의 자사 주식을 일정 부분 매입 혹은 처분할 수 있도록 부여하는 권한인 콜옵션과 개별 구성원의 능력 · 실적 및 조직 공헌도 등을 평가해 계약에 의해 연간 임금액을 결정하는 보수 체계인 연봉제 등이 있다.

(2) 개인 : 기부금에 대한 소득공제, 연구원 기술개발에 따른 로열티 지급, 예산을 절약한 공무원이나 정부기관에게 수입 증대 또는 지출 절약 금액의 일부를 인센티브로 지급하는 예산성과금제도 등이 있다.

기업 : 대 · 중소기업 상생 인센티브제 과징금 감면, 가격담합 내부고발자 과징금 면제, 사업시행자가 공공용지를 무상 제공하면 용적률을 허가기준보다 올려주는 용적률 인센티브제도, 성실사업자에 대한 교육비 · 의료비 소득공제, 무작위 추출방식의 정기세무조사 배제, 신고기간 연장 등 혜택 주는 세무검증제도, 기업이 자발적으로 감축한 온실가스 감축분에 대한 인센티브를 지자체가 정한 범위(상품권, 교통카드, 쓰레기봉투 등) 내에서 받는 탄소포인트제도 등이 있다.

(3) 양심, 종교 등에 의한 도덕적 측면에서의 행동 변화를 들 수 있다. 예를 들어, 예절적인 측면에서 어른에게 인사를 잘하거나 버스나 지하철 등에서 자리를 비켜드리면 착한 사람으로 사람들이 인식하게 되는 우리나라의 독특한 문화가 있다. 또한 교회나 성당, 절에서 종교적인 믿음에 호소하여 사회봉사 활동을 자발적으로 하게 만드는 것을 들 수 있다.

06. 첫째, 일본의 원전 오염으로 인해 우리나라의 생수, 라면 등 생필품 수출이 급격히 증가하였다. 이는 일본 자국의 음식들이 방사능에 노출되었을 수 있다는 가능성 때문에 상대적으로 안전한 우리나라 상품, 특히 생필품 위주로 수요가 늘어났기 때문이다.

둘째, 구제역 파동으로 돼지고기, 소고기 가격이 급등하였다. 이는 구제역을 막기 위해 전염이

의심되는 돼지, 소 등을 대량으로 처분하면서 공급이 급격히 줄어들었기 때문이다.

셋째, 1970~1980년대 석유파동을 비롯해 석유매장량이 많은 중동에서 전쟁이 발발했을 때 석유가격이 급등했다. 이는 석유의 공급처가 제한적이라 수출 국가의 사정에 따라 세계 석유 공급량이 불안정한 반면 수요는 꾸준했기 때문이다.

응용문제

01. (1) 많은 요인들이 영향을 미칠 것이나, 비슷한 조건이라면 물론 학생이 선호하는 메뉴를 고를 것은 분명하다. 그러나 식당까지 가기에 시간이 여유롭지 않거나 거리가 너무 멀다면 차선책을 고를 수도 있을 것이다. 또한 금전적인 이유로 인해 맛보다는 일단 싼 값에 배를 채우기 위해 가격이 낮은 식당만을 고집할 수도 있다. 이렇듯 점심 메뉴를 고를 때 다양한 기준이 있을 수 있으나, 일반적으로 생각할 때 메뉴의 구성 등 음식 자체와 관련된 요인 외에 가격과 지리적 위치가 선택에 큰 영향을 미칠 것이라 볼 수 있다.

식단 정보는 학생의 의사결정에 큰 도움이 될 것이다. 식단 정보가 주어지지 않는다면, 무작정 가까운 곳 또는 평균적으로 가장 가격이 낮은 곳으로 가거나 불확실한 기대를 가지고 식당에 갔다가 실망하는 일이 많을 것이다. 그러나 식단 정보가 있다면 별다른 수고 없이 근방의 식당 중 선호하는 메뉴를 가장 합리적인 가격에 제공하는 식당을 찾아가는 것이 가능하다. 또한 건강상의 이유나 종교 때문에 금기하는 음식이 있을 때 이를 피할 수도 있을 것이다.

(2) 만약 모든 식당이 같은 메뉴를 내놓는다면, 맛이 좋거나 위치가 좋은 몇몇 식당에만 학생이 몰리는 현상이 나타날 것이다. 그러나 이때 다른 메뉴를 선보인다면 다른 조건이 열등하더라도 그 메뉴의 선호층을 확보할 수 있다. 또한 학생들의 선호는 제각기 다르기 때문에 어느 한 식당이 이를 모두 충족시키기란 불가능하며, 한 가지 메뉴에 집중하는 것에 비해 평균적인 맛이나 비용도 경쟁력이 떨어질 것이다. 따라서 식당들은 과열경쟁을 피하고 효율성을 추구하기 위해 각기 특색 있는 메뉴를 선보인다고 볼 수 있다. 결과적으로 이들은 서로 경쟁관계이기는 하지만 특화를 통해 분업의 이익을 나눠 갖는 셈이다.

02. 새마을 사업은 마을 주민들의 참여와 협조 없이는 성공할 수 없고, 그러면서도 정책효과를 높이기 위해서는 최대한 단기간에 사업을 완료할 필요가 있었다. 전기 공급에 필요한 전력망을 공학적 설계에 따라 방사형으로 차근차근 확대하는 방식을 택한다면, 전력망 구축 자체의 비용은 적게 들 것이다. 그러나 이는 각 마을의 새마을 사업 성과와 연계된 것이 아니기 때문에

주민들에게 사업 참여의 대가를 제공해 주지는 못한다.

반면에 새마을 사업의 성과에 따라 전기를 공급한다면, 전력망 자체는 비효율적으로 구축될 가능성이 높다. 그러나 전기 공급이라는 강력한 경제적 유인을 제공함으로써 주민들이 사업에 적극적으로 참여하게 하고, 단기간에 새마을운동의 목표를 달성하도록 유도할 수 있어 궁극적으로 더 효율적인 방식이라고 할 수 있다.

03. 경제학의 목적은 현실경제를 알고 거기에서 생기는 문제를 해결함으로써, 우리가 사는 세상을 좋게 만들기 위해 그 방법을 다양화하고 발전시키는 것이다. 4 절에서 배웠듯이 경제학은 "모든 인간은 합리적"이라는 강한 가정을 사용하는데, 세상에는 이러한 가정만으로는 설명할 수 없는 현상들이 많이 일어난다. 이에 따라 좀더 효율적이고 현실적으로 이를 설명해 내기 위해 그 가정을 완화하고 심리학의 논리를 접목시키면서 행태경제학이 태어났다. 한편 환경경제학은 최근 환경오염 등으로 인해 많은 문제점이 생겨나고 이러한 문제를 효율적으로 다루기 위해 합리적이고 효율적인 경제학을 이용하면서 탄생되었다. 법경제학도 같은 맥락으로 정의를 실현하는 하나의 도구로 경제학을 사용하기 시작하면서 탄생되었다.

04 이번 금융위기를 설명하기 위해서는 인간은 합리적이라는 가정이 수정되어야 한다. 왜냐하면 금융위기의 원인으로 꼽히는 것들로 장기간의 초저금리 정책, 미 정부의 주택정책 실패 외에도 은행과 신용평가기관의 도덕적 해이, 잘못된 평가 및 예측, 그리고 이를 구매한 소비자들의 무지 등이 있기 때문이다. 이처럼 이번 금융위기를 인간의 비합리성에서 찾는 경제학자들은 비합리적인 인간을 이용해 이번 금융위기를 설명한다. 예를 들어, 로버트 쉴러(Robert J. Shiller)는 그의 저서 『이상과열』, 『버블경제학』 등에서 금융위기의 원인을 부동산시장의 거품 형성에 기여한 대중의 비합리적인 심리로 설명하였다.

Part 01 | 미시경제학

Chapter 02 | 수요 · 공급과 시장균형

연습문제

01. 수요의 소득탄력성은 소득의 변화에 대한 수요량의 반응 정도를 나타낸다. 경제가 성장할 때 수요의 소득탄력성이 큰 사업은 더욱 확대되는 반면, 소득탄력성이 낮은 산업은 오히려 쇠퇴한다. 왜냐하면 경제가 성장하고 소득이 증가할 때 소득탄력성이 큰 상품의 수요가 증대되고 이에 따라 그 산업은 생산을 늘리게 되는데, 이 과정에서 증가된 소득은 또다시 그 산업의 확대를 유발할 것이기 때문이다.

반면, 소득탄력성이 낮은 산업은 경제성장에 따라 소득이 증가하는 것에 비해 수요가 조금 증가하거나 오히려 감소할 수 있으므로 쇠퇴한다. 따라서 경기부양정책을 실시하려고 할 때 정부는 현재의 단기적인 관점에서뿐만 아니라 장기적인 관점에서도 소득탄력성이 큰 산업을 집중적으로 지원하는 것이 바람직하다. 단, 소득탄력성이 크다고 해서 사치재에 집중하는 것은 바람직하지 못하다. 소득탄력성이 크면서 기술 개발 및 축적이 가능하고 타산업부문에 긍정적인 파급효과를 많이 줄 수 있는 산업을 육성하는 것이 바람직할 것이다.

02. 우리는 교재에서 탄력성을 구하는 방법으로 점탄력성에 대해서 배웠다. 즉, 한 점을 기준으로 변화량을 따져 탄력성을 구했다. 하지만 이 경우 문제에서 지적하듯이 가격이 변하기 전을 기준으로 하느냐 변한 후를 기준으로 하느냐에 따라 가격탄력성이 달라진다. 이는 평균탄력성 개념을 사용해 해결할 수 있다.

1) 점탄력성

변하기 전 가격 기준 : $-\dfrac{\dfrac{-2,000}{10,000}}{\dfrac{1,000}{4,000}} = \dfrac{4}{5} = 0.8$

변한 후 가격 기준 : $-\dfrac{\dfrac{2,000}{8,000}}{\dfrac{-1,000}{5,000}} = \dfrac{5}{4} = 1.25$

2) 평균탄력성

$$-\frac{\frac{\Delta Q}{\frac{Q_1+Q_2}{2}}}{\frac{\Delta P}{\frac{P_1+P_2}{2}}} = -\frac{\frac{-2{,}000}{9{,}000}}{\frac{1{,}000}{4{,}500}} = 1$$

03. (1) (a)의 경우 공급탄력성의 정의를 사용하면 $\frac{CQ}{AQ} \times \frac{AQ}{OQ} = \frac{CQ}{OQ} > 1$이 되고, (b)의 경우는 1보다 작아진다.

(2) 총매출은 가격과 수량의 곱으로 TR(Total Revenue) = PQ이다. 그런데 총매출이 증가했다고 했으므로, 이를 전미분하면 $\Delta P \cdot Q + \Delta Q \cdot P > 0$이 되고, 이를 정리하면 $\frac{\frac{\Delta Q}{Q}}{\frac{\Delta P}{P}} > -1$이 된다. 따라서 총매출액이 증가했다는 사실만으로는 공급탄력성의 크기가 $\varepsilon > 1$인지 $0 < \varepsilon < 1$인지 $-1 < \varepsilon < 0$인지 알 수 없으므로 공급탄력성이 크다고 말할 수 없다.

04. (1) 공급의 법칙은 성립하지만 수요의 법칙은 성립하지 않는다. 수요곡선이 그림과 같이 우상향한다는 것은 가격이 오를수록 수요량이 더 증가함을 의미하기 때문에 가격이 오를수록 수요량이 감소하고 가격이 낮을수록 수요량이 증가한다는 현상을 설명하는 수요의 법칙에 위배된다.

(2) 골동품이나 모피, 보석 등 사치품이 이에 해당된다.

05. (1) 수요곡선과 공급곡선의 형태는 대략적으로 다음 그림과 같이 그려질 것이다.
그림에 의하면 균형가격은 20보다는 높고 22보다는 낮은 수준에서 결정될 것임을 알 수 있다.

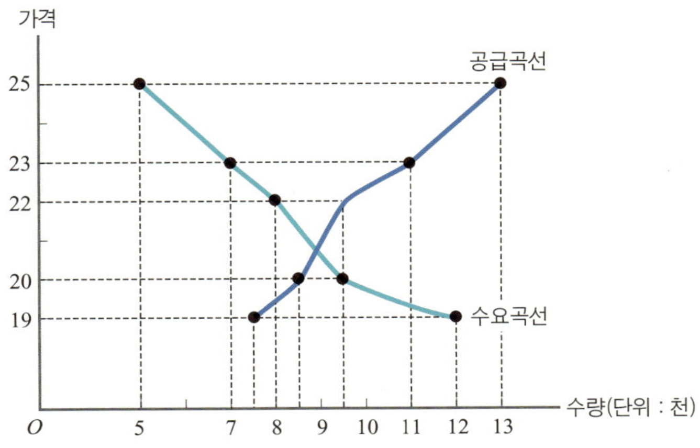

(2) 예를 들어, 가격이 22에서 23으로 한 단위 변할 경우 수요와 공급의 탄력성을 구해 보자.

$$\text{수요탄력성} = -\frac{\dfrac{\Delta Q}{\dfrac{(Q_1+Q_2)}{2}}}{\dfrac{\Delta P}{\dfrac{(P_1+P_2)}{2}}} = \frac{\dfrac{2}{15}}{\dfrac{1}{22.5}} = \frac{45}{15} = 3,\ \text{공급탄력성} = \frac{\dfrac{26}{207}}{\dfrac{1}{22.5}} ≒ 2.8$$

그 외의 가격에서도 같은 방법으로 수요와 공급의 탄력성을 구할 수 있다.

06. (1) 추운 날씨 때문에 커피에 대한 수요가 증가하므로 수요곡선이 우측으로 평행이동($D \rightarrow D'$) 한다. 새로운 균형점 E'에서 커피의 균형가격과 판매량은 모두 예전보다 증가할 것이다(다음 그림 (a) 참조).

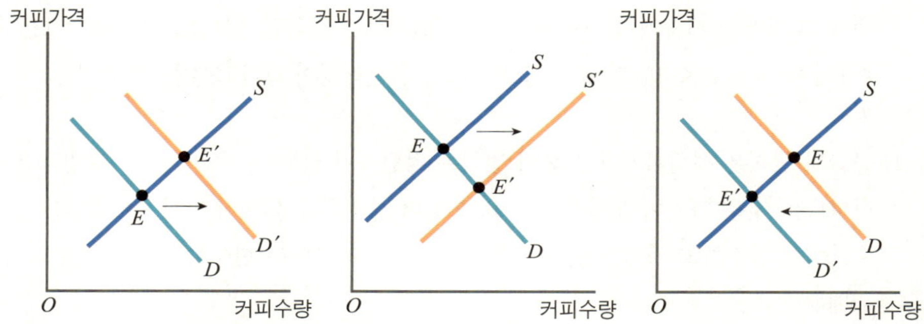

(a) 수요의 증가 (b) 공급의 증가 (c) 수요의 감소

(2) 커피의 생산원료가 되는 원두의 가격하락은 커피의 생산비용을 줄임으로써 커피 공급의 증가를 가져온다. 따라서 공급곡선이 우측으로 평행이동($S \rightarrow S'$)하며, 새로운 균형점 E'에서 커피의 균형가격은 하락하는 반면 커피 판매량은 예전보다 증가할 것이다(위 그림 (b) 참조).

(3) 경기침체는 소비자들의 소득을 감소시키므로 커피가 정상재라는 가정 하에 사람들은 커피의 소비를 줄이게 된다. 이에 따라 커피의 수요곡선은 좌측으로 평행이동($D \rightarrow D'$)한다. 새로운 균형점 E'에서 커피의 균형가격과 판매량은 모두 예전보다 감소할 것이다(위 그림 (c) 참조).

응용문제

01. 생필품은 가격탄력성이 낮기 때문에 생필품 가격의 상승은 저소득계층의 생활수준을 더 악화시킬 수 있다. 이는 가격탄력성이 1보다 작다는 조건을 이용하면 쉽게 파악할 수 있다.

$-\dfrac{\frac{\Delta Q}{Q}}{\frac{\Delta P}{P}} < 1$을 $-\Delta Q \cdot P < \Delta P \cdot Q$로 정리할 수 있는데, 왼쪽은 가격상승에 따른 소비감소로 줄이게 되는 지출을, 오른쪽은 가격상승에 따른 추가적인 지출을 의미한다. 따라서 가격상승에 따라 저소득층이 어려움을 겪게 됨을 알 수 있다.

가격규제는 일종의 최고가격제 도입을 의미한다. 최고가격제는 공급을 위축시키고 암시장을 형성하여 공정한 자원배분을 실패하게 만드는 부정적 효과를 지니고 있다. 정부정책의 목표가 저소득층의 소비감소를 유도하는 것이었다면 이러한 최고가격제 실시는 도움이 되겠지만, 문제의 의도는 저소득층을 돕는 것이기 때문에 최고가격제는 비합리적인 행위라고 볼 수 있다.

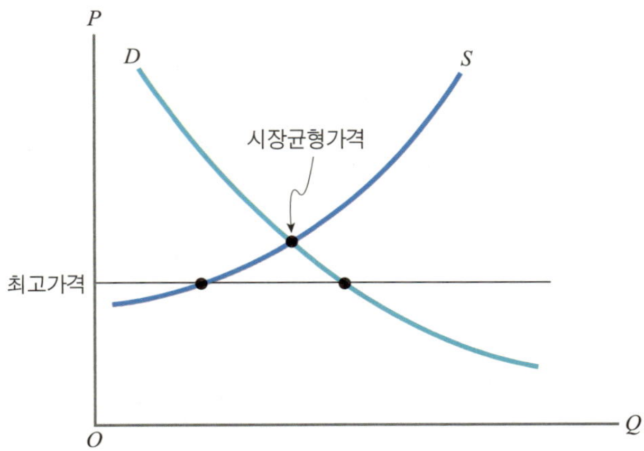

02. (1) 이 정책은 최고가격제에 해당한다. 하지만 이 경우 다음 그림에서도 알 수 있듯이, 주택임대시장에 초과수요가 발생할 것이다.

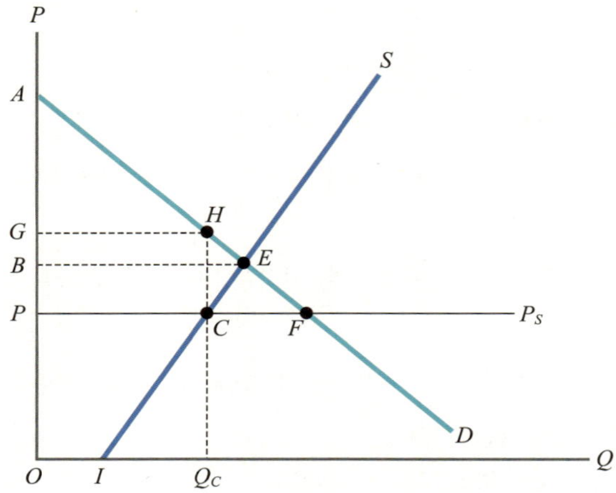

(2) ① 제도 이전 : 소비자잉여 = △*ABE*, 생산자잉여 = □*OBEI*

② 제도 이후 :

- 최고가격제 100% 적용 시 소비자잉여 = □*APCH*, 생산자잉여 = □*OPCI*
- 불완전적용되어 암시장 발생 시 소비자잉여 = △*AGH*, 생산자잉여 = □*OGHCI*

만약 부동산중개업자가 존재해서 소비자 지불용의가격과 생산자가 최소한 받고자 하는 가격 차이를 가져갈 수 있다면 소비자잉여는 *AGH*, 생산자잉여는 *OPCI*, 부동산업자의 잉여 *PGHC*로 달라질 수 있을 것이다.

(3) 정부가 이러한 정책을 추진하는 이유는 주택에 대한 수요가 공급보다 많기 때문이다. 따라서 공급을 증가시키거나 수요를 감소시키는 정책을 취할 수 있다.

① **공급 증가** : 정부는 중산층과 실수요자들에게 주택을 공급하길 원하기 때문에 가격규제를 하기보다 국민임대주택 건설량 증가, 재건축을 통한 가구 수 확보 등의 공급증가 정책을 사용할 수 있다.

② **수요 감소** : 정부가 서울시 주택에 대한 수요를 줄이는 것이 한 방법이 될 수 있다. 그러한 예로 행정중심도시 건설, 공공기관 이전 등이 있다.

Chapter 03 | 소비자의 효용극대화와 수요곡선

연습문제

01. 그렇지 않다. 효용은 그 사람이 처한 환경에 따라 달라질 수 있는데 응급환자에게는 산소가 무엇보다 중요한 자원이다. 즉, 응급환자에게는 산소가 음료수보다 더 큰 효용을 제공하지만, 건강한 사람에게는 흔한 산소보다 돈이 드는 음료수가 더 큰 효용을 줄 수 있다. 따라서 응급환자를 다루는 병원에서 음료수는 무료로 제공하지만 산소는 훨씬 비싼 가격에 판매할 수 있다.

02. (1) 아래와 같이 각 과목에 대한 한계점수표를 구할 수 있다.

공부시간	경제학	수학	논리학
0	0	0	0
1	18	17	20
2	17	16	19
3	15	15	16
4	14	6	7

(2) (1)의 한계점수표를 이용하여 분석해 보자. 우선 최초의 1시간은 논리학 공부에 투입하는 것이 좋다. 두 번째 1시간 역시 가장 높은 한계점수를 보이고 있는 논리학에 투자해야 한다. 이러한 과정을 표로 그려보면 아래와 같다.

과목 \ 시간	1	2	3	4	5	6	7	8	9	10
경제학	0	0	1	2	2	2	2	3	3	4
수학	0	0	0	0	1	1	2	2	3	3
논리학	1	2	2	2	2	3	3	3	3	3

즉, 과목당 비중이 동일할 때 평균점수의 극대화를 위해서는 총점이 극대화되어야 하는데, 총점의 극대화를 위해 경제학 4시간, 수학 3시간, 논리학 3시간을 공부해야 한다. 이때 어느 과목이든 1시간 공부하는 데 드는 노력은 동일하다고 가정하면 한 과목을 한 시간 동안 공부하는 데 들이는 비용은 같다고 볼 수 있다. 따라서 한계점수표에 따라 총점수를 극대화할 수 있는 (경제학, 수학, 논리학)의 시간 분배를 결정하면 된다. 이때 만약 어떤 한 과목의 한계점수가 다른 과목의 한계점수보다 크다면 주어진 시간 중 일부를 한계점수

가 낮은 과목으로부터 한계점수가 높은 과목으로 대체할 경제적 유인이 발생한다. 비록 우리의 예시에서는 한계효용이 완전히 일치하지는 않지만 만약 시간을 잘게 쪼개서 사용할 수 있다면 각 과목의 한계점수가 동일한 수준에서 평균점수를 극대화시킬 수 있을 것이다.

03. 방사선폐기물시설은 혐오시설이므로 면적이 늘어날 때마다 보상금은 늘어나야 할 것이다. 즉, 같은 효용을 주는 곡선인 무차별곡선은 정(+)의 기울기를 가질 것이다. 그리고 보상금을 받고 방사선폐기물시설을 유치하는 데 동의하더라도, 그 면적이 넓어지면 넓어질수록 사람들은 더 집값 하락, 건강 등의 걱정거리가 늘어나므로 그만큼의 추가적인 보상금을 주어야 같은 효용을 느낄 것이다. 따라서 무차별곡선은 우상향하며 체증하는 모양을 가질 것이다. 한편 보상금은 많을수록 양(+)의 효용을 주는 반면, 방사선폐기물시설 면적은 음(−)의 효용을 주므로 보상금은 많아지고 폐기물시설 면적은 작아지는 방향인 좌상향으로 갈수록 효용이 증가할 것이다.

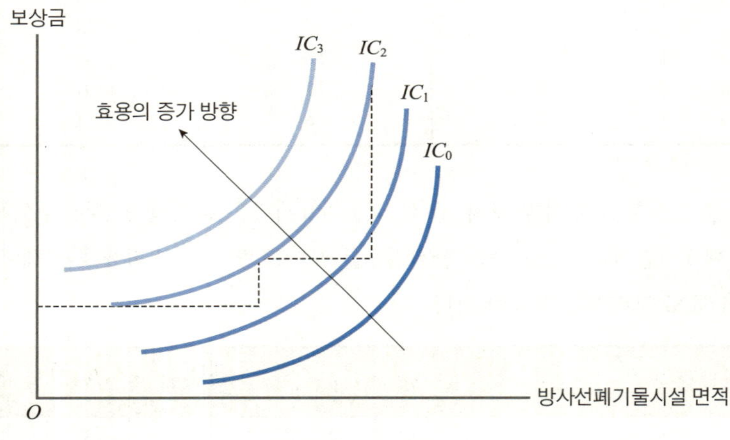

04. 예산선은 $3X + 5Y = 50$이 되고, 이를 그림으로 나타내면 (a)와 같다. 이때 예산선 안의 영역은 모두 소비가능한 영역이고, 예산선 위 영역은 모두 소비가 불가능한 영역이다. 50만원으로 모두 X재를 구입하면 $\frac{50}{3}$개, 모두 Y재를 구입하면 10개를 소비할 수 있다. 하지만 만약 X재를 10개 이상 소비할 수 없게 된다면 예산선은 $X = 10$에서 X축에 수직선으로 바뀌어 그림 (b)와 같이 된다. 이는 제약이 있기 전에 가능했던 소비영역이 선 밖 영역에 위치함으로써 소비가 불가능해졌음을 의미한다.

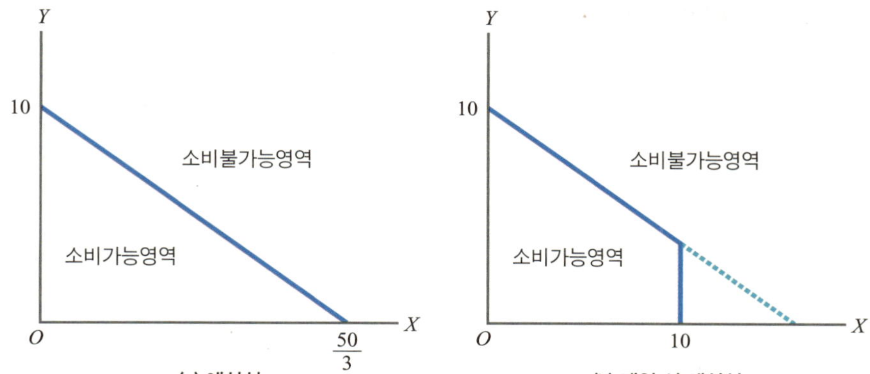

(a) 예산선 (b) 제약 시 예산선

05. 사람에게 직접 유용한 것으로 따진다면 일반적으로 다이아몬드는 물보다 중요하지 않다. 따라서 두 재화의 한계효용곡선은 다음 그림과 같다. 하지만 물은 상대적으로 다이아몬드에 비해 많이 존재하고 많이 소비할 수 있다. 따라서 그 상대적인 소비수준에 따라 다이아몬드의 한계효용은 물보다 높다. 그래프 상 $\frac{MU_D}{MU_W}$가 1보다 큰 값이 됨을 알 수 있다. 한계효용균등법칙은 $\frac{MU_X}{P_X} = \frac{MU_Y}{P_Y}$인데, 이를 변형하면 $\frac{MU_X}{MU_Y} = \frac{P_X}{P_Y}$를 얻을 수 있다. 이 결과식을 이용하면 $\frac{MU_D}{MU_W} = \frac{P_D}{P_W}$가 성립되어 다이아몬드의 가격이 물의 가격보다 더 큼을 알 수 있다.

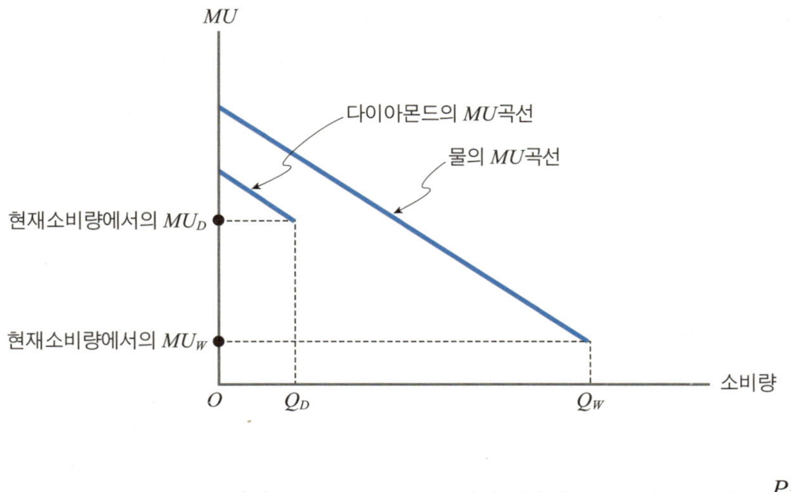

06. (1) 효용함수 $U = X + Y$에서 $MU_X/MU_Y = 1$, 예산제약식 $M = 2X + Y$에서 $\frac{P_X}{P_Y} = \frac{2}{1} = 2$이므로, 현재의 가격비율에서는 소비자가 자신의 모든 지출가능액을 Y재의 구매에 사용함을 알 수 있다(아래 그림 참조). 주어진 예산제약을 만족시키는 상태에서 소비조합점 A의 경우처럼 모든 소득을 Y재 구매에 지출할 때 가장 큰 만족감을 얻을 수 있기 때문이다. B점

과 같은 경우는 동일한 소비지출액을 사용하지만 A의 소비점보다는 낮은 만족감을 얻음을 알 수 있다($I_1 > I_2$). A점을 통과하는 무차별곡선보다 B점을 통과하는 무차별곡선이 더 아래쪽에 위치하기 때문이다. A점과 같은 균형점을 코너 해(corner solution)라고도 한다.

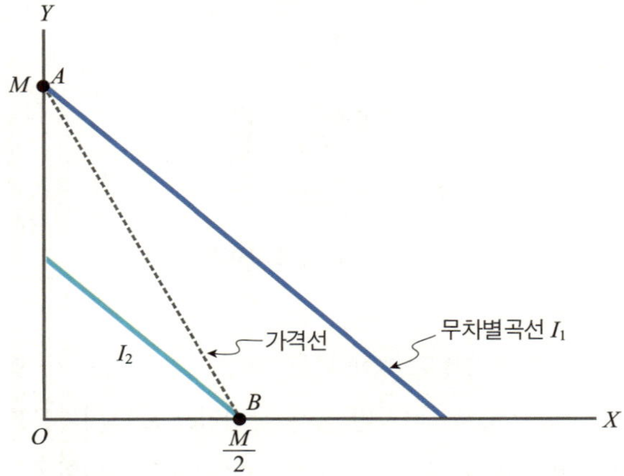

(2) X재의 가격 변화에 따라 X재 소비량의 변화를 추적해 보자. 먼저 그림 (a)에서 가격이 1보다 큰 경우 소비자는 전부 Y재를 구매하므로 소비점 A에서와 같이 X재의 수요량은 0이다. 가격이 1인 경우 예산선과 무차별곡선이 겹치는데, 이는 0단위와 M(소득)단위 사이의 수준이라면 소비점 B나 C처럼 어느 점을 택해도 상관없다는 것이다. 가격이 1보다 하락하는 경우 소비점 D에서와 같이 소득은 모두 X재의 구매에 사용된다. 이처럼 X재 가격이 하락할 때 소비점 A와 B, C, D 등을 연결하면 X재의 가격 변화에 대한 수요곡선을 그림 (b)와 같이 그릴 수 있다.

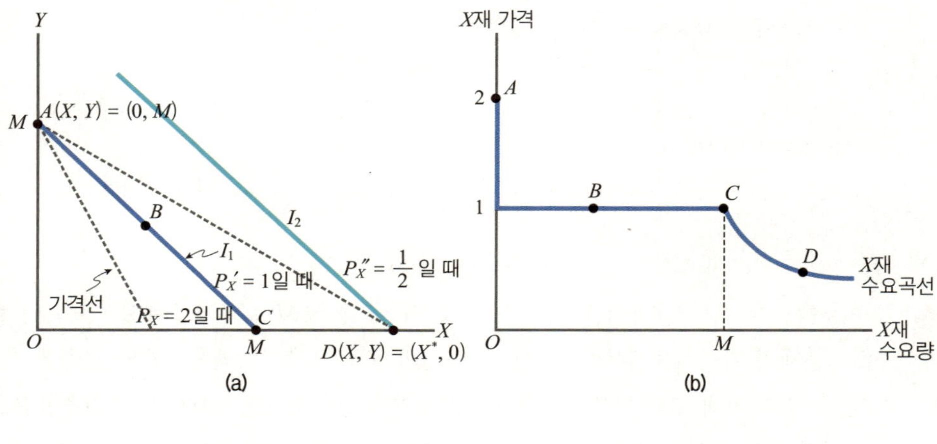

(a) (b)

07. 소비선택의 사회적 요인으로 다른 사람의 시선, 사회적 지위 과시 목적 등이 있다. 신문기사가 공통적으로 가리키는 내용은 '비쌀수록 오히려 잘 팔린다'는 것이다. 베블런(Thorstein Veblen)은 이와 같이 부를 과시하거나 허영심을 채우기 위해 자각 없이 행해지는 소비를 지적한 바 있으며, 그의 이름을 따서 이러한 현상을 베블런효과 또는 속물효과라 부른다.

응용문제

01. 특정 상품을 소비하는 경우 해당 상품의 소비량이 증가되더라도 이에 수반되는 부작용이 없다고 가정한다면, 해당 상품의 소비량은 많을수록 좋다는 '다다익선(the more, the better)'의 속담은 경제적으로도 받아들일 수 있다. 하지만 해당 상품의 소비량을 증가시킬수록 지나친 소비가 가져다주는 부작용이 나타나는 경우가 일반적이다. 예를 들어 좋아하는 음식을 과식하는 경우 나타나는 부작용은 다다익선이 항상 옳은 것은 아님을 보여주는 대표적인 반증이라 할 수 있다. 즉, 일정 수준까지는 속담과 같이 소비량이 많을수록 효용이 증가할 수 있지만, 그 수준을 넘어서면 한계효용체감의 법칙이 성립할 수 있으므로 모순되는 개념이라 보기는 어렵다.

02. (1) 먼저 문제의 조건을 이용해 예산식을 만들어 보자. 배추를 X, 소고기를 Y로 나타낸다면 예산제약식은 $X + 2Y = 30$이 될 것이다. 하지만 정부에서 배추 1통을 구입할 때마다 5,000원을 보조해 준다고 했으므로 소비자는 배추 1통을 5,000원에 구입하는 것과 동일한 상황이 된다. 따라서 새로운 예산제약식은 $0.5X + 2Y = 30$이 되고 그림 (a)와 같다.

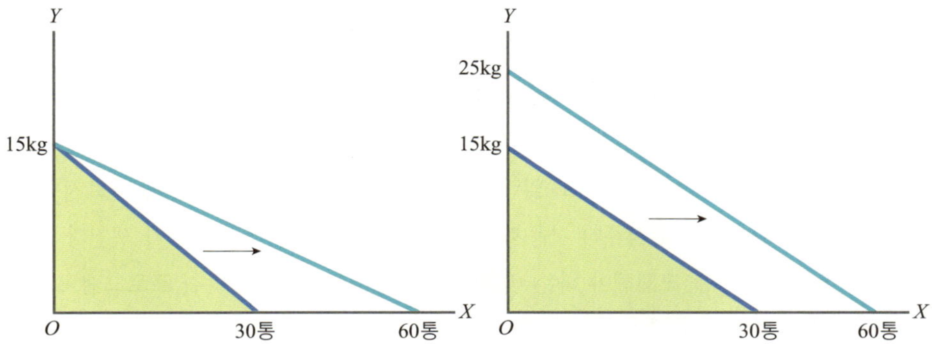

(a) (b)

한편 배추 구입량과 무관하게 월 20만원의 소득보조를 해주는 경우 제품의 상대가격은 동일한 채 민호의 소득은 30만원에서 50만원으로 인상된 것과 동일해지므로 이를 예산제약

식으로 나타내면 $X + 2Y = 50$이 된다. 따라서 예산선은 그림 (b)와 같이 변하고 민호가 구입할 수 있는 상품조합이 더 많아지게 된다.

(2) 소비자균형에서는 재화의 상대가격과 무차별곡선의 기울기(즉, 두 재화의 한계효용비율)가 같아야 한다. 그런데 배추 가격과 소고기 가격의 비율이 $\frac{P_Y}{P_X} = \frac{10,000\text{원}}{20,000\text{원}} = \frac{1}{2}$이고 배추의 한계효용과 소고기의 한계효용 비율도 $\frac{1}{2}$이므로 이 점에서의 배추와 소고기의 조합은 합리적인 소비선택점이라 할 수 있다. 즉, $\frac{P_Y}{P_X} = \frac{1}{2} = \frac{MU_Y}{MU_X}$이라는 것은 화폐 1원당 두 재화의 한계효용의 크기가 동일하다는 것을 의미하므로$\left(\frac{MU_X}{P_X} = \frac{MU_Y}{P_Y}\right)$ 합리적인 소비선택점이다.

03. 그림에서 보듯이 미국 메이저리그(아메리칸리그)보다 한국 프로야구의 팀 경기당 홈런 수가 높은 것을 알 수 있다. 본문의 〈생활과 경제학 : 희생번트와 수요의 법칙〉에서 알아보았듯이 타자의 장타력(홈런 수) 또는 공격력이 희생번트의 기회비용 또는 가격이 될 수 있음을 고려하면 미국 메이저리그의 희생번트 가격이 한국 프로야구보다 높음을 알 수 있다. 따라서 미국 메이저리그는 희생번트보다 타자들의 공격력에 의존하는 빅볼을 추구한 반면에 한국 프로야구는 자주 희생번트에 의존하는 스몰볼을 추구한 결과, 미국 메이저리그의 팀 경기당 홈런 수가 한국 프로야구의 홈런 수보다 높게 나타난 것으로 보인다.

04. (1) 좋은 선택이라고 볼 수 없다. 키보드 배열에는 네트워크 외부효과가 강하게 나타나기 때문이다. 소수의 이용자만 존재하는 배열보다 대다수가 이용하는 배열을 배우는 것이 더 이득인 것은 명백하다. 또한 QWERTY 배열이 이미 표준으로 자리잡은 이상 대부분의 사용자는 그에 익숙해져 있고, 단축키나 키보드 디자인도 QWERTY에 맞춰져 있다. 따라서 만약 QWERTY보다 뛰어난 배열이 개발되었다고 해도 막대한 전환비용을 감수하고 사람들이 그 기업의 제품을 구매할지는 의문이다. 물론 속기사 등의 전문분야에서는 수요가 존재할 수 있으나, 그러한 분야에서도 일련의 표준이 있기 때문에 상황은 크게 다르지 않을 것이다.

(2) 우선 국내 대부분의 컴퓨터 사용자가 새로운 배열에 익숙해질 필요가 생긴다. 이 과정에서 기존의 키보드를 교체해야 하는 비용이 발생하고, 새 배열에 맞춰 프로그램도 수정해야 하며, 무엇보다 타자 속도가 단기적으로 하락할 수밖에 없어 업무에 지장이 생길 것이다. 이는 곧 막대한 전환비용이 된다. 또한 국내 표준과 세계 표준이 달라지게 되어 발생하는 비용도 문제다. 소비자들은 우선 해외업체의 키보드를 구매할 수 없게 되거나, 기존에 비해 더 높은 비용을 주고 한국 전용의 제품을 구매해야 될 것이다. 국내업체들도 수출에 어려움이 따를 것이다.

Chapter 04 | 경쟁기업의 이윤극대화와 공급곡선

연습문제

01. (1)

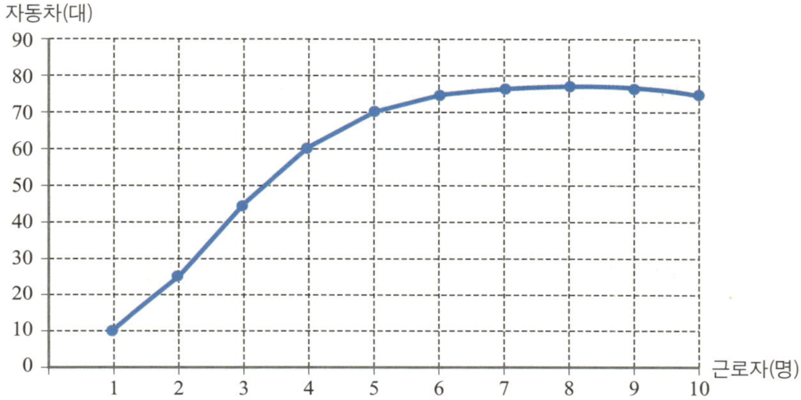

(2) 근로자 1인 증가에 대한 한계생산은 근로자가 없을 경우 자동차 10대, 근로자 1인이 노동을 할 경우 자동차 15대, 근로자가 2인일 때 자동차 20대로 한계생산 체증의 형태를 보인다. 하지만 근로자가 3인일 때부터 한계생산이 자동차 15대로 줄어들기 시작하면서 생산함수는 한계생산 체감의 형태를 보이기 시작한다. 따라서 한계생산이 체증하는 구간은 근로자 2인이 투입될 때까지이며, (1)의 그래프에서 그 형태가 원점에 대해 볼록한(convex) 구간을 표시함으로써 그 특성을 확인할 수 있다.

(3) 각 근로자 수에 대한 평균생산은 총생산량을 근로자 수로 나누어 구할 수 있고, 한계생산은 근로자 한 명 증가에 따른 자동차 생산량의 증가분을 계산하여 구할 수 있다.

근로자	평균생산	한계생산
1명	10대	10대
2명	12.5대	15대
3명	15대	20대
4명	15대	15대
5명	14대	10대
6명	12.5대	5대
7명	11대	2대
8명	9.75대	1대
9명	8.56대	−1대
10명	7.5대	−2대

이때 자동차공장 사장이 자동차의 생산량을 극대화하는 것을 목표로 하는 사람이라면 자동차를 총 78대까지 생산할 수 있는 수준까지 근로자를 고용하려 할 것이다. 따라서 한계생산이 음(−)의 값을 갖지 않는 범위 내에서 최대한 많은 근로자를 고용할 것이다. 따라서 근로자를 8명 고용함으로써 자동차 생산량을 극대화하려 할 것이다.

물론 생산량을 최대로 만드는 것과 이윤을 극대화하는 것이 별개의 문제임을 독자들은 이미 알고 있을 것이다. 그러나 이 문제에서 이윤을 결정하는 요인은 전적으로 노동자의 고용에 따른 비용함수가 어떻게 나타나느냐에 있기 때문에, 자동차 1대를 팔아서 얻을 수 있는 이윤이 근로자 1인을 고용하는 데 필요한 비용보다 크다면 자동차 생산량을 극대화하는 것이 곧 이윤극대화 달성으로 연결된다.

02. 합리적인 선택이다. 왜냐하면 공연이 이미 $\frac{1}{3}$이나 지났기 때문에 티켓을 누군가에게 팔 수 없는 상황이기 때문이다. 이는 곧 티켓값이 곧 회수하지 못하는 매몰비용이라는 의미인데, 합리적인 소비자는 의사결정 시 매몰비용을 고려하지 말아야 한다.

03. (1) 교재의 [그림 4−2]에서 볼 수 있듯이, 단기비용곡선은 고정비용을 포함하고 있다. 문제의 총비용함수는 고정비용을 2,000만큼 가지고 있으므로 이 기업은 단기적인 생산환경에 있다고 볼 수 있다.

(2) ① **한계비용**

산출량이 $Q = 5$일 경우 총비용 $C = 2{,}000 + (250 \times 5) = 2{,}000 + 1{,}250 = 3{,}250$

산출량이 $Q = 6$일 경우 총비용 $C = 2{,}000 + (250 \times 6) = 2{,}000 + 1{,}500 = 3{,}500$

따라서 산출량이 $Q = 5$에서 $Q = 6$으로 한 단위 증가할 때 총비용은 $3{,}500 - 3{,}250 = 250$ 증가하였기 때문에 한계비용 $= \frac{250}{1} = 250$이다.

② **평균비용**

산출량이 $Q = 5$일 경우 총비용은 3,250이므로 평균비용 $= \frac{3{,}250}{5} = 650$이다.

04.

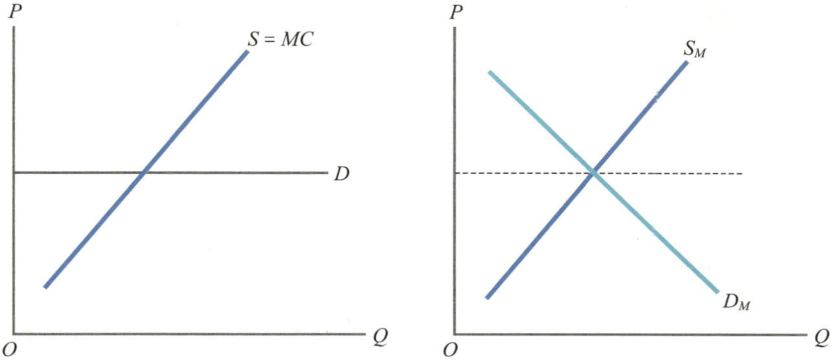

(a) 개별 기업 (b) 시장

전체 시장규모에 비하여 생산규모가 월등히 작은 개별 기업은 자신이 산출량을 아무리 늘리거나 줄이더라도 시장가격 수준을 변화시킬 수 없다는 것을 깨닫게 된다. 따라서 시장에서 균형가격 수준이 주어질 경우 그 가격수준에서 얼마든지 생산해도 전부 판매될 수 있다고 믿는다. 그 때문에 개별 기업이 인식하는 수요곡선, 즉 각 가격에서 얼마만큼 판매할 수 있는가를 나타내는 주관적인 수요곡선은 시장에서 결정된 균형가격 수준에서 수평이 되는 것이다.

그러나 사실 균형가격이란 이 개별 기업들의 한계비용곡선의 수평합인 시장공급곡선과 시장 전체의 수요곡선에 의해 결정되는 가격이므로 수평인 개별 수요곡선은 균형상태에서 나타나는 특성이다. 이때 각 기업의 생산량은 해당 개별기업의 비용구조에 의해 배분된다. 결과적으로 기업이 생산량을 결정할 때에는 수요측면의 제약을 생각하지 않더라도 비용조건에 의한 제약과 시장의 힘이 기업에게 전체 시장 생산물 중 극히 일부분의 생산을 담당할 수 있도록 배분하여 주는 것이다.

05. 4 절의 [그림 4-9]에서 보았듯이 생산 중단 시 고정비용을 계속 부담해야 하는 경우 평균가변비용곡선(AVC)의 최저점이 조업중단점이 된다. 따라서 만약 생산 중단 시 고정비용 절반을 회수할 수 있다면 $AVC + \frac{AFC}{2}$의 최소값이 조업중단가격이 될것이다. 다음의 표에서 최소값이 22.65만원이므로 가격이 22.65만원 이하로 떨어질 경우 생산을 중단하게 된다.

생산량(Q)	0	1	2	3	4	5
총비용(TC, 만원)	50	59	74	93	128	175
한계비용(MC, 만원)	–	9	15	19	35	47
고정비용(FC, 만원)	50	50	50	50	50	50
평균고정비용(AFC, 만원)	–	50	25	16.7	12.5	10
가변비용(VC, 만원)	–	9	24	43	78	125
평균가변비용(AVC, 만원)	–	9	12	14.3	19.5	25
평균비용(AC, 만원)	–	59	37	31	32	35
$AVC + \frac{AFC}{2}$	–	34	24.5	22.65	25.75	30

생산량이 4, 5, … 단위일 때는 생산이 지속되는 반면, 3단위까지는 생산하지 않는 것이 유리하다. 따라서 $Q = 0$에서는 수직축으로, 생산량 $Q = 4, 5, \cdots$단위에서는 $AVC + \frac{AFC}{2}$보다 큰 한계비용의 크기를 표시하여 연결하면 단기공급곡선을 그릴 수 있다.

06. (1) 기업의 평균비용곡선이 U자일 때 정부가 치즈를 대량구입하면 단기적으로 가격이 상승하고 초과이윤이 생길 것이다. 이에 따라 기존 기업은 시설을 확장하고, 새로운 기업들이 시장으로 진입할 것이다. 장기적으로 초과이윤이 0이 되는 시점까지 균형은 조절될 것이고, 결국 $LAC = LMC = P$인 점에서 균형을 이룰 것이다. 한편 시장 전체적으로는 신규 기업들이 진입하므로 공급이 늘어나고 이에 따라 가격은 하락할 것이다. 결국 요약하면 총생산량과 기업 수는 증가하고, 개별 기업 생산량은 불변이다.

(2) 보조금 지급은 생산비용을 낮추므로(평균비용곡선 아래로 이동) 단기적으로 초과이윤 상태가 발생한다. 이후 과정 및 결과는 (1)과 같다.

응용문제

01. 금융서비스 제공을 위해 전산시스템, 지점 공간 확보, 사무기기 구비 등 고정투입요소를 갖춘 상태에서 그동안 지속적으로 가변투입요소에 해당하는 창구담당 직원의 수를 증가시켜 왔다는 점에서 '돈많다' 은행은 현재 단기적인 상황의 생산함수를 가지고 있다고 볼 수 있다. 기술적 변화 등의 생산성 변화를 줄 만한 요소는 없으므로 총생산곡선은 그대로 있을 것이나, 노동투입량을 늘리기 이전 노동투입 수준이 어느 정도 되는지 모르므로 그 수준에 따라 답은 달라질 것이다. 왜냐하면 여기서 생산성은 한계생산 수준으로 대표되기 때문이다. 만약 노동투입

수준이 교재 [그림 4-1]의 L_2보다 작고 추가적 투입량이 L_2를 넘어가지 않는다면 생산성은 증가하겠지만, 추가적 투입량이 많아지거나 추가로 노동을 투입하기 전 노동투입량이 L_2보다 많았다면 총생산량은 늘겠지만 생산성은 오히려 감소할 것이다.

02. (1)

	수입	회계적 비용	암묵적 비용	회계적 이윤	경제적 이윤
프리랜서	1억 8천만원	8,180만원	8,200만원	9,820만원	1,620만원

① 프리랜서 개업에 대한 수입 = 1억 8천만원

② 프리랜서 개업에 대한 회계적(명시적) 비용

= 사무실 임대비 3천만원 + 직원 임금 4천만원 + 기기 구입 1천만원 + 대출금 이자 180만원 = 8,180만원

* 대출이자 = 대출금(3,000만원 = 8,000만원 − 5,000만원) × 0.06 = 180만원

③ 프리랜서 개업에 대한 암묵적 비용

= 5천만원 예금액에 대해 받을 수 있는 예금이자 200만원 + 연봉 8,000만원 = 8,200만원

* 예금이자 = 5000만원 × 0.04 = 200만원

④ 프리랜서 개업에 대한 회계적 이윤

= 수입 − 회계적 비용 = 1억 8천만원 − 8,180만원 = 9,820만원

⑤ 프리랜서 개업에 대한 경제적 이윤

= 수입 − (회계적 비용 + 암묵적 비용)

= 수입 − 기회비용 = 1억 8천만원 − 1억 6,380만원 = 1,620만원

경제적 이윤이 양(+)의 값을 가지므로 프리랜서 개업을 하는 것이 낫다.

(2) 이 문제에서 핵심은 컴퓨터 및 사무기기의 값 1천만원이 매몰비용이냐 아니냐이다. 만약 사무기기 산 것을 재판매할 수 있다면 1천만원은 매몰비용이 아니므로 의사결정에서 고려해야 하겠지만, 재판매가 불가능하다면 1천만원은 매몰비용이므로 의사결정 시 고려해서는 안 된다. 여기서는 재판매가 불가능하다고 가정하자. 그렇다면 만약 A사에 기기를 임대해 주지 않는다면 얻게 될 수입은 0일 것이다. 하지만 A사에게 임대해 주고 5백만원을 받은 뒤, 수지가 말한 렌탈은행에서 3백만원을 주고 동일 기기를 빌린다면 2백만원의 이득을 누릴 수 있다. 따라서 사장은 수지의 의견을 따라야 할 것이다.

03. 기업의 이윤극대화 준칙에서 살펴본 기업의 이윤극대화조건은 다음의 세 가지이다. (1) 가격은 적어도 평균가변비용을 충당해야 한다. (2) 한계수입은 한계비용과 같아야 한다. (3) 한계비

용곡선은 한계수입곡선을 아래로부터 교차해야 한다.

꽃에 대한 수요와 공급의 가격탄력성이 상대적으로 낮은 편임을 감안할 때, 코스모스가 풍년일 경우 코스모스의 가격은 매우 낮은 수준에 형성될 것이다. 이때 코스모스를 꽃시장으로 운반하는 비용이나 코스모스가 운반되는 동안 꽃이 시들지 않게 관리하는 비용 등 평균가변비용이 오히려 시장에서 형성된 코스모스의 가격보다 높을 경우 민호는 코스모스를 꽃시장에 팔 경제적 유인이 없다. 민호에게는 차라리 코스모스의 대부분을 없앰으로써 시장에서 남은 코스모스의 가격을 높이고 가변비용을 낮추는 편이 경제적으로 유리한 선택일 수 있다. 이는 다른 산업에 비해 수요와 공급의 가격탄력성이 낮은 농업 및 축산업에서 상대적으로 빈번하게 나타나는 사례 중 하나이다.

Chapter 05 | 불완전경쟁시장의 가격과 생산

연습문제

01. 한국전력 : 현저한 규모의 경제가 존재할 경우 자연독점이 발생할 수 있다. 전력산업의 경우 대표적인 사례가 될 수 있다. 단, 전력산업 등의 기간산업은 그 공적인 성격상 국가 운영 하에 독점되고 있다.

02. (1) $FC = 24$, $VC = 2Q$이므로 $TC = FC + VC = 2Q + 24$. 따라서 $AC = \dfrac{TC}{Q} = 2 + \dfrac{24}{Q}$이고 $MC = 2$이다. 그래프는 그림 (a)와 같다.

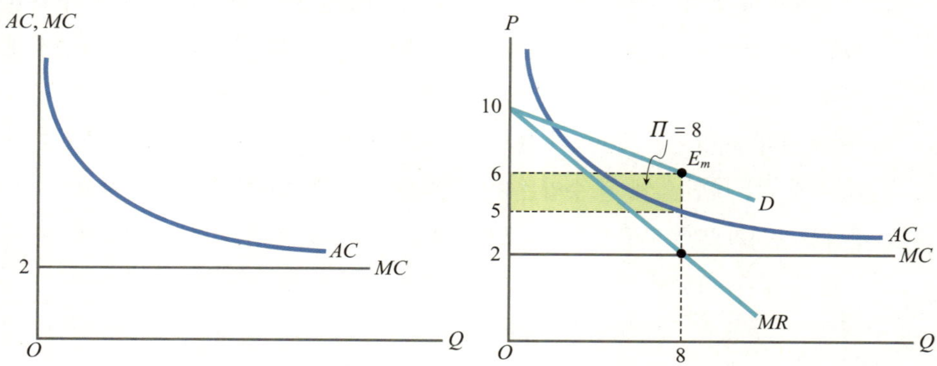

(a) (b)

(2) $P = 10 - \frac{1}{2}Q$이므로 $TR = PQ = 10Q - \frac{1}{2}Q^2$이고 $MR = 10 - Q$이다. 이윤극대화조건은 $MR = MC$이므로 $MR = 10 - Q = 2 = MC$이고, 이때 $Q = 8$, $P = 10 - \frac{1}{2} \cdot Q = 6$, $\Pi = TR - TC = 48 - (16 + 24) = 8$, $AC = \frac{TC}{Q} = 2 + \frac{24}{8} = \frac{40}{8} = 5$이다. 이러한 독점기업의 균형은 그림 (b)와 같이 나타낼 수 있다.

(3) 장기적으로는 고정비용이 없어지고 모든 비용은 가변비용이 된다. 이것은 생산규모를 신축적으로 조정할 수 있기 때문이다. 따라서 현재의 생산시설이 최적규모가 아니라면 생산설비를 조정함으로써 비용을 감소시키고 이윤을 증가시킬수 있을 것이다. 또한 축적된 독점이윤을 R&D로 돌리거나 경영혁신을 통해 불필요한 비용지출을 없앰으로써 이윤을 증대시킬 수 있다.

03. 출판업자들이 비싼 양장본판(hardcover)을 먼저 발매하는 이유는 상대적으로 시간선호율(time preference rate)이 큰 소비자들을 끌어들임으로써 더 큰 이윤을 얻을 수 있기 때문이다. 실제로 양장본판이 먼저 나오게 되면 소비자들은 시간이 지난 후에 조금 더 가격이 싼 보급판을 구입할지 그렇지 않으면 당장 소설 내용이 궁금하여 비싼 돈을 주고라도 양장본판을 먼저 구입할지를 고민하게 된다. 이에 따라 소설을 조금이라도 일찍 읽기 위해 보급판보다 더 높은 가격을 지불할 준비가 되어 있는 소비자들은 양장본을 먼저 구입하게 된다. 적정 가격의 다른 소설들과 별반 차이점을 느끼지 못하는 일반 소비자들은 보급판이 판매될 즈음에야 이 소설을 구입하게 된다.

만약 출판업자들이 양장본만 출판할 경우 비싼 가격 때문에 소수의 마니아층을 제외한 일반 소비자들은 이 소설을 구입하지 않을 것이다. 한편 보급판만 출판될 경우 이 소설에 더 높은 가격을 지불할 용의가 있는 사람들까지도 값싼 보급판의 혜택을 누릴 수 있게 된다. 따라서 양장본판과 보급판이 함께 출판되는 것은 출판업자들에게 더 큰 수익을 보장해 주는 방법의 하나가 된다.

04. 2 절(pp.153～155)의 장기균형에 관한 논의를 참고하기 바란다.

05. (1)

		깨끗한모래(주)	
		감량	증량
좋은모래(주)	감량	(6억원, 6억원)	(1억원, 8억원)
	증량	(8억원, 1억원)	(3억원, 3억원)

(2) 우선 깨끗한모래(주)나 좋은모래(주) 모두 '증량' 전략을 택하는 것이 상대기업의 전략에 관계없이 항상 더 높은 보수를 제공하므로 둘 다 '증량' 을 선택하는 것이 우월전략균형이다. 즉, 우월전략 균형 = (좋은모래(주), 깨끗한모래(주)) = (증량, 증량) = (3억원, 3억원)이다. 한편 두 명의 게임참여자 모두에게 '증량' 이 우월전략이므로 내쉬 균형도 우월전략 균형과 같다. 하지만 만약 협조가 가능하고 무한반복이 가능하다는 전제조건이 있다면, (감량, 감량) = (6억원, 6억원)도 내쉬 균형이 될 수 있다.

(3) 두 기업이 생산량 감량에 합의하는 것이 내쉬 균형이 될 것이다. 이처럼 동질적 과점시장에 있는 기업들이 생산량 감량에 합의하는 것과 같이 단일한 의사결정에 합의하여 명시적인 담합구조를 이루는 것을 카르텔(cartel)이라 부른다. 과점기업들이 카르텔을 조성하는 경우 독점시장과 같은 원리에 따라 과점기업의 이윤은 증가할 수 있으나, 소비자의 만족도는 줄어들 가능성이 크다. 이는 과점기업들의 담합에 의해 소비자가 구입가능한 상품의 수량이 줄어들 뿐만 아니라 가격이 상승하기 때문에 소비자잉여의 축소가 예상되기 때문이다.

06. (1) (전략 2, 전략 1). 민호가 전략 1을 선택한다면 수지는 12보다 높은 13의 보수를 얻기 위해 전략 2로 대응하는 것이 합리적이다. 민호가 전략 2를 선택하더라도 역시 수지는 전략 1을 선택하여 8의 보수를 얻기보다는 전략 2를 선택함으로써 12의 보수를 얻으려 할 것이다. 따라서 민호가 어떤 전략을 선택하든 수지는 전략 2를 선택할 유인을 가진다. 한편 수지가 전략 1을 선택한다면 민호는 15의 보수를 얻을 수 있는 전략 1을 선택할 것이고, 수지가 전략 2를 선택하더라도 역시 8의 보수를 얻을 수 있는 전략 1을 선택할 것이다. 즉, 수지가 어떤 전략을 선택하든 민호는 전략 1을 선택할 유인이 있다. 이처럼 상대방의 전략에 관계없이 (전략 2, 전략 1)은 우월전략의 성격을 가진다.

(2) 우월전략은 항상 내쉬 균형이므로 (전략 2, 전략 1)은 각각 수지와 민호의 우월전략이자 내쉬 균형이다. 각자 상대방의 전략을 주어진 것으로 가정하고 자신의 최적 선택을 내릴때 이 두 조합 이외의 다른 균형은 존재하지 않는다.

(3) 바뀐 보수에서 민호의 전략 1이 주어질 때 수지의 최적선택은 전략 1을 선택하여 6의 보수를 얻는 것이다. 그러나 전략 2가 주어졌다면 수지는 전략 2로 대응하는 편이 합리적이다. 민호의 전략에 따라 수지의 전략도 달라질 유인을 가진다. 한편 민호의 경우에는 수지가 전략 1을 선택하든 전략 2를 선택하든 각각의 경우에 15, 10의 보수를 위해 전략 1을 선택할 유인이 있다. 따라서 민호에게는 전략 1이 여전히 우월전략의 성격을 지닌다.

이때 만약 수지가 자신의 어떤 전략에 대해서든 민호가 전략 1을 선택할 것임을 알고 있다면 그는 전략 1을 선택하게 될 것이다. 따라서 (전략 1, 전략 1)에서 균형이 달성되고 내쉬 균형의 성격을 가진다. 이때 수지의 전략은 우월전략의 성격을 가지고 있지 않음에 유의하기 바란다.

응용문제

01. 만약 전문직들이 광고를 통해 자신들이 공급하는 서비스와 가격에 대한 정보를 공개하게 된다면 상호 간의 경쟁 압력이 발생할 것이다. 이러한 경쟁 압력은 독점적 경쟁시장에서 누리고 있던 독점적 이윤을 감소시키며, 이는 기존 전문직 종사자들의 개인 이윤 감소로 이어질 것이다. 따라서 전문직 협회에서 광고 규제를 요구하는 것은 서비스의 수요자와 공급자 간 정보의 비대칭성을 이용하여 특정 직종의 기존 종사자들에게 독점적 이윤을 보장하려는 의도를 내포하고 있다.

그러나 이러한 규제가 도입된다면 새로 시장에 진입한 전문직 종사자들은 피해를 입을 수밖에 없다. 왜냐하면 이들은 독점적 경쟁시장의 특성을 살려 수요자들을 끌어들여야 하는데, 그 과정에서 자신들의 독점적 서비스를 홍보할 수단인 광고가 제한되기 때문이다. 따라서 신규 종사자들은 기존의 전문직들에 비해 수요자를 확보하는 데 어려움을 겪게 될 것이다.

02. 과점시장의 가장 큰 특징은 기업들이 전략적 상황에 놓여 있다는 것이다. 즉, 한 기업의 생산량이 시장가격의 변화를 야기해 다른 기업의 생산량에 영향을 주는 것이다. 따라서 과점시장의 기업들은 담합하여 생산량을 제한하고 이윤을 높이려는 유인을 갖는다. 그러므로 출혈경쟁을 하는 것은 비합리적인 행위로 보일 수 있다.

물론 출혈경쟁이 단기적으로 손해인 것은 명백하다. 그러나 만약 출혈경쟁에서 버티지 못하고 시장에서 퇴출되거나 경쟁을 포기하는 기업이 나온다면 결론은 달라진다. 경쟁에서 살아남은 기업들은 이전보다 더 많은 이윤을 누릴 수 있는 반면 도태된 기업들은 그만큼의 이윤을 포기해야 한다. 따라서 출혈경쟁이 벌어지는 배경에는 장기적인 이윤 증가에 대한 기대가 있는 것이다.

03. 첫째, 이동통신시장을 들 수 있다. SK텔레콤, KT, LG유플러스 등의 이동통신 3사는 과도한 단말기 보조금 지급, 통신사 간 USIM카드 전환 방지, 막대한 홍보비 지출 등을 통해 과다 경쟁함으로써 비효율적 자원분배를 유발하고 있다. 둘째, 자동차산업을 들 수 있다. 우리나라는 현대 · 기아차가 차량의 대부분을 차지한다. 이에 따라 소비자들의 제품 선택 폭이 좁아지고 가격은 상대적으로 높아지는 등의 문제점이 있다.

Chapter 06 | 생산요소시장과 소득분배

연습문제

01. (1) 한계생산

L	1	2	3	4	5	6
생산량	17	24	30	35	39	42
한계생산	17	7	6	5	4	3

(2) 기업은 다음의 식이 유지되는 수준에서 노동을 고용할 것이다.

$$MR \times MP = W$$

여기서 W는 노동을 한 단위 더 고용할 때 추가적으로 드는 비용이고, MR은 생산량을 한 단위 더 늘렸을 때의 수입증가분이며, MP는 추가적인 노동 한 단위의 생산량이다. 즉, 좌변은 노동을 한 단위 더 늘렸을 때 기업의 수입이 증가하는 정도를 나타낸다. 문제에서 만약 노동을 1단위 고용한다면 $33 \times 17 > 50$이므로 기업은 고용량을 늘릴 것이다. 노동을 2단위 고용할 때 추가적인 비용지출은 50인 반면, 추가적인 수입은 7×26이므로 여전히 이익이 된다. 그러나 노동을 5단위째 고용하려 하면 수입의 증가분은 44이므로 비용증가분보다 작다. 따라서 기업은 4단위까지 노동의 고용을 늘려 35단위를 생산한다.

02. (1) 가격변화 자체는 노동의 한계생산성에 영향을 주지 않는다. 하지만 $VMP = MP \times P$이므로 상품가격(P)의 인하는 해당 상품을 생산하는 노동의 한계생산가치(VMP)를 감소시킬 것이다. 단, 상품시장이 완전경쟁이 아닌 경우 기업의 한계수입이 가격과 동일하다는 보장이 없으므로 노동의 한계수입생산에는 영향이 없다($MRP = MR \times MP$). 따라서 '상품가격의 인하 ⇒ 노동의 한계생산가치(VMP) 감소 ⇒ 노동의 수요감소' 가 나타날 것이다.

(2) '기계 구입 ⇒ 노동의 한계생산성 증가 ⇒ 노동의 한계생산가치 증가 ⇒ 노동수요 증가' 가 나타나게 된다.

03. 노동의 한계생산은 체감하는 특성을 가지므로 근로자들이 절반으로 줄어들 경우 노동의 한계생산성, 즉 노동생산성은 증가한다. 한편 인형 생산량의 경우 자본(인형 생산기계)이 고정되어 있는 상황에서 근로자들의 수가 줄어들었으므로 인형 생산량은 당분간 감소할 것이다.

04. 이자율이다. 상이한 시점 간의 자원배분 문제를 고려하는 데 결정적인 중요성을 지니는 개념이 현재가치인데, 이는 이자율에 의해 표현된다.

05. 시장에서 이자율이 변하지 않는다는 가정 하에 CCTV의 현재가치는 $\frac{5,000}{(1+0.2)^5}$이 된다. 이는 곧 민호가 CCTV에 지불하고자 하는 최대 금액을 의미한다. 이를 계산하면 약 5,000/2.5 = 2,000이 되므로 민호는 2,000만원까지 CCTV 설치비용으로 지불할 의사가 있을 것이다.

06. 경제적 지대는 감소하고 전용수입은 증가할 것이다. 그림 (a)는 공급이 완전비탄력적일 때 회계사 공급 증가가 경제적 지대 크기에 미치는 영향을 보여주고 있다. 만약 회계사시험제도가 변경된다면 이전보다는 회계사의 공급곡선이 탄력적으로 변할 것이다. 이는 그림 (b)와 같이 공급곡선의 기울기를 변화시킨다. 그림에서도 볼 수 있듯이 경제적 지대(연두색)는 감소하지만, 전용수입(회색)은 증가한다.

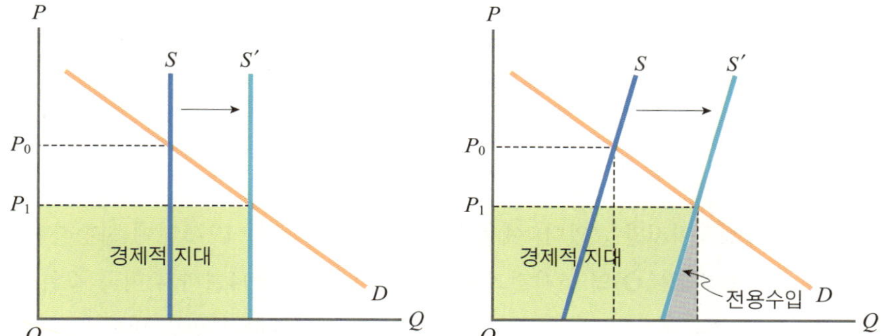

(a) 완전비탄력적 공급 (b) 비탄력적 공급

07. 우선 실업을 가장 큰 이유로 들 수 있다. 외환위기 이후 한동안 노동시장에 참여하지 못했던 사람들의 근로소득이 급격히 감소하고, 재취업을 위한 교육을 따로 받지 못하는 등의 문제점이 있었기 때문이다. 둘째, 우리나라 성장의 특성과 성장력의 한계 때문이다. 과거 1970~1980년대만 해도 높은 경제성장률과 함께 일자리도 늘었지만, 최근 들어서는 경제성장률이 낮아질 뿐만 아니라 '고용 없는 성장'이 미국을 필두로 하여 나타나고 있기 때문이다. 이외에도 대기업 · 중소기업, 정규직 · 비정규직 간의 양극화와 승자독식 시스템, 세계화 등을 들 수 있다.

08. (1) $\text{십분위분배율} = \frac{\text{최하위 40\% 소득/전체 소득}}{\text{최상위 20\% 소득/전체 소득}} = \frac{(\text{1분위} + \text{2분위})\ \text{비중}}{\text{5분위 비중}}$

연도	십분위분배율
2008	0.485
2009	0.499
2010	0.519
2011	0.521
2012	0.525
2013	0.534
2014	0.532
2015	0.547
2016	0.522
2017	0.493
2018	0.426

표에서도 알 수 있듯이 2008년부터 2015년까지는 대체적으로 십분위분배율이 감소하는 추이에 있어 불평등이 증가하였으나, 2016~2018년은 십분위분배율이 감소하며 불평등이 증가하였다. 이는 [그림 6-7]의 지니계수 변화 추이와 유사하다. 단, 지니계수는 그 값이 클수록 불평등이 심각해짐을 의미한다.

(2) www.oecd.org의 통계데이터를 확인하기 바란다.

09. EITC의 효과가 긍정적이지만은 않다. 예를 들어 미국은 EITC를 1975년에 시행하여 계속 확대해 왔다. 국제노동기구(ILO)의 조사결과에 따르면, 1975~1994년까지 미국 중위소득 50% 미만 인구의 가처분소득을 기준으로 한 빈곤율은 오히려 증대하고 있고 빈곤 감소의 기미는 보이지 않고 있다.

응용문제

01. 쌀은 농민들의 노동력과 기계, 그리고 토지라는 생산요소가 투입됨으로써 생산되는 생산물이다. 노동력과 기계는 변함이 없으므로 단기적으로 고정되어 있다고 하자. 이때 폭우로 인하여 토지가 절반으로 줄어들 경우 토지의 한계생산성이 증가하는 반면, 상대적으로 노동의 한계생산성과 자본의 한계생산성은 줄어든다. 이때 완전경쟁시장에서 생산요소의 가격은 곧 그 요소의 한계생산성을 반영하므로 노동력에 대한 임금과 기계에 대한 임대료가 감소하는 반면, 토지 임대비용은 증가할 것이다. 한편 토지의 감소에 따라 농작물 생산은 줄어들 가능성이 높으며 이에 따라 농작물의 공급곡선이 좌측으로 이동하여 농작물의 가격은 상승하게 된다.

02. 노동시장의 불완전성(노동수요 독점 등)에서 기인하는 임금격차는 해소되는 것이 바람직하지만, 작업조건이나 노동의 질에서 비롯되는 임금격차는 노동시장이 효율적이라는 근거가 된다.

03. 슘페터에 따르면 혁신이란 어떤 상품의 발명만을 의미하는 것이 아니라, 새로운 생산방법의 고안, 생산조직의 개선, 새로운 판로의 개척 및 새로운 원료공급원의 개발 등을 총칭하는 개념이다. 슘페터의 혁신설이 적용되는 구체적인 사례로서 제1장의 [표 1-4 : 혁신의 역사]를 들 수 있다.

Chapter 07 | 시장실패와 정부의 역할

연습문제

01. 경쟁균형이란 경제 내의 모든 시장에서 가격조정에 의해 수요와 공급이 일치하는 것을 말한다. 공급곡선과 수요곡선이 만나는 점에서는 한계편익과 한계비용이 일치하며, 이는 사회 전체적으로도 상품의 생산과 소비에 대한 한계적인 비용과 편익이 일치해 더 이상 개선이 불가능한 상태, 즉 효율적 자원배분을 의미한다.

이러한 효율적 자원배분의 실패를 가져오는 요인은 크게 불완전경쟁, 외부성과 공공재이다. 예를 들어 독점시장에서는 한계편익과 한계비용이 일치하지 않는 점에서 균형이 성립된다. 또한 경쟁시장에서 수요곡선과 공급곡선이 일치하는 곳에서 균형이 성립하더라도 외부성이나 공공재가 존재하는 경우 사회적 한계편익과 사회적 한계비용이 일치하지 않게 된다. 이 밖에 경제주체 간 정보의 비대칭성도 비효율적 자원배분을 가져올 수 있다.

02. (1) 양봉업자와 과수업자의 총비용과 총수입을 관찰하여 각각의 한계비용과 한계수입을 비교해 보면 최적양봉의 수를 결정할 수 있다. 다음 표에서 볼 수 있듯이 A의 총수입과 양봉비용의 차이를 계산해 보면 양봉의 한계비용과 한계수입이 9로 같게 되는 3통을 기를 때 이윤이 12로 극대화된다. 그러나 사회 전체적으로 보았을 때는 꿀벌통 수가 4통 또는 5통일 때 이윤은 272로 극대화된다. 이러한 차이가 발생하는 것은 생산의 외부성이 존재하기 때문이다. 즉, 꿀벌의 수가 많아지면 이들이 과수원 나무의 꽃가루 운반을 더 많이 해주고, 이에 따라 과수업자는 더 많은 열매를 얻을 수 있게 된다. 그러나 양봉업자가 자신의 이익만을 생각할 경우 사회 전체적으로 더 큰 이익을 얻을 수 있는 꿀벌통 수보다 적은 수의 벌

을 기르게 된다.

꿀벌통 수	양봉비용		양봉업자 A의 수입		과수업자 B의 수입		과수업자 C의 수입		A + B + C의 이윤과 한계수입	
	TC	MC	TR_A	MR_A	TR_B	MR_B	TR_C	MR_C	이윤	MR
1	7	7	15	15	112	112	112	112		
2	15	8	27	12	121	9	121	9		
3	24	9	36	9	127	6	127	6		
4	34	10	44	8	131	4	131	4		
5	45	11	51	7	133	2	133	2	272	11
6	57	12	57	6	134	1	134	1		

(2) 있다. 3통을 기르는 경우 B와 C의 수입은 각각 127이다. 그러나 4통을 기르게 되면 이들의 수입이 각각 4만큼 증가한다. 따라서 이들이 각각의 수입에서 2만큼 떼어 A를 준다면 A는 결과적으로 14의 이윤을 얻게 되고, 이는 12의 이윤보다 큰 액수이므로 A는 기꺼이 4통을 생산한다. 그리고 B와 C는 수입이 2만큼씩 증가하게 된다. 그러나 이러한 자발적 거래는 성립하기가 쉽지 않다. 우선 B와 C는 A에게 각각 1만큼씩만 주려 할 것이다. 그러나 B와 C가 더 줄 여력이 있다는 것을 아는 A는 비록 이윤이 12로서 3통을 기를 때와 동일해지더라도 이를 받아들이려 하지 않을 것이다. 이 경우 B와 C 중 한 명이 1만큼을 더 부담하여 A에게 3을 준다고 하면 A는 이 조건을 수용할지 모른다. 그러나 B와 C는 과연 누가 1을 더 낼 것인가의 문제로 대립하게 된다. 따라서 자발적 거래가 발생하기 어렵다.

(3) 꿀벌의 외부효과를 내부화시키는 것이다. 예를 들면 정부가 나서서 꿀벌이 생산증대에 미치는 효과에 대해 설명하고, 과수업자들은 양봉업자에게 2만큼의 이윤을 지불하라고 법제화하면 외부성은 시장기구 안으로 내부화되며, 좀더 효율적인 경제가 될 수 있다. 다른 방법은 국가가 양봉업을 국유화하는 것이다. 즉, 양봉업자로부터 꿀벌사업을 사들여 사회적으로 바람직한 생산수준을 유지시키는 것이다. 마지막으로 과수재배와 양봉업을 합병시키거나 양봉업자에게 보조금을 지급할 수도 있다.

03. (1) 소방서비스는 공공재에 속하므로 민호네와 수지네의 소방서비스 수요곡선을 수직으로 더함으로써 다음 그림과 같이 구할 수 있다.

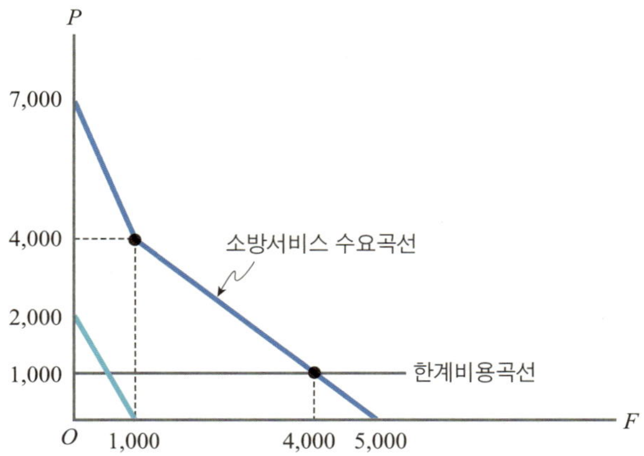

(2) 도출된 수요곡선과 한계비용 1,000원이 만나는 점을 구하면 F = 4,000에서 두 곡선이 만나게 된다. 따라서 소방서비스의 효율적인 산출량은 4,000이다. 이는 상대적으로 수지네보다 훨씬 더 커다란 규모의 식당을 운영하고 있는(또는 소방서비스가 더욱 많이 필요한) 민호네의 식당에 맞추어 소방서비스가 운영된다는 사실을 의미한다. 물론 그렇다고 해서 민호네가 모든 소방서비스의 비용을 부담하는 것은 아니다. 수지네 식당의 소방서비스 수요곡선과 한계비용곡선이 만나는 점, 즉 500만큼의 소방서비스에 대한 비용은 수지가 부담하게 될 것이다.

04. 자신의 운전성향을 잘 알고 있는 운전자들과는 달리, 보험회사는 개개인의 운전성향을 알기 힘드므로 평균적인 주의수준에 따른 보험료를 설정할 것이다. 그러므로 상대적으로 높은 주의수준을 가진 운전자는 보험가입 시 혜택 이상으로 보험료를 납부하게 되므로 법적인 보장이 없을 경우 보험가입을 꺼리게 된다.

05. ① 역선택

유통업체가 가격을 설정하므로 낮은 질의 제품에 대해 높은 가격을 설정하는 등의 역선택 행동을 보일 수 있다. 이를 해결하기 위해 우선 소비자는 상품의 질을 확인할 수 있는 제품의 구성요소, 제조사, 판매사 확인, 평판의 활용 등을 반드시 이행할 필요가 있다. 한편 유통업체는 시장에서 역선택 현상에 대해 우려하는 소비자들이 거래의사를 표출하지 않을 수 있다는 점을 고려하여 광고, 시제품 제공, 보증서 첨부, 시식회 등을 신호발송의 방법으로 고려해 볼 수 있다.

② 도덕적 해이

유통업체는 물건을 판매한 후 책임을 다하지 않으려 할 수 있다는 점에서 도덕적 해이 현상이 나타날 수 있다. 따라서 소비자는 거래 이후에도 지속적인 서비스의 수혜가 가능한지를 관찰하고 확인하는 것이 필요하다. 한편 정부는 소비자들의 고발, 자체 조사 등을 통해 도덕적 해이가 만연하지 않게 제재할 필요가 있다.

06. (1) ■ **조세수입** : 누진세제 하에서 상대적으로 높은 한계세율이 적용되는 고소득층은 일정한 비용을 들여서 절세(또는 탈세)하려는 유인을 갖게 된다. 그러나 고소득층에게 상대적으로 낮은 단일세율 하에서는 비용을 들여 절세하는 것이 더이상 유리하지 않기 때문에 고소득자들도 기꺼이 납세의무를 이행할 것이다. 그 결과 세원(tax base)이 확장됨에 따라 조세수입이 증가한다.

■ **조세저항** : 모두에게 같은 세율을 적용하기 때문에 조세저항은 적은 편이다.

■ **조세행정** : 누진세, 역진세 등보다 복잡하지 않아 행정적으로 유리하다.

(2) 부가가치세 : 10%로 동일하다.

(3) 우선 단일세는 더 많은 조세를 납부할 수 있는 능력을 지닌 사람에게 더 많은 조세를 부과해야 한다는 능력원칙에 위배된다. 왜냐하면 부의 크기에 관계없이 동일한 세율을 매기기 때문이다. 둘째, 수평적 평등의 원칙에도 위배되는데, 이는 소득의 성격에 관계없이 일정한 세율을 매기기 때문이다.

07. 정부가 완전한 정보와 합리성을 바탕으로 정책을 편다면 정부실패는 발생하지 않을 것이다. 현실에서 정부실패를 유발하는 요인 중 대표적인 것이 바로 정보의 불완전성이기 때문이다. 구체적으로 시장 상황이 어떠한지, 정책이 어떤 파급경로를 거쳐 시장에 영향을 미치는지, 정책이 시장에 영향을 미치기까지 걸리는 시간 등에 대한 정보가 부족하면 정책당국은 의도한 결과를 거두기 어려울 것이다. 또한 정보가 완전하더라도 현실의 정부는 그에 따른 합리적인 선택을 하지 않을 가능성도 있다. 유권자들의 표를 의식하여 장기적으로 최적인 정책보다는 우선 단기간에 효과가 나타날 수 있는 정책을 택할 수 있는 것이다.

응용문제

01. 시장실패의 일종이다. 결함이 있는 상품이 판매된다는 것은 불완전정보가 존재함을 의미하기 때문이다. 실제로 만약 어떤 사람이 완전정보를 가지고 있다면 그는 결함이 있는 상품을 결코

구매하지 않을 것이다. 하지만 현실에서 정보는 비대칭적으로 존재하므로 결함이 있는 상품도 팔리고 있다. 이는 한계편익과 한계비용이 불일치하는 자원배분이라는 점에서 시장실패라 할 수 있다.

02. 기본적으로 일반론적인 교육이 무조건 민주주의를 발전시킨다고 보기는 어렵다. 따라서 여기서 '좋은 교육' 을 민주주의와 관련된 요소들(자유, 평등 등)에 대한 것으로 한정하자. 사교육을 제외한 공교육은 보통 공공재의 성격을 지닌다. 교육으로부터 파생되는 이익은 비배제성과 비경합성을 가지기 때문이다. 따라서 교육을 시장에 맡길 경우에는 공공재의 성격상 사회 전체적으로 필요한 양보다 덜 생산될 수밖에 없다. 즉, 모든 사람들에게 충분한 교육 기회가 부여되지는 못 한다. 따라서 교육을 보조하는 정부정책은 민주주의를 발전시키는 데 기여할 수 있다. 의무교육제도의 보편화, 대학 등 교육기관에 대한 지원은 좋은 교육을 받은 시민들을 증가시켜 민주주의 발전에 기여할 것이다.

03. (1) 국방서비스시장에서의 시장수요곡선은 민호와 수지의 국방서비스수요곡선을 수직으로 합하여 구할 수 있다. 즉, 10시간에 대한 가격은 18,000, 15시간에 대한 가격은 8,000이 된다. 공공재 시장수요곡선 도출과 관련해서는 교재의 [그림 7-2]를 참조하기 바란다.

(2) 수요와 공급이 같을 때 시장균형이 성립되기 때문에 민호와 수지에게 8,000원을 받아 15시간의 국방서비스를 제공하면 된다.

(3) 국방서비스는 비배제적이며 비경합적인 특성을 갖는 공공재이기 때문에 공공재 사용을 위한 비용을 자발적으로 지불하지 않으려 하는 무임승차자 문제를 가지고 있다. 따라서 모든 사람이 비용부담을 하지 않으려 하게 되고, 이에 따라 공공재가 사회 필요량보다 적게 공급될 수 있다. 따라서 국가가 조세징수를 통해 공공재 공급비용을 충당하여 필요한 공공재를 공급한다면 이러한 문제를 해결할 수 있을 것이다.

04.
- 시장실패 : 단기 성과 위주의 보상체계로 인한 체계적 위험(systemic risk)의 증가, 그림자 금융시스템(shadow banking system)을 이용한 투기거래, 금융소비자들의 무지(ignorance), 은행 및 신용평가기관의 도덕적 해이
- 정부실패 : 금융기관 감독 실패, 거시건전성 관리 실패, 미국 주택정책 실패, 일관성 없는 위기대응

Chapter 08 | 국제무역과 무역정책

연습문제

01. (1) 한국에서 자동차 1단위를 생산하기 위해서는 TV 2.5단위를 희생해야 하며, TV 1단위를 생산하기 위해서는 자동차 0.4단위를 희생해야 한다. 이것은 자동차 1단위와 TV 2.5단위, 바꾸어 말하면 자동차 0.4단위와 TV 1단위가 교환되어야 함을 의미한다. 미국에서는 자동차 1단위를 생산하기 위해서는 TV 1.7단위를 희생해야 하며, TV 1단위를 생산하기 위해서는 자동차 0.6단위를 희생해야 한다. 이것은 자동차 1단위와 TV 1.7단위, 즉 자동차 0.6단위와 TV 1단위가 교환되어야 함을 의미한다.

(2) 이와 같이 두 나라에서의 자동차와 TV의 상대가격이 서로 다른 점이 양국 간의 무역을 가능하게 하는 조건이 된다. 한국이 TV 1단위를 생산할 경우 국내에서는 자동차 0.4단위와 교환될 수 있지만 미국시장에서는 자동차 0.6단위와 교환될 수 있다. 따라서 한국은 자동차를 생산하지 않고 그 시간에 TV를 생산한 후 미국의 자동차와 교환하는 것이 유리하다. 한국에서는 TV가 상대적으로 저렴하므로 TV 생산에 비교우위를 갖고 있기 때문이다. 따라서 한국의 수출품은 TV가 된다.

(3) 자동차를 기준 재화(numeraire)로 보기로 하자. 한국의 경우 TV 1단위가 자동차 0.4단위 이상과만 교환될 수 있다면 TV를 수출할 것이다. 한편 미국의 입장에서 보면 TV 1단위가 자동차 0.6단위 이하의 가격이라면 기꺼이 TV를 수입할 것이다. 따라서 무역이 이루어지기 위해서는 자동차를 기준으로 한 TV의 상대가격이 0.4 이상 0.6 이하여야 한다. 이 범위 밖에서는 무역이 이루어질 수 없다. 만일 TV의 상대가격이 자동차 0.4단위 이하라면 한국이 TV를 수출하지 않을 것이고, 0.6단위 이상이라면 미국이 TV를 수입하지 않을 것이기 때문이다.

02. (1) 관세가 부과되면 너구리 인형을 수입하는 데 드는 비용이 그만큼 상승한다는 것을 의미한다. 그림에서 너구리 인형의 가격은 6만원에 책정되며 수요량은 84만 개이다.

(2) 68만 개, 44만 개 : 관세가 부과되기 이전 세계시장에서 너구리 인형의 가격은 5만원에 책정되어 있었으며, 그중 국내의 공급자들이 30만 개를 공급하고 해외에서 68만 개를 수입함으로써 수요를 충족시키고 있었다. 이제 관세가 부과됨으로써 너구리 인형 가격이 6만원으로 상승함에 따라 국내 공급자들이 40만 개를 공급하고 해외에서 44만 개의 수입이 이루어

지고 있다.

(3) ① 관세가 부과되기 이전 : $98 \times (13 - 5) \times \frac{1}{2} = 392$(억원)

② 관세가 부과된 이후 : $84 \times (13 - 6) \times \frac{1}{2} = 294$(억원)

너구리 인형의 가격이 상승함에 따라 기존에 너구리 인형을 원하던 사람들 14만 명이 너구리 인형을 살 수 없게 되었다. 그 결과 소비자잉여는 90억원 감소하게 된다.

(4) ① 관세가 부과되기 이전 : $30 \times (5 - 2) \times \frac{1}{2} = 45$(억원)

② 관세가 부과된 이후 : $40 \times (6 - 2) \times \frac{1}{2} = 80$(억원)

너구리 인형에 관세가 부과됨에 따라 국내 공급자들은 보다 많은 너구리 인형을 공급할 수 있게 되었다. 이는 곧 국가에서 관세를 통해 국내 너구리 인형 산업에 대한 보호정책을 실시한 것과 같다.

(5) 관세를 부과한 이후 너구리 인형의 수입량은 44만 개이므로 정부의 수입은 44억원이 된다. 한편 자중손실의 경우 소비자잉여의 감소분 중 생산자잉여와 정부 수입으로 충당할 수 없는 부분과 동일하므로 다음 그림에서 회색으로 표시된 두 삼각형의 크기와 같다. 이를 계산하면 11억원이다.

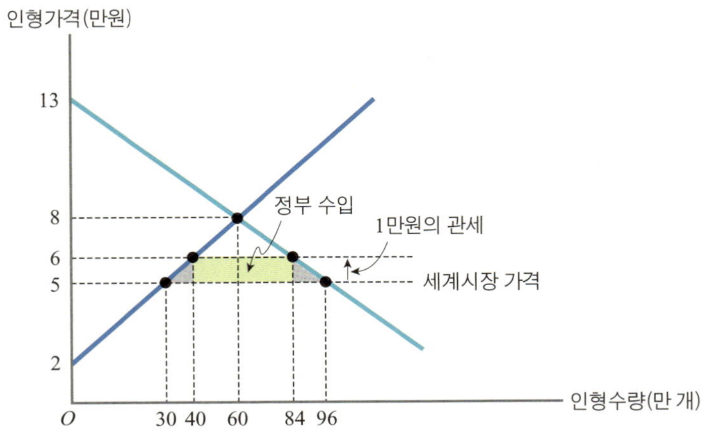

03. 관세의 부과는 국내생산 증대효과, 국내소비 감소효과, 교역조건효과, 정부관세수입효과 등을 초래한다. 관세가 부과되면 대체로 가격이 상승하고 소비량이 감소한다. 그 때문에 소비자잉여는 감소하고 정부관세수입과 국내생산자의 생산자잉여가 증가한다. 그러나 관세 부과는 자원배분의 왜곡에 따른 자중손실을 가져올 수 있다.

04. 첫째, 사회 전체 후생은 증가할지 몰라도 사회불평등이 더 심각해질 수 있다. 극단적으로 완전특화를 하는 경우 해당 산업에 종사하는 노동자들은 더욱 부유해지지만, 특화로 인해 일자리를 잃은 노동자들은 더 가난해질 수 있다. 실제로 국제통화기금(IMF) 자료에 의하면, 자유무역으로 인해 세계 전체 부는 증가하였으나 불평등 정도를 나타내는 지니계수는 악화되었고 삶의 질을 나타내는 인간개발지수(HDI)도 점차 양극화되고 있다. 둘째, 국가안보 등의 이유로 자유무역이 현실적으로 불가능하다. 우리나라의 경우 비교우위 정책에 따르면 농업을 완전히 포기하는 게 낫지만 전쟁이나 세계적 기근 등의 가능성에 대비하여 자급자족이 어느 정도 필요하기 때문에 그럴 수 없다. 셋째, 이론에서는 자유무역이 후생을 증대시킨다는 결론을 내리는 전제로 '완전경쟁'을 가정하고 있다. 하지만 현실적으로 국제시장 · 국내시장에서의 불완전경쟁(독과점, 관세, 유치산업 보호 등)이 존재하므로 자유무역이 후생을 증대시킨다고 단언할 수 없다.

Part 02 | 거시경제학

Chapter 09 | 국가경제의 순환과 기본문제

연습문제

01. 생산된 생산물의 총가치는 그 생산물을 생산하는 데 투입한 요소소득이 되어 총소득으로 분배되기 때문이다.

02. (1) $Y^d = Y^s$는 국가경제 전체의 '총수요 = 총공급' 의 균형을 의미한다.

(2) 주입($I + G$)과 누출($S + T$)이 동일할 때 국민소득 균형이 달성됨을 의미한다. 양변에 소비(C)를 더하면 $C + I + G = C + S + T$가 되는데, 좌변은 총수요(Y^d), 우변은 총공급(Y^s)이므로 결국 문제 (1)의 식과 같다.

03. (1) 1985년 건축 당시 GDP에 이미 포함되었기 때문에 포함되지 않는다. 거래 시마다 포함되면 건축물 등 내구재는 2중, 3중으로 GDP에 포함되어 GDP가 실제보다 과다 추정되기 때문이다.

(2) 중개인이 중개라는 서비스를 제공하여 아파트 매매를 도움으로써 부가가치를 창출하였으므로 2019년 GDP에 포함된다.

04. (1) $(100 \times 60) + (100 \times 2) + (50 \times 25) + (8{,}000 \times 0.6) = 12{,}250$

(2) ① GDP deflator

$$= \frac{(100\times 60 + 100\times 2 + 50\times 25 + 8,\ 000\times 0.6)}{(100\times 50 + 100\times 2 + 50\times 30 + 8,\ 000\times 0.8)} \times 100 = 93.51$$

② 실질 GDP 성장률 $= \dfrac{13{,}100 - 14{,}150}{14{,}150} = -7.4205\%$

2019년 실질 GDP :

$(50 \times 90) + (75 \times 2) + (50 \times 30) + (0.8 \times 10{,}000) = 14{,}150$

2020년 실질 GDP :

$(100 \times 50) + (100 \times 2) + (50 \times 30) + (8{,}000 \times 0.8) = 13{,}100$

05. 국가경제에서 자금은 금융시장을 통해 흑자부문에서 적자부문으로 흐른다. 전통적으로 가계

부문은 소득이 소비보다 크기 때문에 자금의 흑자부문인 반면, 기업부문은 투자가 이윤보다 크기 때문에 자금의 적자부문으로 볼 수 있다. 즉, 가계부문과 기업부문은 금융시장에서 각각 자금공급부문과 자금수요부문의 역할을 한다. 한편 정부부문은 조세수입과 지출규모의 상대적 크기에 따라 적자부문(자금수요부문)이 될 수도 있고 흑자부문(자금공급부문)이 될 수도 있다.

06. (1) ① 주식 발행

주식 발행은 회사의 지분을 분배하여 자금을 조달하는 금융형태로, 채권 발행과 달리 기업이 한번 조달한 자금을 다시 상환할 필요가 없다. 그리고 주주총회나 회사의 정관에 따라 배당금을 지급하면 된다. 또한 이윤을 내지 못하는 경우에는 배당금을 지급하지 않을 수도 있다.

② 채권 발행

채권 발행은 금융시장에서 회사채, 즉 일정 기간 후에 원금과 일정액의 이자를 지불할 것을 약속하는 증서를 발행해 자금을 조달하는 금융형태이다. 채권 발행은 재무구조가 상대적으로 안정되고 오랜 기간 시장에서 신뢰를 쌓은 기업들이 이용할 수 있는 자금조달 수단이다. 채권 발행은 직접 개인에게 발행하기도 하고 증권회사와 같은 금융기관이 채권을 인수하여 이를 개인에게 판매하거나 작은 단위로 다시 분할하여 개인에게 발행하기도 한다.

③ 은행대출

은행대출은 우리나라 기업들이 가장 많이 이용하는 금융수단으로 채권 발행과 마찬가지로 약속된 시기에 약정한 이자율에 따라 원금과 이자를 지급하는 금융형태이다. 은행은 기업의 사업계획, 회계자료 및 재무자료 등을 바탕으로 그 기업의 채무상환 가능성을 평가하고, 그에 따라 대출 여부, 대출 이자율 및 대출 기간 등을 결정한다.

④ 주식 발행의 장 · 단점

주식 발행의 장점은 자금을 조달함에 있어 부채가 아니기 때문에 기업의 재무구조를 개선시킨다는 것이다. 그리고 조달된 자금을 달리 상환할 필요가 없기 때문에 원금이나 이자 상환에 대한 기업의 부담감을 덜어준다는 장점도 있다. 하지만 주식을 구매한 주주가 그 기업의 주인이 되는 형태이기 때문에 주주들은 항상기업이 투자계획을 잘 수행하고 있는지, 경영상태는 괜찮은지 경영자를 감시하려 할 것이다. 즉, 주식을 발행해 자금을 조달하면 그만큼의 경영권을 공유해야 하는 것이다.

⑤ 채권 발행의 장 · 단점

채권 발행의 장점은 이윤의 증가 · 감소와 관계없이 기업은 고정된 이자와 원금만을 상환하면 되고 이윤을 채권자에게 분배할 필요가 없다는 것이다. 그리고 주식 발행과 달리 자금조달을 통해 경영권 침해나 간섭 등의 우려가 없다는 장점도 있다. 하지만 반드시 정해진 이자를 지불해야 한다는 단점을 가지고 있다.

⑥ 은행대출의 장 · 단점

은행대출의 장점은 채권 발행과 같이 이윤의 증가 · 감소와 관계없이 기업은 고정된 이자와 원금만을 상환하면 되고 이윤을 채권자에게 분배할 필요가 없다는 것이다. 그리고 은행대출은 안정적이며 손쉬운 자금조달 수단으로써 채권이나 주식처럼 직접 자금을 차입해오는 수고로움을 덜 수 있다. 하지만 은행대출 역시 채권 발행과 마찬가지로 정해진 이자를 지불해야 한다는 단점을 가지고 있으며, 회사의 규모가 작거나 회계자료가 부실한 경우 이용할 수 없어 이용에 따른 많은 제한이 따른다.

(2) 희석증권(dilutable securities)은 기본적으로 부채의 성격을 가지고 있지만, 주식으로 전환될 수 있는 가능성을 갖고 있는 주식과 채권의 중간형태를 말한다. 그 대표적인 예가 신주인수권부사채(bond with stock warrants ; BW)와 전환사채(convertible bond ; CB)이다.

신주인수권부사채는 새로 발행되는 주식을 인수할 수 있는 권리(call option)가 부여된 채권이다. 이때 기업의 주식가격이 오르면 채권자는 정해진 행사가격으로 신주를 인수할 수 있으므로 보다 유리한 투자기회를 가질 수 있다. 또한 기업의 입장에서는 이러한 혜택을 부여하는 대신 좀더 낮은 이자율로 채권을 발행할 수 있기 때문에 부담이 적고, 신주 발행을 통해 자본금을 늘릴 수 있는 이점을 가진다.

전환사채는 대출을 주식으로 전환할 수 있는 청구권이 부여된 채권이다. 즉, 전환 전에는 사채권자로서의 권리를 행사하고 전환 후에는 주주의 권리를 행사할 수 있는 채권이다. 이때 채권자의 입장에서는 안정적인 이자수익이 보전되면 서도 회사의 주식가격이 오르게 되면 원리금청구권을 포기하고 주식으로 바꾸어 시세차익을 누릴 수 있기 때문에 유리하다. 한편 기업의 입장에서는 전환사채를 발행함으로써 금융비용을 절약할 수도 있고, 전환사채가 주식으로 전환되는 경우 기업의 재무구조가 개선되는 이점을 누린다.

07. (1) 저축액은 24조원, 투자액은 11조원으로 저축액이 투자액보다 크다. 따라서 저축액에서 투자액을 뺀 저축초과액(즉, 저축 − 투자)은 12조원이다.

(2) 외부로부터 조달한 총 금액은 353조원으로 예금, 유가증권, 대출금 등을 통해 자금을 조달하였다. 금융자산의 형태로 운용된 자금은 369조원이며 운용수단은 대출금, 유가증권, 예금 등이다. 따라서 운용자금과 조달자금의 차액은 16조원으로 '저축 − 투자' 차액(12조원)

과 일치하지 않는다.

(3) 투자는 68조원, 저축은 136조원으로 투자와 저축이 일치하지 않는다. 이때 저축초과액(저축액 – 투자액)은 68조원이다. 가계 및 비영리단체의 운용자금(214조원) 중 예금이 118조원, 유가증권이 8조원이므로 예금과 유가증권의 형태로 운용된 비율은 각각 55.1%(= 118/214)와 3.7%(= 8/214)이다.

(4) 금융거래표의 국외부문은 외국의 입장에서 기술한 것이기 때문에 우리나라가 해외로부터 조달한 자금은 국외부문의 금융계정 중 운용항목으로, 우리나라가 해외에서 운용한 자금은 원천항목으로 나타난다. 2016년 우리나라의 외채는 −10조원만큼 상환되었다. 대출금(1조원)과 기타(1조원)의 경우 자금운용이 일부 늘어났으나 대외거래에서 −131조원만큼의 운용자금이 회수되었다.

08. 국제통화기금(IMF) 홈페이지(www.imf.org)에서 실질 GDP 자료를 이용하여 사실을 확인해 보기 바란다. 우리나라뿐만 아니라 세계 각국에서도 이러한 현상이 나타나고 있다.

응용문제

01. 국가경제는 각 부문 사이에 연관관계가 존재한다. 그리고 이 연관은 부문 간에 계속적인 상호작용을 이루며 끊임없이 순환한다. 가계와 같은 경제주체의 관점에서 보면, 한편에서는 생산에 참여하여 소득을 얻고 다른 한편에서는 그 소득으로 생산물의 소비에 참여한다. 그리고 기업은 이 수요를 기반으로 새로이 생산과정을 시작함으로써 애초의 출발점으로 되돌아오게 된다. 또한 이러한 실물의 흐름 뒤에는 이에 상응하는 화폐의 흐름이 있다. 노동시장과 생산함수를 통해 결정되는 공급측면과 소비, 투자 등 생산물에 대한 수요측면, 그리고 이들에 영향을 미치는 화폐의 흐름 등의 순환과정을 이해하는 것은 국가경제를 총체적인 관점에서 파악하기 위해 필수적인 것이다.

02. 생산요소 투입이 모두 생산되지 않고 일부는 누출되었다는 것으로 부가가치가 음(−)인 상황이다. 이런 경우 경제는 침체에 빠지고 장기간 지속되면 경제가 후퇴할 수 있다.

03. (1) HDI는 문자해독률, 평균수명 등 비물질적인 요소까지 측정하여 인간의 행복이나 발전 정도를 단순히 소득수준에 의해 결정되는 것으로 보지 않기 때문이다.

(2) HDI 자료는 http://hdr.undp.org에서, 실질 GDP 자료는 www.imf.org에서 구해 확인해

보기 바란다. 둘은 어느 정도 비슷한 관계를 보인다.

04. 주택가격의 하락은 기본적으로 가계의 자산가치가 떨어지는 것이므로 소비가 이것에 기반해 발생한다고 할 때 가계의 소비를 위축시킬 수 있다. 이는 곧 저축의 증가를 의미하는데, 저축의 대상으로 주택보다는 은행예금이나 금융자산 구매를 선호할 수 있다. 이에 따라 다른 조건이 동일하다면 금융기관은 예금을 이용하여 기업에 대출함으로써 이자수익을 얻고, 기업은 이러한 대출(간접금융)이나 주식 · 채권 발행(직접금융)을 통해 투자자금을 모아 투자를 좀더 원활히할 수 있을 것이다. 한편 주택가격의 하락은 기업의 대차대조표 상의 자산가치 하락을 야기하여, 은행의 입장에서 대출의 담보가치 하락으로 인식되므로 신용(credit)공급이 축소되고 투자가 감소될 수도 있다.

Chapter 10 | 국가경제의 장기적 경제성장

연습문제

01. 그림에서 1인당 소득수준과 그 성장률 사이에 존재하는 음(−)의 상관관계는 비교적 부유한 OECD 국가들의 1인당 소득수준이 1960~2008년 동안 수렴해 왔음을 의미한다. 왜냐하면 1960년에 1인당 소득수준이 낮은 국가일수록 1인당 소득성장률이 높기 때문이다.

02. (1) 표에 있는 개별 국가들의 경제성장 특성을 보면, 1960년대 중반부터 1990년경까지 동아시아 국가들 중 한국과 싱가포르의 높은 경제성장률은 대부분 높은 실물투자에서 비롯된 자본축적과 노동증가에 기인하였으며, 총투입생산성의 경제성장 기여도는 다른 국가들에 비해 비교적 낮은 편이었다. 반면 홍콩과 대만은 총투입생산성의 증가가 높은 경제성장률에 비교적 큰 기여를 하였다. 한편 미국은 이 기간 동안 표의 동아시아 국가들에 비해 낮은 경제성장률을 기록했으며, 총요소생산성의 성장 기여도가 한국이나 싱가포르보다 높았고 홍콩과 대만보다는 낮게 나타났다.

이제 이러한 특성을 그림 (a)와 그림 (b)를 이용하여 설명해 보자. 우선 1960년대 중반 동아시아 국가들의 실질 GDP와 총투입생산성은 미국에 비해 낮은 수준이었으므로 그림 (a)와 (b)에서 당시 동아시아와 미국을 다음과 같이 나타낼 수 있다.

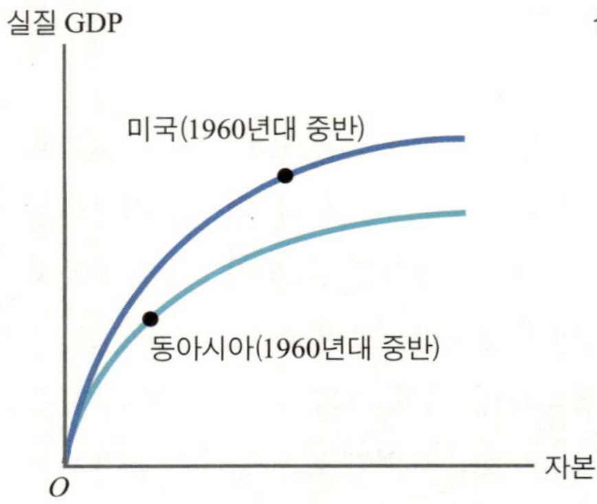

(a) 노동이 일정한 경우

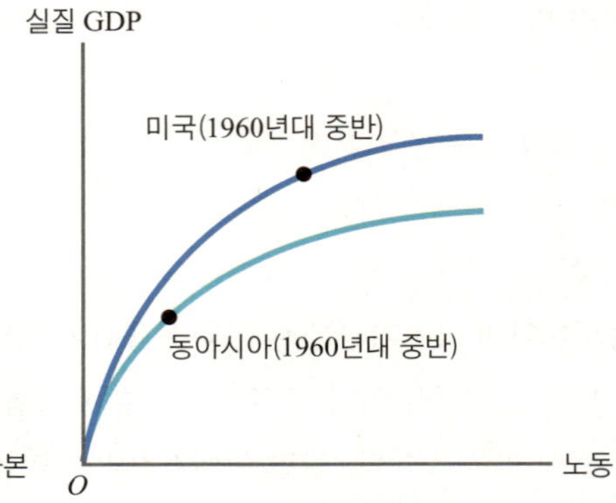

(b) 자본이 일정한 경우

한 국가의 실질 GDP 증가가 자본 또는 노동투입 증가에 의존하여 이루어졌다는 것은 국가경제가 그림 (a)와 (b)의 곡선 상에서 이동한 것으로 볼 수 있다. 한국과 싱가포르가 여기에 해당하는데, 이 기간 동안 자본 또는 노동의 증가만으로도 높은 성장이 가능했던 것은 1960년대 중반에 곡선의 가파른(즉, 자본 또는 노동의 한계생산성이 높은) 부분에 있었기 때문이다. 반면에 실질 GDP의 증가가 자본 또는 노동투입 증가보다 총투입생산성의 증가에 의존했다는 것은 그림 (a)와 (b)의 곡선 자체가 위쪽으로 이동했던 것으로 볼 수 있다. 한국이나 싱가포르 이외의 나머지 국가들이 여기에 해당하는데, 곡선 상의 움직임뿐만 아니라 곡선 자체의 이동을 통해 실질 GDP가 증가한 것으로 볼 수 있다. 그 결과 1960년대 중반에 곡선의 가파른 부분에 있었던 홍콩과 대만은 높은 실질 GDP 성장률을 보였던 반면, 1960년대 중반에 실질 GDP와 총투입생산성 수준은 높지만 곡선의 평평한(즉, 자본 또는 노동의 한계생산성이 낮은) 부분에 있었던 미국은 비교적 낮은 실질 GDP 성장률을 기록하였다.

끝으로 표의 국가들이 1960년대 중반 이후 30여 년 동안 보여온 경제성장의 특성이 앞으로도 지속되는 경우 이러한 경제성장이 장기적으로도 지속 가능한지를 논의해 보자. 이 기간 동안 한국이나 싱가포르의 경제성장은 대부분 자본 또는 노동 증가에 의존하여 앞의 그림 (a)와 (b)의 곡선 상을 따라서 이루어졌기 때문에, 앞으로도 자본 또는 노동 증가에 의존한다면 장기적으로 지속적 경제성장을 이루는 데 한계가 있을 것으로 보인다. 반면 총투입생산성의 성장 기여도가 상대적으로 높았던 국가들(예를 들어 홍콩, 대만, 미국)은 앞으로도 총투입생산성의 증가에 의존한다면 그림 (a)와 (b)의 곡선 자체가 계속 위로 이동하면서 장기적으로 지속적 경제성장을 가져올 수 있을 것이다.

(2) 한국 6.88년, 싱가포르 8년, 홍콩 9.6년, 대만 7.44년, 미국 23.1년

Chapter 11 | 경제성장이론과 경제성장정책

연습문제

01. (1) 자본과 노동의 증가에 의한 경제성장은 한계생산이 체감하여 성장속도가 저하될 수밖에 없다. 그러나 총요소생산성의 증가는 지속적인 경제성장을 가능하게 하는 요인으로 총요소생산성(총투입생산성)의 기여도가 높은 홍콩, 대만 등이 지속적인 경제성장을 보일 가능성이 높다.

(2) 총요소생산성의 증가가 있을 경우 수렴하지 않을 것이다. 그러나 총요소생산성이 크지 않다 하더라도 조건부수렴가설에 따라 국가 간에 인구증가율, 저축률 등의 차이가 존재 시 수렴하지 않을 가능성이 높다.

(3) 솔로우 모형에서는 총요소생산성의 증가가 외생변수이기 때문에 모형 안에서 확인할 수 없다. 그렇지만 기본적으로 인구증가에 의한 노동축적과 저축에 의한 자본축적으로 경제의 생산성이 증가한다는 것은 솔로우 모형과 같은 논리이다.

02. (1) 폐쇄경제 하에서 경제여건이 동일하다면 가난한 나라의 자본축적 속도는 부유한 나라보다 빠르게 되어 1인당 소득의 상대적 격차가 감소하는 수렴현상이 나타난다.

(2) 개방경제 하에서는 가난한 나라의 높은 자본한계생산성을 쫓아 부유한 나라의 자본이 가난한 나라로 이동하게 될 것이다. 따라서 가난한 나라의 자본축적 속도가 폐쇄경제보다 더 빠르게 되어 1인당 소득의 상대적 격차 감소도 빠르게 이루어질 것이다.

(3) 국가 간의 경제여건이 서로 다르면 부유한 나라의 자본축적 속도가 가난한 나라보다 더 빠르게 나타날 수 있다. 또한 내생적 성장모형에서는 균제상태에서 자본의 한계생산성이 체감하지 않을 수 있다. 따라서 일반적으로 가난한 나라의 자본축적 속도가 부유한 나라보다 더 클 유인이 없어지므로 경제는 서로 다른 수준으로 수렴하게 된다.

03. (1) 영(Alwyn Young, 1995)의 분석에 따르면, 한국 경제의 고도성장은 대부분 노동과 실물자본의 축적에 의하여 이루어졌으며 총요소생산성(TFP)의 증가율은 다른 경제와 비교하였을 때 낮은 편이었다. 또한 우리나라의 경제성장은 주로 수출산업에 의해 견인되었기 때문에 상대적으로 내수산업의 성장이 부진하였다. 정부도 수출을 장려하기 위해 대기업에 집중적으로 산업 · 금융지원을 하였고, 이로 인해 성장과정에서 대기업과 중소기업 간의 불균

형이 심화되었다.

(2) 내생적 성장이론 중 R&D모형에 의하면, 연구개발부문으로의 투자를 통한 기술진보가 경제성장의 원동력이다. 여기서 기술진보란 동일한 자본과 노동을 투입하더라도 종전보다 더 많은 생산을 가능케 하는 지식(knowledge)의 축적을 포함한다. 따라서 우리나라 경제가 고도성장을 하기 위해서는 우선 기업들이 연구개발을 통해 지식과 기술을 활발히 축적할 필요가 있다. 이를 위해서는 정부도 연구개발을 촉진시키는 정책을 수행하는 동시에, 재산권이나 특허법 등의 제도적 장치를 통해 연구개발의 성과를 보호해야 할 것이다. 한편 생산에 투입되는 실물자본과 인적자본이 동시에 축적되는 경우, 장기균형성장경로에서 자본의 한계생산성이 체감하지 않으므로 지속적 성장을 위하여 이 두 자본의 축적을 돕는 제도 및 정책이 필요할 것이다.

04. Y = 10조, T = 1.2조, $Y - C - T$ = 0.7조, $T - G$ = 0.3조.

폐쇄경제이므로 균형국민소득은 $Y = C + I + G$을 만족하고, 이 식은 $(Y - C - T) + (T - G) = \mathrm{I}$로 변형할 수 있다. 그러므로 투자($I$)는 민간저축($Y - C - T$) 0.7조원과 정부저축($T - G$) 0.3조원의 합인 1조원이다. 한편 소비(C)는 $Y - T - 0.7$조원이므로 8.1조원이 되고 이를 모두 종합하면 G는 0.9조원이 된다. 정리하면, 소비 8.1조, 정부지출 0.9조, 국민저축 1조, 투자 1조이다.

05. 정부차입 증가는 $(Y - C - T) + (T - G) = I$에서 정부저축의 감소와 국민저축의 감소를 유발한다. 따라서 다음 그림에서와 같이 대부자금시장에서 공급곡선이 감소하여 좌측으로 이동하는데, 그 결과 이자율은 증가하고 투자는 감소한다. 이때 투자의 감소분은 정부저축 감소량보다 작은데, 이는 이자율 상승에 따라 현재 소비의 기회비용(이자소득)이 증가하므로 소비는 줄고 저축은 늘어나 정부저축 감소분을 일부 상쇄하기 때문이다.

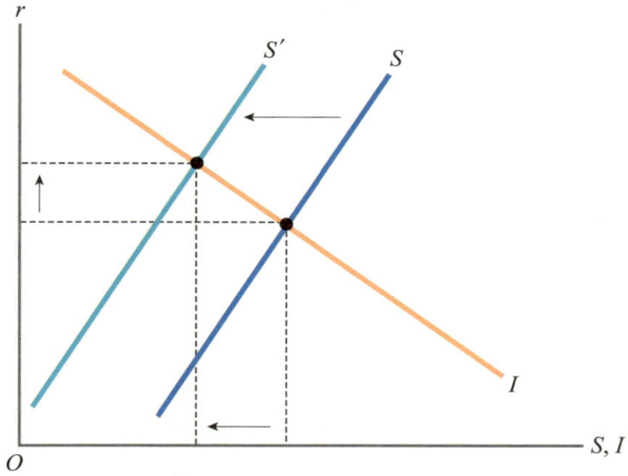

06. 4 절에서 배운 바에 의하면 각종 경제성장정책이 국가의 성장에 많은 영향을 준다. 유럽과 미국의 경제성장 차이도 결국 같은 맥락에서 두 교수가 제시한 이유들과 함께 설명된다.

첫째, 유럽의 경우 교육정책의 부족으로 인적자본 축적에 실패했다. 그들은 고등교육 투자를 통해 인적자본을 증가시킴으로써 생산성을 향상시킬 수 있었으나 고등교육에 대한 저조한 투자로 이를 달성하지 못했다. 둘째, 기업의 시장 진입과 퇴출이 어려운 것은 경쟁을 통한 효율성 제고의 실패를 의미하므로 경제성장에 해가 될 수 있다. 셋째, 유럽의 자본시장이 미국의 자본시장보다 덜 발전되었다면 유럽의 투자가 미국에 미치지 못했을 것이다. 왜냐하면 자본시장이 덜 발달되면 그만큼 소비나 투자를 위한 재원조달이 어렵기 때문이다.

Chapter 12 | 국가경제의 단기적 경기변동

연습문제

01. 소비와 투자는 경기순응적이며 실업률과 물가수준은 역행적이므로 OECD국가 모두 같은 특징을 보인다.

02. (1) 일반적으로 경기호황기에는 산업시설 가동률이 높아 산출수준이 전반적으로 높아지면서 경제성장률이 상승한다. 따라서 일자리도 늘어나면서 고용인구가 증가하여 실업률도 하락하기 마련이다. 한편 이 시기에는 통화량이 증가하고 거래가 활발해지면서 물가수준이 상

승하기 쉽다. 반면에 경기불황기에는 산업시설 가동률이 낮아지면서 재고가 쌓이고, 산출 수준이 전반적으로 하락하여 경제성장률이 하락한다. 따라서 기업의 투자가 위축되면서 일자리를 잃는 노동자들이 늘어나 실업률도 증가한다. 한편 이 시기에는 경제 전반에 거래가 위축되면서 물가상승률이 둔화되는 경향이 있다.

이러한 거시경제지표들의 특징 중 물가수준의 경기순응성(즉, 경기호황기에 상승하고 불황기에 하락하는 경향)은 호황 또는 불황이 소비 · 투자 등 수요측면의 충격에 의해 촉발되는 경우 나타난다. 반면에 호황 또는 불황의 원인이 국제유가 변동 등 공급측면의 충격인 경우 물가수준은 호황기에 하락하고 불황기에 상승하는 경기역행성을 보인다.

(2) 자본주의경제에서 발견되는 경기변동의 일정한 규칙성에 대한 연구는 과거부터 지금까지 끊임없이 진행되고 있다. 일반적으로 경기변동의 순환은 크게 세 가지로 구분된다. 먼저 약 40개월을 주기로 관찰되는 키친순환(Kitchin cycle)은 재고의 변동에 따라 발생하는 것으로 알려져 있다. 약 9년 반을 주기로 발생하는 쥬글러순환(Juglar cycle)은 개별적 기술혁신과 같은 요인에 의해 발생한다. 한편 약 50년을 주기로 관찰되는 콘드라티에프 파동(Kondratief wave)은 철도, 전기 등과 같은 자본주의경제의 모습을 뒤바꾸는 대발명에 기인하는 것으로 알려져 있다.

한편 이와 같이 경험적 관찰을 통해 경기변동을 연구하는 흐름과 함께, 경제주체들의 행위를 분석하여 경기변동의 원인과 그것이 지속되는 과정을 규명하려는 연구의 흐름이 이어져 왔다. 그 결과 경기변동의 원인을 각각 ① 민간기업의 투자지출 변화 등 수요측면의 실물적 충격, ② 통화량 변화와 같은 화폐적 충격, ③ 정보의 불확실성에 기인한 경제주체들의 기대변화, ④ 기술이나 생산성 변화와 같은 공급측 요인, ⑤ 선거와 같은 정치적 변화에 기인한 정치적 측면, ⑥ 해외부문 충격에 의한 파급효과 등에서 찾는 이론들이 전개되고 있다.

(3) 교재의 제10장에서 알아보았듯이 자본주의경제는 순환적 변동을 겪으면서도 장기적으로는 지속적인 성장을 이룩해 왔다. 일반적으로 경제성장은 실질 GDP 혹은 1인당 실질 GDP의 증가로 정의되는데, 제2차 세계대전 이후 세계 경제의 성장은 매우 괄목할 만한 수준이었다. 종전에는 경제성장의 원동력을 자본 · 노동과 같은 생산요소의 양적 증가에서 찾는 견해가 많았다. 그러나 이것만으로는 지속적인 경제성장을 설명하는 데 한계가 있었기 때문에 최근에는 기술진보와 같은 요인으로 설명하려는 경향이 강하다.

03. ① 경제활동인구 = 취업자 × $\frac{100}{100-3.8}$ = 27,881천명

② 실업자 = (경제활동인구 × 실업률) = 1,059천명

③ 15세 이상 인구 = 경제활동인구 × $\frac{100}{63.1}$ = 44,185천명

04. (1) 2009년 4월~5월 사이에 취업자가 크게 증가하면서 경제활동인구가 2,445만 6천 명에서 2,465만 8천 명으로 20만 2천 명 증가했기 때문이다. 이런 경우 실업자가 증가하더라도 실업률이 하락할 수 있다. 취업자가 크게 증가함에 따라 고용률도 상승하였다.

(2) 2009년 6월~7월 사이에는 실업자가 3만 2천 명 감소했을 뿐만 아니라 취업자도 13만 9천 명 감소하면서 경제활동인구가 17만 1천 명 줄어들었다. 실업률 계산식의 분자와 분모가 모두 감소하면서 실업률이 하락한 것이다. 그러나 이 경우 실업률이 하락해도 취업자가 감소했기 때문에 고용률도 하락했다.

좀더 자세히 살펴보면 2009년 7월에 경제활동인구가 17만 1천 명 감소한 반면, 비경제활동인구가 21만 8천 명 증가했다. 경제활동인구에 속해 있던 실업자와 취업자의 상당수가 비경제활동인구로 이동한 것이다. 이처럼 실업률은 비경제활동인구의 변화로 인한 노동시장의 신호를 반영하지 못한다는 단점이 있다. 이것이 고용률을 보조지표로 활용하는 이유이다.

출처 : 차성훈, "실업률이 낮아졌다고 고용사정이 개선된 것은 아니다!", 『KDI 클릭경제교육』, KDI 경제정보센터, 2011. 9.

05. 실업률 $= \dfrac{\text{실업자}}{\text{실업자} + \text{취업자}}$ 인데 취업자 수가 하락하고 실업자 수는 그대로라면 실업률이 늘어나겠지만, 기존 실업자가 실망실업자가 되어 실업자에서 배제되고 취업자 수도 함께 감소하면 실업률이 감소할 수 있다.

Chapter 13 | 화폐와 거시경제

연습문제

01. (1) 상품으로만 바꿀 수 있는 경우 내가 원하는 상품을 가진 상대방이 원하는 상품을 내가 가지고 있어야 한다. 그러나 그렇지 않은 경우가 대부분이므로 내가 원하는 상품을 얻기 위해서는 여러 번의 교환단계를 거쳐야 한다. 그러나 교환할 때마다 이동해야 하는 등 비용이 발생하고 각 상품별 교환비율이 모두 정해져야 하고 상품의 단위가 다를 경우 자르거나 분해해야 하는데, 그것이 불가능한 경우(가분성)도 많다. 그러나 화폐는 앞에서 말한 특징들을 가지고 있으므로 이러한 불편을 줄일 수 있고 따라서 거래비용이 감소한다.

(2) 첫째, 동질성을 지녀야 한다. 만약 액면가치는 같은데 질이 다른 두 종류의 화폐가 유통된

다면 질이 나쁜 화폐가 질이 좋은 화폐를 구축하는(악화가 양화를 구축하는) '그레샴의 법칙'이 나타나서 신용사회가 무너질 수 있다. 둘째, 내구성이 있어야 한다. 내구성이란 화폐로 사용되는 물질이 변질되지 않고 얼마나 오래 잘 버티는가를 나타낸다. 화폐는 재화와 서비스의 교환을 위해 여러 사람의 손을 거치므로 그런 유통에도 견딜 수 있을 만큼 내구성을 가질 필요가 있다.

02. 우선 두 번째 대차대조표를 보면 대출항목이 12,000으로 되어 있다. 이 중 2,000은 수지에게 행한 신규 대출이므로 (A)에는 10,000이 기록되어야 한다. 이때 대출항목에 2,000이 기록되었으므로 부채항목에도 상응한 변화가 있어야 하는데, 이는 요구불예금의 증가로 기록된다. 따라서 민호의 예금 2,000과 합해져 (C)에는 12,000이 기록되어야 하며, (B)에는 민호의 예금이 현금으로 보관되므로 6,000이 기록되어야 한다.

03. (1) $r = 0.1$, $c = 0$, $e = 0$이므로 통화승수는 $\frac{1}{0.1} = 10$이 된다. 그런데 중앙은행이 100억원의 국채를 매각한다고 했으므로 100억원만큼의 본원통화(H)가 감소한다. 따라서 통화량은 10×100억원 $= 1{,}000$억원만큼 감소하고, 지급준비금은 그 10%인 100억원만큼 감소한다.

(2) 지급준비금(R) = 법정지급준비금(RR) + 초과지급준비금(ER)

본원통화(H) = 현금통화(C) + 지급준비금(R)

$$= C + RR + ER = cM + r(1-c)M + e(1-c)M$$

$e = \frac{ER}{H}$이라 정의하면, $M = \frac{1}{c + (1-c)(r+e)}H$이다. 따라서 문제의 조건에 의해 $r = 0.05$, $c = 0$, $e = 0.05$이므로, $M = \frac{1}{0.1}H$가 되어 신용승수와 화폐공급 모두 (1)과 동일해진다.

04. 수량방정식에 의해 $M \times V = P \times Y$인데, 변화율로 나타내면 $m + v = \pi + g$이므로 통화량 증가율 $m = 12\%$, 실질 GDP 성장률 $g = 4\%$, 화폐유통속도 증가율 $v = -3\%$를 대입하면 $\pi = 5\%$이다.

05. (a) 땔감을 사러 가는 동안 마르크화의 가치가 떨어져서 원래 가격으로는 땔감을 살 수 없어서 땔감을 사서 태우기보다 돈을 직접 태울 때 불이 더 오래 갔기 때문에 돈을 직접 땔감으로 사용했던 것이다.

(b) 한편 초인플레이션은 급여소득자들의 실질소득 감소, 각종 투기 만연, 양극화 심화, 기업의 투자 감소, 수출 부진 등 여러 가지 폐해를 낳는다.

06. (1) 유동성함정은 극단적으로 이자율 수준이 너무 낮아서 모든 사람들이 이자율이 곧 상승할 것이라고 생각하여 투자적 화폐수요가 무한히 증가함에 따라 유동성이 부족해지는 현상을 말한다. 일본은 당시 경제침체 상태에 있었으므로 기대인플레이션은 0에 가깝거나 음(−)의 값을 가지고 있었을 것이다. 따라서 실질이자율은 피셔방정식(실질이자율= 명목이자율 − 기대인플레이션율)에 의해 일정한 양(+)의 수준에서 변하지 않고, 실질이자율의 함수인 투자도 변하지 않을 것이다.

(2) 명목이자율에 대한 화폐수요의 탄력성이란 명목이자율이 1단위 변할 때 화폐수요가 얼마나 변하는지를 보여주는 지표이다. 유동성함정에서는 채권가격이 하락할 것이라는 기대로 화폐수요가 명목이자율의 아주 작은 변화에도 크게 변화하기 때문에 탄력성이 무한대가 된다. 이때 통화량이 아무리 증가해도 다음 그림과 같이 균형이자율은 변화가 없다.

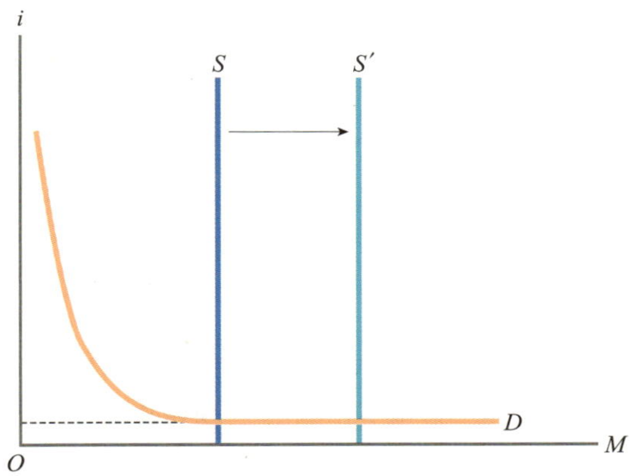

다음 그림은 일본의 금리 추이를 보여준다. 실제로 이자율이 1% 이하였던 1995년 이후 확장적 통화정책 기조 하에서도 금리 수준이 거의 변화가 없었음을 알 수 있다.

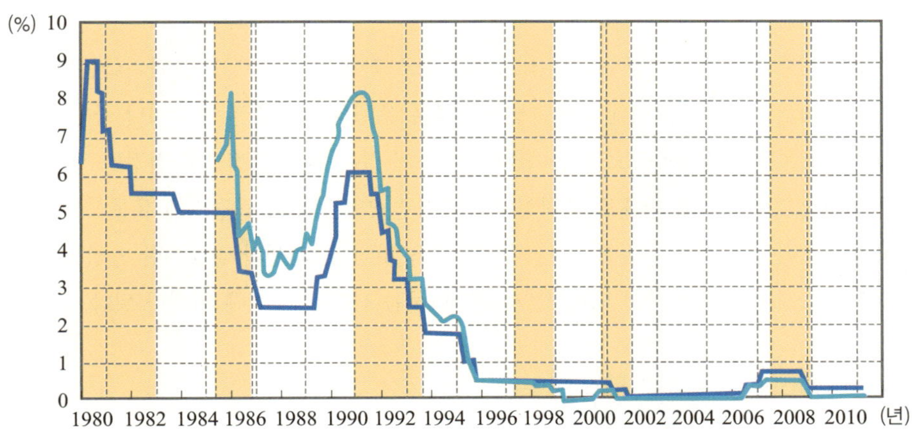

07. (1) 구매력평가설이 성립할 경우, 국가 간에 $P = EP^*$가 성립하므로 환율은 $E = \frac{P}{P^*}$가 되며 자국 화폐가치는 환율에 반비례한다. 기존 환율은 70만원/700달러 = 1,000원/달러이다. 그런데 우리나라 가격이 77만원이 되었다면 환율은 77만원/700달러 = 1,100원/달러가 되어 원화가치가 하락한다.

(2) 기존 환율이 1,000원/달러인 상황에서 아이폰의 달러 가격이 630달러가 되었지만 국내가격이 77만원으로 불변이라면 환율은 77만원/630달러 = 1,222원/달러가 되어 원화가치는 또다시 하락한다.

응용문제

01. M1 = 민간보유 현금통화 + 일반은행의 요구불예금인데, 현금은 M1에 속하지만 저축성예금은 M2에 속하므로 M1은 감소할 것이다. 한편 M2는 증가할 것이다. 왜냐하면 현금이 저축성예금이 되었으므로 은행을 통해 통화승수를 곱한 만큼 증가할 것이기 때문이다. 단, 통화승수는 현금인출이 있느냐 없느냐에 따라 그 크기 달라지므로 증가한 전체 통화량도 이에 따라 달라질 것이다.

02. 요구불예금에 대한 필요지불준비율이 0.2이고 저축성예금의 지불준비율이 0.5라고 하자. 이때 1,000원의 현금인출이 있으므로 준비금은 2,000에서 1,000으로 하락한다. 이때 요구불예금도 1,000이 줄어들게 되므로 요구불예금에 대한 지불준비금은 800이 된다. 따라서 저축성예금 2,000에 대한 지준금이 200이 되기 위해서는 저축성예금지준율이 0.1이 되어야 하므로 지준율 변경은 −0.4이다.

03. 문제의 상황이 추가되더라도 기본적인 예금창조 과정은 동일하고, 초과지급준비금 준비과정만 추가되는 것이다. 그런데 초과지급준비금은 은행의 유가증권 매각이나 중앙은행으로부터의 차입으로부터 발생하므로 이는 별다른 가정이 없는 한 외생적으로 결정될 것이다. 만약 이를 현실적으로 경기와 반대로 움직인다고 한다면 일반적으로 불경기에 유동성이 떨어짐을 볼 때 통화량에 반비례하는 것으로 설정할 수 있을 것이다. 외생적 결정이란 가정 하에 통화승수를 모형으로 나타내면 앞서 도출한 연습문제 [물음 3]의 답과 같은 형태가 된다.

04. ① 고정환율제도 : 유로지역

고정환율을 추구할 경우 만약 자국의 화폐가치가 실제보다 높아지면 화폐금융정책을 담당하는 중앙은행이 통화공급을 늘려서 화폐가치를 낮추려고 할 것이다.

② 변동환율제도 : 대부분의 국가

변동환율제의 경우 자국 화폐가치가 실제 가치보다 높으면 순수출이 감소하고 자본유출이 일어난다. 이에 따라 자국의 화폐가치가 떨어져 결국 실제 시장가치로 수렴하게 된다.

Chapter 14 | 경기변동이론 : 총수요 · 총공급 모형

연습문제

01. 소비함수 $C = a + bY$에서 a는 생존을 위한 최저지출을 의미하는 것으로 기초소비라고도 한다. 반면 b는 추가적인 소득증가에 따른 소비증가의 비율, 즉 한계소비성향이다. 저축은 소득 중 소비의 잔여분이므로 $C = a + bY$일 때 저축함수는 $S = Y - C = Y - a - bY = -a + (1 - b)Y$로 표현할 수 있다.

02. (1) 500은 기초소비를, 0.7은 한계소비성향(MPC)을 의미한다.

(2) $Y^d = C + I = 1,700 + 0.7Y$, $Y^d = C + I = Y \equiv Y^s$, $Y = 1,700 + 0.7Y \Rightarrow Y = \dfrac{17,000}{3}$

(3) $S = Y - C = 0.3Y - 500$, $I = 1,200$, $I = S$에 의해 $1,200 = 0.3Y - 500 \Rightarrow Y = \dfrac{17,000}{3}$

(4) $Y^d = 1,700 + 0.5Y = Y \equiv Y^s \Rightarrow Y = \dfrac{17,000}{3} = 3,400$

$I = 1,200 = S = 0.5Y - 500 \Rightarrow Y = 3,400$

한계소비성향이 감소하고 한계저축성향이 증가함으로써 경제 전체의 균형국민소득은 이전보다 감소$\left(\dfrac{17,000}{3} > 3,400\right)$했다. 이를 절약의 역설이라 한다.

03. 소비, 투자, 순수출이 모두 급격하게 감소하여 총수요가 부족한 상황이었다. 이는 총지출함수의 그래프를 하방이동시키고 균형국민소득 역시 크게 감소한다.

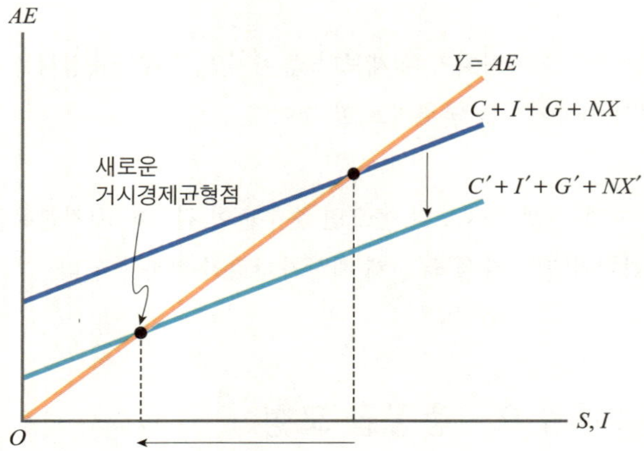

04. $b = 0.7$일 때 승수 $= \frac{1}{1-0.7} = \frac{10}{3} \Rightarrow \Delta Y = \frac{10}{3} \cdot \Delta I = \frac{10}{3} \cdot 3{,}000 = 10{,}000$

따라서 $Y' = Y + \Delta Y = \frac{17{,}000}{3} + 10{,}000 = \frac{47{,}000}{3}$

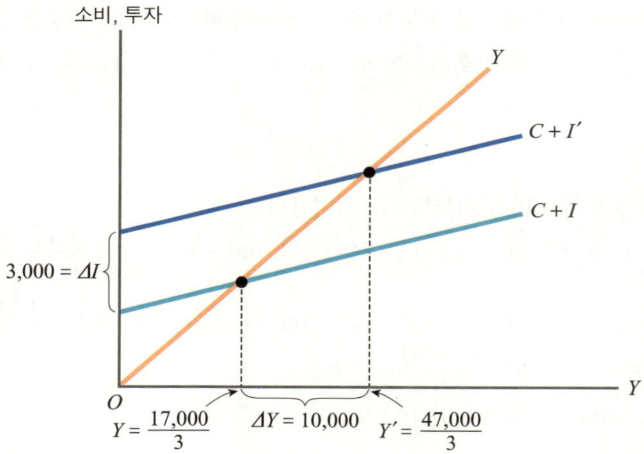

05. (1) $Y = C + I + G = 100 + 0.8 \times (Y - T) + 150 + 50$

$= 100 + 0.8 \times (Y - 50) + 150 + 50 = 0.8Y + 260 \Rightarrow Y = 1{,}300$

$1{,}300 < 1{,}500$이므로 잠재적 총생산 수준보다 적다.

(2) 정부지출승수는 $\frac{1}{1-0.8} = 5$이므로 200만큼의 총생산을 늘리기 위해 $\frac{200}{5} = 40$만큼 정부 지출을 증가시키면 된다.

06. (1) 세계 경기침체는 불확실성을 증대시키고 세계 각국의 생산을 줄이므로 소득 감소 혹은 증

가율 둔화를 유발한다. 불확실성 증대는 심리적 불안에 의해 투자를 줄이고, 생산 및 소득의 감소는 소비, 수출, 수입을 감소시킨다.

(2) 우리나라 환율하락은 외국 입장에서 우리나라 제품의 가격상승을 의미하므로 수출이 감소하고, 우리나라 입장에서는 외국 제품의 가격하락을 의미하므로 수입은 증가할 것이다.

(3) 국내 물가수준 하락은 자산의 실질가치를 증가시키므로 부의 효과에 의해 소비를 증가시킨다. 한편 물가하락은 이전보다 작은 화폐를 필요로 하므로 명목화폐수요가 감소하고, 이에 따라 이자율이 하락(즉, 물가가 하락하면 실질화폐공급이 증가해서 이자율이 하락)하여 투자를 증대시킨다. 또한 물가하락 시 우리나라 상품가격이 다른 나라의 그것에 비해 낮기 때문에 (2)와 반대의 경우가 된다. 따라서 국제무역 효과에 의해 수출이 증가하고 수입은 감소한다.

(4) 미래소득이 감소할 것으로 예상한다면 소비자들은 미래에도 지금과 비슷한 수준의 소비를 하기 위해 현재의 소비를 어느 정도 줄일 것이다. 한편 수입도 소득에 의해 결정되므로 미래소득 감소는 수입을 줄일 것이다.

(5) 실질이자율 상승은 소비에 대한 기회비용을 늘리므로 소비자들은 소비와 투자를 줄이고 저축을 늘릴 것이다. 한편, 실질이자율 상승은 상대적으로 타국에 비해 이자율이 높음을 의미하므로 높은 수익을 위해 상대적으로 더 많은 자금이 유입될 것이다. 외국 돈(예를 들어, 달러)이 풍부해지므로 상대적으로 우리나라 돈(원화)의 가치가 올라가 환율이 떨어질 것이다. 따라서 (2) 경우와 같이 수출은 감소하고 수입은 증가할 것이다.

07. (1) 대체 지불수단의 보급은 화폐수요를 감소시킨다. 통화공급이 고정되어 있다고 가정할 경우 균형이자율은 하락한다.

(2) 이자율의 하락은 소비의 기회비용을 낮추므로 소비를 증대시키는 한편, 저축에 따른 이자수익도 낮아지므로 투자를 증대시킨다. 한편 타국에 비해 상대적으로 낮은 이자율은 자본을 유출시켜 환율이 상승하므로 순수출이 증가한다. 따라서 총수요는 증가하게 된다.

08. (1) 총공급곡선의 좌측이동

(2) 총공급곡선의 좌측이동

(3) 총공급곡선의 좌측이동

09. 명목임금이 물가수준과 완전 연동(perfect indexation)되어 결정되는 경우 물가수준의 변화는 실질임금과 고용에 아무런 영향을 미치지 못하므로 총공급곡선은 수직이 된다.

10. 부동산가격과 주식가격 하락은 부의 효과에 의해 가계의 소비를 줄이는 한편 주식가격 하락에 따른 직접금융의 어려움으로 신용경색에 빠져 기업의 투자가 감소한다. 이로 인해 총수요가 감소하여 *AD*곡선이 왼쪽으로 이동하여 단기에 물가가 고정된 채 *A*점에서 *B*점으로 소비와 투자 감소액만큼 총생산이 감소한다. 장기적으로 물가가 하락하면 *B*점에서 *C*점으로 이동한다. 물가하락에 따른 부의 효과와 국제무역효과로 소비, 순수출이 증가하고 투자 또한 이자율 하락으로 증가하여 일부 총생산 감소분을 일부 상쇄한다. 따라서 결과적으로 총생산, 소비, 투자, 물가는 하락하고 순수출은 증가한다. 한편 고용은 총생산이 감소하였으므로 아래 그림에 따라 역시 감소한다.

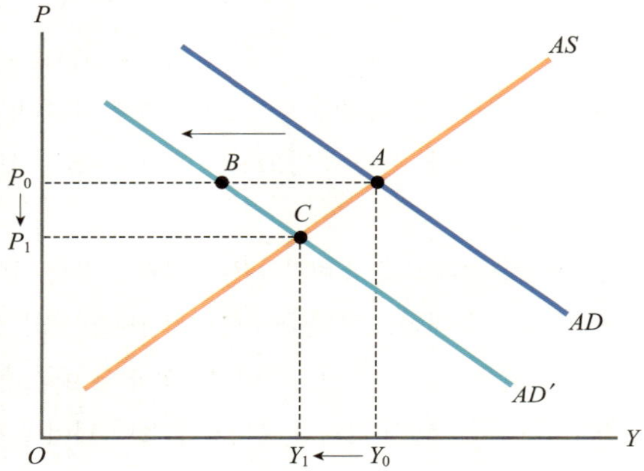

11. 아래의 그림에서 최초균형을 점 *A*라고 하자. 이때 기업의 설비투자 감소와 소비자의 내구소비재 지출 감소 등 내수부진은 총수요곡선을 AD_0에서 AD_1으로 좌측이동시킨다. 한편 국제유가와 원자재 가격 상승에 따른 원유 투입의 감소는 생산측면에서 공급충격을 가져와 총공급을 감소시킨다. 따라서 총공급곡선은 AS_0에서 AS_1으로 좌측이동하고, 총공급곡선의 좌측이동폭이 총수요곡선의 좌측이동 폭보다 더 크다고 가정하면 거시경제균형은 점 *C*에서 달성된다. 이때 실질 GDP Y_1은 기존의 Y_0에 비해 낮아지며, 물가는 P_1으로 기존의 P_0에 비해 높아진다. 또한 실질 GDP가 감소하므로 소득의 함수인 소비는 감소할 것이며, 고용은 부정적인 공급충격이 발생함으로 인해 감소할 것이다. 반면 순수출은 소득 감소에 따른 수입 감소로 인하여 개선될 수도 있지만, 국내 물가상승으로 인해 실질환율이 감소함에 따라 더욱 악화될 수도 있다. 마지막으로 투자는 비관적 견해에 의해 감소한다.

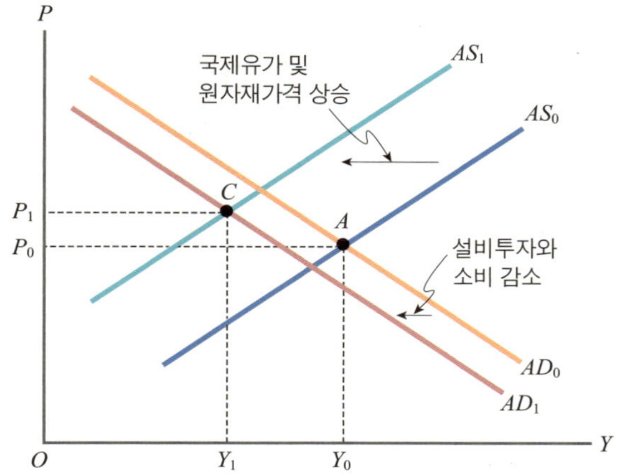

12. 환율하락, 원화가치 상승은 순수출을 감소시켜 총수요곡선이 왼쪽으로 이동하고 장기적으로 물가가 하락한다. 한편 물가하락은 실질 통화공급을 늘려 실질이자율을 낮춘다. 따라서 총생산, 고용, 소비, 물가는 하락하고 투자는 증가한다. 그리고 생산물시장의 균형을 고려할 때 순수출은 감소한다. 단지, 감소요인이 달라서 그 상대적인 이동폭에 차이가 있다.

13. (1) 우리 제품의 수출경쟁력 향상은 순수출을 증가시키므로 아래 그림에서 총수요곡선 AD_0가 AD_1으로 우측이동한다. 한편 국내산업 전반의 생산성이 향상되면 노동의 한계생산성이 증가하게 되고, 이는 노동수요를 증가시킴으로써 고용량의 증가를 가져온다. 고용량이 증가하면서 아래 그림에서는 총체적 생산함수를 따라 총산출이 증가하므로 그림에서 총공급곡선이 주어진 물가수준에서 우측(AS_1)으로 이동한다(그림은 *AS* 이동폭이 *AD* 이동폭보다 크다고 가정하였다).

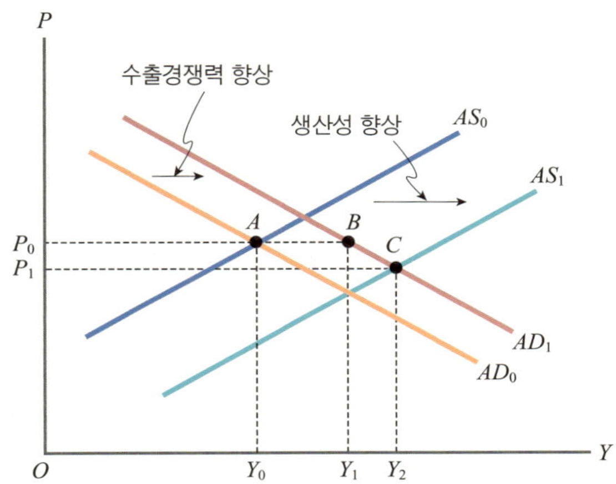

(2) 총수요곡선과 총공급곡선이 모두 우측으로 이동하므로 국내생산은 증가한다. 국내물가는 양 곡선의 이동폭의 상대적 크기에 따라 달라지는데, 정보통신기술의 발달이 우호적인 수요충격보다 우호적인 공급충격으로 더 크게 작용할 경우 총공급곡선의 이동폭이 더 크기 때문에 최종 균형은 점 C에서 이루어지고, 물가수준은 위의 그림의 P_1으로 하락한다. 반면 우호적인 수요충격이 우호적인 공급충격보다 더 크게 작용할 경우에는 물가수준이 상승할 것이다.

Chapter 15 | 경기안정화정책

연습문제

01. 완전고용 상태에서도 실업은 존재하는데, 프리드만의 자연실업률 정의에 따르면 실업은 마찰적 실업과 구조적 실업으로 구성된다. 자발적 실업인 마찰적 실업은 노동자가 더 나은 직장을 찾기 위해 스스로 실업을 선택한 것으로 이러한 실업조차 없는 상태를 균형으로 볼 수는 없다. 왜냐하면 이렇게 만족하지 못하는 직장에 취업한 상태는 안정적인 상태가 아니어서 그들이 직장을 옮기는 것이 경제 전체의 효율성을 위한 것이기 때문이다. 구조적 실업은 산업구조의 변화에 따른 실업으로, 경기변동과 무관하게 이루어지는 것이므로 완전고용 상태에서도 존재할 수 있다.

02. 인플레이션이 있으면 시간이 흘러감에 따라 현금의 가치가 떨어지기 때문에 동일한 물건을 사려면 더 많은 돈이 필요하다. 이는 소비자로 하여금 더 많은 현금을 지니게 하는 불편을 초래하고, 이는 거래비용 증가로 생각할 수 있다. 이를 해결하기 위해 카드가 등장하여 익명거래나 불법거래를 막아주는 역할을 하고 있다.

03. ① 중앙은행이 공개시장조작의 일종으로 통화안정증권을 발행하여 민간의 통화를 흡수하면 통화공급량이 감소한다. 따라서 통화공급이 감소하면 균형이자율은 상승하게 된다.

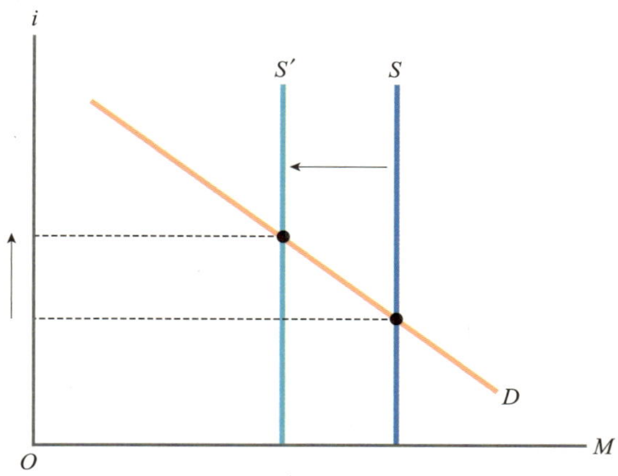

② 중앙은행이 지급준비율을 올리면 통화승수가 작아져 전체 통화량이 줄어들고, 이에 따라 이자율이 상승한다.

③ 재할인율을 높여서 이자율을 상승시켜도 일반은행이 중앙은행으로부터 현금을 덜 차입하게 되므로 자연스레 통화공급이 줄어들면서 화폐시장 균형을 달성할 수 있다.

04. 통화긴축으로 통화량이 감소하면 이자율이 상승하고, 따라서 소비, 투자, 순수출이 감소한다. 이로 인해 총수요가 감소하여 *AD*곡선이 왼쪽으로 이동한다. 단기를 물가가 고정되어 있을 때로 정의한다면 *A*점에서 *B*점으로 소비와 투자감소액만큼 총생산이 감소할 것이다. 따라서 단기적으로 총생산, 소비, 투자, 순수출은 감소하고, 물가는 단기이므로 불변이다. 한편 고용은 총생산이 감소하였으므로 아래 그림에 따라 역시 감소한다.

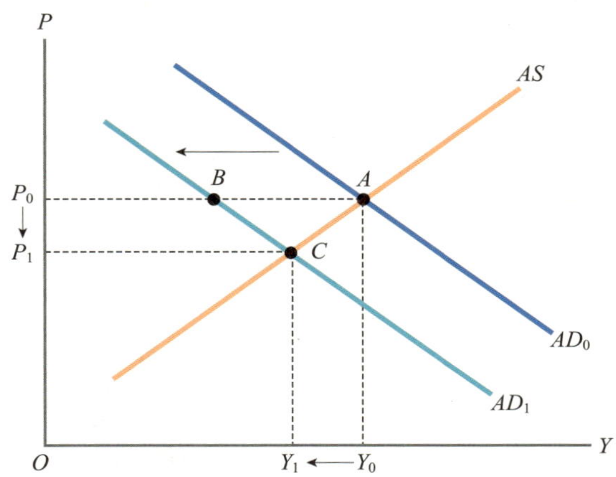

05. (1) 경상지출

(2) 이전지출

(3) 경상지출

(4) 자본지출

06. (1) 확장적 재정정책(경상지출의 증가에 해당하므로)

(2) 긴축적 재정정책(조세수입의 증가에 해당하므로)

(3) 확장적 재정정책(시청 청사 신축은 자본지출 증가에 해당하므로)

(4) 긴축적 재정정책(공무원 감축 통한 인건비 절감은 경상지출 감소)

(5) 확장적 재정정책(조세수입의 감소에 해당하므로)

07. (1) $Y^* = 810$

(2) 완전고용 국민소득수준은 1,000인데, 실제 국민소득은 810에 불과하므로 디플레이션 상태이다.

(3) 정부지출을 19만큼 증가시킨다. 이때 증가시켜야 하는 정부지출 규모는 정부지출승수의 개념을 사용하면 얻을 수 있다. 완전고용 국민소득수준을 Y_f^*라 하고, 실제 국민소득의 크기를 Y라 하면 보충해야 할 국민소득의 크기 ΔY를 구할 수 있다.

$$\Delta Y = Y_f^* - Y = 1{,}000 - 810 = 190$$

따라서 190만큼 국민소득을 증가시켜야 하는데, 이를 달성하기 위해 정부지출 규모를 확대한다고 하자. 이때 정부지출승수의 개념을 이용하면 증가시켜야하는 정부지출 규모를 찾아낼 수 있다.

$$\Delta Y = \frac{1}{1 - MPC} \cdot \Delta G \Leftrightarrow 190 = \frac{1}{1 - 0.9} \cdot \Delta G \qquad \therefore \Delta G = 19$$

(4) 세금을 줄여주는 과정을 통해 이전지출을 약 21.1만큼 증가시킨다.

08. 최초균형은 생산물시장의 $Y = C + I + G = (10 + 0.7Y) + (2 - r) + 8$과 화폐시장의 $10 = 20 + 0.2Y - r$을 동시에 만족하는 $Y = 20$, $r = 14$가 된다. 한편, 정부지출승수$\left(\frac{\Delta Y}{\Delta G}\right)$는 $\frac{1}{1-c} = \frac{1}{1-0.7} = \frac{10}{3}$이므로 정부구입이 3만큼 증가할 때 소득은 10만큼 증가한다. 하지만 정부구입이 3만큼 증가할 때 균형소득은 생산물시장의 $Y = C + I + G = 10 + 0.7Y + 2 - r + 11$과 화

폐시장의 $10(MS) = 20 + 0.2Y - r(MD)$를 동시에 만족하는 값이기 때문에 이를 정리하면 $Y = 26$이 된다. 따라서 구축효과에 의해 감소한 소득은 $30 - 26 = 4$가 된다.

09. 공급측면 경제학은 조세측면에서 근로 및 자본에 대한 세율이 자나치게 높으면 근로의욕, 투자의욕을 해쳐 생산과 소득이 줄어든다고 본다. 따라서 만약 세율이 t^*보다 큰 금지영역에 있고, 감세정책을 펼친다면 근로의욕과 투자의욕을 고취시켜 총수요와 총공급 모두의 증가를 가져올 것이다. 따라서 둘의 이동 크기에 따라 물가는 증가하거나 감소할 수 있고, 그에 따라 환율도 달라질 수 있다. 이를 정리하면 총생산, 고용, 소비, 투자는 증가하고 순수출, 물가는 증가하거나 감소한다. 하지만 만약 세율이 t^*보다 작은 영역에 있고 감세정책이 펼쳐진다면 반대의 효과를 가져올 것이다.

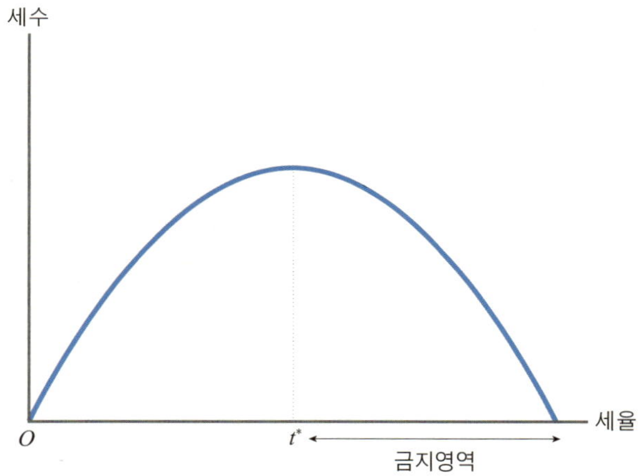

한편 케인즈의 이론에서 감세정책은 총공급 증가에 영향을 주지 못하고 소비 위주로 총수요만 증가시켜 균형소득은 증가하나 물가수준이 상승하는 결과를 보여준다. 만약 공급측면 경제학 논리에서 총공급의 효과가 더 커서 물가가 하락한다면 두 이론의 결과 차이는 물가와 순수출에서 발생할 것이다.

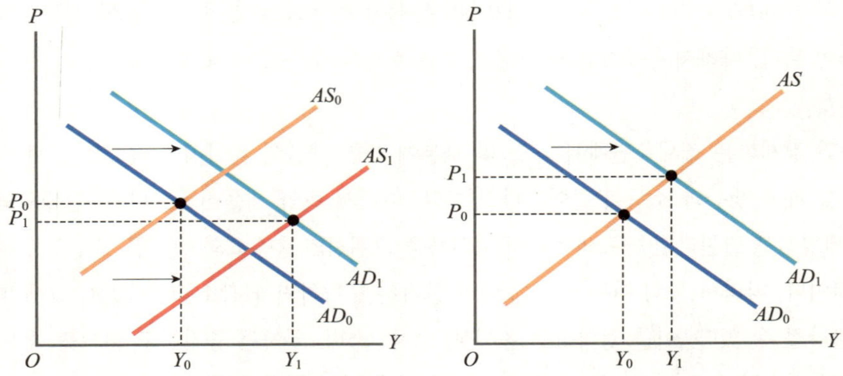

(a) 공급측면의 경제학　　(b) 케인즈의 이론

10. 재정적자의 증가는 지속될 경우 국가채무의 증가로 이어진다. 이는 단기적으로는 수요진작의 효과가 있지만, 장기적으로 건전하지 못한 재정상태는 외부의 충격에 대응할 여유를 부족하게 만들어 국가신인도의 하락을 초래할 수 있다. 2010년 유럽 국가(포르투갈, 아일랜드, 그리스, 스페인)를 보더라도 국가채무의 증가는 그 경제를 불안하게 만드는 요인이 되기 때문에 장기적인 경제성장에 나쁜 영향을 준다. 제 10장의 솔로우 모형으로 확인하여도 재정적자로 인한 국가채무의 증가는 정부저축을 감소시켜 저축률 하락에 의해 균제상태에서 생산량이 감소함을 알 수 있다.

Chapter 16 | 실업 · 인플레이션과 필립스곡선

연습문제

01. 중앙은행은 인플레이션을 하락시키기 위해 긴축적인 화폐금융정책을 사용할 수 있다. 그 방법으로 통화량 감소를 위한 공개시장조작, 재할인율 · 지급준비율인상 등이 있다. 하지만 그에 앞서 중앙은행이 신뢰를 바탕으로 인플레이션을 하락시키려고 한다는 것을 공표함으로써 국민들이 믿고 합리적으로 예상할 수 있게 만들어야 한다. 그러면 국민들의 예상인플레이션은 3%로 떨어지고, 실제 긴축적 화폐금융정책을 펼쳐서 단기 필립스곡선도 하락하여 3%의 인플레이션과 4%의 자연실업률 수준을 달성할 수 있다.

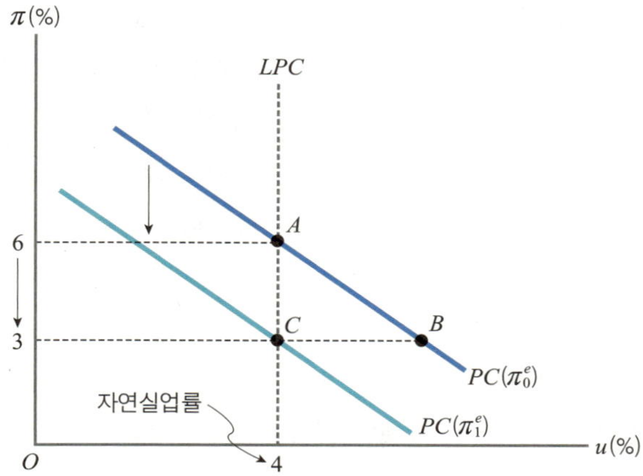

02. (1) 위 [물음 1]의 그림을 이용하여 이를 설명해 보자. 우선 경제주체들이 이번 기와 지난 기의 인플레이션율이 같다고 예상하는 적응적 기대를 한다고 가정하자. 정부가 인플레이션을 낮추기 위해(예상치 못한) 통화긴축을 하면 경제주체들은 적응적 기대를 하므로 기대인플레이션은 그대로인 채 물가하락에 따른 명목임금 하락에 대응해 노동공급을 줄인다($A \rightarrow B$). 하지만 장기적으로 기대인플레이션을 하락시키고 실질임금이 그대로인 것을 깨달은 후 다시 노동공급을 늘린다($B \rightarrow C$). 따라서 화폐금융정책은 단기적인 효과만 보일 뿐, 장기적으로 실질변수에 아무런 영향을 끼칠 수 없다.

(2)

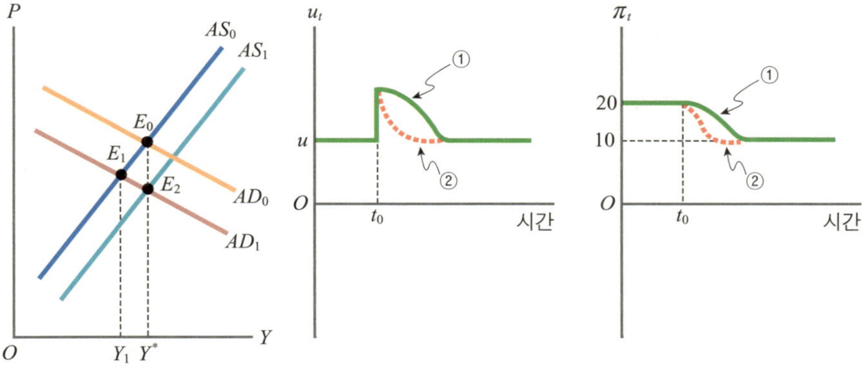

(a) 총수요와 총공급 (b) 실업률의 시간경로 (c) 인플레이션율의 시간경로

그림 (a)는 (1)의 상황을 $AD - AS$ 모형을 이용해 표현한 것이다. 통화긴축으로 총수요곡선은 AD_0에서 AD_1으로 이동하지만, 정책효과가 경제주체들의 기대에 반영되지 못하여 총공급곡선은 AS_0를 유지한다. 이에 따라 단기균형은 점 E_1에서 형성된다. 이때 산출량은 Y_1으

로, Y^*보다 작아진다. 물론 다른 조건이 변화하지 않고 단지 이 정책의 효과가 경제주체들의 기대에 반영되어 총공급곡선이 AS_1으로 하방이동하면, 이 경제의 최종 균형은 점 E_2에서 형성될 것이다. 여기서 산출량은 통화당국이 정책을 변경하기 이전인 Y^*로 복귀한다. 이때 경제주체들이 적응적 기대를 한다면, 점 E_1에서 E_2로 이동하는 데 많은 시간이 필요할 것이다. 이것은 경제주체들이 적응적 기대를 할 경우 과거의 예측 오차가 점진적으로 조정되기 때문이다. 그러나 경제주체들이 합리적 기대를 한다면, 예상치 못한 정책으로 일시적으로는 점 E_1에서 균형이 형성되지만 곧바로 새로운 균형인 점 E_2로 이동하게 된다는 차이가 있다. 이것은 경제주체들이 합리적 기대를 할 경우, 예측에 있어 체계적인 오류를 범하지 않고 예상을 즉시 조정하기 때문이다. 정책변화 전 · 후의 실업률과 인플레이션율의 시간경로를 나타낸 그림 (b)와 그림 (c)에서 경제주체들이 적응적 기대를 할 경우(①)에는 장기균형점으로 점진적으로 조정되는 반면, 합리적 기대를 할 경우(②)에는 신속하게 조정됨을 확인할 수 있다.

찾아보기

저자약력

김영식

서울대학교 영어영문학과(학사)
미국 카네기멜론대학교(경제학석사)
미국 아이오와대학교(경제학박사)
뉴질랜드 빅토리아대학교 경제학과 조교수
경희대학교 경제학과 부교수
현, 서울대학교 경제학부 교수

[주요 저서 및 논문]

『경제학원론』(제11판, 조순 · 정운찬 · 전성인 공저 : 율곡출판사, 2020)
『거시경제론』(제12판, 정운찬 공저 : 율곡출판사, 2018)
『금융백서 : 한국 금융의 변화와 전망』(김상조 · 박창균 · 최흥식 · 함준호 공저 : 서울대학교출판문화원, 2013)
Money, Barter, and Costly Information Acquisition, Journal of Monetary Economics, 1996. Liquidity, Quality, Production Cost, and Welfare in a Search Model of Money, (with Shuntian Yao), Economic Journal, 2001. How Important is the Intermediate Input Channel in Explaining Sectoral Employment Comovement over the Business Cycle?(with Kunhong Kim), Review of Economic Dynamics, 2006. Separation of Unit of Account from Medium of Exchange(with Manjong Lee), Journal of Money, Credit and Banking, 2013.
「주택가격이 소비에 미치는 영향 : 주택담보대출 차주의 미시패널데이터를 활용하여」(최성호 · 송상윤 공저), 『경제분석』, 2016.
「한국의 금융발전이 중소기업 성장에 미친 이질적 영향」(송상윤 공저), 『경제학연구』, 2016.

경제학으로의 초대(제 3 판)

2012년 2월 20일 1판 1쇄 발행
2021년 2월 20일 3판 1쇄 발행

저 자 | 김영식
발행인 | 이수영
발행처 | 도서출판 청람
서울시 마포구 독막로 288(대흥동, 세양상가 109호)
전 화 | 02)3272-2601~2
팩 스 | 02)3272-2603
이메일 | crbooks@daum.net
홈페이지 | www.crbooks.co.kr
등 록 | 2000년 8월 26일 제6-0509호

ISBN 978-89-5972-794-0 93320 [정가 30,000원]